光明社科文库
GUANGMING DAILY PRESS:
A SOCIAL SCIENCE SERIES

·法律与社会书系·

经济与法探究

从部门法到法治一般

史际春｜著

光明日报出版社

图书在版编目（CIP）数据

经济与法探究：从部门法到法治一般 / 史际春著
. -- 北京：光明日报出版社，2022.6
ISBN 978 - 7 - 5194 - 6680 - 0

Ⅰ.①经… Ⅱ.①史… Ⅲ.①经济法—研究—中国
Ⅳ.①D922.290.4

中国版本图书馆 CIP 数据核字（2022）第 107474 号

经济与法探究：从部门法到法治一般
JINGJI YU FA TANJIU: CONG BUMENFA DAO FAZHIYIBAN

著　者：史际春

责任编辑：宋　悦　　　　　　　责任校对：李佳莹
封面设计：中联华文　　　　　　责任印制：曹　净

出版发行：光明日报出版社
地　　址：北京市西城区永安路 106 号，100050
电　　话：010-63169890（咨询），010-63131930（邮购）
传　　真：010-63131930
网　　址：http://book.gmw.cn
E - mail：gmrbcbs@gmw.cn
法律顾问：北京市兰台律师事务所龚柳方律师

印　　刷：三河市华东印刷有限公司
装　　订：三河市华东印刷有限公司
本书如有破损、缺页、装订错误，请与本社联系调换，电话：010-63131930

开　　本：170mm×240mm
字　　数：689 千字　　　　　　印　　张：38.5
版　　次：2023 年 3 月第 1 版　　印　　次：2023 年 3 月第 1 次印刷
书　　号：ISBN 978 - 7 - 5194 - 6680 - 0
定　　价：158.00 元

自 序

中国的经济、科技和社会以出人意料的速度发展，同样地，中国的法治也取得了巨大进步。作为经济法教学研究队伍的一员，我本能地在第一时间关注与此相关的实践和思想动态。十分高兴能够借此机会，将第一本自选集出版20年以来的学术感受和心得向各位读者做一汇报和展示，权作自选集之二吧。

经过多年努力，中国特色的社会主义法律体系已经形成。然而，实践告诉我们，法治并非"严格执行科学的立法"那么简单。在任何国家，法规法条都十分庞杂，需由政策加以梳理及作为指南，方可适当而正确地适用，同时政策因其公开化、规范化、具体化而日益与法趋同及混同，并将政策的制订和实施纳入问责（accountability）的范畴。因此法治又与民主密切相关，从立法、行政、司法到社会自治，从"顶层"到个案，都需要利害关系人乃至公众的表达和参与。公众参与又不等于公众决策，依法负有相关职责者有义务在听取、总结民意的基础上适时"拍板"，并"终身"负责，敢为敢当。基于这样的观察，面对现实存在的法律主义、法典主义、法教义学等，也即法律形式主义，不由得怀着沉重的心情，超越经济法而对法治一般及其与经济的法律调整的关系进行思考，包括法治与国民、规制时代的法治模式、政府与市场关系及其法治、法与政策、问责制、"错法"及其纠正等。

这些年做学问的灵感，越来越离不开社会观察。常常在课堂上被问：老师怎么总是有新的观点或思想？答曰：那都是被某观点或某事给"气"出来的。在实为"小民事"的所谓"大民事"改革后，民事和行政的对立愈演愈烈，凡事先问一个公或私，连政府采购、国有土地使用权出让等极为典型的公私融合的合同都就其是民事合同还是行政合同争得不可开交，很多案子中当事人就被民、行来回折腾，劳民伤财。可见即使有法条，如果没有适当的理念，也不会有经济法及其法治，于是思考经济法所需要的理念及其作用，形成文章。在反垄断法越来越显现其应有作用的同时，人们又在人云亦云地谈论它是经济宪法、经济法的"龙头法"等，而这并不符合实际。因为反垄断法旨在维护市场机制正常发挥作用，它不能弥补市场之不能，更不能消除市场优胜劣汰的副作用，这个任务要由与宪法衔接、直接支撑规划和产业政策的财政法来承担，这是财政法是经济法"龙头法"观点的由来。

随着教学科研的体会及实践阅历的增长，对法和经济法的认识升华，深感从不存在什么"独立"法律部门。因为任何法律部门都不能独立于法治一般，比如公平正义、公序良俗、诚实信用；也不可能独立于其他法律部门，比如民商法依赖于行政的婚姻登记、企业和不动产登记等，刑法不能独立于刑事责任所属之其他部门法的实体关系，经济法与行政法之间更存在着内容和形式的关系，等等。因此愈感欲用"独立"的责任来论证经济法部门的"独立性"，存在着方法上的偏差，于是写了《再识"责任"与经济法》一文。又有感于一些学者执着于所谓商法，有意无意忽视了民商法出于同一源头、大陆法系传统商法二百余年来不断衰退的困境及其原因，以及民商合一的趋势，甚至将其与英美法的商贸法或经营法（business law）混为一谈，如此肯定不利于立法、司法和行政执法，愤闷之下再论商法，以释明道理、晓以利害。

对于实际问题和分论的研究，可谓都是上述立场的延伸，在此择其印象深刻者与读者分享。鉴于个人的经历和专业，我一直关心国有企业及其改革和法治的发展，一个似不相关的偶然事件竟引出了一系列新的思考。就是多年前有一位小姐在网上炫富，并杜撰自己是红十字会的"商业总经理"，引起轩然大波，舆论质疑非营利组织怎么能从事商业活动？这使我猛然反应过来，原来中国的市场经济法治还处于如此低级的阶段，发达国家的非营利组织都是可以从事商业活动以支持其非营利事业的。所谓营利与非营利只是指组织的出资者或股东是否从其举办的组织取利，而在中国，"非营利组织不得赢利"的似是而非说法竟能轻易地扰乱视听和社会秩序。与此相似的，是国有企业的营利问题。全民所有制企业的本意是消灭资本，职工当家作主，不存在营利非营利问题，但在市场经济和多种所有制条件下，国有财产投资经营也必须采取资本形式，与私人及其他所有制的资本平等竞争，因而除政策性企业外，国有企业也是营利性的。同时，国有企业的盈利除本企业用于扩大再生产外，需由出资人收取上缴公共财政，用于公共目的。在这个意义上，国有企业的"营利性"是非典型的，形式上、外观上"营利"，实则为非营利或公益性的。由此联想到"节制资本"，孙中山先生提出民生主义的要义之一，正是希望用国有资本取代私人大资本来控制公用事业和垄断性行业，以利国计民生，缩小贫富差距，并防止私人资本控制国家政权。事实上，鉴于国有资本和国企的"准营利性"或者说公益性，只要政府能力允许，让它存在于竞争性领域以至做大做强，有百利而无一害；同时，通过引进私人资本对其固有的官商习气加以市场约束，以增强企业的活力和效率，也是至关重要而不可或缺的。于是，对营利性、公益性、混合所有和公私合作的考察成为我这一阶段国有企业法研究的中心，并对之前所持的立场和一些重要的观点做了新的思考和论证，包括：企业法人财产权不含收益权，资本孳息之收益权能也即"营利"应由企业的所有者权益承担者享有，所有者权益承担者的外延大于所有者，包括但不限于所有者；企业社会责任不是法律责任，但守法是企业社会责任的最低要求，在此基础上要求企业做好自己及承担更多的道义责任；国企鉴于其全民所有制性质而天然地承担社会责任；等等。

规划和宏观调控能否及如何法治，也是我从规则研究走向对法之动态博弈考察的动因之一。除了资本层面的特点，社会主义更多地要求立足于社会整体的统筹协调，规划和宏观调控无疑是中国政经体制优越性的一大表现。说规划本身就是法，原则上也不错，但是规划尤其是中长期规划不同于一般的法律，通常不能具体执行，而只能在确定、分解目标的基础上，由承担相应职责的主体尽可能调动资源、想方设法去追求及无限接近目标，并进行动态的监督和考核。这正是宏观调控的法治模式，即分权、相机抉择加问责。由此，使我对法治的认识有了质的飞跃。同时有一个附带的发现，即宏观调控是以货币、财税等政策措施间接地作用于市场主体和社会成员，而影响整体经济的一种政府规制，这样的话，由于经济法制度都有宏观和微观两种因素及作用，所以经济法中并不存在一类"宏观调控法"。"宏观调控法"可以作为一种概括的说法，但不能将其对应于某些法律制度，比如财税法、金融法等，不能以"宏观调控"为标准来为经济法分类。须知，宏观调控是规制的重要内容，并不是经济法学界所普遍误认为的两者并列。这是规制（regulation）的固有含义，即政府依宪法和法律的概括授权自由裁量、相机抉择对经济社会某领域、某事物或整个经济社会进行调控监管，何况所谓"市场规制法"中也有宏观调控的成分或内容，比如，反垄断法及竞争政策对市场结构的调整、作为市场规矩的标准和度量衡法等。为匡正经济法学界多年来对日本学者植草益《微观规制经济学》的误读，促成了我对"规制"的全面系统辨析。

随着市场化改革的深化和《反垄断法》的出台，竞争法暨反垄断法继续吸引我的关注。除了探讨竞争政策和反垄断法的地位，弘扬竞争及自由公平竞争的理念，相关研究集中于反垄断与产业政策、行业监管的关系。铁路、邮电、公交、电和自来水等公用事业的特点就是独占或寡占，加上石油等其他垄断行业，对其垄断痼疾不可能仅靠政府监管来解决，而须顺应客观规律，尽可能引入或模拟竞争来降低监管成本、提高监管效率，以股份化、市场化为标志的民营化是引入或模拟竞争的有效途径之一，以此增强国有资本的控制力、影响力和国有企业的活力，也是国企改革及其法治的重要方面。但是垄断企业毕竟在一定范围和不同程度上是垄断的，对此法律必须予以认可，不仅不能反，还要给予保护；同时，垄断企业超出其合法的组织垄断和行为垄断的范围损害竞争及消费者权益的，则以反垄断法和其他法律反之。这些道理，社会上、专业上曾经都存在模糊认识，甚至出现了反垄断企业本身的思潮，从而促使我认真深入思考，形成数篇文章，尤其是《反垄断法》颁行后对其第7条的解读。在一些具体制度或做法上，我也持人们或许认为是另类的观点，比如，认为反所谓行政垄断的最好办法就是不承认"行政垄断"，而将行政机关和依法履行公共管理职能的组织为反垄断法规定的行为时视为"经营者"，在救济和责任上不给它特殊对待或网开一面；一直不赞成反垄断只能有唯一或专门的机构执法，即使原来的三个执法机构合并了，银行、保险、电信等受监管行业中特殊的垄断和竞争问题也应由其监管机关优先执法；希望学界和实务部门更多地关注某些垄断的好处，比如有效的寡头竞争市场结构、食品安全卡特尔等，还要将反垄断法中规定的豁免和适用除外真正用起来。对于竞争法领域的种种问题，除了以上列举，也包括平台经济、经济社会数字化、人工智能和区块链等新事物、新现象，都需要在深入细致把握不同业态及其商业惯例的基础上，更熟练地运用竞争法的宗旨条款、概括条款、原则条款和兜底条款，在行政和司法中学会并习惯于充分说理，而不是武断适用法律或动辄要去修改法律。

金融危机后，在对金融业统一集中监管的一片呼声中，我也不敢苟同，因为将监管权集中于一个"超级"机构，不符合金融监管专业性、独立性的客观要求，"大一统"的监管必然不尽专业，以至难以与当前政治和舆论撇清瓜葛。好在，复数机构的功能监管加央行之系统性风险监管已成共识，令人欣慰。对于财税、价格、证券等的调控监管，也有应时之作，详书中相关文章。

我从事教学研究之初，曾较多地研究消费者法。1986年前后与国世平先生合写过《消费者权益及其保护》，于1989年出版；90年代初参与谢次昌先生主持的消费者保护国家社科基金项目，在消法起草过程中拟过一个《中华人民共和国消费者保护法（民间建议稿）》。此后也一直关注国内外消费者法的动态和实践问题，所以书末收录了一篇关于消法的"漫话"。

每每形成一个新的观点，却可能受制于日常的教学科研和杂事而无法坐下来将其形成文章，感谢曾与我合著文章的学生和年轻同事们，相关文末都有其署名。他们聪颖勤力，承担了大部分资料搜集和初稿撰写工作，当然观点和立论一概由我本人负责。文章收录时，格式和体例按光明日报出版社的要求有所调整，内容保持原貌，对文字只做最必要的纠错和订正，这样也是给国家法制和法治的历程、自己的思想轨迹及其发展节点保留一个原始记录。活到老学到老，思考不会停息，但愿今后还能继续为自己钟爱的法学事业和这个社会贡献更多的思想成果。

史际春

2022 年 3 月 18 日

于明德法学楼

目 录
CONTENTS

法治实践及原理篇

法治之现代蜕变：从法典主义到规制时代 ·············· 3

法治与国民 ·············· 16

论错法如何纠正 ·············· 18

政策作为法的渊源及其法治价值 ·············· 30

"法制统一"新诠 ·············· 42

政府与市场关系的法治思考 ·············· 51

论和谐社会语境下的地方经济法治 ·············· 63

转变经济发展方式与法治 ·············· 79

以法治保障供给侧结构性改革 ·············· 88

民商经济法总论篇

论经济法的理念 ·············· 93

"规制"辨析 ·············· 108

经济法与经济法治 ·············· 125

新发展观与经济法治新发展 ·············· 139

民生法大纲 ·············· 150

再论商法 ·············· 163

论营利性 ·············· 175

股东权不是丧失所有权的对价 ·············· 193

论法人 ·············· 197

论"竞争中立" ·············· 217

论财政法是经济法的"龙头法" ……………………………… 239

论"税收法定"与政府主导 ……………………………… 252

"问责制"研究

　　——兼论问责制在中国经济法中的地位 ……………… 265

再识"责任"与经济法 ……………………………………… 277

WTO与经济法学新机遇：只有民族的才是国际的 ……… 287

求真务实、肩负社会责任的人大经济法学 ……………… 292

分论篇

论分权、法治的宏观调控 ……………………………… 303

地方法治与地方宏观调控 ……………………………… 322

论规划的法治化 ………………………………………… 335

如何优化金融监管：以我国金融业的集中抑或分业监管为中心 … 349

从证券市场看"错法"及其纠正机制 …………………… 358

论价格法 ………………………………………………… 372

关于直接税间接税孰优孰劣及应否对住宅开征房产税的探讨 … 386

财产权观念应跟上"修宪"步伐 ………………………… 390

论物权关系的法律调整

　　——以经济法与民商法的功能协同为视角 ………… 394

国企公益性之辨 ………………………………………… 414

"政资分开"辨正 ………………………………………… 418

国有公司、企业中哪些人被视为"国家工作人员" …… 420

论公司社会责任：法律义务、道德责任及其他 ………… 432

市场和政府谁更聪明 …………………………………… 453

关于我国的竞争政策：法和政策分析 ………………… 457

我国银行卡清算市场规制策略研究 …………………… 463

《反垄断法》与社会主义市场经济 …………………… 469

反垄断法：一本难啃的市场经济"大部头" …………… 477

银行卡"交换费"集中定价的反垄断法分析 ………… 482

公用事业民营化及其相关法律问题研究 ……………… 498

公用事业引入竞争机制与"反垄断法" ………………… 510

《反垄断法》与行业立法、反垄断机构与行业监管机构的关系之比较

　　研究及立法建议 …………………………………… 520

由"3Q 大战"对竞争执法权配置的再审视 ················ 532

反公用事业垄断若干问题研究

　　——以电信业和电力业的改革为例 ················ 536

合法垄断与政府职责

　　——关于《反垄断法》第 7 条的若干解读 ············ 550

反垄断法适用除外制度的理论和实践依据 ············ 568

论食品安全卡特尔

　　——一种食品安全法律治理的路径 ················ 577

论维护市场竞争秩序中公权力的定位

　　——从国美的艰难崛起反观我国竞争法制的缺失 ········· 592

漫话"消法" ································· 597

法治实践及原理篇

法治之现代蜕变：从法典主义到规制时代

当今社会高度复杂、错综万变，社会化使得各领域各方面都有赖于宪法法律概括授权下政府相机抉择的规制，因而必须超越法典主义，探求适应规制时代客观要求的法治模式。

引　言

中华人民共和国民法典即将完成编纂并颁行，同时，商法学界、经济法学界在呼吁制订商法典和"经济法通则"。这些皆法典主义使然。

拿破仑"五法典"① 尤其是法国《民法典》（简称"法民"）开创了法典时代，将法典主义暨法律主义蔓延开来。法典及法典主义自有其历史意义和法治功能，然而，迅猛发展的、高度的社会化和全球化，使法典曾经的价值和光彩逐渐褪去。民族国家及其法律体系和法治无须再用法典来表达与彰显。而且，复杂动态的社会关系和法律关系难以通过编纂法典的方式加以规定，民众通常读不懂用法理构造起来的"大部头"，比如，德国《民法典》（简称 BGB），从而有违法典和法典主义之初衷；追求体系稳定和"自治"的法典运行于丰富多彩的社会实践，与生活经验和常识也必然罅隙横生，需要越来越多的单行法、行政立法、判例等加以诠释和辅佐。所以，相较于单行的法律法规规章，法典不仅增加了民众学法守法的困难，也增加了立法、行政执法和司法的成本，出于法典主义而制订法典还助长了形式主义风气。

由于社会化和全球化，政府承担起空前的经济职能，成为经济国家，[1]事先的法律规定加司法的法治模式行不通了，需要在法律概括赋权、公私主体可问责的自由行动基础上动态地实现法治。如此，就政府承担社会经济职能的主要

---

① 即拿破仑主持编纂的《民法典》《商法典》《刑法典》《民事诉讼法典》和《刑事诉讼法典》，加上"拿破仑宪法"，构成当时法国的法律体系乃至世界法律体系的一个范本。

方式而言，则是"规制国（家）"，[2] 社会进入了规制时代。没有先知先觉、明镜高悬、高瞻远瞩、大公无私的"完人"能够预见到各种复杂情形并将各部门法编纂为法典，或者勉强编出来也难敷实际所需，比如，人工智能与大数据应用、新的交易与服务方式、新的金融工具及衍生品等所带来的法律问题，不可能等到有了法典或法律规定之后再从事这些活动。

一、辉煌的法典时代

自 17、18 世纪，随着资本主义生产关系的发展，对作为"商品生产者社会的第一个世界性法律"[3] 的罗马法的整理和研究基本完成，受实践需要和理性主义指引，建立一个内部和谐一致、没有内在矛盾冲突的法律体系——系统的法典编纂，成为那个时代立法者们不懈追求的目标，[4] 并深深地影响到后世。从 1793 年法民的第一个草案，到 19 世纪之后法荷意德和瑞士等西欧民族国家仿效拿破仑编纂法典，① 再到在 20 世纪社会变革中重生或在民族独立运动中新生的国家纷纷制订法典，② 以及在法制改革中重修法典来看，③ 这一趋势形成法典化潮流，甚至塑造了人们对于法律的认识。[5] 法典化对于社会进步和法治文明的贡献，以及其所创造的辉煌的法典时代，自不容否定。

首先，法典编纂以显赫的法律形式确认资产阶级革命成果及确立资本主义生产关系，促进民族国家认同，在新旧势力的博弈中起到了巩固新兴民族国家统一的作用。与民族国家相伴的法典编纂"运动"就是法典化或法典主义，包含着对反封建、人性解放的进步追求，促进社会形成一种政治正确的风气。马克斯·韦伯认为，"法典编纂可能是由活生生的一种全面而自觉地更新去向所造成，诸如外在的政治新建制。"[6] 国家和民族统一之后，通过法典编纂，可以结束法的分裂与不安定状态，维护法制统一，避免国家和民族的动荡。这方面德国表达得最为明确："只有编纂统一的德意志民法典才能实现德意志法律的统一；只有实现德意志法律的统一，使全德意志人民适用统一法律制度，才能谋

---

① 1804 年的法民、1838 年的荷兰民法典、1865 年的意大利民法典、1896 年（1900 年施行）的 BGB 和 1907 年的瑞士民法典。

② 比如，1922 年、1964 年的苏俄民法典和前东欧社会主义国家的法典，包括捷克斯洛伐克于 1964 年制定的世界上迄今唯一的一部经济法典；20 世纪二三十年代颁行的泰国民商法典，1994 年的俄罗斯民法典、1994 年的蒙古民法典、1996 年的越南民法典；以及 1948 年的埃及民法典、1951 年的伊拉克民法典、1960 年的埃塞俄比亚民法典等。

③ 比如，两部有代表性的民商合一的新民法典，一部是 1947 年开始重修的荷兰民法典，另一部是 2002 年的巴西民法典。

求德意志的政治统一与民族统一。"[7]

其次，法典具有法制教化、践行法治的作用。西方国家在市场经济基础上产生法律文化，加之宗教改革、文艺复兴等思想文化洗礼，法典编纂便成为一个告别封建旧时代、弘扬新时代法治文化、培养和熏陶新的法治意识的重要环节。正如德国学者卡斯滕·施密特所言，民族国家建立后，"法典会给法律乃至国家带来无尽的益处，法典的制定被视为政府的最高成就，被视为民众教养的有力证明，被视为一个时代里程碑似的成果。"[8]

再次，法典方便民众学法守法、约束法官和各级官员，这也是法典化的初衷。法典化实现了法律体系整体上的简洁，加上拿破仑要求法典的语言通俗亲民，而非生涩法律概念之堆砌，"要让法国的农民在煤油灯下读懂自己的权利"，[9]以至法典同时成为普法读物。法典之公开、明确、具体、细密，更可防止法官暨官员主观擅断或者贪腐损害民众权益。法典对于司法权而言是一种规则引导，代表着人们对公正法律的一种寄托，希望专断的法官可以受到法律的约束。[10]亦如黄茂荣教授所言，法的体系化不但可以提高法之"可综览性"，提高其适用上的"实用性"、裁判上的"可预见性"，进而提高"法之安定性"。[11]

最后，法典体现了高超的法律技术，是"完美"法律体系的反映。曾经的主流法治观认为，良法是法治的前提，而良法必然是具有内在有机联系的缜密的规则和概念体系。[12]马克斯·韦伯认为，"形式合理化的法典，与一般的规范性文件相比，语言更加精确，逻辑更加严密。"[13]甚至只要法典的体系"圆满无缺"，仅凭逻辑的运作便能使法之体系圆满。

就其本质而言，法典化在于确立新的生产关系和经济社会体制，形式意义则体现于整个法制和部门法的体系化、法律规则的具体化。法典对一国混杂的法律规范进行系统的整理、编纂，拿破仑"五法典"还首次在公私两分法的基础上将法律体系划分为六个法律部门，开创了近现代法制和法学的一个新时代。

但没有永恒的时代。法典由其自身特点所决定，存在着不完整性、不可通约性、僵化性和滞后性，法典式法治模式已然跟不上时代变迁的步伐。

二、高度复杂、错综万变的社会关系：社会化和全球化不经意间打破了旧的法治模式

拿破仑之后不久，法典化便无法涵盖整个法律体系，以控权为目的和特征的行政法、以经济社会规制为核心的社会法暨经济法等发展起来，"法典化"实际上仅剩民法部门的编纂成果。社会化相伴全球化，公与私、国内与国际、经济社会文化政治日益紧密不可分，要求法律调整必须即时化、动态化。比如，为稳定住宅供求和房价、治理拥堵和空气污染而实施房屋限购限贷、车辆限购限行，相应的民事法律关系不得不遵从政策和规制的要求，公共管理和司法判例的创新、变通，冲击着法典化；又如，2010 年的"3Q 大战"，腾讯公司针对奇虎 360 公司推出"扣扣保镖"、声称"为 QQ 作隐私保护"等不正当竞争行为，强制用户在 QQ 和 360 软件之间"二选一"，引起轩然大波，如果不是工信部在第一时间约谈两家公司，致其立即改正自身不正当竞争和滥用优势损害消费者权益的行为，并双双向社会和网民道歉，而要等到 2014 年最高人民法院终审定案的话，则为时已晚，后果不堪设想；再如由规制派生的经济刑法、专业刑法越来越多，连刑法的法典化亦难以守住了；美国对华发动贸易战，说打就打，不按常理"出牌"，中国政府如果不基于职责随机应对，则无法有效维护国家和社会的利益。须知，社会及其成员对法律的实际所需并非一般概括，而是具体问题的处理。[14] 换句话说，法律的生命力在于其能否从根本上回应社会的需求，适应实践的需要。[15] 追求稳定性与精致性的法典和以法典构建的法律体系，排斥刚性不足的授权规范、层级和效力不高的行政立法及其自由裁量行为，这些特点使法典在新的社会需求面前必然笨拙无能，以至被新的潮流冲得七零八落。要么为解决"法典一颁布就过期"的问题，[16] 只能以特别立法和判例为法典"打补丁"，从实质上修改法典，由此带来的，是对法典及其体系的破坏。

社会化和全球化也意味着世界进入了民族国家竞合的时代，竞争是从个体层面的个人和单个企业、组织间的竞争上升到国际层面的国家间竞争。这就要求一国政府充当本国经济社会的"首席执行官"（CEO），① 在维护本国利益提升本国竞争力的基础上，积极参与国际合作和全球治理。一国政府能否与经济社会和市场有机结合，成为有效的经济国家和规制国家，关系到该国的经济兴衰、经济安全、主权乃至国家兴亡。[17] 这一现实需求与法典主义也是格格不入的。

"从身份到契约"，[18] 这是资产阶级革命的一大进步，表现在法律上就是确立抽象、平等的人，为其一般地设定行为的规范和框架，② 这在西欧法典时代得到了充分体现。但在社会化条件下，分工合作带来普遍的组织性，出现了"身份"回归，员工、经理、董事、股东、实际控制人、处长、部长、议员，有限

---

① 源于美国的概念，企业及其日常经营管理的"一把手"，通常具有董事身份，相当于董事总经理。

② 尽管"人"的实际涵盖范围较窄，起初并不包括全体社会成员，随着社会的进步才逐渐扩展到妇女、劳工、农民等。

公司、一人公司、股份公司、上市公司、大中型企业、中小企业、小微企业、私人企业、国有企业、大学中学或小学、公立医院或民营医院等，要求每个人在其参加的各相关社会关系中扮演好相应的角色，强调角色担当及其义务和职责。权利能力加主观权利加事后司法救济的法治模式，已不足以有效维持现代社会的运行。法律调整需追溯到源头之角色及其权义、职责设置，要求角色担当义务、履行职责且全过程可问责，经不起问责则承担相应的法律后果，或因绩效优良获得褒奖，以此为中心整合相关法律法规进行具体调整，这正是晚近问责制（accountability）的由来。也只有这样，才能适应复杂任务和长期项目所料未及如从大规模移民到建坝及发电的三峡工程建设、从嫦娥一号"绕月飞行"到嫦娥五号"采样带回"的探月工程等，避免无人负责、扯皮拖拉、事后无法追责等弊端。这是一种公私主体在概括赋权的基础上自由裁量、相机抉择并对自己的行为承担责任的法治模式，法典化和法典主义不可与之同日而语。因而越执着于规则的形式和条文，越容易与法所追求的实质正义形成隔阂，以至面对一种法典主义所未料之"不可避免的冲突，即法律的确定性所具有的抽象形式主义与他们想要达到的实体性目标之间的冲突"。[19] 从表面上看，"无论是在理论中还是实践中，20 世纪的法律都越来越不被看作是一个连贯一致的整体、一个体系和一个法令大全了，而越来越被视为一盘大杂烩，一大堆只是有共同的'技术'连接起来的支离破碎的特殊的判决和彼此冲突的规则。"[20] 法典时代一去不复返了。

在高度复杂多变的社会条件下，不仅法典编纂变得不必要，法律的规定都必然是挂一漏万的、滞后的，因此法律调整必须依赖市场和社会的充分自治。比如，各种企事业组织、网购和网约车等平台，社会中的绝大多数矛盾纠纷都可在其内部通过自治规章、规则、处理机制得到解决，少数外溢的纠纷才有劳法院处理。当然，在自治运行过程中，政府比如市场暨金融监管、发改、工信、交通运输、教科文卫体等主管部门可以也应该给予必要的指导监督；同时，在弱化法律预设和政府事前监管的同时，须强化事中事后监管，[21] 对有违公共利益、公序良俗、诚实信用等行为或现象，政府必须在第一时间发现并予适当处理，这是一种强化和优化的规制，对政府提出了更高的要求。不言而喻，社会发展使得法典的形式意义渐失，重要的是要让每个人对自己的自由行为、自由裁量负责，可问责、能追责，这未必要依赖法院和政府。正如一个有趣的现象所揭示，有学者探讨美国特拉华州法院的衰落，发现其原因是股市从主要由散户组成发展到由机构投资者主导，导致了"公司法的死亡"；因为散户的能力低，倾向于通过法院解决纠纷，由法院承担股东监护人的角色，而基金、投资顾问等具有很强的专业能力，在其主导的股票市场上，当事人更愿意接受专业意见，偏好法院之外的私人秩序，较少将司法作为纠纷解决选项，以至特拉华州法院的权力旁落、公司法被"束之高阁"。[22]

中华人民共和国成立后的一段时间内，与西欧国家资产阶级革命胜利之初一样，也需要用法典来宣示实行法治、走法治之路的决心。全国人大先后于1954年、1962年、1979年、1998年、2002年提出要编纂民法典，但终因新的社会关系尚未稳定、法典过于庞大难以驾驭而未成功。而到2010年年底，中国特色社会主义法律体系形成，[23]各种应有的法律规范已经齐备，同时，国家、社会也早已进入规制时代。至此，中国践行、彰显法治的方式和路径不再是法典。

具体到"商法典"和"经济法通则"，也不合时宜。商法原本就是中世纪商人所用的罗马私法，罗马私法被整理、提炼后变为近现代的民法，商即民，民必然涵盖商，民商法不可分，终究演变为民商法合一的大趋势。无论从主体、行为还是法规各方面，都找不到区分民、商的标准，无法将二者分清。[24]"经济法通则"就是简明的经济法典。经济法的核心是政府经济规制，[25]行政立法及政府相机抉择于其中发挥着主要和重要的作用，这是不可能编纂法典的，所以学者们只是呼吁"立"概括的通则，将法律中的相关原则和概括性规范人为地攒到一起，由全国人大或其常委会通过为法律。但这样做，除了徒增无意义的研究及"成果"外，对于立法、行政执法、司法和守法实际上一无是处。

三、纸面上的法律规则体系——法典之于法治

法典主义的背后是法律主义，以为法律的规定就是现实，现实不理想是因为法律的规定不科学、不周密或者位阶不够高，殊不知是社会决定法，而不是相反。罗马法研究达到极致，形成法条主义、法律主义，据此产生出以法律为中心规范社会生活，借助法典实现国家法一统江湖的法典时代。[26]受其影响，我们一直认为法治就是有法可依、有法必依、执法必严、违法必究，或者科学立法、严格执法、公正司法、全民守法。然而在现实生活中，有法难依、有法不从现象层出不穷，比如，城市管理行政执法和合法的土地征收，往往因为民众普遍的不理解、不配合而难以实施到位；法律错误、法律滞后在所难免，比如，劳动合同法追求员工在两个固定期限合同后订立无固定期限合同让其捧"铁饭碗"，鼓励员工在工作时间和薪酬方面与老板锱铢必较，殊不知变幻莫测的市场要求企业灵活地用人用工；公司法对于企业须由最具事业心、与企业最具切身利害的出资人控制的客观要求而派生的双重股权结构回应得过于迟缓，

等等。这些，无不暴露出法律主义之于现代法治的难题，撩拨着法律人的神经。

法典只是纸面上的形式完美，是"形式理性法"，即英明的立法者立出体系科学、逻辑严密、内容具体完备的法，社会各界各阶层一体遵行。然而完美的法是不存在的，即使立出法典，徒法也不足以自行，须在法的施行中动态地博弈，形成正义的共识，方可使正确的法获得执行力，矛盾和错误的法得以纠正，滞后的法得以搁置，法的缺漏得以弥补，以实现法治所要求的实质正义。

因此，法治是循法则而治（rule of law），而非将法作为工具或手段之治（rule by law），要求以正式法律规则为中心，不同层级的正式规则、① 自治规则、道德规则、明规则、潜规则、好规则、坏规则等以及相关主体之间充分博弈，在担当和可问责的基础上实现善治。应当明确，良法可遇不可求，良法也不等于善治，如此方能建立适应规制时代要求的新的法治模式。

四、规制时代的法治模式表达

规制时代是政府对社会经济进行广泛深入的调控监管，并作为市场暨经济主体参与社会经济生活的时代。适应这一新时代的法治模式可以从三个角度进行表达，从而构成一幅完整、立体、动态的法律调整图景。

表达之一，社会和市场充分自治+政府指导监督+司法审查。法典时代从思想上说就是法律主义时代，认为法治就是制定得良好的法律并被良好地遵守与执行，是一种"法典+众人自觉守法+法院"的模式。但在规制时代，自治已成为法治的基础，否则再好再全面的法律、再英明的法院和政府都无济于事。通过企事业和其他社会组织及其相应的矛盾协调、纠纷处理机制，比如淘宝、微信、滴滴、学校、医院、村民或居民委员会、协会、调解和仲裁机构等，即可防范和化解绝大多数的矛盾和纠纷，这是现代法治所不可或缺的。同时，自治规章及其规则、机制，社会成员、市场主体及其自治关系并不等于和代表公共利益，只有政府是公共利益的天然和当然代表，因此社会和市场的自治须接受政府的指导监督。②[27] 至于剩下的少量矛盾纠纷以及政府指导监督之不作为、不

---

① 除了权力机关制定的"法律"规则外，还有行政机关和法院制定的规则，以及《中华人民共和国立法法》规定的渊源之外的政策规则、党的法规和政策规则，等等。

② 比如，最近发生了一件这方面的典型事例，山西省襄汾县大邓乡赤邓村发布公告，自2019 年 10 月 1 日起，村民在葬礼上不准披麻戴孝、不准进行祭奠活动，否则，村道德银行对行为人扣减星级积分，村委会不予办理转学、上户等手续，引起舆论哗然。为此，县文明办联合大邓乡政府对赤邓村的移风易俗活动进行指导，对公告内容进行规范和完善，在乡政府进行合理性、合法性审查并向县文明办反馈后，重新公布。

合法、不适当和腐败等问题，则也可以且应由司法最终解决。

表达之二，法律概括赋权+公私主体自由裁量、行为+问责制。传统法治思维对政府行为采取"固定规则"的方式——法无明文不可为，但就规制而言，面对高度复杂的社会经济生活及瞬息万变的国际国内形势，经济社会运行必须在自治的基础上由政府主导，出现任何问题政府都有义务出面协调、解决，对此可以借用王岐山所谓"广义政府"承担"无限责任"的说法。[28]政府基于其职责，服从公共利益和公众呼声，当为则为，法律有无明文或具体规定则在所不问。政府通常只能判断在某个时期内哪种法律以及哪个政策更有效，以及这种法律和这种政策在哪些方面会更好，甚至不能断定那些正在盛行的法律或政策在下一次使用时是否还持续有效、效果能持续多久，也即法律不可能预见各种经济形势及其细节，并对应于政府得行使的具体权力或措施，[29]"固定规则"、事无巨细"依法"（恪守法条和具体规定）是不可行的。为政府设定职责就是概括赋权，在此基础上，政府积极担当、自由裁量，以合理性判断其合法性，而非用具体法条或程序束缚其手脚。正如张守文教授所言，作为公主体的政府在进行宏观调控时，其宏观调控行为在经济上的合法性取决于其经济上的合理性，也即是否符合经济上的"合规律性"。[30]

政府尚且需要在法无明文之下"相机抉择"，私主体的"法无禁止即可为"也自有其边界——他人的人格尊严、自由和合法权益。对此，私主体除接受契约暨民事权义约束，在规制时代，同时要受政府和社会的事中事后监督，如有任何损害社会、集体和他人合法权益的行为，政府有权也有义务予以查处，司法机关也有权力和义务进行审理。

问责制是西方国家近年发展出来的概念和做法，是法治的最新发展。[31]它是一个可以将法治诸要素如立法、执法、司法、吏治以及公众参与等有机结合在一起的系统。问责制的起点是角色及其权义设置，在此基础上，要求每个角色都自觉履行该特定角色所蕴含的义务与要求，同时勇于担当其专业与本分，也即角色担当。在角色担当中，利害关系方乃至公众可以提出意见、质疑和建议，担当角色的主体应当随时回应来自体制内外的各种质疑、监督，并做出适当的解释、说明。这也是一种沟通商谈，通过当事人的回应说明（answerability）、说理，在社会成员博弈的基础上，形成共识和决策，达到合理性和合法性高度统一的法治境界。最后，主体违背角色要求或经不起质疑与监督时，就应当承担相应的不利法律后果（liability），包括引咎辞职、责令辞职、撤职①等行政或党纪处分，责令停止、赔偿等民事责任，乃至承担刑事责任。

公私主体自由裁量与行为的关键，在于"灵活决策的优势是否会被由自由决策带来的不确定性和滥用权力的潜在可能性所抵销并超越"，[32] 因为无论是"公共选择"还是"个体选择"，都会受到各种利益的影响与诱惑，有意无意地作出公主体的越权、弃权、争权与滥权以及私主体的滥用权利、游走于灰色地带、恶意打擦边球等"脱法"行为。问责制正是在规制与自由并行不悖、复杂动态法治条件下应运而生的法治机制。在问责制下，每个主体都须对自己的言行负责，从而保障公私主体充分自由行为，实现市场、社会、政府的良性互动与博弈，在动态中实现法治。

表达之三，法的政策化+政策法治化。传统上普遍将政策下意识地与"法"相对立，认为政策是在议会或权力机关制定的法律之外，由国家、政府、政党等制订的方针或准则，缺乏规范性，灵活而富有弹性。无疑这也是一种法典主义的"法治"思维。规制和政策是同一事物的两面，规制在19世纪自由放任时代逐渐结束时兴起，到20世纪60年代大爆发，政策与法早已融为一体。

首先，社会化打破了法律和法律规则刚性的神话。法律需要因应形势随时立改废，其变化频率已不亚于通常认为的政策变化，法典也不得不遵从与时俱进的单行法、行政立法和司法解释，② 变化不及的法律及其规则只能被各种方式和形式赋予其新的含义，由此法律本身愈益具有变动性、灵活性、概括性和授权性。中国的改革开放还往往由政策先行，并由全国人大及其常委会授权或以规范性文件的方式赋予政策以法律效力。正如博登海默所言，"法律绝不能回避和拒绝那些型塑并改变社会生活结构的力量的影响。"[33]一旦"规则"学说无法解释立法、执法和司法过程中大量出现的自由裁量行为时，"政策"与"原则"便开始进入法学家的视野。[34]从另一角度看，法也越来越不能依赖法典和法律，规制作为政府行为和作用的范畴，主要表现为政策，也即行政立法和行政执法。政策对法律进行解释、梳理及作为指南，在弥补法律滞后、冲突和缺漏等方面发挥着越来越重要的作用。这是法的政策化。政策并非天然地"恶"，《瑞士民

---

① "司法系统不能强迫政府采取行动以履行竞选时作出的承诺。如果一个政治家没有履行契约义务，那么唯一的救助方法就是将他解职。"西方国家的这个道理在中国也大体适用。

② 法国《商法典》正是这样被冲垮，失去其实际价值的；又如法民第1382条，法官"将其作为一个筐，什么都往里装"，以至其原文几乎要被遗忘了。

法典》第 1 条首创、民国《民法》第 1 条所继受之"法律无规定者依习惯、无习惯者依法理"，所称"法理"就是政策，是为大陆法系法律和司法引入政策以及"法的政策化"之起源。[35]因为这是授权法官在审理中能动地作有关公共政策的考量，而非援用教科书或学者的观点判案。

其次，问责制适时赋予了政策以法治的蕴义、价值和作用。改革开放前，政策是中国式人治的典型表现方式——各种红头文件，政策制订及执行者凭"长官意志"行事，并无责任可言，是一种不正常的存在。[36]但时至今日，政策日益公开透明化，行政法规、规章及其他规范性文件乃至司法解释和个案判决时刻置于公众的监督之下，政策不再是可由少数人任意掌控的工具。而规制的主要手段就是政策，规制离不开政策，政策的制订者和执行者在问责制的框架和机制约束下恪尽职守，充分发挥主观能动性，具有可问责性且对自己的行为承担法律后果，也就是法治了。脱法、无责的政策暨规制，在中国已成过去式。

最后，政策和法的渊源趋同。法治化伴随着政策的规范化，政策和法都表现为宪法、法律、行政法规、地方性法规、政府规章和其他规范性文件。在实践中，许多政策性规范性文件如"负面清单""进出口税则"等，业已成为日常行政执法和司法的法律依据。

由上，"法和政策"（law and policy）已成为惯用词组，即法包括政策暨各种规范性政策文件，政策则包括立法和立法范畴的规范性文件。

结　语

法典主义是与资产阶级革命胜利前后的简单资本主义社会条件相适应的，已完成其历史使命。随着社会化、全球化的发展，法典主义的法治模式被扬弃，纸面上完美的规则体系之于法治不再具有实质的意义和价值。此时以问责制为核心，以政府为主导，公私主体积极自由地作为、担当，事事有人负责，人人可问责及可被问责的法治模式，更能适应复杂社会条件下法治及民族国家竞合的要求。这是当前规制时代所应积极追求并践行的动态的法治模式。

（史际春、丁庭威，原载虞平主编：《孔杰荣教授九秩寿辰祝寿文集：法治流变及制度构建——两岸法律四十年之发展》，元照出版有限公司 2020 年版）

参考文献：

［1］史际春，陈岳琴．论从市民社会和民商法到经济国家和经济法的时代跨越［J］．首都师范大学学报（社会科学版），2001（5）：29.

［2］［美］凯斯·R.桑斯坦．权利革命之后：重塑规制国［M］．钟瑞华，译．北京：中国人民大学出版社，2008.

［3］恩格斯．路德维希·费尔巴哈和德国古典哲学的终结［M］//马克思恩格斯全集：第21卷．北京：人民出版社，1965：346.

［4］朱景文．关于立法发展趋势的几个问题——一个比较研究［J］．法学杂志，2005（4）：10.

［5］朱明哲．从19世纪三次演讲看"法典化时代"的法律观［J］．清华法学，2019（3）：185.

［6］［德］马克斯·韦伯．法律社会学［M］．康乐，等译．桂林：广西师范大学出版社，2005：274.

［7］沈宗灵．比较法研究［M］．北京：北京大学出版社，1998：114-115.

［8］［德］卡斯滕·施密特．法典化理念的未来——现行法典下的司法、法学和立法［J］．温大军，译．北航法律评论，2012（1）：38.

［9］梁慧星．民法典是现代社会的权利教科书［N］．经济参考报，2015-06-16.

［10］［法］特隆歇，波塔利斯，等．法国民法典开篇：法典起草委员会在国会就民法典草案的演讲［M］．殷喆，袁菁，译//何勤华．20世纪外国民商法的变革．北京：法律出版社，2004：14-15.

［11］黄茂荣．法学方法与现代民法［M］．北京：中国政法大学出版社，2001：471.

［12］封丽霞．法典编纂论——一个比较法的视角［M］．北京：清华大学出版社，2002：3.

［13］苏国勋．理性化及其限制——韦伯思想引论［M］．上海：上海人民出版社，1988：219-222.

［14］［德］马克斯·韦伯．社会法律学·非正当性的支配［M］．康乐，等译．桂林：广西师范大学出版社，2011：218-228.

［15］邓峰．论经济法上的责任——公共责任与财务责任的融合［J］．中国人民大学学报，2003（3）：146-153.

［16］［美］约翰·亨利·梅利曼．大陆法系［M］．顾培东，禄正平，译．

北京：法律出版社，2004：158-165.

[17] 史际春．政府与市场关系的法治思考［J］．中共中央党校学报，2014，18（6）：10-16.

[18] ［英］梅因．古代法［M］．沈景一，译．北京：商务印书馆，1997：97.

[19]［德］马克斯·韦伯．经济与社会：第1卷（上册）［M］．阎克文，译．上海：上海人民出版社，2009：946.

[20] ［美］哈罗德·J. 伯尔曼．法律与革命——西方法律传统的形成［M］．贺卫方，译．北京：中国大百科全书出版社，1993：44.

[21] 国务院关于加强和规范事中事后监管的指导意见［EB/OL］．中国政府网，2019-09-12.

[22]［美］佐哈·戈申，莎伦·汉内斯．公司法的死亡［M］//林少伟，许瀛彪，译．证券法苑．北京：法律出版社，2019：39-48.

[23] 吴邦国．在形成中国特色社会主义法律体系座谈会上讲话［EB/OL］．中国新闻网，2011-01-24.

[24] 史际春，陈岳琴．论商法［J］．中国法学，2001（4）：92.

[25] 史际春，冯辉．“规制”辨析［J］．经济法学评论，2017，17（1）：3.

[26]［葡］叶士朋．欧洲法学史导论［M］．吕平义，苏健，译．北京：中国政法大学出版社，1998：65-75.

[27] 山西一村葬礼禁披麻戴孝引热议 官方：已停止执行［Z/OL］．人民网，2019-10-09.

[28] 侠客岛．王岐山这三句话，值得细思量［Z/OL］．人民网，2017-03-07.

[29] 刘骏民．宏观经济政策转型与演变——发达国家与新兴市场国家和地区的实践［M］．西安：陕西人民出版社，2001：1.

[30] 张守文．宏观调控权的法律解析［J］．北京大学学报（哲学社会科学版），2001（3）：125.

[31] 史际春，冯辉．“问责制”研究——兼论问责制在中国经济法中的地位［J］．政治与法律，2009（1）：5.

[32]［美］保罗·萨缪尔森，威廉·诺德豪斯．宏观经济学（第17版）［M］．萧深，译．北京：人民邮电出版社，2004：317.

[33]［美］博登海默．法理学：法律哲学与法律方法［M］．邓正来，译．

北京：中国政法大学出版社，2017：489.

[34] 王伟奇. 法治理论中政策与法之关系分析——以社会权利的发展为背景 [J]. 湖南文理学院学报（社会科学版），2008（2）：33.

[35] 史际春，胡丽文. 政策作为法的渊源及其法治价值 [J]. 兰州大学学报（社会科学版），2018（4）：156.

[36] 杨在平. 政策法学：迈向实践与理想形态的中国法学 [J]. 理论探索，2006（5）：145.

法治与国民

法治与国民性息息相关，法治建设脱不开中国国情。

曾几何时，中国人心目中的法和法治，就是立法和法条。出了什么问题就喊着"赶紧立个法吧"，以为法条的文字即刻就会成为现实便是这种心态的反映。终于，人们发现纸面上的规则不等于实际，二者相距甚远也不无可能。

法属于上层建筑，立法是主观见之于客观，因此未必吻合于客观，阙漏、矛盾、滞后、超前等在所难免。只有在法乃至整个国家机器与社会以及社会成员相互之间的互动中，才能追求和实现法之公平正义。

现代法治是基于规则，且在不同规则和主体的博弈中遵循主流社会的主流意识形态并受其评判和约束的一种善治状态。现代法治包含正义、共识和执行力三项必要条件。然而中国迄未完全走出熟人社会，这是法治的最大障碍。

几千年的宗法社会，人们在亲疏不同的熟人之间建立关系，超出这个范围的活动，仍需借助血缘婚姻宗法乃至地方、国家政权以谋求新的熟人关系，使得超越血缘宗法和人情的契约及法律不无多余，其惯性延续至今。熟人社会首先是人情社会。在当下中国，熟人之间仍不讲规矩，不必公事公办，没有关系则制造关系，关系不熟就想方设法将其催熟。

熟人社会的另一面，是熟人之外哪管它洪水滔滔。如三聚氰胺牛奶事件，冀蒙两省区的农民肆无忌惮地往奶里掺水，蛋白质含量不够那就"只好"加三聚氰胺。还有，近年每到夏收、秋收时分，中东部地区就被焚烧秸秆的烟雾所笼罩，影响飞航安全，污染环境，还在一些大中城市引发了恐慌。对本乡土暨宗姻亲之外的他人和社会利益无感，为了一己之利，哪管它伤害、致死了多少与己无关的人？而因为冤无头，年年焚烧秸秆甚至比三聚氰胺事件更恶劣，在三聚氰胺事件中，还抓了几个制售三聚氰胺的人和某公司做替罪羊，而对广大肆意焚烧秸秆者，却连儆猴的鸡都捉不到。

历史上，离开或摆脱了宗法约束的就是流氓、痞子，如今中国人虽有了温饱，在不受熟人约束的陌生人中，骨子里未泯的习性仍会不时流露出来。比如，乘客冲进机场跑道"维权"，无法无天，未闻法治国家有这种事，不是因为外国的航空公司从不延误、服务至善或乘客无须维权，而是人们心中有一条法纪和安全的红线，有狂徒敢这样做，早就毫不客气地将其击毙或拘捕、判刑了。航空乘客是国人中素质较高的一群，何况底层民众呢。甚至最高学府的"精英"们也大耍痞子作风，执意突破道德、艺术和人格尊严的底线，在高雅的艺术殿堂里起哄将其不喜欢的人赶下台。

法治必要有正义，正不压邪，正气不彰，纵有共识也是邪的，比如，法西斯的德日。有了正义的法，还需有普遍的共识，不然任何规矩都执行不了，或者执行不力；而正义的共识形成之后，漠无道德和法纪的人也不能太多，否则纵有良法仍是一纸空文。

因此，要在中国实现法治，需在人们既定的行为方式或模式下与时俱进地推进公平正义，使人们逐渐摆脱"熟人"支配，而不断接近"陌生人"社会所必需的独立自主判断、抉择、自我负责的境界，反过来再使良法的实施更容易、更有力到位，错法或不合时宜的法得以纠正或搁置，法的漏洞得以弥补，如此循环上升。以农民添加三聚氰胺和焚烧秸秆为例，"法不责众"，要将千百万"无辜"犯法或故意抗法的普通民众绳之以法，似乎没有太多的办法。唯一可能却也是成本最高的办法，则是通过基层政府事前动员、事中指导、事后排查问责，对行为人比如往奶里添加三聚氰胺或焚烧秸秆者苦口婆心规劝、以行政方式和手段紧盯，长此以往，可望逐渐使农民乃至全体民众养成公民的意识和形成责任担当。事实证明这确实有效，也是任何外国都做不到的一个中国特色。

综上，对于中国，要在邪不压正的氛围下，社会成员相互之间及其与法的良性互动博弈中，矢志不渝地追求，逐步地实现法治。

（原载《深蓝》，深蓝律师事务所成立十周年纪念特刊，2013 年 2 月，"卷首语"）

论错法如何纠正

法的文本并不总是切合实际的，对其纠错是法治的重要命题。法治在动态运行中通过这种纠错以实现公平正义和善治。

一、问题及意义

改革开放 30 余年来，伴随着经济和社会的迅速发展，我国的法治建设也取得了长足的进步。从法律虚无主义中一路走来的国人，将"有法可依、有法必依、执法必严、违法必究"奉为圭臬，在构建法律体系方面取得了世人瞩目的成就。① 但是随着时代的进步，人们不再满足于法律体系在形式上的完备，而是更关注法在经济和社会发展中的实际功能与绩效，关注法能否作为一种内生性的要素推动整个社会的发展，也即关注法律规范的制订、实施是否符合客观规律和法治的要求。这是一种新的更高级的追求，我国的法治如能在这个意义上取得突破，必将是国家和民族之大幸。

横亘在这一理想之路上的障碍有很多，其中的一个典型障碍就是"错法"，也即那些虽然由立法者依法制定，但因种种原因脱离了经济与社会发展的客观实际，在实施过程中轻则形同虚设、重则反而有损经济社会运行和发展的各种规范性文件。② "错法"不是一个简单的问题，它反映了法治建设进行到一定阶

---

① 2008 年 2 月 29 日，国务院新闻办公室在《光明日报》发表中华人民共和国成立以后的首部政府法制白皮书——《中国的法制建设》。其中称：经过多年不懈的努力，以宪法为核心的中国特色社会主义法律体系基本形成。当代中国的法律体系，部门齐全、层次分明、结构协调、体例科学，主要由七个法律部门和三个不同层级的法律规范（即法律，行政法规，地方性法规、自治条例和单行条例）构成。

② 除有特别说明外，本文用"法""法律"等概念代指具有法律效力的各种规范性文件，相当于《中华人民共和国立法法》所指之"法"，而不限于全国人大及其常委会制定的宪法和法律。相应地，"立法者"也是指依法有权制订相应规范性文件的任何国家机关，而不局限于人大及其常委会等权力机关。

段后遇到的瓶颈。脱离法治和法治理念的束缚、监督及救济机制不彰的"错法"，不仅妨碍着社会、国家、政府迈向法治社会的历程，也动摇着民众对法治的信任和倚赖。

"错法"本身不是最致命的，"知错不改""知错难改""错了改不过来"才是问题所在。宪法、立法法、行政复议法、司法实践等为纠正错法设置了救济，这也是学界关于错法问题的既有共识。但是实践证明，这些纸面上的纠错进路在操作中实效不彰，原因在于纠错依赖于法治，在法治水平不高的情况下指望写在纸上的纠错方法能起作用，是勉为其难的。实际的错法纠正机制，主要表现为自发性选择，即个人、企业等组织乃至国家机关及其工作人员对法律的规避、变通和选择性适用，而这又会侵蚀法律和法治的公信力。

所以我们不得不从一个更为广阔的视角，在法治的框架内来审视"错法纠正"问题，就此作一探讨，以求教于方家。

二、什么是错法及其缘何产生

（一）错法的评判标准及其变迁

法的对错当然不同于自然科学中可以用数字或实验加以证明的正确与错误，而是根据一定标准的价值评判。法的"对错"类似于法的"善恶""好坏"，起源于自然法学派的理论。自然法学派评判法律的善恶、好坏的标准是"是否符合正义"，这种正义主要是一些人类共同信奉的价值，比如，生命、自由、平等、和平、财产等。以今天的眼光看，自然法学派是有积极意义的，但是必须明确的是，恶法、坏法、错法也是法；同时，不存在超脱于既定社会的普世价值，也即没有绝对、永恒的正义，譬如在正义战争中或者依正当程序剥夺生命和财产、限制自由，在当前市场经济条件下因优胜劣汰造成社会成员不平等，等等，是正当的。

在经济日益全球化、市场经济不断普及和深化的时代背景下，社会法学派从功能和绩效角度对法律进行评判，即以法律调整的经济、社会绩效来评价其善恶对错。"任何法律都要在社会生活面前表明其存在的理由"。[1]将法的有效性、有用性作为评判其善恶、对错的标准，这是经济和社会发展提出的实实在在的要求。尤其对于经济性的法律规范而言，能否满足经济和社会发展对法律调整的需求及其满足的程度，从根本上决定了其有用性、有效性，也就决定了其"对"与"错"。

本文讨论的"错法"，主要就是指与经济和社会发展的实际相脱节、不符合实践所需的各种规范性文件，尤其是涉及国民经济发展和经济社会公共管理的法律规范。错法既可以是一部完整的法律，也可能是一部法律中的某些条款。

（二）错法的主要类型及其成因分析

以下对经济、社会和法治实践中的典型错法及其产生机理进行分析，当然，类型划分是工具性的，并非绝对，可能有交叉或重叠。

1. 感情用事的错法

有时，由于立法者管制经济或社会的冲动，把法律当成了儿戏，如某市人大常委会公布的城市市容和环境卫生管理修正案中拟禁止打扑克、玩麻将和赤膊者"上路"。[2]

2. 因草率、仓促导致的错法

由于经济和社会发展出现了新情况，立法者在缺乏经验和知识的情况下仓促、草率立法，导致所立之法存在漏洞。

3. 因客观条件变化导致的错法

有些法在制定之初发挥过积极作用，但因客观条件变化而落后于实践需要，甚至阻碍发展，却没有及时改废，从而产生错法。比如，1987 年颁布的《投机倒把行政处罚暂行条例》，很快就不合时宜，但直到 2008 年 1 月才被国务院宣布废止。

4. 因部门利益、集团利益和垄断利益而产生的错法

最典型的就是垄断性公用事业的"霸王条款"，几乎每一个"霸王条款"背后都有各种各层级规范性文件作为其"合法性"依据。[3]公用事业由政府特许经营，政府与立法者在主体暨利益方面的某种混同，导致缺乏错法纠正的动力，反过来错法又支撑着公用事业在合法的名义下损害消费者利益，二者相辅相成。

5. 明显与社会文明、进步相冲突的错法

比如，铁道部 1979 年的《火车与其他车辆碰撞和铁路路外人员伤亡事故处理暂行规定》中称："死亡者家庭生活确有困难的，由铁路部门酌情给予 80 至 150 元火葬或埋葬费；还可酌情给予一次性救济费 100 至 150 元"，该规定至今仍在适用。[4]这类错法的成因比较复杂，但立法者缺乏以人为本的理念和主动修正错误的动力及机制不足是其主要原因。

6. 因立法者追求政绩、脱离实际而产生的错法

这类错法因各地政府发展经济、经营城市的冲动而较为普遍，典型例证是各种各样的经济规划、城区规划，一个领导一种思路。再比如，基层政府用"红头文件"的形式干预农民的经营和交易，导致农民生计无着落时又不得不动用财政给予救济，不仅损害了农民正常生活还可能破坏耕地。

7. 因追求某种公共管理目标而产生的错法

政府公共管理面临的局势复杂多变，不同目标之间可能存在冲突，如果不能妥善统筹协调，为了尽快实现某种目标，就容易产生错法。比如，《城市房屋拆迁管理条例》中规定，当"拆迁人与被拆迁人达不成拆迁补偿安置协议"时，"经当事人申请，由房屋拆迁管理部门裁决"，被拆迁人"在裁决规定的搬迁期限内未搬迁的，由房屋所在地的市、县人民政府责成有关部门强制拆迁"。鉴于拆迁人、拆迁管理部门和地方政府三位一体，缺乏利益制衡，众多开发商和地方政府根据这一规定强制拆迁，致社会恶性事件屡屡发生。为城市发展考虑，提高开发效率无可厚非，但决不能置社会安定与公平于不顾，因而该条例不得不于2007年10月停止执行。

8. 管制过分严厉而不具有操作性的错法

比如，1999年的《处方药与非处方药流通管理暂行规定》中称，"处方药必须凭执业医师或执业助理医师处方销售、购买和使用""执业药师或药师必须对医师处方进行审核、签字后依据处方正确调配、销售药品""零售药店对处方必须留存2年以上备查""处方药不得采用开架自选销售方式"等，这些规定看上去很漂亮，严格细密，但我国社会发展和管理的实际水平决定了其只会引发大量的规避和弄虚作假，不但起不到实效，反而助长药品销售中的"劣币驱逐良币"，败坏社会风气，损害法律的权威。更严重的是，许多严厉的法条是负有管理职能的部门或执法机关为了推卸自己的责任而制定的。如"一律关闭""某某时间后一律不准营业"之类，制定规则的部门从未打算去执行，但出了问题却可以此规定将责任推给当事人和其他相关机构。

9. 因不当许诺而产生的错法

这类错法会引发民众对该法律的不当期许，与过分严厉型的错法一样，本质上都是源于立法者脱离经济和社会发展的实际。比如，《劳动合同法》在博得"劳动者权益保护法"的美誉中出台，但立法者始料未及的是，该法实施前后在社会上引发了强烈的争议、对立和矛盾，遭遇大量的规避，众多低端劳动者反而因此丧失了更多的利益，又恰逢国际经济危机爆发，以至被指责为在经济时局艰难的时刻"在中小企业的伤口上撒盐"[5]。

"苦涩"的不完全归纳，令人深刻地感受到，如果不想"造就一个法律越多但秩序越少的世界"[6]，就必须正视错法纠正这个看似简单实则十分复杂严肃的问题。

三、对既有纠错进路的审视及分析

立法者当然也考虑到了"错法"问题，从而设置纠错路径，但其常常难以奏效，甚至引发其他风险。

（一）宪法、立法法、行政法和司法实践中的纠错进路

1. 《宪法》规定"修改宪法、制定和修改刑事、民事、国家机构的和其他的基本法律"是全国人大的职权。《立法法》规定了多种修法方式：由全国人大主席团向全国人大提出修正案；由全国人大常委会、国务院、全国人大各专门委员会等向全国人大提出修正案；1个代表团或者30人以上的代表联名向全国人大提出修正案；由委员长会议向常委会提出修正案，由常务委员会会议审议等。2000年制定的《立法法》第88条还明确规定了改变或者撤销一些"错法"的权限：全国人大有权改变或撤销它的常务委员会制定的不适当的法律；全国人大常委会有权撤销同宪法和法律相抵触的行政法规，有权撤销同宪法、法律和行政法规相抵触的地方性法规；国务院有权改变或撤销不适当的行政规章等。尤其是第90、91条设置了一条纠错程序：任何国家机关、社会团体、企事业组织以及公民认为行政法规、地方性法规、自治条例和单行条例同宪法或法律相抵触的，可向全国人大常委会提出审查要求或建议；全国人大专门委员会在审查中认为上述法令确与宪法或法律相抵触，可向制定机关提出书面审查意见，也可由法律委员会与有关专门委员会召开联合审查会议，要求制定机关到会说明情况后再提出书面审查意见；制定机关应在两个月内提出是否修改的意见，如果制定机关不予修改，法律委员会和有关专门委员会可向委员长会议提出书面审查意见和予以撤销的议案，由委员长会议决定是否提请常务委员会审议决定。

这些规定表面上周到完善，但作用却很有限，启动程序的烦琐、缓慢和常规化的缺失令人望而却步，而且其覆盖面窄，除了涉及重大政治问题或社会影响而导致相关法律的修正外，成功纠错的例子很少。第90、91条规定的纠错看似很好，但其仅仅针对行政法规等下位法，并且纠错理由仅限于"与宪法或法律相抵触"，若针对像《劳动合同法》这样实质不合理的法律，纠错进路就失灵了。

2. 《行政复议法》第7条规定：行政相对人认为行政机关的具体行政行为所依据的"国务院部门的规定、县级以上地方各级人民政府及其工作部门的规定、乡镇人民政府的规定"不合法，在对具体行政行为申请行政复议时可以一

并向行政复议机关提出对上述规定的审查申请。这是通过附带审查抽象行政行为的方式纠正错误的规范性文件。这一纠错进路的覆盖面虽然狭窄，但因其贴近民众生活，比较便捷，实践中有不少的纠错尝试。然而，这一进路的成效受制于行政复议机关和法院的水平，而我国行政复议和行政诉讼的整体水平难尽人意，且只审形式不究实质，导致这一进路的纠错绩效也打了折扣。

3. 通过有权机关制定细则进行实质上的"纠错"。国务院相关部委出台部门规章等，对一些法律法规进行解释或者具体说明，不仅是这些机构的职权，而且在法律法规出现混乱、不明确甚至错误时就成了实质的纠错手段。法律的内容无论怎样，最终要靠实际执行来检验其效果，就此而言，这一纠错进路是值得肯定的，但为了纠正初始法规的错误而制定对其作实质性变更的下位细则，却不尽符合法治的精神。而且这种立法权下移的做法一旦形成路径依赖，还会产生其他风险，比如，个别个案涉嫌"立法腐败"，[7]就是利用解释法律、制定细则的权力谋求私利，作出有利于特定企业和私人的"立法"。

4. 审判机关的司法解释与选择性适用。制定司法解释是《人民法院组织法》赋予最高人民法院的法定职权，虽然法律只规定了允许最高院"对于在审判过程中如何具体应用法律、法令的问题进行解释"，但在实践中，司法解释几乎成为相关法律得以有效实施的必备要件，而且也成为纠正错法的一种常用工具。比如，2002年施行的《计算机软件保护条例》改变了原来将"非商业性使用"一律视为"合理使用"的惯例，规定只有为了"学习和研究"才属于"合理使用"，该规定过分迎合了所谓国际标准，而脱离了我国软件业发展的实际情况，引起广泛质疑，两会代表分别提交议案和提案要求加以修改，但最终起作用的是最高人民法院发布的《关于审理著作权民事纠纷案件适用法律若干问题的解释》，其中规定只有"未经许可或者超过许可范围商业使用计算机软件"才承担民事责任。这是运用司法解释纠正错法、实现"社会论争、民间游说与立法、司法良性互动"的一个成功例证。[8]

除了制定司法解释，第一线的司法审判更具纠错的主观能动性，比如，在个案中，对不符合或不完全符合法律、行政法规原则精神的规章，法院可以灵活地处理，对错法不予适用就可达到纠错的效果。这在客观上也能起到提醒立法者纠正错法的作用。

以"司法审查"纠错也受制于司法系统的水平，而且与行政机关频繁制定细则一样，过分依赖司法解释和个案审判来纠错同样会面临腐败风险。

宪法、立法法、行政法以及司法实践确立的上述纠错进路诚然具有积极的作用，但之所以在整体上并未产生理想的效果，是因为这些纠错进路的绩效在根本上取决于法治建设的水平。

在整体法治水平不高的情况下，很难指望立法者自身有足够的动力去纠正错法，相反，错法越明显、立法者却越不去纠正的情形反而更常见，这是因为错误的"路径依赖"——只要不纠正错误，那么错误就永远是争议；而只要纠正了错误，错误就是板上钉钉了。诚如美国一名学者所说，立法者实际上知道错法会被规避，"以严厉、无法实施的标准作为形式上的'政策'，对那些具有政治势力的参与者是有利的""立法动机使国会倾向于广泛的、引人注意的法律，这些法律实际上不会危及有强大政治影响力的集团，公众才是唯一的损失者"[9]。由此，空等立法者去主动纠正错法是不够的，纠正错法需要更为强大的力量。

（二）经济和社会发展实践中形成的纠错进路

在经济和社会发展实践中形成的纠错进路主要是规避、变通法律。法律规避是一个有争议的话题，一些学者认为它体现了法治建设的艰难和民众法律意识的薄弱；但另一些学者则认为法律规避本质上是"法律多元"的体现，"在任何具体的社会中，所谓社会制度都不仅仅是国家的正式制定的法律"，法律规避反映了"国家制定法在某些方面是不完善的，因为受害人的接受法律保护可能要求受害人付出更大的成本"[10]。

当然，对于无视法律、钻法律空子从事非正当或"恶"行为的法律规避，应当给予惩处，此时法律本身没有问题，弊端在于执行，因此与错法问题无关。而对于一些确实存在弊端和错误的法律，社会成员的"法律规避"实际上是"用脚投票"，是用规避的方式自我保护。此时法律得不到有效实施或许与执行不力有关联，但根源在于法律与实践脱节。这尤其表现在因规制过于严厉又无力确保执行的错法上，比如，前文提及的《处方药与非处方药流通管理暂行规定》对处方药的严格限制，据笔者亲身体验和调查，实践中的情形普遍是：对于一些常用的处方药（如头孢拉定、罗红霉素等），患者往往急于购买，为了一张极为简单的处方根本不愿去医院排队；有些药店设有专门的处方医师，但这些人晚间不上班而白天坐班也不准时，药品销售人员通常是让患者直接拿着药盒去找医师开处方；而患者在没有处方的情况下也能买到处方药，代价是销售者不出具购药票据从而保证没有"证据"；由于药品销售机制已经放开，大量民间资本进入药品销售行业，药品超市如雨后春笋一般遍地开花，为了竞争，很多超市只是象征性地在处方药柜台上"挂"一把小锁，消费者购买的处方药，在单据上则被偷换为常用的非处方药以便药店做账和消费者报销。本来，严格规范处方药的使用是为患者利益着想，但何必对所有常用非常用的、危险大小不一的处方药品都一刀切呢？对于这些法律规避的情形，立法者不可能不知道，修正的方式也并不难，但立法者就是不修改，结果民众规避成了习惯，反而开始质疑法的正当性和执法的合理、合法性。

民众以规避的方式对错法进行变通和抗议，其实也是对立法者的警醒。法律本来就不是社会行为规则的全部，也只有在与经济和社会运行的规律相契合、并得到社会成员的普遍认同的情况下，才会最大限度地得到社会成员的遵从。倘立法者能够从善如流，从民意中吸取建议及时纠错也未尝不是一件好事，可惜鲜见这样的例子，常见的是只有等到出现影响很大的社会事件如群体纷争或伤亡惨剧，立法者才不得不下决心根除错法，典型者有"孙志刚案"和《城市流浪乞讨人员收容遣送办法》的废除。之所以如此，根本原因在于立法者和整个社会缺乏根深蒂固的主流价值观和法治理念，难以形成一种足够大的力量迫使立法者主动纠错。

四、如何从根本上纠正错法：现代法治理念、社会主流价值观及其他

（一）纠正错法要靠现代法治理念

经济发展和社会进步决定了法治不能再只满足于"有法可依"，"立法主义"与法治的要求是相悖的，法治应更关注法的科学、合理与绩效。法在客观上存在善恶、好坏与对错，应当由功能和绩效来证成其合法性与正当性。哈耶克把这个命题称为"法治之法"与"立法之法"的对立。法治之法又称"自由之法""内在规则"，它是一种"人之行动而非设计之结果"的"自生自发秩序"，只有这样的法才合乎法治的精神；而对于立法机关制定的法律即"立法之法"（或称成文法、制定法、外部规则）来说，其中不符合"法治之法"的就是错法甚至恶法。"立法，即以审慎刻意的方式制定法律"是"人类所有发明中充满了最严重后果的发明之一""然而，法律本身却从来不是像立法那样被'发明'出来的"。[11]强调法治之法与立法之法的区别，就是说立法者制定出来的法律未必都符合客观要求和法治的精神。

秉承法治理念，对于立法者来说，就不能把法仅仅理解为管理手段，要铭记法和法治不等于立法，从而打破法条迷信、敢于并善于纠正错法、确立"法治之法"尤为重要。现代社会的法治，是统摄整个国家和民族发展的整体性机制，是不以任何个别人、个别机构的意志为转移，是遵循主流社会的主流意识形态并受其评判和约束的一种善治状态。

（二）纠正错法的根本在于形成包括现代法治理念在内的社会主流价值观

1. 社会主流价值观的意义

社会主流价值观是社会中大多数社会成员所接受的价值观，它既与特定的历史传统有联系，也受当下经济和社会发展情势的影响。

社会主流价值观不等于个别成员意见的简单综合，而是不同社会成员之间经由反复地商谈、博弈而形成的"交往理性""重叠共识"；社会主流价值观也不等同于执政党和政府倡导的某种价值追求，而是通过民众积极参与、"官民互动"而达成的共识。

社会主流价值观作为一种意识形态，往往通过具体的事件来显示其固有的存在和强大影响。但它又不同于在某一个具体事件上汇聚的主流意见，而是隐藏在具体的主流意见背后、并在根本上决定具体主流意见的深层次意识形态。它是一种抽象的、一般性的却为社会成员在内心遵守并捍卫的"道德法则"。

2. 社会主流价值观的形成及其对错法的纠正

推动社会主流价值观形成的常见方式包括政府主导或倡议、媒体参与和宣传、社会成员的交流与融合，以及一些政策的促进和推广等。[12] 不过，社会主流价值观在根本上取决于特定的社会条件，即历史、文化、政治、经济发展的特定情势，虽然政府和社会成员的作为会对它的形成产生一定影响，但它的形成既不可能靠政府的强制推行，也不取决于个别成员的强烈示范。社会主流价值观是埋藏在社会成员心中的意识形态，它对具体社会事件的影响除了通过事件中的当事人直接做出反应外，主要靠民众之间、官民之间的协商、交流和博弈，通过民主的商谈和沟通来逐渐"发现"一种民意并实现其强大的约束力。

我们已强调，立法者不主动纠错的主观原因是法治理念的缺失，客观原因则是缺乏一股强大的社会力量来促使立法者纠错。这种力量有赖于社会主流价值观及其法治理念的促成，而主流价值观和法治理念在我国处在形成中，仍十分薄弱，但在错法纠正的积极作用已初见端倪。以"厦门 PX 项目事件"为例，该项目由国家发改委明文批准，厦门市政府也出台了专门的规范性文件规范项目进程，但因为政府急于追求经济发展而置环境和居民生活条件于不顾之错。由于这个项目本身存在安全隐患，项目出台后就引起了强烈质疑和反对，厦门市政府并未因该项目在形式上"合法"而一意孤行，而是与民众进行充分的协商与沟通，尊重主流民意主动纠错。① 在这起事件及反对 PX 项目这一具体的主流民意背后，则是以人为本的主流价值观发挥了决定性作用。而政府与民众在民主、法治的基础上进行沟通、博弈，则是社会主流价值观能够发挥作用的关键。

可见，纠正错法的关键在于依靠主流民意促使立法者（也包括执法者、法官等）从善如流，以及确保在民主和法治的框架下集中民意，以此对立法者形成强有力的约束，防止其一意孤行，从而使错法形同虚设并最终得以纠正。而合乎社会整体及长远利益的主流民意之形成，最终有赖于包括法治理念在内的社会主流价值观的形成。当然，社会主流价值观对错法的纠正并不都像厦门 PX 项目那样简单和容易，比如，迄今看不到立法者主动对《劳动合同法》纠错的迹象，除了立法者本身缺乏法治理念外，市场经济及其劳资关系比环境问题更复杂，官员和民众对该法的错误缺乏准确和清醒的认识，以及底层劳动者的诉求很难得到有效表达等因素，也是社会主流价值观难以显现并发挥作用的重要原因。只是在聚集足以让立法者纠错的主流民意的过程中，如前引孙斯坦教授所言，利益受损最大的只能是那些低端劳动者了。

（三）加强立法民主、构建立法问责制，实现立法纠错的制度化、常规化

确立现代法治理念、形成包括现代法治理念在内的社会主流价值观诚然是纠正错法的根本，但相应的制度建设也是必不可少的。比如，优化立法程序就是预防和纠正错法的重要途径：在立法之前公示立法规划、召开立法听证会，立法期间将法律草案全文向社会公布以征求专家和民众意见，在法律中设置一定的缓冲期和试验期以避免立法出错殃及社会，法律实施后进行执法情况调研或设立渠道听取专家、企业和民众的意见，根据实践反馈的立法绩效作出相应调整，出现错误就及时纠正，等等。但也要注意立法者为了立一部法故意只挑选持某种意见的专家和民众进行所谓的听证、研讨或调研，这种做法的本质是

---

① "PX 项目"是厦门有史以来投资最大的工业项目，2004 年 2 月获国家发改委批准并于 2006 年 11 月开工。由于该项目靠近居民区、学校等人口稠密区，其安全问题引发讨论。2007 年 3 月，在全国人大、政协两会上，中国科学院院士赵玉芬等 105 名全国政协委员联名签署提案，建议厦门 PX 项目迁址，引起了媒体和民众的关注。2007 年 6 月 1 日和 2 日，有超过五千名厦门市民在厦门市政府门前表达反对诉求。厦门市政府宣布缓建，并委托中国环境科学研究院评估该项目可能对环境产生的影响。厦门市政府官方网站一度开设投票平台，但只持续一天就因绝大多数民众投下反对票而取消。厦门市政府于 2007 年 12 月 13 日召开了有 99 名市民代表参加的座谈会，结果 85% 以上的代表均表示反对，福建省政府和厦门市政府最终于 2007 年 12 月 16 日决定厦门 PX 项目迁址（政府决策顺从民意，厦门 PX 项目将迁建漳州［Z/OL］. 新华网，2007-12-20）。

无视民意、遮蔽民意，立法者需通过主流价值观及其主流民意对立法内容及时加以揭示并予纠正。

除了优化立法程序外，还应引入由"角色担当、说明回应、违法追究"这个三段式组成的"问责制"，来实现错法纠正的常规化、制度化。角色担当在这里是指明确各个立法者的角色，包括立法机关、行政机关、司法机关等在制定规范性文件中的权与责。说明回应是指在法律颁布、实施之后，构建立法者与社会之间的互动机制，确保经济和社会发展实践对立法绩效的评价能够及时反映出来，同时也给立法者以充分说明解释的机会。违法追究则是当错法已成定论、因错法得不到纠正产生严重后果时，如何追究有关机构和个人的责任问题。这应当是一种过错责任，追究的主要是政治性、社会性责任，比如，向社会公众道歉、负有责任的个人引咎辞职或责令其辞职等，但应允许立法者援用"业务判断规则"为自己辩解免责，[13] 即如果确实在特定条件下因知识和信息的不足而出现错法，并主动纠错、未造成严重后果的，可不予追究其责任。

五、结 语

萨维尼曾言："法律深深植根于民族的共同意识或者说民族精神之中。"[14] 民主和法治应当能够作为一种根深蒂固的理念植根于社会主流价值观之中，作为一种内生性的力量、一种强有力的意识形态约束着社会成员，并推动社会和国家走向文明、进步。于此而言，错法问题本身虽小，然则意义甚大，它不啻为考验我国法治水平高低、社会主流价值观有无及强弱的一个标尺。

（史际春、冯辉，原载《新视野》2010年第1期）

参考文献：

［1］苏力．送法下乡——中国基层司法制度研究［M］．北京：中国政法大学出版社，2000：8.

［2］江西南昌首次立法禁止扑克麻将和"膀爷"上路［EB/OL］．搜狐网，2003-08-16.

［3］垄断性行业的"霸王条款"为何动摇不了［EB/OL］．围城杂文网站，2005-02-22.

［4］"一条生命赔300元"的过时法律法规为何还在执行？［EB/OL］．中国经济网，2007-03-13.

［5］劳动合同法：激辩与冲击［EB/OL］．新浪网，2008-02-01．

［6］［美］罗伯特·C.埃里克森．无需法律的秩序——邻人如何解决纠纷［M］．苏力，译．北京：中国政法大学出版社，2003：306．

［7］王小乔．商务部工商总局官员因外资审批窝案相继落马［N］．南方周末，2008-10-30．

［8］立法的社会论争和民间游说与司法解释互动［EB/OL］．66论文范文网，2006-09-20．

［9］［美］凯斯·R.孙斯坦．自由市场与社会正义［M］．金朝武，等译．北京：中国政法大学出版社，2002：386．

［10］苏力．法治及其本土资源［M］．北京：中国政法大学出版社，1996：47．

［11］［英］哈耶克．立法、法律与自由：第1卷［M］．邓正来，等译．北京：中国大百科全书出版社，2000：113．

［12］臧乃康．国外推进主流价值观建设做法及其借鉴［J］．理论导刊，2007（9）：34-35．

［13］史际春，冯辉．"问责制"研究——兼论问责制在中国经济法中的地位［J］．政治与法律，2009（1）：2-9．

［14］［美］E.博登海默．法理学——法律哲学与法律方法［M］．邓正来，译．北京：中国政法大学出版社，2004：92-93．

政策作为法的渊源及其法治价值

　　社会化条件决定了政策与法相互融合、密不可分，以此弥合"形式法治"与"实质正义"之罅隙。政策因此成为法治的内在要素和有机组成部分。

一、问题的提出

　　在现代法治社会，政策的作用举足轻重，我国法律也曾明文规定政策具有与法律相当的规范作用。《中华人民共和国民法通则》（简称《民法通则》）第6条规定："民事活动必须遵守法律，法律没有规定的，应当遵守国家政策。"然而《中华人民共和国民法总则》（简称《民法总则》）对此做了改动，该法第10条规定："处理民事纠纷，应当依照法律；法律没有规定的可以适用习惯，但是不得违背公序良俗。"因此，从条文的规定与表述来看，处理民事纠纷所适用的规范渊源不再包括"政策"，立法者要撇清法律与政策的关系。但是，政策对法律乃至法治的作用，是否由于"法无规定"而消失，还是因政策与法律存在内在本质联系而继续发挥其对法治所不可或缺的积极作用，仍值得思考。

　　政策并非只存在于民商法部门，在整个法律体系及各法律部门中同样具有其价值。例如，经济法部门中的竞争法是典型的"政策法"，竞争政策则是典型的"法政策"，能否制定并贯彻适当的竞争政策，直接关系着竞争法暨反垄断法的定位及其成效。[1]而刑法中有关刑法教义学与刑事政策以及所谓"李斯特鸿沟"的探讨，其实就是政策与法律二者关系及其定位问题之争。[2]此外，发展纲要、规划、指南、标准、司法解释、裁量基准、办法等大量政策性规范，也被称为"软法"为法学界所关注。[3]因此，政策对法律的作用是超越部门法的一般层面而言的，不仅会落实到具体部门法中去，而且不局限于某特定部门法。

　　以狭义的议会立法规范为基础构建的法律体系和部门法，由于成文法自身的开放结构、不完整性以及不可通约性等特性，[4]使政策规范在社会高度复杂、变动的条件下有了大规模浸入的空间与必要。事实上，追求成文法形式理性的体系性，也导致了"形式法治"与法治所追求的"实质正义"相矛盾和隔阂。将政策排除在法学（律）视域之外，既无法对我国当下的法律实践进行客观、充分的描述，还可能丧失理论研究的必要进路，从而阻碍法学自身的发展及法治事业的进步。[5]

有鉴于此，本文将政策作为法的实质性渊源并承认政策在现代法治条件下对于法治的价值。政策之于法的作用涵盖所有法部门乃至整个法律体系，并不局限于某个法律部门，比如民商法。

二、"去政策化"是否可能

所谓政策，是国家、政府为实现一定的目标和任务而制订的纲领或准则，[6]广义上也包括个体和政党、团体、企事业单位等据以行动的规范。[7]与政策相对的法律，也即《民法通则》第6条和《民法总则》第10条所称的"法律"，是指议会或权力机关的立法，这是狭义的法律，① 并不包括《中华人民共和国立法法》（简称《立法法》）规定的其他立法形式及国家、政府的各种规范性文件，否则由于后者囊括大多数政策，讨论政策与法律的关系问题便失去其意义。此外，除执政党以外的非国家、政府的政策，属于社会或市场自治范畴，性质上与法律没有直接关联，本文仅在与国家、政府的政策密切相关的意义上讨论中国共产党的政策和法规。在此意义上，法律具有稳定性、规范性、普遍性、直接国家强制性；政策因应当下形势和情形，主观上并不追求"永续"，比较灵活，由各国家机关协力实施，较少诉诸司法救济，等等。当然这并非事实，但正是这样的"区分"，派生出了政策与法律的关系以及"去政策化"是否必要和可能的讨论。

以近代欧陆民法典为代表的"形式理性法"[8]是排斥政策之典型，大陆法系孜孜以求用法典和法律来建构"法律体系"，也成为我国法律界法学界的主流。法律规则体系化一方面要求技术上符合一定的逻辑表达模式和方法，另一方面也要求规则本身的"纯粹性"，其后果则是诸如政策规范被排除在体系之外。貌似频繁变动、"刚性"不足的政策规范与这种体系及理念所追求的稳定、精致形成矛盾，随之产生所谓"去政策化"现象或潮流，即以实定法为研究对象的法学研究方式及相应的法律实践倾向于将政策排除于法学、法律的视域之外。

规则体系化的路径，乃是试图建构一个概念上完整、逻辑上自洽、传达便利、运用有效的法律体系及其部门法规则体系。[9]但是，这种看似严谨的知识逻

---

① 如无特别说明，本文所称法律，即与政策相对的狭义法律。

辑却可能带来悖谬的结果，即愈执着于规则的形式和条文，往往与法的本质及其永恒追求——正义之间，相隔愈远。在某些情形下，甚至不得不面对"一种不可避免的冲突，即法律的确定性所具有的抽象形式主义与他们想要达到的实体性目标之间的冲突"。[10]而政策作为对社会现实更具亲和力、更为能动、动态的适应性规范，能够消弭此种区隔。

在形式上，政策往往表现为政府在宪法法律的框架内为履行职责或执行法律所制订的条例、规章、细则、指南、通知、公告等规范性文件，也包括司法机关的指导性文件和规则性解释，它们对法律产生着直接影响，在一定条件下弥补、改变、搁置甚至取代法律。[11]这对法律和法治而言是一种必不可少的功能。例如，炒房推升房价，给家庭和经济社会造成困扰，"房子是用来住的，不是用来炒的"，在税收等长效机制未形成前，必须采取有力措施遏制房价，一个限购限贷政策推出或调整，法院马上就会收到很多房屋买卖纠纷案件，法院在审理时必须尊重、遵从该政策，以免房屋、房价调控的公共管理目的落空；大城市小客车限行限购政策也是如此，法院不能给政府和社会"添乱"。更普遍的是，法律没有直接具体规定、但是最高人民法院做了司法解释的，如《公司法》司法解释、《合同法》司法解释等，法院都应适用，否则有违国家法制统一的基本原则和要求。概括而言，中国改革开放之所以取得巨大成就，国内外公认的一个原因，是共产党领导下国家政策的连续性和进步性，其具体表现则是政策对法律的引领和具体化，比如，中共中央或国务院关于农村工作的"中央一号文件"和其他指导性文件，内容既有方向性框架性规定，也有具体的规范，在土地集体所有的基础上确保了工业化、城市化的有序进展。宏观方面，包括"包产到户是社会主义集体经济的生产责任制"，[12]农村发展多种经营、商品生产和流通，取消农副产品统购派购制度等；[13]具体规范，有农村土地承包期"一般应在十五年以上"、[14]"再延长 30 年"、[15]土地所有权承包权经营权"三权分置"[16]，等等。

无论从规范性、普遍性还是从效力看，政策都比《民法总则》第 10 条中的"习惯"地位更高，也更重要。相反，在交通高度发达、信息高度流通、全国统一大市场业已形成、法制高度统一的当下，可供法院、仲裁机构和政府去适用的习惯几乎找不到了。

在发达国家和我国，法律和政策都已密不可分，日本还出现了如同政策的法之"政策法"，以及法律背后的政策和法律适用所需的政策之"法政策"概念。那么，在法治发达国家和地区，比如，美日欧，为何还需要政策，而不简单地严格"依法办事"？其原因是当今时代，社会高度分工、高度合作，高度分化、高度整合，经济系统化、全球化，高度复杂、瞬息万变，牵一发动全身，这种情况下，具有一定灵活性的政策就显得尤为重要。

工业革命以来，社会各方面、各个层面都趋向复杂化、专业化和系统化，到 19 世纪末 20 世纪初，这一过程在发达国家首次实现从量变到质变的转折。"形式理性法"或"形式法治"的逻辑起点是狭义的法律，即统治者或议会中的立法者高瞻远瞩、大公无私、明察秋毫地把法立出来，继而社会各界各阶层一体遵行，有法必依，执法必严，违法必究。但是这种传统的法治想象并不符合实际。尤其因为高度的社会化，议员或人民的代表们不可能准确地认识把握各种情形、掌握各种专业，加上其私利和种种利益博弈，结果就是法的缺漏和不符合客观要求的错法甚至恶法在所难免。社会子系统日益分殊且变动不居，由此造成规则体系的分裂，仅仅依靠单一、具体的规则委实难以应付，"基于确定性的治理"处于绵软无力又饱受诟病的境地。[17] 总之，无论立法者多么英明、法律如何详尽细密，也不可能对错综复杂千变万化的社会现象做出准确无遗、长期稳定适用的规定，依赖议会或立法者即时对法律立改废，原本就不具有可能性，这就需要在狭义的法律之外，以应时、灵活、概括、抽象甚至比法律更具体的规则，主要是政策，与法律一道作用于各种具体社会关系，达成法对社会生活各方面的有效调整。

面对上个世纪之交的社会化大变局，英美法因为内蕴政策性，能够自然而然地适应社会变迁。英美法系的法官不能直接依法条判案，法官审裁必须对同类案件做历史梳理，同时结合当下形势和个案情形做细致深入的分析，理所当然必须考虑公共政策，加上其倚重非法律专业人士组成的陪审团制度，在此基础上，有既定规则的适用既定规则；如果没有既定规则，或者既定规则适用于本案不公平、不合理，就须根据梳理、分析得出的道理进行判决，也即英美法的天然政策性。伴随着社会化进一步发展，在英美法固有的体制机制下，不断出现和增长的政策、规章等，都不经意中被平稳地纳入法律和法治之中了。

但是，按照大陆法系国家的传统，法官必须严格遵循制定法文本，其能动性被立法者束缚限制在规则文本的范围内，这也是大陆法系引以为豪的一个重要法理念，而面对复杂的形势和个案如果只能抠法条，必然不符合社会发展要求和法治的规律，人民也会普遍不满，所以必须与时俱进，充分讲理，找出个案中的公平正义，把公平正义贯彻适用到每个个案中去，以此进行判决。对此的描述，就是法律没有规定的依习惯，无习惯依法理的原则。法律或司法上的"法理"，并不是指教科书里的文字或者法理学者的意见，根据创立该原则的《瑞士民法典》第 1 条，法理是法官参照公认的学理和实务做法，仿佛自己就是立法者所认为在该个案中应当适用的规则。[18]这其实就是政策，因为这样做必然包含对与文本不尽吻合的行为或事物相关之形势和公共政策考量。虽然社会化导致政府规制和政策的大爆发始于 20 世纪 60 年代，迄今只见发展不见削弱，但 1907 年的《瑞士民法典》敏锐地察觉到社会的变化和趋势，比稍早的《德国民法典》更胜一筹，可以说，《瑞士民法典》第 1 条是大陆法系法律和司法引入政策之标志和滥觞。

狭义的法律只是人类社会规则体系的一个部分，尽管它在近现代法治发展过程中取得了凌驾于其他规则的特殊地位，却永远无法取代其他规则的作用。[19]形式理性法执着于体系化建构模式，因为它是以法律及其部门有着先验、固有的逻辑结构或逻辑方案前设为依凭的，然而，对此种逻辑方案的发现、分析和注释却很可能是与现实生活不相关的。"徒法不足以自行"，现代社会完善的规则治理体系不能将政策排除在外。在法律的适用和实现中，既需要适当的法理念作为灵魂，也要以适当的政策为法把握方向、确立行动章法，对庞杂、疏漏、相互冲突的法条梳理清楚，去芜存菁、拾遗补阙，以有利于法的公正适用，推动法的与时俱进。应该讲，强调形式和体系的狭义法律是法治秩序构建的基础，体现着法的确定性、可预见性、有序性、连续性和一致性追求，这是法律和法治的常规价值。而法的根本和永恒的追求是实质的正义，政策规范对法律的主导、梳理、拾遗补阙、纠错和协调，是在法条和形式正义可能违背实质正义的情况下对更高更大更远正义的追求。[20]

从实际条件出发，将政策祛除于法学（律）视域之外，在高度社会化条件下，使得行政、司法和法治失去可操作性，也是对国家和社会治理实际的漠视。因此，法和法治"去政策化"是不可能、不可行的。

三、政策作为法的渊源

法律渊源（sources of law）或法源，是法学的一个基础论题，也是约定俗成的概念，是指法的表现形式，并非一般之"源头"含义。此处的"法律"（law）是广义的，不仅指狭义的法律或立法（act、statute、legislation 等）。有学者考证，"法律渊源"起始于罗马法的 fons juris，到近代法典化运动兴起，使之逐渐变异为法律的形式。[21]然而法不仅要有形式的规范，更需要精神和实质，法的形成同一定的"原料"相联，要为法注入习惯、政策、道德、公平正义观、理论学说等，才成其为法。[22]从法典化到法典被各种单行法、专业性法规、政府规制的规则或措施等冲得七零八落，法律因应形势不断立改废、变化不及的规则只能以各种形式赋予其新的含义，这是法的政策化，制定法以外原本的法的素材，越来越成为直接的法源，诚实信用、公序良俗甚至当下政治，都被行政执法和司法拿来适用。就大陆法系民法而言，法源观从封闭到开放，就是近代民法发展到现代民法的典型表现和集中反映。[23]《法国民法典》是单一的法典法源观，即便如此，其第4和第6条也分别规定："审判员借口没有法律或法律不明确、不完备而拒绝受理者，得依拒绝审判罪追诉之""个人不得以特别约定违反有关公共秩序和善良风俗的法律"，[24]表明在法典之外，还有更高的义和理可以充当法的规则。到《瑞士民法典》，则确立了制定法、习惯法、法理等多元化法源观。这些表明，现代法治国家形成了多元多样、多层次的规范体系，制定法不再是法的唯一形式。

英国学者萨蒙德（Salmond）提出了法的形式渊源（formal source）和实质渊源（material source）的概念，所谓形式渊源是指赋予法律规则以国家权威的文本；而实质渊源是指赋予法律规则以内容。[25]实质渊源相较于形式渊源，更注重法的内容合理性，而非形式的逻辑性、体系性和位阶高低等。政策可以表现为某种规范性文件，包括法律规范，比如，《中华人民共和国宪法》中的以公有制为主体、《中华人民共和国土地管理法》中的"切实保护耕地"、《中华人民共和国反垄断法》中的维护公平竞争等，而其作为对社会情势体察更及时、贴切的规范，更重要的是在狭义法律之外赋予其正当合理性、即时性和可适用性的规范。

以经济法部门为例，经济法根源于国家对经济的自觉调控和参与，其要义不在于如民法般抽象地设定和保障某种权利，而是要依据瞬息万变的经济生活及时应对，以求兴利避害，促使经济尽速平稳发展，并提高国家及其经济的国际竞争力，因此经济法获得了比其他任何法律部门都更显著的政策性特征。[26]就实践而言，经济的法律调整也往往是以政策先行，并以人民代表大会及其常委会授权或规范性文件的方式赋予政策以法律效力。政策性特征是经济法内在特性的一种反映，作为表象，则是经济法相对于民、刑法等传统部门具有较大的灵活性和模糊性。而鉴于经济法的政策性特点，它以政策作为渊源的必要性和现实性远甚于民法。因此，政策作为法的渊源是毋庸置疑的，而学理、理念与政策乃至狭义法律的适用有着密切关系，也可谓法的间接渊源，有时甚至成为直接渊源，比如平等、公平、正义，这是世界范围内在普通案件中越来越多地适用宪法，以及法官说理和判例在大陆法系国家和地区的作用愈益加强的原因。

但是，受主流的形式主义法学研究方法的影响，人们耳熟能详的只是形式主义的法律渊源，忽视了法的非狭义法律的渊源。当代的高度社会化及由此造成法与道德间的界限模糊、法体系各部门在法治理念和不同层次法律原则下高度整合等，要求我们直面中国当下语境中法存在的各种形式，避免如传统法学般纠缠于法的规范构成而陷入学究主义泥淖。[27]法，尤其是经济法、社会法、环境法等对政策性规范的接纳是法治以及社会化条件下的一个大趋势。

法的渊源是多元的，它要求法律人经常检点自己是否具有较为宽广的视域，能否驾驭法的渊源体系的全局，能否在实际运作和理论研究中全面发掘各种法的渊源的功用。就司法实践而言，法治条件下的政策性规范也成为法官论证的实质性理由，凸显了其实质性法律渊源的地位。司法机关在审判实践中需要对以政策为代表的多元规范给予必要的、善意的尊重，将其作为填补法律不足和漏洞的一种可用资源，[28]这是符合现代法治的理念和要求的。司法裁判的因素呈多元化态势，司法中的变量主要是形势和复杂、特别的个案，政策的回应性和适应性天然优于狭义法律，所以政策通常充任着司法的具体精神和灵魂，是法律适用中最活跃的元素。司法的基本功能是守护法律和维护现行秩序，但守护和维护中又有重塑和建构，传统大陆法系企图用议会法律束缚法官手脚的思维和做法早已过时。法官需要通过澄清法条含义、法律标准、填补法律空白和漏洞，与时俱进地适用法律，塑造、形成、引导新的行为准则和社会秩序，我国最高人民法院的司法解释也属此范畴。在此过程中，法院必然也必须吸收包括政治和政策在内的各种司法资源，而不能完全、单纯地在法律之内封闭地进行逻辑演绎。[29]当然，只要是法治社会，政策就不可能否定和取代狭义法律，其作用的发挥也需要通过正当程序来实现，但由于政策与形势和当前国家方针、路线的契合性，政治与政策的价值观和取向通常要以内化为法律适用因素的方式作用于裁判，就此而言，政策对法起着引领和主导的作用。

以《民法通则》第6条为例，在具体司法实践中，对于政策如何与司法适用衔接，以及在审判中体现国家政策的指引性作用，实际上已发展出较为成熟的经验。当国家政策表现为法律及法律解释、司法解释、行政法规、地方性法规、自治条例或者单行条例时，可直接作为民事裁判之依据；而当国家政策的载体为行政规章、其他规范性文件时，则需借由和这些裁判依据的联系，成为裁判说理的依据，介入民事裁判。[30]即使《民法总则》否定了政策作为法的渊源，但是社会生活的复杂多变决定了民法的开放性，必须对包括政策在内的多元规范释放入口。正如学者所言，对于《民法总则》未规定的渊源形式，包括国家政策、司法性渊源、一般原则等，不宜将其排斥在法源体系之外，而应根据民事案件审判的具体需要，运用法律解释学的方法，将其作为实质性渊源据以参考，从而作出最适宜的判决。[31]

赞成政策的实质性法源地位，也不意味着否定"形式法治"。政策的法源地位表现为任何规范性文件的政策，均需符合"形式法治"及其所代表的形式合理性要求，这是法治的规则之治能够提供稳定预期的基础。同时，当形式合理性的规则难以被解释适用时，政策的与时俱进和实质正义追求便凸显出其价值。政策对法律此时能够起到统领、协调和兜底的作用。即如《民法通则》规定的，法律没有规定的才适用政策，这正是对"形式法治"的尊重。

党的政策、法规虽然不是国家的政策和法律，二者具有密切联系，在一定条件和情形下，党的政策、法规也具有法的渊源的作用。首先如前所述，党往往与政府联袂发布规范性政策文件，此时党的政策同时也是政府的政策。其次，由于共产党是执政党，有时执政党顺应民意强力推行一项政策，规范的范围可能超出党内，对非党机关和单位、党政机关和国有企事业中的非党员产生普遍作用。典型事例就是"八项规定"，其效果遍及政治经济社会各个领域，党的纪律检查制度一定程度上也是如此。最后，党的政策、法规如果行之有效，或者基于党中央或领导人的政治决心，就会将其变为国家的法和政策，也即党的主张通过人民代表大会落实为法律、通过政府形成政策法规。还有如"党管企业"，是将党的政策通过代表国家所有权的监督管理者和出资人体现到国有及国有控制企业的章程和治理中去。

四、政策的法治价值

政策之广泛存在和作用，是先进、发达的生产力催生高度社会化并伴随着"风险"[32]条件下践行和实现法治的客观需要。各部门法都已在反思传统的行为规制方式是否足以应对现代风险社会的挑战，以及应当做出何种改变。[33]法律在回答怎样适应社会需求，解决现实问题时，首先必须跨越"法律"自身认识的疆界，对所有冲击法律并决定其成效的因素都应充分地了解和把握。应该放弃"自治型法"通过与外在隔绝而获得"安全性""安定性"，必须使法律成为应对社会变化的更为能动的工具。在此过程中，能动主义、开放性和认知能力作为基本特色而相互结合，即诺内特和塞尔兹尼克提出的从"压制型法""自治型法"到"回应型法"转变的应对方式。所谓"回应型法"，是比"压制型法"和"自治型法"更高的法律发展阶段，既不像"压制型法"那样"被动地、机会主义地适应社会政治环境"，也不同于"自治型法"追求"法律的自我隔离，狭窄地界定自己的责任，并接受作为完整性的代价的一种盲目的形式主义"。[34]

"回应型法"直面不断变化的社会政经环境，将外在的压力乃至冲击理解为重新认识的来源和自我矫正的机会，强调社会治理规范体系的开放性，探求规则和政策的内含价值，以免陷入形式主义不能自拔。就其本质而言，外在社会条件的变化要求社会治理规范体系能够能动地反映社会实在，而法律渊源的复合性、开放性正是其内在要求。无论是部门法对传统应对方式的自我反思，还是理论层面的"回应型法""反思性的法"[35]等"理想型"（Idealtypus）的提出，都是法学人、法律人在法治框架下形塑新的法律应对现实的方式。归结起来，它们是对过往过于注重形式理性的矫正和修补，以改善上层建筑与社会实在的结构衔接方式。其中包括对以政策为代表的多元规范的开放性接纳，而如何在法治框架下接纳政策性规范，使之不至于成为法治事业建构的"破坏性因子"，则至关重要。

在当代法治条件下，政策已然成为法治的有机、内在、不可或缺的组成部分。法治本质上并非外在形式概念，考察一个社会的法治和法治化程度，不能仅看它是否有足够的立法、完善的司法体系和执法措施，还应着重了解该社会中人民对法律的态度，社会的行动是否趋向于法律规则所安排的秩序，包括行政和司法的实际运作及其效果。简言之，法治是公私主体在宪法法律之下、在权利和职责范围内主观能动地行事，通过相互博弈或竞争合作，在动态中形成的一种良序善治。所谓法治思维、法治方式，就是由利害关系人真实、充分地表达意思，通过相互交流、谈判、妥协，在达成基本共识的基础上，权利主体或职责承担者采取行动或承担责任。[36]在法治的运作和过程中，如果政策缺位，则官与民、公与公、私与私的互动无从开展，失其机制和手段，法律的缺陷和不足无以纠正，"严格"依法则越严格越不公，也就不成其为法治了。法治之所以为人们所追求，并不仅因为其规则治理的工具意义，更重要的是它所代表的正义和善治价值。法治的概念兼具工具性与价值性于一体，而在工具性与价值性的比重关系上，其对价值性的强调远甚于工具性，甚至是对工具性的一种强有力约束。[37]与强调法治的工具性价值相对应的是注重正式规则在法治建构过程中的重要意义，进而倡导克制主义的"形式法治"，以严格程序来形塑法治的基本路径。如此通过规则、程序等形式理性来促成法治的结果是必要的，在一般情况下也是一种有效途径，但是不等同于这是法治的一般模式和唯一途径。法治是通过各种体制机制、方式方法而追求和达成的一种治理效果，在追求法治目的、实现法治状态的过程中，忽视以政策为代表的多元规范的作用，会使法治的路径僵化、封闭化，从而否定法治本身。除了文本上难以避免的缺陷之外，法律还可能存在滞后、超前等问题，甚至在外在体系上也可能存在着规范与规范之间的矛盾和冲突。因此，在法律的具体适用上，可能存在与社会情势不相适应的问题。在此过程中，如果一味追求形式理性法的规则适用，则很可能会造成"形式法治"与其所追求的"实质正义"之区隔状态。而政策作为一种对社会情势体察更为深入的柔性规范，对于消解上述区隔状态、达成"实质法治"所要求的良序善治状态，具有重要意义。相较于狭义的法律，政策固然有弹性大、易与人治合流的弊端，但在现代法治条件下，政策必然受问责制约束；反之，如果普遍存在"拍脑袋"且无人可问责、无人担责的政策，则这个社会根本不是法治社会、法治国家。只要而且必须将政策的制定和施行纳入法治轨道，令包括政策制订者在内的行为人具有可问责性，政策就是利远大于弊的。这是政策的法治化。

总之，法的政策化和政策法治化是现代法治的客观要求和重要特征，在法治的一般条件下，担心政策等同于人治或者会导致人治是不必要的。法治条件下的政策与法是相容的，政策是法和法治所不可或缺的要素。

五、结　语

凯尔森在构建其法学理论体系时坚持国家与法律"一元论"立场，即国家是国内法律秩序的人格化，国家与法律秩序是统一的，二者之间不存在所谓的"二元性"。[38]这是一家之言，但可带给我们有益的启示。从实际情形来看，国家作为主体既可以制定法律，也可以发布政策，政策既可以通过一定的形式合法化，更要在问责制下法治化。如此，国家与法律的统一性在一定程度上就表现为政策和法律的统一性。某种意义上，政策的法治化和法的政策化正是这种理论推演的外部表现。依此来看，过往过分强调法律与政策的分野在理论层面是可商榷的。而就实践层面而言，政策作为多元规范的一种，对法律及其适用发挥着不可或缺的作用。在司法实践中，政策也以一定的形式成为法官遵循的规则和裁判理由。因此，政策是法的渊源或实质性渊源。在法治的问责制条件下，政策能够被合理"规训"并发挥其对法治的构建作用，成为法治目的达成的必要方式和手段。

〔史际春、胡丽文，原载《兰州大学学报》（社会科学版）2018 年第 4 期〕

参考文献：

［1］史际春，赵忠龙．竞争政策：经验与文本的交织进化［J］．法学研究，2010（5）：104.

［2］张翔．刑法体系的合宪性调控——以"李斯特鸿沟"为视角［J］．法

学研究，2016（4）：42.

[3] 罗豪才，宋功德. 认真对待软法——公域软法的一般理论及其中国实践 [J]. 中国法学，2006（2）：3-24.

[4] [英] 蒂莫西·A.O. 恩迪科特. 法律中的模糊性 [M]. 程朝阳，译. 北京：北京大学出版社，2010：49-60.

[5] 吕明. 政策是什么——对我国法理学研究"去政策化"现象的反思 [J]. 法学论坛，2010（3）：103.

[6] Black's Law Dictionary [M]. eighth edition. St. Paul：West Publishing Co., 2004：1196.

[7] policy [A/OL]. the website of WordNet，2018-01-31.

[8] [德] 马克斯·韦伯. 法律社会学·非正当性的支配 [M]. 康乐，简惠美，译. 桂林：广西师范大学出版社，2011：218-228.

[9] 邓正来. 中国法学向何处去（上）——建构"中国法律理想图景"时代的论纲 [J]. 政法论坛，2005（1）：17.

[10] [德] 马克斯·韦伯. 经济与社会：第 2 卷（上册）[M]. 阎克文，译. 上海：上海人民出版社，2009：946.

[11] 史际春，冯辉. 论错法如何纠正 [J]. 新视野，2010（1）：46-50.

[12] 中共中央. 当前农村经济政策的若干问题的通知 [N]. 人民日报，1983-04-10.

[13] 中共中央，国务院. 关于进一步活跃农村经济的十项政策 [N]. 人民日报，1985-03-25.

[14] 中共中央. 关于一九八四年农村工作的通知 [N]. 人民日报，1984-06-12.

[15] 中共中央办公厅，国务院办公厅. 关于进一步稳定和完善农村土地承包关系的通知 [EB/OL]. 群众路线网，2013-05-30.

[16] 中共中央，国务院. 关于完善农村土地所有权承包权经营权分置办法的意见 [N]. 人民日报，2016-10-31.

[17] 沈岿. 软法概念之正当性新辩：以法律沟通论为诠释依据 [J]. 法商研究，2014（1）：19.

[18] 瑞士民法典 [M]. 戴永盛，译. 北京：法律出版社，2016：1.

[19] 郑戈. 法律与现代人的命运：马克斯·韦伯法律思想研究导论 [M]. 北京：法律出版社，2006：77.

[20] 孔祥俊. 法官如何裁判 [M]. 北京：中国法制出版社，2017：10.

［21］彭中礼. 法律渊源词义考［J］. 法学研究，2012（6）：49.

［22］周旺生. 法的渊源与形式界分［J］. 法制与社会发展，2005（4）：128-133.

［23］齐恩平. "民事政策"的困境与反思［J］. 中国法学，2009（2）：77.

［24］拿破仑法典（法国民法典）［M］. 李浩培，吴传颐，等译. 北京：商务印书馆，2009：1-2.

［25］［美］罗斯科·庞德. 法理学：第3卷［M］. 廖德宇，译. 北京：法律出版社，2007：286.

［26］史际春，邓峰. 经济法总论［M］. 北京：法律出版社，2008：62.

［27］史际春. 经济法［M］. 北京：中国人民大学出版社，2015：75.

［28］袁明圣. 公共政策在司法裁判中的定位与适用［J］. 法律科学，2005（1）：62.

［29］孔祥俊. 司法哲学［M］. 北京：中国法制出版社，2017：262-263.

［30］张红. 论国家政策作为民法法源［J］. 中国社会科学，2015（12）：149.

［31］石佳友. 民法典的法律渊源体系——以《民法总则》第10条为例［J］. 中国人民大学学报，2017（4）：20.

［32］［德］乌尔里希·贝克. 风险社会［M］. 何博闻，译. 上海：译林出版社，2004：19.

［33］劳东燕. 风险社会与变动中的刑法理论［J］. 中外法学，2014（1）：70.

［34］［美］诺内特，塞尔兹尼克. 转变中的法律与社会：迈向回应型法［M］. 张志铭，译. 北京：中国政法大学出版社，1994：82.

［35］贡塔·托依布纳. 魔阵·剥削·异化——托依布纳法律社会学文集［M］. 泮伟江，高鸿钧，等译. 北京：清华大学出版社，2012：266.

［36］史际春. 以法治保障供给侧结构性改革［N］. 人民日报，2016-11-02.

［37］周安平. 善治与法治关系的辨析——对当下认识误区的厘清［J］. 法商研究，2015（4）：80.

［38］［奥］凯尔森. 法与国家的一般理论［M］. 沈宗灵，译. 北京：商务印书馆，2013：269，277.

"法制统一"新诠

经济特区、自由贸易港等与国家整体上形成"两制"或"多制"，"同案同判"的通说也未必符合法治的规律和实际，这些，都要求对"法制统一"原则作新的诠释。

中国发挥体制优势，成功抗击了突如其来的新冠疫情；同时以更自信、更开放的姿态应对极其复杂的百年未有之变局，深化改革开放的重大举措和法治大事频出。其中，中共中央、国务院印发《海南自由贸易港建设总体方案》，将海南自由贸易港建设提上议事日程，要在海南全岛实行具有国际竞争力的零关税、低税率、简税制的税收制度，吸引高端人才打造人才集聚高地，吸引跨国公司设立区域总部等；以及中共中央办公厅、国务院办公厅印发《深圳建设中国特色社会主义先行示范区综合改革试点实施方案（2020—2025 年）》，以清单批量授权方式赋予深圳在重要领域和关键环节改革上更多自主权，推出 27 条改革举措和 40 条首批授权事项，尤令世界瞩目。

然而，"法制统一"是我国法治的一项基本要求和重要的原则，单一制国家的法制必须是统一的。经济特区、自由贸易港等与国家整体上存在着"两制"或"多制"，就此而言法制并不"统一"，从而提出了如何理解这些特殊制度与国家法制"统一"之问，涉及个别法律、政策、法规规章、司法解释、相关做法等是否合宪或与上位法抵触的问题。比如，1999 年的《深圳经济特区商事条例》和 2020 年的《深圳经济特区个人破产条例》，有违《宪法》第 62 条第 3 项之法律保留规定，两个条例事关基本民事权利义务、人身自由、全国统一大市场等，能否由地方或授权地方另搞一套？对此并无发起或启动合宪性审查或"法制统一"审查，即使审查，规则和个案是否违反"法制统一"也不是一目了然的。又如，2020 年 9 月，苏州"苏城码"APP 上线"苏城文明码"功能，以积分方式量化市民文明程度，[1] 被质疑违宪而不了了之，但其是被舆论"骂"回去的，而非在常态的制度下按照法律规定的机制和正当程序所解决。"法制统一"是否意味着个案"同案同判","同案"能否"同判",也成为多年来热门的话题。

凡此种种,都涉及如何理解和践行"法制统一"这一重大法治命题,值得作一探究。

一、"法制统一"的含义

作为单一制国家,法制必须是统一的,这是国家统一、全国统一大市场和法治的必然要求,是我国一直以来坚持的一项重要法治原则。

《中华人民共和国宪法》(简称《宪法》)第5条第2、3款规定:"国家维护社会主义法制的统一和尊严。一切法律、行政法规和地方性法规都不得同宪法相抵触。"按照《宪法》第100条的规定,地方性法规不得与上位法相抵触。① 同时,党中央要求把所有规范性文件纳入备案审查范围。党的十八届四中全会决定要求,加强备案审查制度和能力建设,依法撤销和纠正违宪违法的规范性文件,禁止地方制发带有立法性质的文件;十九届四中全会决定进一步要求,加强宪法实施和监督,落实宪法解释程序机制,推进合宪性审查工作,加强备案审查制度和能力建设,依法撤销和纠正违宪违法的规范性文件。[2]

因此,按照"法制统一"的法律文义,"不得抵触"是其基本的含义和要求,"统一"是指不同层级法律渊源的文本一致性。"法制"(legal system)就其概念而言,本意也是指一种静态的规则体系暨制度、规定。

然而,法治是动态的,法制与法治密不可分,法治是法制和国家、社会、经济、市场等动态运行的过程和结果。宪法的条文或规定是框架性的,具体的法律法规、政策和做法是否与宪法抵触并无清晰的文本对应,比如,宪法没有规定的是否都与宪法不相抵触、与宪法的规定不同是否必然违反"法制统一",等等。而且,调动中央和地方两个积极性是我国作为发展不平衡、存在地区差异、人口众多的多民族大国的一个永恒话题,地方政权需在地方管理和发展中发挥主观能动作用,国家还实行少数民族区域自治,设立特别行政区、经济特区、开发区、自由贸易区等,此次更是将海南全岛划作自由贸易港,实行特殊的制度。改革和发展无止境,"试点"也是中国一大特色。这就涉及对"法制统

---

① 该条规定:"省、直辖市的人民代表大会和它们的常务委员会,在不同宪法、法律、行政法规相抵触的前提下,可以制定地方性法规,报全国人民代表大会常务委员会备案。设区的市的人民代表大会和它们的常务委员会,在不同宪法、法律、行政法规和本省、自治区的地方性法规相抵触的前提下,可以依照法律规定制定地方性法规,报本省、自治区人民代表大会常务委员会批准后施行。"

一"应如何理解，是否只要求"不抵触"、怎样才是"不抵触"的问题。

宪法是国家根本法，是统率其他法律法规和整个法治的基本暨最高准则。中国共产党领导人民建国立宪，实行中国特色社会主义制度，保障人民民主和各民族平等、团结互助与和谐，维护国家主权，形成与宪法确立的国体和政体高度一致的政治及方针。《宪法》和上位法的条文有的概括、有的具体，其规定和原则也有层次高低之分，而且是可以随时修改的。比如，《宪法》条文中，概括的有"中央统一领导下发挥地方主动性、积极性"，具体的有"国有企业有权自主经营、通过职工代表大会等实行民主管理""农村集体经济组织实行家庭承包经营"。具体的《宪法》条文可能不具有根本准则性质，因而未必是宪法规范或准则，在这种情况下，即使被抵触也不构成违宪。比如，在市场经济条件下，国有企业也要引进资本关系，由代表国家所有权的主体行使出资人控制权，实行规范的公司法人治理，本企业职工作为国家所有权主体的极小组成部分，对企业经营只能参与、监督，而不能管理、控制；既然是集体经济组织，就应当在合作制基础上实行自治，既可以实行家庭承包经营，也不应禁止其采取集体经营的方式。就宪法规定的层次而言，比如，权力在民、协商民主、法律保留、民主集中、公民批评建议和控告检举权，则是从高到低的宪法原则，涉及是否必须坚持、能否变通、如何变通的问题。宪法不时修正也是各国的常态，在应修正尚未修正期间，违反某项宪法规定在所难免，且可能是正当而必要的。作为地方性法规之上位法的行政法规、法律等更是如此——一方面，它们与地方性法规一同受制于宪法，不得与宪法相抵触；另一方面，就其调整同一对象而言，上位法未必比下位法更具正当性、合法性。

因此，法制统一所要求的"不相抵触"，不应当是《宪法》和上位法的具体规定及条文，而应是宪法法律在实施中形成的一种合乎中国特色社会主义政治经济要求的秩序和状态，包含着中华民族根本利益、中国特色社会主义的理念和价值取向。不得与《宪法》和上位法相抵触的，不只是立法，还应当包括《立法法》规定的"立法"以外的规范性文件、政策、做法和行为。所谓"抵触"，对于法律及其个别条文一般而言涉及合宪性问题，行政法规及其他规范性文件、具体做法和行为等则主要可能构成违法，当然也可能违宪。是否抵触，也不能是教义学式的法条比较，而需要从原则到具体规定、从原理到实践仔细分析，这是一个各方主体和各种规则博弈的过程，也是法治的组成部分和必然要求。

"法制统一"要求任何层面、任何地方及其立法和实践都不能超脱既定的宪法秩序，而非全国各地各层面的立法和每个相同或类似个案的结果一样。就个案而言，其因时因地因人而不可能相同，而且个案执法者或法官对案件事实和适用法律必须有认定、解释和抉择的自由裁量权。法律调整社会关系，社会关系不可能像数学般精确，法律调整的结果也是这样。[3]法律的运行，是按照一定的理念、立场、学说、原则和具体法律规定，结合事实，进行合理性分析，得出主观结论。同一案件由不同的人处理，结果可能都不完全一样，但可能都在合理的范围内，也可能一个比较合理、一个不尽合理，这是法律主观见之于客观的必然结果，不必强求一致，也不可能强求一致，认为同案同判、"法制统一"就是"相同"案件的判决结果相同，这是违背法治规律的。何况世界上没有两片相同的树叶，个案的时间、地点、动机、背景、形势，行为人或法律关系主体的品性、教育程度、发展或成长环境、当时情势和情绪等，也不可能完全一样。

由上，"法制统一"并非静态的规则统一，而是法的规则和实践统一于中国共产党领导的中国特色社会主义的政治和法治，形成一种动态的能够确保包括方针政策、"试点"、惯例、做法等在内的规则体系得以推陈出新、与时俱进的"法制统一"。

二、如何判断法制是否统一

"法制统一"问题的本质是中央统一领导下的地方差异性。《宪法》第3条第4款规定："中央和地方的国家机构职权的划分，遵循在中央的统一领导下，充分发挥地方的主动性、积极性的原则。"这是民主集中制的体现和要求，虽然是规定国家机构职权划分，但同时也是有关中央和地方分工、处理中央和地方关系的宪法原则。[4]

中央代表着国家和国家、社会的整体，行使国家主权，管理国家事务，当代的中央（联邦）政权还呈现出功能和职责不断扩大的趋势。中央统一领导是国家统一、经济社会健康运行、改革和发展、中华民族在民族国家激烈竞争中得屹立于民族之林的前提条件。2018年修宪，将党的领导写入正文，在《宪法》第1条第2款中明确规定："中国共产党领导是中国特色社会主义最本质的特征。""党政军民学，东西南北中，党是领导一切的"，[5]这也是中央集中统一领导、国家统一、"全国一盘棋"的强有力保证。

因此，判断相关规定或行为是否违反"法制统一"，最高标准即为其是否违反了中央统一领导的原则，以及是否脱离、损害了党中央的领导。

在单一制下，地方政权包括自治地方首先是国家政权在地方的延伸，是地方国家或国家的地方，其次才是地方人民的代表，而不是相反。这也是"法制统一"的理论及体制依据，比如，在联邦制下，全国的法制不必统一，某地方的法制可以与联邦和其他地方不一致，甚至各有各的宪法，乃至分属大相径庭的大陆法系与英美法系。同时，单一制下的地方政权也必须维护地方利益，对地方人民和地方社会负责，否则就失去了其正当性。中央对地方不是简单的、具体的委托，地方政权对地方事务需要直接决策、处理，在执行全国性法律和中央决策过程中，也要根据地方的条件和实际情况相机而行，无法机械照搬，从而可能出现违背中央意愿、忽视全局利益的情形，造成"法制不统一"。为从制度上造就一种地方政权与上级、与中央和其他地方良性竞争的生机勃勃局面，需要在中央法定的、偶尔酌定的事权之外，将剩余权力归地方，并以"法制统一"来约束地方政权的行为。当然，如同公司股东会有权决定公司的任何事宜，中央有权处理、决定任何地方事务，包括地方事权和已由地方处理的剩余事权范围内的事务。

因此，对于剩余权力是归地方还是归中央的问题，答案不是非此即彼。一方面，剩余权力归地方，中央不得染指，是违背中央统一领导和单一制要求的。另一方面，绝对的"剩余权力归中央"，则无法应对错综复杂、瞬息多变的经济社会、国内国际形势，不利于发挥地方的积极主动性，可能导致普遍的"依法不作为"现象。正确的表述应当是"剩余权力归地方＋终极权力归中央"。而这，不可能有事无巨细的明确规定，需要综合各种因素进行分析，得出结论。中央有不同的部门、机构，党和政府的方针政策未必有明确规定的时效，违反"法制统一"的对象有法律法规、政策、做法、行为等，判断法制是否统一要与《立法法》的规定和合宪性审查制度相衔接。

党的领导是中央统一领导的基础和保障。党的领导首先是马克思列宁主义毛泽东思想的指引，其次是党的领导与人民代表大会、中央和地方政府、政治协商会议、人民检察院、人民法院等制度运转的有机融合，最后是"党管干部"、党管武装力量等党自身的组织保障。这是任何规则、制度、行为都不能违背的。

"法制统一"不仅是垂直意义上的，还涉及横向公平。地方竞相吸引资源，尤其是经济特区、自由贸易区、自由贸易港往往成为"政策洼地"，在市场机制作用下对于人财物具有虹吸效应，这对资源被吸引的地方可能很不公平，但享有特殊政策的地方究竟可以"特"到什么程度、"洼"到多低才构成不公平，并没有明确的法律规定和衡量标准。新疆霍尔果斯因被批准设立为经济特区而变成"避税天堂"，影视公司和明星为享受税收优惠政策纷纷到此设立"空壳公司"，将其他地方的利润和收入转移至此，引起舆论哗然，迫使霍尔果斯市不得不收紧税收政策。但全国各地大大小小的政策暨税收"洼地"有很多，却因社会没有关注而得不到审查，可见建立健全及落实"法制统一"的审查和纠正机制的重要性。

三、"法制统一"之实现

按照宪法和法律规定，通过备案审查和合宪性审查两种方式或机制实现"法制统一"。

备案审查主要属于合法性审查，也不排除导入合宪性审查，现有六种：[6] 全国人大常委会对行政法规、监察法规、地方性法规、司法解释进行备案审查；全国人大常委会对香港和澳门特别行政区立法机关制定的法律进行备案；[7] 国务院对地方性法规、部门规章、地方政府规章进行备案审查；地方人大常委会对本级及下级地方政府规章，下一级地方人大及其常委会决议决定，本级地方政府规范性文件进行备案审查；党中央和地方党委对党内法规和其他规范性文件进行备案审查；中央军事委员会对军事规章和其他军事规范性文件进行备案审查。

接受备案审查的主体对报送的相关规范性文件进行合法性、适当性审查，有权予以撤销或纠正。同时，全国人民代表大会监督宪法的实施，可以修改或者废除违反宪法的法律或者法律条款；全国人大常委会具体承担合宪性审查职责，可以直接对接受备案的法律文件进行合宪性审查。其他备案审查主体认为法规、司法解释同宪法相抵触的，可以向全国人大常委会书面提出进行审查的要求；组织或者公民认为法规、司法解释同宪法相抵触的，也可以向全国人大常委会书面提出进行审查的建议。全国人大常委会认为港澳特别行政区立法机关制定的法律不符合基本法的，可将相关法律发回，发回后的该法律立即失效。

随着法治的进步，备案审查越来越具有实质意义。比如，全国人大常委会贯彻"有件必备、有备必审、有错必纠"的要求，"以备案全覆盖带动审查全覆盖，以审查全覆盖实现监督全覆盖"。[8] 自十二届全国人大，加强备案审查，该届人大期间主动审查60件行政法规、128件司法解释，发现5件司法解释存在与法律不一致或者其他问题，及时做出了处理。[9]

这是体制内的审查机制，必然存在官僚体系惰性和"官官相护"的问题，全国人大及其常委会审查、撤销、纠正自己制定的法律也可能存在"利益冲突"的阻力。《深圳经济特区商事条例》和《深圳经济特区个人破产条例》何以违宪？因为两个条例涉及民事主体及其债权债务、物权和人身权，当然属于基本民事法律；而且破产法律必须是全国性的，地方自行其是既不公平也不具有操作性。由于拘泥于宪法文义，宪法并未规定民事法律包含商事暨破产立法，在国家扩大开放、特区为了政绩而以"雷人"的举措博眼球的冲动下，官方乐得对这两个条例是否合宪不求甚解，公众则对离其生活较远的专业问题无感而毫无反应。所以对于法制是否统一更多地需要实质性分析。中央部署设立经济特区，宪法固然有明文规定，但"特"在何处、"特"到什么程度，能否突破宪法的法律保留条款，仅以表面的文义解释是得不出合理合法的结论的，需要上升到法治原则的层面进行分析。而建设自由贸易港的依据是中共中央、国务院"关于支持海南全面深化改革开放的指导意见"和"海南自由贸易港建设总体方案"，以及相应的海南自由贸易港法，自由港的具体做法是否合法、合宪，就更需要深入细致的实质性分析，从而在中央集权和地方自主、创新之间做出适当的权衡，不是说有授权就不必再做实质性分析了。总之可放该放则放、当执则执，法治的基本原则还是要坚持，有所坚持才会有适当、正确的变通，做到不忘改革开放的初心，才能有所成就，实现改革开放不同阶段的目标和中国特色社会主义暨社会主义市场经济的总目标。

形成对照的是，"苏城码"APP 的文明积分功能是被舆论"骂"回去的，从而凸显舆论和公众参与在"法制统一"中的作用。全国各地大大小小的税收"洼地""抢人"举措、争相放松放宽负面清单等，中央无暇顾及，由群众通过其"雪亮的眼睛"去辨别、质疑，肯定是更靠谱的。对地方的各种试点、创新，也是这样。

按照《宪法》和《立法法》的规定，"法制统一"主要是低层级法律渊源与高层级"不相抵触"，即一切法律、行政法规、地方性法规、自治条例和单行条例、规章都不得同宪法相抵触，从法律到行政法规、地方性法规、规章，以及上级政府规章和下级政府规章，下位法不得抵触上位法，规定本身容易导致形式主义的理解和操作。法条和规定是相对稳定、滞后的，实践是丰富多彩的，加上特区、自由港等之"特"，以及地方主动性创造性的需要，如前所述，上位法不一定比下位法更合理、更科学、更正当，下位法依其规律往往是新的更切合当下形势和实际的规定，抵触某些不属于宪法规范的宪法条文也未必不合宪或违宪，形式主义的"不抵触"理解也是行不通的。这更多的是实操，而不是规定的问题，需要在坚持不懈的实践中形成一定的理念和做法，在此基础上进行个案分析。

因此，亟须将"法制统一"的审查机制、体制实质性地运作起来。宪法和法律的规定是依据，官僚体系是主干，公众和舆论是压力和动力，实践及客观要求是准绳。社会自发推动的"法制统一"审查，必然更接地气、更符合实际、更切合需要、更切中时弊。当然舆论也是需要引导和掌控的，不能放任自流。

至于行政和司法个案，需要明确的是，行政和司法是一个利害关系人相互博弈及其与主管机关之间互动的过程，是一种民主集中乃至少数服从多数的民主集中，比如，听证会、合议庭审理、两审终审和再审，不可能机械地适用法律，不存在绝对与法一致的、刻板的"同案同判"。立法和适用法律是主观之于客观，需要主观的分析、判断、认定，因此也不存在绝对的正确。而且，行政和司法者适用法律，必然要解释法律，必须允许其自由裁量、自由心证；貌似相同的个案，其主体、动机、客观情形、效果和后果也不可能完全一致，生活中的纠纷、问题千差万别，正如医生看病，病人罹患的可能是同一种病，但在不同病人身上的表现各有不同，所以要根据每个病人的情况对症下药。生活之树长青，理论却是灰色的，法律和法条亦然。只要是在既定的实体规定、程序和机制范围内的决定或判决，就都不违反"法制统一"的要求。尊重公权力执掌者，尤其是法官和法院的判决，也是法治的一项基本要求和重要特征。所以"同案同判"是违背法治规律的。

（第十五届中国经济法治论坛"自由贸易港建设与经济法治发展"主题发言稿，海南大学法学院，2020 年 9 月 26 日）

参考文献：

［1］文明不文明 亮码"比一比""苏城码"App2.0 Pro 版上线［Z/OL］.苏州新闻网，2020-09-04.

［2］中共中央关于全面推进依法治国若干重大问题的决定（2014 年 10 月23 日中国共产党第十八届中央委员会第四次全体会议通过）［A/OL］.人民网，2014-10-29；中共中央关于坚持和完善中国特色社会主义制度 推进国家治理体系和治理能力现代化若干重大问题的决定（2019 年 10 月 31 日中国共产党第十九届中央委员会第四次全体会议通过）［A/OL］.人民网，2019-11-06.

［3］林东茂.法学不是科学［J］.高大法学论丛，2010，6（1）：1-18.

［4］郑毅.宪法文本中的中央与地方关系［J］.东方法学，2011（6）：47.

［5］中国共产党章程（2017 年中国共产党第 19 次全国代表大会通过修改）［A/OL］.总纲.共产党员网，2017-10-28.

［6］法规、司法解释备案审查工作办法［J］.全国人民代表大会常务委员会公报，2020（1）：3.

［7］中华人民共和国香港特别行政区基本法：第 17 条；中华人民共和国澳门特别行政区基本法：第 17 条．

［8］沈春耀．全国人民代表大会常务委员会法制工作委员会关于 2019 年备案审查工作情况的报告——2019 年 12 月 25 日在第十三届全国人民代表大会常务委员会第十五次会议上［A/OL］．全国人民代表大会网，2019-12-24．

［9］沈春耀．全国人民代表大会常务委员会法制工作委员会关于十二届全国人大以来暨 2017 年备案审查工作情况的报告——2017 年 12 月 24 日在第十二届全国人民代表大会常务委员会第三十一次会议上［A/OL］．全国人民代表大会网，2017-12-27．

政府与市场关系的法治思考

凡市场不能调节或有效调节的，人民就要求政府积极作为。无法用具体法条为此清晰地划定界限，而须在宪法和民主法治的动态运行中更好发挥政府作用，实现市场决定资源配置。

导　言

2008 年国际金融危机，市场在政府纵容下闯了祸，从美国的高强经济刺激措施和金融体制改革，到中国为恢复市场信心的"四万亿"和转变经济发展方式，政府与市场的融合度加深，并致力于强化及优化对市场的规制。① 在市场和法治发达的国家，经济社会自然演进至今，交易和投资由市场调节，人民或社会需要和要求的政府就该做、必须去做，都是理所当然，比如，量化宽松、政府高额举债、强化金融监管、对企业的私有化和国有化等，意识分歧和理论争议不像在转型国家那么大。中国的经济社会则属于人为推进型，走一步是一步往往导致非正常波动，因而具有正确的理念和认识尤为重要，唯此社会主义市场经济才能行稳致远。事实上，政府与市场古已有之，其关系是一个历久弥新的话题。中共十八大报告重申，要让市场在资源配置中起基础性作用，而十八届三中全会《中共中央关于全面深化改革若干重大问题的决定》进一步提出，市场要在资源配置中起决定性作用，并更好发挥政府作用。"决定性作用"和政府作用这两者究竟是一种什么样的关系，这在经济社会并非自然演进的中国，实有必要加以明确和厘清。

市场与政府在不自觉中互动，到自觉说明其关系，亚当·斯密当为第一人。

---

① 在本文中，政府取其广义，也即等同于国家，除特别需要区分的场合，对政府与国家不做区分。当然，中国共产党作为执政党，与政府对应的各级党委及其部门，也属广义政府范畴。

他在《国富论》中竭力推崇"看不见的手"，认为经济人的利己心和市场竞争分别是商品经济发展的内在动力和外在压力，以自利和竞争为基础就能够达到市场的自我调节和财富增长，市场的自发力量可以保证经济的有序运行，任何来自政府或其他经济管理机构的干预或指导都是多余的。[1]1929年至1933年的经济危机催生罗斯福新政，国家开始全面协调经济、社会的运行和发展，凯恩斯在《就业、利息和货币通论》中提出国家调节经济的主张，认为没有国家的积极干预，资本主义就会灭亡，[2]政府干预遂成为普遍接受的主流观点。此后，由于20世纪70年代国有经济在西方空前扩张，以及高失业高通胀的滞涨，新自由主义伴随着私有化风潮，直至2008年，形成一个新的轮回。从历史维度看，先有市场和政府的自发生长，后有对政府和市场的偏好及选择。但无论什么时期、哪个国家，官要采买、兵要供养、水利交通等基础要办、市集要管、奸商要打，等等，都不存在政府不参与不过问的市场，也没有自外于市场的政府。

自党的十四大提出建立社会主义市场经济体制以来，实践充分证明，我国不可能走没有市场机制发挥作用的"计划"之路；发达国家的经验也表明，中国不可能走那种先所谓自由竞争，然后才有主观的政府经济规制的老路。[3]改革和发展的成败得失，与政府调控监管经济的能力和做法紧密相关。中国所追求的社会主义市场经济，是既尊重市场规律，又充分发挥政府必要作用的现代市场经济，同时在全面建设"法治国家、法治政府、法治社会"[4]的条件下，也是法治的市场经济。为此有必要就政府与市场关系之法治，进行探讨。

一、基本理念：政府与市场是社会的"一体两翼"

政府或国家是社会的天然代表。它是在氏族社会晚期，不同阶级和族群的矛盾激化，旧的氏族社会规则不足以调整新的社会关系，由社会所产生出来，代表社会整体利益以免其瓦解的公共机构。恩格斯的《家庭、私有制和国家的起源》一文，将此描述和论证得十分清楚。[5]政府必须代表社会，任何社会使然，也从来如此。但是，由于统治者追求私利和政府能力所限，政府对社会未必当然代表得好；能否代表得好，则取决于民主法治的程度和水平，以至统治者的个人素养、能力和政经自然等偶然因素。社会的进步，使得政府产生的方式更文明有序，其对社会的代表也越来越自觉、到位，这是本文的前提，限于题目，兹不详述。

政府自始就不外于市场，比如，与民间开展交易，对集市、货币、度量衡进行管理，从事盐铁等的生产和流通，等等。从19世纪中期开始，生产的私有制和经济社会化之间的矛盾已在资本主义国家凸显出来，如果缺乏社会层面的协调，经济连同整个社会都难以维系。于是，政府作为公共利益的代表，上升为劳动协作的社会层面，从统筹协调、调控监管、提供或组织提供公共产品和准公共产品、市场操作诸方面，逐渐成为一国经济不可或缺的内在组成部分。[6] 政府管市场、参与市场，凭的正是它是社会的天然代表，社会有需要、人民提要求，它就必须去做。政府要为社会或人民服务，它不做或做不好的话，则通过选举、政变或百姓造反换一个来做，总之不能无政府。

市场是经济和社会的基础，也是其组成部分，就政府与市场的关系而言，凡市场不能调节或者有效调节的，政府就必须出面调节，这是社会的要求，也是经济的客观规律。这种调节，包括维护交易安全、维持市场公平竞争、平衡市场信息不对称、规划调控监督管理、促进产业和地区均衡发展、直接参与市场活动，以及对外代表、维护一国市场的整体利益和秩序等。

当今世界进入了全球化时代，民族国家也成为市场竞争主体。从历史上看，民族国家的形成和发展正是与市场紧密联系在一起的，经济的发展要求建立更大的政府单位，形成全国统一大市场和国家层面的行政管理系统，把原先松散的地方经济网格转变成全国性的经济系统。[7] 全球化意味着深度的国际交换和一国的高对外依存度，每个国家都既有比较优势，也有相对劣势，国内市场与国际市场互动，国际政经形势的变化随时可能导致国内经济波动。这就要求一国政府积极统筹谋划，谋求国计民生的稳定和高"性价比"。比如，中国加入WTO、中俄艰难的油气谈判等。一国企业走出国门也离不开本国政府的支持和保护，企业家跟着国家领导人外访、政府间就本国企业利益争斗博弈早已成为常态，又如政府间签订投资保护协定等。全球化突出了民族国家的作用，不是削弱了国家主权而是加强了各国政府的责任，加剧了民族国家及其经济政策间的竞争，对国家或政府治理能力提出了更高的要求。一方面，政府需要以经济政策、财政税收、金融货币、管理监督等，扶植和保护本国市场；另一方面，还要积极参与国际分工，尽力为本国争取市场份额，克服跨国界经济带来的消极影响，保护本国企业和国民的海外利益。[8] 由此，"领土国家""政治国家"向"通商国家""经济国家"转变。[9] 可以说，一国政府能否与市场有机结合，关系着该国经济的兴衰、经济安全、主权乃至国家兴亡。

历史上确有一种市场与政府对立、对抗的理念，至今仍有其影响力。这是中世纪兴起的"第三等级"为了一己商业利益和财产权要求，对抗封建等级国家的产物，其重要表现则是"市民社会"及其与国家二元的观念，也即商业、市场应由"市民社会"自治，政府不得过问及干涉。在资产阶级革命过程中，这种思想具有启蒙作用，对于经济和社会平等的发展具有进步意义。然而，毕竟，"市民社会"只是人民的一小部分，其主体是商人和企业主，政府不干预市场和社会从来都不是现实。经济社会愈益错综复杂，促进了国家与市场、社会的融合，实际上是政府自觉不自觉地回应社会、人民的要求。政府的正当性必须也只能从社会中去寻找，政府公共管理渗透于市场和社会正是社会变迁的要求和结果。

因此，政府既是社会的代表，也是市场的总代表，对于市场的良好运行负有无可推卸之责。社会化、全球化使政府与市场成为一个整体的两个方面——社会的一体两翼。当然，政府与市场、社会并非完全同质，而是既相互区分、又相互渗透，关键是不能将其截然对立——恺撒的归恺撒、上帝的归上帝，否则是处理不好政府与市场之关系的。

二、政府与市场关系法治化：关键不在法条而在宪法和民主法治的机制

法治是不以个别人、个别机构的意志为转移，以规则为基础，遵循社会主流价值并受其评判和约束的一种善治。在法治条件下，规则的制订和解释、行政、司法，都应由利害关系人充分表达，以及必要而广泛的公众参与，可谓一种博弈过程。因此，政府与市场关系的法治化，不在于用立法或法条在二者之间竖立一道"墙"，比如，市场提供私产品、政府提供公产品那么简单，这是不切实际的，也不符合法治的规律和要求。

人们往往希望，能够用法条清晰地界定政府和市场的边界，划定之后，政府就不得越雷池一步。这是一种想当然。市场能做什么不能做什么、政府可做什么不可做什么，这是社会运转、发展的动态要求，世上不存在任何英明的立法者有能力将其界定及列举清楚。似乎界定"清楚"了，静态的法律规则也无法应对瞬息万变的经济社会乃至国际形势，而导致政策或政府决定的难产、公共管理效率低下，寄望于法律化反而可能造成市场和社会的风险。政府的经济职能，与一时一地的经济发展程度、市场的范围和层次、信息流通是否充分、产业结构合理与否、民众的习性和素质等，密切相关。政府与市场的界限，因时因地因人因事而异。中国如此之大，从国家到省市到县乡和村，从第一到第三产业，从沿海到中西部，各级各地政府对市场该做和不该做的肯定不一样，如果一样那就出问题了。国际国内市场又是随时变化的，政治形势也会影响市场，政府调节必须随机变化，而不能僵化地固守什么条条框框。况且，无论法律有无规定、怎样规定，出了任何意想不到的问题，超出市场和社会弥合能力的，也要政府出面解决，政府不得以法无明文而拒绝担当，人民也盼望政府此

时能积极有效地作为。即使有具体的法条规定，徒"法"也不足以实现公平、正义、自由和秩序。守法有对法条的理解问题，执法有对法条的解释问题，这都需要在各方参与、充分表达和说理的基础上进行抉择。这是一种政府与市场、社会的有机互动。

因此，关于市场能否调节、社会能否自治、是否需要政府作为及如何作为，只能具体问题具体判断。当然这不等于"脱法"。在法治和问责制条件下，政府不能武断地作为或不作为，而须根据实际需要来作为或不作为，不该作为却作为、该作为而不作为，都是失责违法。在政府深度参与经济发展、社会建设和促进民生的背景下，从中央到地方，任何一级一地的政府在经济和社会改革实践中的职能，都不可能通过法律或规范性文件一一正面罗列，而只能概括地赋权，使得政府及其各部门的管理和服务涵盖整个市场及社会，不能留有空缺，各部分的概括授权之间也不能存在缝隙。如此，政府基于概括授权追求一定目标，在宪法和民主法治之下积极作为，动态地确定政府与市场的关系，也即政府对市场具体该做什么不该做什么。

法治不外于民主，由人民当家作主的宪法及其实施所统领，形成正式和非正式的制度。正式制度即共产党领导、人民代表大会、政治协商、立法、行政和司法，非正式制度包括人们受文化影响的特定思维及行为方式、媒体、舆论、民众自觉或自发的参与和监督。就政府和市场关系而言，从顶层设计到具体个案，都要在此框架内进行博弈并做出判断。社会化及现代市场经济法治，已将合法性与正当性、形式正义与实质正义、法律公正与事实公正高度统一起来了。任何国家机关及其中负有职责的个人，在履行职责时，都应出于公心，对利益冲突、舞弊等零容忍，专业而真心地听取民意。除了非正式地"微服私访"、上网浏览等，听取民意的形式和程序要正当。正当程序不等于法定程序，比如，依法召开听证会但压根儿就不想听取民意就不是正当程序，而在法无明文的情况下出于公心以听证会、专家论证、公众咨询和其他任何形式听取并正确地集中民意也是正当程序。具体而言，公众参与不等于公众决策，在操作中应由谁来听取利害关系人及民众的意见，并负责集中或决策？答曰：谁负有职责、谁就应在其职责范围内听取民意并负责集中。比如，行政首长对事关本行政区划大局和区划内不同地域之间、部门之间统筹协调的事务，人大或其常委会就某项立法，党政某部门对其掌管的政策和工作等，即有义务积极、诚恳、充分地听取民意，然后敢作敢当地集中，并对自己的决策"终身"担责。由此，政府履行经济职能，裁量决断，不再是传统计划经济体制下长官的拍脑袋决定，而是通过体制内外的各种途径和机制，根据其履责的效果和具体地问责来实现。

如果政府的角色担当不好，利益冲突，角色错位、越位、不到位，或者经不起问责，就应该承担法律上的不利后果，即依法承担法律责任。这是一种有担当的自由裁量或法治的"民主集中制"。[10]

此即对政府概括地授权或赋责，由其"相机抉择"履行公共管理职能的法治模式。[11]它强调现代社会中的角色及其义务，在其位谋其政、不在其位不谋其政，实行绩效考核，并施以有效的经常性督促，若有违背或落空必当受责任追究。只有这样，才能正确地界定政府与市场的关系，以及判断政府的作为是否恰当。否则，法无列举或具体授权即禁止，把政府的手脚束缚起来，出了问题不在权力之列就无人敢出面解决，如此绝非法治，这个庞大的经济体反可能因此陷于低层次循环甚至衰败而不能自拔。正如总理在上海自贸区考察时说的，不问各部委为自贸区支持了什么，"我更想知道他们还可以再支持什么？"[12]

再以"佛山市组织民企富二代到国企挂职锻炼"为例，佛山市委组织部安排首批 48 名民企接班人到国企进行为期半年挂职培训的消息引发了舆论的诸多质疑，那么就政府与市场的关系而言，市委的该行为是否逾越了市场边界？民众的质疑还有培训对象如何选拔、经费由谁承担、政府的目的是否为了"牟利"，等等。显然，无法从任何法律规定或授权中推出党政机关可否为私营企业培训经营者或接班人，更不能以法律没有具体规定此项权力而得出其不该、不得这样做的结论。应当从民营经济的重要性和私人企业的接班难题切入，来分析这个问题。私企老板接班，这是市场本身解决不好的一个难题。正如古训所言，"富不过三代"，创业难守业更难，私有财产的利益驱动和约束往往对"守江山"的二代、三代接班人不起作用，被迫接班无心恋战只想过小日子的有之，盲目谨小慎微或糊涂胆大使企业陷入困境的有之，到境外赌博一夜输掉整个企业的有之，等等，企业随时会因"老爸"亡故或退休而垮于一旦。而佛山民营经济占全市 GDP 比重超过 60%，[13]到过佛山的人都听过佛山人讲的一个故事，即 2008 年金融危机对广东造成了巨大冲击，而佛山基本不受影响，原因就是本地民营企业撑起了大半江山。因此，民营企业的继承与壮大牵动着佛山政府的神经，冒着争议也要为民企"富二代"培训。无疑，这既在整体上为民企好，更为佛山人民好，其正当性是毋庸置疑的。那么程序正义如何？如果是按正常的方式决策，并非某个人独断或密谋为之，花费公帑的话则有预算根据，就无可非议。公众的表达、质疑恰构成了有效的博弈，对佛山市委组织部形成监督，在此个案中如有滥用职权、利益输送、以权谋私等腐败，就"纸包不住火"了。至于对政府"牟利"的质疑，如果牟利是指政府意在放水养鱼，培育企业以便更多收税，谋人民之利，这样的政府当然就是好政府。

法治的各个环节、各层面都需要人的能动参与，但又不能由个别人尤其是有权势的人对法任意立改废和解释，强制推行超越或落后于社会现实的法律条文，不顾相关利害方的感受和利益机械地适用既定规则包括不该适用之法条，或者放任自流、选择性执法，以及法条没有规定但人民期待的却不去做，等等。否则就无异于人治了。近年来，越来越多的立法和政策的公众咨询、法律和政策实施的动员准备、政府渴望民众提出希望它做的"实事"、循多数民意搁置或变通不合宜的法律、政府信息和司法裁判的公开、媒体及舆论参与各种事务的监督和问责等，都表明法治的真谛业已在社会和人民心中萌发。

本文将收笔之时，又闻美国财政部长致函中国副总理，称中国对外国企业的反垄断可能降低外国知识产权的价值，并给中美关系带来严重影响。[14]此番关心加威胁，只为维护其本国企业或国民的利益，有没有僭越政府和市场之分际？不必考虑美国法律如何规定，无论以美国还是中国的立场和标准来判断，这位雅克布·卢部长肯定都是一个"好官"。个中道理，已如上述。

三、政府与企业关系的法治化

（一）政府与国有企业

在市场经济条件下，自由的交易和资本的自由流动是产品极大丰富、确保市场规律和机制正常发挥作用的基础。财产所有者根据市场信号进行投资决策，追求自身利益最大化并承担投资风险，由此形成的利益驱动和约束对于生产力的促进，是包括政府、非营利组织在内的任何其他力量和主体所不可取代的。这是必须由市场决定资源配置的原因，否则也难以使资源优化配置。但这不等于说市场上流动的只有私人资本。私人所有者在市场竞争中优胜劣汰，导致资本集中，小资本朝不保夕、自生自灭，社会贫富差距越来越大，以及经济失调和周期性危机等问题。[15]在承认私人资本的合理性，鼓励其存在和发展的同时，不能放任其固有弊端泛滥，也不能任其做大进而控制国民经济和国家政权，而要通过国有资本将其限定在既定的社会公正观所能容忍的贫富差距、阶级差别和政权性质范围之内。因此，政府与企业的关系，首先表现为国有资本对市场的参与，形成国有企业，包括国有独资、国有控股或参股，由其控制或主导关系国计民生的事业，如铁路、电信、石油、电力等；在政府能力允许的情况下，国有资本亦不妨在竞争性领域大显身手，除了将利润用于扩大再生产或公共目的以增进社会福祉外，也是一种经济的稳定剂。国有资本的公共属性和相对稳定性，可为政府对经济的调控监管奠定根基，避免经济大起大落。

政府代表国家行使国有资本的所有权，在市场经济条件下像私人一样当好国企的老板，需要区分并扮演好三种角色。一是政府代表国家行使的所有者职能与政府的其他经济社会公共管理职能在机构上分开，排除后者对国有企业的不必要、不适当的干预。二是政府的所有者职能又有总老板与具体老板之分。总老板职能是代表国家所有权的监督管理职能，具体老板则是以特定国资直接对企业投资的股东或出资人，后者要在前者的监督下依企业和公司法当好股东或出资人，并接受规划和产业、财税、金融、商务等承担公共管理职责机关的调控监管。这三种角色在法律设置上应尽量避免利益冲突，在角色扮演中不得错位、越位、缺位。

我国一直以来有"政企分开"和"政资分开"的提法。"政资分开"似乎是指政府的行政与国有的资产、资本、财产分开，政不要过问"资"。然而，国家除代议机构外，也包括行政、司法机关，政府承担着国家行政职能，国家也即国有的财产必然要由政府来管理，包括预决算、占有、管辖、转移、投资、使用、收益、处分、交易、举债还债、审计监督等，中外概莫能外。"政资"分不开也不能分开，一旦分开，就化公为私，"资"就不再是国有或国家的了。同时，政府投资办企业时，它依法、依人民的意愿不得疏于承担老板职责，在这个意义上，"政企"也是不能分的。"政企分开"，是指任何政府机关及其工作人员不得越过国有企业的具体股东或出资人，对企业的经营决策和管理指手画脚。

而所谓"政资分开"，应当说是中国作为发展中国家，政府的治理能力和行政水平低下的产物。改革开放后，虚幻的"独立"法人观念一度盛行，国有企业或国有资本投资包括参股的企业开始摆脱"主管部门"，处于自为、无人监管的状态。按照国际通行的做法，财政部门专司国资总老板的职能，应该对任何掌管着一定国资的主体管好用好该国资进行监管，包括对拿着国资去投资的主体监督其依法当好股东或出资人。可是在急速转型期，我国的财政部门既缺乏理念也没有能力管好经营性国有资产，对此处于懈怠、失职状态。反之，其他政府部门作为国家机关似乎都可以"老板"自居，去管国资、国企，同时又可以不管，谁都不承担责任。这样，三种因素交集叠加，导致国企一夜间大部倒闭、国资大面积流失、数千万职工下岗的无序"悲催"局面。

问题的症结，就在于承担国资老板职能的主体不明确。"政资分开"正是就经营性国有资产而言的，希望借此在国有财产投资经营的领域，明确承担老板职责的主体。具体做法就是成立中央和地方的国有资产监督管理委员会，经同级政府授权承担本级政权管辖的国有经营性资产的出资人职能。也就是说，将照理应由财政部门承担的经营性国资老板的职能分出来，由另一个专门机构行使，以收事、权、责相匹配和统一的效果，改变"九龙治水"、财政"一龙"应治水而不治水的管理落后状况。

按照法治要求，代表国有资本的总老板与具体老板这两种职能不应由一个主体承担，否则就"利益冲突"了。而现实是，国有资产监督管理委员会名不副实，它本应承担从财政部门分出来的国有经营性资产总老板职能，这是合适的；法律却要求它承担对企业的具体出资人职能，这是它作为行政特设机构难以承受之重，因为行政机构不适合市场化的资本运作，而且还存在架空国企在法律上的具体出资人之嫌。这是经营性国有资产管理暨国有企业进一步改革需要解决的一个重大问题。正确的思路和方法是，在法律上明确各级国资委承担代表国家所有权的监督管理职能，也即总老板职能；每级政府则在顶层设若干控股公司或集团公司或资产经营公司，由其承担资本运作职能，作为出资人或具体老板控制本级政府管辖的资本投资或控股的所有企业，在国资委的监管下在市场中像新加坡的"淡马锡"那样畅游。

（二）政府与企业关系之一般

无论国企还是非国企，都要接受政府非基于资本关系的一般公共管理——调控监管之规制，任何国家都不例外。对中国来说，其关键在于政府规制越来越到位，去武断和野蛮化，同时不断优化和强化；企业不断提高诚信守法的水平。

中国人记忆犹新的是，曾经，政府对企业的管理，是一管就死、一放就乱，管则卡压、放则自流。经过30余年的改革开放，政府对企业随意吃拿卡要这样低级的问题基本不存在了，但是只会审批、对企业动辄喝令，或随意"放羊"，不善事中事后监管和柔性的诱导、劝导，仍是通病。在推进国家治理体系和治理能力现代化的新一波改革中，出现了好的苗头。比如企业登记管理改革，实缴制改认缴制、取消注册资本最低限额、将不切实际的年检改为年度报告公示制；上海自贸区实行负面清单制度并拟复制到全国；宏观政策的预调、微调；政府的各种监管中越来越多地使用约谈方式，等等。

然而，并非有了企业"法无禁止即可为"，问题就解决了，仍需要在政府与企业的积极互动中，方能实现二者关系之法治。

首先，法未禁止的、负面清单之外的，企业原则上是可以做，但是灰色地带、恶意打擦边球的情形是不可避免的。比如，游走于公募与私募之间的筹资行为、网络删帖公司、代人滋事的公司等，这就要求政府随时关注负面清单之外的市场暨社会领域，如前所述，这也在现代市场经济和法治所要求的对政府概括授权或赋责的范围之内，以便及时跟进、引导矫正，如果任其流弊滋生再来整顿，那就回到一放就乱的时代去了。

其次，法有禁止必禁止，对政府也是一大难题。比如违法建设、偷排污染物，或公然或变着法子做负面清单内的事，又如稀土一度失控的深刻教训，都考验着政府与企业、与社会博弈的能力，稍有不当或松懈，就"法不责众"了。或者有人做违禁的事，政府长时间不闻不问，一旦曝光，被舆论推着才去处置，迟到的正义可能就不再正义，政府的公信力和权威因而受损。还有一种情况，企业或民众非正常反弹、正不压邪，则需政府有极大的耐心、勇气和敢为敢当的精神，持续与民众沟通、互动，秉公循法办事，倘该禁的禁不住，那就与法治差之千里了。

再次，有许多制度只能是柔性的，而效果却必须是刚性的，对此既需要政府不懈的日常监管，更需要其在关键时扮演好裁断者和强制者的角色。比如，企业资本实缴制改认缴制、食品源头追溯制度等。在认缴制下，认多少、何时缴、缴多少、缴付期限均由当事人自定，在当事人的行为损害或可能损害债权人利益的情况下，市场监管和司法必须确保其在认缴的范围内对企业及债权人承担责任，如有恶意还应给予相应的惩罚。而食品源头追溯制度，则依赖政府对企业持续有效地宣导，化为企业对法律的要求充分理解基础上的自觉行为，以契约和信用倒逼形成正向市场淘汰机制，否则政府纵有三头六臂也无济于事。当然，一旦出问题，还要求政府在第一时间介入，查明原因，追究行为人责任，发现制度漏洞的还应及时填补。无疑，假以时日，中国的政府必能达到这个境界。

最后，在企业层面，法有要求而不为的，政府能否一刀切硬性查处？典型的是企业或其事项应登记、审批而未登记、审批的，对此也不能或者说难以不分青红皂白地取缔。小到无证摊贩、无证餐馆商店，大到重大工程缺少某些手续先斩后奏等，都要求政府细察情形，比如，行为人有无恶意、有否可宥之处，通过沟通宣教，而后导正或责令改正。要么懒政、要么雷霆万钧，对经济社会和法治的损害都是难以弥补的。

当然，由于市场经济及其法治尚处发展中，社会信用水平有待提高，有个别企业有时会钻空子、打擦边球，一旦"被逮"就百般狡辩、动辄要赖要横，对此政府该管就要管，不能因为企业无理或"有理"取闹就畏首畏尾，以免出现普遍违法而政府可任意选择性执法的局面。

这就从企业层面印证了本文上节的判断，即政府绝不能刻板、消极地"法无授权不可为"，而需更宽泛地基于公共利益来理解任何政府主体的角色和职责，要求其在任何时候任何情况下都必须在问责制约束下积极有效地履行职责。法虽无明确授权，但以法的宗旨和原则公共利益、社会需要、利害关系人和民众的诉求为标准，当为而不为的，也要对其问责、追责。

由上，市场和企业的自由、自治与政府规制并不矛盾，理当并行不悖。这种关系建立在法治的基础上，以政府、社会、市场的互动和博弈，加上每个人都对自己的言行负责之有效问责，来确保政府规制的科学性和能动性。概括来说，我国的社会主义市场经济及其法治，既需要自由的市场，也需有能动的政府。政府规制要在宪法和民主法治下持之以恒地不断优化和强化。完善政府治理能力的方向明确了，道理仍需进一步明晰，实践更不可能一蹴而就，探索创新无止境，任重而不易。

（原载《中共中央党校学报》第18卷第6期，2014年12月）

参考文献：

［1］［美］小罗伯特・B.埃克伦德，罗伯特・F.赫伯特．经济理论和方法史［M］．杨玉生，译．北京：中国人民大学出版社，2001：46-47.

［2］［英］约翰・梅纳德・凯恩斯．就业、利息和货币通论［M］．徐毓枏，译．南京：译林出版社，2011.

［3］赵振华．市场与政府之间的边界在哪里［N］．解放日报，2012-12-19.

［4］中共中央关于全面推进依法治国若干重大问题的决定［N］．人民日报，2014-10-29.

［5］马克思恩格斯选集：第4卷［M］．北京：人民出版社，2012：29-195.

［6］史际春，宋槿篱．论财政法是经济法的"龙头法"［J］．中国法学，2010（3）：172-177.

［7］张谦．民族国家、全球网络与经济民族主义［M］//刘军宁．经济民主与经济自由．北京：生活・读书・新知三联书店，1997：262-265.

［8］吴惕安，俞可平．当代西方国家理论评析［M］．西安：陕西人民出版社，1994：329.

［9］史际春，陈岳琴．论从市民社会和民商法到经济国家和经济法的时代跨越［J］．首都师范大学学报（社会科学版），2001（5）：29-40.

［10］史际春．完善首都治理的法治理论与对策［J］．北京人大，2014（5）.

［11］史际春. 论地方政府在经济和社会发展中的权与责［J］. 广东社会科学，2011（4）.

［12］李克强：我想知道各部委还可以再为自贸区支持什么？［A/OL］. 中央政府门户网站，2014-09-18.

［13］"富二代"挂职国企能否解决"民企接班难题"？［A/OL］. 新华网，2014-05-28.

［14］U. S. Treasury Warns China Over Antimonopoly Efforts［J/OL］. the website of The Wall Street Journal，2014-09-14.

［15］史际春. 论营利性［J］. 法学家，2013（3）：1.

论和谐社会语境下的地方经济法治

构建地方经济法治应秉承以地方分权为基础、以中央集权为主导的理念。地方经济法治有利于构建和谐的中央与地方关系、实现经济社会的可持续发展。

引　言

最近有两则报道，一是经上海市人大常委会表决，在市人大常委会权限范围内，赋予浦东新区综合配套改革变通执行地方性法规和先行先试的权力；①[1]二是浙江省政府下发《关于加快推进中心镇培育工程的若干意见》，按照"依法下放、能放则放"的原则，对强镇扩权，在财政、规费、资金扶持、土地等10个方面赋予省级中心镇部分县级经济社会管理权限。[2]

新一波的地方扩权实践，是当代中国法治进程中地方自主的客观必然性日益被人们认识并赋予其合法名分的一个缩影和例证。广而言之，在经济、政治和文化等诸领域，在立法、行政甚至司法等诸层面，地方政权均扮演着重要的角色。因此，当代中国的法治建设在客观上存在着两个彼此联系同时亦有分野的维度，即除了中央主导的"整体法治"或"国家法治"外，还有地方层次上的"各别法治"或"地方法治"。改革、发展和崛起的实践，提出了法治的地方生态、地方法治的路径、地方法治与国家法治的关系等问题，需要给予全面准确的回答。

本文试对地方经济法治的渊源和内涵，其理念、基本原则以及相应的实践和制度完善等作一探讨。

---

① 浦东的"变通执行权"主要表现在，基于改革现行的行政管理体制、经济运行体制、城乡二元经济与社会结构，涉及对深层次体制性障碍进行突破，过去需要上海市人大常委会授权的制度、措施，允许浦东新区对地方性法规的具体规定作变通执行。例如，对法规规定的行政许可审批事项进行改革和精简、合并，对行政管理主体予以优化配置和调整等。

一、地方分权还是中央集权：一个基本矛盾和恒久的话题

要科学、准确地把握地方经济法治，就必须洞悉其背后的一个历史性难题，即分权与集权之间的冲突与平衡。分权与集权、地方分权与中央集权，既是政治和法律维度中的一个基本矛盾，也是贯穿人类思想和文明史的一个恒久的话题。从广义上讲，分权包括两个维度：一是同一层级政权不同权力机构之间的分权，即"横向分权"；二是不同层级政权之间的分权，即"纵向分权"。横向分权与纵向分权都客观存在于各国的政治组织和法律架构之中，二者在形式、目的、原则等诸多层面存在着不同，但亦有一定的相通之处。

横向分权的历史要比纵向分权更悠久。就政治职能的横向划分而言，学界比较公认的说法是亚里士多德在《政治学》中最早提出的，即一切政体都有议事、行政和审判三个要素。近代的分权理论以洛克和孟德斯鸠为代表，洛克将国家权力分为"立法权、执行权和对外权"；[3]孟德斯鸠的划分则是立法权、司法权和行政权。虽然横向分权理论着重的是同一层级政权不同机构之间的分权，因此与不同层级之间的分权有一定的不同，但前者的思想和理念直接为后者提供了支撑。横向分权思想的价值在于其指出了权力划分及互相制衡的必要性和重要性，比如，孟德斯鸠认为，"如果司法权与行政权集中在同一个人之手或同一个机构之中，就不会有自由存在""如果司法权不与立法权和行政权分立，自由同样也不复存在了"。[4]众多倡导者们普遍将国家视为霍布斯意义上的"利维坦"，出于对这种"不得已之恶"的担忧，意图通过分权和制衡尽可能约束国家权力，以维护民众的自由和安全。

纵向分权理论的创立与实践者则是被后世称为"美国联邦制之父"的联邦党人。1787年，美国制宪会议改邦联制为联邦制，并制定了合众国宪法。为了推动、确保以国家主义和联邦主义为核心价值的新宪法在各州议会顺利通过，汉密尔顿、杰伊和麦迪逊以"普布利乌斯"的名义发表了一系列倡导联邦制的论文。在他们的论文集《联邦党人文集》中，着重探讨了联邦和州之间的分权，认为美国必须建立一个中央相对集权的联邦政府，以保证（合众国）政治上的统一，实现国内安定，促进经济繁荣，但也不过多地侵犯各州和个人的权利。关于联邦和州各自的权力范围，他们认为"前者行使的对象主要是对外方向的，如战争、和平、谈判和外贸；征税权多半与最后一项有关。保留给各州的权力，将按一般的办事程序扩充到同人民的生命、自由和财产，以及与各州的治安、改良和繁荣等方面有关的一切对象上"；对于二者的关系，主张"新宪法授予联邦政府的权力很少而且设有明确的规定。各州政府所保留的权力很多但没有明

确的规定"[5]。

在生产社会化和经济现代化背景下，美国呈现出一种不断加强联邦对各州市场整合和经济调控权力的趋势。如南北战争之后，1868 年通过的宪法第十四修正案广泛限制了各州的权力①；进入垄断资本主义阶段之后，联邦政府大量使用宪法上的"州际贸易条款"（Interstate Commerce Clause）②，1887 年和 1890 年美国国会还据此相继制订了针对州际贸易垄断的《州际贸易法》和《谢尔曼法》。此后，尤其是 20 世纪 30 年代罗斯福新政之后，美国联邦开始大量涉足彩票、食品、药品、医疗、福利、农业、最低工资、劳资关系、交通、通信、银行、金融、刑罚、种族歧视和平等保护等原为州权力范围的领域。

与此不谋而合的是法国的分权理论和实践。与美国不同，法国是一个典型的富于中央集权传统的单一制国家。悠久的中央集权导致了低效率，因此，通过分权提高效率成为法国式分权理论及实践的核心目标。自 1830 年以来，法国采取了中央分权，即中央政府赋予派出地方的官员更大的权限；以及地方分权，即建立由选举产生的地方政府各部门，试图通过这两种方法扩大地方权力。[6]托克维尔是法国式分权理论的集大成者，他强调了分权对于提高效率的"经济效果"。[7]托克维尔的理论为当代法国学界所普遍认同，奥户认为，"如果只涉及行政，那么中央集权可以为我们提供一个更习惯、更全面、更公正及更经济的解决办法。但是一个国家并不是仅仅需要一个好的行政，它还需要政治自由。"[8]

由此可见，法国式单一制国家的分权向度是自上而下、由集权到分权的；这与美国式联邦制国家的自下而上、从分权到集权的向度正好相反。但是，它们在建构地方分权与中央集权有机结合的分权机制上，在谋求权力的合理配置以及分权与集权的平衡上，是殊途同归的。

综上，地方分权与中央集权的对立统一构成了人类政治和法律文明史中一道独特的风景。分权或者集权固然是每个国家基于特定情势的客观选择，但认可、鼓励、促进良性的地方分权加以必要的中央集权，并促进二者在对立中达成统一、有机融合，已然成为多数现代国家政治组织和法律架构的一种共性。

---

① 该修正案规定："任何一州，都不得制定或实施限制合众国公民的特权或豁免权的任何法律；不经正当法律程序，不得剥夺任何人的生命、自由或财产；在州管辖范围内，也不得拒绝给予任何人以平等法律保护。"
② 美国宪法第 1 条第 8 款。该款规定"国会有权管制同外国的、各州之间的和同印第安部落的商业"。

二、法治和经济法治的地方性：一个现实问题和常新的话题

除了地方分权理论，地方经济法治的另一个基本支点是法治的地方性。所谓法治，无非是指以规则为基础，不以任何个别人、个别机构（包括但不限于国家元首、政府首脑、政党、行政机关、立法机关、法院等）的意志为转移，能够遵循主流社会的主流意识形态并受其评判和约束的一种善治状态。法治在实践中显示出浓厚的地方性色彩，但在理论上却往往被视为统一的整体，因而法治的整体性与地方性之间的矛盾在传统法学中并未受到应有的重视。比如，亚里士多德对法治的定义：法治应包含两重意义：已成立的法律获得普遍的服从，而大家所服从的法律又应该本身是制定得良好的法律。[9]之后从康德的"绝对命令"到德沃金的"法律帝国"，自然法学派的发展始终没有跳出亚里士多德的这两个命题。在分析实证法学派的理论体系中，法被视为一系列纯粹规范的组合，法治就是"合法条性（legality），亦即服从国家所制定的规则"[10]。因此即使存在地方性，分析实证主义者们也仅仅把它理解为法律规范的具体执行问题。与自然法学派一样，分析实证法学派也关注立法与司法的关系，并将个别化的技巧都融合在判例之中，因此所谓中央与地方的分权、地方特殊性在法治中的表现等问题，基本上被忽略或置换了。

相对而言，社会法学派更注重法治的"地方性"命题。社会法学派打破了视法治和法为铁板一块的理论传统，转而强调法治在具体情境中的特殊性。吉尔兹认为："法律就是地方性知识；地方在此处不只是指空间、时间、阶级和各种问题，而且也指特色（accent），即把对所发生的事件的本地认识与对可能发生的事件的本地想象联系在一起。"他关注法在实践中的具体社会效果，强调法律在执行中的能动性，"法律是地方性知识而非无地方界限的规则；法律对社会生活的作用是建设性的而非反映性的，或者说不仅仅是反映性的"；因为"法律，即使高度技术化如我们社会中的法律，仍然是建设性的；换言之，它是构造性的；再换句话说，它是组织性的"。同时他还认为，法在具体的实践中必然会产生多元性，"法律领域不会衰变成封闭的单一体，而会拓展成一个复合式的多元体"[11]。

当然，社会法学派在法治地方性问题上存在着不同的观点，吉尔兹理论中的"地方性"也不完全等同于本文所界定的"地方法治"，但其研究视角和方法为地方法治的建构提供了基本原理的支撑。法治的地方性命题反映的是法治的两个悖论：一是整体性与特殊性之间的悖论；二是"学理概念的精确性与承担实践功效的载体之间的矛盾"[12]。而要化解这两个悖论，客观正视并积极建设

地方法治是必要且可行的途径。

法治的地方性在中国法治建设中有很多体现。基于各地方的特殊情况和实际需要，国家整体性的法治理念和规划往往不得不进行必要的调适。在立法领域，我国宪法规定地方国家权力机关在不同宪法、法律、行政法规相抵触的前提下，可以制定地方性法规，还赋予民族自治地方和特区享有一般地方所没有的立法权；在执法领域，浦东新区获得地方执法变通权也是一个很好的例证；即使在司法领域，有学者也发现，在实践中，基层法院的审判往往更多地取决于"乡土社会实际生活所规定或确认的规则"，而不是抽象的法律条文和"大写"的法。"任何法律都要在社会生活面前表明其存在的理由"，[13]地方性往往对法治构成最实用也是最直接的约束。

经济法治是中国自改革开放以来，随着经济法的产生和发展而提出并日益普及的概念。经济法治是指通过"法律调整使经济体制改革和社会经济发展纳入法治的轨道"，实现经济改革和发展的法治化。[14]由于经济法关注国民经济在整体上的平衡与协调，而国民经济又包括且存在于中央和地方之中，离开了地方经济，国民经济的整体就无法存在，因此，法治和经济法治的地方性是一个现实而常新的话题，理解并处理好经济法治的地方性，实现地方经济法治的良性运行，是决定经济法治和法治成败与否的关键。

三、地方经济法治的定义和基本理念

地方经济法治是法治和地方法治的下位概念，是指地方经济的法治化。国家和地方在经济法治上的分层是分权规律与法治地方性的客观要求和体现。地方法治对整体法治具有积极或消极的作用，因此应当通过具体的进路来实现一种良好的、作为国家法治有机组成部分的地方法治。另外，地方法治是一个子系统，也包括立法、执法、司法、守法、利害关系人及公众的参与和博弈等各个元素。建设地方经济法治的关键在于树立合理的分权理念，即建设以地方分权为基础、中央集权为主导的现代分权体制。

为此，首先需要解决中央与地方权力划分问题。这种划分应当遵循的原则是：凡不是应当或者依法由中央或上级行使的权力，比如，国防、外交、币制、标准化、药品监管、邮政与铁路、基本的交易规则与地区间市场准入等，就归地方行使。因为地方人民最了解地方的需求、地方事务最宜由地方政权办理或地方人民自治。甚至在金融监管、财政和税收等一般认为是宏观调控的领域，也并非排斥地方分权。比如，近年中国省域、市域的地方性银行越办越多，甚至出现了乡镇级的四川仪陇惠民村镇银行，[15]这样，相应的金融监管也必然具

有地方性。再如税收，在分税制下，地方税权将随着法治的发展而渐次落实到位。至于财政，"一级政权、一级财政"是法律的明确规定。特别是中国各地方差异较大，诸如上海、江苏、浙江、广东这样的较发达省市，在金融、财政和税收上的分权需要更为强烈；对于中西部或老少边穷等发展较迟缓的地区来说，也只有财税和经济分权，才能打消其"等靠要"的惰性，激发其内在的发展冲动。

典型的地方权力涉及地方范围内的事务，如辖区内的道路、公园、地方公用事业、农田水利等基础设施建设；或者是与辖区内的公民切身利益相关的基础性公共服务，如教育、医疗、劳工保护与地区福利等；以及地方财政范围内的投融资等。在地方财税权上，通行的做法是将直接税如财产税、行为税、资源税和部分所得税作为地方的主要税收来源；而间接税如流转税则是中央税收的主要来源。其原因在于，间接税易于征收，直接税则面临纳税人的抵抗心理较大，因此更适合在地方民主、自治的条件下征收。另一方面，诸如财产税、资源税、行为税等对财产的状况及其变动信息的即时掌握程度要求较高，从技术可行性而言也更适合由地方政府征收。而且，在财税激励机制上，财产税具有"使用费"的性质，地方权力机关通过制定公平详尽的财产税率表，可以更好地实现税收受益原则，激励地方政府提供更为优质的公共服务。

坚持以地方分权为基础的同时又要以中央集权为主导，其根本原因在于分权制既有优点又存在缺陷。分权制的优点在于，它能使地方公共服务的供给符合地方需求的多元化偏好；并通过地区间的竞争，激励政府提高公共服务的效率，降低成本，裁撤冗员，提高执政水平，促进地方的制度创新。分权制的缺点则是地方之间就外部性、公共品及其规模效应的协调和谈判成本过高，有时甚至因为囚徒困境而形成内耗的僵局；同时，分权制不利于形成统一的大市场、以标准化的规范和制度促进人财物的自由流动和交易成本的降低；另外，仅凭分权制无法实现地区间的转移支付和再分配功能，难以实现国家的整体福利和社会的公平价值。

因此，中央与地方需要合理分权，但其具体的界分和侧重，是由各国政治、经济、社会发展条件等具体国情和不同利益群体之间的动态博弈所决定的。例如，美国作为发达国家在经济条件允许的前提下，其联邦层次上的财权和事权的重心落在了社会保障的统筹上，社会保险收支成为联邦财政收支的主要构成。同时，为防止地方保护主义、市场壁垒和无谓的地方财税竞争，美国加大了地方财政收入中由联邦反补的构成比例，因此联邦的税权在实质上得到加强。[16]而我国社会主义市场经济处于建立和发展中，对于提高市场效率、鼓励改革创新、加强地方民主激励的要求则更为迫切，加上计划经济的一些制度和观念的遗留问题，中央囿于地方分权的经验不成熟，往往统得太多，就在某种程度上阻碍和窒息了地方的主观能动性。因此，我国需要更多地强调地方分权，以鼓励地方经济建设与社会发展的积极性、主动性和创造性。同时也要加强中央在统一市场监管上的权力，防止市场经济还未成熟时出现放任自流弊端。

四、和谐社会语境下地方经济法治的基本原则

人类政治和法律发展的历史经验和教训昭示我们，在分权还是集权的两难选择上，并没有绝对完美的方案。避免极端、注重平衡，根据特定经济和社会发展的情势选择相适应的分权体制才是根本之道。构建以地方分权为基础、中央集权为主导的现代分权体制，践行地方经济法治理念，需要遵循以下四个基本原则：

（一）保证现代分权体制的科学性与法治化

该原则在四项原则中处于核心和统领的地位，其他三个原则是其进一步的展开。

1. 现代分权体制的科学性体现在两个方面

其一，分权应当公平。曾几何时，"效率优先、兼顾公平"蔓延到了几千年来素以公平正义为首要和最高追求的法和法学领域。按此说法，法也要以效率为第一诉求，公平能兼顾则兼顾，其后果便可想而知。公平分权最重要的是予取合理、适度，权益要取之有道、失之有据。也就是说，地方权力的获得或确认，要与其能力、环境、当地和国家的需求相匹配，且不得损害国家和其他地方的正当权益。中国的分权实践采取的是倾斜式、自发性的模式，或者赋予特定地方以特殊权力，或者一些地方利用其禀赋或市场优势，以此获得竞争优势，而对其他地方的经济利益损失（如初级产品交易中的剪刀差）、人才流失、环境损害等则在所不惜。以往这种分权普遍被认为是有效率的，虽然有欠公平。但现在看来，不仅偿还这笔"公平债"很难，而且这种分权模式形成了路径依赖，导致公平的分权体制难以建立。不管怎样，现代分权体制离不开公平，公平才能保证科学的分权，以及地方之间、地方与中央的公平竞争，从而改善并增进整体福祉。其二，分权应当是一种有效的制度安排。当然衡量是否有效的方式并不总是常见的成本效益分析，因为诸如分权制这样的制度安排，很难准确度量其成本或收益。[17] 我们认为，竞争及其状态或程度可以作为衡量和评估一种制度安排是否具有效率以及效率高低的合理尺度。竞争保证了效率，自由、充分、健康的竞争保证了市场机制的正常作用和国家机器的高效运转。作为评价分权体制的尺度，分权应当有效率就是指分权应有利于地方与地方、地方与中央的合理竞争，凡是有助于这种竞争的权益，就不要将它划归中央或上级政权。

2. 分权体制的法治化体现在内容和过程两个方面

以往中国分权实践中一个典型的问题就是"中央与地方之间缺乏制度化的行为预期",[18]要改变这种状态，关键在于通过法治使分权体制形成稳定、可靠的预期。分权内容的法治化包括通过宪法和基本法律来划分中央和各级地方权力的边界，概括性的权力相交且不可能在纸面上清楚界定的，要允许各自发挥主观能动性，通过试错和竞争形成有利于各方和整体的惯例。对于责任和救济，也是同理。中央和地方的分权机制在实践中是一个动态的过程，需要中央和地方双方的积极参与。只有这样，良性、互动的博弈过程才能形成，双方的利益诉求才能充分表达，才能减少信息成本和交易费用。由于地方在国家决策中处于弱势地位，因此必须依法保证地方的参与权，将中央和地方之间的商谈及其救济机制法治化，以保证博弈过程的顺利进行。这方面英国的分权体制具有借鉴意义。尽管英国是一个单一制国家，但中央在观念上和实际中都不寻求对地方的严密控制。中央和地方都握有一定的、能用来与对方相抗衡的资源，从而维持一种讨价还价、交易和协商的关系。在这种相互依赖、相互需要的关系中，双方为了各自利益，在处理与对方的关系时，都可以在制度许可的范围内运用各种策略以达到目的。[19]总之，如果说分权内容的法治化是实体正义，在实体上保证现代分权体制的科学合理，那么分权过程的法治化就是程序正义，以此为现代分权体制提供保障。

（二）保障、促进并创新地方经济权力

现代市场经济条件下的政府早已不同于早期资本主义阶段的"守夜人"，"国家之手"通过各种方式参与各项经济事务。平衡、协调经济的改革与发展，已经成为中国这样的改革和转型国家的经济生态。在这种背景下，中央和地方政府都掌握着经济权力，包括规划权、财政权、行政管理权、立法权、执法权等。中国自计划经济向市场经济转型的近30年改革过程，同时也是中央与地方之间分权关系的调整和优化过程。从总体趋向上看，1979年以来中央与地方关系的改革，主题就是将下放中央权力作为调整中央与地方关系的基本内容。归纳起来包括：（1）下放中央的部分财权，扩大地方政府的财政管理和支配权限。比如，从1980年开始，实行"划分收支、分级包干"的改革措施乃至1994年推行分税制财政体制。（2）下放中央的部分事权，在扩大地方利益的同时，加重其管理地方事务的职责。比如，对地方政府下放一部分投资审批权、物价管理权、对外贸易的外汇权、旅游事业的外联权和签证通知权等。（3）下放一大批大中型国有企业。（4）对某些地区切块下放中央经济权力。比如，1982年起对广东、福建两省实行特殊政策，建立经济特区；1984年起在沿海沿江城市和长江三角洲地带实行特区的某些政策，在内地各省建立高新技术开发区实行特殊政策，对若干中心城市实行计划单列并赋予相当于省级的经济管理权限，等等。不断的分权激活了地方发展经济的积极性，成为改革和发展的基本动力。但由于未能确立地方分权的基础地位，这种分权缺乏稳定性，进而缺乏制度化的预期和保障，结果则是地方经济权力在中央的收收放放中，战战兢兢地为地方谋福利。

建设和谐社会，实现地方经济法治，必须明确地方分权的基础定位。具体而言，就是要保障、促进并创新地方应当或依法享有的各项经济权力。

首先，与中央和上级政权相对的地方经济权力具有客观必然性，因此地方经济权力范围的确定和变动不能一味由中央和上级的好恶来支配，即使这种支配有法律或政策的合法合规性。分权首先必须立足于地方，凡是应当由地方享有的权力，即由地方享有更有效率、更公平的，就应当确定或归还给地方。中国的分权实践多以中央、上级向地方分权的纵向单向度出现，如篇头引用的浙江省对经济强镇"放权"的例子，主要是因为中国改革和转型的客观情势，要求中央、上级把本来应当由地方享有的权力交给地方，而并不意味着分权体制要倒过来以中央和上级为基础。

其次，以地方为基础的分权体制必须以法保障、促进和创新。（1）国家针对分权的立法应当是对以地方为基础的分权体制的保障，而不能变成对地方权力的不合理的任意支配，比如，现行分税制进一步改革的一个重要方面，就是要落实地方税权。（2）对于应当由地方享有而仍被中央或上级握有的经济权力，应当通过制定或修改法律实现权力的归位，更重要的是及时将观念和政策调整到位，促使地方名正言顺地办好地方事务，比如，地方对一些经济事务的管理和调控权。（3）对于地方经济权力的创新，且应当由地方享有的，也应当及时制定或修改法律予以确认，比如，地方的举债权。

（三）剩余权力归地方——合理划分地方与中央、上级的经济权力边界

分权体制的重点和难点在于如何科学合理地划分地方与中央的权力边界，一方面要保证和促进双方的积极性，另一方面又不能彼此越位、错位或缺位，发生冲突时要有制度化的、有效的机制予以救济。以地方分权为基础、以中央集权为主导的分权体制，要求在划分中央和地方的经济权力边界上采取"剩余

权力归地方"的原则。① 具体而言，可以将其表述为凡宪法和基本法律未授予中央或上级政权或者未禁止地方行使的权力，均由本地方保留。

国家权力的本源在于人民，其实这与实然的政体没有直接联系。当今社会日新月异，宪法和法律不可能穷尽列举与此相适应的所有权力或权力类型，因此，无论单一制国家还是联邦制国家，无论其宪法和法律中的条文如何规定，中央与地方分权都应当而且实际上遵循着"剩余权力归地方"的原则。唯有地方，最能在第一时间适应性地调整那些丰富而多变的社会关系，保证其不至于因为脱法而陷入混乱。在总结各地方行为和规范的经验基础之上，中央或联邦才可能从中适时、适当地归纳出全国统一的制度和规范来，对于中国这样的大国来说尤其如此。

由于习惯于在法条主义下推进"法治"，中国宪法的应然价值远未深入人心，与之相关的基本法律在合理性上也是备受诟病，这就决定了除了要在宪法和宪法性法律中对"剩余权力归地方"做必要的规定外，还需由相关的基本法律对其加以具体规定和保障。

将"剩余权力归地方"明确为宪法层面的基本原则具有重要的意义。以往中国的分权实践存在的一个重要问题就是法治程度太低，地方权力无法获得稳定、可靠的制度保障。相比之下，美国宪法没有列举的权力保留给各州和州以下地方，还规定了分别禁止联邦与州行使的权力。比如，"由各州输出之货物不得课税""任何州均不得缔结条约、结盟或加入联盟；不得颁发捕押及报复性扣押外国船只之许可证；不得铸造货币"等。② 这种赋权立法技术具有参考价值。

按照"剩余权力归地方原则"，中央和地方的经济权力可以大致划分如下：有关国民经济的总量平衡、财税政策、货币政策、汇率政策、竞争政策、涉外政策的确定，需要全国统筹或垂直贯通执法的海关、药监、金融监管、工业产权管理等，全国性重大项目的安排和投融资，各省市自治区之间重大经济关系的协调等，应主要集中在中央。而其余的经济权力，都可以采取适当的方式归由地方享有：一是经济立法权，地方可以通过制定地方性法规，运用税收、补

---

① 在本文研究的基础上，作者进一步认为，"剩余权力归中央"之所以不可取，是因为其无法应对错综复杂、瞬息多变的经济社会、国内国际形势，不利于发挥地方的积极主动性，可能导致普遍的"依法不作为"现象；同时，中央有权处理、决定任何地方事务，包括地方事权和已由地方处理的剩余事权范围内的事务，这是中央统一领导和单一制的应有之义。因此，更准确的表述应当是"剩余权力归地方+终极权力归中央"。参见本篇之5"'法制统一'新诠"。

② 美国宪法第1条第9、第10款。

贴、价格等措施，促进资源配置和环境的优化、分配的公平。二是经济调控管理权，地方可以在宪法、法律和国家政策的范围内，运用规划、预算、地方税收、投融资等手段，协调、促进经济社会发展，统筹安排地方基础性、公共性建设项目；对一部分国家并不分解下达、只是在全国范围内进行综合平衡或起宏观导向作用的宏观经济指标，如经济增长率、地方财政收支总规模、物价总指数、城镇人口待业率等，地方也可以据此制定切合本地实际的目标，采取相应的政策和措施，主动、创造性地开展工作。三是经济执法、监管权，这是地方最主要的职权、职责和工作所在，没有这种日常的"管家"和经济"警察"权，地方的经济、社会就无法运转和发展。这也集中体现了"剩余权力归地方"——凡是中央和上级不管或者没有管的事，地方就应该管、也不得不管。而管得好不好，直接决定了地方经济、社会环境的优劣，成为地方竞争的一个重要方面，乃至就更为公正的仲裁和司法开展较量，以吸引投资并博取社会信任。最后还应该包括财产权和信用权。地方政权的存续，需以财产权为基础，这种财产权是一种管辖性质的"物权"，不能像过去那样可由上级或中央任意平调。地方财产权的客体也包括动产、不动产、各种企事业等。[20]信用权主要指赋予达到既定标准的地方通过发行债券等方式融资的权力。

（四）地方民主和必要的中央集权：地方经济权力合理性的基础和保障

保障、促进并创新地方经济权力原则，剩余权力归地方原则，事实上隐含着一个假设，即地方经济权力具有合理性，由地方享有更有效率。而地方经济权力合理性的基础在于地方民主，必要的中央和上级集权则构成地方经济权力合理性的保障，这也是实践现代分权理念的第四个基本原则。

1. 地方民主：地方经济权力合理性的基础

地方民主对地方经济权力合理性的基础作用体现在三个方面：（1）地方内部的民主，即地方人民通过广泛的参与和监督，保证地方在勤政、廉政的基础上合理有效地行使权力。参与和监督既有体制内的，如选举和检举；也有体制外的，如舆论和媒体监督。与中央和上级政权相比，地方政权更贴近人民。地方居民参与地方决策的成本更低、利益诉求更加具体而强烈，对地方政权实行民主监督的链条更短，方式更加多样且可行。这正是地方分权的客观基础所在。而只有地方民主，才能使地方政权充分代表地方人民的意志，二者之间存在着正相关关系。反之，分权的结果只能是腐败和混乱，地方民主愈差，地方的腐败和混乱就愈甚。学界通常认为，地方法治的主体应限于有立法权的地方政权，比如，省和有立法权的地市。这样的理解是偏狭的，因为纵然没有"立法权"的县乡，也存在着人民代表大会、预决算、法治政府、公正执法和司法、体制内外的民意监督等法治基本命题。（2）地方之间竞争所体现的民主。"从本质上讲，竞争乃是一种形成意见的过程：通过传播信息，竞争使经济体系达成了统一性和一贯性……正是因为竞争，人民有可能知道的各种可能性和机会才至少会与他们事实上所知道的一样多"。[21]通过公平、有效的竞争，地方经济权力才可以获得互相比较的机会，从而获得改善和优化的可能性。"州常被称作民主化的实验室。从社会福利到教育改革，从健康到安全规章，在这些领域的创新一次又一次地首先来自州政府。"[22]通过地方之间的竞争，可以促进地方制度的创新，并且保证地方公共服务的多元化并符合当地民众的个性化需求。（3）地方参与中央或上一级政权的决策，也是一种民主。在此过程中，地方表达自身的利益诉求，与其他地方和上级、中央形成合力，实现科学、合理的利益和权力分配。只有在中央与地方之间形成有效的民主参与、民主集中的博弈机制，地方经济权力才可能具有合理性。

　　2. 必要的中央集权：地方经济权力合理性的保障

　　首先，必要的中央集权具有整合功能。（1）与中央经济权力相比，地方经济权力终究是零散的、局部性的。因此在一些全局性或跨地方的经济问题上，必然需要中央的整合。比如，三峡工程、西部大开发、振兴东北老工业基地等重要的战略性经济问题，离开了中央的整合，仅靠地方单兵作战或自发联合势必难以有效实现。必要的中央集权可以减少地区之间协调和谈判的交易成本，减少地方各自为政导致规模效应上的机会成本，防止内耗带来的无谓浪费，实现"集中力量办大事"，这是社会主义优越性的表现之一。（2）为了协调地方差距而进行转移支付也是体现中央集权主导功能的重要方面。即使在公平、法治化的分权体制下，地方之间的竞争也会产生弱势的地方和群体，为了避免在经济基础、资源禀赋、人口素质、地理位置等各方面处于劣势的地方在竞争中被淘汰甚至被边缘化，需要中央发挥主导作用，特别是通过规范的转移支付制度以消弭地方之间过分悬殊的差距，矫正富裕地区隐性转嫁的负外部效应，以平衡协调地方之间的发展。

　　其次，必要的中央集权还具有监管功能。（1）对地方立法的监管。中国的立法权是一种多元、分散型的体制，行政机关也拥有立法权，在经济法领域尤其如此。赋予地方以经济立法权固然是分权的客观要求，有助于调动地方改革、发展的积极性和能动性，但各地方制定的不同层级的法规之间、政策之间及其相互之间，同一层级不同部门制定的规范性文件之间相互冲突的现象也引发了诸多问题，需要通过建构科学、有效与合理的监管制度加以解决。具体而言，国家应加快建立、健全规范性文件审查制度。这一审查制度包括审查主体、审查客体、审查内容、审查方式等。审查客体应包括所有以地方名义颁布的规范性文件，包括地方性法规、地方政府规章、自治条例和单行条例，另外一大块是各种形式的决定、决议、纪要等。① 审查内容包括合理性与合法性两个方面。合法性强调的是与上位法以及同级法之间的协调，合理性应以经济和社会发展的客观规律及其具体要求为依据。审查方式包括定期审查和不定期审查。定期审查是指按预先规定的时间段或日期进行的常规性、例行性的审查，比如，年审、季审、月审等。不定期审查是指非常规性的审查，比如，根据经济情势需要、上级指示或群众举报等即时性的审查需要而进行的审查。就目前的情况而言，操作性较强的是以《立法法》为依据，以法律或行政法规的方式建立规范性文件审查制度，明确规定对经济性规范性文件进行审查的机构、方式、标准、处置方法等。至于究竟采用行政内部审查、人大审查还是司法审查问题，建议可以从国务院审查做起，但可以要求及时报送全国人大备案，保留全国人大的质疑权并设置具体的备案审阅机构，同时允许当事人就具有直接强制力的规范性文件提起诉讼，与行政诉讼制度相对接。（2）对地方行政的监管。与个人、企业等市场主体之间的竞争一样，地方之间也存在不正当竞争、限制竞争等问题，因此需要中央的监督和规制。一百多年来美国反垄断法的重要作用之一就是反州和州以下政府的限制竞争行为。我国当前实践中为人诟病的地方保护主义问题，本质上正是地方权力在行政主导下被滥用，以致损害经济秩序和社会整体利益的反映。因此需要中央和上级施以及时、有效的监管，随时纠正偏差，以保证地方经济权力的合理性。当然，这种监管也需要制度化，包括制度化的抗辩和救济，因为中央或上级也并不必然是明镜高悬、明察秋毫的。（3）对地方司法的监管。法院、法官固然需有独立性，并因此在地方司法间形成一定的良性竞争，但也需有体制性的监管。司法具有普遍性、专业性，即使在地方民

---

① 时下，各种各样的决议、纪要已经成为行政规范性文件的"主力军"。这些决议和纪要一般不是通过正式的立法程序作出，但是一经作出之后就具有几乎与法规、规章同等的效力。由于在性质上属于"抽象行政行为"，这一针对行政诉讼的"保护伞"已成为各级地方政府以"决议""纪要"之名行地方保护主义之实的常用方式。因此规范性文件审查制度必须将其纳入审查范围，更应依法治国家通行的做法，将其纳入司法审查。

主比较健全的情况下，如果缺乏集权监管和分权制衡的监督，法官也可能随意胡来。①[23]在我国，对地方司法的监管，除了案件的审判监督外，还有检察系统的司法监督，以及法院系统自身的司法行政和中国特色的党的监督，这些都是十分必要的，应予以肯定、优化，而不能削弱乃至否定。因此，在实践地方经济法治的过程中，要在合理分权的基础上，加强对地方权力包括地方司法的监督，这是集权必须发挥功能的领域，当然横向分权制衡也是不可或缺的。

五、地方经济法治对建设和谐社会的意义

建设和谐社会是当下政府和民众的愿景，但如何将和谐社会变成现实离不开对经济和社会现实的具体研究。中央和地方关系的和谐既是和谐社会的关键，又是和谐社会的保障。地方经济法治对建设和谐社会的意义主要表现为以下三个方面。

地方经济法治有利于构建和谐的中央—地方关系。改革开放以来，中国经济之所以能持续取得高速发展，秘密即在于"经济联邦主义"——"中央与地方、地方与地方的竞争成了中国经济发展、社会进步和制度创新的一种最重要的力量。"[24]但以往的中央与地方关系存在诸多不和谐的因素，建设地方经济法治的目标就是将这种竞争或博弈法治化，从而实现中央与地方的和谐。

地方经济法治有利于巩固和促进和谐社会的经济基础。建设和谐社会必须在发展中求和谐，发展和富强是和谐之本，不发展就不和谐，而地方分权是调动每个地方、每个社会成员积极性的前提。"中国经济增长的一个主要动力，来自中央和地方分权后，地方政府强大的盈利冲动和激烈的相互竞争。正是这种竞争，将市场信息传递到政府部门，迫使各地政府退出市场、压低成本、改善设施、提高效率。其结果是，中国地方政府在短短的二十年之内，从欠账累累的落后状态，建立起可以和发达国家比肩的城市基础设施。"[25]因此地方经济法治是巩固和促进和谐社会经济基础的关键。

地方经济法治有利于实现和谐社会的可持续发展。和谐社会应当是一个可持续发展的社会，这一点也是科学发展观与和谐社会理念的一脉相承之处。而

---

① 2006年9月25—27日，《纽约时报》连载了一篇调查报告，揭露纽约州村镇法院的"黑暗"——法官不专业、无知蛮横、滥用权力、曲解法律，腐败和错案比比皆是，村镇法院受制于地方财政，缺乏司法行政监管等。当时笔者正在纽约大学做访问学者，切身感受到该文在美国法学界、司法界和社会上引起的震动。而美国的村镇司法恰恰是地方自治的有机组成部分，完全由社会自治，法官都是民选的。发达的美国尚且如此，足见中国从中央到地方都应长期实行精英治理、精英政治的必要性和合理性。

地方经济法治充分调动中央和地方两个层面的积极性，并着力于巩固和促进和谐社会的经济基础，从而为和谐社会的可持续发展提供了源源不断的动力。

（史际春、张扬、冯辉，原载《法学家》2007 年第 5 期）

参考文献：

［1］浦东新区获准变通执行地方性法规［A/OL］. 新华网，2007-04-27.

［2］浙江乡镇扩权 镇政府将拥有部分市政府管理权限［A/OL］. 中国金融网，2007-05-25.

［3］［英］洛克. 政府论（下篇）［M］. 叶启芳，等译. 北京：商务印书馆，1964：89.

［4］［法］孟德斯鸠. 论法的精神［M］. 孙立坚，等译. 西安：陕西人民出版社，2001：184.

［5］［美］汉密尔顿，杰伊，麦迪逊. 联邦党人文集［M］. 程逢如，等译. 北京：商务印书馆，1980：238.

［6］［美］保罗·S. 芮恩施. 平民政治的基本原理［M］. 罗家伦，译. 北京：中国政法大学出版社，2003：174-176.

［7］［法］托克维尔. 论美国的民主［M］. 董果良，译. 北京：商务印书馆，1988：100-101.

［8］许振洲. 法国的地方分权改革——理论动因与托克维尔［J］. 欧洲，1995（1）：22.

［9］［古希腊］亚里士多德. 政治学［M］. 吴寿彭，译. 北京：商务印书馆，1965：199-215.

［10］［美］博登海默. 法理学：法律哲学与法律方法［M］. 邓正来，译. 北京：中国政法大学出版社，2004：123.

［11］［美］吉尔兹. 地方性知识：事实与法律的比较透视［M］//梁治平. 法律的文化解释（增订本）. 北京：生活·读书·新知三联书店，1998：123-129.

［12］陈柳裕，唐明良. "地方法治"的正当性之辩——在特殊性与统一性之间［J］. 公安学刊，2006（2）：46.

［13］苏力. 送法下乡——中国基层司法制度研究［M］. 北京：中国政法大学出版社，2000：8.

［14］史际春. 新发展观与经济法治新发展［J］. 法学家，2004（1）：5.

［15］中国首批 3 家村镇银行开闸试水［A/OL］. 人民网，2007-03-12.

［16］［美］哈维·S.罗森.财政学［M］.北京：中国人民大学出版社，2003：462-463.

［17］邓峰.经济法学漫谈：作为理想尺度的效率［J］.经济法学评论，2004，5.

［18］史际春，肖竹.论分权、法治的宏观调控［J］.中国法学，2006（4）：13.

［19］杨小云，邢翠微.西方国家协调中央与地方关系的几种模式及启示［J］.政治学研究，1999（2）：30-39.

［20］史际春.关注地方财产权——地方能够与中央平等地所有吗？［J］.经济法学评论，2003，4.

［21］［英］哈耶克.个人主义与经济秩序［M］.邓正来，译.北京：生活·读书·新知三联书店，2003：156.

［22］［美］戴维·J.博登哈默.联邦制与民主［M］//论民主文集（4）［J/OL］.美国参考网，2007-06-02.

［23］BENCH B. This Is Not America（In Tiny Courts of N. Y. , Abuses of Law and Power；Small-Town Justice, With Trial and Error；How a Reviled Court System Has Outlasted Critics）［N］. The New York Times, 2006-09-25/26/27.

［24］史际春，肖竹.论分权、法治的宏观调控［J］.中国法学，2006（4）：158-168.

［25］赵燕菁.为何与中央博弈？地方政府行为的另一种解释［A/OL］.人民网，2007-02-13.

转变经济发展方式与法治

国际金融危机促使我国将拟议中的转变经济发展方式变为现实的政策和行动，法治可给予整体和具体的保障。

一场国际金融危机，使我国的经济暴露出两个问题：一是过分依赖出口拉动增长，内需不足；二是相应的"两低两高"，即产品低附加值、企业和劳动者低收益，资源高消耗、高污染。为此，转变经济发展方式从不受重视转而提上议事日程，并成为"十二五"规划的主线。完成这项历史性任务，需要在经济、政治、社会等各个领域付出努力，而从法的角度看，重要的是立足中国国情，把握好调控监管、市场经济与法治的辩证法，处理好三者的关系。

一、调控监管、市场经济与法治

（一）社会主义市场经济下的政府与市场

在社会化条件下，劳动协作上升到社会层面，而国家是社会暨公共利益的天然代表者，人民的呼声也即社会的要求，使得它自觉不自觉地从宏观到微观全方位参与到经济中去，成为经济的内在要素。也就是说，调控监管是社会主义市场经济的内在要求和组成部分。

然而，付出计划经济和大锅饭的代价后，我国走上了社会主义市场经济之路，要坚持市场在资源配置中的基础性作用不动摇。因为除了市场经济，人类找不到任何一种比它更好的生产组织方式，市场及财产关系对社会成员的利益驱动和利益约束，是任何力量、任何组织都无可取代的。这也是改革开放30年取得巨大成就的前提条件之一。要消除市场经济的弊端、弥补市场经济的不足，需要政府的调控监管，但不能通过否定市场经济，损害、消灭市场机制的方式来解决市场经济的问题。由于地区、城乡、不同群体、经济和社会发展等不平衡，加上历史上"农本商末"和"无商不奸"观念的影响，社会上出现了反商

79

仇富、对企业和老板的营利行为施以道德责难、平均主义和质疑市场经济的思潮，这在政策法规中也有所体现，如动辄祭出政企不分的简单化思维及手段，"一律不批""一律停业整顿""不许涨价"等。

因此，凡市场能够调节、社会能够自治的事，政府还是不必插手过问为好，在法律上就是要让民商法、竞争法在经济的法律调整中充分发挥基础性作用。同时，政府的调控监管也要遵循经济规律和市场机制，不能以行政手段任意为之。

（二）政府的能动调控监管与法治

21世纪是民族国家及其经济政策竞争的世纪，[1]而不再是各别企业和个人单打独斗的时代。面对复杂多变的政经形势，作为经济内在要素的公共管理，必须让政府如同企业首席执行官（CEO）般地行事，相机调控监管。

然而在法治条件下，任何人包括政府的行为都不能脱法，由此出现了政策法治化和法的政策化趋势。所谓政策法治化，是指政策的制订和实施纳入法治轨道、政策的具体化，以及问责制的广泛推行；法的政策化，则是法律也要与时俱进，不断因应形势立改废，具有灵活性、概括性、授权性，同时法的含义或范围从议会或权力机关制订的法律扩展到包括行政立法在内的各种规范性文件。

需要强调的是，法律、法规的缺漏、滞后或超前、矛盾、不当或错误在所难免，其制订和实施也要受制于法治暨问责制，即遵循社会主流价值观和社会主义法治理念并受其评判和约束，以达成法治所要求的善治状态。立法者和立法也必须服从市场在资源配置中的基础性作用，以法促进规划和产业政策、财政、金融和各种监管等都立足于市场，注重利用市场机制和市场培育，而不是任意行使权力，干扰市场的运行和作用。比如，在国际金融危机爆发后强推《劳动合同法》，给经济雪上加霜，加剧了有法不依和规避法律的现象，引发广泛争议，效果总体来看是负面的。

二、转变经济发展方式与法治的宏观调控

转变经济发展方式离不开宏观调控，而"宏观调控"已成为通俗流行语，人们包括部分政府人员对它仍存在很大的误解。

（一）一个误区：行政直接干预、运动式的"宏观调控"

宏观调控是政府通过货币、财税等手段，作用于社会总供给、总需求、总价格、总就业等国民经济的总量的一种活动。其基本特征在于"宏观"性。

而在现实生活中，政府、媒体和民众把行政审批、行政命令和指挥甚至执法都作为"宏观调控"。实践固然不必拘泥于学理，但是如果否定宏观调控及其对各别主体作用的间接性，宏观调控就会失去根基，甚至在宏观调控的名义下对市场主体和社会成员直接实施行政命令、行政指挥，从而倒退到计划经济去。兼顾学理和世俗，可以把宏观调控界定为不直接作用于微观主体但足以引导、影响微观主体行为的各种政策、制度、措施等。在这个意义上，可不必拘泥于经济学理论而否定宏观调控实践。①

宏观调控对于社会化市场经济是无时不可或缺的，只是因不同时间、地点、条件而有调控方式和力度的不同，所以不存在政府"退市"的问题。宏观调控是制度化、日常和法治的公共管理活动，"运动式"调控与法治相悖，因为在这种情况下，市场主体无从获得正常、可靠的预期，也不利于经济的平稳健康发展，比如，起起伏伏的房地产市场调控。不摆脱"运动式"调控思维和方式，就不能治愈"一放就乱、一管就死"的痼疾。

（二）宏观调控目标的多元化、冲突及其实现的趋势性

在宏观调控中，所追求的各种目标之间存在着矛盾、冲突，甚至于是温家宝总理多次说的"两难"，只有通过博弈和协调，才能趋向于达成某种预期或接近预期的结果。矛盾的缘由在于国民经济不同领域失衡方向的不一致性，经济增长与经济稳定、通货稳定与增加就业、长中短期目标等之间不同程度地存在着此消彼长的关系。当宏观调控的多元目标不能齐头并举或同时实现时，就要根据现实状况和需要进行判断，做出恰当的取舍。

因此，宏观调控是一个不断缩小预期目标值和实际实现值的差距，从趋势上实现目标的过程。这也是社会主义市场经济与计划经济的根本区别，或者说计划经济不可行的原因。

（三）宏观调控如何法治

宏观调控目标的多元性和冲突性，使承担不同职责的部门可能对形势做出不同的判断，从而做出不同的决策。对此，不应当是在一个更高层次上统一行使宏观调控权，或者把矛盾上交处理，从表面上抹杀分歧，而应当让各个宏观调控主体在各自的职能范围内依法追求宏观调控目标、实施宏观政策措施，只有这样，执掌相关宏观调控政策的部门才能在客观、专业的基础上做出决定，

---

① 比如，实行较严格的汽车排放标准，对全国的汽车生产和销售间接地产生影响，这在权责设置、行权、问责、救济等各方面都与政府直接强制、约束微观主体的生产、销售行为不同，就可将其视为一种宏观调控措施。

并对其决定和行为承担责任。否则，决策者缺乏独立判断，决策中考虑的目标因素太多，怠于、疏于决策或决策失误也不可能被追究责任，宏观调控就不免沦为行政任意。

分权是基础，通过赋予各个部门不同的权力，借助于不同部门之间的冲突和牵制，在此基础上进行统筹协调，方可最大限度地对每个掌管某种宏观政策的主体形成激励和约束。

分权不仅在中央不同部门之间，地方也必须拥有对其管辖范围内涉及国民经济的事务的管理、调控权。地方的调控监管也需在与上级、中央和其他地方的博弈中得以实现。改革开放以来，地方在提供公共产品、公共服务和公共管理上开展竞争，竞相打造优良的投资环境和人居环境，成为经济社会进步的最大动力和中国崛起的秘诀之一。

宏观调控不能脱法，宏观调控法治的关键是将其与问责制有机结合起来。问责制是法治的最新发展，表现为一种"三段式"：首先是公共管理主体的角色及其权义设置的科学、合理，就宏观调控而言，要完善调控主体间的权限划分，从制度上消除越权、弃权、争权、滥用权力等的基础。在此基础上制衡、协调，以保证宏观调控的科学化。统筹协调本质上是正当程序问题。正当程序不仅是法定程序，表面上合乎程序实际上"走过场"、舞弊当然不是正当程序，而这在中国当下仍很普遍。相反，在法律没有程序要求的情况下，以一定的方式让各利益相关群体充分表达意见并出于公心地集中民意，也是正当程序。更重要的是，正当程序是一种依实质正义随时矫正任何程序运行中的偏差、缺漏、被滥用等的法治机制。第二段是动态的问责，要求承担相关职责的主体及其首长不时对来自体制内外的各种监督、质询和疑问做出回应和说明，不得暗箱操作、我行我素。第三段是主体违背角色要求或者经不起问责的，就应当承担各种不利的法律后果，包括引咎辞职、责令辞职、撤职等行政或党纪处分，责令停止、赔偿等民事责任，乃至刑事责任、宪法责任等。

三、转变经济发展方式需依托的主要法律制度

（一）规划和产业政策法

经济、社会发展有规划，这是社会主义的优越性之一。2009 年 11 月，《时代周刊》在奥巴马访华前夕建言美国应向中国学的五件事，第一件就是确定目标、规划并整合全部力量推动国家发展。[2]调整经济结构，转变经济发展方式，首先应当体现在规划中，作为纲领和指南。

在社会主义市场经济条件下，指令性计划已不合时宜，原则上不再使用，作为行政直接干预经济的手段只能在特殊情况下慎用、偶用。我国的规划是以国民经济和社会发展规划为龙头和主干，规划目标及其实现呈现政策化特征，产业政策的制定和实施成为规划的重要内容和表现形式。① 规划和产业政策的目标不再分解下达，但由于经由人代会审议通过或政府以法规、规章的形式发布，具有法律效力，政府应努力保证其实现；更重要的是，以前过宽、过多、过繁、过细的计划指标体系被政策体系所取代，规划目标及其实现呈现出政策化特征，也即各国家机关及整个国家政权和社会围绕规划目标，在日常活动中努力合力追求，在问责制的法治框架内加以实现。

为弥补市场的不足，政府通过提供或组织提供公共产品和准公共产品，引领产业升级、转变经济发展方式，尤其需要科学、合理的规划和产业政策，并通过财政、金融等手段加以实现。

（二）财税法

财政法是关于国家收支的法。现代国家的财政税收早已不是"朕的家政"，不再由统治者任意，即使是为了满足国家机器自身消费的收支，其租税费等征收都要公平并依循公共利益发挥对经济社会的调节作用，支出也要"有助于实现国家的经济和社会发展政策目标，包括保护环境，扶持不发达地区和少数民族地区，促进中小企业发展等"。[3] 国家依托财政承担经济职能，对经济、市场起着强有力的主导和调控作用，牵一发而动全身；其作用可及于从中央到地方、从沿海到内陆、从经济到民生、从第一到第三产业等各个方面，是规划实现的一种最重要、最直接的保障。

从收的方面看，土地使用权出让和授予资源开采权，可以根据结构调整和转变经济发展方式的目标，收取高低不同的对价。税收对不同产业的鼓励、限制作用更为明显，如流转税（增值税、消费税、关税）、企业所得税、财产税（房产税、土地增值税）、资源税（包括城镇土地使用税、耕地占用税）等。

从支的方面看，在发达国家，中国也不会逊色，财政及财政主导的公共开支都占到了社会总支出的"半壁江山"，经济财政、民生财政的比重越来越大，主要是通过投资来调结构、促内需。美国、欧盟、日本、中国为应对此次金融

① 如 2009 年 1 月 14 日至 4 月 25 日，国务院先后推出了钢铁、汽车、船舶、石化、纺织、轻工、有色金属、装备制造、电子信息、物流等十大产业振兴规划。

危机，都在第一时间出台刺激经济的巨额财政计划，① 就是财政法作用和特性的规律使然。

财政补贴对于产业结构调整、转变经济发展方式也是一种有力的手段，但要特别注意运用财政补贴时不要损害市场机制，以及尽量避免出现国际贸易摩擦。比如，对节能或者升级换代的产品的补贴，应当补贴消费者，而不是直补企业。

（三）金融法

在间接金融方面，政府和法律不应直接过问商业银行的信贷活动，而只能引导或间接补贴；② 以及通过政策性银行在重大项目和进出口等方面，对有利于转换经济发展方式的活动给予信贷支持。

主要需通过资本市场，对高新技术、新能源和可再生能源、清洁生产企业等提供股票、债券等发行和交易的支持。同时，政府的资本市场管理监督、货币和外汇政策等不应对投机"炒作"提供刺激，而应致力于资本和货币市场包括房地产市场的健康稳定运行、发展，总之不能让它"太火"，否则企业家无心做实业、劳动者不安心工作，这对整个民族和国家是很危险的事。

（四）资源和环境法

"有水快流"、不顾子孙后代滥采乱挖应当一去不复返了。国家需有良好的国土资源规划，以资源的重要性和稀缺程度分级管理，严格实行；并深谋远虑作全球布局，比如，以高额外汇储备为依托，政府支持企业走出去并为其保驾护航，在全球范围内布局我国的能源和资源供应。

原则上，越是稀缺、利用时对环境的损害越大的资源，开采和使用的价格应该越高。譬如汽油价格偏低，应当提高石油从开采到成品销售各环节的税费，以促进节约，国家也可借此获得充足的资金投入或支持新能源开发；也只有这样，新能源和清洁能源的开发推广才能在市场机制激励下持续发展，最终取代矿物能源。

---

① 我国的"4万亿"内需刺激计划的重点是"调结构、扩内需、惠民生"，大力促进经济社会协调发展。其中，1.8万亿用于投资铁路、公路、机场和城乡电网建设，1万亿用于地震重灾区的恢复重建；3700亿用于农村民生工程和农村基础设施，3500亿用于改善生态环境，2800亿用于保障性安居工程，1600亿用于自主创新结构调整，400亿用于医疗卫生和文化教育事业。美国为重振被金融危机击垮的经济，于2009年率先推出7870亿美元的经济刺激计划；欧盟的计划为2000亿欧元，主要为扩大公共开支；日本自2008年8月先后推出三项经济刺激计划，总规模为75万亿日元。

② 如北京中关村示范区企业承接重大工程项目，政府对企业的融资和担保的保函手续费、评审费、担保费等成本给予20%的补贴。

以不脱离实际为前提实施较高的资源利用标准和环境标准，对于提升产业水平、转变发展方式的作用也不容低估。如北京在全国率先实行较严格的汽车排放标准，对全国的汽车制造业及早提升档次，产生了很好的影响。

（五）质量技术监督、市场暨各种监管

解决这个问题，关键是政府要转变作风，从习惯于开会、发文件、下通知，到脚踏实地地深入基层，立足于服务，以专业、敬业的精神，履行好法律赋予的职责。向专业型、服务型政府转化，也需要机构设置和编制、考核方式方面的配合。

（六）对外经济贸易法

利用外资是我国对外开放基本国策的重要内容，它促进了产业升级和技术进步，改变了中国的面貌；在利用外资时，要积极引导、优化外资结构，鼓励外资投向高端制造业、高新技术产业、现代服务业、新能源和节能环保产业，严格限制"高耗能、高污染、资源性"的"两高一资"和低水平、过剩产能扩张类项目；并应引导外资向中西部地区转移和投资。

在对外贸易和经济合作中，须依法积极维护公平交易和竞争，保护民族利益，如为企业走出去保驾护航、维护国家安全和经济安全、"两反一保"、刚性运用政府采购的本国货条款等。

（七）劳动和社会保障法

转变经济发展方式，要调整结构、产业升级，提高劳动者的素质和工薪收入。但是在市场经济条件下，劳动力也是商品，除最低工资规定外，劳动力价格要由市场决定，政府和法律不能越俎代庖，最低工资也不能一味调高，否则有违经济规律，企业（尤其是中小企业）和经济无以为继，也不符合劳动者的利益。就此法律能够也应当做的是：落实并完善劳动监察，监督企业切实遵纪守法，如不拖欠工资、按时足额缴纳社会保险费等；做好劳动仲裁，构建并维护健康、和谐的劳动关系。

建立和完善社会保障制度，做好社会保障工作，本身就是一种消费刺激措施，可以拉动内需。当然，中国传统的勤俭节约消费观很好，不容否定，健全社会保障，也不应鼓励寅吃卯粮、坐吃山空。关键是在现代市场经济条件下，要通过政府主导建立社会保障制度，尽可能打消个人当前消费的后顾之忧。

从中外实践来看，做好社会保障要由政府主导，但不能由政府包办，政府包办不了，也包办不好。如果政府不主导，就无法建立一个优良社会保障制度。社会保障也不能脱离市场的驱动和约束，比如，医疗完全靠政府的行政机制，是不可能缜密地运转和圆满地实现的。所以，社会保障的基本理念就是以政府为主导政府、企业、个人三方努力。社会保障与全国和每个地方的发展水平息息相关，在全国统一法制、全国统筹一时还做不到的情况下，每个地方可以也应当根据实际情况，扎实可行、公平地建立适合本地区经济发展水平的社会保障，这方面的空间很大。

（八）完善教育制度、提升职业教育水平

转变经济发展方式需要大幅度提高高素质、高级"蓝领"在劳动者中的比重，而这有赖于各类中高级职业教育的发展。德国在国际金融危机中，其制造业和实体经济在发达国家中一枝独秀，与此密不可分。

办职业教育并不难，我国也早已颁行《职业教育法》（1996年），但是效果不彰，法律形同虚设，学生仍以考上普通高校为追求为荣，不得已才上职业院校，并以此为耻。

中国有着几千年"劳力者治于人""学而优则仕"的传统。反映在政策上就是普通高等教育超常规发展，职业教育却不温不火。观念非一朝一夕所能改变，要解决这个问题，关键是政府要比社会"高"一点、"超凡脱俗"，认识到发展完善职业教育对于国家调整经济结构、转变发展方式乃至古老的中华民族实现现代化的重要意义，真正重视职业教育，确立尊重"蓝领"、崇尚技艺的社会导向，不断提高职业教育水平，以造就大批高级"蓝领"的实绩，达成职业教育制度与社会进步、观念更新良性互动的局面。

在具体措施方面，国家应切实通过教育拨款、税收、信贷、师资待遇、招生等大力提升职业教育水准，尤其要鼓励有条件的企业和行业组织举办职业技术院校，培养"适销对路"的人才。

借鉴发达国家的做法，政府应当鼓励、扶持就业和再就业培训，包括设立示范性培训机构、对培训机构或受训职工给予补贴等，进行就业、转业或转岗培训，特定能力或技术的培训等。

（九）发挥非讼机制在化解社会矛盾、构建和谐社会方面的作用，提高司法政策水平

司法不是万能的，在任何社会，要在第一时间发现并解决大多数矛盾都不能靠司法。注重沟通、调解是中国的一个好传统，曾几何时被当作落后的东西欲加丢弃。令人欣慰的是，在端正发展观、构建和谐社会的过程中，社会开始理性反思，立法机关制订了《中华人民共和国人民调解法》，其他如劳动纠纷调解、消费纠纷调解、医疗纠纷调解、司法调解等也出于社会内在冲动迅速地发展起来，方兴未艾。

同时，司法是社会公平正义的最后一道防线，在纠纷和矛盾的解决中起着

关键作用。笔者在此特别强调司法政策和提高司法政策水平，是因为中国的国情异常复杂，繁多杂芜的法条需由政策加以梳理，作为纲领、指南和解释说理的依据，否则就无法判案或不能公正断案。任何一个法条的适用都需要解释，解释的依据无非是政策和法的理念。司法只有提高政策水平才能让当事人信服，进而赢得社会的普遍敬重和权威。这种政策依据在当下从小处着眼就是转变经济发展方式，从大的方面讲则是社会主义市场经济、中国特色社会主义和构建和谐社会。如能将各种社会矛盾、纠纷的解决统一在这样的主流价值观之下，中国建成法治社会、法治国家也就指日可待了。

（原载国务院法制办公室政府法制研究中心编：《转变经济发展方式的法治保障研讨会论文集》，中国法制出版社 2011 年版）

参考文献：

［1］［日］斋藤精一郎.21 世纪型资本主义［J］.日本，经济学人（周刊），2000-05-09.

［2］时代周刊：奥巴马应向中国学五件事［A/OL］.中国评论新闻网，2010-11-03.

［3］中华人民共和国政府采购法：第 9 条.

以法治保障供给侧结构性改革

供需错配和失衡是相当一段时间内我国经济运行的主要矛盾，供给侧结构性改革离不开法治手段和法治的保障。

推进供给侧结构性改革，目的是解决供给结构不适应需求结构的问题，推动产业结构优化升级，满足人们日益多样化和不断升级的消费需求。法治是市场经济健康有序发展的根本保障。推进供给侧结构性改革，需要激励市场主体根据供求变化和价格信号自主投资、创业、交易、消费，在追求自身利益的同时增进社会利益。这个过程同样离不开法治。

法治的特性使它能够在供给侧结构性改革中起到激励约束作用。对于企业来说，要通过供给侧结构性改革实现转型升级，更好地提供差异化、多样化的优质产品和服务。而产品和服务好不好，要由市场上的消费者来评判。这就意味着供给结构的优化升级，要在企业和消费者等市场主体交流互动的过程中实现。法治是公私主体在宪法法律规范下、在权利和职责范围内行事，通过相互博弈或竞争合作而形成的一种良序善治。所谓法治思维、法治方式，就是由利害关系人真实、充分地表达意思，通过相互交流、谈判、妥协，在达成共识的基础上，权利主体或职责承担者采取行动并对自身言行负责。因此，在法治轨道上，供给和需求双方可以规范地达成合意，进而不断激励供给结构优化升级。

从根本上说，供给侧结构性改革要靠市场驱动，通过鼓励市场主体投资创业、创造发明来实现。经过30多年改革开放，我国市场不断成熟、规范，在新的环境下，企业创新发展有两条路。一条是公平竞争的正道。无数企业千方百计把质量和服务做得更好，以博得消费者青睐，从而获取更大的收益。供给侧结构性改革就是要让更多的市场主体走这条路。

推进供给侧结构性改革，需要营造良好法治环境，维护正常市场竞争秩序，鼓励市场主体开拓创新、正当取利。例如，引导市场主体在知识产权法、竞争法等法律框架内积极创新，摒弃低水平恶性竞争，形成高层次、高效率的市场竞争局面。在这方面，政府可以通过市场手段进行引导，如在政府采购中偏重国产新产品、新技术等。同时，对于假冒、混淆他人商标和装潢等行为，应严厉查处；对于虚假宣传、滥用补贴以整垮竞争对手等做法，应适用反不正当竞争法、广告法、反垄断法等来消除；对于产品质量技术监督，监管部门应切实负起责任，尽可能发现和阻止违法行为，并加大处罚力度。总之，供给质量的全面提升，既要靠市场盈利激励，也要靠政府积极引导；既要靠市场优胜劣汰，也要靠政府监管约束。

推进供给侧结构性改革，还要求政府扶持实体经济，抑制投机炒作，防止社会资本脱实向虚。这就需要加强对散布虚假信息、市场操纵、内幕交易和买空卖空等行为的监管和惩处；抑制房地产投机和投资性需求，促进房地产市场健康发展；等等。这些都离不开法治。

当前，推进供给侧结构性改革的一项重要任务是化解钢铁、煤炭等行业的过剩产能。从理论上说，不适应市场需求、生产越多越亏损的企业，无法在市场中生存，会自行清算或破产退出市场，适用公司法、破产法即可，无须政府过问。但如果整个行业产能过剩超出了市场和破产法自行化解的程度，好企业也受到拖累，市场出现僵局，政府就应出面解决，协同市场识别不良企业，在扶优的基础上将其清出市场，并采取措施帮助下岗职工转岗就业，保障劳动者基本权益。在这方面，政府可以综合运用安全、环保、质量、能耗、产业政策等市场化、法治化手段，推动过剩产能退出，严格控制新增产能，做好职工安置、债务处置和奖补资金使用等工作，扎扎实实推进供给侧结构性改革。

（原载《人民日报》2016 年 11 月 2 日，第 7 版）

民商经济法总论篇

论经济法的理念

部门法理念是某一法部门得以确立和存续的观念基础，没有适当的经济法理念，就没有经济法或者有也是空有躯壳、徒有其表。

引　言

秉承了大陆法系传统，从人治迈向法治的中国，曾几何时，由对法的渴求、向往，演化为法的形式崇拜：似乎法即法条、立法，"形式正义""法律真实"至上而置实质正义、客观真实于不顾，将公法与私法、民事与行政、"市民社会"与"政治国家"截然对立，达到了无以复加的地步。这在经济关系的法律调整中表现尤甚。诸如在法庭设置中令民事和行政严格分野、非"民"即"行（政）"，导致土地、国企、商标、产业政策推行、政府涉足经济的管理等亦公亦私的纷争无从适当司法；一个政府采购合同分拆为两个诉讼，无奈一方当事人在行政诉讼中胜诉、却在民事诉讼中败诉，两个判决冲突，无以执行，在同一个案子中都做不到"法制统一"；又有法院在侵权纠纷案中判决一方当事人胜诉，却声称产品不合标准的事属政府主管，法院不能责令他方当事人停止侵权行为，只好任其继续贻害他人和社会；在公司法、物权法等的修订或起草中，总有人无视社会现实，希望推开或绕过国有财产管理经营问题，将其弄成纯粹的民法或商法，等等。这些，已对社会主义市场经济秩序造成了难以愈合的伤害。这一切，皆可归结为缺乏适当的理念的原因。缺乏公平、衡平、正义、诚信的理念，就没有法和法治，徒有其表的立法、法条、法袍何益之有。缺乏公私交融，官民一致打拼还要反腐败、反利益（角色）冲突和舞弊；在交易关系中不顾及公共利益和公共秩序、在公共经济活动和管理中不考虑成本、效益要求，以及责权利相一致等理念，现代市场经济及其法治就是一纸空文。大陆法系历来是公私法分野，经济法及其理念因应经济的日益社会化，在传统的重压下破土而出、艰难地生长着；英美法却阴差阳错、歪打正着，在混沌中很好地适应了社会化市场经济的要求，可谓没有"经济法"而不需要经济法，或者说有"经济法"而不需要经济法。[1]中国传统上未曾有过真正的市场经济和法治，缺乏法的精神和法治氛围。改革开放以来则对一、二百年前法典时代的大陆法如获至宝，加以经院学究式发挥，讲了20余年的"经济法"，经济法的理念还是残缺不全，更有人欲将经济法扼杀于朦胧之中而后快，经济法治亦不尽人意。有鉴于此，我们愿在此阐发、呼唤经济法的理念，呼吁她的普及推广，为催生现代中国的社会主义市场经济法治摇旗呐喊。

一、法理念诠释

在汉语中，"理念"一词的出现和使用比较晚。如社会科学中的多数词汇一样，它是日本人在引进西方学术、文化、制度时由德语 Idee 翻译而来。[2]而经过长期的语言演化，"理念"一词的含义也在发生变化。Idee（英语为 idea）一词有想法、主意、念头、思想、观念、观点、见解、意见、计划、计策等含义，但在现代汉语中，"理念"的含义已被局限于"观念""想法""思想"等，更指最一般、基本的观念、思想倾向和追求等，而今在其他语种里已难找到与之完全对应的词。就"理念"在汉语中的使用情况来看，如果不加界定，将其译成 Idee 或 idea 通常是不准确的，会发生歧义。据笔者的观察总结，如果不涉及专业学术领域，"理念"一词是指一定世界观之下的某种基本观念、立场和追求。

在哲学领域，学者仍从不同的角度阐述 idea。柏拉图将它视为永恒不变而为现实世界之根源的独立存在，非物质的实体；康德用以指纯粹理性的概念，即从知性产生而超越经验可能性的概念；在黑格尔那里，它是自在而自为的真理——概念和客观性的绝对统一；在主观唯心主义哲学中，它通常被归结为主体的感觉、印象或产生世界的创造本原，是事物的含义或本质；在英国经验主义哲学中，它是指人类认识或思维的对象，即感觉与知觉。我国学者对"理念"则有如下理解："理念即是内在精神，直至最高本体""理念是被理解的东西的定在""理念是知识论""理念是历史的成长""理念即哲学问题的解释和解决。"[3]由此大概可以把握"理念"一词的基本内涵及其所指。

在法学领域，德国的鲁道夫·施塔姆勒认为："法律理念乃是正义的实现。正义要求，所有法律努力都应当指向这个目标，即实现在某地某时的条件下所可能实现的有关社会生活的最完美的和谐"[4]他的法理念是法的追求、理想和目标的意思。史尚宽先生认为：法律制度及运用之最高原理，谓之法律之理念。[5]李双元先生认为，法理念"是对法律的本质及其发展规律的一种宏观的、整体的理性认知、把握和建构。"[6] 由此基本揭示了"法理念"的含义、属性、内容和地位。

笔者认为，对法理念的界定，既要符合大多数学者对它业已形成的一般理解，也要注意不同学者对它的特殊理解或诠释，还要避免玩文字游戏。基于这样的认识，本文所谓法的理念，是指对法的应然规定性的理性的、基本的认识和追求：从学术角度看，它是法及其适用的最高原理；从实践看，它是社会成员及立法、执法或司法者对待法的基本立场、态度、倾向和最高行为准则。

首先，"法理念"属于法的意识范畴，是法律上层建筑之上的意识形态。它既作用于法，又作用于经济基础，较之法与经济基础的关系而言，它具有稳定性、滞后性，也可能比法更具超前性。所以，"法理念"可以指导并影响具体的法规范、法制度的形成和实施，但不能代替法规范、法制度。

其次，"法理念"反映法的本质方面，是一种高度抽象、理性的法意识，是具体法律制度的灵魂。法条、法规好比躯壳，同样的躯壳置入不同的灵魂，就成为不同的体制，效果不尽相同甚至大相径庭。这就是法理念的力量和价值所在。

再次，"法理念"反映的是法的应然性，是人们之于法的主观追求，包含着一定的理想或思潮成分。法的应然规定性是由社会物质生活条件决定的，是客观的、不以人的意志为转移的，但是这种决定要通过社会成员的集体意识和统治者、立法者的主张来实现，个别社会成员对法的应然规定性也不妨有自己独特的认识。就客观性而言，法理念与自然法是相等的。但我们这里所讲的法理念，一般是指法的主观理念，是人们对法的应然规定性的主观反映。由于理性的有限性，主观的法理念往往与法的客观应然性不一致，所以现实的法制度和个别的主观法理念并不当然合理。如无特别说明，文中的"法理念"指的都是主观的法理念。

至于"法理念"与"法律理念"是否为不同的概念？我们认为对二者加以区分是不必要的。因为"法律"不仅是一个法律渊源层面上的概念，也可以用来表达抽象的法（law），与"法"在同等意义上使用。所以对"法理念"，也可称作"法律理念"。如果一定要认为"法律理念"是指实在法的理念，则因自然法不过是法的应然性在人们头脑中的抽象反映，诸如公平、平等、自由、诚实信用等，多数情况下就是未加理性界定、尚未或未必能实现的法律理念，我们不妨说，"法理念"是客观存在的、未必已实现、可能实现也可能不会实现的法理念，而"法律理念"是已经实现或者正在实现、希望能够实现的法理念。

界定了"法理念"的内涵，那么"法理念"究竟为何，即法的应然规定性又是什么？马克思主义法学家传统上认为，法的根本属性在于它是统治阶级意志的表现，是实现阶级统治的工具。这仍是某种外在的观察。因为法还有其社会性的一面，统治者需借助法来承担社会公共职能，而且统治者还在经由人民的意志和喜怒哀乐表达出来的社会客观规律的推动下，自觉或不自觉地、主动或被动地、乐意或不情愿地，使法不断地推陈出新、抑恶扬善。因此，笔者认为，就法这一社会现象或事物本身而言，其基本规定性或者说本质应当是实现公平正义的工具，法的最高理念应当是公平正义及其实现。这并不否定法的阶级性，因为人类社会并无永恒的公平正义，不同的社会暨统治者自有不同的公平正义观和公平正义标准，法的使命就是实现不同社会客观上所要求的公平正义。

法理念具有层次性。这种层次性首先体现在总体和部分的关系上。人们关于整个法或一国法律制度整体上的理念，是最高层次的法理念。当法划分为不同部门时，就会有部门法的法理念，如民法的理念、经济法的理念、行政法的理念等。部门法理念是某一法部门得以确立和存续的观念基础。

法理念的层次性还体现在抽象和具体的关系上。公平正义是最高层次、最基本的法理念，也是最抽象的法理念，而"平等""自由""效率""秩序"等则是公平正义的具体形式，是次于公平正义、稍为具体的法理念。如果承认法理念的层次性和某种多元性的话，法理念就不是也不必是唯一的。

高与低、抽象与具体又是相对的，法理念的层次可以是多数的。即部门法之下的某种或某类制度，也可以有其自身的理念。如产品责任法不妨将"产品安全第一、人身安全至上"作为其理念。"消费者主权、消费者是上帝"则可谓当代消费者法的理念，即在消费者与经营者之间不对等的关系中，片面赋予消费者以权利、对经营者片面地施加义务，造成消费者无理三分对、经营者有理三分错的现象。上位的法理念统领下位的法理念，下位的法理念是上位法理念的表现形式或组成部分，为实现上位法理念服务。

二、经济法理念的含义和内容

经济法现象的出现，打破了传统大陆法系法律部门划分的"和谐状态"，崇尚经院学术的法学家们长期苦心经营建立起来的法律体系受到了冲击。公不公、私不私，公私莫辨、说不清楚，犹如杞人之忧天，使这类学者陷入了困惑、愠怒之中。他们通过对既有法律部门的修正和扩张来解释经济法现象，从"私法公法化"和"公法私法化"中所看到的，仍是私法和公法，所谓经济法无非要么可纳入民（商）法，要么就是行政法，结论当然是否定经济法部门的存在及其必要性。

这种思路只看到了经济法与民法、行政法的相同之处和相互联系的方面，而忽略了它们之间的质的差异。这种思路如果说在经济法现象产生之初还能自圆其说的话，那么在经济法现象高度蔓延、扩张的今日，就不免捉襟见肘了。从根本上说，这种思路犯了先验论的错误，即企图用既有的理论和概念，来解释新条件下出现的不同认识对象。也有学者通过挖掘新的法现象产生的社会土壤，发现并论证经济法，探究其理念，结论是它应当成为现代市场经济社会及其法律体系中的一个新部门。所以，迄今关于经济法的论争，实际上是有关法的认识路线和理念之争。在经济法肯定论者之间，也有关于"经济法是什么"的讨论和分歧。其中有些学者虽然承认经济法是一个法的部门，但是头脑中并无适当的经济法理念，或者根本没有经济法理念，或者主观上轻视经济法理念，譬如有一种流行的说法，认为只要做好经济法各项具体制度的学问就行了，务虚无益，不要搞"无谓"的争论。结果必定是动摇和茫然，到头来这些学者所做的学问，或可纳入民商法、或可归于行政法，唯独没有经济法自己。因为没有适当的理念，那些学问也就不免遇到"国有""行政"绕着走，避之唯恐不及，或者固守"干预""命令服从""不平等"之类，对"国有""行政"介入的经济实体关系不甚了了，或以民商法理念对其先批一通，或把它往"行政"那边一推了之，哪管身后"洪水滔滔"。当前经济的法律调整中存在的种种有违公平正义、诚实信用的不和谐之音，其主观根源难道不正在于此吗？

否定经济法的学者与经济法学者之间的争论，说明前者没有认识到经济法的质的规定性，更谈不上有经济法的理念。经济法学者之间的分歧，说明他们对经济法的质的规定性有不同的认识，进而有不同的经济法理念，或者没有经济法的理念。所以，是否正确认识到经济法的规定性、形成了适当的经济法理念，直接关系到上述学术争论的结果和经济法治的实际效果，并对经济法能否成为一个法的部门至关重要——因为法的部门划分是主客观的统一，与其他任何部门法一样，经济法成为一个法的部门必须具备主客观两方面的条件：客观条件是公私交融的经济暨法律关系普遍出现；主观条件之一则是适当、成熟的经济法理念的确立。

相应于法的理念，经济法的理念是人们对经济法的应然规定性的理性的、基本的认识和追求，是经济法及其适用的最高原理。作为部门法，经济法的理念也应当是实现公平正义，但是经济法要实现什么样的公平正义呢？经济法对于公平正义自有其独特的追求，否则它与其他法律部门没有分别，也就没有必要成为一个法的部门。"经济法，尤其是我国由社会主义公有制主导之经济法的实质正义观，在于实现社会范围内的实质性、社会性的正义和公平。这种正义观，是一种追求最大多数社会成员之福祉的、社会主义的正义观。"[7]公平正义既是抽象的，又是具体的，它在任何情况下都表现为对特定利益的追求和维护。我们认为，经济法的理念是经济社会化条件下的实质公平正义，其核心内容是社会整体经济利益的实现。

首先，社会整体经济利益是客观存在的。社会整体利益与社会个体利益固然紧密相关，但又确实不同于社会个体利益，也不是社会个体利益的简单相加。经济增长、平衡协调发展、充分就业、整体的交易安全和交易暨竞争秩序、保护弱者或弱势群体保护、官民捆绑参与国际竞争等，是现代国家及其经济法律调整之要务，否则国家会因内部矛盾冲突加剧而陷于动乱、衰落，而无以立足于世界民族之林。经济法正是在解决此类矛盾中应运而生，自应时时以遵从、实现社会整体利益为其宗旨和任务。毋庸赘言，维护社会整体利益、优化了社会经济环境，不等于特定社会成员的利益也当然得到了维护，有时还会牺牲一部分社会成员的利益；个别社会成员的利益得到保护，则不必然保证社会整体利益的实现，社会经济环境的变化，随时可能致社会多数成员的利益减损乃至生活和生命皆朝不保夕。此外，社会经济利益也不同于国家及其政治利益，后者的核心是统治利益，二者性质有别，可能一致、也可能融合一体，但矛盾严重到一定程度不可调和，社会就会通过各种形式的呐喊、抗争、战争和革命，通过政权更迭乃至改朝换代，迫使国家政权及其统治者尽可能服从社会整体利益。若将国家及其政治利益等同于社会整体经济利益，或将前者凌驾于后者之上，则这样的国家不配为经济法时代的国家，前景堪忧堪虞。

其次，依赖传统的大陆法架构及其民商法、行政法，无法实现社会整体经济利益。近世民商法与古典经济学的理念是一致的，它们假定人都是理性的、经济的，人都有追求、维护自身利益的本能，具有竞争的冲动和能力，法律只要在形式上平等对待各社会成员，人们就会在意思自治的基础上达成各自利益的最大化，由此自发促成社会整体利益。所以，民商法是在维护个体合法权益、维护微观经济秩序的基础上追求公平正义，只能顾及形式的公平正义、"机会"的均等，而不必也无法考虑结果如何，是否达到整体的、实质的公平正义。民商法和古典经济学关于市场经济的经典假设固然有其合理性，但是如果说它是一个普遍的事实，则是不成立的。因为人从来都是、永远将是现实的和社会的人，个人利益只是社会关系的因素之一，在许多情况下尚且不是占主导地位的因素，不同个体又具有不同的竞争条件、不同的竞争冲动和竞争能力、不同的价值观和道德追求，纯粹自由竞争、私人自治的结果必然导致贫富贵贱的鸿沟和社会的腐败堕落，并由不道德的竞争、限制竞争和不竞争（垄断）最终毁掉市场经济。真正的、纯粹的市场经济就是什么东西都可以买卖、任何自由的买卖不受任何非市场或超经济力量干预的经济，这样的经济是古今中外、过去现在和未来都不存在的。原因是其弊端累积到一定程度，社会整体利益凸显出来，便须通过一定的社会系统工程并辅以相应的法——经济法来刻意加以维护。从理性人、经济人的假设也可推出，社会整体利益缺乏天然的利益关心主体，多数人在多数情况下会争先恐后去分享它，而不会以同样的热情去维护它。民商法是市场调节在法律领域里的反映，历史和实践早已证明，单纯的市场调节或民商法的调整是不能维护社会整体利益的。于是，贸易、产业和金融等各种管理监督，反垄断和反不正当竞争，计划和产业政策、财政等调节，国有企业、公司，政府经济合同等法应运而生，对这类法现象——我们称之为"经济法"。对此无论作肯定或否定的解读，就是最执着的民商法或私法学者也认可这样的道理，即：经济法是自由的交易和竞争导致社会矛盾激化，需要从社会的高度来平衡各方权益、维护社会利益的产物，自不待言，只不过他们不以为这是一种信念和理念，不承认经济法，对此现象和道理表现出厌恶、拒斥和无奈罢了。

现代行政法理念的核心是在公共行政无所不在的情况下，防止人民、社会受到国家侵害，遏阻其滥权，以实现公平正义。这是社会化条件下追求实质正义的内在要求，所以它与经济法理念是不矛盾的，只是角度和层次不同。也正因为如此，英美法历来把行政法置于"民事"之中，并不将其分立出来，没有"经济法"而不需要经济法。显然，仅以这样的理念来维护社会整体利益是不够的、片面的、消极被动的，不足以对社会经济发展予以有效平衡协调、充分及时地向社会提供公共产品，达到民富国强和民族的伟大复兴。更糟糕的是，近年流行于法学、法律界的思潮，基于公私法分野对立，将行政法变成"行政管理法"——抽掉了"民主"的公法，建基于"授权"和"管"，立足点是国家、政府，基本特征是强制和命令服从，全然没有官民平等、在政府等公主体参与的经济活动（包括经济管理）中将其作为相应实体权利义务关系一方当事人的观念，如此不但不可能维护社会整体经济利益、实现其最大化，反而可能使将社会整体利益变为国家利益的附庸。可见，经济法理念在当前特定条件下，已成为对于中国的现代行政、社会主义市场经济及其法治能否最终建立来说十分紧要、前途攸关之事。

最后，中国经济法天然要以维护社会整体经济利益为己任。经济法从产生时起，就以社会整体经济利益的实现为其使命，中国是社会主义国家，更以社会主义作为市场经济之定语。所谓社会主义市场经济，在市场关系和资本关系上与资本主义市场经济并无分别、也不可能分别，不同在于，公有制在社会经济中的作用及社会成员、统治者对其所持态度有别，即参与市场关系和资本关系的主体有相当比重是国有、集体所有制的主体（包括政府和其他公共团体等）或由其控制的主体。公有制的目的和本质是为了实现社会整体利益，公有财产的投资经营、管理监督则因其"行政+经济""政府+商事"的特性而天然属于经济法调整的范畴。若将其纳入民商法，则不免否定其正当性，并将其割裂为民事和行政而丧失可操作性，或行政滥权、擅权，或公私主体普遍角色错位、利益冲突和越权、以权谋私。

在经济社会化条件的实质公平正义之下，经济自由、经济效益、经济秩序（包括经济安全）等都是其不完全的表现形式。依经济法理念，社会整体的经济生活应当是自由的、有效益的、有秩序的。

"自由"是经济法调整的出发点和归宿点之一。经济法追求的自由是社会整体的宽松、自由，个体均能够充分发挥其主观能动性的经济环境。民商法也奉行"自由"——个体自由、私人自治，期冀只要法律赋予每一个体以自由，他（她、它）就是自由的，社会整体的经济生活也就是自由的。但是，市场经济的实践和理论都证明，民商法对自由的追求不能保障个体自由和社会整体经济自由的实现，其调整不仅不能避免、无法消除诸如垄断、不正当竞争等妨碍经济自由的现象，反而会助长其发生。民商法的调整只是实现个体和整体经济自由的一个必要条件，而非充分条件。只有通过经济法的反垄断法、反不正当竞争法、各种经济监管法等，方可消除限制竞争、不竞争、不道德的竞争等反竞争、反自由、妨碍或损害他人自由等行为，从实质上维护、保证个体和整体的经济自由。

经济法追求的效益是社会整体经济效益，而不是个体或局部的效益。这一理念要求个体和局部的效益服从社会整体的效益，短期效益服从长期效益。民商法也追求效益——个体利益和效益的最大化，它虽然不赞同通过损害他人合法权益、社会整体效益的手段获取个体效益，20世纪以来则出现了公序良俗、诚实信用等社会本位的条款，但这些条款不过是民商法与经济法等的连结点，而且它们对各种民商法规范、制度本身并不关注，也不追求社会整体效益的最大化。如前所述，由民商法的特性和作用所决定，其调整是无力、无法实现社会整体效益最大化的。行政法原则上不追求效益，与之相关的是行政效率。行政效率的提高在一般情况下能够促进社会整体经济效益，但是二者之间并无直接的相关性，行政效率的提高不等于社会整体经济效益的提高，反之亦然；而且也不排除行政机关片面追求行政效率而损害社会经济的整体效益。

经济法追求优良的秩序，这是经济自由和社会整体经济效益得以实现的一个前提。经济法所要求的秩序是国民经济的平衡协调、有序运行、整体上安全的交易环境和充分有序的竞争状态，微观的交易及竞争秩序尚在其次。民商法所建立和追求的秩序是个体之间私的、微观的秩序，这是建立优良宏观经济秩序的前提和基础，而对于宏观的周期性经济波动、金融危机、短期经济行为、经济结构和总量失衡、竞争不足或竞争过度等无序状态，民商法是无能为力的。要避免和消除这些无序状态，只能靠经济法，靠公共管理与经济活动、权力与权利、官与民之间积极的良性互动。秩序的核心问题之一是保障交易安全，民商法可以关注并实现个体的交易安全，这一功能的承担和实现尚且需由经济法创造一个优良的大环境，而整体的交易安全和国民经济运行的安全只能靠经济法来维持。特别是在经济全球化的背景下，如何保证国民经济的安全有序高效平衡协调发展和运转，已经成为经济法的重要课题之一。

三、经济法理念的确立和意义

人们的行为和实践均受一定理念的支配，有什么样的理念，就有什么样的行为和实践。因此，理念在主客观的互动中起着主导作用，它集中反映了意识、思想、理论等意识形态之于经济基础和法律上层建筑的主观能动作用。法理念以主观的方式存在，所以受人们的价值观念、认识水平、偏好、历史传统和习惯等主观因素的影响很大。这就可以解释，为什么同样身处中国的人或学者包括经济法学者，对于经济法理念却有不同的认识，或者说各有各的经济法理念。承认经济法理念的主观性不等于说它不受客观条件的制约，更不是说经济法的理念是主观先验的。经济法理念的客观性表现在：首先，它产生的基础是客观的，任何经济法理念都建立在一定历史阶段的既定社会经济条件之上，都是人们主观上对客观存在的经济法现象的一种反映。其次，它的内容具有客观性。经济法理念是对经济法的应然规定性的反映，而这种规定性是不能凭空捏造的。一定的经济法理念中包含的客观性成分的大小，决定了它在多大程度上具有真理性，能在多大程度上使实在法适应客观经济条件的要求，使之在多大程度上具有积极的价值、获得积极的效用。

经济法的应然规定性是客观的，而法理念却具有主观性，因此，法的应然规定性存在一个被发现的过程，这一过程同时也是法理念的形成过程。受到主客观条件的制约，特定的经济法理念并不一定能真正反映经济法的应然规定性，这样就会出现一些自诩为"经济法理念"的假理念。经济法理念的形成也必须具备主客观两方面的条件：客观条件是由于新的法律调整需求促生了大量的经济法现象（包括立法和司法及其与公私交融的社会经济实践的互动），否则经济法理念不会凭空产生。主观条件是人们认识到经济法现象的存在，并对其质的规定性加以研究，形成相应的具有一定真理性的认识，否则经济法的理念也不会自动产生。

具有相当真理性的经济法理念的确立，是经济法部门得以形成的主观要件，而判断经济法理念是否真正确立，须从以下三方面衡量：首先，该理念具有相当的真理性，即基本上、大体上能够反映经济法的应然规定性，当然反映的程度越高越好，多多益善。这是经济法理念确立的客观依据。不能反映经济法应然规定性的"经济法理念"，不但不能为经济法部门的成立作出任何贡献，往往还会授人以柄，成为他人批驳、否定经济法的"证据"。其次，论证该理念的理论、学说趋于成熟，能够自圆其说，当然也是越成熟越好，这是经济法理念确立的理论基础。虽然已经大体上捉摸、把握到经济法的应然规定性，但是如果不能加以充分、令人信服的论证，该思想、"理念"就不会被人普遍地接受，不能被用来很好地统领、影响经济法的实践。最后，该理念被人们普遍地接受。真理可以掌握在少数人或一个人手里，但是法的制定、遵守、实施、变迁等是众人之事——众人之合力、社会的互动，只有当正确的经济法理念被众人所接受，至少是被多数法律职业者（广义而言也包括法官、检察官、行政执法人员、法律教学研究者、企业等民间法务工作者等）所接受，经济法理念才算是确立了。

正确的法理念不是一蹴而就的，它总是在社会和法的变迁、主客观的互动中逐渐形成的，不同的主客观条件会直接影响到人们对经济法内涵和外延的理解与界定。生产力发展引起的生产关系变动是法理念变迁的根本原因。回顾我国改革开放以来的历史，可以看出初期在"计划经济为主、市场调节为辅"、稍后在"有计划的商品经济"之上产生的"经济法理念"，与近期在"社会主义市场经济"的实践中形成的经济法理念是不同的，其原因即在于此。价值观和道德观的变化，也会对法理念产生重要影响。法及其理念本身并不能证明自己是否体现或反映了公平正义，实践固然是检验真理的标准，但它直接依赖于一定的价值观念和道德观念的评价，一定的价值观和道德观又是一定的法理念形成和变迁的主导因素。英美法和大陆法的主要区别就在于此。英美法没有经济法却实实在在地有"经济法理念"，因此其经济法实际上十分发达；大陆法的经济法理念弱小、错乱，以至其"经济法"若隐若现、名不正言不顺，尽管其公私交融的经济性法律规范与英美法中的同类规范一样地普遍、盛行。由于人的理性或认识能力在特定条件下的有限性，在既定的社会暨法律实践水平上，人们对经济法的应然规定性的认识是有限的，随着实践的不断发展，人们最终应当能够基本或完全认识到经济法的应然规定性，形成正确的经济法理念。经济法规范初现时，立法者和其他实践者并不知道"经济法"应当具有什么样的规定性，对其应持何种理念，这时理念对经济法所起的作用是不自觉的。私法（民法）在古罗马共和国时期萌芽时又何尝不是如此，民法暨私法理念的形成则是数百年以后的事了。当前我国社会主义市场经济改革正向纵深发展，改革开放和加入世贸组织使我们得以比较清楚地观察理解发达国家实行的市场经济及其法治，认清其经验教训、高低优劣，确立中国的经济法理念的条件已经具备了，欠的只是主观的"东风"。

由于社会物质生活条件所决定的不同社会成员的利益差异性，以及一定的价值观、道德观对法理念的直接决定作用，经济法的理念可以是多元的。在不同国家、不同历史阶段、在不同利益集团的头脑中，对于"有没有经济法""经济法（应当）是什么"会有不同的回答，从而形成不同的法理念和经济法理念。从根本上讲，经济法理念的多元性是由利益的多元性决定的。不同社会、不同阶级、不同阶层中的人们处于不同的利益关系之中，有不同的利益需求，导致了人们的立场不同和价值观念的分歧，进而形成不同的法理念。人们认识水平的差异则是导致经济法理念多元性的主观原因之一。认识水平不同，所看到的经济法的应然规定性不同，从而也会形成不同的经济法理念。即使认识到经济法的理念是经济社会化条件下的实质公平正义，人们对其具体内容的认识和理解也不会完全相同。经济法理念的多元性导致了经济法学的各种流派。由于法理念的多元性是客观的，所以经济法各流派的长期并存是正常的、不可避免的现象。这并不否认在不同的法理念或经济法理念之间存在着共性。不论在资本主义社会还是在社会主义国家，也无论计划经济或（当代社会化的）市场经济，在其公私交融的经济关系、法现象和对其承认、肯定的人之间，都存在着共性，抑或共同的理念。因此，在看到经济法理念的多元性时，还应注意不同经济法理念之间的相互借鉴和促进，正是在这一过程中，经济法理念和经济法学科逐步增强了其真理性。

同时，还应看到经济法的客观理念和现实中占统治地位的法理念的一元性。在既定的社会经济条件下，法和经济法的应然规定性是客观的或一元的，这不以认识主体的意志为转移。现实中占统治地位的法理念是某种被大多数人认可的法理念在实在法中的体现，但是任何实在法都只有一种主导的理念——国家及其统治者、立法者、司法者等自觉或不自觉、主动或被动认可的法理念，这种主导实在法的理念一般不可能是多元的，否则整个法体系就会陷入矛盾、冲突、内耗以致毁损坍塌，死而后生、重归一元。因此，在既定的条件下只有一个经济法理念得以普遍实现，其他与之并存的法理念是不大可能普遍实现的。

由此可见，经济法理念的重要意义所在：它主导着一国经济的法律调整，决定着其样式、倾向性和实际作用——有了适当、正确的经济法理念，就意味着符合客观要求的经济法制度的建立，没有法可以立法，没有适当的法可以通过修法、司法解释和各别法官依理念将现行法很好地适用于个案，从而发展完善相应的制度；反之，纵然有"法"——如《公司法》、反垄断的法条、《土地管理法》《政府采购法》等，国有企业也建立不了现代企业制度，限制竞争和滥用优势行为在政府推波助澜之下大行其道，土地管理和政府采购不仅承担不了公共职能反而舞弊和腐败盛行，凡此种种，不一而足。

四、经济法的理念与经济法

经济法的理念是经济法和经济法学的灵魂暨最高原理，经济法学从总论到分则、经济法的各项具体制度都应体现恰当的经济法理念，否则就是空有躯壳、徒有其表。

首先要在经济法学研究中确立符合经济法客观应然性的正确理念。经济法学研究曾经不重视理念、没有理念，到头来形势、政策、领导人的好恶稍有变化，在"经济法"旗下所做的研究，有的轻易化为无意义的文字和故纸，有些则摇身变为其他部门法学的成果，有人美其名曰这是经济法学对中国新时期法学的贡献，殊不知理论、学说没有及时地对实践加以科学的总结、诠释和升华，且不说造成资源的浪费，这本身已经辜负了学问的使命，对实践和法学造成了损害。

由于不能准确、深刻地把握社会化和公私融合、官民平等合作的真谛，经济法学中存在着一些欠适当、似是而非的经济法理念。为了学科建设和科学，要借此机会对事不对人地提出来。诸如"经济法是公法""经济法是国家干预法""经济法的基本特征是管理者与被管理者之间的不平等"（因此不能像对公民、法人一样对政府等公主体适用调整经济关系的实体法），动辄要把公私有机交融的经济关系割裂为"管理关系"及平等主体间的关系，或者干脆就从私的角度观察研究公有主体、公有财产参与的经济关系，把公司法、合同法、物权法等不假思索地推给民商法，放弃对公私交融之经济关系的法律调整及其中国特色作原创性的艰苦科研。这些自觉或不自觉的意识及相应的"学说"、论述，往往被认为就是中国的"经济法"，经常成为学生和学者们耻笑的"学问"，这无疑损害了经济法学的科学性和声誉，妨碍了经济法作为一门社会科学学科或专业在人们心目中的真正确立。经济法部门的存在依赖于主客观统一，其中主观方面又起着主导作用，如此没有正确理念的"经济法学"，自然不能积极有效地指导社会主义市场经济及其法治，反有损、有害于实践。这段话似乎说得重了些，但希望它能起到一个警醒作用，让我们对经济法学的现状有一个清醒的认识，使之尽快消除泡沫，由虚胀变为实的繁荣，使经济法学更上一个新的台阶。

其次，经济法的制定要由正确的经济法理念作为指导。法的制定是一种合目的性行为，是在一定的法理念指导下进行的。因此，立法者有什么样的法理念，就会制定出什么样的经济法，其经济法理念在多大程度上具有真理性，会直接影响到经济法立法的合理性。毋庸讳言，在我国经济法产生之初，立法者的头脑中尚无现代经济法的理念，他们区分不开经济法的理念与民商法、行政法的理念，所以当时制定的许多"经济法"，后来就逐渐显现出非经济法的特性，例如1981年制定的《中华人民共和国经济合同法》。更多的是政府部门为自己争权而起草或制订的法律、行政法规和政府规章，所谓"部门立法"，骨子里透着一股管卡压、官民不平等、管理者只有权力没有义务和可问责性的精气神。如今中国已加入WTO，越来越多经济法的法律法规开始体现官民一致、平等，公开、公平、公正，将政府公共管理、维护社会利益和经济秩序的职能具体化为其义务和可问责性，政府从事经济活动与民平权同责等现代经济法的要求，但是很难说立法者已经稳固地确立了现代经济法理念，还不能保证其制定的都是"良法"，不出台"差法"和"错法"。因此亟须将人们已经认识到的经济法要求抽象、上升为立法者的理念，以保障今后将出台的一系列经济法如《反垄断法》《电信法》等成为真正体现经济法理念的法。在这方面，入世是一个很好的契机，因为WTO规则本质上就是贯彻英美法理念的"经济法"，借助美欧发达国家基于其民族利益的强大外力，可以促动我们的立法者、政府和人民及早认清、掌握其中的理念，并将其置入中国的经济法中去。

最后，经济法的适用、实施也在呼唤经济法的理念。如果没有正确的理念指导，即使有立法或法条，它对社会关系的调整也可能达不到立法者的预期目的，甚至造成负面后果。例如招商引资、基础设施建设中的营私舞弊，《公司法》和《刑法》中对其不乏种种规定，但由于行为的决策往往涉及政府、党委，最终便无人切实承担有关行为应负的法律责任，土地利用、管理中的种种不法行为也是如此，结果是社会主义市场经济秩序久久不得规范、确立，原因就是缺乏经济法的理念。按照法治的基本要求，任何行为或社会关系都不得脱法，哪怕在法条的规定语焉不详、模棱两可、矛盾冲突、空白阙漏的情况下也是如此，不允许执法或司法者推托或怠于执法、司法，也不允许其放弃公平正义而敷衍执法、司法，在任何情况下都要求它作为社会公正的最后保障，以法的名义对任何纷争给出"说法"。《反不正当竞争法》规定了政府不得封锁市场和滥用权力限制竞争，但只规定了由上级政府处理，结果几起诉至省级高院的政府垄断案，都以"和稀泥"调解结案，不辨正误，受害者有理莫辩，违法者不必承担法律责任，这也是没有正确的经济法理念所造成的。所以，如果执行法律的人头脑中没有适应社会主义市场经济要求的经济法理念，这个社会、这个国家事实上是没有经济法的，可谓千钧系于一发。

当然，经济法的理念毕竟是主观的，它必须体现在具体的法律制度中，在实在法的制定和实施过程中表现其存在和价值。所以，研究探讨经济法的理念不是纸上谈兵，不能把它搞成脱离实际的纯粹思辨。人类的任何理性进而理念都是经验和教育的产物，法的理念是在人们长期的社会和法的实践中产生的，而不是先验的，否则经济法理念及其探讨就会变成无意义的玄学。我们需要实践为法暨经济法的理念提供经验材料，没有社会经济和法的实践、没有学术的探讨积累和教育，就没有正确的法暨经济法的理念。

总括而言，本文要表达的基本意思是：我国的社会经济和法治实践、法学的发展已经到了一个关键时刻，亟待确立符合社会化客观要求的经济法理念，通过其主导、能动作用，使社会主义市场经济及其法治建设包括法学和经济法学的研究"升级换代"，时不我待。一般而言，经济法理念与经济法之间的关系是这样的：由于生产力进而生产关系的变动，引起了利益关系的变化，既有法理念指引下的法已不再胜任对变化了的利益关系的调整，于是在人们需求本能的驱使下，社会上出现了不拘公与私、官与民的经济性法律规范或者司法案例，通过对此法现象的研究，人们开始发现其内在规定性，在此基础上形成初步的经济法理念。在这种理念指引下，立法者开始自觉地制定、修改、废除经济法律规范，执法或司法者将其适用于社会生活，并通过社会成员逐步接受此理念，使经济法得以普遍实现，而社会整体上对此理念的感受、好恶和接受程度，又是该理念进一步变化乃至其他新理念产生的原动力。法学家通过对上述现象和互动过程的研究，不断修正和完善经济法理念，以此影响立法者、执法或司法者和社会公众。经济法就是在这样的"实践—认识—再实践—再认识"的过程中，始终在一定的经济法理念的主导下，日益走向完善的。

（史际春、李青山，原载《华东政法学院学报》2003 年第 2 期）

参考文献：

［1］史际春，孙虹．论"大民事"［J］．安徽大学法律评论，2001，1
（0）：19-29.

［2］汉语外来语词典［M］．上海：上海辞书出版社，1984：207.

［3］江山．中国法理念［M］．北京：中国地质大学出版社，1989：自序.

［4］［美］E.博登海默．法理学——法哲学及其方法［J］．邓正来，姬敬
武，译．北京：华夏出版社，1987：163.

［5］史尚宽．法律之理念与经验主义法学之综合［M］//刁荣华．中西法
律思想论集．台北：汉林出版社，1984：259，264.

［6］李双元，等．法律理念及其现代化取向［J］．湖南政法管理干部学院
学报，1999（1）：5-10.

［7］史际春，邓峰．经济法总论［M］．北京：法律出版社，1998：154.

"规制"辨析[*]

　　规制的本质是政府在宪法法律概括授权下对经济社会进行调控监管，宏观调控也属于规制。在经济法和行政法中，"规制"的外延大部重合，两者是内容和形式的关系。

　　我国经济法学即将迈入而立之年，却仍稚气未脱，其重要表现之一，是对作为经济法和经济法学核心范畴的"规制"尚未厘清并且形成基本共识。"规制"既随意又武断地使用，引起语义混乱并对经济法理论和实践造成了负面影响。应分清规制之广义、中义和狭义，辨析其与调控、监管、管制、治理等概念的异同。中国经济法语境中的"规制"，以政府内嵌于市场的理性而能动作用，开诚布公且卓有成效的宏观调控为特色，各种规制伴随着国家治理能力提升，愈益与市场经济及其机制相契合，规划和产业政策、财税金融调控监管、工商行政和质量技术监督、竞争政策和竞争法等规制以及国有企业政策制度等得以最大限度地协调配合。经济法之"规制"，正是政府规制。

　　"规制"一词曾几何时流行开来，出现了诸多乱象。比如"法律规制"及相应的民商法规制、经济法规制等，就是法律调整而已，却不当淡化了"规制"的固有核心意义；过分强调"规制""管制""监管"的不同，无视其源头和含义具有一致性；将"规制"与调控并列，却不知宏观调控恰为规制的重要组成部分；等等。

　　对于舶来的概念，理应尊重其源头含义，同时细辨其相应中译之含义和意蕴，以便恰当使用。因此必须对"规制"概念掰开揉碎分析，否则会造成语义纷杂、似是而非，以及理论研究的模糊或谬误。对"规制"的误解，当然也会对实践造成负面影响，其滥用或不当特定化，往往导致相应的规制目标和规制

[*]　本文得到中国人民大学法学院喻文光教授、刘梦羽博士生以及慕雅琪硕士在资料及梳理方面的协助，特此致谢，当然文责自负。

方法不尽正确、合理，经济社会发展改革实践中政府规制的缺位和越位、脱法和违法等。

因此，本文旨在厘清"规制"概念，澄清相关误区，探讨符合经济法学科和中国经济社会发展内在要求的政府规制及相关概念、原理。

一、源于 regulation 之"规制"

近二三十年"规制"概念勃兴，皆因发端于英美的 de-regulation（去规制或缓和规制）和 re-regulation（再规制或重建规制）的世界性潮流，所谓"规制法"也是在这个过程中出现的。

英国由于工党多年执政，在战后升级该国陈旧的工业，重建社会经济体系，国家基于经济规划、社会福利、就业和劳动保护、环境保护、消费者保护，以及加入欧共体等，法规和制度愈益庞杂，政府规制无所不在，市场和企业受到不必要的束缚，削弱了经济和社会的活力。在美国，尽管其经济兴旺发达，未受战争破坏，国有企业的比重远不及英国，但自罗斯福新政，政府就在工农业、银行与金融、社会保障、消费者保护诸领域进行广泛的规制，尤其在政府主导下推动交通、能源、国防、航天等的发展，政府管得过宽、僵硬不当的弊端也凸显出来。在此背景下，英美发起了去规制或缓和规制的运动，包括人们耳熟能详的民营化运动（privatization，名为"私有化"，实则国有企业的股份化、市场化），政府公共服务企业化暨使用者付费，基本取消对市场准入、价格等的规制。然而，原本催生政府规制的原因并没有消失，市场有其固有的缺陷和力所不能，没有政府规制，市场实际上是不可能正常运行的，尤其是 2008 年的金融危机，使新古典自由主义的去规制实践告一段落。

尽管去规制一度来势汹涌，但规制从未被完全去除，几乎在去规制兴起的同时，就伴随着规制的重建，或曰优化规制、更好的规制，这在道理和过程上，与我国从指令性、行政性的计划转向立足于市场、顺应市场的规划和政策规制（比如产业政策、竞争政策）也是一致的。在此背景下，20 世纪 90 年代以美国的桑斯坦（Sunstein）等人为代表，从法律经济学等角度讨论规制法，其代表作如《权利革命之后：重塑规制国》[1]一书，对现代国家的规制作了全方位论述；英国的奥格斯（Ogus）也在 1994 年出版了规制法著作《规制——法律形式与经济学理论》，[2]探讨如何应对规制国家与市场关系的变化带来的挑战，以达成有效的产业规制。社会学者指出，欧洲统治者将"规制"与社会福利措施连接得更紧密，更早地保障了经济自由化条件下"规制"的正当合法性。政治学者提出，"规制"的目的是为了形成合理的市场机制，没有"规制"，很多经济部门难以在一个相对公正的平台上维系投资和消费。有经济学者认为，相对于传统经济学假设的"自利理性"——人人追求自身利益最大化，平衡、合作的社会与政府相结合更契合于人的行为本质。[3]在此背景下，规制和规制法（regulatory law 或 regulation law）研究呈爆发式增长，很快也波及开放的中国，尤其是经济法学界，尽管概念不清，"规制"仍越来越广泛地被使用。

因此，讨论"规制"概念，不能脱离 20 世纪 70 年代末 80 年代初以来世界上的 regulation 实践，否则也是没有意义的。

二、"规制"概念之厘清

一个概念彰显之后，人们照例会去探讨其所指现象的由来，以及相应的词之本义，这是"做学问"的惯常套路，"规制"也不例外。广义上，"规制"可以指对行为的任何规范和控制，包括政治规制、法律规制、社会规制、道德规制等。[4]就此而言，所有的法比如刑法、民法、行政法等等都是规制法，当然这并非"规制法"的本义，如此理解"规制法"也无意义和价值。中国学者广泛参考、引用的日本学者植草益，就对"规制"作公、私两分，公的规制包括立法、行政、司法，该书集中探讨其中的政府微观经济性规制，私的规制则是私人或社会自治性质的规范约束。[5]植草益所谓狭义的公的规制，是为纠正市场失灵而由政府依政策法规实施的规制，又分为宏观规制和微观规制；在微观规制中，不直接影响经济主体决策的为间接规制，如反垄断和反不正当竞争，直接影响经济主体决策的为直接规制，如市场准入控制和价格管制；而直接规制又分为经济性规制和社会性规制，经济性规制是为了解决自然垄断和信息不对称而实施的规制，比如对公用事业的规制，社会性规制则是为解决外部性问题所进行的规制，比如有关劳动安全、医疗卫生、环境保护等规制。这些划分并非截然分类，而存在交叉重合，比如划入宏观规制的财税金融政策也不可避免存在着微观规制、归为直接规制的经济性规制中也包含间接规制。

随着"规制"从兴起到泛滥，出现了法律规制的说法。其实法律规制就是法律调整，也即社会关系受到法的规范和保障，这是中义的"规制"。按行为规范之法与道德两分法，法律调整之外都是道德调整或道德规制。政治规制基本上可归于法律规制，也有小部分属于习惯之道德范畴，比如宪法惯例。而道德规制（moral regulation）、自我规制（self regulation）、社会规制（social regulation）等实际上不是"规制"，而是自治，是对行为的社会性调整或规范，即个体（个人或企业等组织）在自律或相互间他律基础上形成一种秩序，相应的规则包括团体章程、新近在我国蓬勃发展的电商平台规则等，其中受到行政和司法保障的成为法治的基础，否则属于纯粹的道德规制。规制法之"规制"，鉴于其产生缘由和脉络，含义不至于如此宽泛，既不能等于广义的"规制"词义，也不能与中义的"法律规制"或法律调整画等号，从而冲淡乃至抹杀"规制"的应然价值。

"规制"的本质及其在当下兴起之应有含义，是政府规制，即政府或国家依法律的概括授权，以相机抉择、自由裁量方式对经济社会进行的调控监管。这是狭义的规制。在这个意义上，溯其源头，有学者认为，自 1830 年左右，[6]英国就开始制订规制法，并设立或授权行政机构执行这些法律。[7]还有学者认为，早在都铎王朝和斯图亚特王朝时期，法律体系即已以规制为主要特征，都铎王朝时约有 300 部有关社会、经济管理的法律，尤其在贸易、就业、农业和土地方面更为突出，君主制下的中央集权确保了法律的有效制定及执行。[8]而现代规制体系起源于 19 世纪，当时自由放任时代趋于结束，集体主义兴起，社会化导致政府公共管理开始普遍涉入社会生活，时至今日，发展到以市场原理、市场机制为基础，以公共利益和社会福祉为皈依的政府"规制"。这与作为第三法域、包括经济法在内的社会法产生的过程和原因，是完全一致的。换言之，"规制"就是社会法、经济法中的政府公共管理。这是当代规制法、经济法中"规制"的应有之义。

还有一种最狭窄的"规制"，仅指行政机关通过制订政策、规章规则和具体行政行为实施的监管，[9]实际上只是银行、证券、保险、电力、反垄断、劳动、环境等监管，这是政府对经济或市场规制的典型形式，属于政府规制，包括在政府规制的外延之内，但政府规制不限于此，不能将此作为"规制"概念的一种。

综上，"规制"和规制法的本质，是狭义的政府规制。高度社会化导致公共管理渗透到社会的各领域各层面，政府对经济社会的规制是全方位的，而就去规制和再规制的世界性潮流导致"规制"概念彰显和"规制法"的出现而言，"规制"的出发点和依归是市场、经济，也即经济法之"规制"，其核心是政府与市场的关系。

三、"规制"与调控、监管、管制、治理之异同

以上溯其源头围绕 regulation 阐释了"规制"的含义，在尊重其本意的同时，还应对其派生或相关的中文语词进行辨析，以利在中文语境中恰当地使用。

（一）规制与"宏观调控"

"宏观调控"是一个中国特色的概念，不是从英文翻译而来，反译成英文为

macro economic regulation and control，简称 macro control。宏观调控的主体是政府，客体是国民经济的宏观变量如总供给、总需求、总价格、总就业量等，手段是货币、财税等宏观经济政策，不严格而言也可包括产业政策和结构优化、标准和环境政策等。[10]

"宏观调控"源自宏观经济学。在宏观经济学中，宏观经济政策在含义、意义上与"宏观调控"最为接近。宏观经济学围绕着解释宏观经济变量，以及宏观经济政策如何影响这些变量而展开。[11]政府通过政策工具，对一个或多个宏观经济变量施加影响，避免经济周期中的低谷、促进经济增长。[12]

无论从逻辑还是实践看，政府以保证经济增长、稳定和公平分配为目的的宏观经济政策，或曰"调控"，毫无疑问属于规制范畴，是与"规制"概念的崛起相吻合因而十分"正宗""地道"的规制，植草益将其归为公的规制。然而，我国经济法学的主流一直以来将"宏观调控"与"市场规制"相并列，宏观调控法包括产业调整法、计划法、投资法、财税法、金融法、价格法、国有资产管理法等，[13]市场规制法主要是反垄断、反不正当竞争等竞争法。之所以发生如此重大的逻辑和实质性错误，究其原因有二：

一是误搬植草益的理论，植草益的《微观规制经济学》一书在中国影响极大，经济法学界就照搬了他将"与宏观经济有关的政策"同市场规制分开的做法，殊不知，他这样做是由该书的题目和内容决定的，只因微观规制经济学不以宏观经济为研究对象，无法将宏观规制纳入其中，而不是说"财政、税收、金融"等宏观政策不属于规制或政府规制。

二是不了解宏观调控与"规制"的内在关系。政府对经济的规制古已有之，"有了市场经济就有了政府规制"。[14]作为一种重要的政府规制方式，宏观经济政策则出现得较晚，它的兴起与 20 世纪 30 年代的大萧条、凯恩斯经济学和罗斯福新政有关，按以上对"规制"的兴起及其含义的分析，宏观经济政策或宏观调控自始就是政府规制，这是可以确信的。就形式逻辑而言，宏观调控与微观规制并非对立的关系，二者均是政府调节市场或经济的方式，以弥补市场机制之不足。受新自由主义、市民社会与政治国家对立等观念的影响，经济法学界的一种普遍思潮，是政府与市场应当"上帝的归上帝，凯撒的归凯撒"，政府不应"干预"市场，只能扮演宏观、整体、间接调节的角色，必要时则担负维护市场秩序的职责，这也是宏观调控与市场规制两分法由来的一个认识论原因。实际上，政府与市场不可能截然划界，凡市场和社会自身不能调节或不能有效调节的，就需要政府规制，市场和社会的调节能力因地因时因人因事而异，政府规制的程度和范围亦然，也是动态变化的。而且，宏观、微观也难以严格区分，有些货币政策、财税政策明显带有针对性、个别性，比如央行针对涉农贷款定向降低存款准备金率，《中华人民共和国企业所得税法》规定农业、林业、牧业、渔业等企业可以申请减免企业所得税，反垄断法对市场结构的规制则具有宏观调控的作用，凡此种种不一而足。

更重要的，是无法用"宏观"标准对经济法进行分类，因为几乎经济法的所有制度，都包括宏观和微观两个方面。所谓"宏观调控法"中的税收征管、金融监管、投资审批等，就不属于宏观调控。而如果不拘泥于宏观经济学，按实践和逻辑，把"宏观调控"概括为不直接作用于微观主体但足以引导、影响微观主体行为的各种政策、制度、措施，则所谓"市场规制法"中的反垄断、质量监督管理等，也包含了市场结构或竞争结构调节、标准制订等"宏观调控"的内容。就任何经济法的具体制度如规划和产业法、财政法、金融法、竞争法等而言，都是难以从宏观和微观分离、对立的角度加以分析的。因此，宏观调控和微观规制这种经济学划分并不具有法律意义，主流教科书中所谓"宏观调控法"中充斥着微观管理的内容，而相对的"市场规制法"中也有具宏观调控作用的规范。进一步而言，宏观调控的对象也是市场，宏观调控必须依托市场，与市场机制融为一体，所谓"宏观调控法"也属于市场规制法，现代国家有关规划、产业政策、财税、金融、利率、外汇、价格、贸易、质量等各种法律制度，都兼具宏观和微观双重属性。此外，现代竞争法尤其是反垄断法，就不仅以维护微观的市场竞争秩序为出发点，还涉及国家的产业政策甚至政治目标，从而以超出一般市场关系的高度来对市场进行宏观的规制。所以，只有不分宏观微观，以"规制"统领宏观调控，经济法研究和实践的内在逻辑及操作性才得以体现。

将经济法切割为"宏观调控"和"市场规制"两个部分缺乏理论依据，不仅对学术研究造成障碍，而且包藏着实践风险。一方面，这将经济法学的宏观调控概念混同于一般大众生活语境中的"宏观调控"，为宏观调控掺杂进直接行政规制，如审批和监管等；另一方面，又在宏观调控与市场规制之间人为设置鸿沟，忽视了"宏观调控法"与微观规制的衔接及其实现，妨碍了"市场规制法"所应有的宏观调控作用。

（二）规制与"监管"

两者的英文同为 regulation，我国的证监会、银保监会都译为 regulatory commission。英文里的同一个词，regulation，指代着不同的概念，由于中文之丰富多彩，上文分析中提到的最狭义"规制"，到中文里就有了专门的一个词——监管，主要是指行政机关或法律授权的机构基于规制职责对市场主体的准入、经营管理和退出等实施的监督管理，[15] 典型的即上述两个"监督管理"委员会。就此而言，在"规制"中，宏观和微观在内容上等量齐观，在作用上宏观居于主导地位；在"监管"中，则无论内容还是作用，都是以微观为主的。当然，"监管"的中文含义也可能反向扩张，向中义、广义的"规制"靠拢，比如"法律监管""社会化监管""多元化监管""市场化监管"等用语也出现了，[16] 而在内涵上接近于"规制"。

（三）规制与"管制"

Regulation 也有翻译成"管制"的，就此而言，"管制"与"规制"只是同一个词的不同翻译。但在中文语境中，"规制"比较中性，"管制"与日文中的"统制"相似，感情和价值色彩较重，是指国家或政府基于特定目的对社会成员和市场主体进行控制和约束，主要是设定禁止性义务和强制性义务等消极性、否定性的规则。[17] 中文里本来就有"管制"一词，既可以译为 regulation，更贴切的是译成 control、put under surveillance，这样，就形成了好的 regulation 叫规制（比如市场经济）、负面的 regulation 叫管制（比如战时统制）的局面。[18] 也难怪，"管制"在中文里确有国家、政府无需考虑或无视市场规律而强力统制的意思，比如计划管制、战时管制、防空管制等等。因此，对 regulation，最好不要译为"管制"，随着"规制"的流行及其概念本质的普及弘扬，这样的翻译也越来越少了，但凡遇"管制"，要注意其是指 regulation、从 regulation 翻译而来，[19] 还是为中文之固有含义，否则必大相径庭。

所以，那种"要宏观调控、不要管制"的呼吁，实属伪命题。因为这一方面是对"管制"内涵的曲解，随着市场化改革的深入，实际上已经没有人主张计划经济甚至城防司令式的管制了；而作为 regulation 的"管制"，是必须包含宏观调控的。

（四）规制与"治理"

这是两个不存在混淆和歧义的概念。学界和实践中流行的"治理"，是由 governance 翻译而来，香港地区和其他华语圈也有译为"管治"的，这是对"公共管理""政府管理"等概念的升华。2013 年《中共中央关于全面深化改革若干重大问题的决定》将"完善和发展中国特色社会主义制度，推进国家治理体系和治理能力现代化"确立为全面深化改革的总目标后，"治理"也逐渐为经济法学界所关注和使用。依其性质和范围，"治理"也可有国家治理、政府治理、司法治理、社会治理等之分，以及通过政治、经济的治理，通过道德、文化、意识形态的治理，通过法律的治理，等等，[20] 不过这与"规制"并不矛盾，不会发生混同。治理离不开规制——规范、控制，从政府到整个社会、从道德到法律和政治,治理与广义"规制"的外延实际上是一致的。不同的是,"规制"是对治理方式的一种客观、中立的表达,治理则是包含着目的、价值追求和体系体制的规制。在治理的理念下,规制也得以升华。比如出现了"监管沙盒"(regulatory sandbox),允许被监管者"违法""试错",监管者与被监管者在商讨、博弈中,实现一种协商沟通、互动试错、柔性包容、开拓创新的规制。事实上,以我国的政府规制为例,比如产业政策、证券规制等,早已超越"沙盒"框框在这样做了,约谈、建议、指导、帮助等等,比之"监管沙盒"有过之无不及。

这也说明,把被规制主体客体化,把政府规制视为"干预",把规制相对方称为"受体",在理论上和实践中都是十分有害的,既不符合政府作为社会和市场内在因素的客观实际,也与现代社会和国家里人民"当家作主",公众广泛参与,在公共管理暨政府规制中引进平等、协商和契约的民主要求相悖。

所以,"治理"包含着管理者和被管理者、规制者和被规制者平等互动,政治经济社会文化等各种因素交织之意蕴,着重于规制之整体和效果。相对于"规制"而言,治理的内涵更为丰富,视野更为宏大,更着眼于一个国家和民族的长远、整体利益,[21]甚至出现了全球治理(global governance)的概念。[22]规制作为工具、方式层面的概念,被治理所内涵,必须服从治理及善治的要求,这也是经济法学者应当了然于心的,如此才能摆脱"干预""不平等的行政",以及将规制主体与被规制主体视同主客体关系等莫名束缚,使经济法理论和实践得以冲破思想羁绊大步前行。

(五)经济法规制与其他"法律规制"

就此中义的"规制"而言,经济法规制与其他法律部门规制的关系也可谓剪不断理还乱。

厘清其关系所需的理论前提是,法律部门不可截然划分,"独立"法律部门是不存在的,任何一个法律部门都不能独立于任何其他法律部门,更不能独立于法治一般。[23]比如,经济法及其规制不能独立于宪法规定的基本经济制度和国家机构及其职能、不能独立于行政法的政府行政,刑法的犯罪和刑罚不能独立于经济法和其他法律部门的实体关系,民商法不能独立于经济法之政府对市场的事前事中事后监管、政府行使国家的所有权和他物权、政府作为市场主体或受政府规制的合同等,劳动法和社会保障法不能独立于国有企业法和社保基金投资之经济法监管,经济法不能独立于民事诉讼、行政诉讼等诉讼法,也不能独立于我国承诺遵守的 WTO 规则及与他国签订的投资保护协定等国际法,等等。法治一般则是公平正义、公序良俗、诚实信用等,任何法律部门都必须服从、遵徇而不得违悖。还有一个理解经济法规制所不可或缺的基本共识，即：就法律调整社会关系而言，所形成的法律关系与该受法律调整的社会关系并非两个关系，而仍是同一个关系，只不过该社会关系因法律调整披上了权利（力）义务的外衣而已。这需要观念的抽象，是理解规制、政府规制和经济法规制的基础性法学原理。否则就无法理解，以"经济法规制"为主题的文献，为什么几乎都涉及民商法、行政法乃至刑法的内容；[24] 对经济法与行政法、经济法规制与行政法规制的关系就更是百思不得其解了。除了观念抽象能力，还须明确，一国法律体系是一个整体，对社会关系的有效法律调整，需要不同法律及法律部门之无缝功能组合。[25] 具体来说，经济法规制和经济法之"规制"离不开其他规制包括广义规制，比如对基于公共利益的征收和拆迁，通过宪法和民主法治及社会规制形成有关公共利益的共识就十分重要；再如证券市场的准入、信息披露和退出监管，证券交易所、行业协会等社会规制起着不亚于政府规制的有效作用。

"经济法规制"的核心和经济法的"规制"是政府规制，但是政府规制并非经济法的"专利"，如同法律部门划分是相对的、法律部门都不是"独立"的，其他法律部门中也都有政府规制。同上面举例，宪法中规定了宏观调控、政府领导和管理经济的职权，作为经济法规制核心的政府规制同时也是行政法的规制，刑法中经济犯罪的追究离不开政府的监管和查处，政府的企业登记、物权登记等与民商法融为一体，劳动法和社会保障法中有政府的监察和统筹等规制，诉讼及程序法中有行政调查处罚和复议，国际经济贸易合作更是与民族国家或经济体的政府规制密不可分，等等。实际上，法学界对"规制"的应然含义已有初步的感性认识，也即不是狭义的"规制"或政府规制就不是"规制"，而是"法律调整"或更广义而没有什么意义的"规制"，或者可能引起法律调整性质和法治理念方面的歧义和误解。我国某著名法学高校的民商法专业，近年对其各类学位论文"禁用""民商法规制"字样，就是隐约领悟到了"规制"的真谛，但仍处于说不清的状态，这也正是本文命题和研究的一大动因。经济法、行政法以外的法律部门中也存在政府规制，这对之前未注意到此事实者只会说一声"原来如此"，而不会产生困惑，因为就这些法律部门的内容和外延而言，政府规制在其中并非主要部分或主流，毋宁说只是略有"擦边"。而对经济法和行政法来说，情形就完全不一样了。在这两个法律部门中，"规制"的外延大部重合，核心都是政府，比如金融监管和税收征管究竟是经济法还是行政法？要令人信服地回答这个问题，则不得不再释、重述经济法与行政法的关系这个基本问题。

经济法与行政法的关系，包括二者中的政府规制，只能从观念上区分，而无法以外延划界。经济法与行政法这两个法律部门交叉重合的部分，经济法中的政府规制和行政法中的政府规制，是内容和形式的关系。比如反垄断，经济法关注其内容，也即是否存在垄断、垄断的性质、程度及是否构成违法，而行政法关注执法机构的权限，该垄断行为的管辖、执法机构是否不作为或越权滥权、相关处罚的行政复议和行政诉讼等。经济法与行政法二者密不可分，在政府规制或政府公共管理的范围内，行政法与经济法及其调整所形成的法律关系是同样的规范暨同一法律关系的两个方面——内容和形式。然而迄今包括经济法学在内的学者，不乏其人在徒劳地为经济法与行政法从外延上划分边界。按照这种观念和思路，经济法实际上是不存在的，因为经济法公私融合之"公"主要是政府规制，作为经济法"规制"的政府规制无不披着行政的外衣，都是行政，行政法学者就乐得把经济法都轻易收入"囊中"，百思不得其解或不愿动脑筋的经济法学者也就不得不附和了。与政府规制无关的"规制"根本不是经济法之"规制"，比如竞争政策暨反垄断规制，形式上就是政府行政，反垄断法的"私人执行"不需要政府，也就不是"规制"了；此外，不涉及或不包含政府规制的立法规制、自治等也不是经济法的"规制"。

再者，行政法学其实不包含行政法分论。行政法分论研究的是政府规制的具体内容，由于现代政府公共管理涵盖社会各领域各层面，如果将相关法律调整统统纳入行政法，则行政法就漫无边际了，且超出任何一个自然人的研究能力，这样的学科是不能成立的。相应地，行政法应当是行政控权法，集中于关注行政组织及其权力设置、行使、制约和监督，行政所涉之"事"如经济、劳动和社会保障、环保、教育、医疗卫生、公安、军事等，应当在行政法之外另立法律部门，或者归入其他法律部门暨法学学科。[26] 这也再次证明，法律部门划分主要是一种主观的学术活动，而非法律法规和实定法规则自身非此即彼之客观划分。

在此顺便澄清一个相关误区，就是认为经济法产生的原因是市场失灵和政府失灵，而稍稍细思，即知政府失灵并不是经济法产生的原因。因为经济法对政府失灵从来都是无能为力的，凡涉及政府的行为，经济法只问其所涉经济社会内容，如果，政府该调控的不调控或调控不好、政府该监管的不监管或乱监管、该反的垄断而政府不反或反错了，这时经济法其实什么也做不了。对此，要靠广义和中义的"规制"——宪法和民主法治一般，也即宪法行政法之国家机构体系内的监督纠察、媒体、民众的监督问责，改革甚至革命，来加以解决。

经济法及其规制的核心以及经济法之"规制"是政府规制的命题，具有重要的理论意义和实践价值。在其他部门法中，政府一般只作为约束对象、看守性因素或外生力量而存在，经济法却要求政府成为一种社会和市场的嵌入性内生因素，成为推动经济社会发展、利益平衡协调及公正合理分配的动力源。这样，也就抓住了经济法语境中"规制"的特殊性及"牛鼻子"，同时又将其置于整个法律体系和经济社会中，使法学人得以辩证地对国家和法、法律体系、法律调整、法律部门、"经济法规制"和政府规制、经济和社会等，作全面整体把握，而不至偏之一隅不能自拔。

三、中国特色之"规制"：解释与完善

在中国，首先因为国家及其市场经济的社会主义性质，宏观调控在"规制"中获得了不亚于微观管理监督的重要地位，从而补上了植草益的书所省略、经济法学界所误读、忽略而放弃了的政府对经济和市场规制的另一半——宏观规制。如果说在西方，"规制"主要是在最狭义上被理解，[27] 则宏观调控在中国的"规制"中起着主导和引领的作用。

除了盲目痴迷市场"原教旨"、追随西方自由市场主义的经济学家暨学者外，撇开计划经济时期不论，改革开放以来，中国国家和政府也从不置身于经济及市场之外，而积极主动地组织管理经济，人民对此亦高度认同，对经济社会中出现的任何问题，民众第一时间下意识的想法就是"有关部门怎么不管管"，并以本地的经济、民生状况和市政建设水平作为其心中衡量书记或市长政绩的首要标准，可见经济法的公私融合理念之深入人心，中国经济法的社会基础无疑比其他任何国家都更为深厚。中国国家、政府的治理能力和水平未必比发达国家高，但在市场经济条件下，我国迄未出现过整体性、系统性的经济危机，西方国家则自19世纪上半叶一直是七、八年来一次的，其原因无非是在把包括宏观调控在内的政府规制视为理所当然、正当合法的氛围下，政府勉为其难积极作为的结果。比如在百姓井喷式买房买车的势头不经意平缓下来、煤钢建材等产能过剩的情况下，政府自然而然承担起"去产能"任务，以各种政策措施强制或协助落后产能企业退市，解决优胜劣汰的市场机制失灵和解散清盘、破产等市场化退出方式失效的问题，社会并无异议，反而在共识的基础上给予支持、配合。宏观调控和监管友好型的社会，激发了能够容错、试错，更为能动的政府规制，各级、各类规制主体及其工作人员的市场意识和规制能力也得到了很好的培养，政府"自我革命"建立公平竞争审查制度，将规制建立在市场基础之上，尽可能不破坏、扭曲市场机制，甚至用规制来培育市场机制，以至整体调、逆周期调、预调、微调、定向调，事前事中事后的动态监管，等等，

政府规制日益娴熟合理有效。中国改革开放取得举世瞩目的成就，根本原因是政府作为一股内生、理性、敏锐而强有力的经济力量，通过宏观调控、宏微观之监督管理、投资经营、竞争等各种方式密切融入经济社会，与国民经济的整体和局部、宏观和微观紧密相连。[28]倘经济法研究能够契合经济、社会和法治的规律，对经济法之政府规制中的主义与问题给予科学解释，进而检验并发展经济法的理念、原则和规范，则不仅能够增强经济法学的说服力，又可促进经济法治，理论和实践如此良性循环往复。

其次，中国社会主义市场经济基础上的政体和规制模式，确保了不同规制主体及其行为的"竞合"（cooperation-competition），使统筹协调、整体效益最大化得以成为现实。规制必须纵向和横向分权，规制机构根据不同的职责，追求各自的规制目标，相互间形成竞争和博弈，这是非常必要的，如果职责担当缺乏这种约束，必然会出现无人负责、无须负责的"大锅饭""太平官"现象。但是这种竞争、博弈不能是对抗性的，否则适得其反，理想的状态是竞争基础上的合作，合作基础上的竞争，也即"竞合"。中国的体制——共产党领导的单一制国家和民主集中制，为此提供了可能性及保障。根据宪法，地方要在中央统一领导下发挥积极主动性，因此地方在政府规制中与上级和中央博弈，实属应然及常态，这也是中国经济社会充满活力、经济持续快速发展的动力之一。[29]但又不能放任地方作为，必要时上级或中央必须有担当地集中，比如经过一段时间对某问题能够看清楚后，就应果断决策，结束久议不决或不妥的政策措施。而且，中国的政府规制中有一个特色，即在规制实践中，一项规制政策规章或规则，须由执掌该职责的规制机关与其他相关机关沟通，往往是几个、十几个部门反复协商，达成基本共识之后才能出台，必要时由上级统筹协调，或由规制责任机关敢于在担当基础上作出决策。这也是一个独特的优越性，可能不起眼，但值得珍视。不受领导人任期影响，以执政党的大政方针和规划确保政策连续性，包括国务院和地方政府及其部门在内的不同规制机构通过履行职责、追求自身具体规制目标，在博弈的基础上追求共同整体目标，这是当今世界上任何国家都做不到的，可谓中国复兴的一个公开秘诀。

因此，多年来经济法学界津津乐道的竞争政策与产业政策冲突协调的命题，被认为切中政府与市场关系的要害，其实也只是照搬日本，在我国并不成立。因为竞争政策和产业政策都是政府规制，都属于政府主观意志和上层建筑的性质，其矛盾冲突是政府内部不同的规制或规制机关之间的关系，而非政府与市场的关系。我国三大竞争执法机构——发改委、商务部、工商行政管理局，如果加上国务院反垄断委员会也即国务院，四者都同时掌管竞争政策和产业政策，与其说两种政策冲突，毋宁说是政府的理念从曾经的行政性计划转向市场经济条件下政府如何担当规制职责的问题。如上所述，政府内部主动自觉协同在我国是常态，理念不变，无从协调，一切枉然，而一旦确立市场经济理念，则一切迎刃而解。公平竞争审查制度的出台，正表明在我国既定的优良传统和机制下，政府规制理念发生了可喜的变化。那种长官随便拍脑袋决策的情形不再，与市场和竞争脱节的政策淡出视野，比如应对2008年危机出台"4万亿"，在产业政策配合下有效实施，使得高铁和基础设施、互联网等产业大发展，而这恰恰是在《反垄断法》开始施行并且不断加强力度的大背景下实现的。所以，产业政策和竞争政策的把握是否得当，关键在于各级、各类规制机构是否牢固树立了市场经济及其竞争的理念，能否在法治的精神和框架下，实现它们与其他规制机制和方式的协同，而不是什么政府规制与市场自发调节的关系、产业政策与竞争政策矛盾冲突的问题。

我国政府规制与国有企业的协同也是独树一帜、值得一提的。国有企业由代表国有资本的（某级）政府控制或可施以重大影响，政府是国有企业的"老板"，政府的公共管理职能、代表国家所有权进行监督管理的"总老板"职能和作为出资人的具体老板职能固然不能混为一谈，以免利益冲突，[30]但这主要是指承担公共管理职能的发改委、商务部等，以及承担"总老板"职能的财政部门，不能僭越公司法的框架和机制取代企业的决策和经营管理，而不是说政府不能通过出资人职能、企业社会责任、"党管企业"的机制等，将前两者的"规制"意志贯彻到企业中去。政府代表国家做其老板的国有企业，无论如何比私人企业更听"政府的话"，更情愿更自觉地服从、遵守政府的规制要求。这样，在政府治理能力低于发达国家的情况下，通过国有企业的作用，中国的政府规制也可能达到甚至超过发达国家的水平，比如铁路、电力等产业的规制。依托国有企业，比起美国的电力、私有化后英国和德国的铁路，中国对这两个产业的规制效果要好很多，美国联邦铁路客运在无法通过政府规制阻止其衰败的情况下，也只好将其国有化了。中国这方面做得好，原因是国有企业政策与产业政策及其他政府规制的有效协同配合。

就规制内容而言，中国的规划和产业政策是世界上运用、运作得最好的。规划以国民经济和社会发展规划为龙头和主干，规划目标及其实现呈现政策化特征，产业政策的制订和实施则为规划的重要内容和表现形式。规划和产业政策经由人代会审议通过或政府以法规、规章的形式发布，以政府为主，包括各级、各类规制机构在内的整个国家政权和社会围绕规划目标，在日常活动中努力合力追求。从"一五"到"十三五"；从"计划"到规划；从国民经济和社会发展规划、城乡规划、土地利用规划、生态环境保护规划等多头各自为政到"多规合一";①[31] 从"拍脑袋""想当然"的产业政策到国务院的行政法规和其他政策措施、地方性法规等,起草中都要进行公平竞争审查,并听取利害关系人或公众的意见;[32] 国家规划及政府治理、规制的能力和水平不断提高。在规划落实中,除产业政策外,还强调与财税金融等其他规制手段和机制的结合,防止规划与具体工作脱节,避免其像计划经济时那样成为官僚主义的数字。[33]

最后,中国特色的民主法治,为政府规制提供了有力的支撑和保障。这固然不是经济法本身的任务和作用范围,但是"规制"也需要被"规制",而且经济法与其他法律部门是密不可分的。在复杂且充满风险的经济社会背景下,政府规制要在信息不充分的情况下相机抉择,敢于试错,这就要求对政府暨规制机构概括授权并动态问责,促使其能动有为,犹如高速公路行车,既要快,也要即时纠偏纠错,避免政府怠政、懒政,并防止规制缺位和越位,违法或脱法。这是"规制"之"规制"问题,目的是纠正政府失灵,由于职责及其行使与职责的内容是一体的,所以与经济法之"规制"不能截然划分,经济法学也须把握其蓝图、扼要地了解个中原理。

我国法治建设尚处于进行时,"规制"之"规制"是一大难题,幸运的是,"山穷水尽疑无路,柳暗花明又一村",网络暨自媒体和新兴问责制之不经意到来,一时间民主问责竟无所不在、无往不利,与我国固有的民本主义相结合,使得科学合理且民主法治的宏观调控暨政府规制终获得了现实可能性。问责制的前提是科学合理的职责安排和统筹协调机制,核心和关键是民主、动态、开放的 answerability(质问和回应、说明),并以法律上的不利后果作为最后一道防线。[34] 中国传统的宗法关系、历代农民起义,使统治精英深谙"水能载舟亦能覆舟"的道理,十分在乎民意,共产党基于改造社会的初衷提出"为人民服务"的宗旨,与此一脉相承,以至中国政府对民众的回应性极高,张维为教授将其归结为"民本主义",也即把人民看作是国家的基石,"民惟邦本,本固邦宁",认为这"是中国人数千年治国理政的核心价值,也是一个可以操作的思路和经验。"[35] 这个根深蒂固的传统,与更为规范、细致而同现代国家治理体系相融合的问责制一拍即合,从而在法治尚不理想完备的条件下,造就了官民有效互动的政府规制,及其这个世界上首屈一指的宏观调控。规制经济学就"规制"

---

① 李克强总理说,各部门职能有序协调,解决规划打架问题,是简政;一张蓝图绘好后,企业作为市场主体按规划去做,不再需要层层审批,是放权;政府职能要更多体现在事中事后,是监管。

规制者、完善政府规制开出的药方，除了重点解决信息不对称、强化竞争机制外，主要是基于"委托—代理"理论，优化市场的公共选择，克服政府规制存在的低效、寻租等问题，[36] 这与"民本主义+问责制"的社会政治及治理框架相比，高下立判，小巫见大巫了。

当然，并非提出概念并付诸实践，就可一劳永逸，这是持久而与社会共始终的一种运行和治理机制。具体而言，这种"规制"，是由政府主导并敢于担当，适时集中民意，作出决策，同时始终接受正义主流民意的评判和约束，使之得从善如流，乃至"被逼""就范"的有效规制。[37] 如果能够完全实现，那将是国家和人民的幸运。

结　语

经济法学研究常常受到一种尖锐又很实在的批评：抽象而空洞、总论与分论脱节、理论缺乏解释力。客观而言，经济法调整对象广泛、专业，内容丰富，作为新兴学科难以短时间内构建起一套类似大陆法系民刑法那样"自足"的理论体系，但要改变理论脱离实际的状况，则应当也可以有所作为。经济法学应当立足于本国经济社会，以实践为导向，发掘并提炼概念、范畴、理念和规则，提升理论对实践的解释力。为此尤应注意对概念、范畴、术语的词源分析和语境理解。

经济法的"规制"依托政府的经济角色及其职能，不需要政府规制的"规制"不是经济法的"规制"，从而也不属于经济法。当然，法律体系是一个整体，法律部门皆不"独立"，经济法也不例外，经济法之"规制"，须在广义、中义的规制中，与其他"规制"衔接、协同、融会贯通，方能有效地作用及实现。

（史际春、冯辉，原载《经济法学评论》第 17 卷第 1 期，中国法制出版社2017 年版）

参考文献：

[1]［美］凯斯·R. 桑斯坦. 权利革命之后：重塑规制国［M］. 钟瑞华，译. 北京：中国人民大学出版社，2008.

[2]［英］安东尼·奥格斯. 规制——法律形式与经济学理论［M］. 骆梅英，译. 北京：中国人民大学出版社，2008.

［3］BALLEISEN E, MOSS D. Government and Markets: Toward a New Theory of Regulation［M］. Cambridge: Cambridge University Press, 2009: 152, 178, 327.

［4］张红凤. 西方规制经济学的变迁［M］. 北京: 经济科学出版社, 2005: 17.

［5］［日］植草益. 微观规制经济学［M］. 朱绍文, 胡欣欣, 等, 译校. 北京: 中国发展出版社, 1992: 1-26.

［6］BREBNER J B. Laissez Faire and State Intervention in Nineteenth-Century Britain［J］. Journal of Economic History, 1948: 61.

［7］BARTRIP P. State Intervention in Mid-Nineteenth Century Britain - Factor or Fiction［J］. Journal of British History, 1983: 63.

［8］OGUS A. Regulatory Law: Some Lessons From the Past［J］. Legal Studies, 1992: 2.

［9］BALDWIN R, CAVE M, et al. The Oxford Handbook of Regulation［M］. Oxford: Oxford University Press, 2010: 10-12.

［10］史际春, 肖竹. 论分权、法治的宏观调控［J］. 中国法学, 2006 (4): 158-168.

［11］［美］N. 格里高利·曼昆. 宏观经济学 (第4版)［M］. 梁小民, 译. 北京: 中国人民大学出版社, 2004: 34.

［12］［美］保罗·萨缪尔森, 威廉·诺德豪斯. 宏观经济学 (第17版)［M］. 萧琛, 译. 北京: 人民邮电出版社, 2004: 56.

［13］李昌麒. 经济法学［M］. 北京: 法律出版社, 2008: 111.

［14］张红凤, 杨慧. 规制经济学沿革的内在逻辑及发展方向［J］. 中国社会科学, 2011 (6): 56.

［15］马英娟. 监管的语义辨析［J］. 法学杂志, 2005 (5): 113.

［16］崔卓兰, 宋慧宇. 论我国食品安全监管方式的多元化［J］. 华南师范大学学报 (社会科学版), 2010 (3): 17-22.

［17］曾国安. 管制、政府管制与经济管制［J］. 经济评论, 2004 (5): 94.

［18］齐萌. 从威权管制到合作治理: 我国食品安全监管模式之转型［J］. 河北法学, 2013 (3): 51-56.

［19］［美］丹尼尔·F·史普博. 管制与市场［M］. 余晖, 何帆, 等译. 北京: 汉语大词典出版社, 1999: 10-48.

［20］张文显. 法治与国家治理现代化［J］. 中国法学, 2014 (4): 6.

［21］应松年. 加快法治建设促进国家治理体系和治理能力现代化［J］. 中国法学，2014（6）：40-56.

［22］赵骏. 全球治理视野下的国内法治与国际法治［J］. 中国社会科学，2014（10）：79.

［23］史际春. 什么是经济法？［J］. 经济法学评论，2017，16（2）：340.

［24］刘大洪，郑文丽. 政府权力市场化的经济法规制［J］. 现代法学，2013（2）：104.

［25］史际春，冯辉. 论物权关系的法律调整——以经济法与民商法的功能协同为视角兼评《物权法》及其相关条款［J］. 经济法学评论，2008，8：286.

［26］史际春，邓峰. 经济法总论［M］. 北京：法律出版社，2008：127-128.

［27］BOOM W, LUKAS M, et al. Tort and Regulatory Law［M］. Heidelberg：Springer Verlag GmbH，2010：57-58.

［28］冯辉. 论经济法学语境中的"经济国家"［J］. 法学家，2011（5）：164.

［29］史际春. 地方法治与地方宏观调控［J］. 广东社会科学，2016（5）：225.

［30］史际春. 政府与市场关系的法治思考［J］. 中共中央党校学报，2014，18（6）：14-15.

［31］李克强："多规合一"说到底是简政放权［EB/OL］. 中央政府门户网站，2016-03-26.

［32］国务院. 国务院关于在市场体系建设中建立公平竞争审查制度的意见［A/OL］. 中央政府门户网站，2016-06-14.

［33］李克强：把"十二五"发展主题主线和规划纲要落到实处［EB/OL］. 新华网，2011-04-29.

［34］史际春，冯辉. "问责制"研究——兼论问责制在中国经济法中的地位［J］. 政治与法律，2009（1）：2.

［35］张维为. 民本主义是个好东西［A/OL］. 环球网，2014-09-19.

［36］张红凤，杨慧. 规制经济学沿革的内在逻辑及发展方向［J］. 中国社会科学，2011（6）：58.

［37］史际春. 论地方治理的法治基础［J］. 广东社会科学，2014（4）：224.

经济法与经济法治

2008 年，为纪念改革开放 30 周年、回顾中国经济法的发展，《西部法学评论》刊登了一篇冯辉博士生对史际春教授的访谈。

中国经济法的三个阶段

冯辉：史老师您好，今年恰逢改革开放 30 年，对中国经济法、经济法治的总结引起了众多关注。首先能否请您对中国经济法在这 30 年中的基本历程作一个总体性的回顾？

史际春：以经济法在不同发展阶段所表现出来的特征，以及特定阶段的经济背景和法律思潮与相应的经济法之间的互动关系这二者为标准，可将中国经济法的历程划分为三个阶段：第一阶段是从 1978 年实行改革开放到 1986 年《中华人民共和国民法通则》颁布，第二阶段是从《民法通则》颁布到 1992 年确立社会主义市场经济体制的改革目标，第三阶段就是从 1992 年至今。

冯辉：中国经济法与改革开放相伴而生，那么当时经济法是在一个怎样的历史背景下诞生的呢？

史际春：我把经济法的第一阶段即从改革开放到《民法通则》颁布称为"中国经济法混沌出世"。从 1978 年改革开放到 1986 年《民法通则》颁布，这一阶段的中国经济法基本上处于一种"混沌"状态。当时，经济改革本身刚刚起步，一切都处于探索之中，"摸着石头过河"形象地反映了那时的社会、经济和法制状态。中国经济法的诞生有赖于两个机遇。改革开放开始的时候，加强法制的大环境是经济法产生的一个机遇。因为改革开放之前不讲法，改革开放伊始提出要健全社会主义民主、加强社会主义法制，人们首先想到的就是经济现象、经济问题、经济领域的法制。因为人们对经济生活中的诸多乱象忍无可忍了。计划和大锅饭对社会造成的影响，促使人们痛定思痛，加强法制当然首先就要加强经济生活中的法制，推行合同制、强化企业管理、落实按劳分配，等等。

冯辉：看来经济问题总是能够引起人们更多的关注，因为经济直接关系到人民的安身立命和生活质量。

史际春：是啊。当时社会各界认识到加强经济法制的重要性，从合同和企业，再延伸到国家经济管理的法制。当然，加强经济法制不一定都是经济法，民法、行政法、刑法、诉讼法等都与经济法制有关。这就涉及经济法产生的第二个机遇，即基本法制的缺失和民法的不彰。改革开放之前，中国整体上处于人治状态，社会关系靠政策和党政管理，没有什么法律调整，这跟苏联不同。苏俄在政权成立后不久就有了民法典和较为完备的法律体系，合同、企业及其与计划的衔接，大致在民法范畴内得到了规范。而中国当时调整经济关系的法律几近空白，人们对经济关系的法律调整和民法的认识模糊，所以搞改革开放、加强经济法制，又适逢苏联和日本的经济法概念波及中国，大家首先想到的就是"经济法"，很自然地将中外合资经营企业法、中外合资经营企业所得税法、广东省经济特区条例、经济合同法、外汇管理暂行条例、森林法（试行）、环境保护法（试行）等伴随着改革开放制定的第一批经济性法律法规与"经济法"挂起钩来，主客观相统一，经济法也就混沌出世了。

《民法通则》对经济法的影响

冯辉：为什么把《民法通则》的颁布作为第二阶段的起点？

史际春：《民法通则》颁布前后，中国社会处于一种商品关系大发展、私权萌发及开始弘扬导致无序逐利的场景。改革开放从根本上激发了各种社会主体投身于市场交易、追逐经济利益的热情，"深圳热""公司热""股票热""海南热"等风靡全国，勾勒出那个时代近乎疯狂的全民"向钱看"大潮。诚然，改革开放的出发点就是"让一部分人先富起来"，但长久以来一直受到压抑的利益诉求一经释放和鼓励，便迅速发展起来。上述种种的"热"，无不在实践中酿出泡沫，引发无序和败德，给经济、社会的正常发展带来了损害。这种无序、混乱和损害背后所映衬的，则是面对无序逐利而显得彷徨、乏力的经济法。尽管这一时期的经济法种类和形式繁多，但客观而言，其目标不明、规范不周、权利义务不清晰。"经济法"学者们也很知趣，开始更多地把经济法定位为经济管理法或经济行政法，并以私法或经济学的套路来研究经济法的具体制度。这也削弱了经济法的实际效力，导致其在实践中显得苍白无力。所以我把这一阶段的经济法称为"面对无序逐利彷徨、乏力的经济法"。

冯辉：看来《民法通则》的制订和颁布对经济法的冲击很大。

史际春：是的。本来，立法不同于学说，《民法通则》不应当对经济法的学说和立法产生影响，但事实上，该法出台在社会上掀起一股否定经济法的思潮，使得蒸蒸日上的经济法一度陷入了低谷。经济法基础理论纷纷退出高校讲台，剩余的经济法教学研究则多有民商法变味，经济立法或经济法律法规也变得名不正言不顺了。我在1995年酝酿与邓峰合著《经济法总论》，动因就是当时除了中国人民大学，已经看不到哪个学校还在开这门课了，恰好司法部法学教材编辑部约稿，便一拍即合。当然，《民法通则》的颁布并不是针对民法经济法的学术之争，改革开放以后中国的立法有着强烈的"回应性"特征，《民法通则》就是回应当时经济和社会发展的需要，面对商品关系和民事关系调整的迫切需求而出台的。无论从经济法的发生动因、自身特性还是从社会关系法律调整的实际需要来看，它调整的都应当是直接含有"公"的因素或国家意志的经济关系，而这一点与改革开放所引发的"私权利"回潮和勃兴却存在着内在的紧张。在私法张扬、以控制公权为固有秉性的行政法初兴的大背景下，经济法无可避免地陷入了低潮。

冯辉：好在中国经济法在社会主义市场经济及其法治中找准了自己的定位，终于迎来了理性和繁荣的第三阶段。

史际春：这一阶段可以称为"在博弈中走向规范的中国经济法"。从改革开放开始，经济法基本上都是在客观经济规律及其要求还没有在社会成员的博弈中得到充分显现的情况下，由立法机关或政府径行制定的。由此导致的主要问题是，在社会还没有在博弈中形成规则、信用的情况下，"法"本身其实是无所适从的，难以在切合实际的基础上对经济关系加以有效调整。而确立了社会主义市场经济的改革方向之后，一个显著的变化就是市场关系及其法治的应然性可以看得"比较清楚"了，多元利益主体通过博弈反映出经济、社会的客观要求，立法过程也越来越重视不同主体及其利益的互动，立法思路逐渐清晰，结构和规范设置也渐趋合理。现行主要经济立法，如公司法、金融法、财税法、竞争法、消费者法等，都是1992年之后逐渐成形的，即对此作了一个很好的印证和诠释。

立法成就巨大，但行政执法和司法仍存在瑕疵

冯辉：历经30年，中国经济法的最大成就之一，就是在法律体系上基本完备了。

史际春：没错。经过30年的发展，经济法领域基本上该有的法都有了，立法尚存的些许缺漏已不是影响法治的主要因素。但是尽管经济法的立法基本完

备了，其行政执法和司法的问题仍然存在。执法主体角色定位不准、不明确，实践中角色错位、越位和不到位，权责脱节和责任缺失等弊端也尚未完全摒弃。一直以来，我们的法院和法官只会或者说宁可"抠法条"，一方面它造成机械司法，凡是法条在形式上有规定的就"合法"，实质上不合理也无妨；或者只要法律没有规定就不受理，不管当事人的权益存在或受到损害与否。抠法条还会造成法官自由裁量权的滥用。对于任何一个案件，可适用的法条很多，只"抠法条"的话，法官适用哪个法条、怎么适用都不违法，即使不出于公心也不要紧，从而诱使其徇情、以权谋私或混账裁判，这是司法腐败有增无减的一个重要原因。当前提出科学发展、建设和谐社会，司法审判又在走以往的老路，法院和法官出现一味调解的倾向，实际上就是"和稀泥"，当事人当然不买账，口服心不服。行政执法的低水平也好，司法"抠法条"也好、"和稀泥"也罢，都不符合经济法所要求的实质正义，从而与经济法的立法体系基本完备形成了很大的反差。

"大民事"与"小民事"之争

冯辉：关于诉讼问题，您在 2001 年指出，最高人民法院以"大民事"的口号废除经济审判庭，实际上是"以大民事之名，行小民事之实"，作出这样的判断主要是出于一种怎样的考虑？另外，从最高院撤销经济审判庭至今已有 8 年，这个问题现在很少有人关注了，似乎经济审判庭的设置与否，以及最高院在审判机制上的改革与经济法治并没有很大关联，那么您现在对这个问题是如何思考的？

史际春：司法对经济法治的影响是巨大的。经济法实体关系对责任和救济的基本要求，是把经济关系中的公共管理因素与交易、市场因素有机地结合起来。即使在大陆法系的发源地法国和德国，也没有什么对一个合同、知识产权案件，因为同时含有公共管理因素和私人因素，就要把它分拆开来，先打一个行政官司，再搞一个民事诉讼，而我们的法院恰恰正是这么干的，囿于行政和民事分野的教条，劳民伤财，哪管正义荡然无存、身后洪水滔滔。问题在于，如果能够在涉及经济法的审理中把公共管理因素与交易、市场因素有机地结合起来，像英美法那样，在交易关系中顾及公共政策、对公共管理也当然考虑其经济合理性，则具体案件在什么法庭进行审理，是否叫"经济庭"，都是不重要的。我们现在的做法是把这二者截然分开，凡是涉及公共管理因素的，一律先责令当事人走行政诉讼程序，然后来再进入民事审判。而且即使在行政诉讼中，也是只看形式、不问实质，有违公正在所难免。据说最高法院现在也认识到这个问题，在知识产权审判中拟不再搞上述"二分法"，这是值得赞赏的一种合理取向。所以原先的改革名为"大民事"，实为公私严格对立的"小民事"，凡是涉及一点点公共因素，就把它剔除在民事审判之外，从而与社会化市场经济及其法治的要求格格不入。这也是以往法院对经济改革和发展难以发挥促进和保障作用，反而经常给其制造麻烦和障碍的原因所在。

冯辉：确实如此，不过很多人似乎并不重视审判、诉讼在经济法治中的重要性。即便谈及诉讼，也侧重于所谓的经济公益诉讼，试图提出一些标新立异的观点，以引起对经济法的关注。当然，这并不是说公益诉讼本身不重要，而是说研究诉讼对于经济法、经济法治的作用还是应当着眼于审判机制本身，而不是千方百计要把某种责任、诉讼附会为经济法特有的制度。

史际春：公益诉讼本身并没有问题，但不能把公益诉讼作为经济法独有的诉讼机制。比如检察机关代表国家提起诉讼，多为公益公诉，也可能是私益公诉；即使允许公民个人基于公共利益而诉诸法院，也不见得就是经济法，而可能是公益或私益的他诉，或者私益兼公益的自诉。把公益诉讼与经济法生硬地扯到一起是不合适的，理论上说不通、与实际也不符，法的实体关系不一定需要特定的诉讼机制与其相对应。比如在美国联邦地区法院，每一个法官就是一个法庭，可以审理各种案件，不会把一个案子里的公共管理因素与私人因素截然两分的。

冯辉：很多人研究英美法系的司法体制，习惯于强调英美法系法官的独立、廉洁、公正，其实正如您所说的，英美法系的法官在审判中一切从实际出发、以个案的公正为根本，这才是更重要的，值得我们学习借鉴。

史际春：对。英美法系的司法可以给我们很多启示。我们应当加强经济法研究，以确立经济法的法律地位、学科地位，否则法学教学科研中就有一片空白，从而难以对公私交融的经济关系的法律调整提供立法、行政执法和司法方面的指导。但当经济法"立起来"以后，就不要再拘泥于它，不能机械地将"经济法"套用于复杂多变的实际生活。在英美法系，你想研究什么、怎么研究都可以，无所谓公私划分或融合，也不存在经济法及其地位的问题；但在我国，经济法不立起来，相应的研究就无法开展，当然更无法对实践产生积极的反作用。但反过来拿经济法这个"盖子"去套现实，则可能削足适履对实践造成损害。因为一种实体关系，比如涉及政府公共管理的经济关系，既是经济法的法律关系，也可能包括行政法律关系，在外观上则可能表现为合同、投资、竞争等民事法律关系；一种制度如公司法，既可以是涉及公有财产投资经营的经济法，又不妨是立足于社会成员自由结社基础上相互制约、合作的民商法。

这对我们研究法律体系、研究法律体系内部各个部门法的关系实际上也具有重要的启示。长期以来，很多人把法律体系内部各个法律部门比作一个个独立的房间，其实这个比喻是很不准确的。各个部门法之间不是互相割裂、隔离的，而是互相联系、彼此相通的。如果一定要用"房间"这个比喻，那么各个部门法也不是一个个独立的房间，而是一个大办公室里的一个个"小隔间"，这些小隔间不仅互相连通，更重要的是它们共享一个"天花板"，这个"天花板"就是法治一般，包括公平、正义、公共利益、诚实信用、过失责任等一般法律原则。法律责任和法律救济也属于"法治一般"，任何一个部门法的实体法律关系都需要通过责任和救济来实现，不同部门的实体关系的责任形式和救济手段往往也是相通的，不能把法律责任和救济手段分成固定的种类对应固定的法律部门，如果这样的话，那就只剩下民商法、行政法、刑法三个法律部门了。

经济法学研究对经济法治的影响

冯辉：马克思说，一种理论的实现程度，取决于其符合实践需要的程度。与中国经济法和经济法治建设相同步，中国经济法学研究近30年来也有很大的进展。那么从总体上而言，经济法学研究对经济法治产生了怎样的作用呢？

史际春：经济法学研究对于经济法治的影响，首先表现为经济法学研究把经济法"立起来"了，为经济法治奠定了一个重要的基础。经济法学者积极投入改革开放实践，运用其专长和研究成果，为国家经济立法、政策制订、行政执法和司法建言献策，也发挥了一定的作用。不过经济法学研究还存着一些问题，比如说不脚踏实地。曾经有一段时间，经济法研究失之空泛，撇开现实和法的规范天马行空，这是经不起时间考验的。理论研究要与具体制度和实践相结合。现在有不少经济法研究，分论与总论脱节，这就导致在具体制度研究中偏离经济法，或者滑向民商法，或者滑向行政法，比如在合同法、企业法和金融法研究中就有这样的倾向；或者缺乏实践关怀，研究成果纯粹只是文字，于学术和实践无补。对这些问题，经济法学界同仁应当警惕和纠正。

经济法的地位与部门法划分理论

冯辉：对于经济法的地位和部门法划分理论问题，您在1992年提出部门法划分应当遵循"主客观相统一"，被认为是对经济法的法律地位和学科地位、经济法的调整对象等理论难题所作的科学探索，现在经济法学界和主流的法理学理论都开始认可您的这一观点。当时提出这样的理论，学界有怎样的反应？

史际春：那篇文章是 1992 年提交给中国法学会民法学经济法学研究会年会的论文，发表以后在民法学和法理学界引起了不少注意，但经济法学界对其基本上没有反应。

冯辉：这是一个很奇怪的现象。很多经济法学者似乎先入为主地认为经济法的独立性是天然的、不证自明的，面对其他学科的质疑和挑战，或者视而不见，或者做一些意气之争，很少见到对经济法的地位、经济法的调整对象等问题进行认真、严谨的分析和研究，甚至随着经济法的发展，不少人主张回避调整对象问题，回避经济法的地位问题。您当时提出这样的观点是基于一种怎样的出发点？

史际春：危机感。经济法的学科地位和法律地位、经济法的调整对象等事关经济法是否能"立"得起来，说它事关经济法的生死存亡也不为过。连调整对象都说不清的经济法，能算得上一个法律部门吗？不可能。所以问题是无法回避的，应当遵循科学研究的规律，对部门法划分进行认真的理论研究，并从调整对象的角度给经济法作出一个定义。用定性的方法给经济法下定义当然也需要，但是如果缺乏调整对象的定义，不仅经济法不能成为法律部门，"经济法学"没有明确的研究对象也不可能成为一个法学的学科。我们以前继承苏联的法学理论，认为法律部门的划分是客观的，与主观的法学研究无关，其实并非如此。回避经济法之所以成为法律部门的科学理由和调整对象，自以为是的研究可以创造表面的繁荣，但长此以往这是靠不住的，没有"根"的经济法是要被唾弃的。应当抛弃囿于法律调整手段的特性而对复杂社会关系作"基本"定性，从而区分法律部门的思路，以"主客观统一"、主观为主导，改按社会活动的领域和法律调整的宗旨来划分法律部门，确立经济法的法律部门地位。经济法调整的是公共经济管理关系、维护公平竞争关系、组织管理性的流转和协作关系，这些关系之所以成为经济法的调整对象，是因为它们直接体现国家意志，"纵横统一""公私融合"于经济和国家意志的结合。

冯辉：您何时认识到经济法是一个不同于其他部门法的新型部门法？

史际春：我是 1988 年到人大读博，在研究国有企业时发现问题的。当时民法学界研究国有企业，止于企业本身，凡涉及政府作为投资者和公共管理者而与国企及其治理发生关联，就毫不犹豫地将其切断，或者认为它不是民法问题就不予研究，或者认为政府根本就不该插手作为独立法人或民事主体的国有企业，这就硬生生地把国有企业中固有的公共因素和私人因素给割裂了。这使我感到震惊，从而迫使我不断加深和扩展对经济法的研究，很快就认识到它应当是一个所谓的"独立"法律部门。

经济法的理念

冯辉：您2003年与李青山师兄写了一篇文章《论经济法的理念》，当时是基于怎样的考虑？

史际春：当时提出应当确立正确的经济法理念也是有针对性的。经济法学界有一个由来已久、流传很广的说法，就是经济法是公法。经济法怎么能是公法呢？这与认为经济法是国家干预、命令服从、管理者和被管理者不平等之法一脉相承。在社会化条件下，国家已内在为劳动协作的社会层面，积极参与调控监管、提供公共产品、公开市场运作等经济活动，把公和私割裂开来，不啻为经济法自我毁灭，社会主义市场经济也会深受其害。其实，经济法是社会法，属于第三法域，对此老一辈法学家早在几十年前就有定论，经济法学界却总在发出一些不和谐的声音。基于这样的考虑，就有专门写一篇文章的冲动，论述经济法的理念是经济社会化条件下的实质公平正义，以及社会整体经济利益、公私融合等。

冯辉：您提出的实质公平正义、社会整体利益、公私融合等，是国家、企业和个人都应当遵循的理念，尤其是对于国家来说更是如此。

史际春：对。社会主义市场经济是以政府为主导的，但是政府主导应当以市场为基础，这也是毫无疑问的。在公私融合的背景下，政府大量参与经济活动和市场操作，没有社会整体利益、公共利益作为支撑肯定是不行的。

冯辉：秉承社会整体利益、公私融合，这与"纵横统一"是不是一回事？很多人将您的学说作为"纵横统一"的代表。

史际春：用公私融合更为准确。"纵横统一说"是苏联的拉普捷夫提出来的，他的"纵横统一"是指"纵的计划"与"横的合同"相交之处，调整处于该相交之处的经济关系的法才是他说的经济法。"纵横统一说"进入中国后，在很长时间内被误解了，将其误为横的、纵的经济关系都是经济法的调整对象，形成为人诟病的"大经济法说"。当然，更重要的是，实行社会主义市场经济，经济活动不再根据计划和行政管理进行，而将公共管理融于经济活动之中，"纵横统一"的经济、社会基础已不复存在。所以，确切地说，中国立足于社会主义市场经济条件的经济法是公私交融或公私融合的法。如果把公比作纵，私比作横，按照拉普捷夫的本意，而不是"大经济法"的纵横通吃，也可把我国经济法的对象权且称为"纵横统一"吧。

经济国家与经济法的定位

冯辉：2001 年您提出"从市民社会和民商法向经济国家和经济法的时代跨越"，这篇文章的反响很大。当时您提出"经济国家"是基于一种什么样的考虑？

史际春：首先是因为当时很多新自由主义学者呼吁要建设中国的市民社会，我下意识地感到这是要将社会与"政治国家"相对立，否定国家参与经济、社会生活及其正当性，因而有必要加以澄清。其实我的文章都是出于实践需要，不凭空写作。在这篇文章中，论证了政治国家与市民社会两者严格分野在古今中外从来都不是现实，而在当今社会，国家成为劳动协作的社会层面，是经济的内因也是内在力量，只有官民一致打拼，中国才能崛起并屹立于世界民族之林。这是经济、社会发展的客观必然，是不以人的意志为转移的。

冯辉：对"经济国家"这个词的具体拟定有什么考虑？

史际春：我主要是觉得政治国家与市民社会这种划分不成立，不符合实际情况，经济职能、经济活动已为国家所不可或缺，中外皆然，所以相对于政治国家有了"经济国家"的提法。对于这个概念本身倒并没怎么斟酌，当时也没有看到谁这么说过。

冯辉：可不可以认为"经济国家"这个概念意指经济是国家的最重要职能？

史际春：可以这样认为。在 21 世纪的社会化市场经济中，企业、个体之间的竞争已不具有决定意义，从中起着主导作用并具有决定意义的是民族国家及其（经济）政策之间的竞争，也就是说，政府的能力、水平决定着整个民族和国家的竞争力，决定着中华民族能否实现复兴和富强的夙愿。马克思主义认为，当社会掌握全部生产资料之后，国家职能就开始逐步交还给社会，直至消亡。现在看来，国家消亡的方式也可能是国家职能与社会职能逐渐融合，最终国家融合于社会而消亡。

经济法的责任、责权利相统一、问责制

冯辉：经济国家成为一种普遍现象，政府日益参与市场运行，这也对约束政府的责任机制提出了更高的要求。

史际春：是的。首先要把涉"公"的几种角色分开，社会公共管理的角色、国有财产总老板的角色、国有资本具体出资人或股东、国有财产具体占用者等角色，这些都要分开，以免角色及其利益的冲突，在角色定位及其权义设置科

学、明确的基础上才谈得上责任约束。我在国有企业工作过，深感公有财产投资经营和政府公共管理一定要有责任制，否则很难走上正轨。

冯辉：就是要实行各种形式的责任制，确保责权利相统一，还要引入问责制。

史际春：问责制是后来更高级的发展了。开始是强调责权利相统一，后来在世界范围内政府公共管理和法治不断深化，问责制应运而生。问责制（accountability）包括角色担当（responsibility）、说明回应（answerability）和违法责任（liability）。政府广泛参与经济生活，对它只能是概括授权、允许其自由裁量，此外别无他法。任何立法者都不可能把政府应为、可为的各种行为一一罗列、规定出来，在此情况下，对政府的约束和监管要靠问责制，以免政府自由裁量沦为经济和社会的异己。

关于国有资产经营管理、宏观调控、反垄断、食品安全和卫生

冯辉：您反复强调经济法学研究要贴近实践，在您的诸多论著中，我们也可以看到您对经济和社会发展中的很多热点问题做了严肃、深入的分析。能否请您针对国有资产经营管理、宏观调控、反垄断、食品安全和卫生等领域的问题及对策再作一些概括或总结？

史际春：国有企业或国有财产投资经营归根到底是一个政府如何学会在市场经济条件下做老板的问题。"摸着石头过河"，我国的国企改革走了一段就企业论企业、政府与企业油水分离的弯路。而随着经济及企业改革的深化，人们对国家所有权、市场和资本关系的认识日深，国企的改革和发展逐步超越企业层面，与国有财产、国有资本和国家所有权体系相衔接，步入一个新的阶段。近期《中华人民共和国企业国有资产法》的出台就是印证这一发展的标志性事件。

冯辉：国有资产经营管理及其法制经历了不同的阶段，应当说国资委的出现是一个重要的转折。

史际春：2002年党的十六大报告中提出，要建立中央政府和地方政府分别代表国家履行出资人职责，享有所有者权益，权利、义务和责任相统一，管资产和管人、管事相结合的国有资产管理体制。据此国家和地方相继成立国有资产监督管理委员会，在企业的具体老板或股东之上行使国有资本所有权监管职能。然而在国资委的定位方面，仍有一个摸索的过程。依国际通行的做法，财政部门是专司国有财产总老板职能的机关，当然公安、检察、审计、监察等部门也在各自管辖的范围内部分地承担国家所有权监管职能。如果说，中国实行社会主义、以公有制为主导，国有资本规模大、国家行政水平低，财政部门力不从心，把经营性国资的抽象所有权职能从财政部门分出来，另设机关掌管，也未尝不可，而且应当说这是合乎中国国情的明智之举。问题在于，这样一来国资委就不应当是"出资人"。因为出资人就是对企业出资、在工商局登记为股东或出资人，依法对企业承担具体老板或股东权义的人，国资委做"出资人"就架空了真正的出资人及其权利义务，不啻是向曾经的"大锅饭"和"父爱"庇荫的一种倒退；同时也不恰当地在同级政府管辖的企业间形成关联关系，由同一出资人控制的企业当然就是关联企业，外国的法院、政府和国民是不会因为《公司法》中此地无银三百两的一个条文（即《公司法》第217条第4项规定："国家控股的企业之间不仅因为同受国家控股而具有关联关系"），就认可它们不是关联企业的；承担国有财产总老板或抽象国家所有权职能的机关负有对任何握有一定国资的主体进行监管的职责，包括后者用国资投资经营时督促其依法当好股东或出资人，这样就产生了国资委自己监督自己的利益冲突，有违法治的基本要求；况且国资委不是企业，没有能力在其辖下各行各业范围内进行资本运作。这些道理本不复杂，而对从行政性计划经济一路走来、不知资本和企业法人为何物的国人来说却也不那么简单。唯有实践是检验真理的方法，在国企建立现代企业制度的不懈探索中，个中逻辑和道理渐次显现出来，必将为管理层和立法者所认识。

冯辉：国资委作为"出资人"与代表国家所有权的监管职能不能一身二任，这是您在许多场合和论著中反复强调的，一开始很多人对此似乎不理解，但现在慢慢被人们认同，也在这次新颁布的《企业国有资产法》里得到了印证。

史际春：历史总是螺旋式地上升发展，《企业国有资产法》在更高层次上旋至原点，代表着一种进步。它更为贴近国有财产投资经营的逻辑，即国家和国家所有权的三种角色——经济社会公共管理者、代表国家所有权的公共管理者、以国有财产出资的股东或具体出资人——应当分开由不同的主体承担，后者在前二者的管理下，与非国有主体平等、同样地适用企业和公司法，开展投资经营和交易活动；对国企"九龙治水"的局面则一去不复返，国企治理的政府层面必将不断地优化。相信这是国企改革继续深化、最终达到像新加坡和香港的政府企业那样高水平的一个新起点。当然，《企业国有资产法》也表现出过渡性质，如国有资产监督管理委员会名不副实、似成政府与国有控股集团间的赘物，政府代表国家行使所有权的调控、监管公共职能时并不是"出资人"，等等，而一旦国有财产投资经营的逻辑深入人心、政府学会了如私人一样在市场经济条件下当老板，该法也就不再必要了。

冯辉："政府像私人一样做老板"是现代混合经济体制的产物，也是公私融合的客观要求。政府通过设立国有企业、经营国有资本的方式参与市场活动，这是经济国家的重要特征。

史际春：这就对政府监管提出了更高的要求，你提出的这些热点问题实际上都在考验政府的智慧、能力和制度建设的绩效。比如宏观调控，2006年我写《分权、法治的宏观调控》，就具有很现实的背景。第一，长期以来有一种观点，就是把宏观调控法作为经济法的一个子部门，与市场管理法或市场规制法并列，其实很多被归结于宏观调控的法律更多地具有微观管理特性，宏观调控并不是一个可以严格界定的法律概念，不能用它作为给经济法分类的标准。第二，很多人认为要加强宏观调控法治，就要通过法条把宏观调控的具体内容、方式、主体等一一罗列出来，其实宏观调控的合法性不是法条规定出来的，而是在实践中不断发展出来的，实践证明合理就坚持、实践证明不对就改正，宏观调控的合理性与合法性是统一的，其关键也在于与问责制相结合。具体而言，宏观调控首先要部门和地方分权，有人认为宏观调控权只能归于中央，其实连县政府都可能通过一定的政策实行间接调控，只有分权才有权责的明确，也才具有效率。

冯辉：合法性与合理性相统一，合理与合法互相交织不可分离，在以经济法为代表的现代法律及法治中表现得越来越明显。

史际春：合法性与合理性相统一，这在反垄断法中最为典型，并将体现、渗透到各个法律部门和整个法治中去。2007年我在《反垄断法理解与适用》一书中提出，反垄断法是合理性与合法性的统一、充分讲"理"的一种法。《反垄断法》的条文只是为判断一种行为是否合乎市场经济的要求提供一种分析的框架或方法，其有效实现则高度依赖于整个社会形成恰当的市场经济理念。某种行为适用《反垄断法》，表面上依据的是它的法条，实际上却是市场经济之"理"也即某种经济学。

冯辉：不过合理与合法相交织也带来了一个新的问题，对合理性的判断有赖于特定的技术官僚所从事的技术性、专业性工作，这实际上也为这些技术性官僚寻租和腐败埋下了祸根。比如最近的商务部、工商总局等众多官员涉嫌"立法腐败"，实际上就是利用解释法律的权力以权谋私，作出有利于特定企业和私人的立法解释，从而用形式上的合法掩盖实质上的非法。解决这个问题除了要加强制度反腐，在一定意义上的道德呼吁也是应有之义吧。

史际春：确实存在这个问题，不过解决这个问题不能依赖说教。比如食品安全和卫生问题比较受人关注，因为它的影响面和外部性太大，而食品安全和卫生法治除了要构建科学、合理的问责制外，更有赖于随着社会经济的发展和现代市场经济的洗礼，企业和个人素质的不断提高。历经千百年的小农社会，中国要摆脱中世纪、走出熟人社会，迈向构建在承诺、契约基础上的诚信和公共生活，还需要一个过程。

冯辉：看来劳动分工和协作的社会化促进了生产的效率和市场的扩大，但也容易把生产流通中某一个环节的漏洞放大到整个系统，威胁整个经济系统的安全。

史际春：要实行有效的监管，首先是 responsibility 的设置，更重要的是对它的优化，近期的大部制改革就是这方面的努力之一。就 answerability 而言，应当加强行政系统内部的问责，因为这种问责是日常的，具有直接性，而且可以解决一些十分专业性的问题。其次是外部的问责，比如人大及其常委会、审计和检察机关等的监管，以及媒体和公众自发的社会监督。问责到位了，liability 就是顺理成章的事。

社会主义主流价值观与经济法

冯辉：在今年上半年的一些讲座中，您提出了社会主流价值观对于法治的重要作用，这又是一个新颖而深刻的提法。

史际春：法治不仅包括立法、行政执法和司法，而且离不开一种不以任何个人意志为转移、合乎法治精神的主流价值观。价值观是意识形态，属于道德范畴。主流价值观对于法治建设很重要，缺乏主流价值观，人们对法没有普遍认同，就不可能自觉遵守，行政执法和法官也会无所适从。在中国，适应中国特色社会主义和社会主义市场经济要求的主流价值观还在形成中，因此法律在社会生活中的实现尤为艰难。我在美国时发现，其法官的自由裁量权很大，但是在主流价值观的统治下并不能乱来，而必须讲"理"，当然是包含在主流价值观里面或者主流价值观所要求的"理"，这样法律和法官的权威便得以树立起来。所以，合乎中国特色社会主义要求的强势、稳定的主流价值观是我国法治健全并与时俱进的充分必要条件。我们总是认为某个部门权威不够、权力不够，就多赋予他一点，公安、市场执法、检察院、法院等等，可是如果没有主流价值观，你赋予他的权力越多，滥用得也越厉害，反过来再限制他的权力；另一方面，权力小了、没有了，任何权力行为都受质疑了，这个社会也就难以很好地运转了。法治不能仅靠法条，也不能靠单纯的暴力。法治和法的权威来自主流价值观之理，而不是单纯的法律赋予，不是给政府授权的问题。主流价值观不明确，或者不强势，思想混乱，是非莫辨，就不可能有法治。

对经济法、经济法治建设和经济法学研究未来发展的建议

冯辉：感谢史老师对上述诸多问题作出的精彩回答，最后请您对中国经济法、经济法治建设和经济法学研究做一些展望。

史际春：就经济法治建设而言，离不开政府与社会之间的互动，规则实施与行为之间的互动也很重要，我们寄希望于通过它们的良性互动，逐步接近法治。对于经济法学研究而言，我的建议主要还是理论联系实际，少一些空谈和无益的标新立异，只有这样，经济法学研究才能符合经济法治的需要，并推动其发展。改革开放 30 年，经济立法基本完备，经济法作为法律部门得到确立，标志着经济法治建设迈出了第一步，虽然还存在着许多问题，但毕竟走上了正轨。而对于同时期的经济法学研究，我认为只是勉强合格。经济法学研究在学术性、实践指导性、成熟性等方面与成熟学科相比还有很大差距，有待继续努力。在 2008 年谈论改革开放 30 年，梳理其间经济法和经济法治发展的得与失，确实具有重要意义，只是时间和篇幅有限，谈得不全面且显杂乱。无论如何，要感谢《西部法学评论》策划这次访谈，也谢谢你的提问。

（原载《西部法学评论》2008 年第 6 期）

新发展观与经济法治新发展

党的十六届三中全会提出了深化经济体制改革的命题，也对遵循社会主义市场经济的客观规律完善经济法治，提出了新的要求。

《中共中央关于完善社会主义市场经济体制若干问题的决定》（简称《决定》）[1]中提出了五个统筹，引人瞩目，即统筹城乡发展、区域发展、经济社会发展、人与自然和谐发展、国内发展和对外开放等，确立了新的发展观。这是中共作为执政党，应对实践中出现的问题，适时总结经验得到的认识，意义重大。《决定》在客观、恰当地评价已有成绩和存在问题的基础上，明确了进一步完善社会主义市场经济体制的方向和大政方针，在着眼于经济体制的同时，也对经济法治提出了新的课题和要求，值得我们关注和研究。

一、经济法治的体制和机制性障碍犹存

《决定》对十一届三中全会以来我国经济体制改革的基本评价是：社会主义市场经济体制初步建立，但还不完善，生产力发展仍面临着诸多体制性障碍。法治作为上层建筑，也是经济体制的重要组成部分，《决定》中所谓体制性障碍无疑也包含着经济法治方面的障碍。

障碍之一：立法及其指导思想方面

法永远是不同主体及利益博弈的产物，权、利及其制衡是法的固有秉性。纵观现实生活，人们看到，许多法律、法规、规章的出台，即使采取公布法案采集意见、召开听证会、专家论证会等方式的，立法者是否能站在大多数人长远利益的高度取舍、集中各方意见，仍然很重要。对于这个问题，除了制度化的立法程序外，最主要的解决之道是要加强立法过程和决策的民主参与、监督，让民众和媒体广泛、充分地关注、参与，也不妨指手画脚、说三道四，令有违民意和科学、公义的人无地自容。法（治）的精神、原则和主要制度在各部门

法间是相通的，许多看似经济法和其他部门法的问题，其实并非部门法问题，而是一般法治问题。

法的内容及其实现，也有一个博弈、调和的问题。以宏观调控法治为例，宏观调控的目标很多，有经济发展目标、产业政策目标、竞争政策目标、货币政策目标、经济社会和国家安全目标、劳动就业目标、社会平衡和保障目标、国际收支平衡目标等，宏观调控法究竟应当如何制定呢？理论和实践中存在着两个倾向：一是希望用一部法、确定一个机构，将调控权集中在中央，以免调控的冲突和不协调；二是迁就现实，以部门的权力和利益出发设置调控权，而不问调控中的混乱及如何集中。二者都是有违经济法治要求的。

一个基本的道理是，市场经济是建立在自发合力之上的，具有某种不可预见性，只能大体预测、防范、事后补救，不能事先运筹帷幄，否则就是计划经济了。宏观调控和经济社会的统筹，只能在分权、制衡中实现。而且，调控和监管的目标不同，需分由不同的机构如央行、竞争执法机构、产业监管部门等来承担，无必要也不可能合一。但是调控权的设置则要科学，当分则分，当合则合，协调配合又是各有权调控机构及其上级机关的义务或职责，如国务院各部门之间的沟通、制约和总理对各部门的协调，市府各部门之间及其与市长的关系亦然，加上民主的参与、监督和司法审查，宏观调控也就与科学和法治接轨了。

障碍之二：政府角色如何定位

现代社会是角色社会，尤其对于由千千万万的机构及其工作人员组成的政府来说，需要对其准确定位，令其角色不得错位、利益不得冲突、人人可（被）问责，不守规矩、不讲诚信的角色扮演者应当依法承担不利的后果。

因此，与经济发展一样，我国经济法治的发展也到了从量变到质变的关键时刻，需要从制度和观念上解决政府角色定位问题，区分政府的三种角色：社会经济管理者；国资总老板或抽象的所有权人；国资具体老板或出资者（股东）、占用者。在三种角色设置中，不得有利益冲突，角色扮演不得错位，担当角色的机关及其工作人员应具有可问责性，并在角色定位准确、清晰的基础上落实责任。

其一，政府作为社会经济管理者，应为中立、公正、权威的裁判，一视同仁地对待各市场主体，不应有所偏袒或歧视。例如，信息产业部作为 IT 产业市场管理者，其职责是管好该市场的竞争和秩序，如果它不遗余力地去关心移动、联通和中国电信是否赚钱、唯恐其不赚钱，那就是角色错位了。

其二，国有财产、资本属国家所有，需要由一定的机关来担当"总老板"

或抽象的所有者职能，制定相关政策、规章，对任何掌管着一定国有资产的主体实施监督管理。因此，像国资委这样的机构，不能集国资总老板职能和具体老板职能（企业的出资人或股东）于一身，这样就会出现自己监督自己的利益冲突，构成法治之大忌。

其三，法治的基本要求是每个人对自己的行为承担责任，凡角色错位和利益冲突的机关或其工作人员应当承担责任：责令纠正、赔偿损失、引咎辞职、行政处分、刑事责任等。落实责任的关键，是要让政府在其参加的经济实体法律关系如土地、企业、合同等关系中，与公民、法人一样，平等地承担责任，不能以"行政"特殊性开脱、抵挡之。从法治的要求看，这本不应是一个问题，但按照近年被最高人民法院人为强化了的"公私"严格分野的诉讼机制和思路，对政府责任的正常追究或当事人合法权益的保护恰恰就成问题了。比如在中国，对政府采购合同和特许经营权合同的性质无论作何理解都无法给予适当救济：如果认定为行政合同，则在现行司法体制和理念下，政府不可能不折不扣地以合同当事人的身份承担违约责任；如果认定为民事合同，则依现行法和法官的水平，根本无法辨认和处理以合同条款表现出来的公共利益和公共政策要求，面对精明且巧于算计的私人及其利益，木讷、迟缓的公共利益被巧取豪夺也就不可避免了。甚至连这样的纠纷案件法院应否受理、由行政庭还是民庭受理这样低级的问题，迄今还未从根本上得到解决。这就需要我们打破民事和行政的界限，确立公私融合的经济法观念或真正的"大民事"观念，使经济法治得以沿着社会主义市场经济的轨道健康发展。

障碍之三：执法或司法方面

公平正义是法的永恒精神，忘记这一点，好律也成劣法了。几千年人治没有给中国留下法治传统，社会上普遍缺乏守规矩、讲诚信、尽忠职守、利益不得冲突、人人可（被）问责、民主参与决定和监督、司法最终解决等法治精神，这在执法或司法中也表露无遗。工商行政管理、税收等执法，基本上只是在现有执法能力和执法手段之内，依任务、循利益执法，而不是依法执法，这样的中国实际，简直是崇尚知识的莘莘学子和沉迷于概念、学术的学者所难以想象和理解的。而在行政和法制体系内，尚未形成从根本上解决此问题的驱动和约束，现有的制度化手段或措施仅能勉强应付严重的贪污腐败、贪赃枉法而已。法院司法的问题表面上不是这般低级，但是性质和严重性则有过之无不及，形式的、表面的合法之下掩盖着种种的不公平。法院经过多年整饬，在民商、经济案件审理中公然"吃了原告吃被告"确已得到遏制，但法官在审案、断案中，心中缺乏一杆公平秤，出于徇私、寻租的目的，以不被抓住把柄为首要考虑来适用法律，形式上合法、却牺牲了公平正义的现象仍然普遍存在。依笔者担任法院特邀监督员亲历的几个大要案来看，在这种情况下，谓之法官懂法越多越危险，应不是危言耸听。要解决此问题，仅靠制度化手段也是远远不够的。过去我们常说的一句话"人民的眼睛是雪亮的"，看来它并非与法治不相通。社会运动的客观规律、法治的精神和要求，并不是虚无缥缈的，也不是可由学者和法官任意拿捏的，一般而言它是通过人民的声音、集体的无意识表现出来的。"公道自在人心"，而以法的化身自居的法院和法官不把"不懂"法的人民放在眼里，这正是近年来法院的自我评价与人民对它的普遍感受何以差之千里的原因所在。关键和根本之道，还是要靠民主，除加强民主的制度建设外，要更多地发挥人民自发参与、评议、监督的作用，非此不能达致法治和经济法治的理想目标。近日引起轰动的刘涌案，虽属刑案，但其折射出的正是我国司法体制和审判实践中普遍存在的问题，其最终获得解决的方式和机制，对于其他各种类型的案件也都是适用的。

二、弘扬、普及平衡协调的经济法精神暨基本原则

中国如此之大，地区、行业发展不平衡，社会又呈二元多层结构，更要紧的是，社会是一个有机体，发展经济离不开社会协调，发展经济的目的还是为了人，为经济而经济是没有意义的。可惜20余年来，人们多少淡漠了这个简单的道理，发展被简化为增长，孕育、激化了社会矛盾，以至贫富和地区差距扩大、致富无道、为富不仁、城乡二元结构的裂隙加大、资源和环境严重破坏，等等。经济的运行需要制度保障和法的调整，在GDP至上的同时，其实也忽视了经济法的精神、原则及其作用的发挥。

中国实行社会主义市场经济，意味着它不是完全自由放任——任何人可以任何条件做任何交易的市场经济。时至今日，生产已发展到社会化阶段，社会成员及市场主体高度分工合作，传统的民商法等由于不能从社会的层面和高度来调整经济关系，由此催生出现代的经济法以承担此任。民商法在将市场主体预设为抽象的人、理性人的基础上，对自发的财产、交易暨经济关系进行调整，期望借此通过社会成员各自追求、实现自身利益最大化，以提升整个社会的福祉。但是，一个社会、一个市场中的主体不可能是全赢的，所谓优胜劣汰，不同的地区也是一样，这是市场的客观规律或曰本性所在，市场的周期性还会经常给经济和社会带来震荡；经营者固然会不时蒙受不利，但他（它）们毕竟可以向打工者、消费者转嫁损失，市场经济的不利后果实际上是由社会上的广大弱者所承受的。我国实行市场经济，也不能摆脱其规律的制约，如果放任其弊

端滋生，则不仅市场经济难以为继，社会也会因此毁于一旦。为了经济的稳定协调发展和社会安定，国家必须推行适当的财政、产业和金融政策，参与生产和流通过程，相应的法律和制度就是经济法。

因此，经济法天然是平衡协调法、社会本位法，平衡协调是其首要的基本原则。这项原则要求经济法在其调整中，按社会化的内在要求，促进整个社会经济的协调发展。

平衡协调原则作为经济法社会本位的体现和基本要求，无论在宏观还是微观的调整中都应发挥其基本指导准则的作用：经济法的立法和执法要从国民经济协调发展和社会整体利益出发，来调整具体经济关系，协调经济利益关系，以促进、引导或强制实现社会整体目标与个体利益目标的统一。也只有通过经济法的平衡协调，方能创造并维护一个令自由市场机制和民法得以发挥作用的外部环境。

这个道理，虽已说了多年，但在追求发展、急于求成的大氛围下，总的来说未受重视，更没有付诸实践。于是乎，"有水快流"——有树快砍、有煤快挖、有地快占、有钱快进快花……，从预算法、税法、银行法、公司法、外汇管理法，到森林法、土地法、矿产资源法等，几乎都成了当事人的主观任意，或者干脆就当它一纸空文，连遮羞也不要了。从观念上说，最大的危害则来自所谓的"效率优先、兼顾公平"。对此经济家们说说倒也无妨，遗憾的是，它蔓延到了几千年来素以公平正义为首要和最高追求的法和法学领域。按此说法，法也要以效率为第一诉求，公平能兼顾则兼顾，言下之意是，若不能兼顾，则不要公平也罢。法不在乎公正了，其后果便可想而知了。可以说，在这样的思潮或观念下，对于中国急速发展中出现和凸显出来的种种矛盾，法完全没有起到调和、化解的作用，而是跟着推波助澜，忘记了自己的神圣使命。所以，老百姓中有一种说法，谓之"社会主义市场经济秩序有一半是法律、法院和行政执法部门给破坏的"，说得很不客气，但确是事实，说到点子上了。

效率不是不可以作为法的某种价值，但它充其量只能是公平正义的一种体现。殊不知，公平正义是法的永恒的理念、价值和追求，效率只是特定时期或条件下的命题，在这个意义上，二者是一致的，后者不得超越、优于前者。置公平于不顾的效率在任何时代、任何国家都是不存在的，否则就是动乱、起义乃至革命。不能想象，违反诚实信用的巧取豪夺、社会的普遍投机心态和投机行为是有效率的；当然，就改革开放以来我国效率命题产生的特定条件而言，也不能认为计划经济及其"大锅饭"、行政暨长官配置资源、以"公"的名义无端压抑个体冲动和私权的种种做法是公平的。

在发展中求索，出现这样那样的问题是难免的。亡羊补牢，未为晚矣，在新发展观指引下，经济法的平衡协调观获得新生，从而为中国新一轮高质量、可持续的发展提供应有的法治保障。

三、坚持社会主义市场经济改革方向

《决定》对公有制保持了一份执着，其中明文写道：要坚持公有制的主体地位，发挥国有经济的主导作用。这不是一个新的、但却是重要的政策信号。

一直以来，人们对于改革的目标模式，多少是忽视或不情愿市场经济前有"社会主义"作修饰的。每一轮改革，都被许多人视为新一波的化公为私过程，公有制不免构成其观念上和实践中的一种障碍。于是，就出现了种种理论来为此辩护、论证，诸如市场经济的前提是私人产权、公有制与市场经济不兼容、国有企业和公有财产全面退出竞争性领域、休克疗法从长远看比渐进式改革更好，云云。

然而，在中国实行或不废除公有制，应该不仅出于意识形态的考虑。要实现统筹发展，使经济发展与社会进步同步、始终不背离最大多数社会成员的意志和福祉，光有共产党的领导和军队是不够的。统筹发展、平衡协调要有它的经济基础、经济关系。如果整个社会以私有制为主导，则有共产党领导也不是社会主义了；有军队维护这个政权，它也不能算是社会主义的。而中国要在如此现状下尽速发展、复兴、繁荣，又不得不借助社会主义的名义和实践，否则只能是低级、野蛮落后的小商品经济。

尽管公有制与私有制相比，其运行和实现较为复杂、困难，对制度的要求高，但是骑虎难下，不仅不能放弃，而且必须驾驭好，稳步直前。以公有制的典型形式之一国有制为例，它与私有制的最大不同在于，它的主体是一个体系、一个个机关或组织及其工作人员，没有天然的利益驱动和约束，其参与市场关系的主体有赖于制度的模拟和保障，因而代理成本高。要将这样一种财产权与市场普遍地相结合，确是人类历史上前所未有的。

令人欣慰的是，中国人经过百多年的奋斗、探索，义无反顾地走上了改革开放之路，对社会主义市场经济和公有制的心得、经验积累日甚，信心越来越足。早在20世纪70年代末，改革的理论准备之一，就是学者与官方达成了一个共识，即社会主义之所以能够而且应该引进商品货币关系，公有制下之所以要搞商品经济，就是因为国有制、公有制不是铁板一块，它的内部有千千万万个不同的利益主体，必须承认它（他）们有相对独立的利益，在此基础上开展交易和经营，不然就是大一统的国有制和大锅饭。由此，市场关系进入公有制

内部，一发不可收拾，国企、国有财产控制的企业完全在市场的基础上活动，计划式微，原《经济合同法》蜕变为民事合同法就是明证。除企业外，政府或其部门、同业公会、媒体、俱乐部等，也加入竞争的大潮中来。国有主体与私人相比在竞争中尽管有不利因素，不如私人那般"活"，又容易为扮演公有角色的内部人等非所有者控制而异化，但毕竟竞争得有声有色，如企业、政府等角逐公司大股东地位，中央和地方像自然人一样依公司法合资经营（如企业、桥梁、水利设施等），地方政府锲而不舍地投资发展经济以造福一方（如奇瑞汽车的崛起），等等，造就了中国特色。对此完全应该正面地看待，不能以它"乱"、不再那么大一统而否定它，否则就没有社会主义市场经济，没有今天的发展和繁荣了。

有鉴于此，公有财产不应该也不可能从竞争性领域中完全退出。既然搞市场经济，则它退出不退出，退多少，如何退，应由市场决定，优胜劣汰，进进出出，生生不息。过去国有制的摊子铺得太大，现在融入市场竞争，必然会有压缩，这是正常的所有制结构调整。同时，也必然有国有资本会在竞争中胜出，顽强地留在竞争性领域，因为没有两个国有主体是相同的，其观念、素质、水平各异，长虹、奇瑞等自不必说，即或最不适宜国营的餐饮业、服装业等，也仍然有国资或其控制的企业顽强地存在着。既然它能存活甚至活得很好，那就不必一刀切地强行要求国有财产退出竞争性领域，或者以行政手段人为地规定国有制在竞争性领域的比例，否则必然会造成前苏东国家90年代初发生的那种生产力破坏和社会动荡。实行社会主义市场经济，就应认可市场力量的调整，由市场确定的公有制及所有制结构也一定是合理的，符合生产力发展和经济规律的要求。

改革开放20余年，国企改革从扩权放权、到承包租赁再到股份制、抓大放小、建立现代企业制度等，还不能说已经成功，但确已取得了相当的经验；在开放中放眼发达国家包括特殊企业、公共企业或国企在内的企业、公司，对究竟何为现代企业制度也看得比较清楚了。但是，要从根本上找准国有制和国企改革之路，把握并完善治道，还需着力在国有制内部塑造市场主体，否则还会多走些弯路。

长期以来，我们希望在国有制内部把企业塑造成利益主体暨市场主体，以为只要企业"真正"成为"独立"法人，改革就万事大吉了。而事实上，企业、公司只是所有权、他物权人投资经营的工具或手段，只是法律上的交易主体，而非真正的市场主体。譬如A、B两个自然人开了一间有限公司，真正的市场主体并不是这间公司，而是承受该公司所有者权义的A、B。对这个简单的道理，人们迄今还不十分清楚，内部人、大股东等肆意侵占或损害企业利益，也即非所有者掠夺所有者或者一些产权人侵占、损害另一些产权人的弊端，正缘于此。我在这里狭义地理解产权，即 property rights——所有权、他物权，具有排他性的绝对权；《决定》里面则是把产权作广义财产权解的。之所以对产权作狭义理解，是因为市场经济运行的基本前提，是确立所有权和他物权，所有权和他物权的主体是真正的市场主体。这样也就把法学和经济学统一起来了。只有明晰产权，确认其神圣不可侵犯，才可能在此基础上开展交易、竞争。企业不过是产权人之间交易的一种形式或结果，也就不是真正的市场主体。现代公司、企业法人的一个最重要的特点，是它包含着内部意志外部化、外部意志内部化的高度辩证法：企业法人没有自己的意志，企业法人的意志是而且应当是投资该企业的产权人的共同意志。如果不能清楚、坚定地认识这一点，以为企业是"独立"法人，自然就是市场主体，就难免要出问题了。

所以，社会主义市场经济要最终获得成功，关键是要在公有制内部，特别是国有制内部明确不同的产权主体，否则还是大一统的国有制，想放就放、想收就收，利益驱动和约束难以形成，社会主义市场经济就难以健康、顺利地发展下去。按照上述道理，也是实践的经验教训和要求，又参照国际惯例，我们应当在国有制内部确立各级地方的物权，即各地方对国家所有权的法定管辖权。兹将这样做的理由和好处概括总结如下：

第一，这是实行社会主义市场经济的要求。搞市场经济，无非是两条，一是引进市场关系，二是引进资本关系。所谓引进资本关系，就是谁投资，谁拥有产权，谁控制，谁受益。实行社会主义市场经济，还需将此引入公有制、国有制内部。

第二，这是完善我国财政体制的要求。《决定》的一个重要精神，是要理顺中央和地方在财税、投资等领域的分工和职责，合理划分中央和地方经济社会事务的管理权责。按照现行财政体制，从中央到地方实行五级财政，每一级财政对同级人代会负责，而财政权不能仅表现为价值符号，中央和地方财权都必须有产权作为支撑和依托。而且，与财政契合的各级地方政权，具备作为产权主体的全部要素：意思或决策、权利行使、损益承担等。一级财政一级物权，一个财政一个物权，完全是顺理成章的，也不过是从法律上将现有的财政及利益格局予以明确、清晰而已。

第三，这是减少国有财产管理经营代理成本的要求。大一统的国有制依附于整个国家政权这个体系和主体，县、乡掌管的财产也是全国人民所有，对处于国家或国家所有底端或基层的管理经营者，从理论上说也要由全体人民来监督他，当地民众和本企业人员都不过是全民的一分子，不承认或不愿意承认他们与地方管理经营的公有财产之间的直接利害关系，如此就降低了监督的力度，徒增了从所有权主体到具体财产间意志、利益传导的环节，降低了传导及信息反馈的有效性。确认地方拥有物权性质和法定管辖权，就可在不同程度上减少代理成本。比如，对于县管辖财产出资或控股的企业、县立中学等，全县人民就是真正的主人，县地方也义不容辞地负有管理经营好该企业、学校的义务，不必再依赖也不可能指望全国人民或者的中央的决策、监督，从而让县的财产、县出资兴办的企业和其他任何事业最大限度地符合全县人民的利益，接受全县人民的监督。这样的国有制，一定可以减少代理成本，减缓寻租现象。

第四，这是社会主义民主和法治的要求。地方财政及其管辖的财产客观上要求地方人民来决策、管理、监督，这在宪法上已经规定得很清楚了。现代民主、法治的起点，就是人民理直气壮地要求国家管好人民的财产及其托付的各项事宜。既然《宪法》规定由同级人民代表大会决定同级财政，则这个财政自应当包括地方财政形成的财产、包括其投资或控制的企业，否则这一块就成为权义真空了。只有中央和地方分别管辖的国家所有权，才能保证任何国有财产在管理和投资经营当中，有人决策，有人（不）作为，有人负责。

四、以《决定》为指引完善经济法制度

新发展观意味着从量变到质变，要求我国的社会经济体制、包括法律制度在内的各项制度有质的提升。适应形势要求，以《决定》为指引，亟待从以下方面完善我国的经济法制度：

最重要、最紧要的，是要完善财税制度，使之与中央和地方事权的合理划分相衔接、吻合。一方面，相关法律中要明确与事权配合的财政权义。譬如义务教育，现行法中恰恰没有明确应由哪一级财政负担（当然这不是立法者的疏忽，十分反讽的是，这是以立法刻意反映出来的人治思维），结果必然是领导、"负责"、筹资、出钱诸主体分离，义务教育经费不落实，摊派、乱收费等现象也就不可避免了。另一方面，要通过法律（制订《财政收支划分法》等）明定各级政权的财政权义，实现完全的依法收支和转移支付。尤其是转移支付，转不转、转多少不能依转移者的好恶、关注和被转移者的恳切程度，而是转移者的义务和被转移者的权利，杜绝以人脉和长官、"现管"间的博弈得钱，"跑部"和送礼进钱。

现行征税权、税政权和税收征管权高度集中于中央，地方税名不符实的状况，也有悖财税促进分配公正、公平竞争、配合各级政权实现事权的功能或作

用，置地方财政及其完成人民交办之事陷于尴尬困境。按《决定》的精神，中央和地方的事权要与其责任相一致，更要有相应的财权相配合，否则经济社会协调发展也好、几个统筹也好，都不可能顺利实现。因此，需要根据地方事权的特点，通过法律扩大其财权，不仅地方税的解释权、减免税等税政权、征管权应赋予地方，而且在中央一级不可能公平开征的中央税的税政权和征管权也应交给地方，而且可以划出一些税种由地方自行立法开征。

其次，有关政府公共经济管理包括调控、监管、登记注册等法律法规，都要将其建立在市场和责任的基础之上。人治和计划经济的传统，使得我们的各项管理总是立足于管，缺乏服务意识，背离了管的本意，于是，拍脑袋决策、争权夺利、轻视刁难百姓，由于管而给人民带来不便甚至给社会经济造成损害，却难有人为此承担责任。要改变这种状况，从根本上说就是要把管建立在市场和社会自治的基础上，凡是市场和自治能解决的，就不要去管，管是为了让市场和自治能够发挥或者更好地发挥作用。凡是借助行政权力以公的名义实施管理的法，从工商行政管理到产业政策、产业部门管理，从金融监管到土地和资源的开发、利用管理，对相关法律法规都应据此进行改造。当然理念的根本转变仍是第一位的。再者是承担管理职责的机关及其工作人员须无例外地可被问责，问责途径从民众自发监督到宪法诉讼，责任方式从减损角色扮演者的个人利益到宪法和政治文化高度的引咎辞职，毋庸赘述。

最后，现行经济法制度要有质的提高，突破口应在《反垄断法》的制定上。反垄断在中国集中地体现了政府主导与市场、公与私、政府的运动员和裁判员角色、行政与司法等的矛盾冲突。《决定》中所言妨碍公平竞争、设置行政壁垒、市场封锁、行业及公用事业垄断等，基本上并非私人所为，而主要是由政府造成的。因此，尽管我国的反垄断法条已有不少，它们分布在《反不正当竞争法》《价格法》等法律法规中，《反垄断法》却仍未出台。原因是它太敏感了，反私人或企业的垄断并不难，难就难在反政府造成的或其支持的垄断。其中涉及的问题，主要是政府能不能与私人、企业等一体适用《反垄断法》，以及反垄断执法机构如何查处、纠正政府垄断，对政府垄断案如何通过司法救济予以最终解决等。

笔者一直以为，所谓经济性垄断和行政（性）垄断的区分是人为杜撰的，包括政府在内的各种主体应当平等、同样地适用反垄断法的结合、联合和滥用优势地位制度，当然适用除外制度也是必要的。这样做合乎国际惯例，既可解决当前的问题（促使利害关系人投诉、起诉政府或其部门的垄断行为），又可收长治久安之功效。在角色及其权义设置适当、利益不冲突的条件下，反垄断执法机构应可依《反垄断法》查处或起诉包括政府在内的任何主体，能查处则查处，不能或不便查处则诉诸独立、权威的第三者——法院来审理裁判。果能如此，也可带动经济法和经济法治从制度和机制诸方面跃升一个台阶，步入新的境界。

（原载《法学家》2004 年第 1 期）

参考文献：

[1] 中共中央关于完善社会主义市场经济体制若干问题的决定 [DB/OL].
中国共产党历次全国代表大会数据库，人民网，2003-10-21.

民生法大纲

民生是中华民族和中国社会内生的一个概念，保障和持续改善民生也是中国共产党的初心和使命所在，宪法法律和整体法治都要与此契合并以为追求。

一、民生与法治导论

民生——一个具有中国特色的概念，当代人文社会科学中为数不多的汉语非外来语，不是由外文转译而来，相反翻成外文时有多种不同的译法。

民生——百多年来中华仁人志士的理想和奋斗目标。革命先行者孙中山先生将民生主义作为三民主义的归宿，并称民生主义就是社会主义。新民主主义革命成功，建立新中国，解除了长期以来妨害人民生计的外患内忧，使民生有了基本保障。今天，在改革开放取得的成就之上，中国进入了全面建设小康社会的阶段。

贫穷落后挨打，民不聊生，中国人对民生有一种特殊的痛楚和关切。富国强兵、民族解放、"四个"现代化和中华崛起，一切都是为了民生。这与共产党的宗旨也是吻合的，也即社会主义归根到底是要满足人民日益增长的物质文化需要。特别是中共十六大以来，致力于民生，提出"以人为本"，强调党要始终做到发展为了人民、发展依靠人民、发展成果由人民共享。

然而，由于地区、城乡、产业、不同时期、不同阶层和人群等发展不平衡，发展与环境资源不尽协调，民众最关心、涉及其切身利害的教育、医疗、社会保障等尚待完善，引发了一些不稳定因素。只有构建一个和谐的社会，才可能实现小康社会的目标。所以，民生也包含着社会和谐的要求，乱世无民生。

中国特色社会主义自始包含着民生的政治价值取向，近期中国共产党又提出社会建设的概念，并把改善民生作为社会建设的重点和首要任务。

民生的前提，是一个负责任的国家、政府，有效地为人民提供生命和财产安全保障，进而实行适当的经济社会体制，使社会人群能够充分就业和产品极大地丰富，人民得以在既定的生产力条件下安居乐业。为此，公有制和积极有效的规划、财政、金融和产业政策、就业和劳保、市场等监管、消费者保护等是必不可少的。在市场经济体制形成和基本解决了温饱之后，对于实现总体小康来说最为重要的，则是由政府主导并依托社会和市场发展完善教科文卫体和社会保险、救助等社会事业。在经济社会运行中，各种矛盾不可避免，为了社会和谐，也需要一定的制度和机制以有效化解矛盾、预防犯罪，对引发的纠纷给予公正而能服众的裁判或处理。所有这些，都离不开法制和法治，涉及我国整个法律体系和法治的完善。

民生依托于整个法治体系，包括立法和政策体系、行政执法制度、司法体系、执政党与政府及民众互动的机制等。在当今社会化条件下，法律调整需与政府主导并纳入法治的政策一同构成社会综合调整系统。民生法也需要这样的整体观，避免"只见树木、不见森林"。在宪法确立了我国实行社会主义市场经济体制的国策、以公有制为主导的所有制及相应的经济、社会基本制度和原则的基础上，本文围绕民生与社会和谐，梳理民生法暨法治的框架。

二、民生与市场经济、公有制

（一）"做蛋糕"与市场经济

民生，首先涉及"做蛋糕"和"分蛋糕"的问题。必须明确，在逻辑上，只能先"做蛋糕"后"分蛋糕"。没有"蛋糕"或者"蛋糕"太小，如何谈得上分。改革开放前的中国吃尽了生产力不发达之苦，"蛋糕"分得再好，也只是普遍的"贫穷"和哀怨。但在操作上，可以也应当"做蛋糕"和"分蛋糕"并重、并行。

要发展先进生产力，就必须坚定地实行社会主义市场经济，坚持市场在资源配置中的基础性作用不动摇。除了市场经济，人类找不到任何一种比它更好的生产组织方式，市场及财产关系对社会成员的利益驱动和利益约束，是任何力量、任何组织都无可取代的。要消除市场经济的固有弊端、弥补市场经济的不足，需要政府主导实施调控监管，但是不能通过否定市场经济，损害、消灭市场机制的方式来解决市场经济的问题。在法律上，不能呼应、追随社会上出现的反商仇富、对企业和老板营利行为的道德责难、平均主义和质疑市场经济的思潮。

因此，凡市场能够调节、社会能够自治的事，政府就不必插手过问，从法律上说就是让民商法、竞争法在经济的法律调整中充分发挥作用。同时，财政、规划和产业政策、投资、贸易、金融、环境和资源、消费等法律制度及相应的政府调控监管也要遵循经济规律和市场机制，不能以行政为本、放任行政为所欲为。

（二）"分蛋糕"与公有制

市场经济的固有优越性同时也是其弊端的，就是优胜劣汰。一些个人、群体、阶层、地方在竞争中胜出，另一些遭"汰"，也即"马太效应"，富者益富、贫者愈贫。

1. 国有制

有没有某种既可防患于未然，又不至于损害市场机制的"做蛋糕"方式呢？写到这里，我不由得对孙中山先生钦佩之至。他将民生主义概括为平均地权和节制资本。平均地权主要是"涨价归公"；节制资本则是节制私人资本，不允许私人资本控制国计民生，而由国有资本取代私人大资本，如铁路、电气和水利等。新中国经过探索和曲折反复，建立了土地国有和农村土地"村有"的公有制，改变了农民在市场机制作用下随时可能不可逆转地丧失土地的历史命运，防止了私人大地主的形成，这也是对孙中山先生"平均地权"理想的一种新的发展和落实吧。[1]

所谓资本，是与法律上的营利性联系在一起的，以攫取剩余价值的投资经营为标志，通俗地说，就是"能下蛋的鸡""为蛋而养鸡"。劳动与生产资料不分离的经营，如个体经营、典型的合作社等，不具营利性。出资暨举办者不取利的经营，如社会企业、慈善机构的生产销售等，也不属营利性。

资本与市场结合呼唤出巨大的生产力，然而资本的不断扩张及私人的资本或利润积累导致富豪越来越大，诸如比尔·盖茨的住宅仅造价就达十亿美元、印度首富有几百位仆人，等等。国家政权也必然被大亨们所掌握，"99%"平民百姓的生计更加不受待见。这就凸显出国有资本的价值来：利润用于扩大再生产和公共财政等社会目的而非私人的奢靡和贪婪无度的资本市场；与私人企业相比，国有企业天然地承担社会责任、善待劳动者，也较为遵纪守法；平衡协调不同利益；防止造就私人大亨及其控制国家政权。

国有资本也有其固有的弊端：无天然利益主体、激励和约束不足，易致化公为私、浪费、低效、扯皮拖拉、官商作风、腐败等，能否有效控制这些弊端并与私人资本平等竞争，取决于政府能否学会像私人老板一样当好国有资本的"老板"。由此，政府的能力和水平决定了国有资本的边界，超出此边界的国有资本是有害无益的。

在生产资料全部归社会所有的社会主义高级阶段或曰共产主义低级阶段到

来之前，必须承认私人资本的合理性，允许其存在和发展，尤其要让中小资本在其合适的领域畅快、充分地创业及营利。同时，又不能放任私人资本，任其流弊泛滥，要通过国有资本将其限制在既定的社会公正观所能容忍的贫富差距、阶级差别的范围之内。以国有资本的能力为限，其规模和范围越大越好，与"民"争利越多越好。这里的"民"当然不是劳动者和小业主，而是私人大资本。

2. 合作制

按照宪法，各种形式的合作制即集体所有制，也是社会主义公有制的组成部分。合作制之所以与国有制同属公有制，在于二者有一个共同点，就是利用"资本"而否定资本。国有资本利用"资本"的营利性、市场暨竞争性，而将所营之利用于社会目的；合作制则在劳动者或业主"合资"的同时，摈弃资本多数决定和按资分配，实行"一人一票"的真正民主，盈余归合作成员自己所有，而非为之"打工"的资本所有者所有。如山东寿光等地政府，引导扶持农民专业合作社和农产品批发市场，使蔬菜生产农户得以分享蔬菜流通的增值，而不致纯粹沦为资本的"打工者"。

由此，合作制也是依托市场"节制资本"的一剂良方。当然，合作制有赖于成员高度参与基础上的自治，而国人习惯于"搭顺风车"，加上合作制的"集资"能力较差，其发展在中国受到了很大的限制，这也是合作制的主要弊端所在。但是无论如何，在能够克服其固有困难的地方，合作制必将成为在致力于"做蛋糕"的同时分好"蛋糕"，让劳动者和小业主分享改革、发展成果的一种重要的法律形式。

（三）市场经济与政府主导

社会主义市场经济与资本主义市场经济的根本区别，就是社会主义公开宣称要以公有制"节制资本"，不避讳要以政府的积极作为来弥补市场之弊端和不能。资本主义市场经济则高喊"私有"和"自由"，其公有制和政府调控监管是不得已而为之，只做不宜说。所以，在中国，与政府主导相应的法是大有作为的。

1. 规划和产业政策法

在发展的同时注重民生，调结构、惠民生，包括社会总需求结构、所有制结构、分配结构、产业结构、区域经济、企业组织结构、产品结构的调整等，首先体现在经济社会发展规划中，这是社会主义的优越性之一。在社会主义市场经济条件下，规划和计划不再是指令性的，行政直接干预经济的手段只应在特殊情况下慎用、偶用。规划目标及其实现具有政策性，也即各国家机关及整个国家政权和社会围绕规划目标，在日常活动中努力合力追求，在问责制的法治框架内加以实现。产业政策的制定和实施成为规划的重要内容和表现形式，并通过财政、金融等手段加以实现。

2. 财税法

国家依托财政承担经济社会职能，对市场起着强有力的主导和调控作用，牵一发而动全身；其作用可及于从中央到地方、从沿海到内陆、从生产到消费、从"摇篮"到"坟墓"、从第一到第三产业等各个方面，是发展和民生的重要保障。财税或财政又与宪法相衔接，是一国民主、法治的集中体现。财税手段的运用要特别注意不扭曲市场机制，不伤害人们积极工作、创业的进取精神，比如税收、政府支出、转移支付和财政补贴都要力求公平，以及避免不必要的国际贸易摩擦。财税也要有利于培育社会成员的公民意识，比如一味提高个税起征点，导致缴纳个税的人口比重过低，削弱了人们对社会、国家的认同，助长了只顾自己"安居乐业"的社会情绪，就是一个败笔。

3. 企业及国有资本法

"做蛋糕"首先要投资，主要由企业法调整。顺应市场化和社会化的发展，当今企业法存在着两个并行不悖的趋势：一方面，企业日益体现经济领域自由结社的性质，对其设立和活动的限制越来越少；另一方面，对企业基于真实和诚信的要求及责任越来越严。在此基础上鼓励自由投资经营，法律上对包括私人、集体、地方、国家在内的投资主体应当一视同仁，维护其平等竞争。须知，国有资本并不与小资本争利，想争也争不过；它更不与雇佣劳动者争利，相反国有资本天生地不像私人资本对待劳动者那般苛刻。民生离不开基础设施，中国是发展中国家，基础设施需要大发展，比如中国的铁路总里程仍不到美国的1/2、铁路网密度与日本相比更是天壤之别、西藏至今尚无高速公路。理论和实践都表明，政府或其主导的投资比私人投资更益于民生，比如基础设施投资，这也正是奥巴马念念不忘的何以中国有高铁而美国没有的缘由。又设想，如果电信、石油、铁路、银行等产业掌握在私人手里，中国的民生和社会、政治将会怎样的不堪？只要政府学会在市场经济下做好"老板"，则国有资本投资益多益大益善，而要做到这一点，就需要将资本、企业与财政、行政和整个政权相衔接，打造优良的国有资本暨国有企业法，竭力遏制、消除国有资本的固有弊端。

对投资、生产和政府投资的"污名化"堪忧。中国社会日渐富足，消费、休闲之风兴盛，强调民生和社会保障，这本是好事。但是投资、生产、工作、劳动似成不得已而为之及鄙视嘲弄的对象，必须拨乱反正。投机、炒作、"财产性收入"毕竟不创造财富，实业、就业才是民生之本。萨科齐在竞选中感叹道：法国三、四十年来的最大问题是工作丧失了价值，法国人努力工作才是治本之道。[2]这何尝不是欧洲主权债务危机的根本原因。萨氏肺腑之言，中国前车之鉴。

4. 金融法

2012 年第四次全国金融工作会议提出要"坚持金融服务实体经济的本质要求"，[3]实为痛定思痛后之善言。金融法应当将金融限制在生产、贸易和服务所必需的范围内，对金融"创新"也需保持警惕。要通过资本市场的管理监督、货币和外汇政策等抑制金融投机炒作，以及形同"合法欺诈"的金融产品，防止过度的金融侵吞百姓的养命钱，甚至酿成金融危机损害整个经济。

为此，除了包括民间借贷在内的必要的资本市场外，应当大力发展和优化间接金融。最重要的，是建立起多层次、多种类、全覆盖的金融机构体系，在确保金融安全的前提下，实行差异化的准入、监管标准和方式，使实体经济的企业无论行业和规模如"三农"和小微企业都能普遍获得正常的金融支持。也只有这样，才能真正对不法吸收公众存款和欺诈性的集资釜底抽薪。

5. 资源和环境法

资源的有序开发利用、环境保护与民生之间存在着一定的矛盾，人们为了生存和致富宁可置环境资源于不顾，到环境恶化影响到正常生活时，方才不情愿地开展治理。这就需要以法求得二者的平衡，处理好民众当前生计与长远可持续民生的关系，也需要公民为了环境暨整体民生承担社会责任，比如节约能源资源、少用私家车等。

6. 消费者法

消费者法立足于最终消费以维护市场经济秩序，与民生直接密切相关。消法的核心是消费者权利，而任何一项消费者权利，都既针对经营者的义务，也对应着国家、政府的责任。比如在消费者权利中居首位的安全保障权，除消费者有权要求经营者提供的商品和服务符合保障人身、财产安全的要求外，还要求国家建立较为完善的法律制度，政府能够在标准、计量、商标、广告、物价、质量、安全、药品、商业营销等方面实行有效的管理监督。

因此，民生要求消费者权益保护法不仅一如既往地关注消费者与经营者之间个别的交易和损害赔偿等关系，还应顺应趋势，建立包括市场监管、质量和安全、医疗卫生等管理监督法在内的"大"消法概念，以促进民生和消费者保护的法学研究，完善相应的法制和法治。甚而，旨在维护市场秩序、不直接调整消费关系的竞争法也将维护消费者利益作为其宗旨之一，表明在资本追求利润中只顾扩大生产、不断制造过剩危机的工商社会也在转型。这一进步也反映在我国的《反不正当竞争法》和《反垄断法》中。[4]

当然，消费者在认识和维护自身权益的同时，也应承担必要的义务和社会责任。比如不贪便宜买假货、不买可能助长破坏动植物资源的产品等。①[5]如此强调，也有助于培育国人的公民素质、科学素养和社会责任。

7. 国家安全

国家安全是民生的基础和保障，孙中山先生称民生是"社会的生存、国民的生计、群众的生命"，[6]就是有感于内忧外患而痛心疾首之言。粮食安全、能源资源安全等与民生直接相关，国防不安全更可能使发展、民生毁于一旦，重演人民无尽逃难和流离失所的历史悲剧。因此，凡关涉国家安全的，就不妨以美国等西方国家为师，理直气壮地坚持及维护，这涉及法和政策、行政执法和司法、内国法和国际法等各个方面，比如外资并购的国家安全审查、中国与美欧日的稀土管制之争等。

三、民生与社会法

广义的社会法等同于"第三法域"，狭义的社会法仅指劳动法和社会保障法。按照社会主义法律体系的七个法律部门划分，社会法与经济法平行，同属"第三法域"。因此，除劳动法和社会保障法外，社会法还应当包括教科文卫体等法律制度，将其纳入行政法是不合时宜的。这是在我国应然的中义社会法。在温饱解决之后，社会法着重个人发展和社会公平，可谓民生高级阶段的法制。

中共十七大报告提出要"加快推进以改善民生为重点的社会建设"，政府将"大力发展社会事业、着力保障和改善民生"作为主要任务。[7]我国的社会建设首先要通过改善民生的社会法及政策，构建体现社会公平的社会法制度，以实现教育公平、充分就业，建立基本医疗卫生制度和覆盖城乡居民的社会保障体系，等等。改善民生、构建和谐社会，促进社会公平是关键所在，而构建劳动和社会保障、教育、医疗卫生等社会法律体系又是促进社会公平的关键。因此，民生的发展、社会的和谐，在很大程度上取决于社会法的健全与完善。随着我国市场经济的发展，需要建立起适应市场经济要求的社会法制度，以解决市场

---

① 加拿大安大略省门户网站概括了消费者的7项义务或责任，包括正确使用产品、核查服务供应商的资格；询问所需要的信息；自我消费者教育；货比三家、明智选择；公平合理地维权；节约自然资源、选择对环境无害的产品以构建健康的环境；让经营者和政府了解自己的要求和期待。

优胜劣汰和市场力所不能、市场失灵造成的社会问题；另一方面，随着我国城市化进程的深化，传统的二元化社会结构仍然存在，农村地区的社会保障、基本公共服务和各项社会事业更待建立和完善。

尽管社会法以追求公平和公共利益为己任，但是需要注意的是，该领域的社会关系或事业、产品如养老和医疗保险、保障性住房、教育、文化、体育等，多具有"准公共"性质，需要在公平、公共与市场、效率之间仔细权衡，把握好其中的辩证法。"准公共"是指市场可以调节、提供，但却不能充分有效地满足社会所需，而需由民有、民治、民享并代表人民的政府来提供；由政府提供也不等于由政府直接提供，也可以在政府承担最终责任的前提下由非政府机构提供。同时，要破除"免费午餐"的思维，准公共事业或产品要立足于市场机制，比如使用者付费、参照市场价格确定产品的性价比等等，而不是计划配给或脱节于支付能力的按需分配。又如收入，在市场经济条件下，劳动力也是商品，工资或薪酬必须取决于岗位的市场定价，法律和政府不能越俎代庖，最低工资不是越高越好、高管薪酬也不是与普通员工越接近越好，否则中小企业、高端岗位及国家所需相应的事业无以为继，经济社会遭受损害，也不符合劳动者的利益。因此，最低工资应以不损害小微型企业创业为准；高管薪酬应以不腐败为前提由市场定价。当然法律能够也应当做的还有：落实并完善劳动监察，督促企业切实遵纪守法；做好劳动仲裁，维护健康、和谐的劳动关系；严格对垄断行业的价格规制、财会和审计监管，等等。

从中外实践来看，做好各项社会事业要由政府主导，但不能由政府包办，政府包办不了，也包办不好。如果政府不主导，就无法建立起一个优良的制度。① 社会事业暨社会保障、公共及准公共产品的提供都不能脱离市场的驱动和约束，比如医疗、教育、科研、文化，完全靠行政机制，是不可能缜密地运转和圆满地实现的。社会法的追求和制度设计就是要在政府主导和市场运作之间求得平衡，能够调动政府、包括企业在内的组织机构和社会成员个体三方的积极性。顺应中国国情也是题中应有之义。比如企业社会保障，要政府、企业、个人合力，在财政投入的同时多渠道筹措社会保障基金，但在一般民众的公民

---

① 比如体育，国内外对中国的"举国体制"多有诟病。然而，正是这种体制，能够不拘一格发现、培养人才，为基层子弟敞开了一条"成名成家""发财做官"之路，且成效卓著，不仅是金牌，还带动了广大儿童少年和民众参加体育运动，以及体育和医学等相关科学的发展。所以，在2004年奥运会之后，英法德日等都开始不同程度地学习中国的做法。可见政府主导本身并不错，关键是其能否与社会、市场很好地对接，使公平和效率、效益并举。

意识不强、更多地在乎眼前利益的情况下，要做实个人账户，个人的缴纳在法律上就不能听凭其自愿。

完善社会法，可以消除个人消费和发展的后顾之忧，但是中国人勤俭节约、"学而优"则精英的好传统仍需传承，制度设计和执行不能鼓励坐吃山空、不求进取等。

四、民生与刑事法治

民生需要社会和谐，但在经济社会运行中，各种矛盾不可避免，需要一定的制度和机制以有效化解矛盾、预防和惩治犯罪。对违法犯罪，仅以法律暨刑法并不足以起到定纷止争的作用。只有以民生为本，以法治理念、政策、全局统领立法和司法，协调社会各种力量及与其他纠纷解决机制相衔接，才能处理好社会生活中的矛盾，有效地预防和惩治犯罪。

预防违法犯罪是刑事法治的起点，对此需与民事纠纷解决、诉讼文化、民事法治相衔接。从民生出发，要着眼于减少对抗，坚持专群结合、依靠群众的优良传统，探索社会主义市场经济条件下社会动员的新机制，健全治安防控体系，完善考核奖惩机制、推动社会治安综合治理各项措施的落实，营造安全和谐的治安环境。

刑法也不应当是冷酷、机械的。我赞成"民生司法"理念，通过适当的刑事政策，追求法律效果与社会效果的有机统一。最重要的是"不纵不枉"，方能有效地遏制违法犯罪，并实现法律、执法与社会成员行为的良性互动，不断提高公民素质和社会法治水平。比如对贪腐，高概率普遍追究的成效远比低概率追究下死刑威慑的作用大得多，这是香港特别行政区和新加坡乃至所有廉洁国度的基本经验，中国内地也不能外。① 我国一贯秉持的"宽严相济"的刑事政策仍可沿用，它与"不纵不枉"不矛盾，二者可以相辅相成。比如只要能够公正、服人，对取得受害人理解、确有从轻情节或少数民族人士罪犯等，不妨从宽灵活变通处理。

五、民生与正式、非正式的纠纷解决机制

公平正义是高层次的民生需求。随着公共领域与私人领域的相互渗透、融合，多元化纠纷解决机制日益受到重视。从字面上看，"多元"也可包括诉讼、

---

① 道理很简单，凡贪就被逮，对一个官员来说，哪怕只判6个月徒刑他（她）也受不了；而如果多数贪腐都不能被追究，则死刑又何足惧？

仲裁、行政裁决等正式纠纷解决制度，但通常是指替代诉讼的非正式纠纷解决机制（Alternative Dispute Resolution，ADR）。这是一种与社会关系的法律调整（legal adjustment）相平行的社会调整（social regulation）。非正式纠纷解决机制的出现和发展，标志着社会成员从国家无微不至的呵护中成长起来，成为有能力进行自我管理的社会力量。它不仅可以解决纠纷，而且可以提升国人的自治能力，也能促进社区、社会和国家的共同体凝聚力，有助于形成共同的道德体系、价值观和对共同体的认同。这种方式能够最大限度地减少社会因矛盾冲突付出的成本和资源浪费，体现了社会成员理性素质的提高和社会关系的非对抗性特征。

现代社会和当事人在利益、价值观、偏好和各种实际需要方面的多元化，也需要多元化的纠纷解决方式，赋予民众更多的纠纷解决方式选择权。因此，一个社会固然需要运作良好并不断完善的行政、司法等制度，而尤其对于民生与社会和谐而言，非正式纠纷解决机制有其存在的正当性和合理性。

正式纠纷解决方式本身的局限及其存在的体制性、操作性缺陷，会扩大社会关系的对抗性和紧张，增加经济生活和市场运行的成本，削弱自治协商、道德诚信、传统习惯等一系列重要的价值和社会规范。家庭的温情、邻里的礼让、交易过程的诚信乃至社会的宽容和责任感，往往会在简单的权利、利益对抗中失落衰减。近现代以来的社会革命和运动，使我国传统的社会权威和规范毁坏殆尽，自治与自律机制未能很好地发挥对国家法和秩序的补充及辅助作用。市场经济的冲击进一步使人情失落、人际关系市场化，在公民个性张扬的同时，没有同时培养起对他人的责任、宽容和协同意识。无论是家庭内部、劳资关系、消费关系、医患关系、师生关系、交易伙伴关系等，如果缺乏基本的信任与诚信，对抗程度强，纠纷真正圆满解决的难度就很大。就社会意识而言，我国基本上仍处在法治启蒙阶段，人们缺少对法律和法治的客观、全面的理解，法条主义、实然法的公平正义缺失、"维权"和"官司"成为一种时代特征。经过了一段混乱和摸索后，与改善民生和构建和谐社会相适应，人们重新发现了多元化纠纷解决机制的价值。

司法等正式救济不是万能的，在任何社会，要在第一时间发现并解决大多数矛盾都不能靠司法和行政等。正因为如此，兴起了多元化的纠纷解决机制，以及时化解矛盾，将潜在的冲突消灭在萌芽之中。注重沟通、调解、彼此理解和谅解是中国的一个好传统，令人欣慰的是，在端正发展观、构建和谐社会的过程中，社会开始理性反思，立法机关制订了《人民调解法》，其他如劳动纠纷调解、消费纠纷调解、商事调解、医疗纠纷调解、司法调解等也出于社会内在冲动而发展起来。值得注意的是，中国社会自治能力欠缺的传统和现实，使非正式纠纷解决机制的发展也有赖于政府主导，比如行之有效的社区调解、纵横立体型"大调解"的探索和推广，都离不开政府的支持、扶助、指导和监督，这是国情使然，这些现象并不否定社会自身的热情、创造和自治性质，不应该按照外国的情况和做法对其进行衡量、批判。

最后要强调正式与非正式纠纷解决机制的衔接。科学合理的司法等正式救济方式是维护社会公平正义的最后防线，也是非正式纠纷解决机制的保障。我国既有的各种正式救济制度在总体上是优越的，但体制机制尚不完善，必须通过深化改革，使之与社会主义民主法治相适应。需要在巩固已有改革成果的基础上，满足人民的纠纷解决需求，强化对权力的制约和监督，注重解决影响司法和行政执法、仲裁等公正性的体制性、机制性、保障性障碍，纠正其不公正、不文明、不作为等行为，解决民众不愿求助正式制度、打赢了官司也难保权益等问题。与非正式纠纷解决机制一样，不仅仅是"依法"，司法等只有确立公平正义的法治理念、提高政策水平才能让当事人信服，进而赢得社会的普遍敬重，也只有这样才能获得真正的权威。

当社会中出现新的情况、新的利益格局，需要重新配置权利义务关系时，往往缺乏既定的法律文本资源。在这种情况下，依赖立法和既定的正式救济制度的成本过高，且容易出现决策失误，处理标准和结果的不一也会引发更多的纠纷。此时通过非正式纠纷解决机制来处理相关矛盾和纠纷，不仅可以积累经验、形成惯例，甚至能够形成行政规章或法规。鉴于其程序上的灵活性，有关政策和规则形成的错误成本也更低，从而有利于民生安定。

六、结语

民生是极具中国特色的概念。民生承载着中国近现代史以及中华复兴的理想和当代追求。民生的核心是民族国家强固前提下人的全面发展，包括人的生活质量不断提升，生命价值、健康价值、尊严等越来越受到保障。

民生离不开法制和法治，涉及我国整个法律体系和法治的完善。民生的前提是国家、政府有效地为人民提供生命和财产安全保障，实行适当的经社体制，使社会能够充分就业和产品极大丰富；维护交易安全，人民得以在既定的生产力条件下安居乐业。这需要宪法和行政法、民商法、竞争法等的基础性保障。同时，公有制和积极有效的规划、财政、金融和产业政策、就业和劳保、教科文卫体和社会保障等社会事业、各种市场监管、消费者保护等是必不可少的，这主要有赖于经济法和社会法发挥应有的调整功效。在经济社会运行中，各种矛盾不可避免，为构建和谐社会，需要一定的制度和机制以有效化解矛盾、预防犯罪；对矛盾引发的纠纷给出公正而能服众的裁判或处理结果，需要正式和非正式的纠纷解决机制、刑法等积极地发挥作用。

公有制之于民生具有独特的重要价值。它将利润造福民生而非私人的奢靡和贪婪无度的资本市场，它天生承担社会责任并善待劳动者，更可避免造就私人大亨及其控制国家政权。计划经济的失败在于它否定市场机制，实行"大锅饭"；立足于市场的国有资本暨公有制，以其能力为限，规模和范围越大越好。

民生及其法治不等于由政府包办公共服务。当代中国改善民生与构建和谐社会的核心在于，国家在不断累积实力的基础上，能够立足于市场，通过现代法治系统调节社会财富和公共资源的公平、有效分配。

就民生而言，民商法的基本任务是维护社会成员的人格平等、健全，保障交易安全以及作为交易的前提和归宿的财产权；行政法需在打造优良的治安、人居、商业及投资环境中发挥基础作用；经济法的重要使命是促进社会主义市场经济健康发展、维护公正且有效率的社会经济秩序，要以完善财政法为核心，保障政府改善民生、平衡社会多元利益的调控能力。

我国社会建设的首要任务是通过改善民生的社会法暨政策，构建体现社会公平的社会法体系。而建立健全有关劳动与社会保障、教育、医疗卫生等社会法制度，又是促进社会公平的关键。

"民生司法"理念反映在刑事领域，就是要以适当的刑事政策，追求法律效果与社会效果的有机统一。"不纵不枉"是法治的高级境界，既可有效遏制违法犯罪，更可在社会与政权的互动中，培养公民遵纪守法的素质，不断提升司法的权威。"不纵不枉"与"宽严相济"并不矛盾，甚至是相辅相成的。

现代社会及其成员在利益、价值观、偏好和各种实际需要等方面的多元化，本质上需要多元化的纠纷解决方式。诉讼等正式纠纷解决方式会扩大社会关系的对抗性和紧张，增加经济生活和市场运行的成本，贬损优良的社会价值和规范。经过改革开放以来的法治实践，法律界、法学界和社会对法与法治的认识逐步深化、到位，与改善民生和构建和谐社会相适应，多元化纠纷解决在我国方兴未艾。由国情所决定，非正式纠纷解决的发展也有赖于政府主导。非正式纠纷解决机制对于弥补规则的不足，降低社会发展过程中规则形成和变迁的博弈成本，具有不可替代的价值。

（本文是中国法学会经济法学研究会 2012 年年会暨第二十届全国经济法理论研讨会论文）

参考文献：

［1］孙中山. 三民主义·民生主义·第二讲［M］//孙中山全集：第9卷.
北京：中华书局，2006：377，393.

［2］法国总统萨科齐宣布参加总统选举［Z/OL］. 人民网，2012-02-17.

［3］聚焦第四次全国金融工作会议［Z/OL］. 新华网，2012-01-07.

［4］中华人民共和国反不正当竞争法：第1条；中华人民共和国反垄断法：
第1条.

［5］What are my consumer rights and responsibilities?［A/OL］. 安大略省门
户网站，2012-03-17.

［6］孙中山. 三民主义·民生主义·第一讲［M］//孙中山全集：第9卷.
北京：中华书局，2006：355.

［7］胡锦涛. 高举中国特色社会主义伟大旗帜 为夺取全面建设小康社会新
胜利而奋斗——在中国共产党第十七次全国代表大会上的报告［DB/OL］. 中
国共产党历次全国代表大会数据库，人民网，2007-10-15.

再论商法

民商法同源，民商分立是历史偶然，民商合一是经济社会发展的客观要求和趋势。无论从法规、主体或行为，都无法区分民事与商事以及民法与商法。

一、问题的提出

《中国法学》2001 年第 4 期发表了史际春与陈岳琴合写的《论商法》一文。作者按照历史和逻辑的统一，认为在泛商化和经济民主化的社会条件下，传统的大陆法系商法日益与民法重合、回归民法，这与学者们在 20 世纪四五十年代就已论证的"民法商法化"实属同一现象；而在私法公法化趋势中，被公法化的私法主要是商法，公法化了的商法则变性成为经济法。随即该刊于第 5 期登载了《商法的价值、功能及其定位》一文（简称"商榷文章"），与《论商法》提出的观点商榷，认为商法随着商事关系的发展不断变迁、革新，商法与经济法有着不同的理念，商法中被公法化的部分不能够划归经济法，商事主体和商行为是商法的基本范畴和商事法律体系的核心内容。

争鸣是好事，惜《中国法学》杂志未将此讨论继续下去，笔者意犹未尽，拟就此再做些思考，就教于各位热心的同仁。

首先，争鸣的两篇文章并非截然对立，二者在某些方面存在的共识，可以作为进一步探讨的基础。如两文都认为，现代商法的起点或者说对近代商事立法产生重大影响的，是中世纪欧洲地中海沿岸诸城市的习惯法，这种习惯法出现的原因在于中世纪封建法和教会法不可能为商人提供法律规则和救济措施，由地理大发现与工商业互动的客观要求以及相应的商人自治运动催生的商"法"不能纳入当时的政权法律体系，只能以民间法的样态存在。同时，欧洲中世纪商人无疑从罗马法暨万民法中吸取了有益的制度，因为那是完备、天然的"商法"，商人们借地利天时将它信手拈来，形成商人法，进而发展为作为国法的商法。由此，无论商法在现代社会中的定位如何，也不能切断它与罗马法暨万民法的历史渊源，所谓"商法从一开始就与民法毫无关系"[1]的论点是不能成立的。

其次，讨论商法，需要对有关商法的概念有统一的理解。对"商法""商人法""商事法""商业法""商贸法"、Law Merchant、Business Law、Commercial Law 等概念的辨析，有助于我们在同一语境下交流思想和意见，阐述观点、探求真理。这在两文特别是《论商法》中已有详尽阐述，兹不赘述。但是要细辨这些概念着实不易。例如在商榷文章中提到的英美法系国家"广泛承认公司法、合伙法、买卖法、票据法、证券法、破产法、海商法、保险法等为商事法"，[2]其实是对商贸法（日本称为经营法）、也即英文 Business Law 的误解。此外有学者在提及美国《统一商法典》（the Uniform Commercial Code）时，也称其为"商法"，并且将其作为商法法典化的例证。[3]其实这些与在大陆法系的框架下讨论的商法大相径庭。事实表明，概念如不统一，各说各话，就难以开展讨论，或者说讨论的意义就要大打折扣。

再次，两篇文章的争议主要在于对商法发展趋势的理解，也就是在现代社会当中商法究竟如何定位的问题。这是一个大方向问题，意义重大，不容忽视，本文正是希望在这方面做进一步的探讨。

法律作为上层建筑受制于经济基础，同时受到社会历史和现实的深刻影响。我们普遍承认这样一个命题：法律的变革，必然与经济、社会的变迁相关；经济、社会的变动也必然导致法律的变革。同时，作为意识形态的法学，既直接受制于法律上层建筑，又取决于人们对一定的经济、社会、法和历史的认识及其世界观、价值观，并受到已有的上层建筑、社会关系和文化的历史影响。法的部门划分是主客观的统一，如果说在法学研究中还要有意无意地恪守大陆法系原本就说不大清楚的部门法划分的话，则这种划分的应然性和实然性之源泉就在于社会的历史和现实本身。因此对商法产生的社会条件的考察，有助于我们对商法的理解。

二、历史地考察商法产生的社会基础

如两文所述，近现代商法发轫于11—12 世纪地中海沿岸的商人法，因此我们先把关注焦点移到这上面来。

（一）商人法产生的社会基础

欧洲大陆在罗马帝国衰亡以后，进入了封建的中世纪。中世纪在"本质上是农业社会"，而且农业社会的结构直接导致了封建制度的建立。与中国的封建制度不同的是，欧洲的封建制度是一种以城邦为中心的分封制度，尽管在名义上存在着国家，实际上很多国家就是几个城邦的联盟。除了城市以外，国家权力没有渗透到每一个角落。罗马的城市还继续存在，因为它们是教区行政的中心……不过，这些罗马城市已经失去了经济的重要性与市区行政的意义。[4] 所以可以这样认为，欧洲中世纪的封建制度建立在星星点点的教会城市周边，在此外的广袤农村，国家除了税收以外，其统治是薄弱的、鞭长莫及的。

同时，教会不仅是道德的权威，而且是一支可观的经济力量：一方面，教会拥有大量的地产；另一方面，在农业社会中，商人的隐退使教会的力量凸显出来，教会可以用信徒和香客的施舍在歉收的时候向穷人贷款，也只有教会中的人才拥有商业知识。教会一方面是商业的垄断者，另一方面禁止非教会成员经商，教会法排斥世俗社会的商业行为，禁止牟利行为。

世俗的封建法也反对商业行为。因为商业交易与封建的人身依附是格格不入的，商的发展不利于封建制度和农业社会的稳定；更重要的是，教会严厉地控制着世俗国家，世俗的法律也必然要反映教会反商业的道德观。

然而，工商业的发展只服从经济规律，经济的客观要求和由此带来的巨大商业诱惑，是任何主观力量所无法抵挡的。尽管教会法和封建法容不得"商"，商人在经商时会受到良心上的谴责，这些对商业的发展有所阻碍，但是"商"终究顽强地存在着，伺机萌芽、生长、蔓延。历史事实也是如此，商业一定会在封建统治和教会势力比较薄弱的地方首先发展起来。中世纪欧洲的一大特色，就是出现了许多自治的、商业的城市，这些城市"既不起源于伯爵的城堡，也不起源于大教区管辖的中心。从地理位置上讲，他们建立在商业贸易的交接点上，出现在封建关系最薄弱、封建统治鞭长莫及或权力真空的地带。例如，中世纪德国的城市，最初是一些商人从伯爵领地中借来的'城堡防效区'或公用土地，用栅栏围起来，作为临时售货点或居住地。"[5] 创建这些城市的人，主要是逃脱了人身依附的农奴，他们无所牵挂，愿意闯荡冒险，将商业冒险作为谋生的手段，未料想竟描画出了今日世界的基本轮廓和精神。从商人到有钱无权的第三等级再到掌权的资产阶级，他们越做越大，一发不可收拾。由此大致可以理解，在中国长时期内以宗法关系为基础的大一统封建统治下，几乎不可能存在"天高皇帝远"的商业贸易中心，中国历史上的商人何以不那么纯粹，赚了钱就要买地捐官修家谱，而未从中发展出资产阶级和资本主义社会来。

封建法和教会法当然不可能给商人以必要的帮助，商人之间的纠纷无法在当时当地的法庭寻求合理的救济，按工商业的内在要求加以解决。因此商人们自己组织起来，成立自治团体（商人基尔特），承担协调维权职能。商人基尔特拥有自治权和裁判权，依照其商事生活习惯，订立自治规约，久而久之就成为商人法。[6]

总之，欧洲中世纪商人法是在国家权力和教会势力真空或者薄弱的缝隙中产生的，它适应商人作为一个阶层或阶级从事工商业活动的需要，提供了解决商事纷争的规则和方法，恢复了已中断几百年的私法传统——源自万民法的罗马法的平等、公平、自治的规则和精神。但是由于商人法游离于封建国家政权及其权力之外，所以它只是习惯或惯例，并不是严格意义上的法，是习惯或民间的"法"，而非国法。

（二）近代以来西方国家的商法实践

即使在封建社会中，一旦工商业普遍发展起来，商人"做大"了，统治者就不能再对它视而不见。从商人法到作为国法的商事条例等再到《法国商法典》，其过程不必赘述。可是很明显也值得强调的一点是，商法与民法分立，完全是由于历史原因，而不存在任何客观必然性。民法本是对商品经济、商事交易一般条件的反映，但在封建社会中，"民事"与宗法、身份、依附相联系，"商"的要求未普遍融入其中，故而只能对商人阶层适用反映交易要求的民法——以源自万民法的罗马法为基础的私法，在当时只能称为商法。等到资产阶级革命成功，自由、平等成为社会、经济的主旋律，民法便理直气壮地弘扬勃兴于万民法的平等精神，对包括商事在内的私人生活关系作一体调整。纵观详尽、细致、平易近人的《法国民法典》，实不难体会这种精神和立法的意图、宗旨。财产权神圣、契约自由、过失责任这三大原则，显然不可能只针对"商"以外的其他"民事"关系。资产阶级靠经商起家，调整其私人生活关系的法怎能把"商"排除在外呢？然而，对封建特权和压迫犹有余悸的资产阶级，害怕阶级和组织的特权，在民法典中对商事有所回避，如对商的一般要求和法人刻意不做规定。由于民法典在商的调整方面留下了一些缺口，本不拟再为商人制定特别法的拿破仑，据说有一次震怒于军火商供应军火不及时，遂匆匆找了七名专家，赶制出一部《法国商法典》。这就是民商分立的正式形成。然而，从商法典的条文即可看出其十分粗糙，处处留有"赶工"的痕迹；又从该法典的适用看，其多数条文并不适宜于商事关系的调整，商事关系基本上、主要地还是由《法国民法典》进行调整的。所以，近现代大陆法系的民商分立是历史的、偶然的、没有实质意义的，即使在民商分立的国家，仍主要由民法来调整商事关系。

随即由于生产力被资产阶级革命所解放，导致社会经济发生了出乎任何人意料的迅速变迁。泛商化、人人皆可经商做老板（资本家）的民主化，令到民商法重合，彻底丧失了将二者分立的必要性、可行性和实际意义。商法产生时的那种社会条件不存在了，所谓皮之不存，毛将焉附？正如托伦（Tallon）所说："19 世纪三部重要法典，即法国、西班牙和德国的法典，并不像过去那样起启发作用。其原因就是在这些国家商法无法找到一个没有争议的基础。"[7]可以这样说，民商合一是一种客观要求，相关学说和法制并非杜撰，只是对现实的一种不尽扭曲的反映而已。瑞士、意大利、荷兰的民商合一实践，果断地告别了商法带来的种种人为的麻烦和困扰，使得民商事关系的法律调整更为便捷有效，无疑代表着私法暨"商事"法律调整的趋势和方向。

还有一点，由于社会经济关系的复杂多变性，自《法国民法典》问世之日，对"商"的调整就难以纳入商法典，呈现出不断脱离商法典的倾向，不可逆转。商法本以商法典规定的主体或行为的特殊性为基础，对诸多经济关系的调整之所以不能纳入商法典，主要在于其调整不以此特殊性为基础或者超越了该特殊性，因此就很难说那些商法典之外的种种单行法或专门法还是商法，视之为民事特别法或经济法往往更合乎其特质，更符合"商"及其法律调整的实际。

（三）中国历史上的商法

中国自古以来也有商，有过宋时的国际性商业大都市开封，发行过世界上最早的钞票，还有徽商、晋商的辉煌，似乎很难说华夏古时商业的发展就一定亚于万民法至帝国时代的罗马以及中世纪地中海沿岸的商业城市，甚至有学者认为直到 1800 年中国始终是世界经济的中心——"中国，而不是欧洲，是当时世界的中心。"[8]但是我国历史上至清末以前确实没有产生商法，民间的商事或商人惯例仍处于各自为政①[9]或如帮会手势、咒符、暗语般低级状态，在彰显规律、成体系、规范和规模方面较之商人法、万民法相距甚远。何以如此？对照商人法和万民法产生的背景、条件，也就不难理解，其原因在于中国历史上的"商"始终未能冲破血缘宗法关系和专制政权统治的束缚，既未有过像罗马政权鞭长莫及之下众多民族之间自由地互通有无和经商牟利的场景，也从没出现过西欧中世纪自治城市那样摆脱了人身依附和封建统治的商人乐园。继续追问，中国传统的"商"何以终未能做大到与宗法势力和封建统治平起平坐的地步？笔者曾探讨过这个问题，结论是中国历史上在石器时代的低下生产力下，因治水的客观需求导致国家政权过早地产生，从而把血缘宗法关系和以此为基础的统治凝固、维持下来，阻碍了生产力和"商"的发展，兹不赘述。这已超

---

① 如直至资本主义因素已侵入甚深的清末，社会上称量作为货币的银的天平砝码仍不下千种，私钱流通则禁而不止。

出本文范围，而且其原因如何并不重要，因为社会发展和生物进化一样，是不平衡和多样化的，条件、环境不同，结果就不一样。西方确实在"商"的发展中造就出商法、资产阶级和现代国家，中国则没有，明确这一点就够了。

及至近现代，列强带来了资本主义的"商"，中国传统的私商、官商都不可避免地要接受资本主义的洗礼和改造，新的资本主义工商业也逐渐发展起来，同时产生出相应的法制需求。但是中国近现代法制的过程和结果不是民商分立，而是民商合一，至今仍是如此。之所以如此，除了已经提到的"商"和民商法自身规律以及后发国家得以跟踪发达国家法制的动态、把握趋势和个中规律外，在此愿进一步探求其原因。那就是在商法的发源地，在商法产生过程中，先商后民，当商法出现时，普通的民事法还是封建法，远不是我们今天所谓调整平等主体关系的法。"商"和商法的发展导致社会革命、民事革命——人生而平等、天赋人权，从而产生出民法。民商发展两条线、双轨制，加之商为民（我们今天所理解的民事、民法之"民"）之本，商和商法对于真正的（也即平等主体的）民事、民法形成的功劳太大了，于是由于历史的惯性，不得不在民之中给商留下一个活动空间，这些都是可以理解、情有可原的。而从中国的情况看，民商事的发展是同步的，商一直与官、与封建土地剥削和宗法缠绕在一起，未能摆脱其束缚，不用说把商所要求的平等和自由普及、弘扬至整个社会，就连商本身也还在黑暗中苦苦挣扎，在此情况下，有"商"无"民"或有"民"无"商"都是不可能的。商法不可能在还没有从身份到契约的社会中存在，而一旦社会进化到有了真正的民事和民法，还需要商法做什么呢？也就是说，中国历史上没有出现过西欧中世纪那种令"商"和商法得以脱颖而出的社会条件，"商"没有发展到推动、引发平等民事的程度，相反往往要通过民事的进步来促进"商"的发展——只有冲破自古以来的思想和社会桎梏，确立人皆可商、皆有权拥有奇器珍宝和生产资料、私人也可投资经营重要的经济社会事业等观念和社会法制环境，"商"暨经济才得以无拘束地快速发展。改革开放以来的实践印证了这个道理，清末在没有（真正）民法的条件下搞的商法有名无实，原因也莫过于此。民商事混同、平行一致地发展，商不可能脱离一般民事环境独自发展，当社会上的平等观念和制度（institution）导致民法真正形成，商法也就包含其中了。民国时期在中国历史上第一次确立现代法制的框架，就采民商合一的体例，正是对客观要求的一种正确反映。

（四）小结

《法国商法典》开民商正式分立的先河，法国在当时民法已可反映平等、自由的政经要求，对包括商事在内的私人生活进行调整的情况下，阴差阳错，沿袭、固化中世纪的做法，本身就是一种错误。经过近二百年的实践，问题越来越突出，导致了民商合一、统一的趋势。在以商法典为代表的商法难以为继，大陆法系发达国家的学者和立法者正在设法走出历史的误区时，我们还疾呼制定商法典，即使不考虑中国是否真正需要制定这样的法典，单从立法的趋势看它就是逆潮流而动的。

三、我国现阶段社会结构与商法

当然，我国是否要商法暨商法典，并不取决于外国的法例，这仅是参考因素；关键还在于我国是否存在商法的要求和基础。钱穆先生曾经说过："政治建基在社会上，社会建基在文化上。"[10]与政治同为上层建筑的法律制度也需要建基于相应的社会制度之上，只有能够满足客观社会需求的法制，才真正有用，否则不过是一堆废纸或稍纵即逝的彩虹而已。对商法的考察也应秉承这样的理念、原则和方法。在商法的框架中，商主体和商行为是最重要的两个概念，以此构建起整个商法的体系，我们不妨就此对商法进行一番考察。

（一）商主体考察

在商法孕育的中世纪，商人的职业或身份是辨别商（人）法的标准，只有商人之间的交易才需要及能够适用商（人）法。因此是否为商人和如何认定商人，成为商（人）法适用的前提条件。尽管从《法国商法典》开始，采取了商行为的立法标准，晚近《德国商法典》也摈弃烦琐的商人分类，改为谁从商谁就是商人，但从民商分立国家的商法实践及其基本理念来看，认为社会上有一个商人群体也即商主体的存在，是商法的一项重要假定。从我国现有的商法研究来看，学者们也热衷于通过确立商事主体，来构建商法的理论体系。因此，关于商事主体能否成立或者为商事者是否就是商主体的问题，便成为构建商法首先需要解决的一个问题。

考察商人法和欧洲中世纪的商法，我们发现其背景总体上是农业社会，商人与其他社会成员的差别很大，易于辨认。当时，众多的农业人口被土地固定在一个个狭小的范围内；少数贵族、地主、武士等不需劳作，养尊处优，处于社会上层；夹在中间的工商人口则崇尚自由、放荡不羁、有钱无势、只认金钱面前人人平等，无论是坐商、沿一定的商业路线行动还是四处游荡的商人，人们都可以容易地认定其身份。而且在社会等级森严的情况下，任何人都隶属于一定的身份，商人就是商人，他要牟利、要平等，就给他商法吧，商人和商法与他人无涉。

反观在现代社会中，套在"商"和商人头上的妖魔化、神秘化、神圣化的色彩已被揭去，使之处于平实和中性状态，认定商人身份的必要性大减。人们在观念上已经确立了商事活动的正当、合法性，以平常心来对待它，不再认为从事牟利的经营活动是对灵魂的亵渎，封建的官商特权和计划经济对商的排斥也在道德上和实践中被否定，因此交易日益频繁，规模日增。专事贸易者固然一如既往，而从事农、工、交通运输、各种服务、传媒、文化、体育等各业者也不妨直接从事所需的投资和交易，乃至兼做与本业无关的生意，甚至公权力主体也无所顾忌地插上一脚，以种种名义参与投资经营和交易等"商"的活动。其中最为匪夷所思的，是农民和政府（国家）也成了社会中日常的交易主体，而且人人（从最高领导人到最底层的乞丐，从知识分子到蓝领人士，从雇员到经商失利、企业破产或洗手不干了的老板）皆可随时成为自己劳动力的交易主体。在这样的社会结构下，借助现代的交通和通讯，人口的流动性越来越大，人们不再被禁锢或局限在某些区域内，流动性亦不复为商人的专利。一言以蔽之，现代社会找不到任何标准来区分商人和非商人，各业皆商，就行业特殊性而言也无必要且无法区分商人、进而为商人特殊立法。

更重要的是，人人平等的观念在现代社会中广泛确立，封建等级制度和职业的藩篱业已消亡。如同人人皆可能、可以出卖劳动力一样，人人也皆可经商，人的权利能力平等，商人也是公民，普通公民与商人的身份随时可能、可以转换，今天是官员、工人、农民、教授，明天不妨下海经商，下岗员工把握机遇经营企业成功摇身变为千万、亿万富翁的也不鲜见，反之亦然。因此划分商人从公民权利和政治层面看也是存在问题的。

近期有一项产生了重大社会影响的调研报告称，改革开放以来，我国的社会结构发生了较重大的变化，原先将社会成员分为工人阶级、农民阶级和知识分子阶层的做法已不合时宜，变化较大的是产生了经理人阶层和私营企业主阶层。[11]这或许成为主张商法分立的基础，认为至少可以将这两类人作为商主体。但是只要稍加分析，就会得到相反的结论。

首先，社会阶级和阶层的划分，与法的调整是否采取主体标准之间没有必然联系。过去没有工人法、农民法和知识分子法，新的划分也未必需要某种主体法。经理人员本来就不是商人，私营企业主则不过是自己经营或不经营的投资者（老板或股东），古今中外也未曾有过经理法和老板（投资者、股东）法。现代社会中为投资经营和交易行为的主体主要是个人、企业和政府，如前所述，实际上无法从中区分出特定的商主体来。

其次，商主体不符合法律上对某类特殊主体专门立法的宗旨和规律。现代法遵循现代社会的平等观，除非针对某些主体除外适用或者为某类主体特殊立法，法律原则上一体适用于从事某种活动的各种主体。针对特殊主体的立法有两种情况：一是该类主体执行特殊的社会职能；二是对该类主体须赋予特殊权利（力）或给予特殊保护。前者如律师法、法官法、检察官法等；后者如妇女儿童保护法、消费者法、中小企业法等。也即为了特殊职能、特殊需要和弱势群体保护而特殊立法，并非有多少阶层就有多少针对特定阶层的法。具体到私营企业主和经理人员阶层，首先他们并非社会的弱者，相反还处于优势地位。此外，从事"商"活动的主体繁杂，事业繁多，不可能将其抽象出来普遍立法，赋予特权或予特殊保护。即使需要从强调保护私人财产权、改善投资环境的角度制定私人投资保护法，该法也不是规范企业形式和经营行为，依辨认商法的标准它并非"商法"，而是与中小企业法、外商投资法、台胞投资保护法等一样，属于（产业、社会经济）政策法的范畴。

总之，当代社会发展的现状和趋势表明，要在法律上确定商主体的内涵和外延是不可行的，我国在市场经济发展中出现的私营企业主和经理人员阶层则不是弱者，即使为其立法也不是商法，如果一定要在法律上搞出商主体的概念来，则对经济关系的法律调整和生产力发展肯定不会有任何好处，相反，会使法律陷入纷繁混乱。

（二）商行为考察

《法国商法典》"打破了商法在中世纪只适用于商人阶层的传统而采取商行为主义，不愧是一部划时代的法典。"[12]但其"划时代"在于用法典的形式将民商分立，而不在于商行为主义有多少科学性和好的实践效果。该法典将营利性作为认定商行为的标准，认为任何主体从事的以营利为目的的行为或者活动都是商行为。此后营利性就成了"商"的醒目标志，即或采主体与行为折中主义的，也将其奉为圭臬，认为任何主体从事的营利性活动以及商主体（也即营利性主体）从事的任何营业性活动为商行为。

问题在于，以此标准很难说商行为与民事法律行为有何区别，以及某行为是否适用商法、为何不适用民法。《法国商法典》"第632条列举的商事行为本身并不具有商事性。只有当他具备某些条件时才成为商事行为。商事性是以具备两种相反的协议，即实际的和潜在的'取得'和'让与'构成的。目的是促使出现两者的成本与效益之间的差价，即利润。"[13]对于一项交易，要考察当事人的行为是否以营利为目的，需从其主体性质、具体外形和内容上加以判断，这会给交易带来麻烦，也无益于法的便利、有效适用。比如营利性主体也可从事非营利甚至公益性行为，非营利性主体也可从事有偿或盈利的行为。可见，确认商行为基本上没有可操作性。在商行为的理论构建中，除了增加营利性目的外，其余与民事法律行为没有区别，从本质上讲两者是同一事物，民事法律行为主要就是从交易、合同、商事中概括出来的，并适用于它们，如果强行对二者进行区分，必然是分不清，且令法的适用摇摆不定，不能产生可预见的后果。与商主体一样，对商行为也不可能、不必要作一般的抽象，但对某些具体交易如同对某些具体主体一样也不妨有专门的法，如票据、海商等，是票据行为就适用票据法，海商法范围的行为就适用海商法，这就够了，过度地追求理论、体系的满足何益之有。

进一步而言，行为和主体不能因其营利性而脱离民事，相反民事法律行为之意思表示及其真实、适法、自治的基本品性，恰是商的关系和交易所赋予它的。而且，现代的经营和交易已远非营利性所能涵盖，除了营利性外，至少还有两性——政策性、公益性。政策性的经营和交易有政策性银行的贷款和担保、国有的资产管理公司和投资公司等的资产经营行为、政府采购等；公益性的经营和交易有公用事业的普遍服务、公益广告、经济适用房的建设、销售或租赁等。在市场经济条件下，竞争性领域的国有企业、公司须确立其营利性，但鉴于其资本或控制资本的全民性，当其营利性与公共利益发生冲突的非常时刻，营利性往往还是要退居其次、甘拜下风。此外也不能忽视合作制企业、组织在现代市场经济社会中的存在，其经营的盈利性要服从互助合作性或互益性，本质上是非营利性的，如社区合作组织、股份合作制企业、合作社等及其投资或控制的企业、公司。这些都是现代市场经济的有机组成部分，它们也追求流动、便捷、安全，要求摈弃传统的官商作风和特权、尽可能引进竞争机制，凡违法、舞弊等也要依法承担民事、行政或刑事的法律责任。如此之"商"，需要将公、私结合，通过诸如国有财产法，国有企业和公司法，有关公用事业法，中央银行法，政策性银行等政策性企业、组织法，政府采购法，反垄断法，金融、证券及市场监管法，反倾销法，反补贴法和保障措施法等，不拘一格地对其进行法律调整。所以，对商行为作一般抽象也是没有任何价值和意义的。现代社会的民商重合和泛商化，导致了商行为作为商法理论支柱的坍塌。

四、结语

商主体和商行为不能承受商法大厦之重，并非在于思辨和学问的能力、水平如何，根本问题是社会现实暨法的基础变了。当代社会的经济关系及其法的调整高度分化、高度整合：同样的事或关系如"商"事和交易、合同，发展蔓延至性质迥异的各社会活动领域；在同一事业或社会活动领域中，则存在着种种各不相同的社会关系和法律关系，如在一个企业或行业的投资经营中，既有财政关系、公共管理关系、公共准公共产品的生产和交易、私人的投资和交易、纯粹的市场交易和有公权力介入的交易、反垄断和反不正当竞争、消费者保护等关系，又有民事责任、行政责任、刑事责任等法律责任关系。在此条件下，应当说英美法及其思维是有优势的，他们只有对法的大致分类，无所谓法的部门划分，对任何事的法律调整，均不拘泥于本本和律条，而以有效调整和公平正义为优先及最终考虑，需要何种手段就采何种手段。中国属于大陆法系，法学界陷于其教条而难以自拔，但仍不妨借鉴英美法这种符合社会关系及其法律调整客观要求的精神，来改造不合时宜的传统法律部门划分，这需要另文探讨。[14]不得不指出的是，无论依照传统大陆法系的法律部门划分理论，还是借鉴英美法实事求是、不拘一格的精神，都可以发现，商法的社会基础在现代社会已丧失殆尽了。

（史际春、姚海放，原载《首都师范大学学报》〔社会科学版〕2003 年第 1 期）

参考文献：

[1] 程宗璋 . 经济领域的法的新构架与商法的复兴——评徐学鹿著《商法总论》[J] . 山西大学师范学院学报，2000（4）：36.

[2] 钱玉林 . 商法的价值、功能及其定位——兼与史际春、陈岳琴商榷 [J] . 中国法学，2001（5）：38.

[3] 刘凯湘 . 论商法的性质、依据与特征 [J] . 现代法学，1997 （5）：27.

[4] [比] 亨利·皮朗 . 中世纪欧洲经济社会史 [M] . 乐文，译 . 上海：上海人民出版社，1964：4-5.

[5] 金观涛，唐若昕 . 西方社会结构的演变 [M] . 成都：四川人民出版社，1985：174.

[6] 张国键 . 商事法论 . 第 19 版 [M] . 台北：三民书局，1980：11.

[7] 沈达明 . 法国商法引论 [M] . 北京：对外经济贸易出版社，2001：5-6.

[8] [德] 贡德·弗兰克 . 白银资本：重视经济全球化中的东方 [M] . 刘北成，译 . 北京：中央编译出版社，2001：168.

[9] 黄鉴晖 . 山西票号史 [M] . 太原：山西经济出版社，2002：

114，272.

[10] 钱穆. 国史新论（M）. 北京：生活·读书·新知三联书店，2001：36.

[11] 陆学艺. 当代中国社会阶层研究报告［R］. 北京：社会科学文献出版社，2002：6-17.

[12] 林榕年. 外国法律制度史［M］. 北京：中国人民公安大学出版社，1992：272.

[13] 沈达明. 法国商法引论［M］. 北京：对外经济贸易出版社，2001：13.

[14] 史际春. 经济法的地位问题与传统法律部门划分理论批判［J］. 当代法学，1992（3）（4）.

论营利性

营利性不等于赢利和盈利。国有资本的公有性质和"节制资本"功能决定了其营利性只是形式和表面的。除特定受规制行业外，应任由组织举办者自行选择营利性或非营利性，并允许非营利组织以赢利或商业方式从事活动。

我国多年来关于"国进民退、与民争利"的议论不断，近期由于某些社会事件又引起公众对非营利组织能否从事经营或赢利活动的关注，在这背后，涉及一个核心问题，那就是"营利性"。营利性是企业、公司和非营利组织法中的一个基本概念，但由于法律规定不明、市场经济的发展及人们对其的认识尚不够深入普及，从而造成观念和实践中的混乱。有鉴于此，本文拟讨论、澄清营利性这一法律概念，说明其与资本的联系、私人资本和国有资本各自之利弊，也为非营利组织设定一个清晰而简单的标准，从而促进各项社会事业的发展。

一、营利性：资本和利润

从字面看，《现代汉语词典》对营利的解释只给了四个字——"谋求利润"。另有两个与此相关的名词，即"赢利"和"盈利"。"赢"意为"胜"和"获利"，与"输"和"赔"相对应。"赢利"既可以是名词的"企业单位的利润"，也可以是动词的"获取利润"。"盈"意为"充满""多出来"和"多余"，则"盈利"可视为利润，或者较多的利润。然而，营利或营利性同时是一个法律概念。[①] 赢利和盈利则不具有法律意义，可以相对随意使用，《现代汉语词典》就将"盈利"等同于"赢利"。[1]

---

① 当然，不排除其也具有经济、社会和一般语词等意义。

　　所谓营利或营利性，是指企业的出资者或股东①为了获取利润而投资经营，依法从所投资的企业获取资本的收益。② 营利性的法律意义在于，出资者或股东依法可以分配企业的利润和清算后的剩余财产；而非营利组织的举办者或成员不得从本组织获取盈余及其任何资产或财产。[2] 在这个意义上，所谓企业或公司的营利性，是针对其举办者或出资者、股东依法能否从该组织取利而言的，而与企业、公司本身是否赢利或盈利无关。同时，如果出资者或者股东依章程或依法将其从企业获取的利润用于社会或公益目的，而非私用，则该企业一般而言仍是非营利性的。这就是近年在世界上出现的社会企业或非营利企业。社会企业是指通过经营赚取盈余，其举办者或股东将所获利润用于公益性目标的企业。③[3] 因此，作为营利性标志的股东取利，更进一步说是指个人或私营组织取利用于私人用途——私人的消费和投资经营，而不包括私人依法或依章程取利用于公益或公共目的。

　　以上所述为国际通行的做法，中国也不能例外。但由于我国法律上对此未做明确规定，实践中也不深究，导致对诸如营利性究为何指、取利的主体是企业还是出资者、非营利组织能否采取公司形式及能否赢利等在认识和做法上的模糊，这种状况十分不利于营利性和非营利性组织的发展。相比之下，在这方面，美国法的界定最为清楚，值得参考。该国对非政府组织的法律调整，分为商事公司法和非营利公司法。④ 由于美国的公司法属于州法，美国律师协会（American Bar Association）分别制订了《示范商事公司法》[4]和《示范非营利公司法》，供各州立法和司法参考使用。与营利性公司相区别，非营利公司除法律另有规定外，"不得向其成员、董事、指定的部分成员或者管理层支付股息或红利，或者向他们分配本公司的任何资产、收入或收益。"[5] 税务机关的取向和做

---

　　① 严格而言，非股份公司的出资者不能称为股东，但在投资经营的意义上，不妨将资本企业的出资者概称为股东，实践中也是把有限公司、合伙企业的出资人都称为股东的。因此在本文讨论的范畴内，对出资者和股东不加区别。

　　② 本文是在投资、营利性组织和非营利组织的意义上谈营利或营利性，不涉及诸如刑法中在一般语词意义上泛指牟利的"营利"概念。企业是指某种经营性主体，公司是指某种法律组织形式。企业和非企业比如非营利组织都可采取公司的形式，同时公司在非法律意义上也泛化为企业的同义语。所以，本文对企业和公司在用语上也不作严格区分。

　　③ 比如，香港著名的非营利组织东华三院举办了十余家社会企业。其中的"大角咀麦太"甜品店主营港式甜品、糖水和其他产品零售，通过商业经营赚取利润，均用作东华三院提供的社会服务，包括有需要人士的家居及陪诊服务。

　　④ 在英语中，corporation 既可以是营利性的，也可以是非营利性的，除指公司外也有法人、社团的意思。所以，对非营利公司或非营利公司法中的"公司"，也不妨称为"社团"，以示与商事"公司"有别，同时须知其在美国英语中是同一个词或概念。

法更强化了营利和非营利的区别，也即对任何非营利组织本身可以免税，但条件是"该组织的任何净收益都不得惠及私人股东或个人。你必须确认，你的组织的设立或运作不是为了私人的利益，比如创办者或创办者的家庭、本组织的股东、其他指定的个人，或者由这些私人利益直接或间接控制的人。"[6] 由此可见，美国法对营利性的法律控制十分简单：对营利性组织征税、对非营利组织不征税，① 而对该组织采取何种组织形式、从事何种事业或活动及是否赢利或获益在所不问；只要股东取利，就对其及所举办或投资的组织征税，如果以非营利为名取利或逃税，则严罚不殆。这无疑把握住了对企业、非营利机构等各种非政府组织进行规制的要害，既简单也有效。

营利性是与资本联系在一起的。所有者或他物权人通过投资经营，将其财产转变为资本，② 以获取利润或剩余。相应地，利润就是资本通过经营产生的孳息。营利性与一个企业或组织本身是否获得利润无关。非营利组织根据章程和法律的规定，也能够在一定范围内从事生产或经营活动，只要举办者或出资者不从中直接或变相获取资本收益，则该非营利组织就不具有营利性。[7] 如国际奥委会打包销售 2010 温哥华冬奥会和 2012 伦敦奥运会的电视转播权，获得 39 亿美元收益；伦敦奥运会在美国的广告收入接近 10 亿美元。[8]

资本是股东或出资者营利的根源。典型的资本是私人资本，也即马克思主义所分析的可以产生或为了追求剩余价值的价值。计划经济否定资本和雇佣劳动，在全民所有制中企图由非所有者的劳动者"当家作主"，③ 不追求利润，但求劳动生产，"统收统支"，也就不存在营利或营利性问题。正因为如此，导致生产和消费脱节、企业和劳动者的"大锅饭"，在市场化改革的洗礼中，计划经济的全民所有不得不退回到与私人平行、在多种所有制主体的竞争中生存的国有资本暨国有企业。因此，本文讨论的资本和利润，不仅是存量或会计上的概念，它们作为客观经济现象，反映着一定的生产关系。以资本归属的主体为标准，可以分为私人资本与国有资本。合作制在当代也呈现出与资本企业结合的

① 按照美国联邦国内税收法典（Internal Revenue Code）第 501（c）（3）条，对非营利公司本身给予税务豁免，也即对其符合公司宗旨的活动所获收益免税；此外，非营利公司还可接受包括政府在内的他人的捐赠或资助。由此，非营利公司也被称为 501（c）（3）公司。当然，非营利公司的董事、经理人、员工等仍需就其薪酬缴纳个人所得税。

② 近年对"资本"概念有一些引申使用，形成相应的引申含义。比如社会资本，主要指人际关系及其品位与和谐；经济资本，除指投资外，也包括个人及家庭的薪酬、储蓄、拥有的动产和不动产等；文化资本，包括人们对文化的兴趣、文化活动和文化事业发展等。本文仅在其本义上使用"资本"概念。

③ 在全民所有制或国有制中，职工或劳动者只是所有者的一分子，而不是所有者。

资本化和市场化趋势，表现为合作制主体控制的公司，如华西村股份有限公司、本企业职工控股的股份合作制企业（如美国联合航空公司、中国的华为技术有限公司）等，相应的集体资本与国有资本都属于公有资本。

国有资本由具体的国有主体充当出资者或股东，如国资委和国有企事业单位等。除政策性企业、公益性组织等，国有资本的出资者或股东与私人投资经营一样，也要追求利润，以营利为导向从事投资经营活动。就此而言，国有资本的营利性与私人资本并无二致。然而，不同的是，国有资本所营之利不是用于私人投资经营或消费的私益目的，法律上也不允许这样做。除了国有企业的职工和管理者依法、依合同取得由市场定价的岗位报酬外，企业的利润要用于扩大再生产及创造就业，或者上缴财政用于公共建设和社会保障等目的。由此，在法律上、形式上，国有资本的营利性是不折不扣的；但从实质上看，它又类似于社会企业，具有非营利的公益性质，不妨称为"准"营利性。

当然，营利不意味着企业和股东总是能够获得利润。营利性企业可能亏损，利润也可能多寡不一，这正是市场经济的优越性所在，可通过市场竞争优胜劣汰，使包括国有资本在内的资源得以有效配置。

二、私人资本和国有资本

（一）私人资本的局限性与国有资本

资本意味着投资者对利润的追求，这可以最大限度地促使资本所有者根据市场信号作出投资决策，追求自身利益最大化并承担投资风险，由此形成的利益驱动和约束对于生产力的促进，是包括政府、非营利组织在内的任何其他力量和主体所不能取代的。资本与市场相结合呼唤出了巨大的生产力，使商品极大地丰富，从而满足人们多彩的消费偏好和不断增长的消费需求，并在资本所有者的逐利中使社会资源得以优化配置。这也决定了私人资本具有无限扩张的特性。在私人资本扩张的同时，会导致贫富差距越来越大和经济失调问题。一方面，伴随着资本的扩张和集中，在优胜劣汰的规律下，利润越来越向少数大资本所有者集中，私人财团可能富可敌国；另一方面，这些巨额财富除了私人消费和少数捐赠外，更多的则流入资本市场和商品市场，豢养起一批金融家和投机家，从普通民众身上再赚取一次。2011年美国爆发的"占领华尔街运动"，就是这一逻辑的体现。①[9] 温州等一些地方频发的民间金融问题，实际上就是"华尔街问题"的中国缩略版：私人拥有越来越多的资本盈余，无序逐利、以不可控的方式找寻出路，随时可能发生难以预料的后果。其他发展中国家的情况更为不堪。墨西哥的卡洛斯（Carlos Slim Helu）和印度的拉克希米（Lakshmi Mittal）能够与发达国家的巴菲特、比尔·盖茨等并驾齐驱跻身于全球首富行列，其直接相关的后果就是墨西哥城和孟买那些触目惊心的贫民窟。②[10] 相应地，如果代表社会利益的国有资本的比重不敷客观之需，政府调控监管的根基不牢、力度不足，也会导致经济及金融危机频生。

宪法和法律已规定我国实行社会主义市场经济，以公有制作为经济制度的基础，国有经济是国民经济的主导力量。[11] 然而，国有资本的正当性并不仅由法律所赋予。国有资本的价值在于将资本的利润用于社会目的，为社会福利和公共善治提供物质基础。除了业主制企业和典型的合作社外，私有制和公有制企业中的劳动者或雇员都只按劳动力或岗位的市场价格取酬，而且在市场竞争中生存的国有资本，在诸多竞争性领域天然不是小资本的对手，所以国有资本并不"与民争利"，而只与私人大资本争利。正因为此，孙中山先生的民生主义主张用国有资本来"节制资本"：不允许私人资本控制重要的民生国计，而由国有资本取代私人大资本，兴办铁路、电气和水利等。③[12] 在遏制因私人资本无限扩张导致贫富差距过大的同时，国有资本的存在和发展也可防止市场造就巨贾大亨及其掌握国家政权以及由外国资本操控国民经济。④[13]

近几十年来，企业社会责任有所发展，修正了私营企业的基本目标仅仅是

---

① 该运动的其目标是反对私人大公司的贪婪和社会不平等，以及金钱对政治和法律的影响。美国最富有的1%的人口，拥有整个美国财富的40%，人口中最富有的10%则拥有美国股市市值的80%，去除养老金和退休金账户，其余80%的中产阶级暨雇员阶层只直接或间接拥有5.8%的股票市值。

② 卡洛斯和拉克希米在2011年《福布斯》全球富豪排行榜中分别位列第一和第六，还有一位印度富豪穆克什（Mukesh Ambani）位列第九。

③ 民生主义的另一重要叙述是"平均地权"。新中国经过探索和曲折反复，建立了土地国有和农村土地"村有"的公有制，改变了农民在市场机制作用下随时可能不可逆转地丧失土地的历史命运，防止了私人大地主的形成，这也是对孙中山先生"平均地权"理想的一种新的发展和落实吧。

④ 比如2012年，中国工商银行、中国建设银行、中国农业银行、中国银行和交通银行等"五大行"的利润总共7813亿元人民币，中石油、中石化和中海油这"三桶油"的利润合计2425.12亿元。假定这些企业都属私有，如此巨额利润中的国有资产权益份额乃至整个国有资本利润都归于私人的话，中国的经济、社会、政治结构必然会发生根本改变，其结果对于中国经济社会的和谐和可持续发展以及人民幸福而言只能是负面的。

为股东赚钱的观念和实践。但在私人资本主导的社会中，资本的逐利行为迄今难以与社会整体利益兼容。与国有资本相反，私人资本并不天然地承担社会责任，私人企业及其资本所有者只有遵纪守法的义务，除此之外公众和社会无权要求其承担更多的责任。

就私人资本而言，利润的创造和分配为公司董事所控制，他们被视为复杂环境下最后通牒博弈（ultimatum games）的提议者。实验表明，如果董事不受服从股东利益的法律义务约束，他们可能倾向于作出以"公平"为基础的决策。①[14]然而私人资本对公司治理设定的博弈规则首先是最大化股东财富，让董事和经理层尽可能限缩利益相关者的利益，并且诱使利益相关者对公司进行长期的专属性投资。如此博弈注定无法转化为长期合作，因为利益相关者迟早会基于"以善报善、以怨报怨"的互惠效应（reciprocity）作出回应。

虽然不乏私人资本所有者或私人企业家能够投身于社会公益事业，但是这不能成为法律普遍要求其承担的法律责任。而国有资本及其与政府调控政策的结合，要求国有资本参股、控股企业②的董事及管理层在追求利润最大化和遵纪守法经营之外考虑利益相关者利益。也就是说，国有资本暨企业天然地担负着社会责任。从根本上说，这是因为国有资本暨国有企业的所有者是全体人民，企业职工和每个公民都是所有者的成员，即使董事和管理层完全遵纪守法，人们也有权对其及企业和股东提意见，"说三道四、指手画脚"。比如国有资本对劳动者内在地不如私人资本那般苛刻，就是其社会责任的一种体现。这种企业为股东最大化牟利义务的放松，为董事和经理层提供了一个能够考虑公平和分享的法律语境。国有资本暨企业既可以比较善待劳动者，其利润又能够用于扩大再生产，创造就业，并为经济社会发展提供财政支持，缩小社会各阶层之间的收入差距，缓解社会矛盾，从而为私人资本暨企业提供一种示范和榜样。国有资本与现代企业制度结合，将国有企业的董事会视为一种代议制的民主协商机制，能够兼容企业内部治理与利益相关者的关切，还有利于培育公正的环境、信任、合作与互惠，不仅能够改善社会福利状况，并以相对较低的社会成本实

---

① 当然，如果董事不受股东约束，更会出现其无度"自肥"等公司由内部人控制的致命危害。

② 《中华人民共和国企业国有资产法》规定国有企业包括国家或地方出资的国有独资企业、国有独资公司、国有资本控股公司和国有资本参股公司（参见该法第4、第5条）。而本文将国有企业定义为政府得通过资本联系对其施以控制或重大影响的企业，在概念使用中不论其资本管辖主体为中央或地方，不问其组织形式如何，对"企业"和"公司"也不作区分。

现公共善治的目标。

因而，私人资本有利于激发社会的生产力和创造力，国有资本则有利于私人与社会整体利益的平衡协调和践行社会民主，国有资本与私人资本应当保持适当的比例关系。简而言之，就是国有资本大而重要从而发挥基础和主导作用、私人资本小而散以确保创业自由和市场的灵活性，从而满足消费需求，如此方能在中国这样人口众多、发展不平衡、生产力尚不发达的国度实现社会的活力、和谐与繁荣。

（二）我国国有资本的由来和定位

中国工业化和现代化的进程，在某种程度上是将外在的商业经济规则移植于一个传统的农业社会，将西方数百年的历史演进压缩在一百多年的时间内，同时也是人类历史上规模最大、人口最多的现代化进程。

中国工业化伊始便处于民族国家激烈竞争的夹缝中，无可回避地面临着建立现代民族国家的艰难历史任务。虽然不乏商人具有市场竞争力和爱国心，但是封建色彩浓重的小资本根本无法与挟先进生产力的外国资本竞争，使自洋务运动开始的国有资本实践应运而生，以期在国家层面推进中国社会的现代化，客观上推动着民族国家的建立。

我国当代的国有资本源自两个方向。一是中华人民共和国成立后历经社会主义改造和改革开放、建立社会主义市场经济的过程。新中国凭借社会动员和资源整合能力、中央政府前所未有的集中管理和计划经济的实施，使中国初步建立了较为完备的工业暨国防体系，为现代民族国家的形成提供了重要的物质支持。然而历史表明，计划经济存在其固有的弊端，虽然它旨在消灭资本和市场，由计划安排生产、流通和消费，但是企业的数量和总规模超出了"国营"的能力，从而出现浪费、低效以及短缺引发的问题。在改革开放中，经过企业破产、职工下岗的阵痛，计划经济的生产资料全民所有退到了与市场结合的、与私人资本并行不悖的、在民商法上与私人资本平等并开展竞争的国有资本。社会主义市场经济进一步发展的关键在于，既要坚持作为公有制的国有资本在国民经济中的基础和主导地位，又要承认私人资本的合理性，允许乃至鼓励其存在和发展。同时，不能放任私人资本控制国民经济，任其固有弊端泛滥，要通过国有资本将其限定在既定的社会公正观所能容忍的贫富差距、阶级差别范围之内。在国有企业改革的同时，注重发展民营企业，鼓励、指导民营企业积极守法经营，[15]从而有利于优化经济结构，促进社会经济的创造力和活力，补充、丰富和改善民生。[16]更重要的是，国有资本只有在私人资本竞争的压力下，才可能将其官商作风降至市场和社会所能容忍的程度，以证明其存在的合理性、限定其规模和范围，维持必要的效率和效益。

另一个方向，毋庸讳言，就是始自洋务运动的国家资本及其企业实践。当年的江南制造总局、金陵制造局（今长安机器）、轮船招商局、邮政官局、户部银行（今中国银行）、中国航空公司和中央航空公司（今民航业的前身）等，当下仍在国民经济中担当着重任。它们是中国现代工商业的幼芽，并形成了某种工艺和组织、经营的传统，这是其他发展中国家多有欠缺的一笔宝贵财富。然而，从封建性的洋务企业，到民国时的官僚私人参股、官私不分、结党营私，包含着社会主义理想的三民主义"节制资本"颓变为半封建的官僚资本，这是我们现代国有资本发展必须引以为戒的。改革开放以后山西等地的大量私人采矿，演变成官僚资本的现代县市地方版本。这是包括中国在内的第三世界国家和地区的私人资本所不可避免的弊病，由宗法、乡土关系的残留和低下的公共治理水平使然。对此，不通过国有资本的内在节制，而单纯指望外在的以法反腐、以德倡廉，是无济于事的。比如山西省及时果断地采取了以国有企业为主的煤矿整合政策，原本是为了提升煤矿的管理和安全水平，却产生了一个意想不到的一个效果，即"挽救了一批干部"。今日的社会主义国有资本，必须在民主法治之下，依托廉洁高效的公务员制度，摆脱官僚私人的意志和利益以及官商勾结的桎梏，方有其光明的前程。

虽然社会不断进步，但是中国的工业化、城市化和现代化所处的大环境并没有根本改变。伴随着改革开放和市场经济带来的繁荣，中国社会的自由度得到空前释放，血缘宗法关系和脱离基层的官僚体系趋于瓦解，但是并没有新的组织和机制来填补这个空间。于是，快速的"陌生人进程"使得整个社会的机会主义盛行，处于某种脱序状态，私人资本虽然善于钻营，但难以改变经济社会的无序和散乱，整合大多局限在较小的范围内。加上缺乏公民自治的传统，经济不经意间发展到了社会化阶段，私人及其资本缺乏足够的社会整合、动员和管理机制，没有政府主导和必要的国有资本，现代化就无以为继。这种社会条件，不可能自动生长出现代的产业及工商文明来。因此，早在清末以及后来致力于民族复兴的众多仁人志士的一个共识，就是中国不能走资本主义的老路，而必须实行三民主义，而"民生主义者，即社会主义也。"[17]从洋务运动至今的现代化事业，无疑就是国家以其有限的财力和组织力，不断汇聚精英、网罗人才和追随者，发展现代产业、事业，将现代化的元素逐渐扩展、累积于神州各地方、社会各领域、各层面的一项伟业。[18]

遍览当今寰宇，民族国家之间的竞争更多地体现在了企业之间，甚至战争都可以由私人公司来实施。① 政府控制的企业或与所在国家政府的政策保持高度一致的私营企业活跃于全球竞争的舞台。诸多跨国公司改变了传统的行事方式，除对私人股东外，也对本国政府担当问责。[19]比如美国的谷歌和苹果公司；通用汽车经过金融危机后政府主导的重组，则一度成了国有企业。② 中国的市场经济不能简单地私有化或放松规制，而需由政府主导并利用国有企业、主权财富基金和优化政府规制来实现国家战略。[20]中石油、中石化、中国银行、中国移动等，都已初具全球商业能力，如果盲目贬损国有资本而弃若撇履，无疑是自废武功，结果必然是国家、民族在国际竞争中失利。

（三）国有资本的弊端及其界限

当然，国有资本缺乏人格化主体的弊病也十分明显，"公共绿地悲剧"可能因为国有资本规模的膨胀而不断放大。"国有"的主体是作为政权体系的国家，限于国家和政府治理的水平，国有资本的"老板"很可能不到位。果如此，则国有资本投资经营中的激励和约束不足，容易出现化公为私、任人唯亲、浪费、效率低下、扯皮拖拉和各种腐败现象，国有企业的官商作风也每每为人诟病。[21]

能否抑制国有资本的固有弊端并使之与私人资本平等竞争，取决于政府的治理水平及其能够在多大程度上像私人老板一样当好国有资本的"老板"。其条件有二：一是国有资本参股、控股企业的公司治理和经营管理，能否达到现代企业的水平；二是国家乃至人民的意志和利益能否在国有资本投资经营的各个环节有效地传导，这有赖于一个国家能否通过既定的公务员制度确保国有资本代理链条中的各等各个角色如国家所有权代表人、出资者（股东）、董监事、经理等担当到位，不缺位、错位、越位。这两方面的条件又是相互交织和衔接的，由此决定了国有资本的边界。

国有资本要在市场竞争中通过营利性来实现自己的目标，除极少数政策性、公益性企业如三大政策性银行、印钞造币公司等，其投资经营主要适用普通的企业和公司法。这是国有企业、公司实现有效治理的前提和基础。如果将国有企业

---

① 比如著名的美国 Academi（曾用名 Blackwater USA、Xe Services LLC）、MPRI（Military Professional Resources Incorporate），还有 20 世纪 50 年代策划、指挥在中国东南沿海进行游击战的西方公司（Western Enterprises Inc. ，WEI）。

② 2009 年 6 月 1 日，作为美国资本主义象征的通用汽车公司向美国联邦破产法院申请破产保护。奥巴马同时宣布，联邦政府再次向其提供 300 亿美元。在重组后的新通用公司中，美国联邦持有 60% 的股份、加拿大联邦和安大略省合计持有 12.5% 的股份、美国汽车工人联合工会持股 17.5%、原债权人则通过债转股获得 10% 的股权。

的目的一般地表述为"国家利益"或"公共利益"，那就违背了市场经济法则。国有企业的非经济目标及社会责任不能直接测量，传统的"成本—收益"绩效思路难以真正衡量国有企业的绩效，勉强为之反而会出现拼凑造假的机会主义行为。[22]市场化改革的要义之一，是从国有企业非经济目标履行中受益的主体，应当对国有企业执行非经济目标所付出的成本进行补偿。就此，除了尽可能由使用者对国有企业的各种产品、服务付费"买单"外，其余部分只能由作为社会暨公共利益天然代表者的政府也即纳税人来负担国有企业追求非经济目标的成本。

国有企业固然要比私营企业承担更多的社会责任，但是《OECD 国有企业公司治理指引》认为，超出普遍接受标准的、以公共服务名义要求国有企业承担的任何义务和责任都需依法律和规则明确授权。这些义务和责任应该向社会公众披露，相关的成本应该以透明的方式支付。[23]该规则背后的动机，虽然是担心国企在政府资助下与私人企业、外国公司开展不公平竞争，但也表明国有企业的社会责任不应受情绪化的社会舆论左右，国企要遵纪守法，在"做好自己"的基础上，通过合法程序尽可能满足公众的合理期待，比如捐赠和其他公益行为。[24]为了明确国有企业的目的，相应的法律调整包括两个层次：其一，将国有企业分为竞争性行业和垄断行业。竞争性行业的国有企业与一般企业一样遵守企业和公司法、破产法等，员工聘用与报酬市场化，企业交易关系市场化，同时遵守《企业国有资产法》等法律和政府的规制政策，核心是创造国有企业没有超经济包袱，没有经营特权，与私营企业平等竞争的市场环境。对垄断性国有企业，其除了也要在市场中竞争，为出资者追求利润外，政府更为关注的是企业的产品与服务价格、质量、供给范围和规模等方面的因素，①[25]对此通常采取普通法与特别法相结合的调整方式。垄断行业的成因与所有制没有关联，垄断行业既可由国有资本经营，也不妨由私人资本经营，然而经营垄断行业"铁定"可以赚钱，发达国家传统上对特殊企业通常采取"一企一法"或"一类一法"的做法，现在也逐渐改革为对其在组织形式上适用普通企业和公司法，如有特殊事项由其他法律做特殊规定。究其原因，是因为传统上的特殊企业也越来越多地市场化，政府对企业的控制不宜过于透明，否则企业就无法在市场中开展活动了。

---

① 一个行业是否具有垄断性，与其资本是私有或公有无关，铁路、石油、电信等属于垄断行业，国有资本不垄断就必然要由私人资本垄断，既如此，鉴于私人大资本控制国计民生、过分的资本利润流入私人腰包、制造大亨及其控制国家政权的忧虑，则与其让私人资本经营垄断行业"舒舒服服"赚大钱，不如让它到市场中去竞争以证明自身存在的合理性，而让利润属全民所有的国有资本来经营或控制垄断行业。

国有企业除了既定的商业目标和事业追求外，应当遵循法律的规定考量社会多元利益的要求，为相关利益群体提供反映其利益要求的沟通渠道和平台，为存在利益冲突的各方进行理性和充分的协商交涉创造有利条件，最终使合法、合理的行为期望与利益要求能够通过国有企业治理的相应制度加以体现。

国有资本作为民商法意义上的企业和公司资本，其社会责任担当也应通过规范的公司治理展开，而不是由董事长、CEO等拍脑袋说了算——他（她）无权慷国有财产之慨。建设和谐社会需要各阶层、各利益集团之间的妥协与制衡，构建一个规范的协商式民主平台——公司投资者与利益相关者的社会民主机制——就显得十分必要。为此需要引入科学的议事规则，将公司法的法人治理与国有企业的相关特殊规则比如外部董事、具体出资人和代表国家所有权的监管、国有资本预算等结合起来，落实国有资本的社会责任。

在社会主义市场经济条件下，国有资本的利润虽由具体出资人收取，但实际上是为全民"谋求利润"，①[26]国有资本不必也不应当退出竞争性行业。除了与私人资本竞争外，公有制经济也并非铁板一块，存在着中央与地方分别的财政及国有资本管辖、不同部门分别的资本管辖、国有资本与集体所有资本之间的竞争等等，公有制经济内部依然也可以需要通过市场竞争实现优胜劣汰。国有资本不应倒退到否定资本的行政性计划经济，也不应演变为或变相成为"权贵资本"，解决国有企业仍存在的一些问题，关键在于通过社会主义民主和法治不断优化政府规制和提升政府运作国有资本的能力，完善国有资本的公司治理，保障国有资本投资者的权益和协调社会多元利益。所谓国有资本的"私有化"改造并不必然意味着能够实现良好的公司治理，缺乏民主和法治的"私有化"更可能成为对国有资本及人民利益的侵夺。

中国社会主义经济法治面临的社会现实既不同于自由资本主义时期，也不同于垄断资本主义时期，而要立足于中国社会发展阶段，致力于实现"包容性增长"。[27]要改善民生特别是艰苦和边疆地区的民生和社会管理水平，只有国有资本不会像私人资本那样纯粹追求营利，而是不遗余力地推进公路、铁路、电力、通信等基础设施建设。发展国有资本，也不意味着抑制私人资本的积极发展。国有企业之善待劳动者、协调社会多元利益、践行社会责任，也能够为私营企业提供一种标杆，引导和促进私营企业合法经营，改变其不择手段牟利的做法和形象。私营企业的发展壮大也会对国有企业起到激励作用，督促国有企

---

① 近年已有官员和学者从实践经验和理性出发，提出了"为民谋利"是国有企业、国有资产、国有经济的基本属性的命题。

业不断改善经营管理以在市场中立足。

私人资本的营利诉求无法成为全体国民幸福的来源；缺乏国有资本所蕴含的公平正义要素，市场经济本身也将丧失其效率和正当性。只有正义的法能够维持政治的权威和人们的自然忠诚，自由、商业、文化、艺术和科学才能获得持久的进步与发展。[28]在这样的法治下，国有资本的营利性能够实现"一己之私"与"天下为公"的和谐与统一。

三、非营利组织的经营与赢利问题

非营利组织从事的通常是慈善和教科文卫体等非生产事业，往往依赖捐赠或举办者的出资，未必能盈利。为使其能可持续发展，鼓励社会成员尤其是拥有财富者举办社会事业，并将净收益用于非营利事业，法律上须对非营利组织及其举办者、捐赠者给予税收优惠。美国大多数州都采纳了《示范非营利公司法》，将非营利性公司行为的许可范围规定为"基于非营利目的的任何合法事业（business）目的"。因此，对非营利组织只有两项基本的法律要求，一是"不得分配净收益"，二是所从事的事业或活动"合法"。在这种简单宽松的规制条件下，美国的非营利性组织蓬勃发展，2008 年在美国国内税务局（IRS）登记的非营利组织有 151 万多个。[29]当下在发达国家和地区，还普遍出现了营利性与非营利性混合的组织。比如非营利组织举办企业，典型的是社会企业，又如宗教团体拥有众多商事企业和商业地产；以及营利性组织举办非营利组织，常见的是企业集团举办非营利的学校、医院等。由此，非营利性组织与营利性企业相兼容，非营利组织成员的权利义务与通常公司股东的权利义务也趋于接近和模糊。

美国的非营利公司可以分为两类：公益性公司（public benefit corporations）和互惠性公司（mutual benefit corporations）。[30]公益性公司为公众提供营利性企业无法或不能完全提供的服务和产品，如博物馆、图书馆、医院和学校等。公益性公司一般不采取会员制，不设门槛限制非会员，也可向公众招募收费制会员。收费制会员不是排他性的，并且不能控制该非营利组织。公益性公司可以接受来自政府、捐赠人士、基金会和使用者付费等各种资助；其董事也可能出现疏忽和滥用权力，需适用受托人标准，以提高董事的责任感和勤勉程度。

互惠性公司的目的是服务本组织成员，与营利性公司相似，这些公司一般都从其会员获得出资，并由会员所控制。商会、合作社、体育俱乐部、日常护理中心和家政中心等大多是互惠型非营利公司。[31]互惠性公司与营利性公司的治理结构相似，互惠性公司的成员大会和营利性公司的股东会都通过表决来控制和制约董事，区别主要在于会员制组织是基于会员资格的平等投票权，营利性公司是基于股份民主的资本多数决。因此，与公益性公司相比，互惠性公司的董事和高管更多地受到所有者的监督和制约。

非营利组织提供的多为准公共产品，而非纯粹公共产品，既可用公益性、政策性方式提供，也不妨以营利性经营的方式来提供，教科文卫体等产品和服务概莫能外。所以，除了以接受捐赠为主要收入来源的组织本身不宜设立为营利性企业，以及受规制的特定行业或组织外，原则上不必以所从事的事业性质来限定该组织是否为非营利性，诸如学校、医院、博物馆、出版和传播、文艺、体育组织等，均可依举办者的意愿设立为非营利或营利性组织，悉听尊便。凡营利性经营的，则作为一般企业对待；而以非营利方式经营的，就禁止向能够控制该组织的任何成员、高级管理人员、董事或受托人分配其净收益。非营利组织大部分存在于市场无法提供或提供不足的产品或社会服务领域，如此可使营利和非营利各得其所，仅以税收区别对待之，既尊重了社会成员的自由意愿、促进社会事业发展，又可使得对非营利组织的法律规制简明有效，而不必计较某机构采取何种法律组织形式及从事何种事业。对于非营利组织采取公司或非公司形式，从事传统的生产经营事业或教科文卫体乃至政治活动等，① 非营利组织法本身可以在所不问，只需由所从事活动相应领域的法如教科文卫体法等予以调整即可。

非营利性组织的运营需要赢利或收益，包括收费、招募捐赠以及像一般企业那样生产经营，如非营利组织附设单位或设立社会企业从事经营活动；也需要开支，包括向管理层和雇员支付薪酬在内的管理成本，否则就难以为继。为此，除了牢牢地把握、控制其不得将盈余分配给所有者或股东，以及内部人不能以薪酬或其他管理支出的方式变相地取利外，法律、行政监管者、法院和公众都不必置喙干涉。为弥补市场和政府所提供产品、服务的不足，需要鼓励营利性组织的设立和发展，分布于慈善、教育、医疗、学术、传播、体育、艺术与环保等领域。鼓励的方法就是免税减税，最简单有效的规制方法就是不许举办者或出资者、股东取利。在此基础上，营利也悉听举办者尊便，取消税收优惠并依法处置就是了。教科文卫体等领域的非营利和营利组织的广泛发展，也不啻为创造就业和繁荣经济的一支重要力量，更是社会管理和治理升级上档次的一种表现和机制。

---

① 比如美国的国家民主基金会（National Endowment for Democracy），经费主要来源于国会通过国务院的年度拨款和小部分社会捐赠，是美国的一个著名的非营利组织，从事的就是将民主、人权、法治等"普世价值"向他国推广的政治活动，包括资助疆独、藏独、法轮功等反华势力。

因此，非营利组织未必不能经营，比如接受捐赠或特定的投资、生产销售纪念品、出售门票、电视转播权、收取诊疗费、学费等，诸如社会企业还专事生产性事业以获取盈余用于公益或社会事业。如果举办者或出资者不取利，或者举办者、出资者本身就是非营利组织，取利后仍用于自身宗旨内的事业的，如非营利的教育组织、护老康复机构等，则不妨任其赢利，多多益善。随着社会的发展，我国现平均三天多就增加一座博物馆，2011 年底已有 3589 家博物馆，却普遍难以为继，生存堪忧。[32] 其实，按照发达国家和地区通行的对"营利性"的规制方法，这完全不是问题。只要允许举办者或投资者自行选择其设立的博物馆为营利性或非营利性，营利性的由市场决定其票价、相关经营活动、管理水平和能否生存，非营利性的以举办者或出资者不取利为条件允许其出售门票、从事博物相关经营活动获取收入即可；政府或非营利组织作为举办者设立博物馆愿意免费开放的，自然很好，但不应该一刀切强制任何地方、任何类型、任何主体举办的博物馆都要免费参观。至于江苏省红十字会抱怨受捐的旧衣服堆积如山，无力承担运输成本将其运至边远地区，[33] 更是折射了我国非营利组织规制的体制问题。只要股东不取利，非营利组织本来就应当可以从事相关经营活动，红十字会这样组织健全、以国家信用为支撑的非营利组织自不待言，比如可以开设像美国的 Goodwill 那样的商店，专门出售经过整理的包括衣服在内的受捐物品，既可满足中低收入消费者对廉价物品的需求、社会财富不至于浪费，更可将所得收入用于自身公益事业，比如将二手衣物运送并分发至有需要的地方和人士，而不必消极被动地等待政府拨款或乞求捐赠。

非营利性能够降低一个组织的监督（代理）成本，因为非营利组织不能将盈利分配给其举办者或出资人、股东，而必须把盈余投入自身的业务经营并将其继续用于举办者或出资者依法设定的组织宗旨。在组织的举办者未必能直接监督代理人行为的情形下，不可分配的规则设定能够将代理人侵蚀组织利益的动机降至最低。

比较一些国家和地区的立法，非营利组织成员的资格一般不能够自由转让、不能发行股票，但美国也有部分州允许非营利性组织发行股票，只要在股票证明书上标明该公司属非营利性，也即只要事先披露或说明该种股票不能分红，则不妨任其愿打愿挨吧。作为法人的非营利组织成员承担的也是有限责任，如果采取公司形式，则很容易由公司法予以法律调整。非营利组织可以成员权为基础进行表决，也可以股权为基础进行表决，只是不得凭股权获取该组织存续期间或终止后的股权收益而已。

由于非营利组织财产的信托目的是慈善或公益，传统上认为该等财产不得用于对慈善或公益运作中的不当或侵权行为等所造成损害的赔偿。但是这种信条正在被放弃，原因在于完全豁免责任会诱发非营利组织的过失行为。因此与营利性企业一样，要强调非营利组织及其管理人的信托责任。非营利性组织被视为推定信托（constructive trust），董事和高管则为受托人。按照受托人标准，董事和高管对信托财产的注意应当相当于一个普通人照料自己财产的审慎程度，这种注意标准高于一般过失，并且禁止受托人与其所管理的组织从事关联交易。为使非营利组织努力追求并实现章程设定的目的，有效形成信托，对董事和高管适用受托人标准是必不可少的。[34]对营利性公司（企业）董事和高管的法律责任也适用于非营利性公司（社团），如同营利性公司的股东，非营利公司的举办者或成员也可对公司的董事或高管提起诉讼，法院可以应诉请审查董事或高管是否违反了注意义务和忠实义务，一旦债权人或侵权行为的受害人举证董事或高管滥用非营利性组织及其规则，也可戳穿其法人面纱并追究董事或高管的个人责任。

我国也存在非营利组织，如中国红十字会、中华慈善总会、宋庆龄基金会、寺院、包括体协作协等在内的各种行业协会、学术刊物、会员制交易所和民办学校、民办医院、民办博物馆等。但由于对营利性的标准把握不准确、不果断，导致对非营利性组织的规制左右进退失据。比如非营利组织是否不能赢利、收费或赚钱，非营利组织提供产品或服务是否只能免费，某些事业如学校、医院、博物馆、特定的生产和销售等是否只能以非营利或营利方式经营，以致出现了两个相反方向的问题。一方面是不自由，举办和经营非营利事业与一般企业相比，举步维艰，设立和资金运作的规则不明，对事业准入和经营的规制随意，以致社会成员投资或举办社会事业的积极性受到影响。另一方面是非营利组织自身的管理和治理也乏善可陈，利用非营利组织不当牟利、挪用或侵占非营利组织财产等情形普遍存在。这就妨碍了我国社会事业与经济的同步发展，使其与经济发展的速度和规模极不相称。

美国法对营利性的诠释堪称经典，反映了资本的规律，其他国家包括我国在内实际上都不能例外。而由于我国的市场化改革不久，人们对资本关系的认识尚有待深化，对营利性与非营利性的区分陷入了根据组织的法律形式及其是否赢利或"赚钱"的误区。比如认为按合伙企业法和公司法设立的就是营利性企业，按社会团体登记管理的组织就是非营利的。这样就妨碍了以股东是否取利的营利或非营利标准来对相关企业或组织作动态的法律调整。因为，组织的法律形式与营利或非营利无关，非营利组织也不妨采取公司或合伙的形式。由于公司法是一种规范而相对完善的非政府组织制度，我国在法律上应当明确非营利组织可以采取公司的形式，这样也可极大地促进非营利组织经营管理的规范和治理水平的提升。而如果非营利组织的举办者或出资者公然或变相地分配组织的盈余或资产，就要按营利性对待，或依法处罚，或责令解散或变更为营利性组织。同时，只要其股东恪守不取利原则，就必须允许非营利组织从事必要的经营或赢利活动，否则不利于教育、文体、慈善等社会或公益事业的发展。最根本的是在观念、法律和实践中确立与国际接轨的营利性概念，才能够为非营利组织和社会企业等在中国的发展提供适当的法律环境和制度空间，这也是本文的目的所在。当前，我国经济的规模已居世界第二，需要加强社会建设、发展各项社会事业，使经济社会协调发展，这一点就显得尤其重要。

四、结语

营利性不等于经营赚钱。企业赚钱也可能是非营利性的，非营利组织赚钱也不是营利性的，这与组织的法律形式也没有必然联系。国有资本是现实生产力无法实现生产资料社会所有条件下退而求其次的现实选择，在不超越其能力的限度内，国有资本的规模和范围不妨大一些，与"民"争利也不妨多一些为好。在一个国家的现代化进程中，会兴起形色各异的社会组织，既包括营利性组织也包括非营利组织。非营利组织的发展繁荣可以丰富一个社会的构成以满足社会的发展，[35]而其必要条件之一，就是准确地把握营利性概念及在此基础上建立完善相应的制度和机制。

（原载《法学家》2013 年第 3 期）

参考文献：

［1］现代汉语词典.2002 年增补本［M］.北京：商务印书馆，2002：1510-1512.

［2］［美］罗伯特·C.克拉克.公司法则［M］.胡平，等译.北京：工商出版社，1999：579.

［3］社会企业及社会创新［EB/OL］.东华三院网站，2012-08-03.

［4］Model business corporation act annotated：official text with official comments and statutorycross-references［A/OL］.Revised through 2005. The website of Great Lakes Valuations，2011-08-01.

［5］Model Nonprofit Corporation Act［A/OL］.Third Edition，August 2008. The website of Alabama Law Institute，2012-06-11.

[6] [US] Internal Revenue Service (IRS). Tax-Exempt Status for Your Organization [EB/OL], Publication 557：24. The website of IRS, 2011-10-30.

[7] BEN-NER A. Book Review：Who Benefits from the Nonprofit Sector? – Reforming Law and Public Policy Towards Nonprofit Organizations [J]. Yale Law Journal, 1994, 104.

[8] 奥运电视转播权收入再创新高 国际奥委会被指过于商业 [Z/OL]. 中国广播网, 2012-07-29.

[9] MISHEL L, BERNSTEIN J, et al. The State of Working America 2006/2007 [M]. New York：Cornell University Press, 2007：2-3.

[10] 福布斯2011富豪榜：墨西哥电信大亨居首 盖茨第二 [Z/OL]. 新浪网, 2011-03-10.

[11] 中华人民共和国宪法：第6, 7, 15条.

[12] 孙中山全集：第9卷 [M]. 北京：中华书局, 1986：183.

[13] 五大行去年总利润7813亿 工行日赚6.54亿居首 [Z/OL]. 新华网, 2013-03/28.

[14] JOLLS C, SUNSTEIN C, et al. A Behavioral Approach to Law and Economics [J]. Stanford Law Review, 1998, 50.

[15] 中共中央办公厅. 关于加强和改进非公有制企业党的建设工作的意见 (试行) [N]. 人民日报, 2012-05-25.

[16] 刘光华, 赵忠龙. 转型期民间投资乡村公共物品的路径及其制度困局 [M]//中国乡村研究：第4辑. 北京：社会科学文献出版社, 2006：375.

[17] 孙中山全集：第5卷 [M]. 北京：中华书局, 1985：194.

[18] 史际春, 宋槿篱. 论财政法是经济法的"龙头法" [J]. 中国法学, 2010 (3)：172-177.

[19] BREMMER I. The End of the Free Market：Who Wins the War Between States and Corporations? [M]. New York：Portfolio Press, 2010：20.

[20] 史际春, 赵忠龙. 竞争政策：经验与文本的交织进化 [J]. 法学研究, 2010 (5)：104-112.

[21] 史际春, 邓峰. 论经济责任制对国企改革价值的再发现 [J]. 政法论坛, 1999 (1)：12-19.

[22] 余菁, 等. 国有企业公司治理问题研究：目标、治理与绩效 [M]. 北京：经济管理出版社, 2009：86.

[23] 经济合作与发展组织. OECD国有企业公司治理指引 [M]. 李兆熙,

译．北京：中国财政经济出版社，2005：4．

［24］史际春，肖竹，冯辉．论公司社会责任：法律义务、道德责任及其他［J］．首都师范大学学报（社会科学版），2008（2）：39-51．

［25］赵忠龙．公共交通管理与政府管制——以铁路客运为视角［J］．江西社会科学，2010（11）：171，174．

［26］李荣融．宏大的工程 宝贵的经验——记国有企业改革发展30年［J］．求是，2008（16）：27-30．

［27］竹立家．未来30年社会建设是中心［J］．人民论坛，2010（25）：18-20．

［28］［英］大卫·休谟．人性论［M］．关文运，译．北京：商务印书馆，2004：579．

［29］王劲颖，沈东亮，等．美国非营利组织运作和管理的启示与思考——民政部赴美国代表团学习考察报告［J］．社团管理研究，2011（3）：19-25．

［30］HANSMANN H B. Reforming Nonprofit Corporation Law［J］. University of Pennsylvania Law Review, 1981, 129.

［31］FESSLER D W. Codification and the Nonprofit Corporation：The Philosophical Choices, Pragmatic Problems, and Drafting Difficulties Encountered in the Formulation of a New Alaska Code［J］. Mercer Law Review, 1981-1982, 33.

［32］平均三天多建一座博物馆：建得起，养得好吗？［Z/OL］．新华网，2012-11/21．

［33］江苏红十字会求捐运费遭质疑 一年运输要几十万［Z/OL］．财经中国网，2012-11-22．

［34］FISHMAN J J. Standards of Conduct for Directors of Nonprofit Corporations［J］. Pace Law Review, 1986-1987, 7.

［35］［法］托克维尔．论美国的民主：下卷［M］．董果良，译．北京：商务印书馆，1995：135．

股东权不是丧失所有权的对价

建立在股东权与资本所有权分离基础上的"改革"是注定要碰壁的，有效的改革需要从保护投资者的财产权或物权这一逻辑起点展开。本报记者曾宪文就此采访了史际春教授。

记者：史教授，你好。日前闻知你在讨论我国资本市场对投资者保护不力的问题时，开出了自己的一剂处方。请问，你的处方是什么？

史际春：不好说是处方，算是一种医病的方法吧。简单一点说，就是投资者不能因为取得股东权而丧失其借以投资的所有权或者他物权。我国资本市场之所以普遍存在损害投资者权益的现象、小股东权益得不到有效保护，最根本的原因是没有把股东利益上升到财产权神圣的高度，未将股东作为所有者权益承担者加以保护。

记者：用所有权来保护股东利益，是否与传统公司法理论相悖？公司制度的最精妙之处，莫过于股东权与法人财产权的分野。任何出资人，一旦将其出资投入公司，即丧失了对该项资产的所有权而只能取得股东权，与之相应，公司则取得对包括出资人出资在内的一切公司财产的法人财产（所有）权。如果公司的财产还属于股东，公司何以成为法人，何以取得人格，何以独立承担民事责任？

史际春：你问得很好，问题皆由这个经典的观念误区所出。但是，你的问题与我的疗法不能搁在一个平面上讨论。公司何以成为法人，何以取得人格，何以独立承担责任，是相对于公司以外的、同公司发生交易的第三人而言的。而股东对其出资乃至公司享有所有者权益，这是针对股东在公司治理中的地位而言的。在股东投资于公司的情况下，由此形成的不是一种静态的平面物权关系，而是一种动态的立体物权结构。在这种立体关系中，股权本质上是所有权的实现方式——其所有权或他物权投资经营公司条件下的表现形式。法人财产权则低了一个层次，它是公司（或企业法人，下同）对股东投资所形成财产的支配权，而在股东相互关系和公司与股东的关系中，公司本身不过是支配和交易的客体。充其量，法人财产权是一种由公司享有的他物权，当然也是股东实现其所有权或他物权的一种表现形式。

记者：这确有道理。可以说，主流民法思维一直是将股东、公司和债权人放在一个平面上考察，平面的物理特征是，属于你的部分，就不可能再属于我。但是，立体的结构就远非如此简单。从这个意义上说，关于法人本质的拟制说和实在说之争，其实并无必要。当然，这两种学说的目的都是为了解决现实问题。请问，你提出不能取得股东权而丧失所有权和立体物权关系说的目的是什么？

史际春：财产权神圣！在所有权和私有权不容否定、且不得有丝毫削弱的今天，这是一个不以人的意志为转移的客观法则，也是我们从"大锅饭"、行政性经济的惨痛经历中得来的宝贵经验。不管人们是否喜欢它，这个社会都得承认它，尊重它，保护它，否则就会遭受客观规律的惩罚。一项财产，一旦属于某人所有，按其意愿利用，不管如何变形，其神圣性都不应受影响，法律应对该所有人的所有权及其派生的种种财产权毫不含糊地加以保护。如果股东出资后，即丧失了其出资的所有权，那还有谁愿意投资呢？如果这样，经济和社会也就毁于一旦了。在这个问题上，一定不能本末倒置，必须牢牢树立股东权只是所有权人或他物权人的所有权或他物权表现形式的观念。马克思说股票是所有权的凭证，其洞察力令人折服。

记者：能具体解释一下股东权是所有权或他物权的表现形式？

史际春：举个例子说，我有一辆汽车，开了一家一人公司，在我将汽车投入公司之前，我是直接控制它（通过所有权），投入公司之后，我仍然控制它（通过股东权来行使所有权）。无论在哪种情况下，我都是这辆汽车的主人。当然，在公司转投资和国有资产投资的情况下，股东是所有者权益承担者，但不是所有者，此时股东权是他物权、同时也是所有权的表现形式。其道理与股东以其所有的财产投资一样，区别仅在于股东此时是所有权人的代表。这样，就可以圆满地解释股东为什么可以参与决定公司事务，享有公司的剩余索取权并承担投资的风险。

记者：要使你的这个思维逻辑圆满，还有一个关键问题必须澄清。那就是，作为你思维中承前启后的"投入"必须具有"持续性"含义，如不能是买卖关系，如果是买卖关系，除了权利担保和品质担保外，股东在交易之后就不可能再享有任何后续性权利了。

史际春：你说到了一个很重要的理论问题。创设公司的行为是什么性质的行为？我一直主张，作为投资它是所有权人或他物权人以其财产开拓事业的行为，作为资本及其所有者的结合它是社会成员自由结社的行为，可以认为是股东间的交易行为，但绝不是股东把自己的财产转让或"卖"出去，消灭原先对其出资的财产权而"换"得所谓股权。传统民法理论也认为，创设公司是股东之间的同向行为，而不是如买卖那样的相向行为。

记者：从某种意义上讲，创设公司的行为是一个最为基本的问题。因为股东彼此之间的权利义务关系起源于它，股东参与公司事务表决、选举董事监事也起源于它，股东分配公司利润和提起诉讼也起源于它。按照日本著名民法学家我妻荣的观点，这是债权在近代法中的优越地位的表现。他说，随着资本主义经济组织的发展，所有权逐渐脱离其本来职能而产生支配作用，作为实现支配作用的手段，所有权与债权相结合，加强了支配作用的程度，日益增加了债权色彩。最后，在支配作用达到极点时，所有权就成为手段而被债权否定了。

史际春：在股东权性质研究中，有一种理论便认为股东权是债权。但这就意味着股东对其投资及所形成的企业和财产只有请求权，而没有支配权，市场经济也就干脆别搞了。要知道，在世界上，公司越以股东为本的，其法治和经济就越发达。日本原先不那么以股东为本，法人相互持股和内部人控制较严重，现在也逐渐向最以股东为本的国家学习、看齐。发达国家掀起大规模的保护小股东运动，道理也是一样。因为如果一些人可以通过公司这种合法的形式经常、普遍地侵占另一些人，所有权、财产权不再神圣的话，市场和社会的基础就被摧毁了。随着信用在现代社会中的地位越发突出，债权的作用日益重要，人们因此对它有一些过头的评价，情有可原，但是实践已经证明，债权本质上是财产流通过程中产生的权利这一点是无法改变的。债权以物权为前提和归宿，也只有在定分的基础上才可能有可靠的债权，皮之不存、毛将焉附？有意无意地以债权否定物权，实不可取。

记者：回到前面你说的法人财产权只是股东实现其财产权的副产品，股东权只是所有权人或他物权人以其所有权或他物权投资于公司时的表现形式，又会引发一个问题——当公司财产被董事、经理等公司管理者非法侵占、挪用时，是法人财产权受到了损害，还是股东的所有权受到了损害？如果是前者，那么就得由公司追诉董事等人的侵权责任；如果是后者，那么就得由股东追诉董事等人的侵权责任。从我国公司法关于股东代表诉讼的规定看，立法似乎倾向于前者，即此行为侵害的是法人财产权，股东只有在请求监事等公司管理者追诉未果的情况下，才可以代表公司提起诉讼。

史际春：其实，二者并不矛盾。因为公司的意思和行为应当是或者至少不违背股东的共同意志。在你提及的这些情况下，公司当然可以依据其法律人格或法人财产权寻求救济，以维护股东的共同利益，这正是法律制度设计的精妙所在。而对于承担所有者权益的股东而言，这是第二性的、次生的手段。在公司被损害股东共同利益的人或与其沆瀣一气的人所控制的情况下，那就要股东亲自出马才能解决问题了。所以，股东代表诉讼是一项合理而有价值的制度，但其法理基础并不是法人财产权，而是股东出资的所有权、他物权受到侵害并予救济。股东是公司及其财产的所有者权益承担者，凡是公司或其财产受侵害的，股东在不得已或必要时都应可直接寻求救济。

记者：如果将来公司法修改时，能够规定他人侵害公司财产的，股东可以直接依据其所有权追诉，那么，今天资本市场上中小股东的呻吟可能就一去影无踪了。不过，这样一来，也有问题。如是否会影响到公司的正常经营，股东之间如何分配诉权，等等。当然，这些也是可以通过立法技术处理的。其实，我提出股东代表诉讼问题，是想投石问路。依你提出的理论，既然股东不能取得股东权就丧失了所有权，既然股东权是所有权的表现形式，既然可以用所有权来保护股东利益，那么，目前公司法关于股东权利保护的诸多制度设计，是否还存在根本性的不足？

史际春：关键是理念，而不在纸面上的设计。只要观念到位，现有制度是完全够用的。比如任何人侵害公司或股东的合法权益，股东可否依据其所有者权益直接追诉，毫无疑问这并未超出现行法关于股东代位诉讼和直接诉讼的规定。现在资本市场上侵害股东利益的种种行为，为什么同样的行为在某些国家或地区查处起来雷厉风行、司法救济疏而不漏，而在中国内地却正好相反呢？唯一的原因就是他们把股东权与所有权、property right 相提并论，坚定地严加保护，而我们则认识不一、模糊、动摇。所以，让整个社会接受股东权就是所有权或物权的表现形式、不保护股东权就是不保护物权的观念，把修宪和物权法制定中得到弘扬的精神应用于股东权或股权保护，将财产权神圣融入主流价值观，对于我国公司和资本市场的健康发展是至关重要的。

（原载《检察日报》2008 年 3 月 7 日）

论法人

法人是一种非自然人法律人格。法人概念并不意味着须在法律上、甚至在某部门法中为法人作"顶层"设计。法人制度都是具体的，依任何法律或法律部门成立的法人，当然可以依法参加各法律部门的法律关系。

问题的提出

在我国，关于法人的一般规定仅见于民法。1986 年颁布的《中华人民共和国民法通则》（简称《民法通则》）规定了法人的一般条件和基本规则，并根据中国实际，将得参加民事关系的法人分为企业法人、机关法人、事业单位法人和社会团体法人。2017 年颁行的《中华人民共和国民法总则》（简称《民法总则》）关于法人的一般规定没有实质变化，但在分类上，改按"营利"标准将法人分为营利法人和非营利法人，再将机关法人、农村集体经济组织法人、城镇农村的合作经济组织法人和基层群众性自治组织法人等列为特别法人。由此引出的问题是，不是根据民商法成立的法人参加民事关系时也要符合民法规定的法人条件吗？法律或民法中有无必要集中规定法人的一般规则？法人制度的目的和价值究竟何在，法人之营利非营利是否应当或必须由民商法规定及调整？能否及应否将依宪法行政法成立的公法人视为特殊的私法人？还有一个次要问题，就是"法人以其全部财产独立承担民事责任"也即有限责任，是否为法人的必要条件之一？这些都是我国法律、法学上迄今并未解决的问题。

所谓法人（juristic person），是由特定法律赋予法律人格，可以依法享有权利、承担义务的人或物的组织体。[1]《德国民法典》官方英文版则称为 legal person，与 natural person 相对应。[2]法人的出现，缘于为完成自然人所不能或者难以完成的任务，实现某种特定目的，其价值在于解决非自然人参加法律关系时的人格和能力问题，以维护某个得永续存在、区别于其成员、能以自身名义从事活动，享有权利和承担义务的机构或组织体。[3]

法人制度涵摄于整个法律体系，在各个法律部门中，都可见法人身影，但并非每个法律部门都有法人制度。法人是法律上的人，一个组织或机构一旦依任何法律部门的法人制度取得法律人格，就当然可以参加该法律部门及任何其他法律部门的法律关系，所以法人不仅仅是民商法或私法中的人，对法人和法人制度的探讨不能局限于某部门法，否则难以窥其全貌及准确把握。也因此，并非必须由民法来承担为法人作一般规定的任务，《法国民法典》中甚至没有法人的规定。民法充其量可以规定私法人的一般条件和规则，然而细究之下，也无这样做的必要和实益。比如《民法通则》和《民法总则》关于法人的一般规定，在有关法人资格认定、法人的能力、运行和责任方面，就既不能取代更不能否定公司法、中国人民银行法、国务院组织法、地方人民代表大会和地方人民政府组织法、人民法院组织法、人民检察院组织法等的规定，也不能单独适用于任何法人。何况《民法通则》和《民法总则》关于法人责任承担的规定，只限于有限责任法人，并不涉及依民商法以外其他部门法设立及成立的法人，也不适用于参加民事关系的各种法人，比如国家机关法人和某些公司法人。①

法人制度非民商法或私法所能概括。过往习惯于将整体法人制度置于特定部门法内进行研究，不啻为理论上之偏狭和自我束缚，不利于把握法人及其制度的价值、本质、特征和相应的法律调整。法人究其实质是为了解决非自然人参加法律关系所遇困境而生，具有工具性和具体性，希冀在某个部门法中对其作一般规定，适用于各种法人和参加各法律部门法律关系时的法人，实为教科书式思维，并不符合立法、司法和社会生活实际。

有鉴于此，本文超越部门法以及公法和私法，对法人和法人制度进行整体探讨，以期阐明其原理，廓清相关疑点和问题。

一、法人的制度价值及其功用

法人的客观要求是法人制度得以产生、存续并发挥作用的基础，它的内在本质和外在特征是法律认可非自然人具有人格的原因。

法人萌芽于罗马法时代，其时虽未有"法人"的名称和关于法人的连贯理论，[4]但是罗马法对团体人格与其成员人格的区分，为近现代法人制度的建立和发展奠定了基础。法人一词，是注释法学派在总结概括罗马法的基础上，将其作为自然人的对称提出来的。[5]"法人"出现在法律中，则公认是《德国民法

---

① 比如依外国法成立、在我国境内从事活动的无限公司，发起人依监管要求承担一定经营风险和清偿责任的银行公司，等等。

典》首开先河。

法人与自然人一样是法律上的"人"，如凯尔森所言二者都是法律构造的产物。因为在人类历史上，自然的人未必能取得法律人格而成为法律上的人：自然"人"（person）不同于"man"，就此而言，"自然"人也是一种"法"人。①[6] 在古罗马，奴隶虽为自然的人，但并不具有法律人格，不是法律上的人，因而也不是法律上的权利义务主体，只能成为法律的客体或者权利标的——买卖或使役的对象。虽然"人格"是古罗马将人分为三六九等的工具，起初带有浓厚的压迫与不平等色彩，但是自然的人与"人格"可以分离，以及团体人格与其成员人格的区分，是罗马法留给后世的一笔重要财富。法人制度于近代法肇始时，就运用了罗马法学家有关社团、自治市、基金会等团体的法律分析。比如即使很多士兵死亡并补充新的兵员，军团仍被视为同一军团；国家也仍与百年前的国家相同，即便当时的市民已无人存活；同样，如果一条船经常修补，以至所有的船板都是新的，它还是被看作同一条船。五大法学家之一的乌尔比安也认为，"如果什么东西应当付给团体，则不应将其付给团体所属的个人，个人也不应当偿还团体所欠之债"。[7] 这正是法人作为非自然人人格的本质和理念，以及法人人格与其成员人格相分离之法人基本特征，因此，说法人起源于罗马法，是能够成立的。就实证法而言，早期罗马法中的宗教团体、军队和丧葬团体并不具有"人格"，即使它们也都是以团体的形式、名义出现的；到共和国末期，国家和地方政府开始有了自身人格，并与其成员相分离。之后罗马法还承认神庙享有财产权，可以自己的名义订立契约，取得债权，承担债务，其构成的基础是财产而非人，此即财团的萌芽了。当然财产的主体仍是人。可见，尽管罗马的私法最发达，但是"法人"并非出自私法，而首先是在社会政治领域产生的。

法人之客观要求，是随着社会发展，人的活动越来越需要超越自然人的身体、能力和品格，在群体乃至社会的基础上以某种共同意志开展行动，获得稳定性、延续性，进而为法律所认可。这就是军队、各种自治团体，以及代表一定范围的社会并以其意志自居开展活动的政府或国家。法人的滥觞，业已揭示出法人的原因、指明了法人的本质——非自然人之法律人格。

"法人避免了自然人的不稳定性，其存续不受自然死亡的限制。"[8] 不仅于此，自然人存活状态下也具有极大的个体差别，其生理素质和能力各异，将众

---

① 他还说，man 和自然人（person）的关系，并不比 man 和技术意义上的法人之间的关系更密切。

多个体聚集在一个名义下也能发挥其分工合作的作用，凝聚成个体所无法企及的合力，成为组织社会的基本工具。这在古罗马社会中已经显现，"同一个有组织的、人员熟习的团体打交道，比起同一群漫无组织的陌生者打交道要容易得多；而帝国行政当局如果没有这种组织的帮助就根本无法解决运输大量笨重物资这一极端棘手的问题。"[9]因此，法人和法人制度是为了使越来越多以非自然人名义从事活动的主体合法化，从而突破自然人的局限而产生和存在的。此既解决了人的社会性、结社性的自我需求，满足法律对人的本性所作的基本预设，也构成对人的社会性这一命题所内含的国家组织、公共管理、自治和结社等基本要求的满足。正如马克思所言，"人的本质不是单个人所固有的抽象物，在其现实性上，它是一切社会关系的总和。"[10]

此外，法人制度也是对商品交换、团体责任等社会发展趋势的回应。即当生产经营的主体从个人发展到无限公司、两合公司、合股公司等，成为经济上的必需，则免不了要在法律上将这些自治性组织视为权利义务的载体。[11]这个过程，从11世纪地中海沿岸商业和手工业兴起，出现现代商事企业的雏形，到17世纪法国法正式认可无限责任的公司，以及西欧各国纷纷成立皇家特许的殖民公司比如东印度公司，商事组织的人格不断强化并得以确立。[12]因为以团体方式从事市场活动时，必须对团体及其成员作一定程度的区分、隔离，否则交易主体是谁及伴随而生的责任承担问题都将成为交易的障碍。法人的基本特征之一，便是它自身作为一个法律实体与作为其成员或者承担其职能的个人相分离。亦如韦伯所言，将所谓团体的法人格的观念最理性地实现出来的办法，是将成员的法律领域与完全和特别建构出来的团体的法律领域分隔开来。[13]这种区分、隔离出"双主体"的做法，为法人作为组织、团体能够享有人格，行使权利和承担义务奠定了基础。随着商品交易暨市场经济的发展，区分法人及其成员，并一般地赋予商事法人以有限责任的做法，也是客观必要，以利市场主体之风险预期和把控。

近现代法人的理念和实践，也是首先出现在公法部门中。在私人和私权与国家政权、政府相比微不足道的时代，承认私法"法人"的难度远高于对政府、自治市等人格的承认，统治者存在着对私的组织、团体借权利来对抗权力的担忧。德国直到19世纪中叶，有关社团的立法仍深深地带有对社会中各种团体不信任的烙印，将其视为对国家权力的潜在威胁。[14]国家之所以认可商业社团的法人地位——一种以团体名义受领、行使和持有行业垄断权的资格，也是为了将商业社团改造成推行公共政策的工具。[15]到19世纪末，《德国民法典》才通过"权利能力"的逻辑推演，为团体赋予类似罗马法"人格"的"权利能力"，在私法上确立法人的概念和地位。"权利能力"从技术上解决了自然人与法人在同一民事主体概念下共存的问题,从而避开了主体的"伦理性"困扰。[16]德国人的逻辑性和逻辑整合能力,对法人制度的确立作出了贡献,解决了并无伦理性的法人似乎不能获得法律人格的问题。但这只是头脑中制造出来的问题,法人从来都不是由逻辑派生的,而根源于社会及其实践,《德国民法典》如此一来,关于法人的理论也被人为地复杂化,模糊了法人的本质及其在法律体系中的地位。法人制度不过是通过法律技术来适应社会发展的需要,使以非自然人名义从事活动的主体合法化,弥补自然人之不足,在社会生活各领域追求法人固有的"铁打的军营流水的兵"之效果,德国人的逻辑严谨暨《德国民法典》却使得法人作为法律人格的本质被淡化;对法人的概括首次在私法中完成,也产生出一种假象,即:法人作为制度是私法的,法人制度的"顶层"在私法中。受此影响,我国立法者也下意识地认为,应当在《民法总则》中对法人作周延分类,使之包容现存的各种形式的法人。[17]

然而,作为法律工具和工具性法律制度,在一国法律体系中,并不存在顶层的、一般的法人制度。包括民商法在内的一些部门法中存在法人制度,但都是具体的,比如《中华人民共和国公司法》(简称《公司法》)、《中华人民共和国国务院组织法》《中华人民共和国地方各级人民代表大会和地方各级人民政府组织法》,等等。法人的活动并不局限于某法人所由成立的特定部门法范围,如上所述,法人的本质和特征乃是法律赋予某机构或组织以不同于其职责承担者或组织成员的人格从事活动,其活动范围涵盖整个法律领域。法人和法人制度非民商法独有,也难谓其主要价值只存在于民商法领域,民法或民商法只是我国社会主义法律体系的部门之一。

二、不同法律部门对法人的关注和调整各有侧重

法人是共通于所有法律部门的基础概念,但是不同法律部门对于法人的关注和调整各有侧重。法人不仅是拟制的产物,也是权利义务、职权职责的载体和承担者,在各部门法的法律关系中,法人的特殊性主要不在于创造一个新的主体,而是基于特定部门法的调整任务、调整对象的特殊性,从不同层面赋予既定的法人以某种权利义务、职权职责,从而对其形成一种不同于其他部门法的关注和调整。[18]具体来说,法人可依不同的部门法而成立,私法人侧重于其交易地位的承认及财产责任如何承担,公法人则强调法人以特定人格完成法律所赋予的公共管理职责和任务,无论依何部门法成立,一个组织或机构一旦取得法律人格,即可据此参加各个法律部门的法律关系。比如公司是依公司法暨

民商法成立的，国家机关法人是依宪法行政法成立的，但其成立之后，都既可参加民事法律关系，也可依法参加其他法律部门的法律关系，如公司和政府机构都可从事交易、公司依法纳税并接受政府的工商管理和金融等规制、中国人民银行发行货币及进行外汇管理、劳动部门开展劳动监察、法院检察院参加诉讼法律关系、外交部商务部等代表国家参加国际法的法律关系，等等。

法人的目的框定其能力，也即法人行为的范围，所以法人必然是合法组织，以法人的名义为法人目的所不允许的活动，如海关、使馆走私，以公司的名义受雇行凶，此时海关、使馆、公司作为行为主体就不再是法人或法律主体，而只是团伙或某种客观存在的组织。所以团伙、组织、机构、公司、单位等是可以犯罪的，法人是不能犯罪的，这是一种客观社会存在与法律上层建筑的关系，法律不允许任何人以法人的名义为犯罪行为。同时，法人在其目的范围内从事的活动未必都是合法的，也可能因过错或滥权等构成违法，此时法人应当就其行为承担相应的法律责任。因此法人可能违法，但不能犯罪。

依特定法成立的法人依法参加任何法律部门的法律关系，其既定的法律人格无须由所参加法律关系之相应法律部门再行确认或认可。因此，在某个具体法律或部门法中一般地规定法人的条件，是不必要的。倘若如此，也只应在宪法中增设法人一般规定，然而并无任何国家这么做，均不影响其根据实际需要设立法人从事相关活动。何以如此？理解其原因的关键词就是"人格"，而且法人制度都是具体的。一国法律体系是一个整体，法律部门划分是相对的、概念或观念上的，一个组织或机构只要依特定法律或法律部门取得法律人格，就获得了法律主体地位，即可在该法律体系之下或在其范围内依法从事活动。按照全国人大常委会的官方解释，我国社会主义法律体系由宪法及相关法、行政法、民商法、经济法、社会法、刑法、诉讼与非诉讼程序法等七个部门构成，法人制度和法人在其中的地位和作用各不相同。

就渊源位阶和在法律体系中的地位而言，在法人及国家、社会中居于主导地位的是依宪法行政法成立的国家机构法人，如全国人民代表大会及其常务委员会、国家主席、国务院、中央军事委员会、地方各级人民代表大会及其常委会、新近设立的国家和地方各级监察委员会、地方各级人民政府、民族自治地方自治机关、人民法院、人民检察院、中国人民政治协商会议全国委员会及各地方委员会，等等。这类法人的意义，在于以其自身名义承担宪法和法律赋予的职责，从事立法、监察、行政、司法、外交、军事等等活动。法人有层次，国家是由万千国家机构组成的一个体系，宪法和法律规定的国家机构多有下属的分支机构，比如国务院和各地方政府有发展和改革、公安、财政、商务等组成部门。那么，在宪法法律明确规定的国家机构法人之下，哪一层级的分支机构才是法人？对此是无法用法条具体划分或划界的，判断标准仍要回到"人格"上来。依法人的本质，法人必须有自己的人格，判断的一般原则应为某机构能否以自己的名义单独或面向公众履行职责，肯定的就是法人，反之则否。公安局、公安分局都可以是法人，刑侦大队则未必；检察院、检察分院是法人，其公诉处则不是。无论是国家机关法人或其分支机构履行职责，均无须考虑能否独立承担自己行为的法律后果。因为国家机关及其工作人员行使职权原则上无须对外承担责任，对偷盗猖獗、市场监管不力，警察部门和证券、银行等监管机构并不必对受损害的个人和法人承担责任，各国皆然；即使承担法律责任，则多为国家政权体系内部的责任，也可能是由上级法人承担责任，甚至由国家承担责任即国家的赔偿和补偿。

依宪法行政法成立的法人不限于国家机关，还包括居民委员会、村民委员会、政府设立的事业单位、政府性基金等。

就宪法行政法而言，其对法人的关注重点不同于民商法。《民法通则》第50条规定"有独立经费的机关从成立之日起，具有法人资格"，《民法总则》第97条规定"有独立经费的机关和承担行政职能的法定机构从成立之日起，具有机关法人资格"，这种确认国家机关法人地位的规定，既不是《德国民法典》关于特定公法人之特定事项准用条款，[1] 也与具体的公法人制度有别。事实上，国家机关是否具有法人资格，与其有没有独立经费无关，因为国家机关的分支机构也可能是法人，以其自身名义履行职责。而且国家机关都不是独立的，而依法处于一定的权力支配体系中，据以行为的人格与承担责任的主体未必吻合，其活动经费或使用的财产并不足以或者法律不准许用以对其行为造成的后果承担全部民事责任。应该讲，依宪法行政法成立的法人或曰公法人，自有其设立宗旨和目的，就其履行某种公共管理职能的价值而言，远超其偶尔、附带地参加民事关系，成为民事法律关系的主体，鉴于其在宪法行政法领域及整个法律体系中的主导作用和独立价值，不应在民法中被规定为特别的私法人。这种要将民法作为法人之顶层法律部门的行为是需在民法中对各种法人作一般规定的

---

[1] German Civil Code Book 1 "General Part" Division 1 "Persons" Subtitle 3 "Legal persons under public law" Section 89 "Liability for organs; insolvency": (1) The provision of section 31 applies with the necessary modifications to the treasury and to corporations, foundations and institutions under public law. (2) The same applies, to the extent that insolvency proceedings are admissible with regard to corporations, foundations and institutions under public law, to the provision of section 42 (2).

观念在作祟。公法人依法成立后，就是社会中的一种合法、实然的存在，其能否参加民事关系及如何承担民事责任，依其成立所适用的法律部门即可，民法对此根本无从调整，做任何规定都没有意义，此时民商法只需被动地承认公法人具有合法的私法地位。像《德国民法典》第89条那样的公法人准用条款，也是不必要的，因为公法优于私法，有关公法人违约、不能清偿时如何处理，肯定不能由私法或民商法说了算，地方政府甚至国家能否破产根本不是民商法问题。比如乡镇财权与事权不匹配导致负债，许多城市为发展大兴土木、大量借债濒临违约，它们的上级、中央和人民都不可能允许其破产免责，事实上，中央一个政策，就能把这个多年形成的问题很好地解决。总之，宪法行政法与民商法在宗旨、性质上的区别，导致二者有关法人的旨趣大相径庭，民商法侧重的是法人的交易人格及其责任承担（未必是法人自身承担责任），而宪法行政法上的法人作为国家或者政权组织、行使权力的载体形式，侧重于通过各种具体法人组织形式去完成政权所需的立法、监察、行政、司法等公共管理任务。以行政组织法为例，其致力于法律上如何形塑、支撑乃至影响行政组织的内外规制结构，借此运用组织手段来实现行政任务。

国家机关法人及其他依宪法行政法成立的法人履行职责或开展活动，不仅形成并参加宪法行政法领域的法律关系，必要时可参加民事法律关系，更要依托其职能，参加经济法、社会法、刑法、诉讼和非讼程序法等法律部门的关系，比如反垄断调查处理、与企业发生劳动监察关系、与劳动者发生社会保险关系、刑事案件侦查、公诉和审判，等等。

民商法中的法人制度，实际上只有公司法，即依我国民商法成立的法人只有公司——有限责任公司和股份有限公司。①[19]其他如非公司国有企业法人、事业单位法人、社会团体法人、农村集体经济组织法人、基层群众性自治组织法人等，都不是根据民商法成立的，而是依宪法行政法、经济法、社会法等其他部门法成立之后参加民事关系而已。

根据经济法的主体制度成立的法人，除了合作社暨农村集体经济组织外，主要是独立监管机构和国有企业法人。在我国法律上，没有明确的法定机构（statutory organisations）概念，如美国的联邦贸易委员会、美联储等，都是依专门的法律设立运作的法定机构，而我国的证监会、银保监会等专业监管机构在

---

① 在西方国家，民众自治的意识和能力较强，合作社完全是在社会自治的基础上成立和运作的，因而合作社法属于私法或民商法。而在中国，乃至东亚国家和地区，合作社的产生和存续有赖于政府的倡导和扶持，甚至合作社之合作性质也须由政府刻意维持，所以合作社法在中国属于经济法范畴。

法律性质上是承担政府职能的事业单位。中央银行在国外都是经济法性质的法定机构或特殊企业，由于有《中华人民共和国中国人民银行法》这一专门立法，所以中国人民银行也是法定机构，但与国外不同的是，中国人民银行在我国属于中央政府组成部门。

国外的国有企业传统上多为法定机构，如英国电信公司有《英国电信公司法》（British Telecommunications Act）、日本国铁有《日本国有铁道法》，但20世纪80年代以来基本上都私有化为普通企业或者政府控制的商事公司，作为国有企业法人的法定机构寥寥无几了。至于国有企业法，可谓地道的经济法上的法人制度或主体制度，因为国企是政府代表国家出资并予控制或施加重大影响的企业，其资本关系和治理必然要与政权体系相衔接，公私融合的性质和特征尤为显著。在我国，相应的法主要是《中华人民共和国全民所有制工业企业法》《中华人民共和国企业国有资产法》，《公司法》中有关国有独资公司的特别规定，以及适用于国有的有限公司或股份公司时的《公司法》《中华人民共和国证券法》等，由此构成国有企业法人制度。

经济法和社会法同属"第三法域"，介乎于公法和私法，亦公亦私、非公非私。由于在市场和政权之间，各种社会性活动越来越多，人的社会性联系愈益紧密，与其他部门法相比，根据社会法成立的法人种类是最多的，在我国包括社会团体、工会、仲裁委员会、民办事业单位、基金会、非市场性非政府性基金等。这些社会法上的法人，性质上与我国事业单位主要作为承担政府的职能和任务的非政府机构不同，① 属于承担非政府职能的非政府机构；适用的法律法规主要有《社会团体登记管理条例》《中华人民共和国工会法》《中华人民共和国仲裁法》《民办非企业单位登记管理暂行条例》《基金会管理条例》《中华人民共和国公益事业捐赠法》《中国宋庆龄基金会基金管理办法》，等等。

刑法、诉讼和非讼程序法本身都没有法人制度。参加刑事法律关系、诉讼和非讼程序法律关系的法人，主要是公检法机关法人、仲裁委员会和各种企事

---

① 我国的事业单位主要是由政府设立的，在改革中，非必须由政府举办、也不必给予财政保障或财政托底保障的事业单位逐渐市场化，改制为企业或公司，如一般的报纸、出版社、演艺团体等；依其发展趋势，事业单位终将凸显承担政府职能或任务的非政府机构之本质，比如承担政府监管和统筹职能的银监会、证监会、保监会、全国社保基金理事会等，鉴于事业涉及公共秩序和公共安全而必须由国家承担职责的气象局、地震局等，党政机关报如人民日报、人民政协报、人民法院报等，承担政府技术性服务性工作的国家信息中心、疾病预防控制中心、特种设备检验检测所等，因社会事业必须由政府起引领、主导、示范等作用而设立的新华社、中央电视台、中国科学院、中国社会科学院、公立大学、公立医院、国家博物馆等等。

业法人。

三、民法中为何及应当如何规定法人

民法中关于法人的规定，应仅适用于民商法法人制度范畴的法人，而《民法通则》《民法总则》关于法人的一般规定，即依法成立、有必要的财产或者经费、有自己的名称和组织机构、住所或场所、能够独立承担民事责任，[20]大有适用于各种法人之意，涵盖参加民事关系但并非根据民商法成立的各种法人，比如国家机关、事业单位、社会团体、群众自治性组织等。而其他国家和地区的民法中但凡对法人有所规定的，比如德国民法典、日本民法典、台湾地区的民法，都没有这样关于法人条件的规定。究其原因，一方面没有必要，法人各有其具体适用的法律，法人的成立无法适用该等一般规定，也不能根据这样的规定来认定某机构或组织是否为法人；另一方面，不同法律部门对法人的关注重点或法人条件并不相同，这些一般规定不可能适用于任何参加民事关系的法人，比如"独立承担民事责任"对国家机关和多数事业单位就不适用，甚至对根据民商法成立的法人也不完全适用。而且，此处列举的三个民法典中有关法人的规定，十分明确只适用于私法人，《德国民法典》第89条规定公法人，也不是公法人全面准用民法典，而只是特定公法人涉及清偿不能时准用民法的规定。

民法中规定法人，只在于明确某组织、机构能否以其自身名义参加民事关系，也即是否具有参加某民事关系的人格或合法主体资格，比如某大学肯定可以，但某大学某学院能否以学院的名义购车、买房？一般的大学学院可能不行，独立学院大概可以，这事实上要根据教育法、社团和民办非企业单位登记等社会法，以及学校的章程加以确定，民商法对此是无能为力的。如果能，则要确定该行为之民事责任最终如何承担，是学院以其握有的全部财产承担有限责任，还是要由学校承担责任，甚至学校的举办者也要承担补充或连带的责任？

由此引申出法人责任的问题。从理论和逻辑上说，民法关注和调整法人，只是要解决组织、机构参加民事关系时的人格问题，而与以该人格参加民事法律关系的主体是否只承担有限责任没有必然联系。众所周知，除我国外，大陆法系国家和地区的公司法都规定或认可无限公司（普通商事合伙）、两合公司（有限合伙）是法人，但这两种公司都要由全部或部分股东承担无限责任，公司不得以其经营管理的全部或部分财产承担有限责任。参加民事法律关系时的国家机关法人都不可能只承担有限责任。况且，即使是依民商法也即公司法成立的法人，是否承担有限责任也不由民法中的法人规定说了算，而要根据公司法、

证券法、经济法和有关法院判决等来确定，包括但不限于"刺破公司面纱"、公司与股东财产混同、控股股东、实际控制人、一致行动人、同一经济实体、合并财务报表、银行公司发起人自担剩余风险安排（也即"生前遗嘱"）等，兹不赘述。比如子公司和一人公司，形式上具有完全人格，实际上其活动要遵从控制公司或股东的意志，因此往往要受"经济实体"、财产或人格混同、一致行动人、股东或实际控制人负责等法律原则或规则的制约，由集团或股东承担责任，或者股东、实际控制人承担补充责任或者连带责任，这不仅仅是例外的"刺破法人面纱"。所以，就法人对其行为承担责任而言，关键是能追责、有人该当责，而非必须由该法人自身担责，更不必或不允许以其管辖、掌控的全部财产承担责任，有限责任不是法人的本质要求和必要条件之一。

法人的效用，更多地表现于其外部，法人的内部关系或者说法人治理必须适用各该法人成立所依据的具体法人制度。为解决民法所关注的人格和责任问题，就法人的规定而言，民法真正应该专注的是法人意思的表达（代表和代理）、法人与其成员在责任承担上的关系，以此为社会成员或市场主体利用法人之法律形式开展活动提供指引，为法官和仲裁员裁判因利用法人制度而发生的纠纷提供准则。除此之外，不宜作过多的限制性规定，而应由具体的组织法规范加以明确。因此，民法范畴内的法人制度只需区分法人和非法人组织；在法人部分，区分形式上实质上均具有完全人格并得独立承担责任的法人，以及形式上具有人格、实质上不能独立承担责任的法人。对于非依民商法成立的法人，民法如欲规定，也只要规定"国家机关、人民团体、事业单位、社会团体、其他企业和非企业法人参加民事法律关系的，与其他主体的地位平等；其主体资格和民事责任承担，依其成立所适用的法律"即可；将教科书中的话搬到法律和法条中，至多好看但并没有什么用处。

因此，如果不能解决法人人格及其责任由谁承担这两个关键问题，民法中关于法人的规定都只有纸面的意义，而无实际价值。甚至民法对法人不做规定也无妨，因为法人依任何法一旦成立，也就取得了法律人格，当然可以参加民事关系，比如国家机关、事业单位参加民事关系的，并不需要主管部门比如政府市场监督管理部门再依民法事先认定。

总之，我国民法对法人做了过多无关或无意义的规定，既浪费立法资源，还造成理论的困惑和实践困扰。各国民法中均无关于法人条件的一般规定，许多国家的民法中对法人不做规定，都不存在任何问题。民法如要表达各种法人都可参加民事关系，则像《民法通则》那样概括列举我国的各种法人，也不失为一种简明易行的做法。

四、法人是否具有营利性主要为税法所关注

法人作为得参加各部门法律关系的一类主体，理论和法律对其有着多维的关注面，是否营利或者是否具有营利性就是维度之一。所谓营利或营利性，是指经营性主体的出资者或者股东为了获取利润而投资经营，依法得从所投资的主体获取资本的收益。简而言之，法律上的营利或营利性是针对组织的举办者或投资者能否从该组织分配盈余和财产而言的，与该组织事实上能否赚钱、是否获得利润而盈利并无关系，对主体采取何种法律形式及其内部治理也在所不问。

营利非营利主要是税法所关注和调整的，民事法律无须且无从关注。例如，一个营利性公司法人与一个非营利的学校、医院参加同一民事法律关系，或者实践中常见的基层政府与私人企业、个人开展交易，双方法律地位平等，不因营利非营利而有任何分别，无论是否营利，都要依法、依约履行民事义务，承担相应的民事责任。而且法人是否营利，与特定的组织形式无必然联系，比如非营利组织也可采取有限责任公司、股份有限公司形式。以典型的大陆法系国家德国为例，其非营利组织的法律形式可以包括有限公司、股份公司和基金会，每一种社会组织比如学校、医院等都可以是公益的，也可以是营利的；可否享受税收优惠也与主体的组织形式无关，营利或非营利的公司都可能享受税收优惠，公益组织如有营利行为，则不但要为盈利缴税，[21]还可能受主管部门和税务部门的处罚。

大陆法系民法区分社团法人和财团法人，着眼于法人是否有组织、有成员，及相应的其参加民事法律关系的不同特点，而并非关注其营利与非营利。就法人制度而言，法人是否营利、如何营利是其自己及法人成员考虑的问题，民事法律作为中立的技术法，就该制度作整体规定时不应涉及法人营利与非营利的目的判断，[22]当然，关键是营利非营利与民法对法人的调整没有任何关系。亦即法人的营利性问题，仅存在于法人与其成员之间，就私法自治而言，法人营利或非营利均无不可；营利性涉及的是法人的盈余和财产可否向成员分配，非营利法人是否依法或违法分配，这也与民法无涉，并非由民商法所调整。

是否依民商法中的法人制度成立的法人主要是营利公司、公司主要是营利法人的组织形式，民法就该以营利为标准对法人做分类呢？答案是否定的，因为社会成员举办营利公司是其权利而非义务，设立与否悉听尊便，不是必须营利，而且公司也可作为非营利组织的法律形式。事实上，立法者也不是这个意思，《民法总则》区分营利非营利法人，如前所述，目的是使法人分类尽可能周

延，涵盖尽可能多的法人种类。然而，除了企图在民法中对法人作一般规定、将民法作为法人制度的顶层法律部门并不妥当外，立法者将事业单位法人与社会团体法人归作一类，并认为在民法中规定非营利组织有利于健全社会组织法人治理结构，在理论上和实践中也都是不通的。因为事业单位本质上承担的是政府职能或政府交予的任务，属于准政府机构，① 这也是事业单位的改革方向；② 社会组织的法人治理，则不属于民商法调整的范畴。

营利公司依股东会或董事会决议不分配利润也是完全合法的。要求营利法人必须分配利润，或者非营利法人违法分配利润应受处罚，则超出民商法范畴，属于政府规制或税法的范畴了。至于营利非营利法人的成员与法人或其相互之间因利润分配发生民事纠纷，则在营利非营利的既定选择下，具体依公司法、股东协议和公司章程等处理即可。"是否分配和如何分配公司利润，原则上属于商业判断和公司自治的范畴"，如有大股东或控制股东"滥用权利，导致公司不分配利润给其他股东造成损失的"，则可通过民事诉讼加以解决。[23] 正如其他大陆法系国家的公司法只强调公司是法人而不介意公司的营利性和有限责任，这并不涉及营利非营利的抽象标准及概括或顶层的规定，也与民法是否以营利为标准对法人进行分类无关。

营利性与经营性是不同的概念。所谓经营性，是指基于一定的目的进行筹划运作，计较投入产出，进行经济核算，借以参与社会的经济、文化等活动，通常是商事或商业性经营，也可以是不直接面向市场的非商事非商业性经营。经营所获盈余或经济利益，如向投资者或股东分配就是营利性，不分配则属非营利性。经营性既可以是营利性经营，如一般的公司、企业；也可以是政策性经营或公益性经营，如政策性银行是政策性经营，社会企业以及邮政、电信、电力等普遍服务则属于公益性经营。甚至政府提供服务也要经营，以取悦于公

---

① 类似于日本的行政法人或独立行政法人。鉴于许多应由政府承担职责来兴办或从事的事业不适合以政府组织形式运营，又因涉及公共利益或国家利益，不宜采取非政府组织也即社会团体的形式，这类法人制度在日本应运而生，相关法人为中国人所熟悉的有日本国际协力机构（JICA）、日本贸易振兴机构（JETRO）等；广义上，日本的大学法人也属行政法人。

② 所以事业单位与政府一样，本质上不存在营利非营利问题，尤法纳入以营利非营利为标准的法人分类。《民法总则》立法者也意识到不能把政府归入非营利法人，却因对事业单位的性质和国外准政府组织法人的认识不到位，而对事业单位的定位发生错误。当然，事业单位法人制度不属于民法范畴、不是民商法的主体制度，事业单位参加民事关系时的人格、能力及其法人治理也不由民商法调整，所以该立法或法律文本错误尚不至对实际生活造成影响。

众及消费者，不能不计得失以行政手段为之，要以经营手段提升政府的执政能力和工作水平，如经营政府或城市经营。[24] 政策性、公益性经营所追求的，不是为投资者或股东赚取利润，未必追求在每一项具体的经营或交易活动中获利，而是追求社会效益或超越企业的更大范围、更高程度上的一定经济目的。营利也不能和盈利或赢利画等号。因为营利法人可能因市场行情不佳、决策失误、经营管理不善等原因而不盈利或者说亏损，非营利法人（如政策性企业、将盈余用于公益活动的社会企业）甚至政府在市场经济条件下也往往需要尽可能赢利，不能亏损或必须维持一定的盈余。

　　既然营利非营利与民法无关，各国民法对其都不做规定，更不以此为标准对法人进行分类，则《民法总则》何以将法人分为营利法人和非营利法人？究其原因，是立法者的认识受了某些《德国民法典》中译本将其第21、22条译为"非营利社团"和"营利社团"的误导。[25] 而该二条分别应为"商事社团"和"非商事社团"，商事社团是指"以商事经营为目的的社团"，非商事社团是指"不以商事经营为目的的社团"。① 商事经营或商业化经营，大致就是经营，但更侧重于商业性筹划、营销和赢利，非营利法人也不妨商业化经营，比如合作社、社会企业、政策性银行与普通的企业一样要面对市场竞争，必须商业化运作，博物馆可以生产销售纪念品礼品等、慈善机构按国际惯例也可通过商业活动比如开商店获取自身所需经费，等等。相应的，营利法人也可能不需要商业化经营，比如专门提供政府购买服务的营利性公司就不一定需要商业化运作，只要政府足够青睐和信任；为军工或大企业等做专业配套的企业法人也不需商业化，只要"埋头干活"做好专业即可。西文中的营利（profit）非营利（non-profit），与经营（business operation or business）非经营（non-business operation or non-business）是不同的，之所以将其混淆，把《德国民法典》第21、22条译为非营利社团和营利社团，唯一的原因只能是不理解营利非营利、商事（commercial business or business）非商事（non-commercial business or non-business）和经营非经营之关系所致。[26] 相比之下，另一些《德国民法典》中译本将其分别译为"非经营性社团"和"经营性社团"，则大体是准确和正确的。[27] 总之经营既可以是营利性经营，也可以是非营利性经营。

---

① German Civil Code Book 1 "General Part" Division 1 "Persons" Title 2 "Legal persons" Subtitle 1 "Associations" Chapter 1 "General provisions" Section 21 "Non-commercial association", Section 22 "Commercial association". Non-commercial association is an association whose object is not commercial business operations; commercial association is an association whose object is commercial business operations.

还需指出的是，《德国民法典》开创将社团法人划分为商事社团和非商事社团的先例，实为时代产物，具有明显历史局限性。19世纪末，大陆法系国家的自由市场和私法编纂进入巅峰，公法私法两分的观念深入人心，法典意将公法以外的法人都囊括在内，然而20世纪初以后第三法域急速扩张，非商事社团制度在当代已脱离民商法范畴，主要成为社会法上的主体制度，其民法调整已力所不逮。比如财团法人法通则和分则愈益由专法规定，民法中关于财团法人的规定被架空而不再有意义。另一方面，《德国民法典》制订时，除商品生产经营外，教科文卫体等社会事业都采非商事方式经营，相关主体为非商事社团法人，而随着社会化、市场化的发展，出现了"泛商化"趋势，各种社会事业乃至政府举办公用事业、提供公共服务，都要披上商事经营的外衣。在此条件下，以商事非商事来划分非公法法人也失去其意义，原本的非商事社团如今主要活跃在社会法、经济法领域，相关法人制度不得不从民法部门中分离出来。国有企业等新兴的商事社团也日益普遍化，尤其在中国，成为经济生活中的一支重要力量，商事社团不再局限于依私法或民商法的法人制度成立的法人。[28]所以说，大陆法系在公私法分野基础上对私法的法人制度作商事非商事、经营非经营的分类，也已过时，不再值得我国法学和法律体系跟风追随。将此理解为营利非营利，则更是有误、不搭界了。各种具体的社会法、经济法法人制度，都无须在民法中作不必要的概括。当逻辑不再符合实际，则回归简朴就好。

因此，民法从营利与否的角度对法人进行分类，以此为基准对法人进行民事法律调整，是不能准确理解和把握经营与商事、营利非营利、营利性经营、商事或商业性经营、政策性经营、公益性经营等相互关系之故，是一种"失焦"。法人是否营利或者具有营利性，主要是税法所关注和规制的。

税法关注和规制营利非营利，是因为这与税法上的可税性相关。一般而言，就某一行为应否征税，考虑的因素主要是收益性、公益性和营利性。其中，主体的营利性，是辨别该主体是否为所得税纳税主体的考量因素，要根据主体是否具有营利性为标准，来判断该主体应否缴纳所得税：营利法人必须就其收益缴纳所得税，非营利法人的收益依法无须缴纳所得税。而且，这种营利性判断是动态的，非营利法人违法分配违背非营利要求的，就不仅要由税务部门对其收益或盈利征收所得税，还要由民政、教育、卫生等主管部门就其擅自分配的违法行为依法给予处罚。税法暨经济法、社会法以此作为引导、调控经济活动和社会事业发展的一种手段。不仅我国如此，以营利非营利为标准来认定法人应否缴纳所得税也是各国通行的做法。

与所得税不同，流转税是以商品或服务的销售额、营业额为课税对象，则不考虑主体之营利非营利，而是就每次交易所涉商品和服务的种类、性质和特点，来确定是否减免税。也即对营利性主体的公益行为和非营利主体的赢利活动区别对待，只考虑行为而与主体是否营利无关。[29]以流转税中最重要且具指标意义的增值税为例，任何营利非营利法人，包括企业、行政单位、事业单位、军事单位、社会团体及其他单位，凡销售货物或者提供加工、修理修配劳务以及进口货物的，都是增值税纳税人。但对于经营古旧图书、进口直接用于科研和教学的仪器设备、外国政府或国际组织无偿援助的物资和设备、残疾人组织直接进口供残疾人专用的物品等，免征增值税；对销售或进口粮食、自来水、暖气、天然气、图书、报纸、杂志等涉及民生和文化的货物，实行优惠税率。[30]可见流转税是否减免，是以交易客体为标准，而不考虑主体性质，尚未改制为企业的报社、出版社事业法人，乃至政府、部队等国家机关法人，也是一般要缴纳增值税的，特殊情形下则与企业等营利法人平等地享受税收减免待遇。无论如何，营利非营利之法人分类与民商法无关，其意义主要在于税法中的所得税，与其他类型的税如流转税、财产税、行为税的关系也不大。正因为如此，任何国家和地区只在税收征收管理或税务操作中有此分类，甚至不见诸法律之明文。

在国际上，还出现了营利法人和非营利法人混合的现象，这是经济社会发达的要求和结果，在我国也有这种趋势。比如非营利组织举办企业，国际上典型的是社会企业，在我国典型的是高等学校及其院系设立营利性企业，又如宗教团体拥有众多商事企业和商业地产；以及营利性组织举办非营利组织，常见的是企业集团举办非营利的学校、医院等。由此，非营利组织与营利性企业相兼容，二者的界限也变得模糊了。

那么，能否说营利非营利的分类对于社会法的法人是有价值的，应当在社会法中作此分类规定呢？答案也是否定的。因为从实务和操作的角度，除了以接受捐赠为主要收入来源的组织本身不宜设立为营利法人外，原则上不必以所从事的事业性质来限定该组织是否营利，诸如学校、医院、博物馆、出版和传播、文艺、体育组织等，均可依举办者的意愿设立为非营利或营利组织，不必强制，只要以税法作利益引导即可。"如此可使营利和非营利各得其所，仅以税收区别对待之，既尊重了社会成员的自由意愿、促进社会事业发展，又可使得对非营利组织的法律规制简明有效，而不必计较某机构采取何种法律组织形式及从事何种事业"。[31]再从立法上说，社会法的法人制度分散在教育、医疗卫生、体育、工会、仲裁等不同的法律中，社会法没有也不需要总则，在某个具体社会法法规中对法人进行分类既不必要更不适当。因此，社会法的法人制度对营利非营利可在所不问，只需由相应领域如教科文卫体等的法作具体规定即可。

在经济法中，还存在刻意淡化主体营利非营利的情形。因为市场经济最讲究公平竞争，在市场中损害公平竞争、扭曲或破坏市场机制的，可以是包括营利非营利、经营非经营以及国家机关在内的各种主体或法人。所以在竞争法暨经济法中，形成了"经营者"概念。营利与否可以用做判断某主体是否经营者的标准之一，但不是主要及重要的标准。垄断和不正当竞争属于市场范畴，能以自己的行为影响市场竞争比如老板的配偶、政府部门等，从而构成垄断和不正当竞争行为的，却未必是市场主体。当代竞争法具有行为法的品性，在乎行为方式不扭曲市场机制的正当性，而不在意行为主体的身份如何。[32]行业协会是典型的非营利组织，可是《中华人民共和国反垄断法》（简称《反垄断法》）却专设第16条，规定行业协会不得组织其成员从事该法禁止的垄断行为。近年司法实践也在判决中逐渐确认非营利性主体得构成经营者，其中包括高等院校、行业协会，甚至作家，等等。在发达国家，比如欧盟和德国，政府的非主权行为扭曲或可能扭曲竞争时，都可能成为竞争法上的"企业"（undertaking，相当于我国的"经营者"），①[33]德国联邦劳动总局从事职业介绍活动即被欧洲法院判定为"企业"而适用竞争法。[34]我国竞争法虽未将政府暨国家机关规定为经营者，但在《中华人民共和国反不正当竞争法》和《反垄断法》中，都明确政府不当限制、扭曲竞争是违法的，[35]事实上也出现了众多这方面的案例。

由此说明，营利非营利只是税法所关注的一个方面，在社会法和社会管理中也有一定的价值，但法律在多数情况下并不在意这种划分，在民商法中更无任何意义，在法律体系的顶层对法人作此分类也是没有必要的。

五、结语

法人的概念、价值、本质等应为法学理论所整体关注，法人制度都是具体的，并无将其普通化、一般化的客观必要。法人和法人制度的本质和根本作用，在于赋予一定的组织、机构以不同于其成员或职责担当者的人格，如某公司法人、某地方政府、国务院、国家主席、女王等，以方便其从事各种活动、参加各类法律关系，充当管理者或者被管理者以及参加诉讼等，以免其成员或角色

---

① 2017年8月15日访问。欧盟委员会还裁决，爱尔兰、荷兰、卢森堡分别与美国的苹果、星巴克公司和意大利的菲亚特公司签订的税收优惠协议违反欧盟竞争法，三国政府应分别向这三家公司追缴税款，苹果应补缴的金额高达130亿欧元。

扮演者以自身的名义从事活动而造成人格、主体混乱和行动不便，目的在于适应社会发展的需要，使越来越多以非自然人名义从事活动的主体合法化，完成自然人难以或者不可能完成的任务。就此而言，法人制度非任何一个部门法所能涵盖，其价值与功用也不局限于某一部门法范畴，不同法律部门对法人的调整各有侧重。营利非营利主要为税法所关注，无涉民商法调整，在法人制度中也不具有一般意义。

（史际春、胡丽文，原载《法学家》2018 年第 3 期）

参考文献：

［1］薛波，主编. 元照英美法词典［M］. 北京：北京大学出版社，2014：757.

［2］German Civil Code［EB/OL］. the website of Bundesministerium der Justiz und für Verbraucherschutz, englisch_ bgb. pdf：3.

［3］李昕. 作为组织手段的公法人制度研究［M］. 北京：中国政法大学出版社，2009：4.

［4］［意］巴里·尼古拉斯. 罗马法概论［M］. 黄风，译. 北京：法律出版社，2010：55.

［5］周枏. 罗马法原论：上册［M］. 北京：商务印书馆，2014：305.

［6］［奥］凯尔森. 法与国家的一般理论［M］. 沈宗灵，译. 北京：商务印书馆，2013：155-156.

［7］［意］桑德罗·斯奇巴尼. 民法大全选译·人法［M］. 黄风，译. 北京：中国政法大学出版社，1995：前言，103.

［8］［法］让·里韦罗，让·瓦利纳. 法国行政法［M］. 鲁仁，译. 北京：商务印书馆，2008：57.

［9］［美］M. 罗斯托夫采夫. 罗马帝国社会经济史：上册［M］. 马雍，厉以宁，译. 北京：商务印书馆，2009：233.

［10］马克思恩格斯选集：第 1 卷［M］. 北京：人民出版社，2012：139.

［11］［德］马克斯·韦伯. 经济与社会：第 2 卷上册［M］. 阎克文，译. 上海：上海人民出版社，2010：847.

［12］史际春. 企业和公司法［M］. 北京：中国人民大学出版社，2014：23-26.

［13］［德］马克斯·韦伯. 法律社会学·非正当性的支配［M］. 康乐，

简惠美，译．桂林：广西师范大学出版社，2011：105.

［14］［德］托马斯·莱赛尔．德国民法中的法人制度［J］．张双根，译．中外法学，2001（1）：26-36.

［15］方流芳．中西公司法律地位历史考察［J］．中国社会科学，1992（4）：157.

［16］李永军．民法总论．第三版［M］．北京：中国政法大学出版社，2015：63.

［17］本书编写组．民法总则立法背景与观点全集［M］．北京：法律出版社，2017：507-508.

［18］李友根．论经济法主体［J］．当代法学，2004（1）：68.

［19］史际春．经济法［M］．北京：中国人民大学出版社，2015：13，81.

［20］中华人民共和国民法通则：第37条；中华人民共和国民法总则：第58，60条．

［21］李勇．德国非营利组织可选择的法律形式［A/OL］．上海审计网，2014-08-12.

［22］谢鸿飞．《民法总则》法人分类的层次与标准［J］．交大法学，2016（4）：44.

［23］最高法：股东滥用权利致公司不分配利润 司法可干预［A/OL］．法制网，2017-08-28.

［24］冯仕文．经营政府——用营销理念提高政府工作水平［J］．理论与当代，2002（2）：4-5.

［25］德意志联邦共和国民法典［M］．上海社会科学院法学研究所，译．北京：法律出版社，1984：3-4.

［26］德国民法典［M］．陈卫佐，译注．北京：法律出版社，2015：7-10.

［27］德国民法典［M］．郑冲，贾红梅，译．北京：法律出版社，1999：2.

［28］史际春，陈岳琴．论商法［J］．中国法学，2001（4）：9.

［29］张守文．收益的可税性［J］．法学评论，2001（6）.

［30］中华人民共和国增值税暂行条例：第1，2，15条；中华人民共和国增值税暂行条例实施细则：第9条．

［31］史际春．论营利性［J］．法学家，2013（3）：1.

［32］谢晓尧．在经验与制度之间：不正当竞争司法案例类型化研究［M］．北京：法律出版社，2010：31.

［33］毛晓飞.苹果"罚单"或将改变欧盟投资环境［Z/OL］.新华网，2016-09-13.

［34］Klaus Höfner and Fritz Elser v. Macrotron GmbH［EB/OL］，the website of EUR-Lex，1991-04-23.

［35］中华人民共和国反不正当竞争法：第5条；中华人民共和国反垄断法：第8条，第5章.

论"竞争中立"

以美国为主的西方国家强推"竞争中立"规则，假定国有企业天然具有不正当竞争优势，以污名化及遏制中国的国有企业，因而必须反对并予否定，不应将其引入我国的体制、政策和法治中。

引　言

"竞争中立"（Competitive Neutrality）也称"竞争中性"。2017 年，国务院印发《"十三五"市场监管规划》，[1] 在论述竞争政策作为基础性经济政策时，指出"要以国家中长期战略规划为导向，充分尊重市场，充分发挥市场的力量，实行竞争中立制度，避免对市场机制的扭曲，影响资源优化配置"。这是"竞争中立"概念第一次出现在我国官方文件中。不久，2018 年，中国人民银行行长在 G30 国际银行业研讨会上表态称，"为解决中国经济中存在的结构性问题，将加快国内改革和对外开放，并考虑以'竞争中性'原则对待国有企业"；[2] 国家市场监督管理总局局长在中国国际进口博览会上也说，"今后将采取竞争中立政策，对内资外资、国有企业和民营企业、大企业和中小企业一视同仁，营造公平竞争的市场环境"。[3] 2019 年，在第十三届全国人大第二次会议上，总理和多位部级官员再度多次提及这个概念。[4]

"竞争中立"作为一个概念和一项规制政策发端于 20 世纪后期的澳大利亚，在其从国内法向国际规则演变的过程中，被以美国为主的西方国家针对国有企业作刻意解读，成为其否定中国的政经体制、遏制中国及其国有企业的手段之一。

鉴于此，本文拟对"竞争中立"追根溯源，探寻其真实面目和作用，分析美国主导的"竞争中立"与我国的政经体制、政策法规体系、竞争法宗旨和规则之"不对路"，澄清国内迄今关于"竞争中立"的误解，表明对其应有的立场和态度。

一、"竞争中立"的本质及其异化

（一）源于澳大利亚国内法的"竞争中立"：社会背景与规则

1. 澳大利亚提出"竞争中立"的缘由

20 世纪 80 年代，撒切尔任首相时期的英国发起了 PRIVATIZATION（国有企业股份化、市场化）运动，意在通过出售国有企业股份甚至整体出售企业的方式减轻财政负担，在政府保持必要控制和监管的条件下，对公共性较强的国有企业实行股份制、市场化改造，以提高其经营效率。作为英联邦成员的澳大利亚受到影响，也掀起了此项运动，对国有企业以开放市场、发展混合所有制为主进行改革。

然而，改革起初不尽顺利。澳大利亚实行联邦制，各州和领地相当于"国家"，它们根据各自的法律搞地方保护主义，导致区域分割，这是改革的阻力之一。另外，澳大利亚 1974 年《贸易惯例法》（2011 年更名为《竞争和消费者法》，其中 Part IV 为澳大利亚的竞争法）调整公司的竞争行为及州际商业往来，而各州与领地政府控制的企业大多不采取公司组织形式，因此不受《贸易惯例法》规制，这是改革的阻力之二。[5] 同时，国有企业的 PRIVATIZATION 改革也带来了新的问题。国有企业"下海"后，其经营目标倾向于获取更多的利润或占取更大的市场份额，以至其原本的公共政策、公共福利目标被抛弃。① 在此过程中，享有政府补贴的国有企业利用补贴优势进行价格竞争，排挤竞争对手，最终又导致竞争不足而致价格回升。②[6] 由此，改革并未造就出完美的市场充分竞争，反而对公共利益造成损害。

为解决国有企业改革进程中的新旧问题，澳大利亚联邦 1992 年成立了全国竞争政策审查委员会，委托新南威尔士教授 Frederick G. Hilmer 为主席的调研小组调查《贸易惯例法》及其相关措施，对该法及竞争政策的适用提出修改建议，形成了一个《国家竞争政策审查报告》（National Compitition Policy Review Report，以下简称《Hilmer 报告》）。[7]《Hilmer 报告》对"竞争中立"作了专章论述，提出在同一市场竞争的企业面临不同的监管或其他要求，尤其当这种

---

① 如澳大利亚电信运营商 Telstra 在改革前接受政府对其开展乡村服务的补贴，承担普遍服务义务，在乡村以同等价格提供与城市相同的电信服务，而不至于亏损。私有化后的 Telstra 则因服务偏远乡村的成本过高，减少了对乡村的电信服务。

② 如澳大利亚国内民航市场引入竞争初期，竞争者 Compass 通过低价策略扩张市场份额。而原有的两家航空公司则通过低于成本的价格予以回应，导致 Compass 破产。挤出竞争对手后，两家航空公司旋即提价至引入竞争前的水平。

差异并不能带来相应的公共福利提升时，会出现扭曲竞争、破坏效率和公平等问题。这种扭曲多来自政府的商业活动因其所有权而具有特别的优势和劣势，优势体现在政府及其公共政策的各种显性或隐性补贴，劣势则表现为更少的经营自主权与更多的公共服务义务。实践中，由于没有很好地区分政策性亏损与经营性亏损，政府对国有企业的财政支持形成对企业竞争性业务的"交叉补贴"，而导致国有企业享有净竞争优势（net competitive advantage），以至国有企业的产品或服务价格低于同等甚至更高效率的私营竞争对手的同类价格，结果是资源分配的扭曲、经济运行效率和社会公共福利的降低。澳大利亚政府认同《Hilmer 报告》指出的问题，并按照其指引的竞争政策改革方向构建国有企业改革方案，以借此缓解国内市场竞争不足导致的经济发展缓慢、公共福利受损以及国家竞争力下降的状况。

2. 澳大利亚的"竞争中立"规则

澳大利亚的"竞争中立"规则主要源于《Hilmer 报告》，具体落实在联邦与州及领地签订的三个政府间竞争政策框架协议中，三个协议分别为《竞争原则协议》（Competition Principles Agreement）、《行为准则协议》（Conduct Code Agreement）和《实施国家竞争政策和相关改革的协议》（Agreement to Implement the NCP and Related Reforms）。报告提出的政策工具包括私有化、公司化、特殊优势与劣势来源的改革（税收中立、监管中立、债务中立）以及定价指导（全成本定价），认为私有化与公司化可能是最直接有效地解决"竞争中立"问题的手段，但并不适用于所有情况。特殊竞争优势与劣势来源的改革及定价指导虽然在解决"竞争中立"问题方面的效果稍逊一筹，但更具有普遍适用性。[8] 同时，运用上述工具贯彻"竞争中立"要求时，应当考虑成本效率原则，其中"监管中性"的适用不能免除对国有企业的特殊监管及约束。

报告将国有企业参与市场竞争所导致的"竞争中立"问题分为两个层面：传统市场中的"竞争中立"与新市场中的"竞争中立"。传统市场是指传统上由国有企业垄断的市场，即自然垄断和由公共性导致垄断的市场，如电信、电力、铁路等，这些市场随着政府对效率的考虑而逐步引入竞争因素；新市场指的是传统上由私营企业提供商品和服务的市场，即自由竞争市场，这些市场也逐步允许国有企业参与竞争。在此区分下，报告建议对不同市场实行不同的"竞争中立"规则。对于传统市场，报告认为，私营企业竞争者的进入须以能够提高该市场的资源配置效率并给其带来净收益为前提；该市场中的国有企业在引入私营企业竞争者后可在一定期限内享有净竞争优势，这被视为传统垄断市场向竞争市场过渡的安排。这种安排本身并非"中立"的，但如果考虑公共利益则是必要的。基于此，报告建议在传统市场中引入私营企业竞争后，除非存在特殊情况，否则应当采取有效措施在引入竞争对手后的一年内消除国有企业享有的净竞争优势。对于新市场，报告认为，国有企业若带着净竞争优势进入，则会破坏这些市场，将商业机会从相同甚至更有效率的竞争对手中抢夺过来。传统市场上允许的国有企业临时净竞争优势会通过实现公共利益而使私营企业竞争者获利，但新市场不存在此种可能。因此，报告建议国有企业在参与新市场竞争时，应当消除净竞争优势，不存在过渡期。

　　总体而言，澳大利亚更关注新市场——传统上并非国有企业垄断的行业——中的"竞争中立"，因为在这一市场中，原本就存在着使市场效率维持在高水平的均衡，国有企业带着净竞争优势参与该市场的竞争会打破原有的有效均衡状态。并且，新市场中的国有企业并不天然地承担提升社会福利的责任，因而其净竞争优势缺乏正当性。将传统市场与新市场区别对待，体现出澳大利亚在 PRIVATIZATION 改革中充分考虑了国有企业追求公共利益暨提供公共性服务的特殊使命，并不以对国有企业的价值否定为前提进行改革。"竞争中立"不是要消除一切被判定为非"竞争中立"的现象，而是如竞争原则协议里指出的，只要求各方遵循"竞争中立"带来的收益超过成本时才适用"竞争中立"规则，[9]这也体现了澳大利亚政府对于公共利益、经济效率与市场竞争之间关系的辩证认识。同时，在实践中，"竞争中立"并非孤立地适用，而注重它和整个竞争政策体系以及微观经济改革的配合。值得注意的是，澳大利亚为了推行"竞争中立"政策，还制定了对执行"竞争中立"政策的国有企业给予竞争拨款的制度。竞争拨款根据澳大利亚各政府执行包含"竞争中立"在内的竞争政策情况，按照三个阶段分期支付，并设置了明确的支付条件与数额。[10]这可以理解为将隐性补贴显性化，增加透明度、强化社会监督的举措，与澳大利亚"竞争中立"产生的原因及其含义一脉相承。

　　（二）美国主导的"竞争中立"对澳版"竞争中立"的解释和扩张

　　1. OECD 的"竞争中立"规则文本

　　2009 年起，在美国与欧盟推动下，OECD 在澳大利亚"竞争中立"概念的基础上开展相关研究，形成了《竞争中立：维持国有企业与私有企业公平竞争的环境》（Competitive Neutrality：Maintaining a Level Playing Field Between Public and Private Business）、《竞争中立：各国实践》（Competitive Neutrality：National Practices）和《竞争中立：经合组织建议、指引与最佳实践纲要》（Competitive Neutrality：a Compendium of OECD Recommendations Guidelines and Best Practices）三份报告。OECD 将"竞争中立"定义为："当经济市场中任何实体均不存在不

当竞争优势或劣势时，就实现了竞争中立状态。"它将澳大利亚版的"竞争中立"加以具体化和扩张，归结为"八大基石"。[11]八大基石从四个方面对国有企业参与市场竞争提出要求：第一，国有企业的组织形式，即八大基石里的精简国有企业的运作形式。OECD 认为，在可行且符合经济效率时，应将国有企业的活动分为商业活动与非商业活动，对商业活动部分进行公司制改造，在可行的情况下尽量对非商业活动部分也进行公司制改造；第二，国有企业的会计核算与经营收益，即八大基石里要求对承担特定职能、获得商业回报率、履行公共服务义务的成本进行核算。OECD 认为，对于既履行公共服务义务又进行商业活动的国有企业，应当分账核算以明确各自的成本费用。在此基础上，要求国有企业的商业活动应当得到适当的回报以反映其成本，即全成本定价，避免其以低价策略排挤对手并用政府对公共服务的补贴来弥补利润的下降；第三，国有企业的非经营性负担，即八大基石里的税收中立、监管中立、债务中立和直接补贴，旨在尽量减少对国有企业的隐形补贴，并控制直接补贴的数额和范围；第四，政府商业活动与国有企业的联系，即八大基石里的公共采购，旨在使公共采购政策及程序确保竞争性和非歧视性，提升公共采购的透明度，确保国有企业与私营企业获得同等对待。

OECD 提出的"竞争中立"及其"八大基石"，在没有考虑不同国家的市场经济发展状况及国有企业在其中担当的角色、也未顾及竞争政策与其他经济政策及一国政经体制如何协调的情况下，简单地扩张解释澳大利亚的政策框架，[12]将其上升为国际规则。

2. 美国推动"竞争中立"国际化的原因及路径

美国针对中国在国际贸易规则体系中推进"竞争中立"规则，首先体现在 OECD 版本的"竞争中立"，引导 OECD 发布上述一系列报告。

2011 年 5 月，时任美国副国务卿的罗伯特·霍马茨发表了《竞争中立：保证全球竞争的合理基础》（Competition Neutrality：Maintaining a level playing field between public and private business）一文，并在发布会上解释道，"竞争中立"的意思是"使得竞争不受外来因素的干扰"，其核心是对现行国际经济规则进行调整，以弥补其无法保证国有企业与私营企业公平竞争的缺陷。[13]霍马茨将国家运用产业政策等方式支持国有企业等经济组织参与市场竞争的方式定义为"国家资本主义"，认为中国是"国家资本主义"的最成功践行者，这与自由资本主义格格不入。在"国家资本主义"模式下，企业通过获得政府支持而非提高自身产品、服务的质量或治理水平，便可获得其他市场主体所不具有的竞争优势，从而在经济全球化的大环境下"导致国际投资的竞技场不再公平"，[14]损害了美国的利益。"从战略上看，美国推动'竞争中立'的目的是为了修改国际经贸合作规则，削弱中国不断增长的对外贸易和投资优势，提高中国经济融入世界的门槛。"[15]一直以来，美国利用国家安全审查作为阻碍我国企业"走出去"的工具，然而随着中国企业法人治理透明度的提高和信息披露的完善，国家安全审查的阻碍作用趋弱，用"竞争中立"对中国的国有企业乃至整个政经体制作负面价值评判，恰好可以满足美国新的战略需要。[16]

其次，美国并不满足于 OECD 版本"竞争中立"的设计与影响力，进而将"竞争中立"引入跨太平洋伙伴关系协定（Trans-Pacific Partnership Agreement, TPP）谈判，希望通过重构国际规则，遏制基于中国政经体制的经济贸易合作活动。TPP 谈判中，美国在"国有企业"横向议题中大力推动"竞争中立"，它现虽已退出 TPP，在一定程度上削弱了其国际影响力，但是在 TPP 谈判中确立的"竞争中立"并不会因为美国的退出而丧失其理论和实践的影响力，比如我国官方对此概念的概括接受，美国也不会因为退出 TPP 就减轻其在全球范围内推广"竞争中立"、排斥中国的力度，比如美墨加贸易协定加入了不与非市场经济国家签订自由贸易协定的"毒丸"条款，[17]其逻辑就是由"竞争中立"推导出（中国的）国有企业参与国际竞争及与私营企业竞争时不"中立"。

尽管美国自己不乏国有企业和政府对企业的规制，这也是国际惯例或各国通行的做法，但它仍认为国有企业天然具有不公平竞争优势，要通过私有化或事先削弱其优势或加重其制度负担来消除其对竞争的损害。[18]在美国贸易代表办公室公布的《TPP 协议官方概要》（Summary of the Trans-Pacific Partnership Agreement）第 17 部分中，要求"互相分享国有企业名单，并在对方提出要求的情况下，提供信息以说明政府对有关国有企业的所有权、控制权和所提供的非商业性帮助的范围和程度。"[19]这是以"竞争中立"之名行不公平竞争之实。此外，TPP 污名化企业与政府的联系，把国家对其具有影响力的非国有企业也纳入"国有企业"范畴，将其所针对、所排斥的国家中的更多企业纳入"竞争中立"的约束。[20]美国在打压民营的华为公司时，就拿着放大镜去寻找所谓华为与军方、与政府、与中国共产党的关联，这种关联似乎只要些微存在就是"恶"的、不正当的。

因此，OECD 和 TPP 版的"竞争中立"具有"制度非中性"。国际规则中"非中性规则的歧视性程度高低、适用范围大小和执行力度强弱在很大程度上决定着一国国家利益的获得、保护及扩展。"[21]两个版本的"竞争中立"并非对事不对人，也不是为了在具体交易中维护公平竞争，而是抛开现有反垄断反不正当竞争、反倾销反补贴等成熟的制度，以及平等、对等的普遍规则，将矛头指向特定国家及其国有企业，因而难言"中立"。即便将此两个版本的"竞争中立"适用于任何国家的国有企业，也存在不同国家的国有企业在其本国所处地位、对其国内经济的不同影响与程度的问题。"因国有企业占国民经济比重以及承担的社会责任和历史负担不同，所以不同国家实现竞争中立需要支付的制度成本亦不同。"[22]我国倘接受这两个版本的"竞争中立"，须付出的成本肯定远远大于美国等大部分西方国家。① 实际上，美国以其言行清晰地阐释了"竞争中立"的含义，即：一方面，在自己超级强大时推动自由贸易，为本国商品和资本开疆拓土；另一方面，在优势渐失时加强对本国产业的保护，甚至抑制、打压特定国家的竞争。"通过推动竞争中立，美国将其贸易自由化的主要推动者与贸易保护主义的主要实施者的双重身份演绎到了极致。"[23]企业的国际竞争某种程度上就是国家之间经济力量的竞争，"竞争中立"貌似以"公平"为价值追求，究其实质，却是针对特定国家、使国家之间不公平竞争的规则，当然不应被中国整体上认可。

3. "竞争中立"与"非市场经济国家"

通过梳理美国关于"竞争中立"的言行，及其不断加强遏制中国甚至打压中国特定企业的行为，可以看出，美国在价值上否定国有企业及主要表现为产业政策的政府经济调控和参与，将澳大利亚"竞争中立"中"国有企业因为其所有制而享有不正当竞争优势"解读为"凡国有企业皆享有并利用因其所有制而带来的不正当竞争优势"。这就与不以在价值上否定国有企业、产业政策为前提的澳大利亚版本的"竞争中立"相去甚远，也与其认为我国是"非市场经济国家"异曲同工。美国商务部 2017 年发布的关于《中国的非市场经济地位》（China's Status as a Non-Market Economy）备忘录中，从外汇政策、劳资关系、外资引进、政府对生产资料、资源配置以及产品价格的控制程度等方面，证明中国的非市场经济地位，[24]核心即政府对经济的"干预"过多，与对国有企业一样负面化政府对经济的规制、参与——天然不正确，将市场与政府对立起来。所谓市场经济，无非是个人和组织得根据市场价格和供求的信号自由决定交易和投资的经济，与政府统一安排交易和投资的行政性计划经济相对，而计划经济与规制、调控监管等是不同概念。当今世界并不存在政府不规制、不参与经济的国家，将中国定性为"非市场经济国家"，不啻为滥用话语权混淆视听的做

---

① 另外值得注意的是，美国强调、推动的"竞争中立"，仅针对国家或联邦层面的国有企业，而不涉及地方层面的国有企业，我国的国家所有统一、唯一于整个国家，美国则是联邦和地方政权分别所有，其大部分国有企业是地方政权或政府所有及控制的。

法。无论是利用"竞争中立"否定国有企业和产业政策，还是认定中国为"非市场经济国家"，其实质都是要重建国际经贸规则体系以排斥我国企业参与国际竞争，打着公平与自由的名号行歧视之实。美国与墨西哥、加拿大签署的新贸易协议，就明文规定美墨之间的国际投资仲裁不保护非市场经济国家的国民所有或控制的企业，[25]其意图不言而喻。

二、美国主导的"竞争中立"与我国政经体制和经济法治整体上不协调

（一）与我国政经体制相悖

美国主导的"竞争中立"以否定国有企业和政府规制的价值判断，从理念上、根本上否定社会主义与市场经济的兼容性，进而认为中国属于"非市场经济国家"。

社会主义与市场经济的兼容性实质上是社会主义公有制与市场经济的关系问题。公有制与市场经济并非天然地完全兼容，但也不是完全对立而无法兼容的。

马恩阐述的社会主义实行社会所有制，即全部生产资料为全社会占有，这是马克思主义政党领导的社会主义国家必须追求的目标。而更重要的，社会主义也即共产主义第一阶段不可能一蹴而就，实践社会主义更证明了马恩关于这是一个长期阶段的论述是正确的。恩格斯在回答能不能一下子就废除私有制的问题时说："不，不能，正像不能一下子就把现有的生产力扩大到为实行财产公有所必要的程度一样……只能逐步改造现今社会，只有创造了所必需的大量生产资料之后，才能废除私有制"。[26]这个过程，包括先将生产资料收归国有，然后国家逐步消亡，[27]通过合作制改造小农，[28]等等。为此出现了苏式计划经济和南斯拉夫取消国家的联合劳动暨社会所有制探索，前者否定市场经济，后者则是公有基础上的市场经济。然而两种模式都行不通：行政性计划经济造成生产与消费脱节，形成"短缺经济"；联合劳动蜕变为经理人控制，扭曲了公有制，更因为国家职能缺位、市场失灵，导致各种矛盾激化乃至社会和国家的分裂。

我国则在改革开放中，"摸着石头过河"，走出了一条符合国情民情的社会主义道路，即《中华人民共和国宪法》（以下简称《宪法》）规定的，既实行市场经济，又以公有制为主体、多种所有制共同发展，在国有制和合作制中引进资本关系，不同所有制的资本和企业在市场中平等、公平竞争；国家通过规划、计划、宏观调控及授权国家机构对经济进行管理监督，维护经济的平衡协调和稳定有序发展。[29]美国另辟蹊径改以规则约束、排斥的方式遏制中国，从

削弱、消灭中国的国有企业入手，以改变中国的社会主义政权，也可谓切中要害。对"竞争中立"作此上纲上线，实不为过。

至于公有制主导能否实行市场经济或曰市场经济是否必然排斥公有制，市场经济虽产生于私有制尤其是资本主义制度之下，但其本质是商品货币关系和基于商品的交易及竞争，无论理论上还是实践中，不同的公有制企业之间及其与消费者之间迄今找不到一种非商品货币性质的经济连接方式。集中的指令性计划行不通，否定货币的劳动交换所、劳动券之类更是空想社会主义。南斯拉夫曾经的联合劳动和社会所有制则是纯粹的市场经济。中国改革开放以来，取消指令性计划，国有企业、集体所有或合作制组织普遍在市场的基础上从事活动，呼唤出了巨大的生产力。另一方面，个别企业、个别资本的盲目性与经济社会的社会化之间的矛盾，在资本主义国家即马克思主义所称生产资料私有制与生产社会化的矛盾，客观上需要国家的组织协调，因此，立足于市场机制或尽可能不扭曲市场机制的规划和计划、产业政策、市场监管也是必需的。南斯拉夫是一个反面经验教训，而西方国家通过不同程度的柔性计划、产业政策、市场监管、国有企业或政策性企业等，成功地避免了因基本矛盾激化而致社会的崩溃。正如邓小平所说："计划经济不等于社会主义，资本主义也有计划；市场经济不等于资本主义，社会主义也有市场。"[30] 因而以"非市场经济"对中国施加道德指责进而否定中国的体制，是无的放矢。

（二）与我国经济法治及其理念的不协调、不相干

1. 关于政府与市场的关系

无论是澳大利亚版本、OECD 版本还是 TPP 版本的"竞争中立"，表面上关注的是国有企业与私营部门之间的公平竞争，隐含其背后的法理则是政府与市场的关系问题，或者说如何认识政府之于市场的角色。如前所述，包括美国在内的任何国家都有国有企业，政府不仅对经济进行调控监管，还直接在市场中从事投资和交易活动，但"竞争中立"却把政府当作市场的外在因素，甚至将政府作为市场机制的对立面。这是新自由主义的认知，在推崇自由市场时刻意地回避或淡化市场失灵或不能的状况，认为政府失灵及其危害更甚于市场失灵，因此反对政府作为社会福利的提供者，笃信管的最少的政府就是最好的政府，自由市场制度的任务在于解除政府职能。[31] 但这是头脑演绎，从来都不是现实。

首先，政府是社会的代表，政府和市场都是社会的组成部分。国家、政府作为社会的代表，林肯也说应当为民有、民治、民享，凡社会不能自治或不能有效自治、市场不能调节或不能有效调节，社会或市场有任何其自身不能解决的矛盾、问题，政府就义不容辞或台前或幕后采取任何措施加以解决。社会各

领域各层面、国内国际情形，错综复杂多变，政府与社会、市场之间不可能有固定的或法定的界限。[32]当下国际社会和国际体系仍以民族国家为基本单位，一国政府的治理能力和影响力事实上还决定着该国市场的范围和深度，换言之，政府可以通过拓展开发疆土、良治、高科技政策、人口和教育、外交通商政策等创造市场，反之也可能损害、缩小或浅化市场。

其次，政府负有维护市场秩序和市场机制的义务。市场并不能自动有序且有效地运行。对坑蒙拐骗、强买强卖、市场操纵和黑恶势力等，政府都必须力所能及地管，古今中外概莫能外。市场的天然倾向是不正当竞争和垄断，不是老老实实通过努力和付出、以质量和价格开展竞争，而企图用违反商业道德的假冒伪劣等竞争手段以及串谋、滥用优势等舒舒服服赚大钱，这是竞争法产生和发展的缘由。随着金融、信息科技等产业的发达，市场化程度不断加深、市场日益复杂，市场调控及监督管理的范围和深度、难度前所未有，经济社会的发展给各国政府提出了无可推卸的新任务。

再次，市场优胜劣汰的副作用和市场力所不及的，须由政府救济或弥补。优胜劣汰是市场优越性所在，但被淘汰的个人、人群、地方等仍需生存和发展，所以需要社会保障、扶持"三农"、开发中西部、振兴老工业基地等，包括美国在内的其他国家也都存在类似问题，要求政府认真面对、积极有为加以解决。此外，囿于生产力、资本固有秉性、科技和经济社会发展水平，各国包括发达国家都有很多社会所需、但市场不能提供或不能有效提供的产品，人民也要求政府直接提供或负担起组织提供的责任，如教育、医疗、军工、航天、高速公路、高铁、互联网，等等。

最后，政府也是市场的深度参与者。政府为履行国家及其经济职能，并不独立于市场之外。政府要通过发行货币、取得税收、制定和执行度量衡等标准、投资经营企业、采购和发包等交易，等等，成为市场的重要主体。这与上面三点是交织在一起的，四者不能截然分割。比如，规制暨产业政策与国有企业的作用在一定程度上可以互换，弥补市场的缺陷、不能、副作用更是国家和政府治理的重要组成部分。

以上政府与市场的关系对于当代任何国家都是适用的，一贯实事求是、光明磊落的中国对此不必讳言什么。崇尚自由主义的国家和自由、自发市场的信奉者可以无视事实，或者只做不说，但如果对政府的经济职能和作用做负面价值判断和道德评价，再以此指责中国，则是没有道理的。

2. 关于国有企业和产业政策

由以上论述可知，我国实行生产资料公有制，且国家、政府积极主动地组织及参与经济与"市场经济"是不相违背的，但美国等西方国家偷换反倾销法中的"非市场经济"概念，将中国列入"非市场经济国家"，作为排斥中国的理由。国家参与、调控经济的载体之一便是国有企业，美国主导的"竞争中立"背后的逻辑是，国有企业不是市场经济组织，天然地具有扰乱市场的本性，因而不应当参与市场竞争；即便允许国有企业在市场中竞争，其义务也不止于"中立"，更应该"礼让"。[33] 如前所述，所有制与市场之间没有必然联系，个人、家庭、各种所有制的组织均可作为市场主体自由、平等、公平地开展交易，与其把自由竞争理解为美国主导的"竞争中立"所遵循的理念，毋宁说它是一件漂亮的外衣、一种国际交往的霸权工具。

实际上，中国的国有企业并不天然存在不当竞争优势。首先，相比私营企业，国有企业的信用水平一般更高，在纳税、社会保障缴费、环保和清洁生产、还贷等方面普遍遵纪守法，在经营和竞争中负担着更高的制度成本。①[34] 其次，我国的国有企业和其他所有制企业一样在市场中从事活动，竞争不利则倒闭、破产，并无针对国家所有制的补贴或优惠，正如国资委负责人所说，中国不存在对国有企业、中央企业的制度性或政策性的补贴。[35] 相反，国有企业多为大中型企业，非国有企业绝大多数是中小微企业，国家的税收和金融优惠多针对中小微企业，国有企业享受的政策优惠少于私营企业。例如，中国改革开放后借鉴、引进了西方国家的中小企业法或扶持资助中小企业的产业政策，从《中华人民共和国中小企业促进法》和相关政策中获益的几乎都是非国有企业。再次，国有企业比私营企业承担了更多的社会责任。国有企业天然承担社会责任，私营企业只要遵纪守法就无须也不能要求其承担更多更高的道义责任，[36] 这对国有企业来说是一种额外的社会负担。"竞争中立"在澳大利亚起源的初衷，是防止国有企业用政府对其公益性、政策性经营的补贴从事竞争性业务，这种情况在中国也不存在，而且相反，中国的国有企业往往要用竞争性业务的收益反哺公益性、政策性事业，比如邮政、电信、铁路，企业开展邮政和电信普遍服务、中西部铁路建设等，财政支持远远不够，所需资金须企业用其竞争性业务的收益或通过市场融资加以补充。这是一种社会责任，也是社会主义制度优越性的表现。最后，国有企业以其规模效应、技术、管理和较高的信用获得市场

① 相应地，民营企业反而具有某种不当竞争优势。比如2018年民营企业因美国挑起贸易战一度陷入经营困难，国家随即降低增值税率和社保费率为其纾困，未料民营企业的税费负担反而更重了，原因是民营企业原本普遍偷逃税费，名义上虽降低了税率、费率但税务部门要依法征收，民营企业的负担就会急剧加重，以致国务院及税务总局要紧急喊停对民营企业社保欠费的集中清缴。

竞争力，这是正当合法的。如果缺乏竞争力，没有能力在市场中生存，则国有企业与私营企业一样依法退出市场，不可能给予法外援助。

"竞争中立"下的产业政策也是一样。霍马茨在其前述文章中提出，新兴国家的国有企业和国家支持的企业，在现代版政府产业政策的支持下，具备了美国私人企业所没有的竞争优势，并凭着这些优势在全球市场上扩大了市场份额，提高了它们投资于新技术的能力；这种"国家资本主义"模式下的海外投资方式，违背了"竞争中立"原则。从该文看，美国主导"竞争中立"的直接目的之一就是要消除新兴国家支持国有企业或国家支持之企业的产业政策，或者抵消其影响。而基于政府与市场关系的一般规律，美国和西方国家也都有产业政策，中国的产业政策与其并无质的不同。所谓"最好的产业政策就是没有产业政策"[37]是一种意识形态说辞。

事实上，并不存在哪个国家通过完全的自由贸易和自由竞争迈入高收入国家行列，中国和新兴国家运用产业政策正是对美日欧发达国家成功实现经济现代化的效仿。[38]日本的经济起飞借助了通产省的产业政策，这是耳熟能详和公认的，姑且不论，就以美国为例，其早些时候且历史较久的有农业产业政策、互联网产业政策，更早在独立时，第一任财政部部长汉密尔顿即提出要用产业政策来保护和培育美国的"幼稚产业"，[39]近期则有重振先进制造业的《先进制造业国家战略计划》[40]《美国先进制造业领导战略》[41]等"再工业化"政策。2008金融危机后美国率先推出经济刺激计划，也是举世瞩目，根据《2009年美国复兴与再投资法》（ARRA）用7870亿美元在基建和科研、教育、可再生能源及节能项目、医疗信息化、环境保护等重点领域进行投资，还出资拯救通用汽车公司使美国联邦获得其60%的股份，将其变为国有控股企业。[42]凡此种种，不胜枚举。正如佛雷德·布洛克（Fred Block）所言："尽管美国在公开场合宣称产业政策是错的，因为政府不应该挑选赢家，但是美国政府通过一系列措施建立起了一个分布广泛的系统；通过这个系统，这些政府机构实际上就是在投资潜在的赢家。"[43]李斯特更早就尖锐地说："任何国家，如果靠保护关税与海运限制政策，在工业与海运事业上达到了高度发展，因而在自由竞争下再没有别的国家能与之相抗。此时，代它设想，最聪明的办法莫过于把它爬上高枝时所用的梯子扔掉，然后向别的国家苦口宣传自由竞争的好处。"[44]

我国追求社会主义，又是发展中国家，国家、政府对于经济具有重要作用，不仅要很好的运用产业政策，更有宪法法律规定的规划、计划制度对产业政策加以统领，断不可引进"竞争中立"对其构成干扰和损害。

三、美国主导的"竞争中立"与竞争法及竞争政策的矛盾冲突

（一）宗旨和原则不相通

抛开美国主导的"竞争中立"中隐含的否定社会主义制度及其国有企业与市场经济不兼容的基本逻辑，其浮于表面的竞争原则与我国的竞争法与政策体系也是不吻合的。与当代各国竞争法一样，我国竞争法与政策体系的宗旨或基本原则是市场公平竞争，还要追求经济效率、消费者福祉和社会公共利益，[45]而不是"竞争中立"。

私有制和自由竞争是假设的市场经济的基本前提，但并非现实，比如古今中外都不排除政府和其他公共团体、社会组织作为市场主体。纯粹的自由竞争要么由于信息不对称、交易成本过高而不存在，要么自由竞争会因其内在倾向而限制、排斥竞争或过度竞争，以致损害、消灭自由竞争和市场经济。私有制和自由竞争必然导致私人资本的过度壮大而造成实质不公平，结果与公平竞争相去甚远。这些也正是竞争法和社会主义产生的原因。

就法和政策而言，当代竞争法和竞争政策已不直接反独占或寡占的垄断市场结构，换言之，垄断行业和垄断企业本身是合法的，而且行业和企业垄断与所有制无关。垄断行业的成因包括规模经济、网络经济、范围经济以及造币、军工等需要国家信用支撑或涉及国家利益等因素，凡垄断行业，无论私营还是国有都必然是垄断的。至于非垄断行业的垄断企业，其垄断往往是由技术和商业创新造成的，比如美国的微软、谷歌，中国的华为、滴滴，所以正如美国司法部官员在微软垄断案中所称：垄断本身并不违法，但不得滥用垄断的优势或地位谋取不法利益。[46]而且，寡头之间集创新、质量、服务、品牌、价格、产业链和国内国际市场为一体的激烈竞争，效率远高于企业恶性竞争朝不保夕的低集中度市场中低成本、低质、低价的低级竞争，因而寡头垄断是一种更优的市场结构，竞争法和竞争政策应予追求和维护，而不是给予负面评价并加反对。

我国国有企业是国有经济的表现形式，也是政府对市场发挥调控作用的传导者，承担着维护国民经济命脉的重大历史使命。市场竞争优胜劣汰的规律会使利润向大资本所有者集中而造就超级富豪，进而由私人资本控制垄断行业乃至国家政权，若不通过政府调控、监管或者国有资本的手段节制私人资本，私人大资本很容易垄断国计民生而影响社会稳定和国家安全。[47]因而垄断行业由国有企业经营或控制是符合我国政经体制和市场发展要求的。

以上道理和逻辑，明确反映在《中华人民共和国反垄断法》（简称《反垄

断法》）第 7 条中，这与所谓"竞争中立"是不相容、不相干的。①

国有企业在竞争性领域则与其他所有制企业公平竞争、优胜劣汰，同时在垄断行业的非自然垄断领域和自然垄断行业的非垄断环节尽可能引进竞争机制及实行混合所有，总体上并没有因为所有制而享有不正当不合理的竞争优势，20 世纪 90 年代国有企业大规模倒闭、破产也是明证。

（二）规则适用层面不相关

美国主导的"竞争中立"试图构建一套普适于所有市场经济国家的竞争政策，强调从国有企业的市场活动及其与政府之间互动的"细节"来构建一套行为规范，旨在对此进行遏制、排斥。而我国引入"竞争中立"则是简单地将其理解为对各种所有制的企业"一视同仁"。但不论美国主导的"竞争中立"还是本土的"一视同仁"理解，都与我国的竞争法与政策乃至各国的竞争规则体系不相关联，甚至存在矛盾冲突。

首先，我国竞争法与政策所追求的"公平竞争"并不排除政府非中立性的规制行为，首创"竞争中立"的澳大利亚的国有企业与竞争政策改革亦然。在我国，经营者达成《反垄断法》第 15 条规定的垄断协议可豁免适用反垄断法；第 56 条规定，农业生产者和农村经济组织在相关经济活动中实施的联合或协同行为，不适用反垄断法；《反垄断法》的国家安全审查制度以及公平竞争审查制度中对于涉及国家经济安全、文化安全、国防建设，或为实现扶贫开发、救灾救助等社会保障目的，以及为实现节约能源资源、保护生态环境等社会公共利益的政府政策措施的例外规定，都表明我国竞争法与政策并不排斥政府非中立的立场和行为。包括中美在内的许多国家实行扶持、保护中小企业的法和政策，就竞争而言也是不"中立"的。而美国主导的"竞争中立"要"使竞争不受外来因素干扰"，OECD 版本要求对政府的非中立性行为给予较大限制，TPP 版本则不允许政府的非中立性规制。但即使是"竞争中立"的原创者，澳大利亚在竞争政策改革时，依然不同程度地采取非中立的措施，如要求在政府硬件采购中，至少 10% 的合同与中小企业签订；在软件服务采购中，至少 20% 的合同与中小企业签订。[48]

其次，作为经济法组成部分的竞争规则体系是按"目的程式"的规范模式

---

① 《反垄断法》第 7 条规定："国有经济占控制地位的关系国民经济命脉和国家安全的行业以及依法实行专营专卖的行业，国家对其经营者的合法经营活动予以保护，并对经营者的经营行为及其商品和服务的价格依法实施监管和调控，维护消费者利益，促进技术进步。前款规定行业的经营者应当依法经营，诚实守信，严格自律，接受社会公众的监督，不得利用其控制地位或者专营专卖地位损害消费者利益。"

构建的。如苏永钦教授所言："经济运行的力量，本质上就有超越人为法律框架的潜能……故而以追求安定性的法律来规范不断变化的经济现象，本是一项极为困难的任务。正因为如此，立法者往往在制定经济法时，使用的是'目的程式'（仅表现出立法者意欲追求的目标）而非按传统法律的'条件程式'（法律预先规定构成要件及法律效果）"。[49]竞争法暨反垄断法提供的是一套执法或司法机关分析市场主体行为是否符合竞争秩序及社会整体利益的工具，而不在于为市场主体提供一套应当严格遵循的行为指引。[50]换言之，某种行为是否属于反垄断法所禁止之行为，不应仅从行为外观进行判断，更需考虑行为主体的市场影响力、相关市场结构、社会经济运行情况等因素。当且仅当一种行为既有限制或排除竞争之效果，又不能带来超过限制或排除竞争之弊的好处时，才能认定其违反反垄断法。法条本身对此不可能给出明确的答案。OECD 八大基石以及 TPP 国有企业条款提供的解决方案是标准的"条件程式"，即通过对国有企业的公司化改造、核算其承担公共服务义务的成本、商业活动全成本定价、税收/监管/债务中立以及政府采购中立等，来恢复所谓"竞争中立"状态。这种规范模式缺乏对相关行为的合理性分析，也不考虑结果，仅将行为与规则进行匹配，必然无法达到竞争法与政策所追求的社会整体利益最大化目标。如本文以上分析论证，国有企业与私营企业之间的公平竞争是一个需要更高层次、更复杂的价值判断和利益权衡的问题，而不能只是 OECD 八大基石对澳大利亚竞争政策的板块化、碎片化的制度提炼，以及一句"一视同仁"就能解决的。

最后，"一视同仁"并非针对所有制，它只是政策法律及其适用中有待厘清的一个通俗说法。就政策法律而言，"不同情形不同对待""相同情形不同对待"，其规定对不同所有制、不同类型的企业或主体不可能"一视同仁"。比如按照《宪法》规定，公有制是主体，国有经济是主导，非公有制经济是经济的重要组成部分，国家鼓励、支持和引导非公有制经济发展；公共财产神圣不可侵犯，公民的合法的私有财产不受侵犯。这是有差别的，法律法规政策的规定必须遵循、服从宪法，对于各种所有制及主体，无论优惠还是施加负担、义务，不"一视同仁"的规定是绝对的，"一视同仁"的规定则是相对的。又如政府采购，为了国家安全、本国产业发展和扶助弱势群体，要求采购本国产品和残疾人等生产的产品，是各国通行的做法。

在既定的政策法规之下，"相同情形相同对待""不同情形相同对待"也是必需的。法律对于不同或相同的主体、不同或相同的的事固然有不同的规定，但一般而言，在规定面前应当"一视同仁"。比如在信用面前应"一视同仁"。信用是社会和市场的通行证，信用好的主体应当能够从其信用中收获好的评价和利益，信用差的主体理应收获负面评价和利益减损，而不能相反，让信用好的主体承受更重的负担、义务，对信用差的反而给予照顾、优待。"对事不对人"也是一种"一视同仁"，要求对于同样的情形或事，不对不同的主体作优惠或歧视性的规定。同时，无例外、无规则，任何"一视同仁"又都不是绝对的，但无论如何标准只有一个——法的"永恒"价值和追求——公平正义。这正是高度动态、复杂的法治，而不是"竞争中立"和简单的"一视同仁"所能概括、容纳的。正如国有企业承担较大的社会责任；经济下行压力下给予中小微企业额外的法外关照；内外资适用不同的负面清单；为落实中央对台方针，关爱、团结台湾同胞，最高人民法院发布《关于为深化两岸融合发展提供司法服务的若干措施》，要求各级人民法院对其慎用法律规定的强制措施、查封扣押冻结措施、限制出境措施；[51] 等等。

《反垄断法》和2016年建立的公平竞争审查制度，都将公平竞争确立为一项基本原则，其含义远比"竞争中立"丰富，且与"竞争中立"是抵牾的。《反垄断法》是在"不同情形不同对待"的基础上，对不同主体的竞争行为"一视同仁"，即便如此，其对大企业和中小微企业的监督和执法力度很难也不应该"一视同仁"。公平竞争审查制度是政府对自己的规制、产业政策和市场行为等进行自我审查纠错，确保政策及规制中的"不同情形不同对待""相同情形相同对待"尤其是"相同情形不同对待""不同情形相同对待"是公平、公正的，不会损害、扭曲市场机制，打破市场封锁和不当行业壁垒，清除妨碍形成全国统一大市场和公平竞争的规定和做法。[52] 这是在认可政府规制、参与市场具有正当、合法性，政府可以"不中立"的基础上，优化政府的规制和市场行为。比如财政补贴，实践中往往产生骗补等副作用而受质疑，但其作为产业政策手段又是必不可少的，这就要求采取绩效补贴或实际产品补贴而非产能补贴、对终端消费者补贴而非对厂商补贴等方式，如新能源电力、新能源汽车等的补贴，并切实监督，以兴利除弊。

在执法层面，则应按照政策法律的规定和要求，对相同的人、相同的事"一视同仁"，尽管如此，由上所述，"一视同仁"也有例外或事实上不可能"一视同仁"。因而将"竞争中立"归结为"一视同仁"尤其是对各种所有制"一视同仁"，是极易引起歧义和误解的一种说法。

四、我国对"竞争中立"应持冷静、谨慎态度

由上，多个版本"竞争中立"的出发点和具体含义不尽相同，我国拟将其作为"对不同所有制'一视同仁'"加以引进，然而无论赋予"竞争中立"何

种概念与意义，它在我国都不是一个真实命题，因而须对其持冷静、谨慎态度。

（一）国内政策法规体系中无须引入"竞争中立"

在国内市场方面，早在1980年，《国务院关于开展和保护社会主义竞争的暂行规定》就"提倡各种经济成分之间、各个企业之间，发挥所长，开展竞争""打破地区封锁和部门分割"，并要求对规章制度中妨碍竞争的内容进行修改，废止用"行政手段保护落后，抑制先进，妨碍商品正常流通的做法"。[53] 1993年《中共中央关于建立社会主义市场经济体制若干问题的决定》中，更明确了"国家要为各种所有制经济平等参与市场竞争创造条件，对各类企业一视同仁"，也即政策法规层面对不同"人""事"可能有所差别，执法层面根据既定规则对各种主体尽可能"一视同仁"。2015年《中共中央国务院关于深化国有企业改革的指导意见》中指出，商业类国有企业按照市场化要求实行商业化运作，主业处于充分竞争行业和领域的商业类国有企业，原则上都要实行公司制股份制改革，国有资本可以绝对控股、相对控股，也可以参股；主业处于关系国家安全、国民经济命脉的重要行业和关键领域、主要承担重大专项任务的商业类国有企业，要保持国有资本控股地位，支持非国有资本参股，对特殊业务和竞争性业务实行业务板块有效分离，独立运作、独立核算；公益类国有企业以保障民生、服务社会、提供公共产品和服务为主要目标，引入市场机制，可以通过购买服务、特许经营、委托代理等方式，鼓励非国有企业参与经营。[54] 我国国有企业改革的具体内容，实质上与澳大利亚"竞争中立"模式的取向一致，但比其更深入、更复杂。

就竞争法与政策而言，《反垄断法》除了规定垄断行业本身不违法及某些适用除外和豁免外，对于国有企业参与市场竞争并无"不中立"的规则设计，即便是垄断行业，该法第7条也强调该领域的经营者不得利用其垄断地位损害消费者利益。公平竞争审查制度进一步要求从市场准入、产业发展、招商引资、招标投标、政府采购、经营行为规范、资质标准等七个方面，对相关政策、规制进行竞争评估，以此将对市场主体竞争能力可能产生的不合理影响降到最低，也可消除国有企业及某些行业或地方的企业受产业政策支持而具有不合理竞争优势的问题。《中国（上海）》自由贸易试验区条例》第47条规定："各类市场主体的平等地位和发展权利，受法律保护。区内各类市场主体在监管、税收和政府采购等方面享有公平待遇"。这些都表明，我国市场竞争规则的构建和完善一直致力于打造一个符合国情的公平竞争环境。但公平、公正不等于"中立"，"一视同仁"也具有丰富、深刻的内涵，并非完全同样对待。此外，在实践中，我国国有企业亦不存在将政府支持其承担或履行公益、公共职能的显性或隐性补贴用在支持竞争性业务的情形，反而是国企将市场竞争获得的利润补贴公共性、政策性业务及用于承担社会责任。这也超越了澳大利亚版本的"竞争中立"及其相关竞争政策改革的动因和宗旨，与美国主导的"竞争中立"更是毫无关联。

总之，在国内引入"竞争中立"的前提应当是其契合所需，且我国缺乏相关概念和规则。就是否需要而言，澳大利亚版"竞争中立"包含的防止国有企业交叉补贴而形成不合理、不正当竞争优势的理念，是所有市场经济国家都应关注且遵循的，但中国从未出现过这样的情形和问题；美国主导的"竞争中立"旨在遏制中国的国有企业和政府的积极经济职能，则与我国的政经体制和具体制度格格不入。我国竞争法和政策中没有"竞争中立"的概念、宗旨或规则，虽然在涉及国有企业和政府支持企业方面，相关理念和做法与澳版"竞争中立"的指向相似，但中国追求的公平竞争和效率是"竞争中立"所无法涵盖的，"竞争中立"不可能实现公平、公正和效率，无论是理念或政策法规，只有必要的"不中立"才能实现公平、公正和效率。在末端执法层面，我国历来就有更科学、适当的不同于"竞争中立"的"一视同仁"概念。所以，盲目照搬引进"竞争中立"，只会造成认识和实践的紊乱，徒增制度和操作成本，浪费研究与立法资源。澳大利亚在推广其"竞争中立"实践时也称："在不分析所在国家竞争中立不足的原因与关键因素时，就直接照搬移植澳大利亚1996年竞争中立政策及其后的国家改革进程的做法是不合适的"。[55]

（二）在国际经济交往中奉行"共同但有区别""自由开放、公平非歧视"原则

在全球经济一体化和我国企业"走出去"的大环境下，国有企业参与国际市场竞争时必须受各方共同遵守的国际贸易、经济合作和竞争规则的约束，这是理所当然的。然而，对于国际规则和规则体系，中国不应被动地接受，而须通过积极参与和努力，使之有利于自身且具有足够的正当性。以美国为主导，试图将"竞争中立"纳入国际规则体系，对社会主义与市场经济的兼容性及国有企业的市场地位予以否定评价，不仅不"中立"，反而具有明显的"制度非中性"。这样做，没有考虑不同国家的国体、政体、社会制度和市场经济发展程度，对国有企业及产业政策整体否定而不考虑具体的交易和投资是否公平，实际上会造成对特定国家的企业及国家间竞争的不公平，与我国在国际经济交往中奉行的"共同但有区别""自由开放、公平非歧视"原则是相悖的，自然不应被概括接受，以免自上枷锁。当然，OECD的"竞争中立"也有局部合理之处，如要求国有企业运作形式精简、商业活动全成本定价、核算承担公共义务

的成本等，符合国有企业存续运行的一般规律，但并不全面，因为在当代市场经济条件下，国有企业的政策性、公益性也要在商业化、市场化中才得以体现，营利性、政策性、公益性、商业性在具体国有企业中往往交织在一起，[56]并不仅仅是成本核算问题，接受其"竞争中立"的论述和要求，整体而言也是对我国国有企业的否定和额外负担。

有学者指出，"竞争中立并非简单地融国企改革、贸易及投资规则于一体的新国际规则，而是体现出在国际竞争新情势下，各国'政府之手'的强化和博弈已经过渡到以制度竞争为核心的新阶段。"[57]因而在涉及国际经贸规则的双边、多边以及区域贸易谈判中，应当从本国国情出发，坚持"共同但有区别"的原则，维护我国的制度和利益。另一方面，美国主导的"竞争中立"是对社会主义市场经济的否定及实行贸易保护主义的手法，中国不应自认"非市场经济国家"，而应矢志不渝地维护"自由开放、公平非歧视"的原则，理直气壮地向国际社会输出我国对于市场经济、公平竞争以及国有企业的理解。我国在参与国际经贸规则制订中，可以选择性地吸收"竞争中立"的论述和规则中具有合理性的局部内容，但对"竞争中立"本身及其中"非中立"的内容必须坚决地否定和反对。

（史际春、罗伟恒，原载《经贸法律评论》2019年第3期）

参考文献：

[1] 国务院关于印发"十三五"市场监管规划的通知［EB/OL］. 中国政府网，2017-01-23.

[2] 李锦. 以"竞争中性"塑造引领国企改革［N］. 经济参考报，2018-10-17.

[3] 李晓喻. 中国官方明确将采取竞争中立政策［A/OL］. 中国新闻网，2018-11-06.

[4] 李克强. 政府工作报告——2019年3月5日在第十三届全国人民代表大会第二次会议上［EB/OL］. 中国政府网，2019-03-05.

[5] 蒋哲人. 澳大利亚国企竞争中立制度的启示［A/OL］. 中国经济社会理事会网站，2015-11-10.

[6] SMYTH R，翟庆国. 澳大利亚国企改革实践及对中国国企改革的启示［J］. 财经问题研究，2001（7）：9-12.

[7] 宋彪. 竞争中性的渊源、政策目标与公共垄断改革［M］//经济法研

究：第 18 卷. 北京：北京大学出版社，2017：180.

［8］HILMER F G. National Competition Policy Review ［R］. Canberra：Australian Government Publishing Service，1993：303.

［9］Competition Principles Agreement ［R］. 11 April 1995（As amended to 13 April 2007），3（6）：1-11.

［10］Agreement to Implement the National Competition Policy and Related Reforms ［R］. 1995：1-5.

［11］经济合作与发展组织. 竞争中立：维持国有企业与私有企业公平竞争的环境 ［M］. 谢晖，译. 北京：经济科学出版社，2015：1.

［12］应品广. 中国需要什么样的竞争中立？（上）——不同立场之比较及启示 ［J］. 中国价格监管及反垄断，2015（2）：20-24.

［13］吴云. 美国出新招对付"中国模式"［N］. 人民日报，2011-11-24.

［14］王梅. 中国投资海外：质疑、事实和分析 ［M］. 北京：中信出版社，2014：146.

［15］张斌，王睿麟. TPP 谈判剑指国企，国资委研究对策 ［N］. 经济观察报，2014-01-03.

［16］李晓玉. "竞争中立"规则的新发展及对中国的影响 ［J］. 国际问题研究，2014（2）：136.

［17］中方谈美墨加贸易协定"毒丸"条款：不应搞排他主义 ［A/OL］. 中国新闻网，2018-10-11.

［18］毛志远. 美国 TPP 国企条款提案对投资国民待遇的减损 ［J］. 国际经贸探索，2014（1）：94-95.

［19］The OFFICE of the UNITED STATES TRADE REPRESENTATIVE（USTR）. Summary of the Trans-Pacific Partnership Agreement ［EB/OL］. the website of USTR，2015-10-04.

［20］石伟. "竞争中立"制度的理论和实践 ［M］. 北京：法律出版社，2017：102.

［21］高程. 新帝国体系中的制度霸权与治理路径——兼析国际规则"非中性"视角下的美国对华战略 ［J］. 教学与研究，2012（5）：58.

［22］熊月圆. "竞争中立"视阈下的 TPP 国企规则评析 ［J］. 金融发展研究，2016（9）：75.

［23］王婷. 竞争中立：国际贸易与投资规则的新焦点 ［J］. 国际经济合作，2012（9）：76.

［24］TRADE AND MANUFACTURING MONITOR. Commerce Continues China's Status as a Non-Market Economy ［EB/OL］. the website of TRADE AND MANUFACTURING MONITOR, 2017-10-31.

［25］United States-Mexico-Canada Agreement（USMCA）, ANNEX 14-D MEXICO-UNITED STATES INVESTMENT DISPUTES ［EB/OL］. the website of USMCA, 2019-12-10.

［26］马克思恩格斯选集：第 1 卷 ［M］. 北京：人民出版社, 2012：304.

［27］马克思恩格斯选集：第 3 卷 ［M］. 北京：人民出版社, 2012：812.

［28］马克思恩格斯选集：第 4 卷 ［M］. 北京：人民出版社, 2012：370-372.

［29］中华人民共和国宪法：第 6, 7, 11, 15 条.

［30］邓小平文选：第 3 卷 ［M］. 北京：人民出版社, 1993：373.

［31］杨春学. 新古典自由主义经济学的困境及其批判 ［J］. 经济研究, 2018（10）：5.

［32］史际春. 政府与市场关系的法治思考 ［J］. 中共中央党校学报, 2014, 18（6）：12-16.

［33］赵海乐. 竞争中立还是竞争礼让——美国对华反补贴中的国有企业歧视性待遇研究 ［J］. 国际商务（对外经济贸易大学学报）, 2016（4）：124.

［34］国家税务总局. 关于实施进一步支持和服务民营经济发展若干措施的通知：税总发 ［2018］174 号 ［A/OL］. 中国政府网, 2018-11-19.

［35］肖亚庆：中央企业没有基于所有制的补贴 ［A/OL］. 人民网, 2019-03-09.

［36］史际春. 公司资本制度和国企混合所有制改革 ［J］. 经济法学评论, 2015（1）：328.

［37］［美］加里·贝克, 吉蒂·贝克. 生活中的经济学 ［M］. 薛迪安, 译. 北京：华夏出版社, 2003：144.

［38］［英］乔·史塔威尔. 亚洲大趋势：中国和新兴经济体的未来 ［M］. 蒋宗强, 译. 北京：中信出版社, 2013：84-86.

［39］黄基伟. 开放条件下幼稚产业保护问题研究 ［M］. 合肥：中国科学技术大学出版社, 2014：79.

［40］科技部. 美国出台国家先进制造战略计划 ［A/OL］. 中华人民共和国科学技术部网站, 2012-03-19.

［41］美国政府发布《美国先进制造业领导力战略》报告 ［A/OL］. 航空

工业信息网，2018-10-05.

[42] 李璐. 美国财政资金的协同审计监督研究：以 ARRA 法案资金为例 [J]. 财政研究，2013 (9)：77-79.

[43] 王梅. 中国投资海外：质疑、事实和分析 [M]. 北京：中信出版社 2014：154.

[44] [德] 弗里德里希·李斯特. 政治经济学的国民体系 [M]. 陈万煦，译. 北京：商务印书馆，2009：343-344.

[45] 中华人民共和国反垄断法：第1条.

[46] 楚序平. 美国反垄断规制的最新趋势及启示——美国惠而浦兼并美泰克等案例的思考 [J]. 中国金融，2007 (21)：60.

[47] 史际春. 论营利性 [J]. 法学家，2013 (3)：4-5.

[48] 丁茂中. 竞争中立政策研究 [M]. 北京：法律出版社，2018：23.

[49] 苏永钦. 经济法——已开发国家的任务与难题 [M] // 赖源河. 公平交易法新论. 北京：中国政法大学出版社，2002：36.

[50] 史际春，等. 反垄断法理解与适用 [M]. 北京：中国法制出版社，2007：2.

[51] 为深化两岸融合发展提供有力司法服务和保障——最高人民法院相关负责人就《最高人民法院关于为深化两岸融合发展提供司法服务的若干措施》答记者问 [EB/OL]. 中国法院网，2019-03-27.

[52] 国务院关于在市场体系建设中建立公平竞争审查制度的意见 [A/OL]. 中国政府网，2016-06-14.

[53] 国务院关于开展和保护社会主义竞争的暂行规定（已失效）[J]. 中华人民共和国国务院公报，1980 (16)：487-489.

[54] 中共中央国务院关于深化国有企业改革的指导意见 [A/OL]. 中国政府网，2015-09-13.

[55] RENNIE M, LINDSAY F. Competitive Neutrality and State-Owned Enterprises in Australia: Review of Practices and Their Relevance for other Countries [A/OL]. OECD Cooperate Governance Working Papers, OECD Publishing, 2011 (4).

[56] 史际春. 国企公益性之辨 [N]. 中国社会科学报，2014-04-09.

[57] 冯辉. 竞争中立：国企改革、贸易投资新规则与国家间制度竞争 [J]. 环球法律评论，2016 (2)：152.

论财政法是经济法的"龙头法"

反垄断法"辅佐"市场机制正常发挥作用，而对市场之不能或者弊端，须由与宪法衔接的财政法主导加以解决，因而财政法是经济法的"龙头法"。

龙头，所谓龙之头。龙头可以指代人，也可指代物，但无论是指人还是指物，龙头都离不开引领、主导、指引、牵引等义，而且在位置上都是在先、在前的。一直以来，经济法学界有反垄断法是"经济宪法"或经济法"龙头法"的说法。关于经济法的"龙头法"究竟是什么，这不仅是一个理论问题，也不是无关紧要的借喻，对此问题的回答，关系到政府在经济中扮演何种角色、发挥什么样的作用，因而具有重要的实践价值，值得反思和探讨。作为经济法的"龙头法"，当也如龙头一般，能够引领、主导经济法。那么，反垄断法能否担当这个角色、什么法具有如此地位呢？回答这个问题，首先取决于我们对经济法及其"龙头法"的认识。

一、经济法是什么？

经济法作为一个新兴法律部门，人们一直在对其究竟是什么、"为什么"等进行探讨和解释，给出了种种不尽相同的回答。社会决定法，而不是相反，在此不妨更多地从经济法所由产生和存续的社会条件，对其作一观察和概括。

经济法是在社会化条件下，国家成为劳动协作的社会层面的结果。早在19世纪中期，随着大工业的发展，生产的私有制和经济社会化之间的矛盾就已在西方国家凸显出来，如果缺乏社会层面的协调，经济连同整个社会随时都可能毁于一旦。于是，经济发展和社会运动的规律，终结了市民社会与政治国家的虚幻对立，国家作为社会和公共利益的天然代表，从统筹协调、调控监管、提供或组织提供公共产品和准公共产品、市场操作诸方面，逐渐成为一国经济所不可或缺的内在组成部分。

这是一个过程。19世纪末反垄断法和反不正当竞争法的问世，以美国1890

年的《谢尔曼法》和德国 1896 年的《反不正当竞争法》为代表，反映了西方国家当时的一种不自觉的努力，即通过国家依法修补市场机制，来消弭由垄断和不正当竞争而加剧的大企业与中小业主、经营者与消费者、资本家与劳动者之间的矛盾，捍卫自由市场经济及其"民主"政治体制。然而，资本主义的基本矛盾并不是由于市场机制扭曲造成的。市场机制正常发挥作用的结果，恰恰是优胜劣汰、"弱肉强食"和经济波动，经济社会的发展因此更加不平衡。1929至 1933 年的大危机，催生了罗斯福新政，不再满足于反垄断，国家开始从整体上全面协调经济、社会的运行和发展；为实现这一任务，尤其是二战之后，政府的投融资、采购和交易等在发达国家也成为普遍常态。相应的法律制度，也就是经济法。当然，英美法系无分公私法，对经济的法律调整不拘一格，像新加坡将国家当作一个公司、给每个公民发放"新新加坡股票"，[1] 也不曾引起大惊小怪，经济法主要是在大陆法系拘泥于公私法分野的条件下，为解释公共管理、政府行为与市场暨经济相融的法律制度并赋予其正当性的产物。

中国的经济法则是另一番背景。当中华携庞大而落后的小农生产力向世界打开大门，即遭遇列强挟工业文明的无情侵掠，以致传统的社会和经济结构瓦解，何止民不聊生。这种社会条件，不可能生长出资本主义和大工业来，如果任由经济社会自发地发展，其过程必将是这个曾经辉煌的民族自取灭亡。因此，清末以后致力于民族复兴的仁人志士们形成了一个共识，就是中国不能走资本主义道路，而必须实行三民主义，而"民生主义者，即社会主义也。"[2] 这也是南京国民政府实行的国家建设、发展的基本方针或国策。及至如台湾地区媒体的解读，"中共继续了国民党未完成之理想，实现了对传统社会的改造"。[3] 这个历史脉络，就是从洋务运动至今仍方兴未艾的现代化事业，国家以其有限的财力和组织力，不断汇聚精英、网罗人才和追随者，发展现代产业、事业，将现代化的元素逐渐扩展、累积于神州各地方、社会各领域、各层面的一项伟业。因此，中国从未有过市民社会与政治国家、政府与市场的分野和对立，经济法与中国现当代经济社会发展的理念、过程和模式是天然吻合的。

国家是社会暨公共利益的天然代表者。社会也即人民的要求，使它自觉不自觉、主动或被动地从宏观到微观全方位参与到经济中去，从特殊企业、国有企业、法定机构、经济自治组织等主体制度，到财税、规划和产业政策、金融和其他市场监管、土地和资源管理等公共经济管理，到立足于经济活动的合同、竞争、对外贸易、消费者保护等规制，构成了经济法制度体系。但由上所述，仅着眼于市场机制、维护市场的正常运行，还不是完整的经济法，就此而言，反垄断法与民商法并无本质区别。而在经济法语境下，国家对经济的主导和参与又是建立在市场基础上的，在中国，计划经济可以与"行政性经济"、长官"拍脑袋"的人治画等号，经济法是改革开放和实行社会主义市场经济的产物。国家、政府作为政权体系，在其承担经济职能、从事市场活动的情况下，官僚主义、低效、腐败现象是不可避免的，中外皆然，最严重的莫过于李鸿章、蒋宋孔陈、印尼苏哈托之流家国不分的资本主义。当前，在政府与市场、与企业的关系越来越密切的情况下，无论在发达国家还是在中国，反腐败，尤其是反商业腐败和强化问责制（Accountability）都受到了高度重视。经济的市场化、全球化，导致进入了一个以民族国家为主体开展竞争的时代，政府成为内在于市场和经济的主导力量，官民既要"捆绑"一致打拼，又不致官商"勾结"、腐败。就法律部门划分而言，经济法关注相应的经济实体关系，反腐和强化政府责任有赖于整个法律暨法治体系的协同作用，主要不是经济法这一个法律部门的任务，与经济法之间是一种衔接、协调配合的关系。

本文不拟给经济法下新的定义，只是想说明和强调，经济法无论是从产生还是其内涵、外延都离不开经济和公共管理也即市场（经济）和政府（国家）这两个要素。经济法是公私交融的法，而作为经济法的龙头法，应该能够统摄、引领政府和市场。

二、反垄断法不是经济法的"龙头法"

（一）反垄断法在发达国家作为经济法"龙头法"的历史性

反垄断法在发达资本主义国家被赋予重要地位。它在美国被称为"经济的基石""经济自由的宪法""自由企业的大宪章"，[4] 在德国也有认为其地位是"宪法的"，在日本则认为反垄断法暨竞争法在经济法中占有核心和基本的地位，是经济法的"原则法"。[5] 中国经济法学界一直以来接受了美日等国的这类提法或观点，认为中国既然实行市场经济，就应当像发达市场经济国家一样，将反垄断法置于"经济的基石""经济宪法"或者说经济法"龙头法"的地位，作为追求的目标和境界。笔者也曾认为，由于政府自上而下主导转轨时期的改革开放和历史悠久的官本位传统，反垄断法在中国并不具有这种地位，财政法则在整个经济和经济法中起着主导的作用，但财政法调控经济的"切入式"特点决定了它的副作用，将来我国也应将"维护市场之固有机制和活力、纠正市场不足来达到调控经济"作为经济法调控的主要手段。[6] 而从这场国际金融危机中反映出的情况来看，所谓反垄断法是经济法"龙头法"和"经济宪法"的命题在西方国家其实也已时过境迁，中国实没有必要将其作为追求的目标。

市场经济存在两个天然倾向，即通过限制竞争、不竞争以舒舒服服赚大钱，以及不顾一时一地既定的商业道德不择手段地捞钱。这是市场经济固有的激励机制使然，构成市场经济的自我否定，要实行市场经济，就必须有效反对之，否则市场就无法正常运转和存续。竞争法正是为了恢复被这两个倾向扭曲的市场机制而问世的。本来，这是维护市场经济的一种基础性措施，而对自由市场的崇拜者来说，只要市场机制发挥作用、市场经济正常运转，整个经济、社会也就万事大吉，必将得益于"看不见的手"，在无数个体自发追求自身利益最大化中实现国民福祉的最大化。正如熊彼特所言："对典型自由主义资产阶级而言，垄断几乎称为所有弊病的根源——事实上，它成为头号妖魔。"[7]在这样的认识下，将反垄断法视作对经济的法律调整的龙头老大，就是很自然的。然而，二三十年代的大危机和此次波及全球的金融危机证明，在社会化条件下或者说社会化的市场经济，仅靠维护市场机制是不足以使市场正常运行、经济社会协调发展的。

首先，市场和竞争的本性暨优越性是优胜劣汰，市场经济的周期性也是不可避免的，而"劣汰"和周期对经济、社会可能产生严重的副作用。优胜固然好，"劣汰"则意味着一些个人和企业、群体、产业、地区等在市场竞争中败北，经济不景气时失业率也会高企、人们的收入和生活水平降低，一个国家如果不能妥善解决社会成员被"汰"或不景气时的生计和发展问题，任由"马太效应"滋生扩张，则这样的经济是畸形的，长此以往必然会拖累社会和谐进步。这就需要国家、政府超越反垄断，通过货币、利率、税收、财政支出、规划和产业政策等手段对经济进行统筹协调；为此，仅有私有制也是不够的，还需要国有制、合作制、团体的和任何联合的所有制，也即"混合经济"，等等。对于混合经济来说，市场和政府两者均为经济所必不可缺，没有政府和没有市场的经济都是"一个巴掌拍不响"。[8]这就是连资本主义大本营的美国经济也不得不由政府主导的原因所在。如美国参议院于2009年2月通过经济刺激计划，"9·11"后美国联邦紧急拨款150亿给航空业，[9]在金融危机中联邦政府先后提供近500亿美元给通用汽车公司并直接策划安排其重组，[10]等等；就是在景气时期，政府也通过公共及军事采购、波音和麦道合并、在国际上推行霸权式的金融和贸易政策等，主导着经济。日本一度迷信"经济宪法"说，行之有效的产业政策法的正当性受到质疑，经济法成为反垄断法的同义词，一场金融危机，使得以前的偏颇显露无遗，学者和实务界看问题才变得较为持平起来。

其次，市场机制或市场经济存在着不及或不能的领域。市场经济依赖社会成员的营利冲动，因此，不能盈利或难以盈利的事业、产品就不可能由市场来提供。如果这样的事业、产品为社会和人民所需，政府就不得不担负起从事或组织从事该事业、提供相应产品的责任，如教育、医疗、航天、互联网、基础设施、公用事业和新能源开发等。在美国刺激经济的 7870 亿美元中，就有 65% 用于投资，投资项目主要是基础设施和新能源。[11]我国于 2008 年 11 月出台 4 万亿内需刺激计划，更是藉应对国际金融危机之际，大力促进经济社会协调发展。①[12]

最后，反垄断、反不正当竞争与任何公共管理一样，自有其边界，在市场中追求自身利益最大化的一个个主体的贪婪和无所不用其极，是竞争法及任何法律所不能完全控制并杜绝的。其后果一旦爆发，仍需由政府代表社会加以收拾。如在此次金融危机中，美国联邦政府接管"两房"——房地美和房利美、援助大到"不能倒"的 AIG、整治成天花样翻新从他人口袋里"掏钱"的投行、控制接受政府援助企业的高管的薪酬，等等。

就应对危机、经济整体布局和统筹协调发展而言，倚赖自由的交易和竞争、反垄断都是无济于事的。因此，反垄断法对经济并不具有引领、主导作用，即使在市场经济发达国家也不是"经济宪法"或者经济法的"龙头法"。

(二)"经济宪法"的比喻不具有科学性

反垄断法之所以被认为是经济法的龙头法，与它的"经济宪法"之称是分不开的。"经济宪法"的说法来自美国。美国最高法院在 1972 年的一项判决中指出："反托拉斯法是自由企业的大宪章，它们对维护经济自由和我们的企业制度的重要性，就像权利法案对于保护我们的基本权利的重要性那样"；还称谢尔曼法为"经济自由的宪法"。但是应当认识到，称反垄断法是"经济宪法"只是一个比喻。有学者称，宪法是维护民主和自由的基本法，而反垄断法是维护经济民主和自由的法，因而被称为"经济宪法"。[13]其实反垄断法与宪法并无多少联系。而且，这种说法自有其政治和意识形态的背景。

宪法是关于人民如何形成政权行使国家主权的根本法，规定国体、政体和人民同国家的关系。反垄断可以理解为维护市场秩序的一种高级法则，而维护市场秩序与国防、治安一样，是国家、政府作为公共管理者的固有职能；就国家权力与人民权利、政府规制与市场自由的界限或范围划分而言，反垄断法也不具有这一功能。

---

① 其中，1.8 万亿用于投资铁路、公路、机场和城乡电网建设，1 万亿用于地震重灾区的恢复重建；3700 亿用于农村民生工程和农村基础设施，3500 亿用于改善生态环境，2800 亿用于保障性安居工程，1600 亿用于自主创新结构调整，400 亿用于医疗卫生和文化教育事业，并拉动 20 万亿的地方和民间投资。

笔者认为，将反垄断法说成"经济宪法"或经济法的"龙头法"是不恰当的。一方面反垄断法不具宪法功能；另一方面反垄断法对经济的法律调整并无引领和主导作用，其作用是基础性的，也即与民商法一道，分别立足于市场的自发性和政府规制，使市场机制能够正常发挥作用，维护良好的市场秩序和交易环境。只不过是有人用"经济宪法"来借喻反垄断的重要地位和作用，后来用的人多了造成误解，以为反垄断法就是"经济宪法"。

之所以给予反垄断法以"经济宪法"的美誉，这与美国作为资本主义和自由市场大本营的背景也是分不开的。20世纪70年代的美国备受"滞胀"困扰，出现了复兴自由主义即新自由主义的思潮，从而把反经济专制和反限制竞争自由的反垄断法提到一个新的历史高度。主观认识和愿望不等于现实，在美国的主流意识形态、主流价值观之下，致力于维护自由市场、褒扬反垄断法为"经济宪法"，属于"政治正确"。事实上美国也不得不由政府通过财政、金融、国有制、隐性产业政策、政府采购、政府主导的研发、社会保障等手段来统筹协调经济发展，比如此次金融危机导致一向被誉为最佳银行的美国前三名花旗银行、美洲银行、摩根大通银行的市值分别跌掉了96%、89%、57%，美国政府对这些危机银行注资的力度之大一度引发市场对银行国有化的恐慌，曾为经济学家的俄罗斯总统梅德韦杰夫甚至惊呼"西方国家竟然一步就从自我监管的资本主义跨到了金融社会主义！"[14]只不过这些都是只能做不能说的"社会主义措施"（socialist approach），否则政治就不正确了。

所以并非如一些学者认为的，反垄断法是本来意义上的"经济宪法"，或者从本源上说"经济宪法"就是对反垄断法的称谓。正如上述判决中所说，其"重要性，就像权利法案……那样"，是"经济自由的宪法"，可见"经济宪法"从开始就只是一种借喻。正如潘恩将美国宪法喻作"政治圣经"，并不意味着宪法就是"圣经"了，将反垄断法比作"经济宪法"也是如此。

况且，真正意义上的经济宪法也是有的。有人考证，"经济宪法"的提法源于德国宪法学家 F. 伯姆；在德法美日韩等国，"经济宪法"已成为公认的宪法学范畴，经济宪法学体系的基本框架正在形成。[15]就宪法的性质而言，可以认为经济宪法是宪法中关于国家与经济、与市场关系的基本规范，[16]如我国宪法中关于实行社会主义市场经济、以公有制为主导的所有制、私营经济的地位和作用、保护私有财产的规定等就是经济宪法，作为法治国家的重要标志，有关财政体制及其基本原则，尤其是中央与地方财政关系的基本规范也属于宪法的范畴。

将反垄断法喻为"经济宪法"固无伤大雅，但用的频率多了，似乎就成为一个正式术语,会引起误解和混淆。在要求严谨和科学性的法学研究中,实不宜采用这一说法。

三、财政法是经济法的龙头法

(一)财政:从"管政府的钱"到现代公共经济

财政法是关于国家收支的法。财政在一般意义上总是难以摆脱"管钱"的内涵,不过管政府的钱具有很大的特殊性,怎么管政府的钱更是大有讲究,由此出现了不同时期的财政体制。建立在奴隶制经济、封建(领主)制经济基础之上,以专制王权(皇权)为主导、以满足统治者个人需要为特征的财政体制一般被称为"官房财政"或者"家计财政",这种财政体制完全是考虑如何为统治者的需要去攫取社会财富、与民争利,而与市场经济、民主政治是格格不入的。财政体制的第二个类型是"公共财政",即建立在市场经济基础之上的财政,是在市场经济社会中与"私人经济"相对应并相互影响和相互作用的"公共经济"或"公共部门经济",又可以分为经典市场经济基础之上的公共财政和"现代市场经济基础之上的现代公共财政——公共(部门)经济"。所谓经典市场经济基础之上的公共财政,是指对应于资本主义市场经济初级阶段、以自由竞争为根本精神的国家财政,主要是"为经济生活创造简单的外部环境条件的财政",也称为之"政府财政(即为满足公共欲望而支应政府日常所费的财务收支)",由于这一时期盛行"守夜国家"思潮,对国家权力高度排斥和警惕,所以对这种政府财政一般都有严格的限制,比如"非经议会预算不得支出""非经法律(即人民的代表议会的同意)不得征税"等著名的财税原则都产自于这个时期。随着"守夜国家"的衰退,国家日益融入经济和社会实践成为一股内生力量,与此相应的财政体制也就必然要发生变迁,于是产生出现代市场经济基础之上的现代公共财政。随着政府行动范围的扩大,政府财政的影响范围也随之扩大,导致财政不再局限于对政府"钱袋子"的看守而日益对经济和社会的发展产生积极主动的效果。于是财政学开始转向公共经济学,公共经济学认为财政应包括政府的一切经济活动,从而把财政学看成研究"公共部门经济"的学科,使得其研究领域大为扩展。公共经济学代表人物马斯格雷夫在1959年的经典著作《财政学原理:公共经济研究》中,甚至基于财政的视角提出了现代市场经济条件下政府的三大职能——"资源配置、收入分配和经济稳定"。[17]财政从简单地对政府收支的研究转向对公共经济的研究,导致相应的法律调整也出现了根本性变化。现代财政法的调整对象是一种在现代市场经济条件下与

"私人"经济关系并存、互补而又具有独特运行规律的经济关系，其所涉范围的广泛性、对社会经济政治生活的重要性日增。综上，与现代市场经济、公私融合对应的现代公共财政早就超出了纯粹意义上的政府收支管理，而与国家对经济和社会实践的高度参与紧密相关。现代公共财政的核心在于通过包括税收、转移支付、国债、预算、公共支出等在内的核心手段，带动规划、产业政策和竞争政策的制定与实施，由此规范、促进和保障国家的公共经济行为能够产生积极、正面的效果。民主、法治的财政，成为现代国家和经济的基石，即使是为了满足国家机器自身消费的收支，其租税费等征收，都要公平并依循公共利益发挥对经济社会的调节作用，支出也要"有助于实现国家的经济和社会发展政策目标，包括保护环境，扶持不发达地区和少数民族地区，促进中小企业发展等"。[18] 在迈入了社会化市场经济的地方，国家依托财政承担经济职能，对经济、市场起着强有力的主导和调控作用，牵一发而动全身。既然现代公共财政对于一国经济的主导作用已经不言而喻，那么认可财政法在一国经济法律体系中的主导地位，也就顺理成章了。

（二）财政法"龙头地位"的具体表现

财政法作为经济法"龙头法"的地位，可以从以下三个方面加以认识。

第一，财政法是经济法与宪法的衔接，其本身即具宪法暨"经济宪法"的性质。国家的收支要由人民决定，这就将财政决策上升到宪法层面，其执行层面和相应的各种制度则主要属于经济法范畴。而且，现代财政法与宪法具有共同的源头，就是人民通过代议制决定国王如何征税。英国最早的宪法性文件诸如《英国大宪章》《权利请愿书》《权利法案》等，都是以限制君主的征税和财政支出为目的和内容的。中央或联邦与地方的事权和财权划分，属于政体的内容，也属宪法的范畴。我国致力于建设法治国家，各级人代会对预决算的审议日益深入细致，对国家收支的各种体制内外的监督越来越具有实质性，财政体制也需与中央和地方事权的合理划分相适应，与宪法衔接及其本身的某种宪法性质清晰地反映出财政法之于经济法的"龙头"地位。正如有学者指出的，如果不从宪法和预算法的角度明确中央与地方的关系，那么相关的经济规划和调控制度也就很难实现制度化、法治化。[19] 财政法的核心是预算，经过议会或人代会中的争辩，预算一经通过就成了有实实在在财物支撑的收支计划；预算的执行，就是财政对经济、社会直接作用，来不得半点马虎、松懈，否则人民就要通过体制内外的各种途径和机制对政府问责。

第二，在经济法的各项制度中，财政和财政法对经济的调控和主导最全面、最具整体性、效果也最大。鉴于社会化市场经济对国家承担经济职能的客观要求，在发达国家，中国也不会逊色，财政及财政主导的公共开支都占到了社会总支出的"半壁江山"，经济财政、民生财政的比重越来越大。即使是行政开支或"吃饭"财政，也必须追求国家、社会和经济政策的总目标。这就决定了，任何其他主体和力量对经济的作用，都不如财政那么强而有力。而且，财政的主导是全方位的，其统筹协调作用可及于从中央到地方、从沿海到内陆、从经济到民生、从第一到第三产业等各个方面。相比之下，经济法的其他子部门法对经济和社会的影响就难以如此全面，比如货币政策不能解决不同地方、不同产业的平衡协调发展问题，反垄断和各类经济监管只是消极地维护而非积极地利用市场机制，等等。不同的法律之间虽无高低优劣之分，但事实上存在着调整绩效的差异，这是不同的法律理念、原则、方法及其与实践需要的契合程度所客观决定的。

第三，在经济法的各项制度中，财政法对经济的调控和主导最直接、最具刚性、针对性也最强。照一般理解，规划和产业政策法似乎应当是经济法的"龙头法"，因为它们在经济中起着引领作用。随着市场化改革不断深化，指令性计划消退殆尽而成为特殊情况下的一种非常行政手段，产业政策的制定和实施成为规划的重要内容和表现形式，传统的计划内容和指标被政策体系所取代。在市场经济条件下，政府融入经济和社会发展、推进经济改革与转型、贯彻国家经济战略和意志的最常见方式，就是制定和实施各种规划和产业政策。通过规划和产业政策法对不同产业予以促进、扶持、限制和禁止，可以实现法律对经济实践的针对性、即时性调整，确保政府行为能够对经济改革和发展产生持续、强劲的影响。不过一方面，在现代市场经济和公私融合的条件下，规划和产业政策法的实际绩效取决于政府本身的能力，尤其是财政实力以及科学合理的财政管理体制。现代市场经济中的产业发展既高度分工、又高度合作，其中的利益生产和分配机制高度复杂、极其专业，规划和产业政策法要想对这种条件下的经济实践予以有效调整、发挥出显著功能，就必须深度"嵌入"这种利益生产和分配机制。显然，只有本身对利益生产和分配具有直接性，才能够顺利嵌入并获得良好的调整效果。易言之，规划和产业政策需要财政的配合才能奏效，规划和产业政策的可行性及落实程度与财政能在多大程度上给予支持是呈正相关的。比如为促进新能源汽车产业发展而制定的产业政策法是否有效，从根本上取决于这个产业政策能够帮助开发新能源的汽车企业获得多少财政补贴，以及相应的财政补贴管理机制能否在该产业形成合理的产业布局；再比如为促进东部发达地区实现产业结构调整、顺利实现向高科技产业集群转型而制定的产业政策法，其实际功能从根本上还是取决于各级政府，尤其是中央政府能够提供多少财政资金支持企业技术改造、减少能源消耗。另一方面，产业政策法在现代市场经济条件下表现出来的趋势，是地方性、竞争性色彩越来越浓。在计划经济时代，各种产业计划曾经发挥出巨大的作用，帮助一个短缺经济的国家在短期内建立起初步的工业化体系，并在重工业建设上取得了局部辉煌的成就。但这种高度集权的产业计划也积累了重大的弊端，改革开放以来，央地分权带来了地方政府竞争，市场经济条件下的经济竞赛有一个最明显的表现，就是比拼各个地方政府运用产业政策发展地方经济的能力，而每个地方的情况都存在差别，在这种情况下，产业政策法不可避免地地方化了。所以我们可以发现，即使中央制定的产业政策，也大都是提出一个比较宏观的目标或规划，对于各种资源的具体投入和分配，则主要由地方政府制定的具体产业政策来完成。在产业政策法地方化的条件下，中央政府在财政上的分配对各地政府的产业政策的实际效果就显得尤其重要，反过来说，中央政府要想有效地调整产业发展，在产业结构、布局、标准、技术等各个方面贯彻自身的意志，也就必须在财政管理机制上做好文章。总之，规划和产业政策在不同程度上具有预测性、或然性，其落实需由不同利益、不同主体进行博弈，在博弈中辨明其正误和可行性程度，以问责制来保障合理合法行为的有利后果和不当不法行为的不利后果的实现，从而将设想转变为有益、有效的行动。相对于财政的运行，这是一种相对柔性、自发、松散、时间跨度较长的过程，所以就规划和产业政策法来说，无论就其对经济发生作用的直接性，还是其在经济中的作用及其刚性和力度而言，它与财政法都是无可相比的。美国、欧盟、日本、中国为应对此次金融危机，都在第一时间出台刺激经济的巨额财政计划，[1] 就是财政法作用和特性的规律使然。现在回过头去看，一直以来被我国经济法学界奉为市场经济下"计划法"的经典和楷模的德国《经济稳定和增长促进法》（1967）及以此为范本制订的欧盟《增长与稳定公约》（1997），并不是"计划法"，而是兼有规划法性质的财政法。

四、结语

《谢尔曼法》和《克莱顿法》刚刚制定时那种简单、初级的市场经济已经一去不复返了，市场竞争已经深深地嵌入到社会化大生产盛行、社会高度分工又高度合作、经济发展高度"社会化"这样一种经济和社会背景之中。在现代

---

① 欧盟的计划为 2000 亿欧元，含扩大公共开支、减税和降息三大措施；日本自 2008 年 8 月先后推出三项经济刺激计划，总规模为 75 万亿日元，重在促进增长和创造就业。

市场经济、公私融合的时代背景下，财政法才是调整经济改革与发展的"龙头"，才具有更加明显的主导地位。换言之，如果说反垄断法、规划法和产业政策法曾经是社会化的市场经济体制在初级阶段的"龙头法"，那么财政法就是政府主导的市场经济发展到当代而出现的更高级的"龙头法"。

确立财政法的主导地位绝非为了帮助财政法"抢山头"，而是要在有中国特色的社会主义市场经济的法律调整上找准发力的部位。毋庸讳言，我国目前的财政体制和财政法治水平距离现代公共财政和现代市场经济需要的财政法治水平还有一定的距离。因此倘若真正在战略高度上确立财政法的主导地位，完善并强化现代公共财政、厉行现代财政法治建设，必定会起到"牵一发而动全身"的效果。比如此次4万亿投资计划，正是因为国家将其局限为狭义的政府收支管理，所以计划的制定和执行也都局限各级政府主导的行政体制内部，这种局限在实践中导致的后果则是计划的制定不透明、不民主、缺乏博弈，在实际执行中引发各级地方政府"哄抢"，具体资金的投入脱离中央政府的预设目标而被地方政府用于"看得见的政绩工程"，审计机关为遏制贪腐浪费而疲于奔命。鉴于4万亿投资计划出台的现实背景以及客观上会产生的外部性，应当由全国人民代表大会审议通过才更合适，而其具体的分配方案和执行情况，更加离不开人民代表大会以及社会舆论的群策群力、反复博弈和广泛监督。"在4万亿逐步到位并拉动20万亿地方和民间投资的过程中，更应当鼓励企业、公民的参与和监督，如果这样，以建三峡、办奥运的精神和高标准应对此次危机，在人民同意和知情的前提下公正、透明地用好每一笔属于人民的资金，就不仅可以消除经济发展和结构优化的近忧，也可望使我国的政府调控监管、经济法、反腐和整个法治更上一个台阶。"[20]

最后，实事求是地阐明财政法作为经济法"龙头法"的地位及其"经济宪法"性质，并不会降低反垄断法的地位和应有的作用。实行社会主义市场经济，必须由市场在资源配置中发挥基础性作用，财政、规划和产业政策等政府调控监管都要立足于市场，注重利用市场机制和市场培育，服从促进自由竞争、维护公平竞争的要求，而不是以行政手段任意损害市场机制，干扰市场的运行和作用。在现代市场经济和公私融合的时代背景下，经济发展深深地与国家的意志和利益联系在一起，从这个意义上而言，经济法之所以重要，并不仅仅在于它对自由竞争的保护以及国民经济的平衡协调，而在于它实际上代表着对一国的市场经济及其运行机制所做出的最基本的法律回应。任何一个国家的经济法，实际上蕴含着本国市场经济体制中最重要、最核心的精神和价值、规律和经验。如何对这些精神、价值、规律和经验作出规定，反映了一国政府和民众在经济和社会发展上的价值判断和基本立场。全球化催生出激烈的国家竞争，其本质则是国家经济能力的竞争，或者说国家制度竞争力的争胜，而全部制度竞争力的缔造问题，归根结底是国家与市场的关系问题，财政法的"龙头"属性就是在这种复杂而艰难的关系上找到了发力点。在公私融合、全球化等全新的时代背景和语境下，如能把握好政府主导与市场基础性作用之间的辩证法，则不仅在理论上可以对中国财政法（学）以及经济法（学）的地位和价值形成新的认知，于实践亦将是社会主义市场经济和中国经济法之大幸。

（史际春、宋槿篱，原载《中国法学》2010年第3期）

参考文献：

[1] 新加坡股票每人200元至1700元不等 [N]．联合早报，2000-10-14.

[2] 孙中山全集：第5卷 [M]．北京：中华书局，1985：191.

[3] 时事论坛 [EB/OL]．中广新闻网，1991-02-19.

[4] [美] 罗伯特·J·多克里．美国对不正当竞争的制止，尤其是反托拉斯性质的措施，以及与限制性商业惯例有关的判例 [M] //吴炯，主编．维护公平竞争法．北京：中国人事出版社，1991：14.

[5] [日] 丹宗昭信，等．现代经济法入门 [M]．谢次昌，译．北京：群众出版社，1985：75-77.

[6] 史际春，邓峰．经济法总论 [M]．北京：法律出版社，1998：168-169.

[7] [美] 熊彼特．资本主义、社会主义与民主 [M]．吴良健，译．北京：商务印书馆，1999：168.

[8] [美] 萨缪尔森．经济学．第12版 [M]．高鸿业，等译．北京：中国发展出版社，1992：87.

[9] 美国航空业者称对伊作战将使美民航业雪上加霜 [Z/OL]．中国新闻网，2003-01-12.

[10] 向新GM追加300亿美元政府贷款 [Z/OL]．中国经济网，2009-06-02.

[11] 奥巴马签署7870亿美元经济刺激计划 [Z/OL]．新华网，2009-02-18.

[12] 应对金融危机一周年"一揽子计划"回眸与展望 [Z/OL]．中央政府门户网站，2009-11-05.

[13] 孔祥俊．反垄断法原理 [M]．北京：中国法制出版社，2001：19.

［14］孙涤.中国要如何出牌？［N］.南方周末，2009-03-11.

［15］徐秀义，韩大元.宪法学原理（上）［M］.北京：中国人民公安大学出版社，1993：206.

［16］［德］罗·豪依赛尔.德国经济行政法的基本架构［M］.中德经济法研究所年刊，1996/1997.南京：南京大学出版社，1998：12.

［17］朱大旗.从财政法（学）的演进论其独立性［J］.法学家，2006（5）：97.

［18］中华人民共和国政府采购法：第9条.

［19］吴越.经济宪法学导论——转型中国经济权利与权力之博弈［M］.北京：法律出版社，2007：337.

［20］史际春.危中有"机"：反思、休整、从新的高度崛起［J］.经济法学评论，2009，9：3.

论“税收法定”与政府主导

税收法定要求税法各要素只能由议会或权力机关的法律做具体规定，这是过时的信条，脱离了当代经济社会和法治的实际。税法的调控功能决定了必须由立法授权或授权（行政）立法。

一、问题的提出

“税收法定”长久以来被认为是税法的基本原则。[1]其基本要义在于，税法主体的权力（利）义务必须由议会或权力机关制定的法律加以规定，税法各要素皆应也只能由法律做明确规定；征纳主体的权力（利）义务唯以法律的规定为依据，否则任何主体不得征税或减免征税。[2]也即与税收授权立法或立法授权相对，是不得对行政授权的“禁止授权原则”（Non-delegation Doctrine）在税法领域的延伸。“税收法定”之“法”或“法律”，并非《中华人民共和国立法法》（简称《立法法》）调整范围之“法”，而仅指权力机关或议会制订的法律，在我国的语境或税法学者的认知中甚至不包括地方权力机关或地方立法机关制定的法规。因此，本文所称法律，均指狭义的权力机关或议会所立之法，在我国也即全国人大及其常委会制定的法律。《立法法》修订中关于“税收法定”之激辩，其间要求废除 1984 年《全国人民代表大会常务委员会关于授权国务院改革工商税制发布有关税收条例草案试行的决定》的呼声高涨，突出反映了税收授权立法的正当性以及授权立法、行政立法及其规律和原理是否适用于税收的问题，进而涉及税法只是为了控制政府权力、防止其任意对人民征收——“向老百姓收钱”，还是宪法法律和法理必须认可、适应税收的经济社会调控功能？

将“税收法定”一以贯之，必然否定税收的经济社会调控功能，以及政府用税收手段调控经济社会的可能性。这不符合实际，有违经济社会运行发展的规律和要求。"税收法定"被认为是狭义的"国会保留"在税法领域的适用，其目的和结果为禁止授权行政机关制定"法规性命令"取代"形式意义之法律"。[3]换言之，税法须由议会主导。然而基于专业和效能考量，经济社会调控监管职能须由政府承担，以因应经济社会动态运行和不时变动的政经形势之需，政府调控不能排除运用税收手段，包括所得税、流转税、财产税、资源税、特别行为税等等，引人瞩目的是美国用关税手段打"贸易战"、中国不得不应战，这些都需要授权行政立法或立法对行政授权，议会或权力机关的组织机制及议员之于产业、外贸、税收等各方面都是"外行"，决定了"税收法定"是不可行的、无济于事的。

对"税收法定"的崇拜，还可能使之落入形式主义的陷阱。即使在税法原则的相互关系上，"税收法定"也要受到量能课税、实质课税等的补充、协调及限制。[4]生活实际如此纷繁复杂，税收即使事无巨细地由法律规定，在其操作和法治实践中，征收方法和力度也不可能毫无二致。我国台湾地区"大法官"在解释税法时，就有意"致力于缓和租税法律主义之完全形式主义之刚硬性，试图对税法之理论与实际加以调和，不致两极化。换言之，可谓对'租税法律主义'之解放运动。"[5]"税收法定"貌似恪守法治，其实并非法治充分条件，甚至不是必要条件或要素，更不等于法治，"税收法定"、依法征税充其量能够满足"税收法制"的要求，却无法从中推导出税收民主、税收法治来。按照"税收法定"的逻辑，在地方税中应为"租税条例主义"，[6]也即地方税应由地方议会或地方人民代表大会代表及其常委会决定，但在我国单一制体制下，赋予地方一定的税收立法权也属于立法授权或授权立法，而不再是本来意义上的"税收法定"。不仅如此，"税收法定"还存在着自我解构的倾向，税法规范意欲成就税收待遇的一致性和连续性、税负的可预测性，但税收领域的无限扩容性、高度"流动性"及不断创新的交易形式，必然会削弱、否定"法定"的理念和实践。

为追求和贯彻落实"税收法定"，我国采取了加快推进税收法律化、清理"立法授权"和税收行政法规、"费改税"等一系列举措，然而不乏形式害义、内行变外行、僵化低效、多此一举之嫌。比如环境保护"费改税"，是税负平移，企业原来交多少排污费就交多少环境保护税，将环保部门收费改为税务部门征税，环保部门一年一次向税务部门移交相关数据和资料，如此，让不专业的人做专业的事，增成本降效率，还削弱了对企业减排的激励和约束，如果说费的刚性不如税，则这是国家治理能力和治理水平问题，并非收费的力度天然就比征税低，二者都是国家的征收，在国家治理能力和治理水平有待提升的情况下，税收的刚性也是可存疑的。

凡此种种，都需要对"税收法定"重新省察，以明确其意义和局限，在此基础上准确理解、把握税收的政府主导性和税法的调控功能及其经济法属性。

二、"税收法定"的意义及其界限

"税收法定"作为税法基本原则的原因，在于它曾经的控权功能和价值。源于 1215 年大宪章的"税收法定"，是贵族与国王签订协议，征税要经"人民的代表"同意，以此约束国王任意征税。后世遂从中引申出两条原则：一是税收应由议会或立法机关决定；二是"无代表不纳税"，即人民纳税需经由其代表同意。这当然具有反封建和民主进步的积极意义，即使在当代，也具有防止政府擅权，给予纳税人法安定性及税负可预测性的作用，[7] 从而保护纳税人的财产和权利。但"税收法定"已远不能满足税收调控功能下的法治及税收可预测性要求。民众广泛参与、个体可随时表达意见的民主，超越了议会的议政和立法，纳税人的预期直接受到经济社会运转及形势的影响，比如经济和企业景气之荣枯、物价和民众收入的涨跌、资源和安全形势波动、人民的主观感受和意见发生变化等，立法只是框架，人民有理由要求政府按照其不时变动的预期征税，这就要通过行政的立法权、解释权才能实现。而且，"税收法定"是指按议会的立法征税（statutory taxation），或者严格按照法条的字面含义收税（taxed accurately according to the letter of statutes），不得违背法条、不得随意解释法条进行征收，但这不是法治概念，并不意味着法治。法治，rule of law，是指不以个别统治者及法律的具体执掌者的意志为转移的公平正义法则的统治，须以强势而正义的价值观为引领，利害关系人和社会成员在此基础上以法为中心互动、博弈，就大大小小的问题形成基本共识，从而使正确的法获得执行力、错误或不当的法得以纠正或被搁置、法的空缺和漏洞得以弥补，在动态中达成一种良序善治。[8]

（一）税法视域下的"控权"与财产权保护

从大宪章到今日之法治，税法的控权作用从直接的目的和手段润物细无声地融入法治之中，成了其隐性、默认的功能；税法突出的外观转而变为以征税的方式进行调控，或抑制，或鼓励、促进。

现代法治，使得政府任意征收的动机和可能性丧失殆尽。政府不再是可独断专行的国王，而是一个分工合作和相互制衡的公共机构。政府征税的决定，税的开征、停征、税率调整等等，都要符合既定的行政立法或政策，充分说理而求政府内部认同，乃至在公众参与下获得社会认同。更基本的是，政府和国家实行收支两条线，政府的任何收入都不可能进个人"腰包"和单位"小金库"，机构和部门不得自收自留自支，而受到预算和国库的严格控制，这已成为常态，从而彻底断了政府或其部门、首长任意征收的念头。如此，控权隐入宪法和民主法治一般，获取财政收入成为税收应有之义，税收和税法所彰显的功能就只有经济社会调控了。

控权的目的是保护人民的财产权不被横征暴敛。过往，"税收法定"常被比之于"罪刑法定"原则，以分别对作为公民基本权利的财产权和人身权的保护。但是，借喻不是现实，作为"身外之物"的财产权从来就不能等同于人身权，也无法获得与其等同的保护。"公民的基本权利也是可以有高下之分的，面对现代福利国家的潮流，宪法财产权似乎不必完全与人身权（包括人格尊严）等量齐观。"[9]事实上，就财产权本身而言，该权利的性质以及对其应保护到何种程度也随着时代变迁而变化。从 19 世纪末至 21 世纪，社会从蒸汽机时代迈入电气化，再从大机器走向电子和信息科技时代，财产权从"绝对性"走向"区分性""相对性"。[10]在此经济社会背景下，"财产权负有社会义务"的理念顺应个人基本生存状态从主要依赖私有财产到主要依赖社会关联的转变，此既是对"财产权绝对"观念的反思，也是伴随着从近代民法到现代民法以及从民法所有权到宪法财产权理念和制度的变迁。[11]换言之，古典自由主义所主张的"财产权绝对"在如今个体高度依赖于外部社会的形势下已不符合现实需求。财产之所以要负担租税，是因为在财产权受宪法保障同时，为了公共利益要受法律限制，或者说，所有权负有社会义务。在保护财产权的同时，纳税成了公民和社会成员的基本义务，为了公共利益的其他征收、征用也成为常态和普遍的法律制度。因此，税法暨经济法视域下的私权暨财产权保护必须在承认税收正当性及其对私人财产权限制的前提下讲求方式与限度，在限制与保护之间维持恰当的平衡。法治消灭了政府任意征收的可能性，必须由议会与承担日常公共管理任务的政府分工合作，以实现这种平衡。

具体而言，税法及其原则在私人财产、私人利益面前确须保持谦抑，但更重要的是保护国家和社会共同体的一般利益，且与代议制民主、政府职能扩张、地方财政分权等相适应，体现出税收法律保留的相对性特征。宪法作为根本法，其规定和倡导的财产权保护是作为基础性理念而言的，具体到财税法则必须衍生出具体的、具有可行性且符合部门法调整方式的财产权保护框架，在此基础上接受宪法的合宪性调控。反之，仅以抽象的财产权保护观念或原则来统领税法及其适用，以此作为税法的根本宗旨，必然会忽视税法承载的调控、分配等各项积极功能，从而导致税法在强势而空洞的控权口号下寸步难行。因此，财产权保护应结合各部门法固有属性并在其适用中予以具体化，这不仅有助于财产权保护，也可为税法及其适用划定范围或界限。例如，德国宪法法院从财产权角度提出"最适财产权课税理论"，经法院判决逐步形成诸如财产税课税仅限于财产收益而不及于财产本体，以及财产税整体租税负担不应超过其收益半数的原则等，作为财产权履行社会义务也即财产权保护的界限。[12]因此，"税收法定"强调以控权来保护财产权，恍若隔世，税法对财产权的保护是以限制为前提的，财税的调控和二次分配功能决定了其必须在更大范围上承担协调社会利益的任务，以实现国家（政府）形塑并维持社会经济及市场秩序的职能。

（二）控权功能融入法治建构的一般过程

除了控权以保护财产权外，"税收法定"还被认为具有限制公权力滥用、践行税收民主的功能。然而，"法定"表面上提高了税收规范的法律效力层次，似乎限制了行政权力及其滥用的可能性，但这并不能当然赋予税法以法治正当性，也无法保证税法的制订和执行不会"为恶"。[13]特别是，议会或权力机关也可能存在代表组成不合理、代表不专业、立法过程粗糙、公众参与不足等情形，从而未必比行政立法、政策或政府主导税收规范更优及更具正当性。[14]就我国而言，全国人大及其常委会与国务院、中央与地方等更多的只是职责分工上的不同，很难说哪个部门更具代表性，就政府更为贴近社会和民众、其工作或行为更透明、所受舆论和民主问责的强度更高而言，事实上政府的代表性是高于人大及其常委会的。即使在西方国家，无非总统制和内阁制，总统制下民选总统与民选的议会并立，内阁制则由多数党组阁、议员得兼任阁员，议会的代表性较之政府也难分高下。正如凯尔森所言，"三权分立"预定三种所谓权力可以被决定为三个不同的、对等的国家职能，并且存在着将这三个职能相互分开的界线是不符合事实的；国家的基本职能不是三个（立法、行政、司法），而只有两个：法律的创造和适用（执行），况且法律创造和适用的二元论也只是相对的，国家的大多数行为都同时既是创造法律又是适用法律的行为；在现实中，国内法律秩序的全部一般规范绝不可能都必须专门由称为立法者的一个机关来创造。[15]税收也不例外，否则也不具有现实操作性。当代行政立法暨政策大行其道的原因，除了高度分工高度合作、高度分化高度整合的高度社会化和全球化导致经济社会高度复杂，瞬息万变，牵一发动全身，必须由政府充当经济社会的 CEO 外，[16]凯尔森不啻也道出了其基本法理。

此外，就经济法与行政法以公共经济管理为衔接和相通之处而言，二者是内容和形式的关系。行政法的价值和特质是控制和限制行政权力，侧重于一般意义上的行政组织、行政行为规制，以及行政权行使不当和滥权的救济，而不关注或基本不关注行政行为的具体内容，如计税依据和应纳税额计算、反垄断和金融监管的具体内容等。税法承担的控权功能作为行政法并与宪法衔接，业已融入法治一般，经济法则必须落实至公私融合的经济关系内容及其正当性、合理性分析判断。因此，经济法并不像行政法那样把政府及其部门视为凌驾于社会之物来加以控制，而是将政府作为社会的组成部分及其当然代表、经济关系的参加者，委以经济管理的任务，赋予相应的职权，要求其以公共利益和公平正义为皈依相机抉择、自由裁量，并将其责任建立在对其行为内容的妥当性审查之上。[17]经济调控、分配调节才是税法的本质，也是其主导的功能，旨在防止政府通过税收任意侵犯人民财产权的控权功能在法治及问责制条件下已融入民主法治构建和运行的一般过程，全口径预算、收支两条线、反腐败等成为法治政府必须做到的起码而基本的要求。否则，仅仅形式上的"税收法定"也是无济于事的。

（三）规范形式的"权威性"不足以保证治理的实效性

"税收法定"追求税收规范形式上的"法定"和想象的"权威性"，以对征税行为进行控制和限制。然而，税法并非静态的权力控制和权利保护法，有关税种、税基、税率、征管方式等直接影响着企业和社会成员的行为决策及经济运行效率。税收事务内嵌于经济社会的现实决定了税法具有较强的外部性，其调控、分配功能也决定了税法必须考虑经济运行和发展的实际需要。否则，就会因为税法过于注重规范层次及其"权威"而丧失灵活性，造成规定僵硬、适用机械，面对现实无所适从，徒增交易的成本与费用，或者有违规范的初衷。经济社会的复杂性、专业性、变动性要求立法必须建立在对社会情势及经济规律体察的基础上，政府和社会成员在概括授权之下从事活动，规则本身符合特定专业的规律和准则，并考虑政府及其部门、当事人或经济个体的主动性和能动性。就具体的经济暨税收事务而言，政府相较于议会具有显而易见的功能优势，由此决定了授权立法或立法授权在经济法中的必要性远甚于传统法部门，甚至，由于经济法规范、准则的专业特性产生的规则制定、执行合一的要求，出于维护专业及专业权威的需要，也因为法院的专业知识不足，从而导致经济法的适用偏重行政立法、行政执法或曰准立法、准司法的倾向。[18]因此，经济法暨财税法的专业性、经济性都表明了"授权立法"乃至概括授权的必要性。"税收法定"所坚持的"法律"或许能够保证规范的表面"权威性"，但不足以保证其适用及税法领域治理的实效性。

三、税法的政府主导特性

按照"税收法定"的逻辑，税收征收管理机关只需严格按照法律的规定执法即可，"税收法定"的主流观念异化为"特定事务绝对需要正式法律的规定"。[19]在"税收法定"的影响下，通过法律来促进、推动税制改革也被认为是优选路径。[20]与此相应，出于对政府及其行政权力的戒备，对税收事务中的"政府主导"持批判态度。然而，税收是涉及经济社会多层面的综合性事务，"没有一个部门像征税业务那样需要了解那么多的广泛消息和充分政治经济学原理的知识。"[21]税收的议会立法为应对此种综合性、复杂性、专业性特点，必然会致力于立法语词上的概括性、伸缩性甚至空洞性，客观上就给行政机关在税法的适用中提供了解释与裁量空间，税收立法权必须与行政权相结合才能保障税法的有效落实，既包括行政执法，也包括行政立法。政府由于处于经济社会公共管理的"第一线"，行政管理对于经济社会在范围上几乎是全覆盖，因此政府在信息获取和掌握、专业性、技术手段和管理能力等方面具有超越权力机关和法院的功能优势，因此也就事实上享有主导税法上不确定法律概念具体化过程的权力和能力。经济法的内在属性也决定了国家必须在遵循经济规律的基础上协调和参与经济活动，需要更多地通过授予政府以规则制定权、行政自由裁量权和准司法裁判权来体现行政主导的客观要求，此种行政主导的制度架构被认为是随着国家经济职能扩张而在宪制上的必然安排，是经济宪制的核心要素。[22]

税法的政府主导特性不只是理念上的，还贯穿于税法实践的始终。以税制改革为例，改革开放以来的每一次税改都是在党中央国务院的谋划下为了服从经济发展的大局而推行的。在税收决策中，决定性的甚至是政治考量。[23]税制改革的目标不只是法律意义上的，更主要是通过税改来调整经济结构，促进产业及经济发展。通过对税种的选择，税目、税率等的不同设置，能够直接或间接改变某产业产品的价格从而影响产品的供需关系和相关利益主体的行为，进而使受支持产业具有更多的比较优势，获得快速发展。[24]以所得税、消费税以及"营改增"为代表的具体税种改革则进一步强化了税收在促进分配正义、鼓励投资、扩大消费与就业以及调整经济结构等宏观调控领域的作用。[25]财政是国家治理的基础和重要支柱，构建科学的财税体制对于优化资源配置、维护市场统一、促进社会公平、实现国家长治久安具有重要意义，在法治建设的维度上，还必须服从党和国家推进国家治理体系和治理能力现代化的要求。税制及其改革作为对经济社会发展的回应，政府的主动推进及着力建构是不可或缺的，从而使得税制的政策性或政府主导性更为突出。[26]

政府主导也体现在税法制订和执行中。就立法而言，税收法律草案和税法修改意见绝大多数是政府拟就提交权力机关或议会的，中外皆然。在权力机关或议会审议法律制定或修订草案的过程中，代表或议员与政府往往会有激烈程度不一的博弈，而最终往往是政府的立场和意见占上风。其原因，正是政府更了解实际，更专业，与代表、议员可能只代表地域、行业等局部利益甚至只是个人义气相比也更超脱，更顾及整体利益。就执法而言，大量的行政立法和政策在我国包括行政法规、规章、其他规范性文件等，也属于执行税收法律的执法范畴，既是立法，又是执法。而且，"中国税制结构的优化调整，难不在税制安排，而在征管实现。"[27]税法连接国家与纳税人等公私主体，不同于私法主体行为的外在负担较小，不需要强有力的外在监督，个体之间根据交易的要求和契约即能达成互相制约或监督，税法关系则更多体现在纳税人与征税机关之间，在民众税法意识薄弱、申报机制不完善、征管的弹性和难度较大等情形下，尤需税收征管机关积极有为。也就是说，税法的有效实施依赖于有担当、高效的税收行政暨征管系统。事实上，在经济运行中，税收法律一旦确定下来就很难变动，与时俱进调整的激励和约束主要来自税收征管的权力和职责，征税部门的征税能力、税收努力会直接影响税收效果。[28]有学者经实证研究发现，经济基本面对于税收的增长有约45%的解释力，总体上是征管机构的税收努力导致了税收的增长，而且地税局税收努力水平的边际效应要高于国税局的边际效应。[29]

"税收法定"关注的只是形式上的规范层级，忽视了在税收立法和税法实施过程中所要求而且必需的政府主导。就实践性品格较强的税法规范而言，法律至多是个框架，包括税收行政立法和征管在内的税法实施才能切中税收法治的肯綮。因此，作为经济法，税法是国家参与经济活动和经济关系的反映，体现着浓重的行政主导性。

四、税法的调控、分配职能及税收授权立法的正当性

税法的政府主导是一种表征和特性，其实质是政府借助税收实现其经济社会调控和分配职能。税收固然是国家暨政府存续的物质基础，但在现代市场经济条件下，满足国家机器运转早已只是基础功能，税法的主要、主导和重要的职能是顺应经济国家、规制国家的要求发展出的经济社会调控、分配调节等。现代国家的税收早已不限于取得财政收入，而是在此基础上承担起经济目的和社会目的，后二者甚至反超财政收入目的而成为税收之主要目的。[30]在宏观层

面，税收的变动可以加重或减轻纳税人的税收负担，增加或降低其生产经营成本，从而引导资源在不同主体、行业、部门或地区间流动，以此实现一定的经济调控目标。[31]

刚完成的营改增，从试点、逐步扩围进而在全国范围、全部行业实施，就是一项重大改革及宏观调控举措。[32]在微观上，通过税种、税率等的调整，也可以使纳税人在趋利避害的心态和成本收益的算计下调整自己的个体行为。税法在此追求的是规制正义和"分配正义"，即"国家权力透过垂直的权力行使达到交易关系中的正义""通过国家权力实现社会资源的再分配以及社会连带关系的维护"。[33]税收在社会化条件下客观上需要或不得不具有调控、分配功能，税法理应包容、保障这种功能，将其内涵为财税法治的重要范畴。毋庸置疑，这需要为行政立法或政策保留足够的空间，赋予政府必要的税收实体性权力，也即必须对政府和地方充分明确地税收立法授权，以及在税收征管事务中为其供给足够的可裁量空间。

税收向来被认为属于法律保留事项，但是法律保留原则强调的是行政权须有法律依据，"法律依据"并非就是法律事无巨细地规定，既可以是法律规定的框架，也可以是法律的或较为具体或较为概括的授权，甚至整体授权。即使如1984年全国人大常委会那样对国务院大范围内完全的税收立法授权，事实上并没有出现任何现实的弊端，有问题的话也只是学者出于"税收法定"观念的想象，认为其不符合"税收法定"的信条而已。原因就是前文所分析的，随着法治的进步和政权结构、机制的变化，税收控权不再依赖"法定"，仅以"税收法定"对于控权实际上也起不到作用。按照《立法法》第9条的规定，在税收事项尚未制定法律时，全国人民代表大会及其常务委员会有权作出决定，授权国务院根据实际需要先行制定行政法规。某些学者主张的"税收法定"几乎与清理立法授权等同起来，这是过分的、极端的。税收法治对税收的要求不能局限于形式规范的层级，更应该关注规范内容及其实现的正当性、合理性等实质正义的层面，而这要通过包括官民互动、官官互动、民众不同利益和意见互动以及负有职责的机关敢为敢当在内的整体、动态的法治才能实现，比如结合经济形势和经济运行的具体态势，根据社会互动博弈及形成的基本共识，通过变动税率或者开征、停征某种税等，调节经济运行。[34]

税收授权立法不只是因为我国的经济结构和税制处于转型升级及代议制尚不成熟，[35]更是因为社会化导致税收的经济技术性、综合性、专业性特征，导致"行政立法"获得了正当性和合法性，大量替代议会立法，成为行政所不可或缺的"法宝"，尤其伴随着经济国家、行政国家和规治国的出现，"禁止授权"的"法治"原则退出了历史舞台。[36]而由于控权功能从税法中分离，成为宪法和民主法治的组成部分，"授权"并无碍、无关税收法治。也正基于此，在税收领域（尤其是技术性内容方面），出现了去法律化现象（delegificazione）。[37]因此，财税法领域的授权立法是必须的，"税收法定"只是形式主义，即使概括授权也无妨，财税主管部门以规章和规范性文件来解释税收法律、法规也是必要的，所应讨论的只应是何种税、何种程度上适宜由全国人大或其常委会立法而已。以《中华人民共和国车船税法》为例，尽管该法由全国人大常委会制定，但由于车船税的地域性、专业性、复杂性，就采纳了"法定+授权"[38]的模式，明确规定由国务院制定实施条例，省级人民政府和国务院在《车船税税目税额表》规定的税额幅度内确定具体适用税额，以及国务院可以规定减征或者免征车船税的具体办法、省级人民政府可对特定车船减征或免征车船税。

除了税收立法及规范上的授权之外，税收事务的变化性、专业性也决定了行政主导下税收事务的裁量性特征，因为政府较之议会离现实更近。比如日本自民党处心积虑推进以增加消费税为核心的财政改革，通过法律确定消费税率自 2014 年 4 月从 5% 调升到 8%，2015 年 10 月再提高至 10%，然而第一次加税当季国内个人消费即负增长 4.6%，造成消费低迷，政府不得不两次延期第二阶段加税，至今仍未实施。[39]这样的例子中外都是不胜枚举的。"税收法定"追求的形式上的确定性，以形式的法律规范来限制行政权力的适用，但是对裁量权的不当排除，容易形成以根本不可能取得成功的过高的法律渊源形式来排除可能取得更大成功的更温和的法治理念。就税收法治而言，在弹性的规则形成和裁量的空间中，征税机关并不可能恣意妄为，在立法设定的目标之上与本身的合法性约束之下，征税机关还承担着更多的概念具体化任务与规制责任。容许行政官员就每一具体情事作出回应，即是裁量正义，由此才能建立起一个负责任的政府。[40]法律的授权性、弹性规定，有助于政府实施相关调控监管和贯彻地方财政自主。因此，税收事务中的行政裁量是不可避免的，也不需要避免。法治的高阶形式正是将正义的精神和理念贯彻于不同情况的不同处理，这也是十八届四中全会表达的要将公平正义体现到每一个案中去的法治精神，[41]追求形式上整齐划一的刚性无疑要以牺牲公平正义为代价，而"世界上没有两片相同的树叶"，如此也就不是法治了。税法不外于民主法治，税收授权立法或立法授权、政府和地方的自由裁量，在法治条件下无疑有助于实现税法的整体正义及个别正义、创造性正义。

五、结语

财税制度在国家治理中发挥着基础、支柱和主导作用，财税法应以法治所要求的良序善治为目标。形式意义的"税收法定"追求，既不能保证是"良法"，也不等同于税收法治。"税捐法秩序及税捐正义为社会法治国家重要工具。税法不仅形式要求具有民主正当性，实体上仍须符合实质正当性。"[42]因此，不应混淆"法定"（by statute）与"法治"（rule of law），更不应该罔顾社会实情而唯"法定"条条框框是从。税法作为经济法当然具有政府主导之共性，将行政暨政府主导先验地看作法治的威胁是没有道理的，融入法治一般的行政伴随着法治的进步而不断提升正当、理性和效能。构建科学的财税法律体系需要在权力机关和行政机关之间合理配置权力，分权的标准就是遵循客观的规律和要求，实事求是，以适应税法承担的经济社会调控和分配职能的要求。立法权、行政权和司法权要求在税法情境中重塑与分配，从而有利于保障规制的理性化及征纳效率，更好地构建税法秩序。因此，以"税收法定"拒绝、排斥税法及其执行中的互动博弈是与法治要求相违背的，税收授权立法更有利于通过互动博弈而实现税收法治，应充分发挥政府在税收暨税法中的主导作用，为税收立法授权正名，实现税收法治所要求的正义。

（原载《人大法律评论》2018 年卷第 3 辑，法律出版社 2019 年版）

参考文献：

［1］［日］金子宏．日本税法［M］．战宪斌，郑林根，等译．北京：法律出版社，2004：57.

［2］张守文．财税法疏议［M］．北京：北京大学出版社，2005：48.

［3］黄茂荣．法学方法与现代税法［M］．北京：北京大学出版社，2011：334-335.

［4］熊伟．重申税收法定主义［J］．法学杂志，2014（2）：28.

［5］葛克昌．所得税与宪法［M］．北京：北京大学出版社，2004：19.

［6］［日］北野弘久．税法学原论［M］．吉田庆子，等译．北京：中国检察出版社，2001：62.

［7］丁一．税收法定主义发展之三阶段［J］．国际税收，2014（5）：15.

［8］史际春．法治究竟是什么？——从强拆违建、城管遭遇尴尬和香港闹

"占中"谈起 [J]．经济法学评论，2015，15（2）：326-328.

[9] 聂鑫．财产权宪法化与近代中国社会本位立法 [J]．中国社会科学，2016（6）：150.

[10] 冉昊．财产权的历史变迁 [J]．中外法学，2018（2）：388-392.

[11] 张翔．财产权的社会义务 [J]．中国社会科学，2012（9）：103.

[12] 王宗涛．税法一般反避税条款的合宪性审查及改进 [J]．中外法学，2018（3）：808.

[13] 王冬．现实语境中的"税收法定原则"效力的再反思 [J]．经济法论坛，2013（1）：273.

[14] 王冬．税法理念问题研究 [M]．北京：法律出版社，2015：177.

[15] [奥] 凯尔森．法与国家的一般理论 [M]．沈宗灵，译．北京：商务印书馆，2013：385-386.

[16] 史际春，胡丽文．政策作为法的渊源及其法治价值 [J]．兰州大学学报（社会科学版），2018（4）：156.

[17] 史际春．经济法 [M]．北京：中国人民大学出版社，2015：63.

[18] 史际春，邓峰．经济法总论 [M]．北京：法律出版社，2008：61.

[19] [德] 哈特穆特·毛雷尔．行政法学总论 [M]．高家伟，译．北京：法律出版社，2000：108.

[20] 陈立诚．立法主导是税制改革的优选路径 [J]．山西省政法管理干部学院学报，2013（3）：17-18.

[21] [美] 汉密尔顿，杰伊，麦迪逊．联邦党人文集 [M]．程逢如，在汉，等译．北京：商务印书馆，2015：203.

[22] 董学智．论税法上的不确定法律概念 [J]．交大法学，2018（2）：120.

[23] [美] B·盖伊·彼得斯．税收政治学：一种比较的视角 [M]．郭为桂，黄宁莺，译．南京：江苏人民出版社，2008：3.

[24] 梁强，贾康．1994 年税制改革回顾与思考：从产业政策、结构优化调整角度看"营改增"的必要性 [J]．财政研究，2013（9）：37.

[25] 陈晴．我国新一轮税制改革的理念变迁与制度回应——以税收正义为视角 [J]．法商研究，2015（3）：36.

[26] 张守文．税制变迁与税收法治现代化 [J]．中国社会科学，2015（2）：86.

[27] 高培勇．论完善税收制度的新阶段 [J]．经济研究，2015（2）：14.

[28] 吕冰洋，郭庆旺.中国税收高速增长的源泉：税收能力和税收努力框架下的解释 [J].中国社会科学，2011（2）：76.

[29] 周黎安，刘冲，等.税收努力、征税机构与税收增长之谜 [J].经济学（季刊），2011（1）：1.

[30] 朱一飞.税收调控中的行政立法：正名与规范 [J].行政法学研究，2009（3）：85.

[31] 刘桂清.税收调控中落实税收法定原则的正当理由和法条授权立法路径新探 [J].税务研究，2015（3）：83.

[32] 张富强.论营改增试点扩围与国民收入分配正义价值的实现 [J].法学家，2013（4）：33.

[33] 黄源浩.法国税法上的实质课税原则及宪法界定 [M] //葛克昌，贾绍华，等.实质课税与纳税人权利保护.台北：元照出版公司，2012：681.

[34] 邢会强.论税收动态法定原则 [J].税务研究，2008（8）：61-64.

[35] 徐阳光.民主与专业的平衡：税收法定原则的中国进路 [J].中国人民大学学报，2016（3）：129.

[36] [美] 肯尼斯·卡尔普·戴维斯.裁量正义 [M].毕洪海，译.北京：商务印书馆，2009：54-55.

[37] 翁武耀.再论税收法定原则及其在我国的落实——基于意大利强制性财产给付法定原则的研究 [J].交大法学，2017（1）：131.

[38] 熊伟.税收法定原则与地方财政自主——关于地方税纵向授权立法的断想 [J].中国法律评论，2016（1）：41.

[39] 日本加税配套措施 值得学习 [N].经济日报（台北），2018-10-19.

[40] 汤洁茵.税法续造与税收法定主义的实现机制 [J].法学研究，2016（5）：71.

[41] 中共中央关于全面推进依法治国若干重大问题的决定 [EB/OL].人民网，2014-10-28.

[42] 葛克昌.税法本质特色与税捐权利救济 [J].人大法律评论，2016（2）：102.

"问责制"研究

——兼论问责制在中国经济法中的地位

问责制超越违法责任，是一种溯及角色设置和承担，到过程问责，再到责任追究的系统性法治机制，也是法治运行的应然框架和模式。

随着近年政府公共管理改革的深化，塑造"可问责政府"、弘扬"问责制"作为一个可欲的目标引起了各方重视。但目前对"问责"的理解主要针对政府，而且局限于党政体系内的责任追究，比如"可问责政府"被理解为对政府追究法律责任、地方行政长官被中央或上级免职以对其"问责"等。这样理解当然并非谬误，但却削弱了问责制的应有功能。实际上，"问责制"是一种超越"违法责任"的高级的法治机制，它代表着现代社会经济条件下"责任"作为一种系统性的制度结构所具有的整合和调节功能。问责制不限于违法责任，也不局限于政府等公共主体，而具有广泛的应用空间。在现代法治社会，人人皆可（被）问责是一个基本理念，在政治、经济和社会各领域，都可以也需要适用问责制。本文拟对"问责制"的概念、理论基础、制度结构以及实践应用等作一探讨，以期引起人们对它的更多关注。

一、问责制的含义和意义

（一）"问责制"的含义

在汉语中，问责制的"责"与一般所称责任的"责"相同，但是"责"的含义比较复杂，汉语的"责"已不敷现代公共管理和法治发展的实际所需。在英语中，有众多的"责"或"责任"概念。比如表示问责制或问责的 accountability，具有全权负责、可问责、对问责应予说明回应之意；有时也被译为"问责"的 answerability，则是指问责和回应的过程或者具体的可问责性、回应性。Responsibility 是指相对具体的角色及其权力设置、承担，既可以是某种法律上的义务、职责职权，也包括伦理或道德范畴的义务或角色定位，如企业社会责任（CSR）[1]、政治人物宣称对人民"有承担"（responsible for people）；duty 更为具体，也有职责、义务、负担的意思。而 liability 对于国人来说较为熟悉，意指违法责任及其追究；另外还有 obligation，在债务、义务的意义上也被称为"责"或"责任"。概念的区分并不仅出于研究的谨慎，不同的概念指代不同的事物，当概念与其所指事物或具体的制度相联系，产生的差异就不容忽视了。

再看问责的"问"。所谓"问"，英文中常用 ask，与之对应的是 answer。有问有答、一问一答显示出"问责"的关键在于构建一种动态的督促和回应机制。缺少常规性、制度性的监督，正是政府公共管理中种种问题的症结所在。在不乏法律规定的情况下，角色错位、越位、缺位、从利益冲突中牟利、贪腐依然存在，人们习惯性地将其归结于执法和司法不力，即 liability 不落实，而殊不知，accountability、responsibility 与 liability 之间的衔接并非易事。近年来，民众和舆论监督对政府公共管理的透明、公正、到位发挥了重要作用，实际上就是"问"的具体表现。而且不仅对于政府公共管理，在社会性甚至私人领域如私人投资经营中的股东、董事等角色的担当和实现，都离不开"问"责。

综上，问责制（accountability）是将概括的和具体的角色担当、问和责结合在一起的一个概念，它强调现代社会中的角色及其义务，并施以有效的经常性督促，若有违背或落空则必当追究责任，不允许其"脱法"。

（二）问责制的理论与实践意义

法学界长期以来流行的一个观点，就是把法律责任与部门法的独立性挂钩。民法对应民事责任，刑法对应刑事责任，行政法对应行政责任，在这种理解之下，经济法务必要造出一个"经济责任"，才能证成其是一个法律部门。其实所谓的民事、刑事和行政责任，仅仅是 liability 而已，以此划分法律部门，忽略了责任的其他重要含义。部门法的划分及其"独立性"，本来就是主客观结合的产物，三大法律责任的划分也是一样。比如在美国对法的民刑两分法之下，罚款等我们所谓的行政责任也属于民事法范畴。现代社会关系的实体内容日益复杂多样，包括经济法在内的新兴法律部门层出不穷，一定要用性质、种类有限的 liability 形式来限定法律部门的种类和数量，削足适履，连传统的"六法"都囊括不了，遑论涵盖今日丰富多彩、日新月异的各种法律制度，从而会对当下的法学、法制和法治产生负面影响。从逻辑上说，民事责任、刑事责任和行政责任也不乏相通之处。民法上的惩罚性违约金、行政法上的罚款、刑法上的罚金在"成因上具有可分性"，而就"经济实质"而言则不易区分。[2]所谓其性质不同，实际上是先验地认为三法的性质不同而反推出来的。本来将法律责任狭隘地理解为违法责任已不尽科学，还要在此基础上将其与部门法划分挂钩，就更经不起推敲了。

将责任、法律责任限定于违法责任，在深层次上反映了一种静态、狭隘的法律观。这种法律观将法律理解为一种外在于经济和社会生活的"外生变量"，仅代表国家公权力的意志对违法行为进行惩戒和制裁。这种法律观反映了"公私对峙"时代的传统法律生态，当国家仅作为"守夜人"提供"警察"和司法服务时，这种法律观的形成是必然的，至于经济和社会实践，则与法律责任没有必然关联。但在现代社会，一方面"公私融合"已经成为新的时代特征，国家作为一股强大的力量参与到经济和社会的运行中去，"当代国家和法承受空前的经济暨公共职能，日益体现社会的意志和利益及其与社会的高度合作"，[3] 从而形成"经济国家"，法律的职能不能再局限于追究违法责任；另一方面法律也高度"社会化"，回应经济和社会实践的客观需要，法律的经济性、社会性日益增强，从注重违法责任的"外生变量"转变为"嵌"在经济和社会实践之中、整合与调节经济和社会发展的"内生因子"。这样一来，传统的法律观也就必然要让位了。法律是实践的产物，法律的生命力和解释力在根本上取决于其能否回应经济和社会实践的需要。问责制对于经济法尤为重要，因为在经济法中没有天然的利益主体，无论是公共经济管理、国有财产管理经营还是政府参与交易，无不依赖角色的设置或模拟，由此也决定了责权利相统一成为经济法的关键性基本原则之一。经济法的责任机制与问责制是高度契合的，超越传统的违法责任而具有更加深刻的含义。问责制的精髓是将责任和法律责任转化为上述"内生因子"，有效衔接 accountability、responsibility 与 liability，促进经济社会的改革与发展。通过对问责制的研究，可以证明"责任"具有跨法律部门的法治一般性质，也可见任何部门法的实体关系都不唯一对应于一类或一种性质的违法责任。所以，研究问责制首先可以使我们在理论上重新认识责任和法律责任，特别是基于现代社会的背景来体认在"公私融合"的时代大势下问责制具有重要的理论意义。

此外，问责制还具有重要的实践意义。这一点从政府公共管理的改革和进步中，已经可以窥见其一斑了。从根本上说，责任——从角色义务到说明回应再到违法追究——贯穿于人类政治、经济和法律的各领域各环节，以及政治制度、经济制度和法律制度的基本逻辑之中。如果把法律责任等同于 liability，则责任必然是残缺不全的，责任缺失会使法律丧失其最重要的社会功能，社会也会因为"脱法"而丢却基本的秩序。正是由于角色义务不清，主体行为的可问责和可回应性不明，导致改革开放中在调控监管、国资利用、政府合同等方面出现诸多问题，相关法律的责任追究条款总是流于纸面上的条文，无法发挥切实功效。凡此种种，无一不凸显问责制之于实践的重要意义和价值。

二、问责制的理论基础和制度结构

（一）"问责制"的理论基础

就逻辑和历史发展而言，问责制是《法国民法典》确立的过失责任原则在当代的高级发展。《法国民法典》确立了三大法律原则：财产权神圣、契约自由和过失责任。二百余年来，这三大原则在世界各地获得广泛推崇，上升为法治的基本原则。在我国修宪保护私人财产权、物权法制订以及改革开放以来交易大发展和合同法立法过程中，人们对前两大原则已给予充分关注，认可了其超越民法的法制普适价值，在实践中也起到了喜人的积极作用。相比之下，由《法国民法典》1382 条集中表达的过失责任——"任何行为使他人受损害时，因自己的过失而致使行为发生之人对该他人负赔偿的责任。"[4]——似乎被国人有意无意地忽略了。从客观上说，正在走出熟人、乡土社会的中国，社会成员普遍还不习惯于在个体自主、自立、自强，以及契约、承诺（信用）、明辨是非曲折基础上的担当，责任意识淡薄。从主观上说，在市场经济的大潮汹涌而来，在无数人的矛盾冲突、博弈形成信用的过程中，对每一个理性的个体而言，敢为敢当在短期内并不能为其带来利益，有过失就承担责任反而会减损其既得利益，于是普遍萌发损人利己、损人不利己，或者为官等闲、主观武断或贪腐的冲动，而在信用、监管、法治不彰的条件下，有过失通常也不必承担责任，把后果推给他人和社会了之。三聚氰胺问题奶粉事件就是一个典型案例。售鲜奶时悄悄地加点水和蛋白精，多得几个小钱，却不顾为社会带来多么严重的后果。即使社会付出万千倍的外部成本来解决问题，也只能将极少数行为人绳之以法，绝大多数始作俑者不仅未对其行为承担责任，反因自身不义、不法行为导致生活无着而使政府不得不由纳税人买单给予其财政补贴。没有过失责任，何来公平正义与和谐？所以，在当今中国，应当像曾经对法民的前两大原则高度重视那样，大力倡导过失责任、弘扬做人敢为敢当（responsible people）。尽管过失责任在《法国民法典》中仅指违法责任，即 liability，但其意义在于主张法律面前人人平等，人人可被问责，每个人都要对自己的言行承担责任，无论王公贵族或黎民百姓、国家、政府、官员、普通公务员、国企还是私人，没有例外。这也正是"问责制"的精髓所在。问责制的发展，是把过失责任从个体拉向公共领域和公私组织内部，譬如在私人企业和政府内部强调领导岗位的

accountability 和具体岗位的 responsibility，并适应经济社会的高度发展及其复杂性，使对过失的认定更趋科学、合理。

对于过失责任向公共领域的过渡，借助社会契约理论和公共选择理论的基本精神，也可得到印证。

社会契约是一种传统理论，有众多派系，也始终是西方政治哲学的主流理论之一。总体上说，社会契约理论的本意是为国家寻求一种合法性支持。随着时代的发展，社会契约所主张的"主权在民""自由平等"等思想受到了越来越多的重视，其应用范围也得到了很大的扩展。[5]概括而言，国家与人民、国家权力与人民权利始终是社会契约论的两个最重要的维度，它的理论视角直指国家合法性这一根本性的问题，绕开众多中间环节而将公民与国家直接联系在一起，用权力与责任、权利和义务这样的标准进行衡量和评价。社会契约论的基本精神在于将每个人视为独立的个体，缔约者即人民让渡自己全部或部分的权利交由国家行使从而形成国家权力，缔约者即人民则保留个人权利作为推翻违约的国家或政府的基础，"这个社会公约一旦遭到破坏，每个人就立刻恢复了他原来的权利，并在丧失约定的自由时，就又重新获得了他为了约定的自由而放弃的天然的自由。"[6]社会契约论的基本价值判断即在于，每个社会主体——个人、组织和国家都负有特定的角色，享有不同的权利或权力，负有不同的义务或职责，因此必须通过法律手段来监督这些角色性的权力和职责、权利和义务等得到遵守。

社会契约论通过"公民—国家"的框架来解释政府责任的基本法理，公共选择理论则从国家内部的行为逻辑出发阐释同样的机理。公共选择是指对应于自由市场中的个人选择，由政府机构内部的组成人员基于"公共利益"做出的行为。从个人选择到公共选择，主体的自然属性并无不同，但是其政治属性和社会属性却发生了根本性的变化。"假若国家作为一种类似于市场的制度而存在是为了提供公共物品和减少外部性的话，它就必须完成显示公民对公共物品之偏好的工作，就如同市场显示出消费者对私人物品之偏好一样。"[7]因此问题就来了：同样是兼有自利和利他本性的个人，如何在市场和政治结构的转换中保持合法性与正当性？按照公共选择理论，关键就在于赋予代表公共利益行事的个人以明确的角色义务，并对其进行日常性、制度化的监督，以确保其不违背公共角色要求，以及如果违背即得以及时纠正和解决。

综上，《法国民法典》规定的过失责任主要针对个体，社会契约理论和公共选择理论则针对公共领域，显示出责任作为一种系统性的制度约束所具有的重要价值，特别是超越违法责任而对经济和社会实践所具有的重大意义。

（二）问责制的制度结构

从制度发生及演进的视角来看，问责制是伴随着20世纪后期西方国家开展的"新公共管理运动"而出现的。新公共管理的背景，是在公用事业市场化、国有企业民营化，乃至政府管理在相当程度上向第三部门转移的国际性浪潮下，公共权力的行使方式发生了很大的变化。在这种"公私融合"的时代背景下，传统的公共管理与狭隘的违法责任都已经不适应经济和社会发展的需要，"不断增长的公—私联系，包括与非营利部门的社会服务之间的实体联系，导致了部门之间界限的混乱，并且导致进一步区分公共责任和私人责任的困难。"[8]由此出现了accountability，把简单的责任上升为一种立体的结构和多元的机制，显示出实践对于制度创新的要求。

对于究竟如何翻译和界定accountability，有公共责任、受托责任、财务责任等提法，"问责制"则为人们越来越多地采用。它"是一种职责，负责任意味着具有高度的职责感和义务感——行为主体在行使权力之前就明确形成权力所追求的公共目标；在行为实施的过程中，公共责任表现为主动述职或自觉接受监督，受外界评判机构的控制并向其汇报、解释、说明原因、反映情况、承担义务和提供账目；在行为实施之后，公共责任是一种评判并对不当行为承担责任——撤销或纠正错误的行为和决策，惩罚造成失误的决策者和错误行为的执行者，并对所造成的损失进行赔偿。"[9]需要补充的是，问责制的运用不限于公共领域，笔者就亲见在美国的IT私人企业和工程承包中，通过组织和工作规章，对accountability和responsibility的详细说明及界定。

问责制应当是一个系统的构成。就其内容而言，除accountability本身可以理解和界定为领导角色、全权担当，如香港地区对特定高官实行的狭义问责制外，可将其看作由角色担当（responsibility）、说明回应（answerability）和违法责任（liability）组成的"三段式"。

Responsibility，即角色担当或承担，是指角色义务的具体化、动态化和主体化。在现代社会中，每一个成员都扮演着不同的角色，要求其扮演每个角色时都忠实、适当地履行该特定角色所蕴含的义务和要求，否则社会便无法顺畅地运转。Responsibility要求各种角色、广义上也包括领导或全权负责的角色及其权力的设置必须清晰、明确，不应混乱不明或交叉混同，角色扮演者则勇于担当且专业、本分。当然，在问责制中，重点是那些具有公共性、社会性的responsibility，比如政府公共管理、公有企事业单位中的角色；至于私人领域的各种、各等角色及其担当，可以主要通过契约、章程、习惯等加以实现。

Answerability，即说明回应，是指通过一种日常、动态、制度或非制度化的督促和监管，来保障角色责任的实现。角色担当具有动态的内涵和维度，而不止于静态的角色设置。在当代社会，对许多角色的要求既宏观、复杂，又具体、多变，若不对其担当施以日常的督促、权衡、调整，非到酿成不良后果才启动责任追究机制，则一方面已经迟矣，另一方面事出匆忙，缺乏对特定角色担当情形的信息累积，也势必增加责任追究的成本、难度和准确度，同时影响责任追究乃至法律实施的效果。

Liability，即违法责任及其追究，这是传统法律责任最为看重的部分。作为法治秩序的底线，其重要性不言而喻。它是保障事先确定的角色得以实现的消极而最后的约束。传统的法律责任主要是事后追究，虽已不足以应付现代社会关系的普遍需求，但在引入了角色担当和说明回应后，惩戒仍是不可或缺的。同时，liability 也是 answerability 的自然延伸，从而将 responsibility-answerability-liability 的三段式加以完整的演绎。

问责制是法治的一般性要求，社会关系的运行只有融入了"问责制"这个润滑剂和黏合剂，才能在法治轨道上平稳运行，也才是法治的。当然，每个部门法的调整目标、对象各有不同，因此与问责制的契合方式和程度也不尽一致。比如民商法，"过失责任"以外的 accountability、responsibility、answerability 甚至部分的 liability，都不妨交由私人意思自治去实现；而宪法行政法、经济法与问责制的联系要内在、直接得多，因为公私融合的经济法特别需要强调责权利相统一。"公共性和私人性领域的融合，以及公共性责任和财产责任的融合，正是经济法始终强调的'组织关系和财产关系的融合'下的责任方式。"[10]

三、问责制与中国经济法的制度完善——以"国有资产法"为中心

经济法以公共经济管理为中心，以政府为主导，相关社会关系没有天然的人格化主体，也没有天然人格化的利益主体。这在调控、监管和政府采购等方面都是如此，而在国有财产关系中表现得尤为典型、明显。国有财产属于全民所有，在法律上由国家作为所有权人，其占有、利用、收益、处分、决策、监管、保护等任何一个环节的主体都是通过法律或行政拟制的，不像自然人做股东或董事天然就是所有权人、做经理天然就是"打工仔"，国务院和总理、各地方政府及其首长、各级国资委、国有股股东、国有股东委派的董事、国有或国有控股企业的经理等在国有财产体系中都只是模拟的所有权代表、所有权人的角色，角色扮演均非当然，因而天然缺乏适当的利益驱动和约束，要保证国家所有权的存续和有效实现，除社会对它的意义、作用和特性需有高度共识外，关键在于建立一套有效的责任机制。

我国国有财产在运用和管理中，问题和漏洞很多，根本原因在于角色设置和问责方面的缺失。目前正在制订一部"国有资产法"，①适用于国资委系统的经营性国有财产，这是必要的，但总的来说，仅对已有的做法和制度进行总结是不够的，尚需按照问责制原理加以审视、梳理，以与时俱进、有所进展。

（一）角色担当

在国有财产的运用、管理中，角色担当首先要求对国有财产所有权的抽象代表、具体出资人（股东）、国资实际占用者的角色予以界分，在此基础上加以落实。拟议中的国资法的一大进步，是明确国务院和地方政府都有权代表国家履行国有财产出资人的职责，逻辑上无须再自上而下层层授权、国资则在等待授权和授权不明中点点流失。但在立法过程中，对代表国家所有权的监督管理角色和代表具体国有资本的出资人角色始终有所混淆。从表面上看，确定国资委由本级政府授权、代表本级政府履行出资人职责，就理清了国资的代理链条，实际上却使国有财产管理经营的主体结构更模糊不清。因为所谓出资人就是对企业具体出资或投资的人，也就是股东，任何一级国资委都没有能力也不可能在同级政权投资的各行各业范围内进行资本运作、当好具体老板，这样还会架空国有或国有控股企业在工商局登记的出资人，使它们依公司法承担的股东权（力）利与责任相分离。设立国资委的初衷，是由它集中行使代表国家所有权的监管职能，改变"九龙治水"的局面，将它定位为具体老板或出资人的话，也会形成自己监督自己的利益冲突。代表国家所有权的监督管理职能是总老板职能，按照国际惯例，财政部门是专门承担该职能的国家机关，根据实际需要，将对"经营性国有资产"的监管职能从中分出来由国资委行使，也未尝不可，这样的话，国资委也就不应做"出资人"了。也就是说，按照 accountability、responsibility 的要求，国有财产的总老板角色和具体老板角色不应由同一个主体承担，否则就与法治的要求相悖。立法中几经反复和讨论，现在人们终于认识到这个道理，于是确定由国资委专做出资人，不再承担作为总老板的监管职能，该职能仍回归财政部门。但是这样一来，从新加坡政府投资公司的成功经验和我国国资经营的改革走向看，国资委这样一个既不是政府、也不可能是企业的"出资人"也就没有必要存在了，由各级政权根据国有经济布局的需要设置若干集团公司或资产经营公司，开展经营和资本运作，代表国家所有权充当同级政权的最高一级出资人即可。当然如前所述，也可由国资委承担经营性国有资产

① 本文付梓后，第十一届全国人民代表大会常务委员会第五次会议于 2008 年 10 月 28 日通过了《中华人民共和国企业国有资产法》，自 2009 年 5 月 1 日起施行。

的总老板职能，使之名副其实、名归实至。在国有财产体系中，出资人角色在总老板角色的监督管理下从事活动，在转投资条件下，出资人角色有权也有义务对所属企业再投资做出资人进行监督管理，当然这种监督管理不是依托公权力，而属于"私"的企业和资本关系。

财政部门是专门代表国家所有权行使监督管理职能的机关，但不限于此，如在我国，自然资源部承担土地、矿产等资源型国有财产的总老板职能，审计、检察、公安、行政监察等其他一些机关也在各自的职责范围内、一定程度上扮演着国资总老板角色。总老板角色所监督管理的，也不限于投资经营条件下的国资出资者依法当好具体老板，更多地还要督促任何特定国有财产的占用者管好、用好国有财产，避免损毁、挪用侵占、受骗被盗、贪污浪费等。

只有区分并明确界定国有财产所有权的抽象代表、具体出资人（股东）、国有财产实际占用者这三种不同角色，才能形成科学、合理、规范、法治的国有财产和国有经济体系，使国家所有权有效行使和实现的多年追求变为现实。

国有财产所有权的抽象代表职能就是国有资产"总老板"的角色，其任务，是依照宪法、法律，制订政策、规章，监督好任何掌管着一定国有资产的主体管好、用好国有资产，在其投资经营的情况下则监督其当好股东或出资人。明确由一定的机关扮演这种角色，将其区别于工商管理、药品和食品监管、矿山安全监督、劳动监察等承担经济社会公共管理者角色的机关，也是"政资分离"，避免公共管理角色与投资经营角色发生错位和利益冲突的需要。

具体出资人（股东）就是在工商局登记的作为企业股东或者出资人的主体，担当该角色的主体既可以是企事业单位，也可以是国家机关。它们按照企业和公司法投资经营，有义务在承担总老板职能的机关的监督管理之下，为国家（包括地方）当好股东，经营好国有资本及企业。

国有财产的实际占用者十分广泛，包括任何国家机关、国有或国有控股企业、以国有财产举办的事业单位和社会团体等。它们以国有财产为基础从事行政、经济、立法、司法等活动，其角色范围内的活动受承担相应公共职能的机关管理监督，有关资产占用则受承担国有资产总老板职能的机关监管，企事业单位团体还要受制于其具体的出资人（股东）或举办者。

（二）说明回应

在国有财产体系中，为确认、落实、追究责任，说明和回应应当不拘一格，包括体制内外的各种方式和机制。除了上述三种角色间的监管和被监管关系，它们及各自也要受各级人大及其常委会、上级和同级政府、上级部门等的监督。国有资产经营管理中任何一个环节的角色扮演，都负有可问责并说明回应的责任。如国有财产实际占用者对承担总老板和具体出资人职责者承担说明责任，承担具体出资人职责者对承担总老板职责者承担说明责任，承担总老板职责者对同级政府及人民代表大会承担说明责任，同时它们都应对公众承担说明责任，等等。

与私人领域不同，对私人企业和私人领域的其他主体来说，除涉嫌违法、犯罪外，他人无权就其财产占用、投资、企业经营管理等进行干预或指责。国有财产、国有资本、国有及国有主体控制的企业则不同，其所有权人是国家，每一个公民都是构成所有权主体的一分子，这就决定了对于国有财产及其投资经营、所派生的企业活动和日常占用、处分，公众、职工等当然有权说三道四，提出疑问、质询，表达期待，比如对福利腐败、高管薪酬等表达质疑，相关角色及其承担者有义务即时、不时地作出回应。

总之，国资体系中的任何角色及扮演角色的人都是可问责的，应当受有权机关和公众的监督，作出解释或说明，也可以主动汇报、反映情况，在说明回应的问责过程中接受评判。这样就升华了对过失责任的判定，以行为的特定条件和背景来判断其是否合理（也即行为人有无过失）成为常态；同时在 answerability 之下，角色扮演者如有任何疏失、不轨，就难以遁形，角色扮演者为其行为承担相应不利后果的概率和程度大为提高，社会因此可望变得更公平也更有效率。

（三）违法责任

在国资体系中，承担行为的不利后果主要涉及两个问题。一是违反角色义务和说明责任应承担哪些具体的不利后果。除了民事、行政和刑事责任外，作为具有显著公共性的国有资产，也应引入公共性、社会性责任，如重大决策失误的引咎辞职、资格剥夺等。二是通过怎样的途径使具体的不利后果得以实现。民事、行政和刑事诉讼对国有财产保护一般而言都是适用的，但值得注意的是，由于国有财产的公共性和缺乏天然的人格化主体，在某个环节的角色模拟失效时，民事诉讼和行政诉讼都对原告资格有所限定，刑事公诉也有特定的条件限制，这就增加了国有财产遭受侵害而得不到救济的风险。对此，首先要建立、完善民事公诉制度，检察机关对任何侵犯、损害国资的人和事负有总检察职能，可代表国家对任何个人、企事业机关团体单位损害国有财产的行为提起民事诉讼。其次，任何依法占有、管辖、管理经营着一定国有财产的主体，包括企事业机关团体等单位，均可就自身财产权益受损诉诸法院，其中国家机关提起诉讼的，是以自己的名义而不是国家的名义，所以并非公诉，只是保护国有财产的一般民事诉讼。最后，法律上应当允许热心正直的公民就国有财产受损害而提起诉讼，鼓励公民关心全民、国家的利益，充当"检察官"。当事单位、检察机关应当就国有财产受损起诉而不起诉的，允许公民向人民法院起诉，这也是国有财产全民所有的要求和表现，是人民对国有财产的利用和保护实施监督的一种必要形式。

除"国有资产法"外，问责制在经济法的制度完善和创新中具有广阔的空间。比如《中华人民共和国反垄断法》已经实施，但关于反垄断执法机构的设置仍不无存疑。具体的安排是：国家市场监督管理总局负责规制滥用市场支配地位，商务部负责审查经营者集中，国家发改委则主要负责价格垄断规制，三者在国务院反垄断委员会的协调下开展工作，但不采用联合执法或者部级会商机制。[11]应当说，它们的角色责任如何确定和落实仍存问题，比如未达申报标准但结果足以诱致滥用优势的经营者集中是由商务部还是工商局负责、价格垄断是滥用优势的结果之一时应由工商局抑或发改委来处理、对公用事业的设施和价格等垄断问题不通过其他特定监管机构能否加以有效规制，等等。在 accountability、responsibility 上的重叠和可能的推诿、扯皮，会削弱《反垄断法》的实施效果。再比如近期引起关注的宏观调控决策失误的法律责任问题，强调宏观调控决策失误要承担法律责任显示出对宏观调控法治的期望，这一点无可厚非，但是宏观调控法治绝不仅是追究违法责任这么简单。复杂多变的经济形势要求灵活应对的宏观调控，"与反垄断法一样，合理的宏观调控决定着它的正当、合法，而不是相反——宏观调控的合理性和正当是不能用法条来证明的。"[12]对宏观调控的"合理性"判断，需要构建完整的问责制及其三段式，并将业务判断规则（business judgment rule）融入其中，增强其经济性、专业性和技术性，这样，科学、稳健、有效的宏观调控就得以、也才能从根本上获得可靠的法治保障。也唯有如此，探讨宏观调控的法律责任问题才具有实际意义。

（史际春、冯辉，原载《政治与法律》2009 年第 1 期）

参考文献：

[1] 史际春，肖竹，等．论公司社会责任：法律义务、道德责任及其他 [J]．首都师范大学学报（社会科学版），2008（2）：39-51.

[2] 张守文．经济法责任理论之拓补 [J]．中国法学，2003（4）：12.

[3] 史际春，陈岳琴．论从市民社会和民商法到经济国家和经济法的时代跨越 [J]．首都师范大学学报（社会科学版），2001（5）：：29-40.

[4] 拿破仑法典 [M]．李浩培，吴传颐，等译．北京：商务印书馆，

1979：189.

［5］江山. 广义综合契约论［M］//梁慧星. 从近代民法到现代民法. 北京：中国法制出版社，2000：76.

［6］［法］卢梭. 社会契约论［M］. 何兆武，译. 北京：商务印书馆，2003：19.

［7］［美］丹尼斯·C. 缪勒. 公共选择理论［M］. 杨春学，等译. 北京：中国社会科学出版社，1999：6.

［8］KETTL D F. Sharing Power：Public Governance and Private Markets［M］. Washington，DC：The Brookings Institution，1993：13.

［9］周志忍，陈庆云. 自律与他律——第三部门监督机制个案研究［M］. 杭州：浙江人民出版社，1999：24.

［10］邓峰. 论经济法上的责任——公共责任与财务责任的融合［J］. 中国人民大学学报，2003（3）：146-153.

［11］《反垄断法》执法机构落定 实施细则或推迟出台［Z/OL］. 人民网，2008-07-09.

［12］史际春，肖竹. 论分权、法治的宏观调控［J］. 中国法学，2006（4）：158-168.

再识"责任"与经济法

作为违法不利后果及其表现形式的法律责任不能作为法律部门划分的标准，以经济法有无独特的法律责任形式来证伪或证成经济法是否一个法律部门，于理不通，也有违法治实际。

责任之于经济法，迄今仍时常困扰着学者。责任，是法的重要组成部分，也是法学关注的重点之一。法之初，责任和救济主导着法律上的权利义务，所谓有诉权才有权利。及至现代，责任一方面似乎退居权力之下，成为保障权利义务实现的规则、方式、措施；而另一方面，责任保障由表及里，溯及主体的不同角色塑造，关注角色的行为和利益，所谓责权利效相统一。责任在现代法中的重要发展之一，就是学者从经济法角度对它的认识日益清楚、不断深化。但时至今日，以经济法缺乏独特的法律责任形式来否定经济法，或者相反，以经济法有不同于传统法律部门的责任形式来证明经济法是一个法律部门的风气仍盛，不免对经济法构成贬损。为此，本文试图在已有的基础上，对"责任"与经济法的关系再作阐述、澄清，以求经济法的健康生存和发展，并就教于各位同仁。

一、责任概说

责任的含义首先是"分内应做的事"，其次是没有做好应做的事而应当承担的后果。[1]一直以来法学界的主流，是在后一意义上理解责任，也即违法的不利后果。前者从法律或法学上说就是义务，或者说广义的法律责任等同于法律义务。从逻辑上说，法律责任与道德责任、政治责任等平行，其特点在于它是由国家强制力保障或者潜在地保障实现的。当然，在现实生活和法治实践中，三者也有交织和重叠。

古今中外，法律责任的发展经历了相似的过程，主要表现为：法律责任与其他责任之间，从诸种责任混合不分，到严格界分法律责任与其他责任，再到法律责任与其他责任相互渗透；同时，作为行为不利后果的法律责任的逻辑建构完成，法律责任方式基本定型。

（一）法律责任与其他责任

法律责任以外的其他责任，主要是但不限于道德责任和政治责任。

人之初，不存在法，也就没有法律责任。原始人不能区分现实世界和幻想，以"神保证维持原始社会的秩序，以死亡、疾病、狩猎时和相似情况下的厄运，来惩罚侵犯社会秩序的行为；以健康、长寿、狩猎时的好运来奖赏服从社会秩序的行为。……他们只是从同他们有联系的利益和不利来看待自然事件，他们将有利事件解释为奖赏，将不利事件解释为惩罚。他们设想，这种惩罚是存在于自然现象内部或背后的那种人和超人施加于他们的。"[2]在这样的社会中，对违反信仰、崇拜或者触犯禁忌者，等待他的是死亡威胁：将其逐出群体或者作为异类而处死。与此相适应，约束人们行为的力量并不是法及其责任，而是不知从何而来的禁忌、信条、习俗或惯例、长者的智慧和众人的意志等。

直到人跨人文明的门槛，法开始众人的博弈中形成，但其作用并不可观。对于违反生活准则的行为，通常是由行为人所在氏族、宗法团体、封建主等对其个人或者家庭实施惩罚，责任形式是对身体的惩罚、限制自由乃至肉体消灭，也有如人格减等、罚为奴隶等降低社会等级的处罚。涉及不同共同体之间的利害时，则可能导致集体暴力冲突甚至同态复仇。在古代和中世纪，除罗马法昌明时期等少数例外，法律与道德、宗教、政治难以区分。

资产阶级革命成功后，法得以在社会生活中逐渐加强其作用，在社会关系的调整或曰对人们行为的规范中发挥主导作用。首先，法律从宗教中获释。在政教合一时代，宗教的力量既统治着个体及其精神，更与国家合为一体，"不仅精神之剑最终属于教会，而且世俗之剑最终也属于教会；是教会将世俗之剑授予世俗的统治者的。"[3]宗教也利用了法的形式和力量，为其加注正当性，而不再单纯依靠神明的力量。幸而文艺复兴、启蒙运动和革命相继发生，一方面在宗教领域内打破教会对"上帝"旨意的垄断；另一方面，社会和法的进步削弱了教会的地位和作用，使教会失去了统治世俗世界的权力。在这个过程中，法脱颖而出为世俗国家的安邦定国之策。

其次，法律与道德相对分离，形式上不再依赖于道德。此前道德义务与法律义务不分，违反道德义务也要承担法律责任，甚至致命的后果。在中国封建社会，"以礼入律""德主刑辅"是国家统治的主流。在欧洲中世纪，宗教教义既是道德义务，也是法律义务。资产阶级革命造就了法治国家，法的作用凸显，掩盖了其中的道德。

当然，道德与法仍是密不可分的，忽视道德之于法的基础作用和价值标准意义，法其实是无法施行的，社会发展经历了道德与法律不分、相对区分、再密切结合的螺旋式上升运动，这是后话。

（二）法律责任逻辑的完善

早期社会的责任主要是基于身份关系的连带责任，行为人自身的责任湮没在经由家庭、婚姻、血缘宗法、土地和财产、宗教、行业、政治等牵连出的责任之中。资产阶级革命的一个重要成果，就是在法律上确立了罪责自负、过失责任等原则，极大地解放了人。由此，连带责任被限定在与行为人的意志、行为或其选择有关的一个很小的范围内，如担保、合伙人责任等自愿的连带责任，一般过失责任之外的无过失责任、公平责任，以及责任追究上的过失推定、严格责任等。

（三）法律责任方式在现代社会中基本定型

法律责任方式包括法律责任的对象和责任形式两方面的问题。法律责任的对象有生命、身体、自由、财产、名誉等；责任形式是指对责任对象所采取的制裁方法，如赔偿、恢复原状、赔礼道歉、警告、开除、罚款、拘役、有期徒刑、无期徒刑等。在人类发展历史上，法律责任对象的总体趋势是生命、身体责任缩小，财产责任和基于人格的非财产责任扩大。

需要指出的是，法律责任的对象和责任形式尽管处于发展变动中，但其种类和数量却是十分有限的。譬如人类文明摈弃了酷刑，使得对生命、身体、自由的惩罚方式受到了限制；而财产责任总是以利益减损为基本出发点，无非是返还财产、赔偿、罚款、罚金、收缴或没收财产等。面对社会和法的无限进化，责任只能用不变的有限形式来应对。

法理学和各部门法学都研究责任方式，而后者会因为各部门法在很大程度上运用着同类责任形式，发生重合和雷同。即或把刑事责任都编入刑法典，统由刑法学研究，但刑事责任不过是某种实体法律关系的责任方式之一，也不排除刑法以外的部门法学可以去关注、研究某种实体关系如垄断、土地违法等的刑事责任。因此，一方面，法理学应当更多地担当起研究各种责任方式及其原理的任务，部门法学也须用不限于本部门的高度和眼光来研究责任；另一方面，它揭示出一个长期以来被人忽视了的道理，即：责任不能作为法律部门划分的依据，不能把法律部门的划分绝对化，而应更多地把法作为整体、从整体上和各部门法交织联系的角度来观察、思考问题。

二、传统法律部门划分在责任问题上的误认

所谓法律部门，不过是根据一定的标准和原则，按照法律调整社会关系的不同领域和相应的宗旨所划分的同类法律规范的总和。换言之，法律部门是人们认识和研究法的一种学术活动和方法，不能过分强调其客观性，将其绝对化。法学家的主观固然要符合客观实际、有利于法治实践，但是如果误把法律部门及其划分当作客观的事物或现象的话，则无异于把一些人的主观意志强加于客观的社会经济及法治实践，使得法律部门划分与客观实际相脱节。

在英美法系国家或地区，并不注重所谓法律部门划分，甚至可以说不存在法律部门划分学说，而是本着实用主义的态度，采取多种标准对法进行划分。他们直面社会变化，注重在司法过程中解决实际问题，进而归纳为某种原则、学说或理论，在法学研究中较少采取演绎和刻板的分类方法。人们更多地看到的，是关于公平正义等宏观法学命题的思索，以及如何在个案中贯彻、实现公平正义，或者是有关实际解决方案的设计，很少听到诸如法律部门划分等的无谓争论。我们无意在此评论两大法系及其传统孰优孰劣，但是社会运动的一个客观规律是，理论和法条总是滞后于实践，加之人的主观认识的局限性，最有效的法和政府的社会经济管理，"只是将总则应用于特定案例"；[4] 再通过对法解决社会实际问题能力的观察，则不得不承认，英美法系对待法及其分类的态度，更适合于法对当今高度发达的社会关系和社会生活的调整。

具体到法律部门划分，现在通行的说法是，法律部门划分的标准一是法律所调整的社会关系，二是法律规范的调整方法。并且如果不运用调整方法，就说不清楚不同法律部门调整的社会关系有何不同；在解释如何将法的调整方法作为法律部门划分的标准时，则往往将调整方法与责任承担方式等同起来，将其作为法律部门划分的重要依据。如学者列举道："划分法律部门，还需将法律规范的调整方法作为划分标准。如可将凡属以刑罚制裁方法为特征的法律规范划分为刑法部门，将以承担民事责任方式的法律规范划分为民法法律部门，等等。"[5] 顺理成章的是，经济法并无自己独特的法律责任方式，因此许多人认为它不是一个法律部门（更不是"独立"法律部门）。

在此首先要指出的是，法律责任方式并不同于法律调整方法，尽管二者有一定的联系。法理学对法律调整方法已有定义，即：它是作用于一定社会关系的特殊法律手段和方法的总和，大体包括以下五方面的内容：确定权利义务的方式、方法，权利和义务的确定性程度和权利主体的自主性程度，法律事实的选择，法律关系主体的地位和性质，保障权利的手段和途径等。[6] 法律责任方式

只是其诸多内容之一。如果以法律调整方法作为法律部门划分标准的话，也不能简单地以责任方式进行倒推。

事实上，劳动法成为一个法律部门已经为多数人接受。如果说法律责任承担方式是判断法律部门划分的标准，则劳动法并没有超越已有的责任承担方式而创造出自己独特的责任方式。在法律责任方式已基本定型化的今天，如果说最初出现的法律部门使用的法律责任方式就归其独有，或者说凡使用这些法律责任方式的就不能另立法律部门，则是一种主观武断，不符合社会和法治的实践及其需要。

随着法对社会关系和社会生活的调整日益深入细致，不断趋于专业化、技术化，旧的法律部门划分观点和方法的矛盾凸显，越来越显示出它的不适应性，甚至对法学研究和法治实践构成了障碍以至损害。例如，对于出其不意迅猛发展起来的教育、医疗卫生、传媒、非营利的企业或机构、体育、特定弱势群体保护等社会法现象，由于难以将其纳入既定的法律部门，又不许它们"独立"，于是这些法在法学家们眼中简直是不存在的，处于"自生自灭"状态。而匪夷所思的是，如此这般反而有利于学者们获得理论上的满足。笔者在若干年前开始关注、思考这个问题，指出了法律部门划分是一种主客观统一、由主观主导的活动，应该抛弃囿于法律调整手段的特性而对复杂社会关系作"基本"定性，借以划分法律部门的思路，改按社会活动的领域和法律调整的宗旨来划分法律部门。[7]但对法的调整方法、法律责任方式与法律部门划分，仍有进一步探讨的余地。

三、经济法的调整方法

经济法调整方法是经济法调整中采取的方式方法的总和。对经济法调整方法的认识，会因为对经济法的理解不同而有不同的意见。有学者概括道，经济法既采取强行性规范方式，又有许多任意性规范和提倡性规范；既规定责任和制裁等否定性法律后果，也采取奖励的肯定式法律后果形式。[8]经济法的调整确是丰富多彩的，进一步而言，经济法调整方法与民商法、行政法的调整方法还可以有如下三方面的不同：

第一，民商法、行政法与经济法的法律关系主体的地位和性质不尽相同。民法调整平等主体间的人身关系和财产关系，无论何种主体，包括国家、国家机关和其他公共团体参加民事法律关系时，在民事法律关系中的地位平等。行政法调整行政管理主体与相对人之间的关系，双方的法律地位和权（力）利义务是不平等的。而经济法的法律关系主体与民商法律关系的主体一样也是多种多样的，既可以是根据经济法制度产生的主体，也可能是根据民商法或宪法、行政法制度产生的主体，主体之间则可能是经济关系披上了管理和被管理关系的外衣，也可能是平等主体间的关系被注入了政权意志、权力因素、公共或集体利益。因此，经济法的法律关系主体的出发点和宗旨是区别于民商法和行政法的。

现代国家的职能日益复杂，公共行政也即政府的作用渗透到社会生活的方方面面。国家或政府扮演着四种主要职能，即特定地域的政权承担者、社会秩序的维护者、作为社会劳动协调者和参加者的公共经济管理者、所有权等物权主体和交易当事人。于第一层含义上，国家可以作为国际法上的主体，也可以成为民商法、行政法等法律关系主体。于第二层含义，国家通常作为行政法上的主体。在第三、第四层含义上，国家主要成为经济法的法律关系主体。在法的混沌阶段和发达之初，第三、第四层含义上的主体不明，国家作为此种主体及其地位含混地处于私法、公法及后来的宪法行政法中。而随着国家在提供公共产品、社会经济协调和公开市场操作中扮演越来越积极的角色，经济法法律关系的主体便从原来的法律部门尤其是行政法中占露出头角来。如谢怀栻先生所说，行政法不是一成不变的，"随着社会的发展，行政法发生了分化是必然的现象，例如劳动法、环境保护法、企业法，原来都有一部分是属于行政法，而那些部分都从行政法中分化出来了。"[9]

自古罗马共和国时期形成以来，民法一直以调整平等主体间的关系为己任，它反映了商品关系和市场的要求，是社会进步的表现。然而民商法调整平等主体之间的关系过于形式化，使得法律在追求形式正义的同时忽视了实质正义的要求。为纠正此流弊，经济法在其调整中更加关注较为具体的人格或特定主体的人格，以追求并实现实质正义，如提炼出经营者、独占者或具有市场优势地位者、消费者等，以及设置政策性企业、承担公共经济管理职能的专门机构等，在管理与被管理的关系中，也要强调被管理一方如纳税人、反垄断中的经营者一方等的权利，使之获得相当的平等性。

第二，民商法、行政法与经济法在权（力）利义务的设定上存在差异。民商法的基本职能在于对民事权利的确认和保护，这就使它具有权利法的特点。行政法是在公共行政呈不断扩张之势的条件下产生的，主要是为了约束行政权力，因此有关行政权力配置和相应约束，以及对滥用权力损害人民利益时的救济就成为行政法的要义。经济法中既然也有借助行政权力的公共经济管理，需要对其进行相应的约束，而这种约束在相当程度上是通过财产、企业、合同、土地等调整经济关系的实体法律关系来实现的。所以，从某种意义上讲，民商法是社会和市场主体的"权利法案"，行政法是"控权（力）法案"，经济法则是"权力和权利竞合法案"。因此也有"经济法是在民商法基础上的二次调整""经济法主要是维护使市场主体得以按照民商法的既定规则进行活动的优良环境"等说法。

另一方面，民商法是私法、行政法是典型的公法，而经济法是公私融合、兼顾的法。这是从大陆法系国家传统的公私法划分角度所作的区别，也可反映具体法律关系主体在权（力）利、义务、责任的设定和实现上的差别。一般而言，民商法注重当事人意思自治，法律规范以任意性、授权性为主，即或强制性规范也未必导致权力或"公"的因素介入法律关系；行政法领域的规范则一般是强制性的，并意味着权力是行政法律关系固有的因素。而在经济法领域，通常是在市场的基础上出于公共目的的参与和管理，从而形成了任意性、授权性和强制性并重的法律规范结构，而且三性彼此包容。如法律对政府承担和行使经济职能需作授权性规定，不可能事无巨细地作出硬性规定，在授权范围内包含着自由裁量的任意性，而授权的职能又是政府必须履行好的义务和（角色）责任，不能由政府任意（不）为之。

第三，民商法、行政法和经济法在责任方式的运用组合上有所不同。对不同的法律部门来说，尽管法律责任方式大同小异，但其主要运用哪些责任方式，组合又如何，事实上是不同的，正如同样由碳原子组成的石墨和金刚石是两种不同的物质一样。在民商法中，主要是恢复、补偿性的责任，个体的过失责任、财产责任是占主导地位的。在行政法中，主要是对不当行政行为造成相对人损害的补救，财产责任和行为责任兼备。而经济法调整公共经济管理、维护公平竞争、组织管理性的流转和协作关系等，责任方式兼具行政、经济和社会性特点，各种责任方式几乎都可使用，除了责令停止、赔偿、罚款等常见责任形式外，也包括市场禁入、法律保障的团体自治责任、奖励等责任或有利后果的形式。

由上所述，经济法与民商法、行政法相比，即使在法律调整方法上也是不相同的，不能以经济法有没有自己独特的法律责任方式，来证明它是或不是一个法律部门。

四、"责权利效相统一"原则的再解读

在经济法中，最集中表现其调整方法的是"责权利效相统一"原则。这项经济法的基本原则主要是指"在经济法律关系中各管理主体和公有制经营主体所承受的权（力）利、利益、义务和职责必须相一致，不应当有脱节、错位、

不平衡现象存在。其核心是主体的责权利相一致，同时，经济效益和社会效益是我们一切经济工作的基本出发点和终极目的，因此，效既是责权利的起点，又是责权利的终点，也是检验责权利的设置和制衡机制是否正确得当的实践标准。"[10]在社会主义市场经济或以公有制为主导的市场经济条件下，它是作为经济法灵魂的一项根本性的原则。

"责权利效相统一"作为一个能够概括经济法调整方法的基本原则，早期的经济法教科书就已给予关注，意识到"经济责任制，是根据社会生产和生活的需要，以及社会分工的不同，把人们的权利、责任、利益和效益加以明确规定，使之各司其职，各负其责的经济管理和企业管理制度"；"严格的责任制是社会化大生产的客观要求，是从事经济活动不可缺少的条件，是克服官僚主义和无人负责现象的有效措施。"[11]这不是偶然的，它表明突出"责"是公有制及经济法的内在客观要求，也即要把"责"从违反义务的后果，深化、扩展到角色塑造及其权力设置。在经济法调整中，法律关系不再是社会关系的一张皮，而是把法治融入它所调整的社会关系中去。经济法学对"效"的认识，也从起初的经济效益，上升到社会效益和环境效益，同时注重眼前效益和长远效益、局部效益和整体效益间的平衡。这与民商法对"责"的认识和态度形成对照。

现代民法在汹涌澎湃的资产阶级革命大潮中勃兴，对生而平等的人给予极大关注，崇尚、追求抽象的主体能力及其权利，即使在法的社会本位已成定势的今天，民法学者仍对"权利本位"情有独钟，认为我国制定民法典应采"以权利本位为主，社会本位为辅的立法思想。"[12]因此，在民商法和民事法律关系中，权利是第一位的，义务通常是作为权利的对立面出现，民法对主体"不平等"抱着固有的成见和戒心，不能容忍现代法日益关注社会中的种种特定主体，予以角色设置并将权力和责任引入其中，责任也就只能作为不履行义务因而应承受的某种不利后果或制裁，是联结民事权利与国家公权力的中介。总的来说，在民事法律关系中，权利随时、随处可见，而责任是"隐含"在其中的，民法从整体上讲还是权利法。[13]

由于我国的改革开放并不放弃社会主义公有制，保留公有制乃至在其主导下实行市场经济，通过市场来配置资源，这就形成了公有制市场经济的特点：一方面需有公有主体的共同意志和利益，公有主体成员的参与和协调一致，但又不能再采用计划、统收统支、划拨、平调等手段，而需在公有制内部塑造不同利益主体，在此基础上开展经营和交易；另一方面，在公有制财产关系中，又不存在天然的利益主体，会造成"公"的市场参与者普遍的"老板"缺位、利益冲突、角色错位，造成公有财产管理经营的低效、无序，以至公有制与市场经济能否兼容、契合的问题迄今还要继续接受实践检验，并时时总结，推动理论不断升华。正是由于这种两难，给经济法带来了挑战、机遇，要求它通过责权利效相统一原则和机制，模拟公有制管理经营中各环节的角色和利益主体，使之得以像私有财产主体一样参与市场竞争，以此达到资源的优化配置。所以经济责任制在公有制经济法治暨经济法中占有重要地位，这是经典民法、私有制主导的市场经济法治、行政加人治的计划经济体制中未曾有过的。对于经济法来说，其第一要务就是设定公有制的管理经营主体及其权力——社会经济管理者，国有财产抽象职能（"总老板"职能）承担者，国有和集体财产具体出资人或股东、董事、经理等，以及公共及国有财产的占有使用者，诸角色设置不能有利益冲突，并通过权力和责任机制加以防范，还要积极促进其扮演好既定的角色。所以在经济法中贯彻"责权利效相统一"原则，"责"的内容和价值融入整个经济法律关系，不仅是消极的违法后果，更是积极地参与主体塑造，这不是学者的任意，而是社会主义市场经济及其法治的内在客观要求。经济法律关系中的责任不是隐含的。

五、结语

在我国秉承大陆法系传统的现实下，学者不得不面对法律部门划分问题，难免为此耗费不必要的功夫和资源。应当认识到，原有的法律部门划分貌似客观、科学，实际上则是以法律责任来辨别法的调整方法，再以此来把握和确定法的调整对象，成为纯粹的主观演绎——主观对客观的"倒逼"。如此自然不能适应社会生活需要，对法治和学术发展构成妨碍，问题日显突出。谨以此小文，重申勿再纠缠于以某种特定的法律责任承担方式来倒推经济法等是否为"独立"法律部门，从而陷于徒劳无益的争论。

经济法本是扬弃经院式学术的产物，开放和实践应是其本性和生命力所在。但在强大的大陆法思维之下，经济法学仍需时刻提防理论自足自乐的倾向，以免落入传统窠臼。无论是经济法基本理论还是具体制度的研究，都应密切联系实际、紧贴时代脉动，以不断发现并解决中国改革开放和发展中出现的问题为己任。

（史际春、姚海放，原载《江苏行政学院学报》2004年第2期）

参考文献：

[1] 现代汉语词典. 修订第3版 [M]. 北京：商务印书馆，1996：1574.

［2］［奥］凯尔森．法与国家的一般理论［M］．沈宗灵，译．北京：中国大百科全书出版社，1996：16-17．

［3］［美］伯尔曼．法律与革命——西方法律传统的形成［M］．贺卫方，等译．北京：中国大百科全书出版社，1993：133．

［4］KENNEDY J V．更好的监管方法［J］．交流（中文版），2003，秋季刊：13．

［5］张文显．法理学［M］．北京：法律出版社，1997：102．

［6］孙国华．法理学［M］．北京：中国人民大学出版社，1994：381．

［7］史际春．经济法的地位问题与传统法律部门划分理论批判［J］．经济法研究，2000（1）：155．

［8］漆多俊．经济法基础理论（修订版）［M］．武汉：武汉大学出版社，1999：183．

［9］谢怀栻．从经济法的形成看我国的经济法［M］//谢怀栻法学文选．北京：中国法制出版社，2002：61．

［10］潘静成，刘文华．经济法［M］．北京：中国人民大学出版社，1999：75．

［11］陶和谦，杨紫烜．经济法学（第四版）［M］．北京：群众出版社，1989：53-54．

［12］梁慧星．民法总论［M］．北京：法律出版社，1996：38．

［13］王利明．21世纪法学系列教材——民法［M］．北京：中国人民大学出版社，2000：10．

WTO 与经济法学新机遇：只有民族的才是国际的

加入世界贸易组织，引发了我国法制的一场大变革，经济法尤甚，清理了数以万计的法律法规规章和其他规范性文件，经济法学也迎来新的机遇。

一、入世为经济法教学的进一步提高、完善提供了新的契机、空间和动力

当前我国经济法教学中存在的主要问题，是教师的理论功底不深，对经济法具体制度不求甚解，授课艺术差强人意，甚至自己就对经济法将信将疑，导致学生对经济法更"找不到感觉"，不以为然，缺乏兴趣，信心发生动摇。学府里的这种氛围，波及法律实际部门和社会上，便造成经济法的地位和声望下降，令在座致力于经济法教学研究的诸位不免有"恨铁不成钢"之感。究其原因，经济法的历史短，缺乏成熟、公认的学科体系和内容，仅靠授课教员各显神通，通过个别努力去达到融会贯通的状态，"听天由命"，总体上自然难以达到良好的教学效果。从客观上说，经济法的实际材料庞杂，脉络不明晰，研究它"吃力不讨好"，也妨碍了它的成熟步伐。

而 WTO 架构和规则体系体现了英美法的思维，不拘公法和私法，融公私于一体，正反映了经济法的基本理念和本质要求。WTO 规则是对政府参与、管理经济活动的要求和规范，是以民族国家为主体、在民族国家层次上组织、管理和开展竞争的法律表现，本质上就是经济法，内容也主要落入经济法范畴。携入世对我国各方面事业的强大推动力，经济法学也从中获得压力和动力，必将强化、优化从总论到分论各原理和制度的教学与研究。它要在教学中贯彻透明、非歧视等 WTO 一般原则，又要将 WTO 各具体规则及我国入世所作的双边和多边承诺融入经济法诸制度，并建立或以新的方法、角度研究市场准入、产业管理、政府采购、反垄断等经济法制度，由此总论将更自然、贴切地反映公私融合和社会性的要求，摈弃原有的一些玄乎、生造、不切实际的内容，分论将更具体、充实、饱满，并为总论提供丰富的养分。以此为契机，经济法教学可望

走出景气低迷状态。入世的东风化为社会的压力和学生的要求，加上高校聘任制、科学考核等改革措施逐步到位，有望使经济法课程和教学队伍优胜劣汰，"优化重组"，跃上一个新的台阶。

经济法的灵魂是总论，总论立不住，经济法便一无所有，你在经济法的名义下搞任何名堂，都无非是行政法、民商法，或者其他任何法律部门的内容。要立得住，就要讲理，讲中国实际，否则学生不信，你自己也会疑窦丛生。中国的经济法不能脱离政府主导的改革、开放、发展，不能脱离公有制的历史和现实、民族传统和后发优势，要讲公私融合的应然和实然性。诺贝尔奖获得者及其成果无一能解释中国 20 余年改革开放的逻辑和成就，至今还是"谜"，不正因为它们不是本土所产吗？科学的理念、原理加中国实际，就不难以理服人：中国何以要有、会有经济法，经济法是什么、有哪些与行政法和民商法等的不同之处，财税法何以应当是经济法，公司法为何也可能是经济法，反垄断法如何不可能成为中国经济法的龙头法，等等。任何原理和命题都有一定的适用条件和范围，不能生搬硬套，譬如即便在欧陆国家，反垄断法实际上并未达到"经济宪法"的境界，它是辅佐、从属于促进建立统一大市场的法和政策以及私有化法等起作用的。

分论则是经济法的身躯，有了灵魂主宰，经济法便可充满生机，健康、茁壮成长。对经济法各具体制度的研究，要把原理讲深讲透，把握内容详略得当，跟得上动态，切得中时弊，开得出良方，自不待言。我要说的是，从原则上说，研究分论，越深越广越好，但是如果不以总论为指导和统帅，可就坑害了经济法。譬如公司法，你纵然说它"就是经济法"，说上一百遍，而你不着重从公有财产、公有主体投资经营，公有制企业的股份制改革（相当于西方国家的 privatization），公有和公有主体主导的公司治理，公有财产投资经营各环节的角色设定及其责任，总而言之不从政府和公有主体如何当好老板的角度研究和讲授公司法，就是在证明公司法只不过是民商法，恰恰不是经济法。

由中国入世文件和 WTO 规则体系的性质和内容所决定，它必将使人们对经济法看得更清楚，令经济法的总论更立得住，分论更像经济法，二者的内容都更充实，果如此，实乃经济法和全国法科师生之大幸。而要达此效果，尚需经济法学界全体同仁的不懈努力。

二、适应入世要求，要在经济法总分论各方面的研究中贯穿建设现代透明、责任、服务、竞争的政府的主题，推动经济法高层次人才的培养

与本科教学不同的是，经济法学硕士、博士的培养，要直接靠科研来支撑和推动。结合中国家长制、官本位传统的实际，按 WTO 和经济法的内在要求，经济法学当以推动政府改革为己任，概括为一个宗旨就是：塑造透明的、责任的、服务的、竞争的政府，关键和当务之急则是推动建立一套使政府履行经济职能与问责制有机融合的法律机制。

中国社会的宗法传统深远，虽经民主革命和社会主义革命，却一直未能解决公民参与和自治、官民脱节的问题。但现代法治社会需要透明的政府，政府在管理、从事经济活动，进行市场操作的时候，必须公开、公正，有义务证明自己的行为公平、适法，被赋予、剥夺利益或未能从政府经济行为中获益的利害关系人，都应有权要求政府说明理由，乃至诉诸法院讨个说法，及时、充分地获得救济。由此创造一个良好的商业氛围和市场环境，促进交易、投资和经济的发展。

政府是为老百姓服务的公仆，应当时时处处从人民的要求、利益和方便出发，为其致富奔小康服务，而不是首先便利自己，一切从自己的管理出发，随心所欲管卡压。我们的政策和法一直不是放手让社会成员去创造，为其提供服务和保障，而是立足于"管"，假设政府能够包办一切，明察秋毫、明镜高悬，得以在第一时间发现并纠正任何不法行为。入世是一个契机，人民的要求和政府观念的转变，将推动塑造一个服务的政府。

竞争的政府也至关重要。正确处理中央与地方之间、沿海与内地之间包括地方之间的关系，"摸着石头过河"，这些都可以理解为竞争。没有竞争就没有活力，政府管理、从事经济活动不能搞"大一统""一刀切"。在创造优良环境、提供服务、招商引资、发展经济、勤政廉政等诸多方面，各级、各地政府之间都应当开展竞争。通过竞争，能够鼓励创造和多样性，令各地主观能动地扬长避短、趋利避害、优势互补，社会经济因而充满生机，不断提升中国人民的福祉。也只有在竞争中，才能随时发现问题，纠正错误。改革开放以来广东和沿海地区的成功就是很好的例子。

责任政府更重要，没有责任，透明与服务都是空话。我以为，入世之后，经济法总论和各具体制度的研究，都要着重、落实于建立责任和救济机制，将政府经济管理和经济活动与问责制很好地结合起来，让政府能够切实敢为敢当，以实现透明、责任、服务、竞争的政府。在经济法教学科研中，一直自觉不自觉地将公、私法，公、私主体，公、私行为截然分野，一般认为政府在经济管理、经济活动中损害他人合法权益，相关利害关系人只能通过行政诉讼来寻求救济，如此将实体权利义务与责任、救济相脱节，而依行政法和行政诉讼，根本无法审查政府经济行为的妥当性，实际就是纵容政府不负责任地管经济、从事经济活动。在社会化、全球化条件下，国家要义不容辞地承担组织协调经济、提供公共产品、参与市场活动、创造和维护良好经济环境的职能，就不能让其经济行为事实上处于脱法状态。人为地划分公与私，具体表现为将民事与行政视为水火不容，在司法实践中造成了种种与 WTO 格格不入的现象。在新形势下，经济法学如不能以公私融合的理念，以塑造现代责任政府，从大处着眼，则它不能在大时代大显身手，服务于国民与国家捆绑一起竞争条件下法对经济关系的有效调整；从学科的小立场看，经济法则会因此逐渐失去存在的合理性和必要性，后果不堪设想。

三、入世可望促使国家转变法学教育管理的旧思维、旧方式，转而以社会需求为基础和导向，经济法学可借此改善生存、发展的环境

WTO 规则的精神，就是将政府的作用和管理建立在市场的基础上，而不是"拍脑袋"、瞎指挥。殊不知，世界上没有哪所大学的学术地位、声望和规模是行政造就的，也没听说拿钱可以买得到思想、学问。有道是，教育部门是计划经济的最后一个"堡垒"，它在专业调整、课程设置等方面并未尊重客观要求和社会需求。从理论上说，法要调整各领域、各层次的社会关系，而社会关系在性质、内容上相距甚远，侧重于宪法和公共管理的法科学生不妨多学些政治学等相关知识，少学些商贸和个人生活方面的法学课程；反之，侧重于商贸的法科学生则不妨多学些经济、会计方面的课程，少学些公法和历史等方面的法学课程，这正是法政、法商划分的依据。同理，在法学的庞杂内容中划出一块"经济法"专业，其实并无不妥，当然其课程设置可以随形势要求不断调整、优化。又从国内外的实践看，不同类型学校的法科课程设置，完全可以而且应当是不一样的。譬如经济商贸类院校的法科学生可以侧重于财税法、金融法、商贸法等课程，理工科院校的法科学生可以侧重于科技和产业管理、知识产权方面的课程，外交、国际政治院校的法科学生可以侧重于国际法方面的课程，等等，并无必要对所有法科学生按一刀切的模式和套路进行培养。

教育事业不能与经济社会和市场脱节，办学也要竞争，教育行政管理要建立在需求导向、优胜劣汰的基础之上。希望入世也能令教育部门转变思维和行

为方式，给经济法的专业和课程设置等创造宽松的环境，使经济法在社会需求的拉动下有一个新的较大发展。

（原载《岳麓法学评论》第 3 卷，湖南大学出版社 2002 年版）

求真务实、肩负社会责任的人大经济法学

人大经济法学科以科研带动教学，致力于传承人大法学传统，在全国起到引领和示范作用。在其创建即将迎来30周年之际，对其做一回顾和总结。

一、应运而生的中国经济法和经济法学

经济法在中国是一个新兴法律部门，在20世纪70年代末80年代初与改革开放相伴而生。随着农村实行"大包干"、对外开放和城市经济改革的启动，《中外合资经营企业法》（1979）、《广东省经济特区条例》（1980）、《经济合同法》（1981）等第一批经济性法律法规先后出台，经济法学很快成为"显学"。其原因主要有三个方面：第一，由于人治和法律虚无主义，我国未能像苏俄那样制定适应计划经济的民法典，又鉴于实行计划经济，人们讳言民法的"私法性"，而且民法在计划经济条件下也是可有可无的东西，所以就一直未能制订民法典。在此情形下，无法以民法原理来解释政府主导的改革开放和政府、企业、合同紧密相连的经济关系。第二，经过长期的"大锅饭"，法纪松弛，效率低下，浪费严重，比如企业间的经济关系不订合同，职工干活马虎、"磨洋工"，人们痛定思痛，整个社会呼唤、期待着经济法制，建设特区、引进外资，依赖"红头文件"也行不通。同时，中共十一届三中全会确立了健全社会主义民主、加强社会主义法制的方针。这样，顺应经济法制要求制定的法律法规，很自然地被认为就是"经济法"。第三，法学界一直跟踪着苏联经济社会的发展和法学研究动态，了解苏联经济法的来龙去脉，改革开放伊始就将苏联的经济法学说引入中国，而苏联的现代经济法学说恰可合理地解释计划组织因素与商品价值因素相结合的经济关系的法律调整，与中国改革开放之初的实际相契合。

在此背景下，中国社会科学院法学研究所于1979年8月举行"民法、经济法问题学术座谈会"，在新中国法学史上第一次正式引入经济法概念，并从民法和经济法交互作用的角度对新兴经济法现象进行研究，成为中国经济法学的起点。

二、人大经济法学的产生和发展

从全国来看，1979 年下半年就有法律院系设立了经济法教研室，同时开设经济法课程。而中国人民大学法律系是到潘静成和刘文华这两位经济法学科点创始人先后"归队"，才在 1981 年成立经济法教研室，开出经济法概论课程。此后，经济法教研室于 1982 年开设《经济合同法》，1983 年开设《计划法》和《基本建设法》，1984 年开设《（全民所有制）企业法》和《环境保护法》，1985 年开设《经济法基础理论》和《财政金融法》，1987 年开设《土地法》，1992 年开设《企业（含公司）法》《竞争法》和《涉外经济法》等课程，学科体系日臻完善，教学水平不断提高。

人大经济法学科自创立起，就一直以科研为依托，追求人大法律系自 1950 年成立后奠定的法学"工作母机"地位。最初编写的经济法教材《中华人民共和国经济法讲义》于 1985 年出版，名为《经济法教程》，后衍生为现在使用的两种《经济法》概论教材，适用于本科法学专业和法学硕士研究生通开基础课教学。国家教委 1986 年在济南召开"经济法专业教学计划审定会"，确定在"七五"期间编写《经济法基础理论》，1987 年在上海召开 25 个院系的教授、专家会议，审定了潘静成、刘文华两位教授主持编写的《经济法基础理论教学大纲》，作为国家教委的指导性文件正式出版发行。之后，受国家教委委托，他们又编写了全国第一本《经济法基础理论教程》，确定了经济法的基本概念、范畴和制度，在全国率先构建了经济法基础理论体系，并于 1993 年出版。

人大经济法教研室于 1984 年开始招收民法专业经济法方向的硕士生，1987 年起正式招收经济法专业硕士生，并在 1994 年成为全国首批经济法学博士点。此外，人大经济法教研室还接受有关部委委托举办了多次经济法干部专修班和高级师资进修班。

然而，法学界关于民商法与经济法的学术争论和情绪纠葛，也对人大经济法学科的发展造成了一定的负面影响。

经济法与民法同为调整经济关系的法律部门，从经济法产生时起，它与民法的关系就成为法学界关注和研究的一个重要理论问题。关于民法经济法的讨论最初是十分理性、平和的。比如学者都承认存在经济法现象，同时对经济法的概念、对象及其在经济的法律调整中的地位开展认真讨论，并无超越学术的情绪对峙。事实上，也是民法学者在改革开放之初担负了引进和研究经济法的历史任务。苏联经济法学派的代表人物拉普捷夫的代表作《经济法理论问题》，就是由中国人民大学法律系民法教研室翻译，于 1981 年 8 月出版。

但是后来，民法与经济法的争论中有些学者的讨论趋于情绪化，其原因归纳起来大致有以下两点：一是经济法学自身的问题。经济法被引入中国后，一些学者不恰当地理解"纵横统一说"，认为经济法"纵"的要调整，"横"的也要调整，如此"大经济法"便使民法成了"公民消费法"，既不科学也不合乎实际，令有些民法学者感到不满。二是法的部门划分及其理论本身存在缺陷。法的部门划分只是主观的学术活动和分类，而法学界照搬苏联的法律部门划分"客观论"，认为一个国家有什么样的社会制度、社会关系就有什么样的法律部门划分，但由于"客观"事实上要由人来作主观解释，有些人不由自主地推崇、追求学术"权威"和领导官员支持，以证明自己的立场、观点的"客观性"。须知，古今中外并不存在什么"独立"法律部门，任何法律部门都要服从法治一般，而且法律部门划分是相对的，对法可以有不同的分类标准，法律部门之间也都是交叉的。对法的部门划分只是为了更好地进行研究、学习，以及更好地指导立法和法治实践。第三是传统法律学科处于强势地位，新兴学科相对弱小，在民法经济法的纠葛中，内外环境对经济法学的发展都很不利。这种情绪化在1986年前后达到顶点。当时全国人大研拟制订民法通则，而经济法学者提出不要搞民法通则，应当制订"经济法纲要"，因为民法只是适应自由市场经济的法律制度。当然，全国人大最终通过了民法通则。虽然经济法没有因此被否定，全国人大法工委在关于民法通则的立法说明中明确指出纵向的经济关系要由经济法来调整，但在当时的环境下，许多经济法学者萎靡不振，以至于全国只有中国人民大学法律系忍受着各种杯葛和压力，仍在艰难地维持着经济法基础理论教学。

到20世纪90年代末，商法研究愈益兴旺，民商法又从"商"及其与经济法的关系的角度，与经济法展开了小小的争论。商法本为民法，在封建社会的大环境下产生，时至今日，社会成员平等、"泛商化"和政府广泛参与提供公共和准公共物品以及公开市场操作，无论从主体范围、行为的"营利性"还是从适用的法规看，民商都不可能分立。因此，民商法同属以当事人意思表示为中心展开的私法，与经济法之间并无大的矛盾。

关键在于，关于法律部门划分的理论问题不解决，经济法就没有"出头之日"，因为按照仿佛是"客观"化身的传统法学和强势学科的解释，经济法只是民法、行政法等规范的组合，并不能独立存在。这正是民商法与经济法观点的交锋所在，即经济法能否成为一个"独立"法律部门。这个问题到90年代以后才逐步得到解决。1992年笔者向中国法学会民法学经济法学研究会提交题为《经济法的地位问题与传统法律部门划分理论批判》的年会论文，论证了法律部门划分的主客观统一、相对性以及"独立"法律部门的提法不能成立，法律部门应当按照社会活动的领域及其法律调整的宗旨为标准进行划分，并就此作了大会发言。经过十余年，这种观点逐渐得到法学界的认同，加上对社会主义市场经济条件下公共管理作为经济内在要素的客观条件和必要性形成广泛共识，经济法成为我国社会主义法律体系的组成部门之一，也就顺理成章了。

1998 年，国家在加强素质教育，培养宽口径、厚基础法律人才的教育改革思想指导下，将法学本科各专业合并为一个法学专业，并将经济法学作为其 14 门核心课程之一。2001 年，全国人大常委会提出"将有中国特色社会主义法律体系划分为七个法律部门，即宪法及宪法相关法、民法商法、行政法、经济法、社会法、刑法、诉讼与非诉讼程序法。"[1] 在此背景下，经济法学逐渐得到社会和官方的认可，最终得以确立。在经济法学趋于健康稳定发展的新阶段，人大经济法学重整士气、更上层楼，系统构建了经济法部门的教材教学体系，继续在全国居于领先地位。

人大经济法学科的专业方向包括经济法总论、企业和公司法、财税法、金融法、自然资源和能源法、竞争法、对外贸易法、消费者法等。其中，史际春教授专攻的经济法总论、企业和公司法、竞争法，主编的普通高等教育"十五"国家级规划教材《经济法》、"十一五"国家级规划教材《经济法总论》和《企业和公司法》；徐孟洲教授专攻的财税法、金融法，主编的普通高等教育"十五"国家级规划教材《税法学》；吴宏伟教授专攻的对外贸易法、竞争法，朱大旗教授编著的普通高等教育"十一五"国家级规划教材《金融法》，宋彪副教授专攻的规划和产业法，孟雁北副教授专攻的能源法和竞争法，等等，都在同行中赢得了认可。

人大经济法专业还承担了全国自学考试、中央电大、高职高专、全国职业资格考试（注册会计师、税务师、企业法律顾问、经济师等）、后续教育等方面的经济法教材编写和教学工作，完整地构建了"总论—分论—教辅—案例"四位一体的教材教学体系。宋彪副教授主编的经管、理工等非法学专业通用的《经济法概论》，成为全国最受欢迎、使用最广的一本同类教材。

经济法教学由课堂教学、专题讨论、学术会议、社会调查等多环节构成。课堂教学采用包括案例讨论在内的方式；专题讨论涉及国内外学者、官员、实业界人士的演讲，以及研究生、博士生论坛；学术会议包括"中国经济法治论坛""财经法论坛""反垄断法高峰论坛"等定期会议和系列讲座；社会调查实践要求学生参与经济执法、司法实习，企事业、律所等中介组织的活动。至2010 年的最近 5 年，"中国经济法治论坛"荟萃全国经济法同仁，分别就"十一五"规划与中国经济法、和谐社会建设与地方经济法治、改革开放 30 年与中国经济法、中国反垄断法实施、金融法治新发展等议题进行深入研讨，促进了学科水平提升。人大经济法学研究中心自 2000 年起编辑出版经济法专业刊物《经济法学评论》，也成为反映人大经济法学科成果、支撑高水平经济法教学及其对外交流的平台。

二十余年来，人大经济法学科培养的各类学生中，有许多已成为在各自的岗位上崭露头角的尖端人才。

三、有人大特色的经济法学

近三十年来，人大经济法学经由潘静成、刘文华、王益英、宋金波等老一辈学者的开拓，史际春、徐孟洲、吴宏伟、王新欣、朱大旗、宋彪等中青年学者的传承和发扬，逐渐形成了有人大特色的经济法学理论体系，其中最主要的内容包括：

（一）关于经济法的调整对象

经济法学作为一门社会科学学科，需要从调整对象的角度对经济法作出定义，以明确概念，作为学科的起点。但在经济法学发展的很长时间里，人们对经济法只有宽泛的或者定性的定义，从而妨碍了它的科学性。经过多年研究，人大经济法学科在 20 世纪 90 年代初对经济法作出定义，并在后来反映到人大的经济法教科书中，即：经济法是调整经济管理关系、维护公平竞争关系、组织管理性的流转和协作关系的法。该基本定义为经济法学作为学科的确立和展开提供了学术基础；以此为前提，也不排除可以从性质、地位等各种角度对经济法做其他界说。

（二）经济法的基本原则和理念

与传统法律学科相比，经济法学研究中总论和分论脱节的现象比较突出。究其原因，在于其作为新兴学科，尚未能很好地概括经济法部门的基本原则，有关"基本原则"或者超出法和经济法的范畴，或者只是某项具体制度的原则。为此，根据经济法的历史和现状，人大经济法学科提出，我国经济法应当遵循平衡协调、维护公平竞争和责权利相统一这三项特有的基本原则。

平衡协调原则是指经济法的立法和执法要从整个国民经济的协调发展和社会整体利益出发，来调整具体经济关系，协调经济利益关系，以促进、引导或强制社会整体目标与个体利益目标的统一。这是由经济法的社会性和公私交融性所决定的一项普通原则，是不同社会经济制度的经济法所共同遵循的一项主导性原则。

维护公平竞争的要求不仅直接体现在竞争法中，而且在经济法的各项制度诸如规划和产业政策、财政税收、金融外汇、企业组织、经济合同等制度和具体的执法、司法中，都必须考虑市场主体公平竞争问题，政府的经济管理和市场操作也应公开、公平、公正，不得违背和损害市场公平竞争的客观要求。

责权利相统一原则是指在经济法律关系中各管理主体和公有制经营主体所承受的权（力）利、利益、义务和职责必须相一致，不应当有脱节、错位、不平衡等现象存在。这是由公有制财产关系的内在要求及其对整个经济和社会的辐射所决定的一项最根本的原则，是社会主义市场经济或以公有制为主导的市场经济条件下作为经济法灵魂的一项基本原则。平衡协调原则和维护公平竞争原则要发挥作用，都建立在责权利相统一原则得以贯彻实现的基础之上。

理念之于立法、法条犹如灵魂之于躯体，尤其对于经济法，若无适当的理念，任何规范都不可能正确、有效地适用。随着经济法现象的产生、发展，法学界囿于大陆法传统，一直试图将其涵摄到传统法理念中去；在经济法学内部，也存在着轻视经济法理念、欠缺适当的经济法理念或者根本没有经济法理念的情形，出现了某种"总论经济行政法化、分论民商法化"的状况。[2]关于经济法的论争，实际上就是有关经济法的认识论和理念之争。如果缺乏正确的理念指导，即使形式上有了经济法，它对社会经济关系的调整也可能达不到预期的目的。比如随着经济法的发展，蕴含在其各项制度中的公共利益要求凸显，由于没有认识到公共利益无非是一个凝聚共识的正当程序问题，商业开发可能合乎公共利益，公共工程也可能不符合公共利益，而企图通过具体规定来列举、界定公共利益，结果导致公共利益辨识和认定的实践陷入了普遍的困惑和混乱。

有鉴于此，人大经济法学强调在准确把握社会化、公私融合、官民平等和合作等的基础上，弘扬经济法的理念。经济法理念作为法理念的一个层次，首先也以追求公平正义为己任；同时，经济法的理念是在经济社会化条件下，实现以社会整体经济利益为核心内容的实质公平正义。

（三）经济法的体系

人大经济法学主张依经济和法律的内在逻辑来阐释经济法的体系，即主体在公共管理下从事经济活动，依此，经济法可以大致分为经济法主体制度、公共经济管理法和经济活动法三个部分。

1. 经济法的主体制度

（1）经济管理主体

经济管理主体包括国家机关、专门监管机构和其他社会经济组织。国家机关主要是指政府及其主要承担经济管理的组成部门，它们依照宪法和行政法设立，相关制度主要不属于经济法，但这些主体的职能与经济法密切相关。

随着经济发展和法治水平的提高，借鉴发达国家的做法，我国也按照经济法的理念，为更好地从公共利益出发、在责权利一致的基础上实现公共经济管理的要求，设立诸多具有相对独立性的专门机构，如国资委、银监会、证监会、保监会等。这些机构在国外依特别法设立，不属于政府序列，相对独立于政府，如美国联邦贸易委员会、联邦通讯委员会等，被称为"第四部门"。在我国，它们或作为事业单位，或仍处于行政序列中，但其专门的经济管理职责、履行职责的独立性和应当作为法定机构的性质，使相关主体制度主要成为经济法的主体制度。其目的和作用，在于避免传统行政机关的专业性不足、倾向于漠视客观经济要求、囿于行政规律而难以顾及各方及公共利益等弊端，预示着经济管理主体制度的某种发展趋势。

其他社会经济组织主要是指各种行业协会。

（2）特殊企业和国有企业

经济法不包括普通市场主体法律制度。依经济法取得法律主体资格并参与市场关系、从事市场活动的主体，主要是具有公私融合性的特殊形态。它们主要包括进行特定的政策性、公益性经营的国有企业。当然，即使是普通的国有及国有控股的企业、公司，其公私融合性也天然地要高于普通的企业、公司，加上其资本的国有性质，普通形态国有企业相关法律制度也属于经济法的主体制度。

（3）合作制企业

在发达国家，通常将合作制视为民商法的主体制度。但是，合作制属于公有制，在自治能力较弱、自治水平较低的社会，包括中国和其他亚洲国家，合作制是在国家鼓励和支持下产生、发展的，我国农村的社区合作还与党的领导和村民自治密切联系在一起，在这个意义上，应当将合作制企业或组织制度纳入经济法或社会法范畴。

2. 公共经济管理法

公共经济管理是国家从社会经济的共同利益、社会整体经济效率出发对经济关系进行调节，对财产和经济事务进行公共管理的活动。

就具体法律制度如财政法、金融法、竞争法等而言，是难以从宏观调控和微观管理相分离、对立的角度来分析的，其原因在于经济法调整对象的复合性、层次性和公私交融性。宏观调控和微观管理这种经济学划分并不具有法律意义。而且，国家宏观调控和市场管理同市场机制是合而为一、不可分离的，典型的如现代国家有关价格、利率、外汇、贸易、质量等方面的立法兼具宏观和微观的双重特性；此外，现代竞争法尤其是反垄断法，也不仅以维护微观的市场竞争秩序为出发点，还关涉宏观市场结构、产业政策甚至政治目标，以超出一般财产流转和债权债务关系的高度对市场加以宏观规范。所以，只有从宏观和微观统合的公共经济管理角度，经济法研究和实践的可操作性才得以体现，也只有这样，才能在具体法律制度层面上将经济法与民商法、行政法等相邻法律部门区别开来。

公共经济管理法作为经济法体系中的重要组成部分，在经济法中起着主导作用，反映着经济法产生和发展的脉络，是国家和社会在公共经济管理中良性互动的法治准则。现代国家与社会良性互动、携手合作，承担经济管理的国家机关、专门机构和其他社会组织，以及包括它们在内的各种主体在从事经济活动时，都要遵循公共经济管理及其法治要求，不能脱法。

公共经济管理法从性质上来看是典型的经济法，并非传统行政法的扩张。首先，公共经济管理的主体即使是行政机关，行政也只是形式，其本质是劳动协作的社会层面，而且管理主体也包括特殊企业和社会组织等。从经济本身和自治的角度看，社会组织承担经济管理职能的权力来源并非法律的具体规定或授权；另一方面，行政机关参与投资、缔约、担保等市场活动时形成的也不是行政管理关系，在本质上属于交易关系。公共经济管理及其主体的关系是纵横交错、错综复杂的，并非形式上的行政管理关系所能涵盖。其次，行政法起源于限制政府滥用权力的斗争，主要内容是政府的组织人事和行政救济法，其基本宗旨是控制和限制政府权力。行政法本不重视行政管理的具体内容，而公共经济管理尤其注重管理的实体内容，如产业政策、竞争、利率、价格、税制等。

3. 经济活动法

作为国家维护各类市场主体从事经济活动、参与市场公平竞争及其秩序的经济法律制度，经济活动法主要包括经济合同法、竞争法、对外贸易法和消费者法。

经济法调整的公私交融性质的经济活动，主要是有国家意志直接参与其中的交易活动，表现为法律制度就是经济合同法。对此，应根据这种经济活动及由此产生的经济关系的特殊性，在传统的（民事）合同法律制度之外，对经济合同重新定位，并完善相应的法律制度。在其中，应当基于其公私融合性，强调遵守法律和政策、厉行节约、政府一方公开操作、非政府当事人以竞争方式取得缔约资格、依法监管和反腐败等，不同于民事合同和政府行政运作的基本原则，并对有关具体经济合同的要点分别作出具体规定。在我国，典型的经济合同包括政府采购合同、政府特许经营合同、国有土地使用权出让合同和农村土地承包合同等四种形式。此外，中央银行和政策性银行与其他主体订立的借贷合同、政府担保合同、无隶属关系的国家机关或财政主体间的经济协作合同、国有企业承包合同或租赁合同、特定领域存在的指令性生产或国家订货合同等，也都属于经济合同。

经济法不仅从交易的角度，还要从竞争的角度调整市场主体的活动。竞争法是国家促进自由竞争、维护公平竞争之法，其中固然不乏管理因素，但其调整的出发点或立足点仍是市场主体的活动，所以将竞争法纳入经济活动法而非管理法，更合乎其本性和宗旨。另一方面，在现代市场经济条件下，消费者法是竞争法的姐妹法，竞争法是从生产经营者相互关系的角度、消费者法是从消费者和生产经营者关系的角度，来维护市场经济的正常运转。其目标是"公"，出发点或立足点是"私"，着眼于消费者的弱者身份而给予倾斜式调整或救济，所以也将其纳入经济活动法。

对外贸易法是国家监督、管理、调控对外贸易关系的法，集中了国家鼓励、限制或禁止对外经济关系的原则立场和制度措施。《对外贸易法》是我国对外贸易领域的基本法。此外，与对外贸易具有直接关系的法律法规还包括《货物进出口管理条例》《技术进出口管理条例》《反倾销条例》《反补贴条例》《保障措施条例》《海关法》《进出口商品检验法》《进出境动植物检疫法》等。

（原载《法学家》2010 年第 4 期）

参考文献：

[1] 李鹏. 全国人民代表大会常务委员会工作报告 [N]. 人民日报，2001-03-20.

[2] 刘文华. 当前经济法学理论研究中应关注的几个问题 [R]. 天津：高等工科院校经济法研究会年会论文，2001.

分 论 篇

论分权、法治的宏观调控

宏观调控行为的违法责任问题是法学的一大难题。通过具体立法为其"固定规则"是不可行的，关键是要将宏观调控纳入问责制，使之在法治的框架内运行。

引　言

"宏观调控"是具有中国特色的，反映政府与市场关系的一个关键词。按照经济学界的一般说法，改革开放以来我国进行了六次宏观调控，新近中央及有关部门针对土地、房地产、能源等频频出招，为这四个字增添了新的色彩。① 每次"宏调"之后的争论和反思是难免的，经济法学者也一直在为宏观调控法制建设作出各种努力，包括提出《宏观调控法》的立法建议等。然而，作为一个国家尤其像中国这样一个大国的"宏观"调控，牵涉的政治、经济制度面甚广，每一次宏调之后，所暴露出来的和亟待解决的问题依旧严重，这就值得我们对"宏观调控"进行反思，乃至需要一种认识上的变革。本文旨在对"宏观调控"作规范分析的基础上，解剖宏观调控法律化和"集权"宏观调控的困境，提出宏观调控法制应确立"分权"的主导思想，宏观调控法制也不可能通过制定《宏观调控法》之类的法律来实现，而是要通过权责一致、过失责任、司法最终解决等朴素的法治原则加以落实。

一、宏观调控的内涵、目标和手段——经济语词与法学语词

（一）宏观调控和宏观经济调控、宏观经济学、宏观经济政策

"宏观调控"不是一个清楚的概念。我们对以下三组概念进行辨析，希望提

---

① 分别为 1979~1981 年、1985~1986 年、1989~1990 年、1993 年下半年~1996 年的收缩型宏观调控和 1998~2002 年的扩张型宏观调控，以及正在进行中的新一波宏调。

供一些分析视角，厘清其含义，但并不是、也无必要为其下严格的定义。

1. 宏观调控与宏观经济调控

经济学界一般认为，宏观调控等于宏观经济调控，调控的主体是政府或国家，客体是国民经济的总量，主要是指总供给、总需求以及总价格、总就业量等。"宏观经济调控，即国民经济总量调控，是指政府根据国民经济协调发展和均衡增长的要求，在市场经济运行的基础上，综合运用计划的、经济的、法律的和行政的政策手段，对国民经济总量运行进行调控，使总供给与总需求趋于基本平衡，有效地实现发展和增长目标。"[1]

有学者认为，直接以宏观调控去优化结构是错误的。因为宏观调控虽然会影响到微观经济主体的行为，但并不是针对具体的产业部门和结构，结构问题的解决有赖于市场基础的发展和完善；产业政策相对市场基础是一种外生的安排，把它当作一种宏观调控政策，存在着体制的制约，也与产业结构是市场配置资源的结果存在着逻辑上的矛盾。[2]

而事实上，宏观调控的作用不限于经济领域，去掉"经济"二字的修饰，宏观调控的外延应当是大于宏观经济调控的，只是人们通常将宏观经济调控简称为宏观调控而已。此外，国家的宏观调控实践和经济法学界并不囿于某种经济学观点，而把经济结构调控包括在宏观调控之内，①[3]规划（计划）和产业政策等被认为是宏观调控（法）的重要组成部分。

2. 宏观调控与宏观经济学

究其来源，"宏观调控"出自宏观经济学。宏观经济学为宏观调控提供了基础理论。

宏观经济学认为，它以整个国民经济活动作为研究对象，即以国民生产总值、国民生产净值和国民收入的变动及其与就业、经济周期波动、通货膨胀、财政与金融、经济增长等等之间的关系作为研究对象。[4]宏观经济学围绕着解释宏观经济变量以及宏观经济政策如何影响这些变量而展开；其研究有两大核心命题：一是产出、就业和价格的周期性波动，二是经济增长。

3. 宏观调控与宏观经济政策

宏观经济政策是西方经济学中与"宏观调控"的含义、意义最相近的一个语词。宏观经济政策是方法、手段，而其"宏观"性，是由政府作用于国民经

---

① 外国其实也是有宏观调控的。以美国为例，其《2005年能源政策法》设定了提高能效、节约能源、发展清洁能源和再生能源等目标，并以税收、担保、补贴、行政许可等一系列措施保障其实现，宏观和微观并举、目标和操作性并重，展示了一种娴熟、高超的宏观调控。

济的媒介——宏观经济变量所决定的。如果政府直接作用的媒介不是宏观经济变量，而是通过对市场主体或市场行为的具体管制或规范来实现，那么这种作用的手段就不是宏观经济政策。

宏观经济政策随着西方有调节市场体制的形成而产生、发展起来，它是国家调节各种经济变量的基本原则和方针，调节的对象是连接市场运行变量但又高于市场运行变量的宏观经济变量。政府通过政策工具，对一个或多个宏观经济目标施加影响，也即运用货币、财政和其他政策，避免经济周期中的"最坏情况"并提高增长率。

我国政府的调控管理、媒体和老百姓所谓的"宏观调控"，与经济学中的宏观调控和西方经济学框架下的宏观经济政策显然不是同一概念。那么，法学和经济法学究竟应当对宏观调控作怎样的理解，才能获得一个经济学、法学和社会经济实践的共同平台，以开展有意义的研究？

我们认为，"宏观调控"并非法学和经济法学所原创，因此必须尊重其源头——经济学和"宏观经济政策"的既有分析框架，将"宏观"及其对各别主体作用的间接性作为宏观调控的基本内涵，否则宏观调控就会失去根基，甚至在宏观调控的名义下对市场主体和社会成员直接实施行政命令、行政指挥，从而倒退到计划经济去。在不是无条件迁就现实的同时，又要承认宏观调控实践及相关通俗认识的合理性，而把宏观调控界定为不直接作用于微观主体但足以引导、影响微观主体行为的各种政策、制度、措施等。经济法学关注和研究的，则是其中与"经济"和"法"有关的制度、政策和措施，如财政法、规划和产业政策法、中央银行法、竞争政策和反垄断法等，有关监督管理的法律制度、规定、政策等在不涉及微观执行机制、措施的条件下，也不妨纳入宏观调控或宏观调控法加以研究。① 在这个意义上，可不必拘泥于经济学的某种理论或观点而否定宏观调控实践，如北京在全国率先实行较严格的汽车排放标准，对全国的汽车生产和销售间接地产生影响，在权责设置、行权、问责、救济等各方面都与政府直接强制、约束微观主体的生产、销售行为不同，从法学角度将其作为一种宏观调控措施并无任何不妥。

---

① 由此可见，将"宏观调控"作为经济法制度的分类标准、以此构建经济法或经济法学体系，是不可行的。经济法的各项制度如国有企业和公司法、国有财产法、财税法、规划和产业政策法、金融法、土地和自然资源管理法、竞争政策和竞争法、对外贸易法、消费者法等，都具有宏观、间接调控的作用，同时也不乏微观管理监督的性质和内容。换言之，几乎每一项经济法制度，都既包括宏观调控法，又含有微观管理监督法的内容。

（二） 宏观调控的目标——多元化、冲突及其实现的趋势性

《中华人民共和国国民经济和社会发展"九五"计划和 2010 年远景目标纲要》中提出的宏观调控目标是"实现经济总量基本平衡，促进经济结构优化，把抑制通货膨胀作为宏观调控的首要任务，引导国民经济持续、快速、健康发展。"在此，总量平衡、结构优化、通货稳定和经济增长被纳入宏观调控追求的目标。① 从"十一五"开始，计划改为规划，标志着国家告别主要运用行政手段追求计划目标的计划经济方式，转变政府职能，主要通过政府的公共服务和科学、有效的宏观调控，以实现经济增长、有效利用资源、遏制生态环境恶化、自主创新、国际收支平衡、价格稳定、促进就业、完善体制、提高城乡居民生活质量等经济社会发展目标。[5]

宏观调控的目标分为近期目标、中期目标和长期目标，每一类又包含一系列子目标。如保证短期经济增长所需的总量均衡的短期目标，包括经济增长率、就业增长率、通货膨胀率、国际收支平衡这些总量指标的控制；保证中期经济持续增长所需要的总量均衡和结构均衡的中期目标，主要是经济结构目标，包括产业结构目标、就业结构目标、技术结构目标、区域结构目标等。而保证社会经济长期协调发展均衡的长期目标包括平等与协调目标、经济增长与生态平衡目标、资源使用与资源保护和再协调目标等。

宏观调控的目标是多元的、矛盾的。在宏观调控中，所追求的各种目标之间存在着矛盾、冲突，只有通过博弈和协调，才能趋向于达成某种预期或接近预期的结果。矛盾的缘由在于国民经济不同领域失衡方向的不一致性，经济增长与经济稳定、通货稳定与增加就业、长中短期目标等之间不同程度地存在着此消彼长的关系。"一般来说，在宏观经济政策的作用过程中，最终目标之间更多的是矛盾关系，一个最终目标的实现往往以有损于其他目标的实现为代价。通过权衡利弊而决定某一最终目标值如何同另一最终目标值相交换，在宏观经济政策学中称为代价交换。在一个开放的和充满动态和变化的宏观经济体系中，最终目标的矛盾冲突是不可避免的。"[6]当宏观调控的多元化目标不能齐头并举或同时实现时，就要根据现实状况和需要进行判断，作出恰当的取舍。

宏观调控的目标也不可能按照预期数值准确无误地实现。作为最终目标的宏观变量的实际值，最终要取决于整个宏观变量的变动情况，而宏观变量的变

---

① 对此也存在着不同意见。有学者认为，市场经济宏观调控政策的目标主要是短期经济稳定，进而为市场配置的长期经济增长创设前提条件，政策目标并不必然包含长期经济增长；但在大多数发展中国家，尤其是像中国这样地从计划经济向市场经济转型的国家，由于市场基础不完善，政府的宏观调控政策一直附有经济增长的目标。

动具有很大的随机性和相当的不可确定性，这使得作为最终目标的宏观变量实际上是一种不具有确定饱和点的目标变量。①[7] 因此，宏观调控最终目标的实现，只是其实际实现值近似地跟踪和逼近预期目标值，以最大限度地缩小预期目标值和实际实现值的差距，从趋势上实现最终目标而已。这也是社会主义市场经济与计划经济的根本区别，或者说计划经济之不可行的根本原因吧。

（三）宏观调控的手段——一个分析框架的确定

1. 经济学的界定

宏观调控的手段由宏观调控的客体和目标所决定。在宏观经济学的研究框架下，商业周期和经济增长是两大核心命题。宏观调控的作用过程，是"宏观经济变量—市场运行变量—微观经济主体"三者之间相互作用和影响的过程。宏观调控的直接对象，是内在地连接市场运行变量但又高于市场运行变量的宏观经济变量。而能够被用来直接或间接影响宏观调控目标实现的某些特殊宏观经济变量，就是宏观经济政策工具。那么，宏观经济变量的确定，就成为运用宏观经济政策工具的基本依据。宏观经济变量与市场运行变量的函数关系，则是如何运用宏观经济政策工具的决策基础。

因此，作为宏观调控直接对象的宏观经济变量的组成，直接决定了宏观调控手段的体系结构。

在宏观经济学的框架下进行归纳，可以把宏观调控政策大致分为实现经济稳定、慰平商业周期的宏观经济政策，以及促进经济增长的宏观经济政策。② 财政政策、货币政策、汇率政策以及贸易政策是慰平商业周期的基本宏观经济政策手段。在长期经济增长的宏观经济政策中，经济增长的四个"轮子"或者说经济增长的要素是人力资源、自然资源、资本和技术，促进增长的政策通常包括改变储蓄率的政策、配置经济的投资政策以及鼓励技术进步的政策。就纯学术而言，一般认为只有直接作用于宏观经济变量而促进经济增长的政策才是宏

---

① 例如，1967 年德国制定《经济稳定和增长促进法》，要求宏观经济政策达到四大目标：充分就业——失业率为 0.8%；物价稳定——国民生产总值价格指数的年度变化率为 1%；适度经济增长——实际国民生产总值年增长率为 4%；国际收支平衡——净出口占 GNP 的 1%。但是从 60 年代末到 70 年代初，德国实行以扩大政府开支刺激需求的政策，没有从根本上解决经济运行中的矛盾，这四个目标也就未能同时实现。

② 对这种分类也存在争议，即前面提及的，市场经济宏观调控的政策目标应否包括长期的经济增长？关于宏观调控政策的期限边界是短期的经济稳定还是长期的经济增长，实质上是凯恩斯主义到货币主义再到新古典宏观经济学派和新凯恩斯主义学说争议的基点，涉及价格和工资的短期黏性、长期弹性以及总需求和总供给对经济短期稳定和长期增长的不同作用等方面的争论。

观经济政策，如为了刺激技术进步而对资本收入征收较低且稳定的税收，以及通过利率机制降低企业的资本成本就属于宏观经济政策，而影响微观主体的单纯环境标准则不属于宏观经济政策。然而，学术本身就存在着争论，如经济学界对宏观经济变量及相应的宏观调控手段的理解就有很大分歧，理论源自实践并应当服务于实践，从实践需求和法治要素出发，我们以"间接影响"作为宏观调控的基本标准，来建立宏观调控手段也即宏观经济政策的组成结构。

2. 法学的体系化"翻译"

若干年来，经济法学界将"宏观调控法"作为经济法的一个重要组成部分，对应于"市场规制法"，已然成为定势。这种体系化的目的，在于为"宏观调控法"的范围及其内部划分提供依据和指引。然而，对于这种体系化本身的依据，学者鲜有论及。有学者认为，"建立与国家宏观调控体系相适应的法律机制主要包括：计划、价格和统计的法律规定；以农业为基础的法律规定；基本建设投资和交通运输方面的法律规定；财税、银行、金融方面的法律规定；海关、外贸方面的法律规定等，这些在一定意义上可以统称为宏观调控法。"[8]有学者认为，"宏观调控法的体系主要由计划法、产业法、投资法、金融法、财政法、价格法、国有资产法、自然资源管理法、对外贸易以及会计、审计和注册会计师法律制度、能源管理法律制度等几个方面组成。"[9]有学者认为"我国需要建立和完善的宏观经济调控法律体系，应由两种规范性文件组成：其一，规范指导宏观经济调控关系的法律和法规，如产业调节法、计划法；其二，规范调节性宏观经济调控关系的法律、法规，如金融法、国有资产管理法、环境法、自然资源法、能源法等。"[10]有学者认为，"现代国家对社会经济的宏观调控已形成以'国家计划—经济政策—调节手段'为轴线的系统工程"，[11]应以此构建宏观调控法的体系。有的学者认为，"宏观调控法体系由宏观调控基本法统帅下的宏观调控专项法和宏观调控相关法所构成"，宏观调控专项法包括计划法、财政税收法、金融法、国有资产投资法，宏观调控相关法包括会计法、审计法、统计法、环境资源法、社会保障法、外贸法、外资法等。[12]有学者认为，宏观经济法的调整对象是宏观经济关系和宏观经济调整方法，据此"我国宏观经济法的部门法体系应包括：国民经济和社会发展计划法、统计法、财政法、金融法、投资法、产业政策法、税收法、价格法、审计法、国际收支平衡法、经济审判法等。"[13]有学者主张"根据宏观调控活动的领域来建立法律体系，而完整的宏观调控法律体系的内容应当包括国民经济稳定增长法、预算法、银行法、税法、国有资产法、价格法，从更广义的角度看，宏观调控法律制度还应包括一些有关金融控制的法律和一些涉及收入分配的社会保障法，以及一些反垄断和反倾销的法律。"[14]

由于体系化依据的缺失，其结果必然是五花八门，且无从判断其适当与否。如财政、税收、金融、投资方面的法律基本上都被纳入"宏观调控法"，而税收征管、金融监管、投资审批也是"宏观调控"吗？又将会计法、审计法、注册会计师法、自然资源法、能源法、国际收支平衡法、对外贸易法、外资法、海关法、反垄断和反倾销法、经济审判法等作为"宏观调控法"，其依据更是不得而知。大体而言，经济法学者对"宏观调控法"及其下属"部门法"的论述和构建，或多或少都参照了经济学对宏观调控的研究、分析思路，但却没有顾及宏观调控的本意和基本规定性。对现代法的分类，越来越离不开社会活动领域的标准，经济法更是典型，如财税法、金融法、对外贸易法等。如果尊重经济学的基本思路和分析框架的话，则各类经济法制度中几乎都有"宏观"和"微观"两种成分，"宏观调控"难以承受用作构建经济法体系标准的重任，"宏观调控法"也就不能成立。至此，问题很清楚了，那就是学者为了维护先入为主的"宏观调控法"，而将学术意义上的"宏观调控"有意无意地混同于大众心理或生活语言的"宏观调控"，从而否定了"宏观调控"。如吴敬琏教授所说："宏观调控是一个市场经济的概念。现在有人把对投资项目的审批，也叫作宏观调控，这不对，这是行政对微观主体的干预，已经超出宏观调控的范围。"[15]

经济法学界对"宏观调控法"的概念及其体系的构造值得怀疑和反思，在当前法学研究中"法条主义"和"注释法学"范式[16]依然占统治地位的情况下，在一出现什么问题法学界的主流声音就认为应当赶紧立一个某某法的思路下，从更为实质的角度来研究法对"宏观调控"究竟应当怎样调整、应以何种形式发挥作用、发挥什么样的作用等，就成为我们应当思考的带有根本性的问题。

总之，宏观调控是必需的，宏观调控也不能脱法、应当将其纳入法治轨道，但是必须摒弃宏观调控的"宏观调控法"观念。

二、分权制衡的宏观调控——权力配置和运行的思路

（一）中央宏观调控部门之间的分权

本论题的展开首先要对宏观调控部门做出界定，这种界定同样取决于对"宏观调控"的认识。根据前文所述，我们把宏观调控部门分为宏观调控职能部门和宏观调控相关部门。宏观调控职能部门是能够决定宏观经济政策的部门，包括国家发改委、财政部、央行、外汇管理局等，当然它们也不同程度地承担

着某种微观管理监督职能；而主要承担微观管理监督职能的部门如国家市场监督管理总局、商务部、海关总署、质检总局、食品药品监督管理局等也在一定程度上具有宏观决策、管理职能，加上其权力配置和行使能够对宏观调控构成约束条件，则不妨称之为宏观调控相关部门。宏观调控并不限于经济的调控，所以多数中央政府职能部门都属于宏观调控部门。

1. 分权与独立——一种政治经济学的解读

"政治经济学"的定义之一是关于决策的政治本质如何影响政治选择，从而最终影响经济结果的研究。它建立在这样一个事实之上，即：现实世界的经济政策不是由不受利益冲突影响、安全地蛰居在教科书中、一门心思计算最优政策的社会计划者所决定的；经济政策是平衡利益冲突并作出集体选择的决策过程的结果，当存在关于经济政策的利益冲突时，不同集团具有不同的政策偏好，所以必须运用某种机制来选择一项政策。

2003 至 2004 年，围绕着国民经济是否"过热"的问题，理论界和实际部门展开了争论，不同观点的背后，实质上是各部门承担的宏调目标的不同和部门切身利益的差异。央行官员担心过热，是因为一旦出现通货膨胀，中国人民银行便是当然的责任人；而争论开始时有关部门迟迟不愿意承认经济过热的一个主要原因，则是如果承认中国经济已经过热，那就意味着"积极的财政政策"应当尽快中止，国债项目应当尽快退出，而如果国债项目停下来，有关部门就失去了国债项目的审批大权。因此，2003 年央行发出的货币政策信号不断受到来自各个方面的压力和阻力，尤其是一些政府部门及相关官员的表态竟成为"噪音"，干扰和抵销了中国人民银行货币政策的信号作用，致使各级地方政府、各类企业和投资者们未能根据货币政策信号及时调整投资计划并采取相应的约束措施。[17]宏观调控目标的多元性和冲突性，导致承担不同职责的政府部门对宏观经济形势作出不同的判断，从而作出不同的决策。这种政策分歧的存在是必然的，对待分歧的态度不应当是试图建立一个更高层次的统一行使宏观调控权的机关，以从表面上抹杀这种分歧，而应当让各个宏观调控主体独立地在各自的职能范围内依法追求宏观调控目标、实施宏观经济政策，也即将宏观调控的决策和实施建立在中央宏观调控部门的有效分权与制度化协调的机制和基础上。其中，分权和独立是首要的，协调则是建立在各部门能够独立决策和执行、并对其决定和行为承担责任的基础之上。

对宏观调控部门的独立性与相应经济或政策目标实现之对应关系的理论和实证性研究，主要集中于对货币政策的承担者——中央银行的研究方面。许多研究者考察了制度设计对货币政策的影响，研究了中央银行独立性与宏观经济状况之间的关系。其研究结果令人印象深刻：较为独立的中央银行与低而稳定的通货膨胀率密切相关。有独立中央银行的国家，如德国、瑞士和美国，往往平均通货膨胀低；而中央银行独立性低的国家，如新西兰和西班牙，平均通货膨胀往往较高。对于货币政策来说，建立一个较为独立而强有力的中央银行十分重要。如在美国，只有国会有权以通过决议的方式命令联储改变政策，财政部和总统都无权干预联储的工作，所以尽管其他联邦行政部门可能有意见，货币政策的松紧终究是由联储独立决定并控制的。而日本银行于 2002 年 10 月 4 日做出决定，收购 15 家商业银行持有的上市公司股票，遭到朝野一片反对，[18]但是日本银行固执己见、不为所动，后来事实证明，该项举措为解决银行坏账问题立下了汗马功劳，这也说明了决策和执行的独立性是宏调有效性的必要保证。

中央银行以外的其他宏观调控部门的独立性与相应宏调政策目标的实现，也具有如同央行独立性与货币政策目标有效实现之间一样的正相关关系，这可以通过实证的考察、研究加以证明。像燃油税这样利国利民、公平兼顾效率的政策迟迟不能出台，就是因为决策者缺乏独立性，决策中考虑的目标因素太多造成的。可以肯定的是，分权是制衡、协调的基础，通过赋予各个部门不同的权力，借助于不同部门之间的冲突和牵制，并加以适当协调，可以最大限度地形成对每个部门的激励和约束。"这是按照孟德斯鸠的'混合制度'（mixed regime）准则建立的——以不同方式选举出来的每一部门，将代表不同的利益和观点，这会导致它们相互之间有一个能够使福利得以改进的竞争。"[19]

2. 制衡与协调——程序规则的制度化

分权、制衡与协调是宏观调控主体权力配置的制度核心。分权是制衡与协调的必要基础，制衡与协调是宏观调控科学化、民主化及其有效实现的保证。

这里的协调是指政府内部的行政协调，即行政权力各主体（机构和人）在应用行政权力、制定和执行公共决策的过程中所进行的协作和相互关系的调节。中央集权制国家的发展趋势是分权和权力下放，其实质是民主和行政民主，行政民主的一个重要方面是政府内部的行政协调。协调的过程就是互通信息、寻求共识、协力合作、共克难关的"民主"过程。同时，协调也有助于消除部门之间的矛盾冲突，强化政府首脑的宏观调控能力。行政学将各国中央政府内部行政协调的方法分为等级制协调和商议制协调两种。[20]为实现宏观调控目标的行政协调机制，在不同国家的表现方式不尽相同。如在美国，它虽然没有设置某种综合协调经济政策的政府部门，但实际上相当重视这种协调。日常协调主要是靠对话协商，国会、白宫、联储、财政部等部门之间每天都交换意见。还有一些不列入政府部门序列的机构，如预算管理局、国会联合经济委员会、国家经济委员会等，担负着协调职能。[21] 在德国，财政部和中央银行都是宏观调控部门，各有其调控范围与目标，但由于在德国的调控体系中，中央银行委员会与联邦总理、财政部部长和经济部长之间保持着密切的联系和相互列席会议的惯例，使得联邦政府和联邦银行在各自拟订财政政策和货币政策时，能够尊重对方的意见，就财政政策和货币政策进行磋商，求得对方的理解和支持，因而政策上的矛盾和冲突不常发生。[22]

在中国，为实施宏调而建立的商议制协调机制的一个典型是央行的货币政策委员会。该委员会是中国人民银行制定货币政策的咨询议事机构，其职责是在综合分析宏观经济形势的基础上，依据国家的宏观经济调控目标，讨论货币政策事项，并提出建议。货币政策委员会由中国人民银行行长、国务院副秘书长、国家发改委副主任、财政部副部长、人民银行副行长、统计局局长、外汇管理局局长、银监会主席、证监会主席、保监会主席、银行业协会会长和金融专家组成。《中国人民银行货币政策委员会条例》和《中国人民银行货币政策委员会议事制度》还对货币政策委员会委员的工作程序和议事规则作了规定。

在中央宏观调控部门中，国家发改委的角色和定位值得关注。根据《国家发展和改革委员会主要职责内设机构和人员编制规定》，① 该委员会是综合研究拟订经济和社会发展政策，进行总量平衡，指导总体经济体制改革的宏观调控部门。其职能和机构设置涉及经济改革与发展的各个方面，那么在宏观调控过程中，如何协调国家发改委与其他各宏观调控部门的关系，就是非常重要的。《中共中央关于制定国民经济和社会发展"九五"计划和 2010 年远景目标的建议》指出："完善宏观调控体系的重点是，建立计划、金融、财政之间相互配合和制约，能够综合协调宏观经济政策和正确运用经济杠杆的机制。"而从计划、财政、金融三者相互关系看，"一方面，三者有时的相互配合制约不足，这突出表现在编制各自计划和制定政策的过程中相互磋商协调不够，甚至信息资料都事先不沟通，非要到国务院会议才见；另一方面，三者有时又相互"配合制约"过密，事无巨细都要三者行文会签"，[23] 从而导致决策偏差，或者多头决策、久拖不决，且淡化了决策责任，以至给经济、社会造成了损害，相关决策者仍无紧迫感，也无被追究责任之虞。因此，它们各自的宏观调控政策所存在的矛盾与冲突如何被有效、及时地纳入制度化的解决机制，提升协调机制的制度化程度，将是完善中国宏观调控协调机制的一项重要任务。应当根据行政协调原理，以民主和效能为原则，以适当的组织制度和参与方式建立规划、金融、财政各

---

① 国务院办公厅 2003 年 4 月 25 日颁布实施。

自相对独立、相互制约又相互配合的关系。比如国家发改委和财政部都可以仿照央行的货币政策委员会，设立某种决策咨询、议事机构，吸收各重要经济暨宏调部门的官员和社会各界代表参加；同时建立三部门各个层次官员的联席会议制度，以分析监测经济、社会的运行，提出有针对性的调控建议。这种协调机制的制度化将主要体现在程序上，对程序的实质遵守应为宏观调控行为合法的构成要件，而违反或规避程序则应成为宏观调控部门及其主要负责人和直接责任人员承担法律责任的依据之一。

（二）中央与地方的分权

如前所述，我们不赞成对宏观调控进行严格的学理性解释，地方在其权限范围内采取的政策、措施也可能对国民经济产生影响或调节。因此，宏观调控的分权、制衡和协调不仅发生在中央的不同部门之间，也存在于中央和地方之间。随着改革的不断深入，特别是实行分税制以后，中央与地方之间的关系越来越从"父子""兄弟"关系演变为不同经济主体之间的竞争关系。这种竞争关系的形成，是改革开放中不经意出现的一件大事，中国在不到30年时间内取得如此巨大的成就，如成为制造业和引进外资大国、基础设施建设突飞猛进等，无不源于地方积极性的高涨，中央与地方、地方与地方的竞争成了中国经济发展、社会进步和制度创新的一种最重要的力量。宏观调控必须建立在尊重地方自主权、"剩余权力归地方"的基础之上，否则改革开放的成果就可能毁于一旦。此外，各地发展的不平衡尤其是东西部的巨大差距，使"必须集中在中央"的宏观调控权的行使必然具有不统一性，从而导致中央与地方之间宏调权力的配置更为复杂。因此，地方政府必须拥有对其管辖范围内可能关涉整体国民经济的事务的管理、调控权。鉴于宏观调控的间接性、层次性和相对性，地方的这种调控权就是一种宏观调控权。

中央和地方的这种权力配置可依据如下思路展开：地方可以在宪法、法律和国家政策的范围内，运用规划、预算、地方税收、投融资等手段，协调、促进经济社会发展，统筹安排地方基础性、公益型建设项目；制定地方性法规，运用价格、税收、补贴等措施，促进资源配置和环境的优化、分配的公平；对一部分国家并不分解下达，只是在全国范围内进行综合平衡或起宏观导向作用的宏观调控指标，如经济增长率、地方财政收支总规模、物价总指数、城镇人口待业率等，地方也可以据此制定切合本地实际的目标，采取相应的政策、措施，主动、创造性地开展工作。地方的这种调控也具有相对独立性，在与中央和其他地方的博弈中得以实现。

而有关国民经济的总量平衡，财税政策、货币政策、汇率政策、竞争政策、涉外政策的确定和各省市自治区之间经济关系的协调等，则应当集中在中央。中央为实现全国宏观调控目标分解到各省市自治区的信贷总规模、有价证券发行总规模、人口自然增长率等调控指标及与之配套的财政金融政策、产业政策等，地方原则上只有实施的权力和义务，不得变通和拒不执行。

当然，就中央与地方的调控分权而言，试图通过事前事无巨细的权力划分加以清晰地配置是不可能的。在对宏观经济形势的判断上，由于各自的利益基点不同，中央与地方的冲突和不统一也是经常性的，由此形成真正的竞争，正是分权的必要性和优越性之所在。钱颖一教授把由于分权化形成的中央与地方之间经济管辖权力的分享称作"经济联邦制"，其优越性在于，制度化的地方自主权可以对中央的任意权力形成强有力的制约，以使中央与地方的权力分配具有可信的持久性。但经济联邦制在中国遇到的一个难题是，中央和地方之间缺乏制度化的行为预期，使得地方的短视、短期行为频生。解决问题的关键在于建立一种得以界定、协调中央与地方权力的正式制度，以避免普遍发生中央与地方以及地方之间的纠纷。历史的启示是，如果事先存在一种广泛认可的决策程序，则纠纷能够更平和地加以解决。[24]为此，应当将中央与地方就宏观调控政策、措施的商议和决策机制法治化，使地方有充分的表达意见和陈述理由的权利。中央下达的各项调控指标和措施确与地方的实际情况有偏差的，地方有权在中央下达前或在执行中反馈意见，要以法制的形式，将反馈机制和中央针对地方的具体实际情况调整其政策、指标，以及允许地方在适当范围内对其进行更改地再决策机制制度化。同时，追究地方官员不法擅自变更中央宏观调控措施的责任，以使制度得以有效执行，保证中央和地方之间的博弈有利于国家宏观调控目标的最终实现。

三、法治的宏观调控——进一步的论证

（一）宏观调控的"法制化"难题

我国 1993 年修改宪法，首次在宪法中规定："国家加强经济立法，完善宏观调控。"[25]正是这一宪法条文，成为许多经济法学者认为"宏观调控"已成为一个法律概念，进而提倡完善宏观调控立法、制定"宏观调控法"的理由。

在此，需要反思的是，"宏观调控"是否因为出现在宪法和法条中就成了法律概念？法对于"宏观调控"究竟应当如何发挥作用、发挥怎样的作用？

有学者认为，"宏观调控基本法的基本任务就是运用宏观调控权对宏观经济问题，即经济总量的失衡、失调、无序和排斥等等状态进行调节和控制。"[26]这

是在"法律万能"信仰的指引下，将立法者推到了先知先觉、无所不能的高度，假定其具有充分理性和完全的认知及行动能力。可是我们看到，那些制定经济政策的经济学家也不得不感慨："经济生活太复杂了，人们只能判断在某个时期内哪个政策更有效一些，哪个政策在哪方面更好一些，甚至不能断定那些正在盛行的政策其效用在下一次使用的时候到底能持续多久。因此，多数政府不得不用'试错法'来补充理论上的严重不足。"[27] 殊不知，能够对经济进行宏观调控的是政府及其宏观调控行为，而不是法律的规定。

具体而言，将政府的具体宏观调控行为加以规则化是不现实的，这是造成宏观调控"法制化"困境的主要原因。首先，在一个多元利益的市场经济体制中，宏观经济政策面临着实现多种不同目标的任务，与复杂的多元目标函数相对应，政策手段体系也十分庞大，现有经济理论充其量只能大概地解释手段对目标的作用，而无法提供"作用链"上每一细节的信息，不可能准确地计算手段对政策目标的逆反效应。其次，宏观经济政策是建立在一定的局势分析和发展预测之上的，如果分析和预测的诸多前提中有一个被证明是错误的，则全部分析和预测的结果便是不可靠的，这样的宏观调控不能带来预期的效果。特别是在一个开放的和动态的竞争体系中，任何对未来变化的预测都不可能完全合乎实际，宏观经济政策所要求的条件难以全部满足，也就是说，宏观调控本身蕴含着固有的局限性或缺陷。

复杂多变的经济形势要求灵活应对的宏观调控。而宏观调控部门进行"宏观调控在经济上的合法性，取决于经济上的合理性，实际上就是经济上的'合规律性'"。[28] 因此，能够使国家宏观调控行为实现经济上的"合规律性"的制度约束和法律供给，就是对宏观调控关系进行法律调整的任务。由于法律不可能通过对宏观调控具体行为的事先规范来实现宏观调控的"合规律性"和经济稳定与经济增长的最终目标，那么，为了实现"合规律性"的宏观调控到底需要什么样的法律供给和相应的法学研究，就是值得我们认真思考的命题。对此，我们将重心集中到两个问题上，即对宏观调控主体的赋权和宏观调控责任体系的建立。

（二）宏观调控的法治化及其落实

1. 对宏观调控主体的赋权

（1）有关宏观调控立法权

立法者不可能对法律调整的社会生活作出精确的指令或设定毫无疑义的目标，以供行政机关套用于未来发生的各种具体情形，宏观调控的对象尤其复杂多变，因而赋予行政机关高度的自由裁量权是不可避免的。在此条件下，代议制机关对政府宏观调控行为进行控制和监督的法律制度是十分必要的，首先需要适当划分中央与地方、立法机关与行政机关的宏观调控立法权限，厘清中央和地方在宏观调控方面的关系，防止行政机关僭越立法机关的立法权；同时完善现行宏观调控授权立法制度及其监督制度，通过有关法律对授权立法主体、被授权立法主体、授权立法的原则、内容、形式、范围、限制等作出规定。[29]

（2）合理分权基础上的赋权与限权

在合理配置宏观调控立法权的基础上，还应当完善宏观调控主体间的权限划分，从制度上消除越权、弃权、争权、滥用权力等的基础。赋权、限权的依据则是分权与制度化行政协调的基本原理。

（3）如何赋权——关于"相机抉择"与"固定规则"的争论

关于经济政策应该根据既定的实体规则制定还是相机抉择，是一个颇具争议的问题。"如果决策者事前宣布如何对各种情况作出反应，并承诺完全遵循这种宣布，那么政策就是按规则进行的。如果决策者在事件发生时任意判断并选择当时看来合适的政策，政策就是按相机抉择进行的。"[30] "在最一般的水平上，关于'固定规则与相机抉择'的争论可以归结为：灵活决策的优势是否会被由自由决策带来的不确定性和滥用权力的潜在可能性所抵销并超越。"[31] 反对相机抉择、支持固定规则的人则认为，政府是经济中最不稳定的因素，政策制定者易于判断失误；在多党制国家，为选举利益而调节经济所引起的产出与就业波动就属于政治性经济周期，对政治过程的不信任使一些经济学家建议把经济政策放在政治领域之外；而且，政府政策的随意性导致私人决策不信任政府的政策，从而抵销宏观经济政策的效果。而固定规则的怀疑者担心，经济太复杂以至难以靠固定的规则来管理，其强有力的论据之一，是20世纪90年代美国运用相机抉择的货币政策的成功，在格林斯潘的领导下，货币政策帮助美国制造了历史上最长的一次经济扩张期。

无疑，法律不可能预定各种经济形势及其细节，并对应于政府得行使的具体权力或措施，也就是说，完全的"固定规则"是不可行的。但这不等于放任政府随意相机抉择。为此需要在中央与地方以及同级政府不同部门之间分权，恰当地赋权和角色定位，并为之设定合理且相对单一的目标。也就是说，就政府的调控、监管职能而言，客观上要求其相机抉择，但是必须将其限制在人民授权、某种调控目标所追求的公共利益和过失责任的范围之内。这是介于固定规则和纯粹相机抉择之间的一种折中，以目标和责任来限制政府的相机抉择。

2. 关于宏观调控主体的责任

(1) 责任的确定

一般而言，宏观调控具有通过影响宏观经济变量而发生作用的特殊性，这种特殊性使在调控主体的责任确定及其承担形式上似乎与其他责任追究机制存在差异，因此一些论著将宏观调控行为限定为决策行为，并得出宏观调控行为不可诉的结论。[32] 其实这是一个具有中国特色的问题，按照法治国家的通行做法和法治的发展趋势，除极少数涉及国家主权的行为外，包括抽象行政行为在内都是可诉的、无例外地可对其实行司法审查，对法律、法规提起宪法诉讼也不在话下。我们经常可以看到关于某外国总理、部长被法院（甚至是地方法院）判决其某项决策失误，某国某项法律、法规被该国法院判决违宪的报道，就是法治状态下经常会发生的情形。我国建设社会主义法治国家，官员问责制的建立、完善是题中应有之义，宏观调控决策者又何以能够例外？我国正在尝试接近违宪审查机制、建立各种领导责任追究制度；① 并在加入 WTO 议定书中承诺，将实施与 WTO 有关的法律、法规的任何行政行为都纳入司法审查，建立抽象行政行为诉讼制度不应再存在观念和技术性的障碍。据此推进相关司法改革，对于社会主义市场经济暨宏观调控法治的进一步发展具有重大意义，时代潮流滚滚，势不可当。所以，各种宏观调控主体的各种宏观调控决策和执行行为都应当被纳入法律责任体系中，得依法对为了实现某种宏观调控目标而实施的各种抽象行政行为和具体行政行为进行复议、诉讼，使相应的行政机关和责任人承担行政责任乃至刑事责任、宪法责任。

就宏观调控的特殊性而言，由于其对象的不确定性、周期性和易变性，各经济变量和参数相互作用的复杂性，一个宏观调控主体运用某种经济杠杆或调控手段作出的宏观调控行为与其他主体的调控行为之间的相互辐射性，以及中国微观经济基础的不完善，这些都使得对一个宏观调控行为的正当、合理性的判断，与一个普通的具体行政行为相比更为复杂，责任的认定和追究相对比较难。但也不是不能解决，发达国家已有成功的法治经验可供我国借鉴，即以

---

① 如在《中华人民共和国宪法》规定的全国人大享有宪法监督权，全国人大常委会有权解释宪法、监督宪法实施并有权撤销违反宪法的行政法规和地方性法规的基础上，2000年《中华人民共和国立法法》把法规备案的范围扩大到行政法规，全国人大常委会于2004年成立了法规审查备案室，又于2006年修订《法规备案审查工作程序》，规定了法规审查、撤销的程序；以2003年的"非典"为契机，地方和中央纷纷推出"行政问责制""行政过错追究办法""辞职规定"等，众多官员因懈怠、滥权而丢了"乌纱帽"，官员问责制开始进入制度化操作层面。

Business Judgment Rule 作为评判的标准。该规则用于追究董事、经理的责任时称为"商业判断规则"，用于在问责制（Accountability 或 Accountability System）下追究官员的责任则不妨称为"业务"或"专业"判断规则，官员必须对其职责范围内的事宜全面负责，但如果其对于自己所为的某项行为不存在利益冲突，所作决策或判断有充分、可靠的依据，有理由相信其在特定形势或条件下作出此项决策或判断合乎其职责要求、调控目标和公共利益，就可以认为其适当地履行了职责而不必对其行为后果（包括负面后果）承担责任，反之该官员就应当对其行为的不良后果承担法律责任。显然，这是高于一个普通成年人所应承担的"善良管理人"注意义务的专业责任。

可见，宏观调控与企业经营是相通的，它们都要面对市场的莫测变幻和自身决策及业务的复杂性，采用 Business Judgment Rule 作为衡量其行为正当、合法与否的标准，既不违背过失责任、人人可被问责的法治要求，又允许其有合理的失误，有利于鼓励官员积极进取，为官一任、造福一方，而不至于使人不敢、不愿做官，令社会陷入管理乏善的状态。

问责还需有相应的技术性规则。如同董事会应当就其所议事项的决定作成记录并由董事签名，发达国家在一项决策出台的过程中，哪个部门哪个人主张做什么，也都会有记录，并予公布；当然不是立即公布，而是经过一段时间如美联储是 5 年以后才予公布。[33]这样，一方面可以避免当时公布可能造成过大的压力，使行为人敢于决策、作为，而决策过程最终必须公开就使得决策是否得当、政策效果如何能够为学者、公众所评判；另一方面，记录使问责制的实行成为可能，它对每个参与决策的人形成压力，可以促使其谨言慎行。我国目前还没有这样的机制，有必要与问责制同时建立、推出。完善宏观调控程序，将决策和实施过程在一定条件下公之于众，接受人民的评判，这是宏观调控法治化的一项基础条件。

（2）责任的形式

宏观调控行为多表现为抽象行政行为，按照《宪法》和《立法法》的规范框架，当其被认定为不适当或不合法时，应当予以改变或者撤销。行为人承担责任的形式，则主要是行政处分以及行政乃至宪法范畴的引咎辞职和弹劾。

"在美国、欧盟和其他国家，司法系统是宪法的有效监护者，它可以阻止政府采取某些行动"，但是司法系统"不能强迫政府采取行动以履行竞选时作出的承诺。如果一个政治家没有履行这样的'契约义务'，那么唯一的救助方法就是将他解职。"[34]中共中央办公厅颁发的《党政领导干部辞职暂行规定》（2004）和 2005 年的《中华人民共和国国家公务员法》（简称《公务员法》）引入了引咎辞职和责令辞职制，表明中国加快了迈向法治政府和责任政府的步伐。① 这也为宏观调控主体和相关官员承担责任提供了法律依据。

除了自行或被迫辞职外，在西方国家，行政官员还可能因以下两种原因下台：一是其制定的某些重要政策不能获得议会的多数支持，发生了所谓的议会"不信任"，因而必须重组政府；二是可能因其严重的违法、失职行为而受到弹劾。我国《宪法》第63和101条也规定了全国人民代表大会有权罢免国务院总理、副总理、国务委员、各部部长、各委员会主任等，地方各级人民代表大会有权罢免本级人民政府的正副行政首长，然而由于缺乏宪法传统和惯例，也没有具体的操作性规定，导致罢免的规定束之高阁。因此，为了保证法治政府、责任政府和宏调法治化的落实，应当通过必要的法律规定和宪法实践，使宪法规定的罢免得以落实。

法治离不开民主的基础，政府的行为归根结底要接受人民通过制度内外的自觉或不自觉的共同意志以各种形式所作的正当性评判。在国际上，法治发展的趋势之一，是越来越多地将普通的民事、行政、刑事案件上升到宪法高度，超越部门法的具体规定直接适用宪法原则。宏观调控作为关系全局、具有深远影响的政府行为，更应当在公众的关注、参与和评判下适当地行使权力，接受监督、承担责任。具体做法是完善、加强人民代表大会制度，鼓励媒体和公众对政府宏观调控行为的自发评议、监督，使各种宏调行为均获得尽可能高的社会认同度，形成对宏调内部激励和约束的有力、有效的外部制约，顺理成章的结果则是更多地从宪法层面发动对宏观调控行为的责任追究和救济，如官员辞职和罢免等。这样，科学、稳健、有效的宏观调控就得以、也才可能从根本上获得可靠的法治保障。

（史际春、肖竹，原载《中国法学》2006年第4期）

参考文献：

[1] 国家计委. 宏观经济调控［M］. 北京：中国计划出版社，1995：1.

[2] 吴超林. 宏观调控的制度基础与政策边界分析——一个解释中国宏观

---

① 以《公务员法》第82条为例，该条第3、4款规定："领导成员因工作严重失误、失职造成重大损失或者恶劣社会影响的，或者对重大事故负有领导责任的，应当引咎辞去领导职务。领导成员应当引咎辞职或者因其他原因不再适合担任现任领导职务，本人不提出辞职的，应当责令其辞去领导职务。"

调控政策效应的理论框架［J］．中国社会科学，2001（4）：61.

　　［3］叶荣泗．美国新的能源政策法对我国的启示［A/OL］．人民网，2005-09-01.

　　［4］厉以宁．宏观经济学的产生和发展［M］．长沙：湖南出版社，1997：4.

　　［5］中共中央关于制定国民经济和社会发展第十一个五年规划的建议［J］．国务院公报，2006（12）：15-16.

　　［6］魏杰．宏观经济政策学通论［M］．北京：中国金融出版社，1990：17.

　　［7］魏礼群，利广安．国外市场经济的宏观调控模式与借鉴［M］．北京：中国计划出版社，1994：94.

　　［8］刘隆亨．经济法概论［M］．北京：北京大学出版社，2001：264-265.

　　［9］杨紫烜．经济法［M］．北京：北京大学出版社，高等教育出版社，1999：266-269.

　　［10］李昌麒．经济法学［M］．北京：中国政法大学出版社，2002：403-405.

　　［11］漆多俊．宏观调控法研究［M］．北京：中国方正出版社，2002：19.

　　［12］王全兴，管斌．宏观调控法论纲［J］．首都师范大学学报（社会科学版），2002（3）：25.

　　［13］卢炯星．宏观经济法［M］．厦门：厦门大学出版社，2000：83.

　　［14］李力．宏观调控法律制度研究［M］．南京：南京师范大学出版社，1998：149-151.

　　［15］耿利航，等．"中国财经法律论坛·2004"综述［J］．中央财经大学学报，2005（1）：74.

　　［16］邓正来．中国法学向何处去（上）——建构"中国法律理想图景"时代的论纲［J］．政法论坛，2005（1）：3.

　　［17］魏加宁．围绕宏观调控的纷争［J］．法人，2004（6）：57.

　　［18］日央行缘何收购银行持有股？［N］．中华工商时报，2002-10-07.

　　［19］［美］阿伦·德雷泽．宏观经济学中的政治经济学［M］．杜两省，史永东，等译．北京：经济科学出版社，2003：62.

　　［20］施雪华．中央政府内部行政协调的理论和方法［J］．政治学研究，1997（2）：67.

　　［21］国家计委国民经济综合司．中外专家论当代市场经济的宏观调控

［M］. 北京：中国财政经济出版社，1996：267.

［22］侯荣华，赵丽芬. 宏观经济政策调控力度及协调分析［M］. 北京：中国计划出版社，1999：232.

［23］桂世镛，周绍朋. 宏观经济调控政策协调研究［M］. 北京：经济管理出版社，2000：160.

［24］宏观调控遭遇"经济联邦"集体抵制［Z/OL］. 商务周刊（网络版），2004-03-29.

［25］中华人民共和国宪法：第15条.

［26］王健，洪治纲. 宏观调控的立法及发展问题研究［M］//漆多俊. 经济法论丛：第5卷. 北京：中国方正出版社，2001：117-147.

［27］刘骏民. 宏观经济政策转型与演变——发达国家与新兴市场国家和地区的实践［M］. 西安：陕西人民出版社，2001：1.

［28］张守文. 宏观调控权的法律解析［J］. 北京大学学报（哲学社会科学版），2001（3）：125.

［29］冯晔. 关于宏观调控法治化和加强经济立法的一点思考——兼论完善宏观调控立法体制［J］. 行政与法，2002（9）：44.

［30］［美］N. 格里高利·曼昆. 宏观经济学. 第4版［M］. 梁小民，译. 北京：中国人民大学出版社，2004：351.

［31］［美］保罗·萨缪尔森，威廉·诺德豪斯. 宏观经济学. 第17版［M］. 萧琛，译. 北京：人民邮电出版社，2004：317.

［32］邢会强. 宏观调控权运行的法律问题［M］. 北京：北京大学出版社，2004：17-20，72-75.

［33］王铮. 反思宏观调控［J］. 经济，2005（4）：47.

［34］阿维纳什·K. 迪克西特. 经济政策的制定：交易成本政治学的视角［M］. 刘元春，译. 北京：中国人民大学出版社，2004：36.

地方法治与地方宏观调控*

地方在其权限内，也可以并且应当对本地方经济进行整体、间接的调控。法治具有地方性，鉴于宏观调控的自由裁量、相机抉择特征，地方宏观调控是地方法治的集中体现和关键所在。

宏观调控一直是我国改革发展中一个重要课题。近年，随着市场决定资源配置、简政放权、转变政府职能等理念和政策的推行，宏观调控在"更好发挥政府作用"命题下进一步优化和强化。② 然而，宏观调控是否中央专属职权，地方尤其是地方政府有没有宏观调控的职责或权限？这是理论上尚未解决的问题，更与地方法治建设息息相关，如果包括宏观调控在内的政府经济管理不能法治化，则谈何地方法治。这也涉及对宏观调控概念的理解，即宏观调控必须着眼并作用于国民经济整体，抑或也可以是整体、间接地作用于地方国民经济的一种规制或管理？本文从辨析宏观调控着手，分析地方宏观调控的依据、方式及其法治路径。

一、地方宏观调控的界定与依据

（一）宏观调控与地方宏观调控

1. 宏观调控

宏观调控的概念来源于宏观经济学和宏观经济。宏观经济是指整体的国民经济，即国民经济的总体活动。所以，以宏观经济为对象的宏观经济学也称整体经济学、总体经济学，研究政府如何通过各种必要的手段，作用于价格、投

---

* 本文是中国法学会 2015 年重点委托课题《市场和宏观调控法治化研究》（CLS〔2015〕ZDWT31）的阶段性成果之一。

② 在本文中，"政府"可能在政权、国家的意义上使用，也可能仅指行政部门，依上下文而定。

资、就业、通胀、政府收支和国际支出等，进而影响国民经济的总量和增长等。就此而言，宏观调控的特质在于宏观、整体，调控手段不必拘泥于西方宏观经济学的界定，比如我国实行市场化改革 30 余年，尚未发生系统性整体性的周期过剩，规划功不可没。宏观调整是我国的一项重要法律制度，据此可以根据经济和社会发展的实际情况和需求，摆脱市场局限，安排未来若干年的发展，在不扭曲、损害市场机制的基础上，控制、左右市场作用的方向和力度。规划不再是指令性计划，各级人民代表大会通过规划后，从中央到地方各级党政部门和企事业组织等，全力围绕规划的要求，依托市场，相互竞合，去追求并最大限度地接近规划目标，成为一项显著的中国特色。产业政策也是如此，因应人民买房买车、迅速提升生活水平的迫切愿望和需求，煤钢、建材等相关产业在短时间超常规发展，需求基本满足、增长平缓下来后形成产能过剩暨市场僵局，仅靠市场和公司法、破产法等无法化解，需要政府通过积极的产业政策，以社会成本最小化推动结构调整。高速公路、高铁、航天等的成功，则是正面事例。从中国的经验看，强调宏观调控，也包含着对政府扭曲市场机制的直接武断规制的否定，预调、微调、定向调等等不拘一格，调控愈益娴熟、得心应手。因此，逐其本去其末，根据中国实际，应将宏观调控界定为不直接作用于具体微观主体但足以引导、影响微观主体行为的各种政策、制度、措施等。有些政策虽直接作用于厂商和消费者等微观主体，比如北京市在全国带头实行"国四"、并将率先执行"京六"汽油标准，京津沪粤等地方率先实施"国五"排放标准，对全国的汽车制造、消费都足以发生重大影响；① 有的虽是政府的个别行为，如国务院 2004 年查处"铁本"案，②[1] 却对东南沿海地区利用进口铁矿石"大炼钢铁"的市场冲动产生了明显的遏制作用。这些都不妨认为是宏观调控。

① 又如各地对新能源汽车的补贴，尽管行为和对象都是具体的，但也是一种以利益为媒介、旨在促进特定产业发展、培养消费习惯、降低环境污染的宏观调控行为。美国也有类似的调控，比如其《2005 年能源政策法》，设定了提高能效、节约能源、发展清洁能源和再生能源等目标，并以税收、担保、补贴、行政许可等措施保障其实现，宏观和微观并举，目标和操作性并重。

② 江苏铁本钢铁有限公司自 2002 年初筹划在江苏常州、扬中等地建设大型钢铁联合项目。为实施该项目，铁本公司通过成立 7 家合资（独资）公司，将项目化整为零，拆分为 22 个项目向有关部门报批。江苏省、常州市、扬中市及相关部门先后审批了铁本公司的建设项目和用地手续，导致违法占用的 6000 多亩土地无法复垦和部分非法土地合法化。国务院于 2004 年 4 月派出"九部委专项检查组"严查此案，明确以此落实宏观调控政策，各界也认为铁本公司和相关地方政府"撞上了国家宏观调控的枪口"。

2. 地方宏观调控及其法治

在市场经济和法治条件下，宏观调控的正当性已毋庸置疑。地方宏观调控的基础，是现代的分权理念及体制。中国地广人多，发展不平衡，社情民意多有差异，虽为单一制国家，仅靠中央一个积极性是不够的。改革开放以来，更多地由各地积极改变落后面貌的发展冲动所驱使，中央与地方、地方与地方的竞争成了中国经济发展、社会进步和制度创新的一种最重要的力量。[2]中央层面的宏观调控起着统筹协调，平衡全国经济社会发展，对地方发展起着引领、指导和影响作用，但不可能取代地方层面的经济社会管理及宏观调控，因此我国以宪法法律建立了地方分权型单一制体制。各地规划确定及实现的增长指标各异，与国家规划规定的指标也不一致，就是明证，这是正常的。而且，对地方而言，国家层面的经济社会管理及宏观调控挂一漏万在所难免，中央的宏观调控必须建立在尊重地方自主权、"剩余权力归地方"的基础之上。[3]

宏观调控着眼于整体、总体，而省市县甚至乡镇，都是一个个相对于其他地方，由行政区划框定范围、在宪法法律和市场及社会作用下运行的实体，地方政权和政府对经济社会的管理也有整体、总体和局部、个别之分。除货币政策外，中央宏观调控的手段或工具，地方都可以用，比如规划、产业政策、预算、地方权限内的税费调整、政府债务和投资、劳动和社会保障措施、土地和自然资源政策、消费刺激或抑制等等。原则上，事关整体，需要国家层面安排、全国统筹或垂直管理的事务，全国性重大项目和投融资，省市自治区之间重大经济关系的协调等，其调控权应集中在中央。但也并非绝对，比如一般认为，金融调控监管是中央事权，但近年地方性银行越办越多，为地方服务的非银行金融机构和互联网金融蓬勃发展，甚至出现了村镇银行，相应的金融调控监管也必然具有地方性，客观上要求地方政府担负起必要的职责。如前所述，地方的调控在一些情况下也可能对全国产生整体、总体性影响。因此，宏观调控不仅具有整体性、间接性，也存在相对性、层次性，在这个意义上，把地方宏观调控称为"中观"调控，亦无不当。

除了国家和地方分权、分层，法治也具有地方性。法治取决于社会成员遵纪守法的程度和方式，包括规则意识和尊法意识、是否存在普遍的正义感、参与的意识和能力、行政和司法等法律执行力，等等，而这些在每个地方都不尽相同。宏观调控是政府行为，往往牵一发动全身，必须以法治尽可能避免宏观调控的粗陋、武断、失误，将其负面作用和效果降至最低。鉴于政府在我国经济社会发展中一贯起着主导作用，可以说，地方宏观调控是地方法治的集中体现，也是地方法治建设的关键。

（二）地方宏观调控的依据

1. 理论及客观依据

在高度社会化、经济全球化条件下，劳动协作上升到民族国家的社会层面，市场是社会的组成部分，政府也嵌入市场成为其一项要素，比如政府采购、PPP等公开市场操作，政府作为社会和市场的代表，不可避免地承担起经济社会"CEO"的职能，人民要求它面对复杂多变、瞬息万变的国内国际政经形势，及时有效地作出反应，采取措施应对。[4]因此，法治模式也相应地发生了变化，必须由法律以概括方式授权或赋权，政府自由裁量，伴以问责制（Accountability），并由司法最终保障，来实现普遍的公平正义和良序善治。① 其典型就是宏观调控，还有金融监管等等。社会层面既包括全国层面，也包括省市县乃至乡镇层面。指望以法律具体授权或设立具体规则、具体管辖事项的方式对政府授权，则无异于束缚其手脚，使其面对复杂状况动弹不得，放任经济社会混乱失序。2008年各国应对金融危机，当下我国去产能调结构、推动供给侧结构性改革，都证明了政府代表社会和市场积极主观能动相机抉择的重要性。

2. 法律依据

就此而言，我国宪法法律对国家和地方的宏观调控都作了必要的概括授权。《中华人民共和国宪法》（简称《宪法》）第62、67和第89条，赋予了全国人大及其常委会和国务院的宏观调控职权。《宪法》第99条和《中华人民共和国地方各级人民代表大会和地方各级人民政府组织法》（简称《地方组织法》）第8、44条规定，地方各级人民代表大会审查和决定地方的经济建设、文化建设和公共事业建设的计划；县级以上地方各级人民代表大会审查和批准本行政区域内的国民经济和社会发展计划、预算以及它们的执行情况的报告；县级以上地方各级人民代表大会常务委员会讨论、决定本行政区域内包括经济在内的重大事项。《地方组织法》第9条规定，乡、民族乡、镇人民代表大会根据国家计划，决定本行政区域内的经济、文化事业和公共事业的建设计划。《宪法》第107条和《地方组织法》第59条，则授权县级以上地方各级人民政府依法管理

---

① 法治模式的变化还表现为：其一，包括市场自发运行在内的社会充分自治，加上政府指导监管，以及司法审查。典型的如阿里巴巴，其自治规则将庞大数量的交易调整得妥妥帖帖，只有极少数问题或纠纷外溢，需要政府出面或司法解决，造就了一种低成本的市场法治模式，为复杂经济社会条件下实行法治所必需。其二，是法的政策化、政策法治化，法必须有足够的灵活性以适应形势和个案需要，政策则在问责制也即法治的框架内运行，典型的如产业政策、竞争政策，要求合理性与合法性高度统一，将公平正义体现到每一个个案中去，不允许合理不合法、合法不合理的情形存在。

本行政区域内的经济等各项工作。经济管理当然不限于针对具体主体具体行为的具体管理监督，中央和地方对经济、市场的公共管理，都包括整体性间接性的宏观调控，以及对个案的参与和处理。

中国的地方分权一直基本上处于自发模式，中央或地方赋予特定地方以特殊权力，带动其他地方为了自身发展开展竞争，以至常常发生脱序现象，比如地方债、地方野蛮发展 P2P 或小贷公司打造"金融中心"等。为此亟待从道理上、法律上确认地方竞争和地方宏观调控的必要性、正当性，以确保中央与地方分权的合法、公平和效率。

3. 地方宏观调控的工具

首先是规划和产业政策。规划和计划无论在国家或地方层面，都是具有主导性的宏观调控手段，而且在宪法中作了规定，是法律位阶最高的宏观调控手段，也是社会主义和社会主义市场经济的优越性之一。奥巴马 2009 年访华前夕，《时代周刊》建言美国应向中国学五件事，第一件就是确定目标、规划并整合全部力量推动发展。[5]地方也理应将规划手段用好用足。自"五年计划"改为规划，规划和计划就不再具有指令性、强制性，而通过产业政策也包括"地区布局政策和其他经济政策，"[6]在市场机制的基础上运行。通过规划和计划，确定经济社会发展的主要目标和总体要求，并以其他政策予以追求和实现。"十三五规划"要求宏观调控应当"更加注重引导市场行为和社会预期"，[7]即以政府的公信力，给市场和社会预期一种稳定可靠的预期，引导市场机制的资源配置作用。[8]

我国的规划不仅有国民经济和社会发展规划，还有城乡规划、土地利用规划、生态环境保护规划等等，其编制审批部门、期限等不一，对开发建设保护和经济社会发展形成掣肘。为此，国家正在试行推广"多规合一"，将各规划融合到一张可以明确边界线的市县域图上，实现一个市县一本规划、一张蓝图，以解决不同的规划自成体系、内容冲突、缺乏衔接协调等问题。此举既是规划的完善，提升其效用，也有助于明确合理划分中央和地方权限，转变政府职能。李克强总理说：各部门职能有序协调，解决规划打架问题，是简政；一张蓝图绘好后，企业作为市场主体按规划去做，不再需要层层审批，是放权；政府职能要更多体现在事中事后，是监管。[9]

其次是财政税收。一级政权一级财政，财政不仅是国家机器自身消费，不仅是政府收支，在现代条件下更具有经济社会调控的职能和功用。近年预算法修订、加强预算法治，法学界和实务界强调预算对政府的约束作用，对其宏观调控功能有所忽视，甚至出现否定预算宏观调控的声音。预算约束固然应该硬起来，不能随心所欲，任意的长官意志，但这只是法治的起码要求。预算不过是收支概算，不能把它当作指令性计划，重要的是要把事办好，租税费等征收都要公平并依循公共利益发挥对经济社会的调节作用。现代国家财政及财政主导的公共开支都占到了社会总支出的"半壁江山"，我国也不例外，经济财政、民生财政的比重越来越大，支出也要有助于实现经济社会发展政策目标。地方依托财政和预算承担经济职能，决定着政府债务规模和投资方向，对经济、市场起着强有力的主导和调控作用，是规划实现的最重要、最直接的保障。

1993 年《关于建立社会主义市场经济体制若干问题的决定》中，就提出"建立计划、金融、财政之间相互配合和制约的机制，加强对经济运行的综合协调"；[10]十八届三中全会决定又要求"健全以国家发展战略和规划为导向、以财政政策和货币政策为主要手段的宏观调控体系，推进宏观调控目标制定和政策手段运用机制化，加强财政政策、货币政策与产业、价格等政策手段协调配合"。[11]因此预算应当与规划衔接，将规划约束引入预算，实现收支核算、绩效评估等与规划目标的对接。"十三五规划"还提出要"发挥审计机关对推进规划实施的审计监督作用"，使规划与财政进一步相关联。

我国的税权主要集中在中央，但对一些地方税的开征、征收范围和税率，地方也有一定的调整空间，如契税、房产税、城镇土地使用税、车船税等，地方应着眼于经济社会调控加以善用。

最后是其他宏观调控手段或措施。比如适当的最低工资规定；地方统筹范围内社会保险费率的调整；推广清洁生产、较高的环保和节能标准；提高产权、契约信用和知识产权保护水平，鼓励优质优价，使市场涌现更多的优质产品和服务，促进供给侧结构性改革，等等。

二、地方宏观调控的方式：合理分权基础上的相机抉择

宏观调控应根据既定的实体规则还是相机抉择的争议愈见明朗，法律不可能预定各种经济情势，并与政府得行使的具体权力或措施逐一对应，而且宏观调控还有力度和时机选择问题，所以具体地"依法"或"固定规则"行不通，唯一可行的方式是相机抉择。十八届三中全会决定也提出要加快转变政府职能、健全宏观调控体系，推进宏观调控目标制定和政策手段运用机制化，提高相机抉择水平，增强宏观调控前瞻性、针对性、协同性。

这不等于放任政府随意任性地"相机抉择"。[12]为此需要在中央与地方以及同级政权不同部门之间分权，恰当地赋责授权，明确角色定位及其管辖范围，为之设定合理且相对明确的目标。但中央与地方权限的具体界分和侧重，仍难

以由法律明晰地规定，比如产业结构改革、特定产业布局和发展、节能减排措施等等，需在宪法法律的框架下，通过央地、不同地方、不同利益主体在具体经济社会条件和环境中动态地博弈以及市场竞争所决定。我国还处于市场经济不够发达、不尽成熟的阶段，加上计划经济时代的一些制度和观念遗存，要么中央统得太多、管得太死，例如某些建设审批，在一定程度上妨碍了地方的主观能动性；要么地方出于发展冲动，"搏出格"，比如资源滥采乱挖、政府债务膨胀、民间金融失序等，扰乱国家大局。因此，央地宏观调控之分权，不可能是事先、具体的固定不变的划分，即使以法律强行作如此划分，在实践中也没有意义。市场经济的本质特征之一就是实践性，计划经济失利的原因即企图通过事先的计划设计好经济运行发展的所有细节，而细节是无法设计的。在对宏观经济形势的判断上，由于各自的利益和出发点不同，中央与地方的不一致也是经常性的，由此形成竞争，也恰是分权的必要性和优越性之所在。例如关于经济"热"还是"不热"、下行还是向好的判断各异，就说明了宏观调控的复杂性和中央与地方间的博弈。

因此，就政府的宏观调控职能而言，客观上要求其相机抉择，同时必须将其限制在法律概括授权的某种调控目标所追求的公共利益、包括公众参与在内的体制内外评判和过失责任的范围之内，也即以目标和责任来限制宏观调控的相机抉择。

宏观调控概括授权相机抉择的标准，是事权相对明确，财政与事权相匹配。这里的事权，不是所谓负面清单、正面（权力）清单所列应办事项，而是经济社会的一定领域、管辖的范围或者方面。事权范围内发生之任何情事、问题或个案，权力主体都应负责，或宏观、间接调控引而不发，或积极统筹协调，或第一时间出面查处，不得以"清单"未列而"依法不作为"。所以，财权与事权中的"权"，是一种职责、权限，而非单纯、具体的权力，[13]权力同时也是义务和责任，可谓"权义"或"权责"。各级政府和同级政府不同部门的宏观调控权责必须在实践中通过不断调适持续地寻求最佳的平衡。

问题在于，当下央地和部门间的分权尚不能给社会和市场提供较为可靠的预期，使得地方和市场主体不时出现短视、短期的行为。既然权责都无法事先截然划定，只能在实践中通过相机抉择寻求最佳定位，这就需要在中央和地方之间构成一种常规化、合理化的沟通与博弈机制，确保央地双方的意志都能够顺利地表达，利益诉求都能够得到合理的尊重。比如在重大项目的审批上能够让地方政府和企业充分表达、辩解；在税制改革、税收分成比例的调整上多听地方政府和民众的意见；在产业政策、优惠政策试点的区域选择上，中央能够与地方反复沟通、商谈；当地方基于本地方利益和需要"只干不说""摸黑走路"而可能损害全局时，能够区分情况合理解决，等等。为此需要通过各级人民代表大会和宪法既定体制的运作，公众广泛参与，形成政治惯例，进一步确立规划的权威，使央地之间的纵向分权和部门之间的横向分权更明确，宏观调控目标制订和政策手段的运用更加公开透明，问责更落实。一旦形成广泛认可的决策和问责程序，则分权可更顺畅，相机抉择的宏观调控更有效。

三、地方宏观调控法治：问责制下动态的用权和控权

（一）问责制及其对地方宏观调控法治的意义

随着近年法治建设和政府公共管理改革的不断深化，塑造"可问责政府"、弘扬"问责制"引起了政府与社会各界的重视。但"问责"仍主要被理解为出了问题之后追究责任，比如发生重大事故而查处官员渎职、贪腐，将其免职或移送司法。如此理解当然并非谬误，但却是对问责制的片面理解，从而削弱问责制的应有功能和作用，因为追究法律责任只是问责制的一个环节、问责的结果。"问责制"是一种超越"违法责任"的高级管理机制，代表着现代社会经济条件下"责任"作为一种系统性的制度结构所具有的整合和调节功能。[14] 问责制是将概括的和具体的角色担当、"问"和"责"结合在一起的一个概念，它强调现代社会中的角色及其义务，在其位谋其政、不在其位不谋其政，并施以有效的经常性督促，若有违背或落空则必当追究责任，不允许其"脱法"。

更重要的是，问责制是适应当代社会化条件下法治模式变化的产物。社会关系相对简单时对法治的静态描述"良法善治"已不可行，因为良法未必有，有是相对的、没有是绝对的，法的错漏和滞后在所难免；而且即使有良法，其实现也有赖于特定的社会条件，有法难依、有法不从也往往是常态。所谓法治，是在特定社会条件所决定的公平正义观及相应的宪法法律框架下，不同利益主体在博弈中形成正义的共识而后形成法律执行力的过程和结果；其要素是正义、共识和执行力，结果则是公平正义、民主集中、良序善治。[15] 法治的机制和过程，即可描述为问责制，与问责制高度吻合。

问责制是一种法治的理念、概念，一个动态的体系或系统，是由角色担当、说明回应或民主问责以及违法责任组成的"三段式"。角色担当是指角色的合理、明确的设置，其权力或职责的科学配置，设置和配置不应混乱不明、阙漏和严重交叉混同，包括必要的统筹协调和裁断机制。对政府及其工作人员而言，要求扮演或担当角色时能够忠实、适当地履行特定角色所蕴含的义务和要求，

恪守其专业、本分。说明回应或民主问责（Answerability），是指角色或职责担当者接受人民代表大会及其常委会、上级或专门监督机关以及利害关系人、民众和社会的日常、动态、制度或非制度化的质问、督促和监管，以保障角色权义的实现。这是角色的动态内涵和维度，而不止于纸面、静态的角色设置，所以是问责制的关键环节。在当代社会化条件下，对政府及其工作人员的角色要求既宏观、复杂，又具体、多变，若不对其担当施以日常的督促、权衡、调整，非到酿成不良后果才启动责任追究机制，则一方面为时已晚，另一方面可能事出匆忙，缺乏对特定角色担当情形之信息积累，势必会增加责任追究的成本、难度和准确度，同时影响责任追究乃至法律实施的效果。违法责任及其追究是传统法治观最为看重的部分，是对事先确定的角色及其行为的约束和惩戒，在问责制下，责任追究仍是不可或缺的，它是问责制的最后一环。

地方宏观调控需要相机抉择，这为地方政府及其负有调控监管职责的部门提供了自由裁量的空间。在政府主导型发展模式下，无论中央或地方，其调控适当，都会对经济社会发展及其平衡协调产生积极作用，而调控失当甚至发生重大错误，则会对经济社会造成不同程度的损害。[16] 为此，需要有一种机制，使宏观调控既能相机抉择、因应形势充分自由裁量，又能对调控主体施以有效约束，使之不至于偏离经济社会客观规律和人民的利益、意愿，这就是以问责制为核心之法治及其动态运行。也即就宏观调控整体而言，上溯至角色及其权力、职责设置，概括授权或赋权，使调控主体在包括民主问责在内的体制内外各种问责机制下，战战兢兢而又敢为敢当地不时说明回应，与民众沟通、解释，做得好则受到肯定或表彰、赞扬，最终仍有角色错位、越位、缺位，或经不起问责，存在重大过错或失误等，则依法承担法律上的不利后果，包括行政责任、刑事责任和宪法责任等等。总之，对地方宏观调控，只有事后的责任追究和惩戒是不够的，如此也不足以维持宏观调控有效运行，宏观调控法治的机制必须同时具备激励功能。[17]

（二）民主监督、参与和责任追究中的专业判断

法治的地方宏观调控，需要特别强调民主监督、参与和在责任追究中适用专业判断规则。

1. 关于民主监督、参与

我国实行人民民主，一切公权力和所有国家机关来源于人民，通过选举产生各级人民代表大会行使国家权力，产生政府和其他所有的国家机关。然而，人民代表、人民的国家和政府一旦产生，就相对脱离了人民，扮演、担当代议和公权力角色的人，其自身的秉性和利益可能不时地凸显，而与角色相冲突。

更有甚者，国家机器固有的官僚习气，会导致公权力运行的僵化、懈怠、低效、决策错误和腐败。为此，体制本身设计了复杂的激励、约束和监督机制，如人大及其常委会监督、上级监督、检察、监察、纪检等，但各种体制内的监督机制连同整个国家机器，可能一起失效、"失灵"。要解决这个问题，唯一的方法或途径是人民直接监督，时刻督促政府勤勉谨慎、恪守职责地为人民服务。毛泽东在回答黄炎培如何不重蹈"历史周期律"时说的，"只有让人民来监督政府，政府才不敢松懈。只有人人起来负责，才不会人亡政息"，也就是这个意思；黄回应毛泽东："我想：这话是对的。只有大政方针决之于公众，个人功业欲才不会发生。只有把每一地方的事，公之于每一地方的人，才能使地地得人，人人得事。把民主来打破这周期律，怕是有效的。"[18]

地方宏观调控事关地方人民的切身利益，必须允许民众就政府出台的任何政策、措施说三道四，提出批评和意见，政府则应虚心听取，闻誉惶恐，闻过欣喜，无则加勉，有则改之。在政府决策和行为愈益公开、自媒体盛行的网络时代，这种直接监督的可能性和效果达到了历史前所未有的程度，黄炎培毛泽东对话所包含的殷切期待至当下已真正具备了实现的条件。

不仅直接监督，人民还须直接参与。凡地方立法、地方规划制订、重大政策和规章出台，政府都应主动以各种方式征求利害关系人、专家和公众的意见，认真分析以采纳或不采纳，必要时向公众作出说明。现在政府对于公众参与和意见征询越来越自觉、诚恳，反映了国家和地方整体民主法治水平的提升。比如规划制订，编制前广泛征集民众对今后发展的意愿和诉求，编制中吸收社会各界和专家参与，听取意见建议，经人民代表充分讨论，再付诸人民代表大会表决通过。有学者称，五年规划的编制，"可能是世界上最大规模人员所参与的民主化过程，成为政治领导人、各地负责人、专家学者、各方英才以及人民大众共同参与设计公共政策的过程，成为发扬民主、集思广益、科学决策的过程"；可谓"世界上持续时间最长、涉及人口最多、政策覆盖范围最广的公共政策学习过程。"[19]地方五年规划、其他规划和年度计划、重大政策和宏观调控措施的制订，也应当如此，一些地方还做了将其制度化的努力。比如2013年上海市人大常委会通过《关于促进改革创新的决定》（以下简称《决定》），对政府及其部门实施改革创新明确了公众参与要求：一是向全社会征集改革创新建议；二是对涉及公众利益的重大改革创新方案草案应以座谈会、听证会、电子网络平台等听取公众意见。这种官民深度沟通协商基础上的意见一致，不啻为一种体现政权人民性的社会契约。[20]但从实践看，地方就立法、重大政策、规划或规章草案征求公众意见的，回应性仍显不足，例如香港特别行政区就立法和重大政策进行公众咨询，每次都有详细的分析说明报告，有助于民众理解和支持，这种做法值得内地政府借鉴。

2. 关于责任追究中的专业判断

问责制暨法治的地方宏观调控必须以责任追究为最后保障，在实践中，责任追究容易流为"唯结果论"或"无法追究"，忽视其激励作用，损害调控主体的主观能动性和积极性，而这对宏观调控恰恰是最需要、最宝贵的一种品质。

为此要构建合理的责任识别与豁免机制。由于宏观调控固有的特点，必须鼓励调控主体自由裁量、勇于担当，而鉴于其整体性、间接性、较长时间方能显现之普遍作用，对调控行为的正当性、合理性判断，较之一般具体行政行为更为复杂，责任的认定和追究也更难。这就要求借鉴公司法领域用于追究董事等高管责任时所用的"商业判断规则"（Business Judgment Rule），用在问责制下追究宏观调控主体暨行为人的责任时不妨称为"专业"判断规则。即调控主体必须对其职责范围内的事宜全面、全权负责，如果其对所为的某项行为不存在利益冲突，所作决策或判断有充分、可靠的依据，有理由相信其在特定形势或条件下作此决策或判断合乎其职责要求、调控目标和公共利益，就可以认为其适当地履行了职责，而不必对其行为后果包括负面后果承担责任，反之就应当对其行为的不良后果承担法律责任。如此既不违背过失责任、人人可被问责的法治要求，又允许其有合理的失误，有利于鼓励调控主体积极进取，发挥主观能动性，实现宏观调控对于地方经济社会发展改革的应然功能。上海市的《决定》就是科学追责、融合激励与监督的问责制的代表性事例，其中规定，按照规定的程序决策、实施而未实现预期目标的改革创新，在部门、个人未牟取私利的情况下，可予责任豁免；对依照规定程序决策、实施改革创新，而未能实现预期目标且未牟取私利的，在政府绩效考核中对有关部门和个人不做负面评价，不予追究行政责任及其他法律责任。

此外还应完善相应的问责技术规则，特别是调控溯源制度。在一项调控决策出台的过程中，哪个部门哪个人主张做什么，都应有记录并予公布。当然公布的方式和时间应结合具体情形而定，以免立刻公布可能造成不必要的压力、干扰和混乱，使调控主体及具体行为人敢于决策、作为，同时将调控决策过程最终公开，使调控决策是否得当、政策效果如何等能够为利害关系人、专家和公众所评判。另一方面，记录、溯源制度对每个参与调控决策的人形成压力，促使其谨言慎行，并使追责成为可能。这是宏观调控法治一项基础建设。

（原载《广东社会科学》2016 年第 5 期）

参考文献:

[1] 张邦松．铁本重生？[J]．中国财富，2004（9）：56-59．

[2] 史际春．论地方政府在经济和社会发展中的权与责 [J]．广东社会科学，2011（4）：229．

[3] 史际春，张扬，等．论和谐社会语境下的地方经济法治 [J]．法学家，2007（5）：92．

[4] 史际春．政府与市场关系的法治思考 [J]．中共中央党校学报，2014，18（6）：11．

[5] 时代周刊：奥巴马应向中国学五件事 [Z/OL]．中国评论新闻网，2009-11-16．

[6] 中华人民共和国国民经济和社会发展十年规划和第八个五年计划纲要 [EB/OL]．2000-12-28．

[7] 中华人民共和国国民经济和社会发展第十三个五年规划纲要 [EB/OL]．2016-03-17．

[8] 王文寅．国家计划与规划：一种制度分析 [M]．北京：经济管理出版社，2006：57．

[9] 李克强："多规合一"说到底是简政放权 [EB/OL]．中央政府门户网站，2016-04-02．

[10] 中共中央关于建立社会主义市场经济体制若干问题的决定 [N]．人民日报，1993-11-17．

[11] 中共中央关于全面深化改革若干重大问题的决定 [A/OL]．中国共产党新闻网，2015-11-15．

[12] 史际春，肖竹．论分权、法治的宏观调控 [J]．中国法学，2006（4）：158．

[13] 徐键．分税制下的财权集中配置：过程及其影响 [J]．中外法学，2012（4）：800-814．

[14] 史际春，冯辉．"问责制"研究——兼论问责制在中国经济法中的地位 [J]．政治与法律，2009（1）：2．

[15] 史际春．论地方治理的法治基础 [J]．广东社会科学，2014（4）：220-226．

[16] 徐澜波．宏观调控的法律属性辨析 [J]．法学，2013（6）：104．

[17] 陈承堂．宏观调控是怎样生成的——基于罗斯福新政的考察 [J]．

中外法学，2011（5）：1087-1099.

　　[18] 黄炎培. 八十年来 [M]. 北京：文史资料出版社，1982：149.

　　[19] 胡鞍钢. 中国特色的公共决策民主化——以制定"十二五"规划为例 [J]. 清华大学学报（哲学社会科学版），2011（2）：50.

　　[20] 王文寅. 国家计划与规划：一种制度分析 [M]. 北京：经济管理出版社，2006：178.

论规划的法治化

"十一五"从计划到规划，标志着中国进一步迈向市场经济体制和法治。规划具有或然性，需通过不同主体博弈以辨别其正误和可行性。博弈有赖引入责任，形成激励和约束，从而实现规划法治。

从"十一五"开始，由计划转变为规划，被认为具有重要、深远的意义。它标志着中国进一步迈向市场经济体制、融入国际社会，政府职能面临转变，以 GDP 为中心的经济、社会发展模式也将发生变化。[1]以法学人的眼光看，计划改规划，还应将脱法的计划变为法治的规划，摆脱中国特色的人治、行政（计划）经济的传统羁绊。一字之变，对国家经济调控提出了更高的要求。政府不应再以具体指令左右市场主体的微观行为，要变"分钱、分物、分项目"为战略性、政策性指导，强化公共资源、公共产品和服务的配置及空间定位，政府、社会、企业和公民全方位合作的开放性规划。[2]在此条件下，只有法治，才能从根本上保证规划不至于沦为官僚空忙、华丽不实的图景、政府无为或任意作为造成失误及社会经济的损害。市场经济下的规划法治是时代提出的一个新课题。

一、计划和规划：概念和意义

计划和规划在英文中是同一概念，都是 plan 或 programme，是指人们为了实现某种目的而对未来的行动所作的设想和部署。我们历来有别于计划的城市规划、区域规划（city and regional planning），在台湾地区和日本就是译为"都市计划""区域计划"，现在也渐以"都市计划"相称的，可见计划和规划本无实质分别。人区别于动物的一个重要方面，就是其行为或多或少、或长或短都有某种预先的安排或谋划，这就是计划或规划。

然而，计划变规划之所以引人瞩目，值得关注，是因为"计划"有着与计划经济紧密相关的特定含义。肇始于苏联的计划经济（planning economy），其基本手段和标志就是行政性的"计划"，中国的历史和现实又赋予了它浓重的人治色彩。① 西方国家受计划经济的影响也曾实施某种计划。如法国在战后正式实施国家计划，1946 年开始实行蒙奈计划，至 1992 年先后实施了 10 个国家计划；日本计划的特色是目的和侧重点明确，如 1956—1960 年的"经济自立 5 年计划"、1960—1970 年的"国民收入倍增计划"、1970—1975 年的"新经济社会发展计划"、1996—2000 年的"社会经济结构改革计划"等。与此同时，计划经济在推行中则不断有所松动。匈牙利于 1968 年改行指导性计划体制；南斯拉夫更早在 1951 年就废除了指令性计划；捷克斯洛伐克于 1965—1968 年间企图搞有计划的市场经济；苏联自赫鲁晓夫时代起进行了多次计划模式改革，基本趋向是减缓计划的行政强制性，将计划建立在商品货币关系和经济合同之上。[3]我国的改革开放，也正是一个削弱、消灭作为专有名词的计划，使之回归中性化的过程。正所谓社会主义也有市场，资本主义也有计划，计划不等于社会主义，不是社会主义与资本主义的区别所在。[4]

这样，计划与规划就基本上只剩下中文语义所赋予它们的差别。计划改为规划后，人们常常引证《现代汉语词典》道：计划是指"工作或行动以前预先拟定的具体内容和步骤"，而规划是指"比较全面的长远的发展计划"。[5]事实上二者是相互包容的，即计划是较短期的规划，规划是较长期、宏观的计划。②在此意义上，有一些"计划"被保留下来，如年度国民经济和社会发展计划、土地利用计划等。

因此，改计划为规划的最重要的意义，是我们主观上期盼并且希望在实践中能够同计划经济划清界限。

另一个重要意义在于，通过一字之变，使国民经济与社会发展规划与土地规划、区域规划、城市规划等衔接、融合起来。近三十年来的中国现代化进程，已经从简单的工业化转向城市化进程，以土地利用为中心的城市建设成为社会经济发展的主导层面。然而一直以来，计划与国土规划、土地利用规划、矿产资源规划、区域规划、城市规划等不啻为两张皮、多张皮，使计划和规划流于

---

① 如在苏联和后来的东欧国家也实行计划经济，但它们制订有民法，设立了专门处理"社会主义"组织间纷争的仲裁制度和仲裁法院，普通法院对涉及计划的纠纷也有管辖权，这些都是中国式的"计划经济"所不具有的。而中国的"大跃进""鞍钢宪法"等，则是计划随意性的表现。

② 在行政或管理中，有一种计划体系理论很好地反映了这种关系：比较长远、最为宏大、带有方向性、战略性、指导性并且较为灵活的前景策划的是"规划"；比较切近、具体的为"安排"；比较繁杂、全面的为"方案"；比较简明、概括的为"要点"；比较深入、细致、有一定硬性指标的为"计划"；比较粗略、雏形的为"设想"。

指标、项目和口号，缺乏真正着重于资源的空间配置、建设服务性政府的"规划"与之相适应和配套。期望这样的改变，能够将粗犷的计划分配转向对资源做科学的三维空间布局和有效利用上来。

二、规划的范围和体系

计划改规划，指的是国家（中央和地方）的计划和规划，因此不包括个人、企业、非政府组织、国际间的规划等。

规划的内容和范围，无非是打算做什么、怎么做以及做不好、做不了怎么办。这不仅包括规划的编制和规划文件本身的内容——最狭义的规划，还涉及规划的执行和落实问题。

我国的规划以国民经济和社会发展规划为龙头和主干，并由各部门和地方的规划、政策予以配合和落实，其中产业政策与规划有着十分密切的联系。

产业政策并不是一个严格、清晰的概念，它在最广义上就等于经济政策，最狭义而言则仅指产业结构政策。[6]一般而言，产业政策是一国政府规划、诱导和干预产业的形成和发展的经济政策，目的在于引导社会资源在产业之间和产业内部优化配置，建立有效、均衡的产业结构，促进国民经济持续、稳定和协调发展。实施产业政策的手段，包括规划、引导、促进、调整、保护、扶持、限制等。关于规划与产业政策的关系，学界存在着不同的认识，此处不必细列。需要指出的是，从政府与市场之间关系的角度看，规划是相对于市场而言的，经济中不属于市场的因素就可归为规划的因素，产业政策本质上体现了政府对经济活动的自觉参与，在这个意义上，产业政策可以归入规划范畴。国外也有一种观点，认为产业政策就是计划，无非采用了一个"温和的、更加悦目的名词"。[7]可以认为，规划一般而言是国家对经济、社会事务的全面规划或者重点规划，产业政策则是一国关于产业发展规划的政策引导；同时，经济是社会的基础，产业是一国经济运行的基本成分，产业政策通过促进各产业的协调发展，作为规划及其实施的重要组成部分。只要不将规划狭隘地理解为规划文件和指令性计划，则产业政策（尤其是产业结构政策、产业布局政策等）本身就具有规划的性质。

在市场经济条件下，指令性计划已不合时宜，原则上不再使用，作为行政直接干预经济的手段只在特殊情况下慎用之，产业政策的制定和实施已成为规划的重要内容和表现形式。规划和产业政策的目标不再分解下达，但由于经由人代会审议通过或政府以法规、规章的形式发布，具有法律效力，政府应努力保证其实现；更重要的是，以前过宽、过多、过繁、过细的计划内容暨指标体系被政策体系所取代，规划目标及其实现呈现出政策化特征，规划和产业政策已趋于融合。因此在本文中，规划法就等于规划和产业政策法。笔者近期主编的一本经济法教材，也是将规划和产业政策法放在一起阐述的。[8]

规划与国家预算的关系也十分密切。预算作为国家对一个财政年度内收支的预计，与规划一样具有预测性，其制订和执行同规划一样也是各种利益及其政治势力博弈的过程，实际上就是一种国家（中央或地方）的规划——年度财政收支计划。而且，规划的落实需要预算的配合，预算是落实规划的一种重要的、最切实的手段。但是国家预算古已有之，在现代法治国家则与宪法直接衔接，作为财政或财政法的重要组成部分，是独立于规划的一种制度。与规划相比，预算的刚性较大，其内容和执行、实施的主体都比较具体、明确，也不像规划那样具有战略引导、国家整体协同贯彻等特征。总之，预算与规划的由来和沿革、内容、运行、作用等各不相同，尽管新兴的规划可以从悠久、成熟的预算制度中获得有益的经验和规范借鉴，它们仍属两种不同性质的制度，之间有外在衔接而较少内在联系。

据此，我国的规划体系大致如下：

（一）中央和地方综合性规划

中央综合性规划主要是中长期国家规划，包括：第一，专门的中长期规划，如国务院1991年发布的《国民经济和社会发展十年规划和第八个五年计划纲要》、1996年发布的《国民经济和社会发展"九五"计划和2010年远景目标纲要》。第二，"五年"规划，如1986年发布的《国民经济和社会发展第七个五年计划》和2006年制定的《国民经济和社会发展第十一个五年规划》。第三，年度计划，是每一财政年度的国家计划，每年由全国人大审议并批准上一年度的计划执行情况和本年度的计划。第四，其他综合性规划制度，如全国性的国土规划。

地方综合性规划是指地方依法制定的关于本地区社会经济发展的综合性规划、政策，如各省市自治区的远景目标纲要、"五年"规划、年度计划，省市自治区、跨省市自治区和省市自治区范围内一定地域的国土规划等。

依《中华人民共和国城市规划法》（简称《城市规划法》），设市城市和县级人民政府所在地镇在城镇体系规划指导下编制城市总体规划，内容主要有城市的性质、发展目标和发展规模，城市主要建设标准和定额指标，城市建设用地布局、功能分区和各项建设的总体部署，城市综合交通体系和河湖、绿地系统，各项专业规划、近期建设规划等。

（二）中央和地方专项规划

中央专项规划是国务院有关职能部门依法制定的专项规划、政策，有中长期专项规划、年度计划、实施专项规划的政策规章等。如信息产业部编制的《电子信息产业"十一五"规划》等。

按照《城市规划法》制定的城镇体系规划，既有全国性的，也有各级地方和跨行政区域的。其主要内容是确定本区域的城镇发展战略、划分城市经济区，提出城镇体系的功能结构和城镇分工，确定城镇体系的等级和规模结构，确定城镇体系的空间布局，统筹安排区域基础设施、社会设施，近期重点发展城镇的规划建议和实施规划的政策、措施，兼具综合性和专项性特征。

地方专项规划是指地方对某个领域或某项事业发展的专门规划，也有中长期和年度之分。

（三）产业政策

从产业政策的几个组成部分看，除产业组织政策与规划的关系较远外，产业结构政策、产业布局政策、产业技术政策等与规划都具有同质性。

产业组织政策主要包括竞争（反垄断）政策、直接规制政策和中小企业政策。竞争政策属于竞争法范畴，其宗旨是维护自由公平的竞争秩序，但它与产业组织政策关注的规模经济和促进中小企业发展等也有关系，有时被用作辅佐推行产业组织政策。在我国，国有企业改革是整个经济体制改革的中心环节，涉及规划、投资、金融、产业组织、法人治理、资本市场、产业结构、布局和技术等各个方面，成为规划、产业组织政策与其他产业政策以及财政、金融、企业法等的连接点。

产业结构政策是一国为了产业结构优化而制定的产业政策，可以分为促进产业结构合理化和应对产业不景气两方面的政策，产业结构合理化政策还可以分为产业结构优化政策和专项产业政策。产业结构优化政策通常表现为对各产业发展进行综合平衡、协调规划的规范，如日本1960年的《国民收入倍增计划》、1971年的《70年代通商产业政策构想》，韩国1986年的《工业发展法》，台湾地区的《促进产业升级条例》、新加坡的《经济扩展法》等。我国1989年颁布的《国务院关于当前产业政策要点的决定》、国务院的《90年代国家产业纲要》、国家计委等《当前国家重点鼓励发展的产业、产品和技术目录》、国家经贸委等的《中西部地区外商投资优势产业目录》、国家经贸委2002年颁布的《关于用高新技术和先进适用技术改造提升传统产业的实施意见》等，均属于产业结构优化政策。专项产业政策是就单一或若干产业发展进行调整的规范，如日本1963年的《特定产业临时振兴法》，韩国70年代制定的《造船工业振兴法》《钢铁工业培育法》。我国的专项产业政策有《公路、水运交通产业政策实施办法（试行）》（1990）、《住宅产业现代化试点工作大纲》（1996）、《水利产业政策》（1997）、《振兴软件产业行动纲要》（2002）、《汽车产业发展政策》（2004）、《钢铁产业发展政策》（2005）等。

应对产业不景气的政策是调整产业不景气状态的政策，如美国1933年的《经济复兴法》、日本1978年的《促使特定不景气产业安定的临时措施法的法律》等。

产业布局政策是一国为实现产业空间分布和组合合理化而制定的政策，与产业结构调整和区域经济规划的联系十分密切。同时，产业布局政策包括经济发展、社会稳定、生态平衡和国家安全等方面的目标，是国家社会经济发展政策的重要部分。例如，我国的西部大开发战略决策明显带有产业政策性质，但又不能将它仅仅归结为产业政策。产业布局政策主要包括区域产业扶持政策、区域产业调整政策和区域产业保护政策等内容。这方面的法在国外有德国的《联邦空间布局法》《联邦改善区域结构共同任务法》，日本60年代以来先后制定的《全国综合开发计划》《欠发达地区工业开发促进法》《国土综合开发法》《新产业城市促进法》《工业整备特别地区整备促进法》，美国1961年的《地区开发法》、1968年的《阿巴拉契亚地区开发法》等。我国在《国民经济和社会发展第六个五年计划》（1982）中，第一次专门列出"地区经济发展计划"一章，提出了沿海、内陆和少数民族三类地区的产业布局原则和方向。在"七五"计划中，进一步提出我国的产业布局存在东、中、西三大地带，明确在地区发展上由东向西推进的思路。在《国民经济和社会发展"九五"计划和2010年远景目标纲要》《国民经济和社会发展第十个五年计划纲要》中，将实施西部大开发战略、加快中西部发展，作为我国迈向现代化第三步战略目标的重要部署。从"十一五"开始，则将区域规划放到重要位置，长江三角洲、京津冀地区、成渝地区和东北老工业基地等成为区域规划的重点。

产业技术政策是国家促进产业技术进步的政策，包括技术结构政策、技术创新政策、技术引进政策、技术成果转化政策、高新技术政策和技术设备的更新改造政策等。科学技术是第一生产力，美国作为"技术领先型"国家，联邦通过法律和规划加强对科技的组织协调，1984年通过《国家合作研究法》，1993和1994年相继提出建设国家信息基础设施（"信息高速公路"）和全球信息基础设施的计划，1995年发表《国家关键技术报告》，1997年发表《全球电子商务框架》文件，1999年宣布了面向21世纪的信息技术产业政策——IT2计划。日本作为"技术追赶型"国家，在引进国外先进技术的同时，对企业提出不同时期的技术开发重点，并给予政策和法律方面的支持，于 1980 年提出"科学技术立国"口号，1981 年提出"创造性科技方案"，1994 年提出"科学技术创造立国"，1995 年制定了《科学技术基本法》，等等。我国在《90 年代国家产业政策纲要》中首次正式使用"产业技术政策"一词，提出了产业技术政策的重点和国家促进产业技术政策的措施。在此之前，党中央在 1956 年发出"向科学进军"的口号，制定了第一个全国科学技术规划；改革开放后，我国相继出台了促进基础性研究、科研成果产业化、引进国外技术等方面的法规政策，如"863"计划、《国家重点新技术推广计划》，1993 年制定了《中华人民共和国科学技术进步法》，1995 年中共中央、国务院作出《关于加速科学技术进步的决定》，1996 年制定了《中华人民共和国促进科技成果转化法》，1999 年中共中央、国务院作出《关于加强技术创新发展高科技实现产业化的决定》，2002 年国家经贸委、财政部、科技部和国家税务总局联合发布《国家产业技术政策》，作为指导"十五"期间工业、农业和国防科技工业技术发展的纲要。

（四）特殊规划措施

特殊规划措施是保障规划落实的特殊措施，包括国家订货、国家储备、国家定价、信息发布和宏观经济监测预警等。预算、税收、货币政策等虽不属于规划制度或范畴，但也是保障规划落实的措施，如发达国家以德国为代表的稳定增长法，实际上就是保障经济稳定和增长，兼有规划法性质的财政措施法。

规划和产业政策的以上各个方面并非彼此独立，而是相互渗透、交互作用的。比如《中华人民共和国农业法》既规定农业生产结构优化、农民专业合作经济组织，又调整农业技术推广、农业资源区划，还涉及农业扶持、粮食安全和土地保护等。

规范和保障国家规划和产业政策的法就是规划法，其基本方面可归为经济法范畴。其中关于规划和产业政策体制、审批、执行和监督等内容，作为经济法同宪法行政法和一般法治的交叉结合部，更接近于后者；而关于不同时期的社会经济目标及其落实手段、措施等规划实体内容，以及规划和产业政策的制订方式、程序等，则经济法的性质更浓重。特殊规划措施的相关法律制度，属于规划法的外围或者与其他法律制度交叉结合部分，程序与实体也不像规划那么分明，但大体都在经济法的范围之内。

三、规划何以需要法治

规划不能随心所欲、放任自流，因此一直以来我们常说，依法通过的规划本身，就具有法的效力。但是要将规划纳入法治轨道，不是这简单的一句话就够的。

总的来说，因袭计划传统，我国的规划迄今还称不上是法治的。规划的编制是领导定指标、规划人员画蓝图，规划由有权机关通过以后，基本上回到脱法状态，到规划结束时笼统、非正式地报告一些喜人的数据，缺乏法治所要求的规范、博弈、制度化的协调、救济和责任等要素，从根本上还没有摆脱开会、发文件、直接的指挥和命令等行政式计划的特质。

以一个简单的发展速度为例，地方发展规划依法由本级人民代表大会批准实施，对本地方人民负责，并不直接对中央、对全国人民负责，当地方明白了从来就没有什么救世主，对中央和上级不再"等、靠、要"，萌发出强烈的发展致富冲动之后，根本不满足中央规划所订的增长指标，各省市自治区都有充分理由规定一个高于全国平均水平的增长率，[①][9]省级以下各地方当然也有理由层层加码，不然本地人民也不答应，循规蹈矩秉承中央旨意的规划在当地一定会遭受千夫所指，落下骂名。那么，对此究竟应当视为一种不法状态，抑或干脆名正言顺地将其合法化？如果是前者，从法律上应如何操作和纠正它，若为后者，则规划法治究竟应当怎样运行？

规划的实现，固然主要是靠整个国家机器的协同运转，但这是从总体上说的，如果没有相应的制度配合，规划就会流于执行无主体、实施无考核、落实无监督的虚置状态，计划经济之所以行不通，重要原因之一就是计划在人治和行政操作下往往是"虚"的，最终退变为数字游戏和官僚折腾，计划经济也就寿终正寝了。规划要脱胎换骨，要使它变得如同法治国家的预算那般的"实"，就需要为之寻找一条法治的途径。

既然是规划，就在不同程度上具有预测性、或然性，中外各种规划概莫能外。这样，其落实就需要由不同利益、不同主体进行博弈，在博弈中方能辨别规划的正误和可行性程度，通过博弈才能将字面的设想转变为有益、有效的行动，在规划的引领下最大限度地实现规划目标。否则就只是计划经济那样的"计划"。博弈有赖引入责任。这里所谓责任，不仅指违法的不利后果还包括在其位某其政的角色担当。现代社会是角色社会，适应公共经济管理和公有制经济关系的要求，责任之于法律关系由表及里，溯及主体的不同角色塑造，关注

---

① 在全国的"十一五"规划中，年均经济增长率目标为 7.5%；而全国 31 个省市自治区公布的"十一五"规划的平均 GDP 增速是 10.1%，最高的达 13%，最低为 8.5%，普遍超过中央提出的总目标 1~2 个百分点。

角色的行为和利益，[10]加上体制内外的监督制约包括司法审查，以保障循法的有利后果和违法的利益的实现。这就是一种法治状态。也就是说，社会主义市场经济条件下的规划，天然地包含着法治的要求。

四、规划如何法治

规划法治的起点是规划制订的法治，这个问题相对简单，主要涉及程序的正义、合法。

规划法治有实体和程序之分。实体的规划法主要涉及规划内容本身，依法通过的规划即构成规划实体法的基本和核心的部分，因此很难也没有必要另作专门立法，即使立法也只能以程序为主，规定国家发展的目标、规划主体及其基本权力、若干基本指标及其实现的手段和程序保障，以至有学者在狭义上将规划法等同于计划程序法，认为计划法具有程序法属性。[11]一些前社会主义国家曾制订冠以"计划法"名称或相似称谓的法律文件，如1972年的《匈牙利国民经济计划法》、1979年的《罗马尼亚经济和社会发展计划法》、1982年的《波兰社会—经济计划法》等，对计划经济和计划的地位、计划制订程序、实现方法（如合同、科技进步）以及政府和企业等在贯彻执行计划中的基本权力（利）义务作了规定，[12]大体是程序法，也有计划经济体制的"经济宪法"韵味；一些发达国家的经济稳定增长促进法也有规划法的意思，如德国1967年的《经济增长与稳定促进法》、美国1978年的《充分就业与平衡增长法》、英国1988年的《财政稳定法》等，但由西方国家的市场经济传统所决定，这些法更侧重于规定财政机制对国家经济调控的配合。顾名思义，《经济增长与稳定促进法》旨在协调及妥善处理增长与稳定的关系，规定了国家经济调控的目标、手段、方法和法律责任；作为该法的翻版，欧盟于1997年通过了《增长与稳定公约》（The Growth and Stability Pact），并以欧元区成员国的财政赤字不得超过GDP的3%等三项原则而著称。①[13]《财政稳定法》则规定了财政政策的中短期目标及其与货币政策的关系，以及相互间的协调。然而，值得注意的是，在西方国家放松管制、强化竞争及市场机制的改革中，反垄断法的作用日增，这些法律有衰退的迹象。更要紧的是，在经济不景气之下，增长与稳定的鱼与熊掌不可兼得，不得不偏重增长而牺牲"稳定"，德国《经济增长与稳定促进法》

---

① 另两项原则是：公共债务占GDP的比例不得超过60%、中期预算应实现平衡。如有违反，成员国将受到警告、限期改正和罚款等处罚。

和欧盟《稳定与增长公约》的作用都趋于弱化，陷入了困境。①[14]我国多年来也曾着手起草《计划法》，但由于种种原因一直没有完成，围绕着是制定一部全能的计划法还是仅制定计划程序法的问题争论不休就是主要原因之一。时至今日，规划在总体上已是指导性、政策性的，人们逐渐认识到专门的规划立法只能以程序性、政治性为主，而不可能是具体的、实体性的。为此，发改委已草拟《规划编制条例》，对规划编制的前期工作、立项、起草、衔接、论证、批准、公布、评估、修订和废止等提出程序性要求，将规划编制建立在民主制度、衔接制度、论证制度、公布制度以及备案和评估制度之上，以避免规划编制的随意性，现已列入国务院立法计划。[15]

当然，规划的程序法不限于此，它还包括规划管理权限、审批、执行和监督程序等内容，而与宪法和规划等实体法相衔接。如日本、法国、韩国等在规划中引入社会参与、协调、协商机制；日本在计划制订中采取咨询方式，上下交流、官民合作，实现社会的广泛参与；法国由政府与"社会伙伴"（各行业代表和社会各界代表）充分协商、对话来编制计划；韩国以"民间自主创意"方式鼓励公私企业和公众积极参与讨论国家经济发展的目标和政策取向。[16]这些社会参与机制对于保证规划的科学性和有效性具有重要作用，体现了市场经济法治条件下规划制订的一般法治特征。总之，是程序，就遵循程序正义的要求，凡规划的编制问题，力求事先充分沟通、协商，只要遵守了程序的规定，一旦依法通过就承认其合法性及相应的效力。规划是相对的，变化是绝对的，规划制订的程序正义要求，也适用于规划的调整或者修改。

鉴于规划的政策特征，规划的实体部分和实体的法治，与政策融入法治的一般规律和模式并无二致。

国民经济和社会发展规划是规划实体法的基本和核心的构成部分，主要规定国家在经济和社会发展方面的规划目标及其主要实现途径；之外还有各级地方的经济和社会发展规划、中央和地方专项规划以及产业政策。下面以典型的规划实体法——规划本身，来说明规划实体法治问题。

不可回避的一个问题是，规划本身、政策与法之间到底是一种什么样的关系？答曰：在社会化市场经济法治条件下，规划、政策不能脱法，规划、政策也是法。社会化市场经济需要政府的规划、引导、协调、管理和监督，但又不可能凡事预先规定并强制执行，而须通过某种科学预测，在动态的过程中实现规划和政策目标。一般而言，与法相比，政策固然有弹性大、易与人治合流的

---

① 有鉴于此，欧盟不得不修改公约，允许某些成员国的财政赤字可酌情超标。

弊端，但在法治条件下，法与政策并非不兼容，只要将政策的制定和施行纳入法治轨道，令相关行为人都具有可问责性，政策实际上是利远大于弊的。政策作为法的渊源，一方面，它是一定时期的立法、司法和政府行动的指导方针、原则；另一方面，较为具体、稳定的政策与法并不能截然区分，本身不妨就是法的规范，许多具有政策特征的规则直接成为政府和企业等开展活动的依据，如众多的专项规划和年度计划、产业结构调整方案、投资导向目录等。通过适当的政策，可以将过多、杂乱而疏漏的法条梳理清楚，去芜存菁、拾遗补阙，以利法的公正适用，推动法的与时俱进。反过来说，在市场经济条件下，法与政策一样也具有阶段性和灵活性，除立改废的频率加快，在实施过程中受形势变化的影响也很大。如日本的许多产业政策法规都有一定的期限，有的是 5 年，也有的是 10 年，有的法律就冠以"临时措施法"之名，如《机械工业振兴临时措施法》《电子工业振兴临时措施法》等。那么，究竟如何将规划的实体部分纳入法治轨道？

首先，规划的实现，需要以国家的整体组织力，政府及各国家机关协同一致，日常、滚动地围绕着规划行事，力求实现既定的目标和效果，这是现代法的规范和法律调整的一种高级表现形式。[17] 也即通过诸如政府和其他国家机关组织法、"三定方案"、章程等，将遵循规划转化为各国家机关和特殊企业（如政策性银行）的角色权义，使规划融入其运转体系，作为规划的一般保障，也是一种最强有力的保障。

其次，需赋予或承认不同规划主体的（相对）独立性，作为其相互博弈的法治基础。市场经济的规划，除了特殊情况下某些较为刚性的指令和规划外，如关涉国防的物资调配、抗震救灾任务和城市规划等，原则上是不能强制执行的。各种各级规划的正确性、可行性，都要通过不同主体的博弈加以确证。"计划不如变化"，形势和情况的变化，也需要在博弈中将其向好的方向引导，追求社会整体利益最大化的效果。地方规划对地方人民负责，除了涉及国防、主权的事宜，须由中央统筹的水利、资源和财政事宜，跨地方事宜和法律明定由中央或上级管辖的其他事宜以外，凡合乎程序法治要求的地方规划，哪怕其内容与中央或上级地方的规划有冲突，也必须承认其合法、有效性。地方人民最了解地方的情况和需要，也永远是地方形势变化的第一时间的感受、把握者，东莞、顺德、义乌、昆山等地方的崛起，都是中央和上级规划之外的产物，而这恰恰是中国改革开放以来经济、社会迅猛发展的秘密所在，其利远大于避。同样地，不同部门执行中央或地方整体规划、制定专项或部门规划时，其相互间及其与规划编制部门之间，同其上级和上级部门之间，也需要博弈。如财税、央行和银监、土地和资源、竞争执法、各种职能部门和产业监管部门等，需要立足于各自的角色来理解和执行规划，包括依法制定、落实专项规划和部门规划，由此展开博弈，同时也与承担规划编制和总体调控职能的发展改革部门之间存在着博弈。也就是说，规划必须是在中央和地方以及不同部门间分权的。

最后，法治的规划最终表现为不同主体博弈中的责任和救济。市场经济下规划的实现，只能在规划主体的博弈中跟踪、逼近预期目标，最大限度地缩小实际结果与预期目标间的差距，从趋势上实现规划目标。非以规划主体对其行为及结果承担责任，作为博弈的激励和约束，是不可能达到这个境界的。

承担规划责任的主体主要是编制和执行规划的政府机关，在我国各级政府实行行政首长负责制的情况下，责任主要应落实为相关第一把手的领导责任，这也是官员问责制的要义所在。另外，也涉及负有直接领导责任的人（如副职负责人和部门负责人）和直接行为人的责任。在西方发达国家对公务员有政务官和事务官之分，传统上政务官承担的主要是引咎辞职、罢免和选举失利等政治责任，事务官则主要承担行政、民事、刑事等法律责任。而在近年重塑政府和法治的改革中，强化了官员问责制，政务官的责任不仅表现为经由议会和选举对人民负责的责任，而且民众越来越多地直接诉诸法院，将不涉国家主权的政府决策和行为纳入司法审查，责任形式也扩大到责令停止、赔偿等一般的法律责任。顺应法治发展的这种趋势，加上我国各级、各部门行政首长向人民代表大会充分报告、解释并承担责任还未成习惯，因此不必过分强调领导与普通公务员、政治责任和法律责任的分别，总之一句话，人人都要对自己的决定和行为负责，有过失就应当承担责任。

笔者在另一姊妹篇《论分权、法治的宏观调控》中提到，可以借鉴发达国家的法治经验，以业务判断规则（Business Judgment Rule）作为对官员问责的基本标准，这对规划责任也是适用的。通过该规则，衔接忠实义务和注意义务，令官员对其不作为、不恰当作为或渎职的行为承担责任，又允许其有合理的失误，以利官员积极进取，为官一任、造福一方。[18]

至于追究责任或救济的途径，以及承担责任的形式，应当是体制内外任何可能的形式，不拘一格。体制内主要有政府运作中的日常检查监督、行政监察、审计、检察、人大和政协的监督、诉讼，也包括执政党的日常监督和专门的纪检等，体制外的途径主要是媒体和自发的舆论监督。党政内部自行查处的，可能有行政处分、党内处分、撤职、责令辞职等责任；相关行为也可能与刑法和民事、经济实体法衔接，由行为人或当事机关承担刑事或赔偿责任等。在此有必要强调行政体系以外的监督，中外的实践都表明，对于政府行为的评价和纠错，由利害关系人发动争议并由作为第三者的司法机关审查、公断，永远要比政府机关的自我检查、改正更为及时有效、公正。譬如在我国，"行政诉讼法"的实施对行政机关造成的震动和约束，就比"行政复议法"大得多。因此，应当进一步加强、完善对政府的司法审查和约束：其一，在当前行政诉讼中，司法机关应当从仅对行政行为作形式的合法性审查，扩展到也审查其正当性和合理性。其二，在政府提供公共产品、公共服务、参与市场关系，如参与公共建设、投融资、土地、企业、合同等关系时，应当允许、鼓励公民和法人等对政府提起民事诉讼，令其平等地适用调整相关实体关系的民事、经济法，依法该承担什么责任就承担什么责任，包括赔偿责任。这种对政府的最有效的约束，迄今仍名不正言不顺，往往成为政府开脱责任、法院"放其一马"的"护官符"。其三，还应认识到，公民、组织因政府的文件、通知、规章等抽象行政行为而遭受不当损害的，也应能通过司法程序寻求救济，这不仅是我国入世的承诺，更是落实责任政府、建设法治政府的必要措施，是法治发展的客观要求和必然结果。

此外就是媒体和舆论监督，它们在信息时代有着无可估量的作用，既参与对规划、政策、制度和政府某项措施、行为的评头论足，评价其正当性、合理性，也直接揭露、抨击种种不法行为，促使官员向公众作出说明、道歉或引咎辞职等，甚至承担刑事责任。总之，要通过公众广泛的理性参与，强化政府的责任和服务意识，增进政府和公众的良性互动，使规划真正建立民主和法治的基础上，这也是社会主义市场经济体制最终得以确立的必要条件。

（原载《兰州大学学报》〔社会科学版〕2006年第4期）

参考文献：

[1] 鹿永建. 从"五年计划"到"五年规划"的意义［A/OL］. 新华网，2005－10－11.

[2] 吴敬琏. 十一五规划纲要不再是分钱分物分项目［A/OL］. 中新网，2006－03－06.

[3] 吕汝良，吴微，等. 国家计划学［M］. 北京：中国计划出版社，1995：339－340.

[4] 邓小平文选：第3卷［M］. 北京：人民出版社，1993：373.

[5] 现代汉语词典［M］. 修订本. 北京：商务印书馆，1996：596，474.

[6] 张雪楳. 论产业法的地位［J］. 经济法学评论，2001，2：10－17.

［7］杨公朴，夏大慰．产业经济学教程．修订版［M］．上海：上海财经大学出版社，2002：242.

［8］史际春．经济法［M］．北京：中国人民大学出版社，2005：234-268.

［9］地方十一五GDP指标层层拔高 数字出官害民误国［Z/OL］．人民网，2006-05-15.

［10］史际春，姚海放．再识"责任"与经济法［J］．经济法学评论，2003，4：111-127.

［11］漆多俊．宏观调控法研究［M］．北京：中国方正出版社，2002：82-83.

［12］匈牙利、南斯拉夫、罗马尼亚、波兰经济法规［M］．北京：机械工业出版社，1987：1-67.

［13］The Growth and Stability Pact［A/OL］．the Website of Eurotreaties，2004-11-20.

［14］欧盟改革《稳定与增长公约》［Z/OL］．新华网，2005-03-21.

［15］中国重规划衔接协调 有关编制条例列入立法计划［Z/OL］．中新网，2006-03-09.

［16］武少俊．国家发展计划概论［M］．北京：中国人民大学出版社，1999：273-275.

［17］史际春，邓峰．经济法总论［M］．北京：法律出版社，1998：2.

［18］史际春，肖竹．论分权、法治的宏观调控［J］．中国法学，2006（4）：158-160.

如何优化金融监管：
以我国金融业的集中抑或分业监管为中心

从国外的经验看，集中金融监管削弱了对不同监管目标的追求力度，统筹协调也乏善可陈，且"超级"监管机构有违独立、专业监管的初衷，由此反衬出金融监管的内在规律和分头监管的应然性。

一、引 言

值此从空前的国际金融危机中复苏之际，加强并优化金融监管，已成为各国的不二选择。鉴于制度结构对行为的重要影响，金融监管采取何种制度模式，对于金融业的绩效与稳健性是至关重要的。其中，分业经营、分别监管还是混业经营、集中监管就是热点话题。之前在金融自由化和国际化的发展中，各国一度放松金融管制，准许金融机构从事高风险、高回报的衍生性金融业务，鼓励成立金融集团，开放金融机构跨业经营，几近放任自流，对危机起了推波助澜的作用。针对金融危机，各国的金融改革都着力于纠正监管松懈并消除监管盲点，强调监管当局的金融稳定职能，反映了现代经济体系中市场与政府监管之间关系的深化。作为此次金融危机的肇事者、却也是世界金融体系模范的美国，其金融监管改革举世瞩目，甫出台的《多德—弗兰克2010年华尔街改革和消费者保护法》除关注系统性风险、新设金融稳定监督委员会建立协调机制外，还限制金融机构的规模和业务，设立消费者金融保护署（CFPA），强化了基于问题或事物分别监管的思路及做法。[1]基于这样的背景，本文拟对我国金融业实行分业监管的必要性及其完善作若干讨论。

二、金融监管的正当性及其边界

金融监管属于规制范畴，是指政府或者承担政府职能但不纳入政府序列的监管机构（作为政府"白手套"的所谓"独立"监管机构）对金融机构和金融市场的管理、监督，也称金融监理。

金融是经济的血液系统，属于商业或市场的范畴。自由市场和政府规制是一对永恒的矛盾，自由主义的理念和实践崇尚"看不见的手"，否定政府规制的正当性，然而在市场的一次次失灵中，包括金融规制在内的各种规制悄然发展起来。可以肯定是，完全的自由市场和否定市场的计划经济一样，都是不能成立的，关键是在市场和政府规制之间把握好度，求得二者的平衡。

对金融监管的正当性，首先要从市场机制存在的弊病和不足谈起。其一，市场和竞争的本性暨优越性是优胜劣汰，市场的景气周期也是不可避免的，而"劣汰"意味着一些个人和企业、群体、产业、地区等在市场竞争中败北，经济不景气时失业率也会高企、人们的收入和生活水平降低，如果不能妥善解决社会成员被"汰"或不景气时的生计和发展问题，则必然会造成社会的脱序以至崩溃。这就需要政府通过财税、规划和产业政策、货币、利率、市场管理等手段对经济进行统筹协调、监管；为此，仅有私有制也是不够的，还需要国有制、合作制等加以配合，实行"混合经济"。其二，市场存在着不及或不能的领域。市场经济依赖社会成员的营利冲动，因此，不能盈利或难以盈利的事业、产品就不可能由市场来提供。如果这样的事业、产品为社会和人民所需，政府就不得不担负起从事该事业、提供相应产品的责任，如教育、医疗、基础设施、公用事业和新能源开发等。在美国应对危机的 7,870 亿美元中，就有 65% 用于投资，投资项目主要是基础设施和新能源。[2]其三，所谓市场机制，就是在每一个社会成员追求利益最大化的基础上自发地形成合力，达成效率、秩序和资源的优化配置。而为了追求自身利益，人的贪婪、欺骗、巧取豪夺等道德风险是不可避免的，需要以过程管控将其负面作用降到最低；一旦其不良后果集中爆发，也需由政府代表社会加以收拾。如美国联邦政府接管房利美和房地美（Fannie Mae & Freddie Mac）①、援助大到"不能倒"的 AIG、整治花样翻新从他人口袋里"掏钱"的投行、控制接受政府援助企业的高管的薪酬，等等。

具体而言，金融存在以下三个方面的问题需要监管。

1. 金融体系中存在信息不对称问题。自由市场能够有效地分散风险、实现资源最优配置的前提，是信息的充分和市场主体的信息对称。由于金融的虚拟

---

① 两个机构的昵称。其正式名称，Fannie Mae 为联邦国民抵押协会（Federal National Mortgage Association，FNMA），Freddie Mac 为联邦住宅贷款抵押公司（Federal Home Loan Mortgage Cor-poration，FHLMC）。

性、金融机构的规模、金融业的专业性及其商业手法的复杂性，与其他的产品和服务相比，金融中存在的信息不对称问题更普遍、更严重。信息如果不对称，从理论上说就无法实现风险的有效分担；实践中则更容易出现内部人控制、以职谋私、携款潜逃、垃圾证券、偿付不能、市场操纵、内幕交易等一系列问题。对这些问题的研究和解决，正是金融监管所需承担的一项重要任务。

2. 金融市场的公共品性质。金融市场的稳定性对于整体经济具有至关重要的意义，这是它的公共品性质所在。几十年来，复杂、高收益、高风险的金融产品层出不穷，金融市场因创新而繁荣兴旺，但在金融和经济危机中，单个投资者或金融企业的损失事小，要紧的是个别企业或行为可能会对金融和国民经济造成系统性破坏，因而需要通过监管，让金融市场具有"正"的外部效应。基于此，金融危机中推出的英国《改革金融市场》（Reforming Financial Markets）白皮书和《欧盟金融监管体系改革》（Reform of EU's Supervisory Framework for Financial Services）方案都提出，要在监管中尽可能改变金融机构在金融市场活动中的利益结构，激励它们更积极地维护金融市场的稳定性。[3]

3. 抛售的外部效应。在金融危机中，"挤兑"风险从传统的银行业扩展到其他领域，群体抛售行为会造成众多投资者利益的损失。这种"低价销售的外部效应"，也是要对金融业务进行监管的主要原因之一。

监管是一把"双刃剑"，在需要的范围内必须充分涵盖，不能留有漏洞；而过分、失当、缺漏、"重叠"、矛盾的监管，则会损害金融的自由、秩序和安全。那么，金融的边界和度究竟何在？就市场与规制的一般关系，凡市场可以调节、社会能够自治的，则无须政府规制，反之则要求规制且规制得好。金融属于高监管覆盖的行业，所以就金融业的市场和政府的关系而言，要在对金融的规制或监管过程中可能立足于市场机制，在规制的缓和与优化之间谋求动态平衡，兼顾防弊与兴利。

金融及其监管的本质是法治的。法治不仅是立法，而是在复杂的金融体系中，企业在自治和合规活动的基础上，将其行为与法律和道德的外部要求相衔接；监管者则在利益不冲突的前提下，基于分权、适当的角色定位，在概括授权范围内自由而可预期地裁量，同时做好事中问责和事后追责，从而按公共暨整体利益的要求实现有效监管。

三、对金融业集中抑或分业监管的反思

一国选择何种金融监管模式及其金融监管体系变迁的路径，取决于其历史和经济、金融运行的内外部环境。一个合理、有效的金融监管模式，应该既尊

重传统和现实国情、又合乎金融的内在规律，既要技术上可行、成本上可接受，也要考虑未来发展趋势，具有一定的弹性。

此次金融危机前，金融自由和放松规制成为主流，金融应当混业经营、集中监管被认为是大势所趋。至今主张我国"应合并金融监管机构"、形成"集中的监管体制"的说法仍不绝于耳。[4]而从实践效果看，对这种流行的说法值得反思，集中监管远非如设想般完满，分业监管更符合金融的客观要求，虽然存在问题但并不严重。

（一）集中监管的背景和问题

集中监管的原因是在金融自由化之下，希望借此实现混业经营条件下的有效金融监管。建立集中监管机构的动因主要有：其一，如此，能够很好地对总体风险进行准确的评判和控制；其二，节约监管成本；其三，分业监管存在的问题是监管机构间存在矛盾，也易致疏漏，集中监管机构将权力和责任集于一身，没有可以推诿、推卸的理由，监管责任到位、落实；其四，在分业监管下，诸监管机构地位平等，在信息交流和监管合作方面缺乏足够的动力和有效的约束，集中监管则没有沟通和协调之虞。

然而，集中监管并没有达到理论所勾勒的理想状态，甚至出现了更多的问题。一是集中的"形式化"，金融一体化改革鲜有顺利、成功的，相反分业监管下的非同构型监管不仅保留下来，而且有效地发挥着作用。2002年成立的德国金融监管局（Bafin）是一个很好的案例，这个机构的内部组织依然按照银行、保险和证券分别设立，不仅监管方法和手段与以前相比没有多大改变，人员的内部交流也很少，连办公场所也没有合到一起，对许多金融欺诈行为熟视无睹，被媒体嘲弄为世界上最多余的机构。[5]日本在之前的金融改革中设立集中监管的金融厅和统一的《金融商品交易法》，也是形似而神不至，实际上仍是分别监管。其主要原因就在于金融的专业性、行业划分和复杂性，难以从实质上统合监管并发挥集中监管的优越性。

二是监管目标的矛盾。以银行业监管与证券监管的目标为例，它们的矛盾好比"医生与警察"的差异。银行业监管机构是"金融医生"，证券监管机构像"金融警察"，二者在准入、内部控制、信息披露规则、风险预警等方面的差异几乎无法调和；[6]利率、汇率与证券市场此消彼长，试图通过单一监管机构统辖来加以兼顾，难度很大，而未经真正博弈的调和更可能是不合理的。由于这个原因，集中监管机构的各部门很难就监管达成共识，方针、政策得不到一致理解，贯彻起来困难重重。监管目标矛盾的最坏结果是监管排挤，也就是强势部门的意志压过弱势部门。在很多转型国家，这往往表现为银行业主管机构建立起排他性权威，证券监管和保险监管成为附属部门，[7]资本市场的发展因此受到阻碍。

三是简单的技术性调整不能适应金融监管的系统性要求。很多国家的金融监管机构存在的问题主要是监管目标不清、权责不明。[8]这种"不清""不明"，不可能通过机构的归并而消除，只会因为归并而加重，原以为建立集中监管机构的一大好处是强化责任，实际上却由于权责不明加重而增加了监管的道德风险。从日本经验来看，金融厅的权力过于集中，监管受到政治的牵制，出现了监管不力和监管真空的状况。因此，集中监管表面上实现了对金融业的统一、综合监管，但集中本身并不能消除分业监管存在的弊端。

归根到底，集中监管遭遇的尴尬是由混业经营的特性所决定的。混业经营难以遏阻道德风险，这正是美国1933年通过《格拉斯—斯蒂格尔法》（Glass-Steagall Act），首创分业经营制度的原因之一。在混业经营下，商行加投行模式或金融控股公司模式导致金融风险的形成更为曲折、隐蔽，识别起来更加复杂和困难，而危机一旦形成，又具有传播速度快、波及面广、影响力极大的特点。金融机构业务的复杂和多样化曾被认为是金融机构分散风险、发挥协同效应的重要手段，但次贷危机否定了这一推定的逻辑，金融产品的"创新"将局部的房地产和银行信贷的风险迅速蔓延到一国的整个资本市场乃至全球金融市场。对于混业经营的金融机构来说，每项业务都要应对来自各方的竞争，对其拥有的资源、规划和管理能力都提出了很高的要求；对于金融监管机构来说，混业经营模式下各种业务相互交叉渗透，金融产品异常复杂，金融风险的监控和预防难度加大，容易出现漏洞。所以，简单的混业并不能够分散风险，关键是如何控制风险的串联和扩散，一个适宜于金融业健康发展的金融体制，需要一个相对保守的经营和投资环境，以及有效、可靠的监管，分业经营和分业监管就是具有这种效果的模式。

（二）对分业监管的再审视

自由化浪潮中人们对分业经营的诟病，是不同金融业务间难以开展竞争，对金融的创新和规模效益具有抑制作用。例如，证券公司难以利用商业银行的资金优势和网络优势，商业银行也不能借助证券业务来推动其银行业务的发展。但是分业经营的不足恰恰是其优势发挥的基础。正是基于分业经营模式对金融机构业务的限制，才能让金融机构恪守本分，把本行业务做专做精做强；才能把风险控制在某一业务领域内，防范风险的传导，从而为金融机构的发展提供稳定而公平的市场环境。

相应地，金融分业监管的优势体现在：首先，监管机构各司其职，具有专业优势，权责明确，有利于监管目标的实现，监管效率高。其次，不同监管机构的监管目标虽不相同，但相互间在工作和绩效各方面却存在着竞争压力，[9]从而可以促进金融监管的创新和提升效率。美国在1999年实行混业经营后，其分业监管的体系并无大的改变，是为"双线多头监管"；①[10]此次应对金融危机进行重大改革所确立的金融监管体制，主要是在多头监管之上设立金融稳定监督委员会作为统筹协调机构，其主要职责在于识别和防范系统性风险，没有实体监管权，在此框架下，将货币监理局与储蓄机构监理署合并，负责监管全国性的银行机构；美联储和联邦存款保险公司的监管职能无甚变化；另又在美联储内设立消费者金融保护署，从消费者权益保护的角度对各类银行和非银行机构进行监管；美国证监会继续作为一个强势的独立监管机构对证券及其交易进行监管；根据该法还将新设一个联邦保险署（FIO）。[11]可见，危机后美国的金融改革思路，就是强化分别监管，弥补监管漏洞，控制系统性风险。这对中国发展中的金融业和金融监管体制不乏启迪价值。

总起来看，分别监管因其专业、权责明确和效能而具有普遍性，适度的交叉混业也不必然意味着集中监管的合理性。针对分业监管的不足，可以加强对监管权力的统筹协调，建立一种分业监管基础上的协调、合作监管模式。

四、我国金融监管的现状及其分业监管的应然性

实践是最好的老师。正如人们曾普遍认为，公司制交易所因其营利性而只是一种低级的、向会员制交易所过渡中的落后的交易所组织形式，而亚洲金融危机中暴露出的问题恰恰表明，会员制交易所因其封闭、自利等特点，反而不如公司制交易所来的进步，正确认识金融分业或集中监管的优劣，摈弃先入为主的"集中监管是大势所趋，分业监管不合时宜，应当退出"的观念，则可立足当前、明确方向，思想和行为都"不折腾"，从而有助于我国金融业的稳健、健康发展。

我国金融业和金融机构的经营管理水平尚不高，与国际大致接轨只有短短

---

① "双线"是指联邦和州两条线，联邦监管在联邦注册的银行，州监管在州注册的银行和保险公司。"多头"是指复数的金融监管机构。如银行业由货币监理局、联邦储备委员会、联邦存款保险公司等三个联邦机构监管，州也设有银行管理机构；证券业由联邦证券交易委员会（SEC）监管；保险业由州保险监督署（SIC）监管，并设立了全美保险监督官协会（NAIC），经过长期发展，全美的保险监管标准已基本统一。1999年允许混业经营后，美联储则被赋予监管金融控股公司的职权，金融控股公司从事的不同金融业务仍按原体制"多头"监管。

十几年的时间。就金融机构而言，法人治理、内控及合规体制、风险管理等都不尽完善。就监管机构而言，基本上是在"干中学"。1990 年我国成立了首家专门的金融监管机构中国证券监督管理委员会，1998 年成立中国保险监督管理委员会（保监会），直至 2003 年制定《银行业监督管理法》并修改《中国人民银行法》，设立中国银行业监督管理委员会（银监会），对金融机构的监管才从央行的职能中分离出来。三个专门的金融监管机构脱胎于中国人民银行，专业和全覆盖的金融监管刚刚步入正轨，正如成思危所说，将金融监管机构合并，实际上是"走回头路。"[12]更重要的是，金融机构需要在分业经营防火墙的保护和专业金融监管机构的指导、监督下，不断发展、创新和自我完善。

因此，我国提高金融监管水平的关键，是缔造更为专业、公正、高效的银监会、证监会、保监会和央行，提高监管的有效性。为弥补信息沟通、共享和监管协调的薄弱环节，我国在 2004 年建立了可邀请央行、财政部和其他部委参加的银监会、证监会和保监会三会"监管联席会议机制"。如果说该机制的作用还不能与美国拟设立的金融稳定监督委员会的职能相比的话，则国务院对三会和央行的统筹、协调、指导、监督的能力和力度，其能动性和实效，应该是远高出其上的。当然，我国的金融监管主要是针对单个的企业、行为和风险，为了防范系统性风险，借鉴美国的金融稳定监督委员会，在制度建设上可以有两个选项：一是设立一个与反垄断委员会相当的金融调控监管委员会，作为国务院的一个跨部委议事协调机构，由各监管机构和相关部委主要负责人组成，着重统筹协调和识别、防范系统性风险，负责评估金融总体状况、研拟有关金融监管的标准和政策、发布规章和指南等、指导和组织协调金融调控监管工作。二是强化央行的职能，赋予中国人民银行超脱于银、证、保三个具体监管机构对金融监管进行统筹协调的职能，明确其防范金融系统性风险的职责。依现行法，中国人民银行即具有制定和实施货币政策、维护支付清算系统正常运行和维护金融稳定的职能，赋予其宏观审慎管理职责也是顺理成章的。

由上，无论按照基础决定上层建筑还是监管决定市场结构的理论，分业监管都是必要而合理的。分业监管除了前述专业化优势和竞争动能外，还具有以下两个优点。

其一，分业监管有利于监管机构远离政治，在监管中立足于专业判断。独立监管机构在 20 世纪初问世的原因，就是希望通过独立于政府和政治的专门机构，基于专业的立场和素养开展日常执法，不受当前政府和政治的影响。而鉴于金融业对经济渗透的深度和覆盖的范围空前，集中监管就需要一个"超级"监管机构。这样的机构难免成为受政治左右的官僚部门，受到政治力量的操纵和利益集团的纠缠，或受制于民粹，更容易为被监管者"俘获"，以及因其"被俘"而致金融监管整体瘫痪。集中监管，也会削弱分业监管条件下不同监管机构间的竞争机制，消弭由竞争带来的激励和约束，从而降低监管效能。借鉴各国央行和竞争执法机构的情况，其是否具有"独立性"，其实并不由法律的纸面规定及其形式上独立与否所决定，而取决于是否存在能够确保其基于专业做出判断的诸机制。在探讨对金融是分业监管还是集中监管问题时，对此不可不察。

其二，分业监管与问责制（accountibility）近年在公私领域广泛发展的趋势相吻合。金融依其业务和监管对象不同，监管的目标是多元的，所追求的各种目标之间可能存在冲突。只有在监管角色定位清晰、权责明确的基础上，通过不同监管者相互之间及其与其他规制部门间的博弈和协调，才能无限接近于监管目标，达成预期的结果。将各种金融监管职能集于一个机构，其内部职权的划分和分配就很难形成切实到位的角色担当。问责制还要求在监管者履行职责的过程中，对其不拘一格地问责（answerability）；凡监管者利益冲突、角色错位、懈怠疏忽，或决策失误、行为不当经不起问责，则应依法承担不利后果（liability）。而集中监管难免成为"大锅饭"，在一个追求不同目标、监管业务复杂、多样、量大的机构内，外部的各种问责"隔靴挠痒"，不能直接及于监管者，问责制难以发挥其固有作用，监管的效果如何也就值得怀疑了。对追求不同目标的监管者难以形成充分的激励和约束，则为"和稀泥"创造了条件，其相互间在各自专业判断基础上的制约、协调、配合也失去了依据。

分业监管本具有监管目标单纯、重点明确的特点，从而与问责制天然地契合，有利于监管者的角色担当，易于落实监管及其责任；而且通过问责制可以强化监管竞争机制，提高监管效力。

当然，分业监管本身也存在着改进空间。在监管对象的确定方面，应摈弃单一的机构标准，另加产品标准，银、证、保三种监管除了分别针对银行、证券、保险企业外，也应分别针对任何金融机构经营的银行、证券、保险产品。比如银行的保险产品或其债权的证券化，就应分别由保监会和证监会牵头监管。这样，最大限度地合理化监管机构的角色和权力设置，统筹协调也可获得良好的基础。

综上所述，分业统筹合作监管不仅是我国的应然选择，而且也具有普适意义，代表着金融监管改革的基本方向。相应地，金融业应以分业经营为原则，兼顾市场和消费者的混业要求，在有效监管之下健康地运行发展。

（史际春、杜远航，原载《江淮论坛》2010 年第 5 期）

参考文献:

［1］美国总统签署金融监管改革法案［Z/OL］. 新华网，2010-07-22.

［2］奥巴马签署7870亿美元经济刺激计划［Z/OL］. 新华网，2009-02-18.

［3］巫和懋. 金融监管改革的学术思想基础［N］.21世纪经济报道，2009-12-31.

［4］彭龙：中国可一步到位建立统一金融监管体制［A/OL］. 环球财讯网，2010-08-11.

［5］《德国银行法》和德国金融监管局（Bafin）的权限［Z/OL］. 德国财经网，2010-04-30.

［6］金融监管一体化［A/OL］，互动百科网，2010-02-12.

［7］［美］里奥·M. 蒂尔曼. 金融进化论［M］. 刘寅龙，译. 北京：机械工业出版社，2009：7.

［8］曹凤岐，主编. 挑战——北大经济与金融高级论坛精彩演讲［M］. 北京：企业管理出版社，2008：148.

［9］朱大旗. 金融法［M］. 北京：中国人民大学出版社，2007：118.

［10］臧慧萍. 美国金融监管制度的历史演进［M］. 北京：经济管理出版社，2007：57-59.

［11］秦国楼：以金融稳定为本的美国金融监管改革［A/OL］. 新浪网，2010-08-17.

［12］国务院机构改革序幕将启金融部门仍将分业监管［Z/OL］. 中国经济网，2008-03-11.

从证券市场看"错法"及其纠正机制[*]

证券市场是政府与市场互动、博弈之典型，容错、试错、纠错是证券法发展的常态，可从中探究、把握"错法"及其纠正之道。

我国证券市场走过了二十多年历程，有过不少经验与教训，与此相伴的，是不断完善的证券市场法治。一般来讲，事物越新、变化越快，它所面临的法律束缚会越多，但突破瓶颈后的跳跃发展步伐也越大，这是法治的正常现象。我国证券市场的形成和发展是"摸着石头过河"，法治建设对其发挥着积极作用，但法律束缚着市场发展的现象或曰"错法"也不少见。创新是资本市场的生命力所在，可以说，创新既对我国证券市场相关法规提出了挑战，也为我国证券法体系的进步与完善提供了动力。为此，本文拟结合证券市场的特点，从理论上对证券市场发展突破"错法"束缚的途径进行梳理，探讨切合证券市场实际的"错法"纠正机制，以期在通过法律保障给予证券市场发展以动力的同时，最大限度地减少法对于证券市场发展的阻力，促进证券市场健康发展，使之更好地服务于实体经济。

一、证券市场与证券法的特点

证券市场是经济社会中发展变化最快的领域之一，各种创新层出不穷、金融产品日新月异。这一领域，法律滞后或者不能适应经济与社会发展客观实际的矛盾较之其他领域更为突出。纵观金融市场发展史，在激烈的竞争环境中，市场参与者为了提升赢利能力，在拓展新的业务领域、推动创新的同时，必然会不断发现、挖掘现有市场规则和监管体系中存在的种种问题和缺陷，而这些行为的存在也促使监管者不断地对规则进行修改和补充，从而推动金融市场制

---

[*] 本文是 2011 年度教育部人文社会科学研究一般项目"关于'错法'及其纠正机制问题研究"（项目批准号：11YJA820059）的中间成果之一。

度和金融监管体系的不断优化。事实上，一些发达国家金融市场发展的历程正是一个规则被不断突破，甚至被破坏，然后又不断得到修补和完善的过程。[1]是分业经营还是混业经营，是严格监管以保证安全还是给予金融企业更大的自由度以促进其创新提高效率，等等，这些问题无时无刻不困扰着金融业者和金融业监管者，并反映在相关的法治建设上。因此，容错、试错、纠错，是证券法发展的一个常态，与其所调整领域的状况相适应，证券法具有明显的政策性和变动快的特点。

从 1990 年、1991 年中国人民银行批准成立上海证券交易所、深圳证券交易所起，我国证券市场从无到有、从小到大，用二十余年时间走过了西方发达国家百多年的道路，其发展变化更胜国外。作为"新兴加转轨"的市场，一方面，我国建立了一个市值排名世界第三的股票市场，一个余额居世界第五位的债券市场，对世界金融的影响力逐步增加，成为全球发展最快的证券市场之一；另一方面，世界经济对中国证券市场的影响也逐渐增大，其他市场的股指波动愈益直接、也越来越深层次地影响着 A 股市场。此外，与国外成熟的市场相较，我国证券市场起步晚、发展时间短，有着自身的特点：社会处于经济转型期，不时要进行各种体制机制制度改革，感受各种观念和理念的碰撞；各种利益群体也在不断地变动并相互博弈；在社会主义初级阶段建立高度市场化的证券市场，没有成功的经验和现成的模式可以学习借鉴，有着其他市场所没有的一些问题，如协助国企改制和发展、工薪阶层和底层民众大规模入市等；受特有国情及文化传统的影响甚大，如管理者信托观念缺失、市场结构以中小投资者为主、股权文化不成熟等。这是我国证券市场的最大实际，证券市场要科学发展，就必须认识其"新兴加转轨"加中国国情的基本特征。[2]与整个市场经济和证券市场一样，证券法治建设同样必须适应"摸着石头过河"的模式。

黑格尔在阐述法律的稳定性时曾引用赛西留斯的一番生动言论："法律绝非一成不变的，相反地，正如天空和海面因风浪而起变化一样，法律也因情况和时运而变化。"[3]因此，如同在任何领域，证券领域出现"错法"很正常，合乎法和法治的规律。而如何对其进行纠正，即探究证券市场的应有价值、形成相应的认识和观念，以此对相关法律法规及其适用进行评判和约束，通过不同主体及利益的相互博弈予以反映，从而在动态中形成合适的规则，促进证券市场更好地运行和发展，是解决问题的根本和关键。

二、"错法"在证券领域的主要表现

"错法"与"恶法"不同。"恶法"要么违反了人类的普遍道德底线，要么与恶评者所处群体的整体利益和民族精神相悖。而法的对错之分并不绝对，如同牛顿三大定律也有一定的适用条件一样，评判法的对错需要审视其所处的社会、历史背景。同时，区别于对"恶法"的评判基于根本的人类良知、意识形态和民族利益标准，法的对错评判侧重于法的适时性及其对经济社会有序化的贡献。"错法"通常也不是形式错误的法，而往往是与经济社会发展的实际相脱节、不符合实践所需之法。[4]换言之，"错法"形式上或许合法，实质上却不能实现正义。作为主观反映客观的法，证券法也会"错"。一方面，证券法面临着我国经济社会领域及其法律调整中的各种问题，"错法"的种种类型和成因在证券法中都可能出现。另一方面，与证券市场及证券法的特点相适应，由于证券领域的法本身需要实现包容创新、维持稳定这一对看似对立实则统一的目标，我国特殊的市场环境又赋予了其某些政策属性和文化印记，法固有的与实践脱节的特性及滞后性被放大。因此，"错法"在证券市场中的表现主要有两类：一是由证券法本身的特点所决定，系立法未能包容创新，从而对市场发展形成束缚；二是由国情决定的，反映了我国证券市场的特点，主要是法理念与现实脱节。兹以七例说明之。

第一，落后于信息技术发展的法。《中华人民共和国证券法》（以下简称《证券法》）第141条规定，证券公司接受证券买卖的委托，应当制作买卖成交报告单交付客户。对账单必须由交易经办人员以外的审核人员逐笔审核。此条款是1998年制订的，还停留在20世纪90年代的实践，当时的交易委托以柜台委托为主，需要手工填单。而现在，通过网络进行的非现场交易已占交易量的80%以上，网上交易时，不存在所谓交易经办人员或者其他人员逐笔审核之类的做法。

第二，落后于市场发展的法。《证券法》第129条规定，证券公司变更注册资本，应当经证监会批准。这也是《证券法》最初规定的内容，对于非上市证券公司的增资扩股行为，需由监管机构进行审核。当时，证券行业没有上市公司，这一规定没有考虑到证券公司上市的情形。随着市场的发展，我国现已有19家上市证券公司。对于上市证券公司而言，其送红股等行为涉及注册资本变更，但这与其他上市公司的分红送股行为相比，没有明显不同。要对这种行为进行特别的审核，实无必要。可见该条规定已落后于市场的发展。

第三，不能包容市场创新的法。《证券法》第130条第2款规定，证券公司不得为其股东或者股东的关联人提供融资。该规定主要是为防止在证券公司治理不规范、内控不完善情况下，股东通过借款等关联交易占用证券公司的资金或者向其转嫁风险。[5]但立法者没有预见到该条款对业务创新带来的困扰。上市证券公司开展融资融券业务时，这一规定实际上难以适用。这其中的原因，一是上市证券公司无法实时掌握其全部股东名单，上市证券公司在向投资者融资时，不能准确辨别该投资者是否是其股东；二是上市证券公司无法阻止其融资融券客户买卖其股票。对于在深交所上市交易的证券公司而言，由于深圳证券账户可以在不同的证券公司处开立多个，投资者可以通过开设在其他证券公司的普通账户买入该上市证券公司的股票，上市证券公司没有手段对此进行控制。

此外，《中华人民共和国公司法》（以下简称《公司法》）第 143 条第 1 款限制公司收购本公司股票的行为。该规定的本意是贯彻资本维持原则，以免损害债权人和小股东的利益。[6] 但在融资融券业务中，实行的是名义持有制度，证券公司客户买入的股票在证券登记结算公司处是置于证券公司名下的。这就限制了上市证券公司的客户融资买入该公司的股票，而客户融资买入上市证券公司股票的行为并不违反资本维持原则。

第四，尚未抹去旧时代痕迹的法。《证券法》第 46 条规定，证券交易的收费项目、收费标准和管理办法由国务院有关主管部门统一规定。这一 1998 年规定的内容尚遵循着计划经济时期的定价机制，没有反映出在市场经济条件下证券公司收取经纪交易佣金等费用实际上是证券公司的市场行为，作为证券公司为客户提供服务的对价，应当由证券公司与客户根据具体情况与服务内容磋商而定，没有理由实行政府定价或政府指导价。

第五，"一刀切"的武断立法。《证券法》第 43 条规定，证券从业人员不得直接或者以化名、借他人名义持有、买卖股票，也不得收受他人赠送的股票。这一规定的本意，在于防止证券从业人员利用职务便利掌握的内幕信息等进行不当交易。[7] 但这种对证券公司从业人员持有、买卖股票的全面禁止，在各国立法例中很少见到。[8] 国际上通行的做法是相对限制，而不是绝对禁止证券从业人员买卖股票：当从业人员可能触及某只股票的内幕信息时，就应主动申报，而将该股票列入灰名单或者黑名单，同时要求从业人员按规定上报其交易的股票，让"阳光"成为杀毒防腐剂。因为证券从业人员不一定就能掌握内幕信息，禁止其"炒股"的做法未免过于武断。而且，该条规定也未考虑到证券从业人员购买基金，通过基金信托持有某一股票的行为。因此，有限地允许证券公司从业人员持股，应当是合乎法理和实践要求的。

第六，矫枉过正的立法。《证券公司监督管理条例》第 59 条规定，证券公司客户的交易结算资金应当与指定商业银行的自有资产相互独立、分别管理。该条出台的背景，是在 2007 年证券公司综合治理完成以前，证券公司挪用客户交易结算资金的现象严重，酿成了风险。2005 年修订后的《证券法》第 139 条规定，证券公司客户的交易结算资金应当存放在商业银行，以每个客户的名义单独立户管理。该规定在业界俗称客户交易结算资金第三方存管。考虑到综合治理实践中发现商业银行协助证券公司挪用客户交易结算资金的情形，《证券公司监督管理条例》遂进一步做了上述规定。然而，在实践中，证券公司存入商业银行的客户交易结算资金虽是单独立户存放和管理，但与其他所有客户的银行存款一样，商业银行实际上是将所有的存款资金混在一起，并用于对外放贷，实际操作中将两者分开是不合理和做不到的。

第七，需理顺的债券市场管理体制。《公司法》第7章规定了公司债券的发行、登记和管理等一系列事项，其第154条规定："本法所称公司债券，是指公司依照法定程序发行、约定在一定期限还本付息的有价证券。"《企业债券管理条例》也规定了债券的发行和管理，其第5条规定："本条例所称企业债券，是指企业依照法定程序发行、约定在一定期限内还本付息的有价证券。"《银行间债券市场非金融企业债务融资工具管理办法》又对短期融资券、中期票据等债务融资工具作了规定，其第2条规定："本办法所称非金融企业债务融资工具，是指具有法人资格的非金融企业在银行间债券市场发行的，约定在一定期限内还本付息的有价证券。"从这些规定可以看出，公司债券、企业债券和非金融企业债务融资工具本质上都是债券，其适用范围是相互重叠的。但在我国分头监管的体制下，形成了对实际上同一的调整对象，法律、行政法规和部门规章并行，相互自成体系的局面，有关审批和监管部门各不相同。如上市公司发行公司债券，由证监会监管，适用《公司法》；但公司也可以根据《企业债券管理条例》发行企业债券，由发改委审批；公司还可以根据中国人民银行发布的《银行间债券市场非金融企业债务融资工具管理办法》等规定，进入全国银行间债券市场发行中期票据、短期融资券等。

以上七例，前三例主要是法不能包容发展和创新的反映，后四例可以视为法理念与现实的不兼容。当然，这两个因素也会交错在一起，未必能截然分开。对于后者，应当在立法环节通过种种措施尽量避免，前者则是法治进程中的正常现象。因此在实践过程中，我们允许试错的情况存在，发现问题、研究方案、及时改正才是法治进程的正确道路。

三、证券实践如何应对"错法"

对"错法"的纠正，在大陆法系国家有其常规途径，如按照法定程序进行法的修改或者废除；通过法律解释，力所能及地加以纠正，等等。在英美法系国家，还更多地通过司法审判与时俱进，实时纠错。对于证券市场而言，这些途径都不失为有效，但又都有不足之处，因为其复杂且滞后，通常"缓不济急"。时时求新、刻刻思变的证券市场付不起如此"昂贵"的成本。法律制度的有效性在于对规制对象内在积极因素的有效利用和消极因素的有效防范。[9]那么，证券市场如何发展出自己的容错和纠错机制呢？

（一）市场主体推动

对于"错法"，首先感到切肤之痛的是市场主体，因为它直接影响市场主体的利害；而执法机关、立法机关对法是否"错"及如何"错"的感受和认识往往是滞后的。因此，考察证券市场的容错和纠错机制，需要从市场主体的应对入手。这种应对主要有三种情况。

一是形成合理的行业惯常做法。例如对于《证券法》第141条有关制作对账单并由相关人员逐笔审核的规定，在电子化环境下，演化为操作系统的自动审核和成交回报，即客户下单前，系统就自动根据客户账户内的资金余额和证券余额，计算出客户可以买入和卖出的证券数量，并由系统进行前端控制，防止出现资金和证券不足的情况；成交后客户可以查询成交回报，包括成交时间、价格、股数和金额等；未成交前，客户可以随时撤单。交易日终，由系统完成证券公司对客户的有关清算。这些做法，既有利于操作，也无碍对客户权益的保护，已被市场普遍接受。

二是进行迂回的金融创新。例如由于《证券法》第43条有关从业人员不得持股的限制，上市证券公司难以实施员工持股计划以形成科学有效的公司激励约束机制。但上市证券公司可以设计影子股权计划，与员工约定在将来某条件成就时，给予员工以一定数量股票等值的奖励。这样，员工不持有公司股票，不违反从业人员持股的限制，公司也可以达到将员工的利益与公司的发展紧密结合起来的效果。

三是主动避开"雷区"。例如由于《公司法》第143条的规定和融资融券制度中名义持有账户体系的设计，上市证券公司的客户能否信用交易该公司股票，实际上是需要进一步加以明确的。在有关问题未明确前，上市证券公司允许其客户信用交易本公司股票，存在合规风险。为避免这种风险，上市证券公司往往在与投资者签订融资融券合同时，对投资者进行解释和风险提示，在投资者同意的情况下，采取有关技术措施限制投资者信用交易本公司股票。

（二）监管机构主导

证券监管机构有两重身份：一方面，它是法律的执行者，要捍卫法律的尊严，即使对"错法"，它也要做"守护"者；另一方面，"春江水暖鸭先知"，"错法"必然与社会实践发生矛盾甚至冲突，对此，执法者在第一线工作中必然能够实时感受到。在证券领域，利益高度集中，监管机构的一举一动都关系着巨大的利益，受到方方面面的压力；证券领域追求高效率，"错法"的影响会得到迅速放大、蔓延。如果法"错"得离谱，实际上无法执行，这时监管机构应成为纠正"错法"机制中的一个重要角色。在此情况下，时不我待，必须尽速纠正"错法"。

实践中，监管机构的基本态度是在充分尊重法律的前提下，尽量减少"错法"对于市场发展的桎梏作用，将执法中遇到的种种困难和矛盾进行梳理，提出意见和建议，提交有权的立法部门，推动法的立、改、废工作。此外，在力所能及的范围内，监管机构也发挥主观能动性，解释和创制规则，在法与实践的互动中推动法治的进步。

一是制定部门规章，在可能的缝隙中寻找释法纠错的空间。例如，考虑到2005年修改《证券法》时，尚没有证券公司融资融券业务，《证券法》禁止证券公司向股东融资的立法目的是防止股东占用公司资金，而不是针对融资融券业务；同时《证券法》第142条规定由国务院对融资融券业务作具体规定，在《证券公司监督管理条例》有关融资融券规定中并无禁止上市公司向其小股东融资进行信用交易的规定。因此，证监会在《证券公司融资融券业务管理办法》中允许上市证券公司向持有其5%以下股份的股东提供融资融券服务。

二是进行窗口指导，避免矛盾。在法有不当或偏颇的情况下，防止它所引起的社会矛盾激化或者被放大，也不失为一种明智之举。其有效做法之一是通过窗口指导，要求市场主体合理绕开"错法"适用。比如，在证券公司融资融券业务试点过程中，为防止《公司法》第143条的尴尬适用，监管机构对证券公司进行窗口指导，要求上市证券公司不得接受客户提交本公司股票作为担保。

三是不断试点，"摸着石头过河"。根据《证券公司监督管理条例》的规定，国家鼓励证券公司在有效控制风险的前提下，依法开展经营方式创新、业务或者产品创新、组织创新和激励约束机制创新，因此，监管机构应当采取有效措施，促进证券公司的创新活动规范、有序地进行。在试点过程中，可以尝试对原有的一些不合理规定进行适当的变通，经实践证明成功后，总结试点的经验教训，通过法的立、改、废工作，解放"错法"的不合理束缚，固化试点形成的有效做法。

四是通过执法行为，减轻"错法"的消极影响。例如，《证券法》第129条规定的变更注册资本需经审批的行为，意味着上市证券公司与一般上市公司不同，而实际上，其分红送股是没有必要事先审批的。但在该条修改前，监管机构不能擅自取消该行政许可。为此，监管机构在实践中对上市证券公司的该行政许可开设"绿色通道",在审批环节、申报材料等方面予以简化,一定程度上也起到了纠错的效果。

五是与有关部门进行协调,形成纠错的合力。有些错误,单一监管机构在纠正方面所能发挥的作用是有限的,比如有关债券的混乱管理体制。监管机构就此所能做的是开展调研,作出合理的分析判断,提出解决问题的相关建议,与有关部门充分沟通协调,以期形成共识,从而减少市场发展的成本和阻力。

四、法的政策化——运用正确的法理念审读证券市场的"错法"问题

在证券市场发展出的灵活且多样的容错、试错与纠错实践中,可以发现其中若隐若现的政策影子。仔细分析,除按照法定程序进行法的立、改、废工作外,其实市场主体对于"错法"的应对,需要监管机构的宽容与默许;监管机构主导的容错与试错并进而纠错的行为,也不是散乱无章的,而要体现一定的意图,反映监管机构对于当前社会化条件下实质公平正义的具体认识。这一切都脱离不了政策的制订与执行。

法与政策并非不兼容。政策一般具有目标性、阶段性、原则性、灵活性等特征,传统上正是将此作为政策区别于法的标志。[10]但政策存在于所有的法律领域。在西方的法理学中,当"规则"学说无法解释立法、司法和行政中大量出现的自由裁量行为时,"政策"和"原则"也就进入了法学家的视野。[11]博登海默就认为,法律决不能回避和拒绝那些型塑并改变社会生活结构的力量的影响。[12]列宁也说过"法律是一种政治措施,是一种政策"。[13]Law and policy 也已成为一个惯用词组,law 包括 policy,policy 则包括立法和各种公共规范性文件。其背后,是现代社会出现了法的政策化、政策与法融合的趋势。其一,法越来越不能依赖法典和立法机关制定的法律了。面对复杂多变的经济社会情势,立法者把握现实和前瞻未来的能力越来越捉襟见肘,法的滞后、矛盾、缺漏、不当超前等日趋严重。并且,徒法不足以自行,政策在法律的解释、梳理、执行乃至立、改、废方面的作用越来越直接。其二,法根据形势的要求随时发生变化,其频率越来越快,不亚于通常所认为的政策变化。其三,在形式或者渊源上,法与政策也在趋同,比如都表现为宪法、法律、行政法规、地方性法规和政府规章等。① 在这种条件下,"政策"与"法"不一致或存在矛盾的,既可能是法"大",也可以是政策"大",究竟哪个"大",按照一般法律效力认定的

---

① 也即《中华人民共和国立法法》规定的各种立法形式。不过该法规定的法律渊源未包括其他规范性文件。

原则进行判断即可。[14]

造成法律和政策融合的原因，是社会化的发展使得劳动协作上升到了社会层面，需由政府作为社会利益的天然代表者，① 广泛承担经济社会公共管理职能。面对纷繁复杂的形势和局面，承担公共管理的主体必须像企业 CEO 那样具有自由裁量权，且法律规则由于科技进步和经济社会的社会化而愈益获得专业、经济和社会的秉性，法因此普遍获得了政策性、概括性和授权性的特征。同时，政策也越来越法律化、具体化，不难发现，实践中许多政策已俨然成为公共管理部门或执法机关、司法机关日常工作的规范或者依据。

中国的证券市场年轻且充满着旺盛生机，同时存在着许多幼稚和不成熟的地方，如果试图用稳定和刚性的法律予以规范，无疑会扼杀市场活力。在这一领域，法与政策融合的趋势更为明显，法的政策化的倾向更为典型。例如，试点就是证券监管机构使用的一种兼容政策与法的手段。证券监管机构依法引导证券公司开展客户交易结算资金第三方存管、合规管理、融资融券业务、约定购回式证券交易、债券质押式报价回购业务、现金管理产品等制度或者业务，都是以试点的方式实行，成熟后再推广到行业。如此既控制了风险，也鼓励了创新，取得了良好的社会效果。

法和"错法"纠正都是社会成员暨不同利益群体（尤其是立法者、执法者和利害关系者）相互博弈和互动，从而形成并实现规则的一种动态过程。这个过程由于证券市场利益的高度集中而具有自身的特点。证券市场具有比其他市场更为复杂、专业的规律，只有在包括监管机构在内的不同主体的博弈和互动中才能不断发现规律、尽可能接近规律的要求。这一过程中，首先需要监管者和被监管者形成合乎规律的共同理念。在此基础上，二者得以良性互动，通过表现为监管者行为的政策来适用法律，在纠正"错法"的同时尊重经济社会暨市场的规律及现代法的实质公正追求。这些也可映射出现代法治的某种规律性，使我们正确理解并正视法的政策化，而非简单地拒绝和排斥。

五、政策的法治化及其在证券市场的具体建议——将相关"错法"纠正纳入法治轨道

（一）政策"法治"化的关键——问责制

法的政策化，可以贴切、灵活、妥当地解决证券市场这一时时发展创新的领域的"错法"问题，但用我国传统的法律观点看来，却似乎有失"体统"。

---

① 至于其能否代表得好，则取决于民主法治的水平。兹不赘述。

"政策"一词在法学界一度声名不佳，中国的法制暨法治理论从改革开放之初就表现出了对政策的排斥。这是因为在论者看来，法治是对人治的否定，而政策则是人治的最典型、最全面的表现方式，在处理政策与法律的关系时，将政策看作是一种不正常的、违反法治的、临时性的存在。[15]脱法的政策，固然有弹性大、易与人治合流的弊端，但如上所述，社会化的要求使得政策与法融合，政策成为法和法治不可或缺的要素。政策法治的关键，在于概括授权加自由裁量加责任追究的问责制模式。这正是当代已然显现的法律日益灵活多变、政策则在法治暨问责的框架下制定和实施的一种法治趋势。[16]

问责制是西方国家近年发展出的概念和制度机制。它是一个可以将法治诸要素如立法、公众参与、公共行政、吏治、司法等融为一体的系统，不妨概括为角色担当、说明回应和违法责任的三段式。[17]换言之，问责制是法治的一般要求及运行方式，包括证券市场在内的社会活动和社会关系只有融入了问责制，才能在法治状态下平稳运行。

（二）建立证券市场有效"错法"纠正机制的具体建议——以问责制为中心

法的政策化是对证券市场诸多"错法"纠正实践的解读，而要形成成熟的机制，将其纳入法治轨道，则需要"问责制"的保障。在法治与市场发达的国家或地区，问责制的重点是三段式中第二段——动态的说明回应，以因应社会经济活动日益复杂、周期长、变动大的条件下对角色担当者难以像过去那样问责、究责的新形势。

其一，关于角色担当，在市场经济体制下，市场主体的角色由当事人依法自行设定，表现为公司的宗旨、章程等，所以作为问责制起点的角色担当，主要是指公共管理机构（证券领域则为监管者）角色及其权利义务的科学合理设置。比如"大部制"改革就是包括我国在内的许多国家新近在这方面的努力。就证券监管而言，更多地应当关注从传统上所谓在公法领域"法律没有规定就是禁止"的信条，转向监管机构在法律概括授权下的自由裁量，以适应社会化条件下法治模式的变化。

证券市场属于虚拟经济，其规则与规范实体经济领域商品生产交易的法相比，具有不直观、操作复杂和专业性强等特点。立法机关并不直接管理和专注于证券工作，与证券市场实践实际上存在相当的距离，因此其虽然有权制定证券市场的法律，但难以将许多专业性的规则直接在法律中规定。而且对于复杂多变的证券市场，政府在监管证券市场活动时，需有必要的主观能动性，否则监管就会失去对创新的引导，市场就会丧失活力。解决问题的办法，莫过于增大对证券监管机构授权立法的空间，即：努力做到以宗旨定角色、定职责，而不是规定得"越细越好"，以免由于世上"没有两片相同的树叶"而使监管机构无所适从，即使其不尽责也追究不了其责任。因为对诸多事宜既然没有法律规定，那么监管者不作为也没有违反法律的规定。通过扩大授权立法，一是可以授予证券监管机构以充分的自由裁量权，使之得以有效地引导市场，对市场行为随时纠错或确认，不断地总结实践经验，在试错中形成并完善、发展规则，从而尽量避免立法之初就脱离实际的"错法"；二是使立法相对灵活，纵有错误也易于纠正；三是通过一个概括的宗旨，比如"证券市场的健康有序运行、发展"，可以时时鞭策监管机构恪尽职守，尽力而为，并在激励的同时也对其施加有效约束，相关机制就是"说明回应"。

境外成熟市场的监管经验表明，监管机构践行法律概括授权下自由裁量的一个重要表现形式，就是原则监管（Principles-Based Regulation，PBR）。原则监管是 2002 年以来欧美国家证券监管的一个发展趋势，其受到西方证券业界的广泛关注并付诸实践。原则监管与规则监管相对应，是指监管机构为监管对象设定合理的目标或原则，允许其自行选择以何种方式以更好地实现这些目标。[18] 原则监管以目标为导向，而规则监管是以过程为导向的。规则监管要求制定详细的监管规则，列明具体监管要求，使监管对象有操作细则可循。[19] 规则监管一直以来是我国证券市场及其法治中的一个倾向，对任何市场行为、制度、创新，无论是监管层还是市场主体，总是倾向于出台事无巨细的规则。而事实上，规则越具体、越详细，出现错误的可能就越大，出现了错误后顺利纠正的困难也更大。在我国证券市场的各项基础制度已较为完善的今天，过于详细、具体和刚性的规则监管往往不能适应证券市场运行、发展的需要，而成为市场创新的瓶颈。从证券市场和证券法的特点以及我国证券市场现状出发，有必要借鉴国际经验，适度强调原则监管，为市场发展留出试错、容错的空间，也为建立有效的纠错机制提供必要的途径。其实这何尝不是由市场特性所决定的一种法治客观规律，其不仅适用于证券监管，也是其他市场监管和经济调控监管所应当遵循的。

其二，关于说明回应，监管者应当按照法律要求的监管宗旨，立足于专业的判断，敢为敢当。当然，监管者也需要被监管、制约，否则就意味着腐败。它应当接受来自各方面的质询、质疑，不时做出回应，不得暗箱操作、恣意妄为。这种动态的问责（answerability）不能止于体制内，如上下级、组织人事、监察、检察、人大及其常委会、党的纪检等，更不能局限于党内，还应包括市场、舆论和公众自发的问责。

监管者不是高高在上的"救世主"，它在某种程度上也是证券市场的参与者和服务者。监管者要充分听取市场及社会的声音，做忠实的执法者和市场守护者，维护证券市场的正当和适度的竞争环境，密切关注市场反应。对于经实践检验是切实可行、行之有效的做法，应当予以巩固和发展，或者通过立法机关上升为立法层面的规则；对于经实践检验发现不完善、有瑕疵的措施，要从善如流、知错能改。

在日常工作中，监管机构应当更多地关注系统性风险、保护投资者利益和保障信息的公开透明，而不是颐指气使，武断地制订规则，甚至习惯性地像"婆婆"一样干预市场主体的日常经营活动，代替企业考虑盈亏。鉴于政府在经济社会中的主导地位，监管机构摆正自身的位置后，企业的跟进是水到渠成的。

在这个互动的说明回应环节，监管者还应当认识到，法的实质正义追求已渐成社会主流意识。建设中国特色社会主义是当前中国的大局，法治也应当服从这个大局。[20]就证券市场而言，大局则是正确认识现阶段资本市场与实体经济的相互关系，积极稳妥地推进证券期货领域的改革开放，努力推动资本市场的结构调整和服务能力提升，服务于实体经济。树立这一理念，将有助于人们不再纠结于"错法"纠正的立法程序、刚性而难以通过解释变通的法条内容等技术性问题，从而获得更为广阔的视野。

近些年证券监管者越来越在意市场和民众对其行为的反应，出台规则和执法时注意倾听民意，并以此检验、调适自己的行为，这是法治进步的表现。只要各方各司其职，充分沟通和交流，则无论证券市场如何变化，规则及其形成有多么困难，"错法"产生的概率都会大大减少，即使出现"错法"，市场主体和监管者也可以敏锐地发现，及时地纠正。

其三，责任追究涉及监管者和市场主体两个主体。在监管者方面，其角色担当错位、越位、不到位和违反说明回应义务应当承担的不利后果，不应拘泥于一般的行政责任，而应引入国际通行的重大行为失当赔礼道歉、重大决策失误引咎辞职或责令辞职等，同时给予行政相对人提起诉讼的权利。目前许多涉及证券市场的诉讼，法院出于种种考虑不予受理，导致问责缺失，应当尽快纠正。对于市场主体而言，凡违约、侵权、违反监管义务就应当受到法律的追究，这与在其他一般领域并无不同。但由于证券市场的特点，传统的行政处罚措施存在一定的局限性，如处罚种类手段有限、针对性不够，程序复杂、及时性不够，重在事后追究、事前预防和事中制止不够。我国监管机构从追求实质公平正义出发，采用了一些新的监管措施，如对高管人员进行监管谈话，限制高管福利，限制证券公司股东转让股东权益，宣布不适当人选，对有关人员出具警示函等。此类措施有利于提高监管的针对性和有效性，对建立多层次、递进式的问责机制具有重要意义，合乎问责制所要求的专业积极能动和自由裁量，应予肯定，并在理论上、法律上给予支持。

（史际春、张悦、毛小婉，原载《政治与法律》2013 年第 1 期）

参考文献：

［1］尚福林．金融体系的转型与促进资本市场稳定健康发展［J］．中国金融，2008（12）：9．

［2］尚福林．十二五：努力提升中国资本市场服务能力［J］．国家行政学院学报，2011（1）：79-82．

［3］［德］黑格尔．法哲学原理［M］．范扬，张企泰，译．北京：商务印书馆，1961：7．

［4］史际春，冯辉．论错法如何纠正［J］．新视野，2010（1）：47．

［5］周正庆，李飞，等．新证券法条文解析［M］．北京：人民法院出版社，2006：352．

［6］桂敏杰，安建．新公司法条文解析［M］．北京：人民法院出版社，2006：336．

［7］李建国．证券法详解［M］．北京：中国轻工业出版社，1999：33．

［8］王吉学，陈丽媛，等．证券公司从业人员禁止持有、买卖股票若干问题商榷——立法追溯与当代比较的视角［M］//证券法苑：第 5 卷（下）．北京：法律出版社，2011：118．

［9］徐孟洲，杨晖．金融功能异化的金融法矫治［J］．法学家，2010（5）：110．

［10］李步云．政策与法律关系的几个问题［J］．法学季刊，1984（3）：3-7．

［11］王伟奇．法治理论中政策与法之关系分析——以社会权利的发展为背景［J］．湖南文理学院学报（社会科学版），2008（2）：33．

［12］［美］博登海默．法理学、法律哲学与法律方法［M］．邓正来，译．北京：中国政法大学出版社，1999：403．

［13］列宁全集：第 23 卷［M］．北京：人民出版社，1958：42．

［14］史际春，赵忠龙．竞争政策：经验与文本的交织进化——治理转型、实践理性与国家战略［J］．法学研究，2010（9）：104-112．

[15] 杨在平. 政策法学：迈向实践与理想形态的中国法学 [J]. 理论探索, 2006 (5)：143-146.

[16] 史际春, 肖竹. 论分权、法治的宏观调控 [J]. 中国法学, 2006 (4).

[17] 史际春, 冯辉. "问责制" 研究——兼论问责制在中国经济法中的地位 [J]. 政治与法律, 2009 (1)：2-9.

[18] 步国旬. 证券公司合规监管的新趋势：基于原则的监管 [J]. 证券市场导报, 2010 (1)：4-7, 12.

[19] FINANCIAL SERVICES AUTHORITY (FSA) (UK). Principles-Based Regulation：Focusing on the Outcomes that Matter [A/OL]. The website of FSA, 2012-03-30.

[20] 朱景文. 中国特色社会主义理论的形成和发展——纪念改革开放 30 年 [J]. 法学家, 2008 (6).

论价格法

价格是市场机制的核心要素，然而实行市场经济也须政府对价格进行规制，包括价格法的直接规制、宏观调控，竞争法对价格不正当竞争和价格垄断行为的规制等。

国际市场变幻多端、CPI 高涨，对粮油、资源产品、公用服务等价格管制的得失引人瞩目，适逢《中华人民共和国价格法》（简称《价格法》）实施十周年和《中华人民共和国反垄断法》（简称《反垄断法》）出台，兹以本文就如何认识及完善我国的价格法作一讨论。

一、市场机制与价格调控、监管的基本道理

实行社会主义市场经济，要由市场机制充分发挥作用，而价格是市场机制的核心。市场主体根据价格信号追求利益最大化，通过无数个别行为的合力，使社会资源得以合理配置。也就是说，价格的作用是自发性的。当然，在现实生活中，价格机制未必能够正常发挥作用。比如，在自然垄断和合法垄断条件下，无法通过充分竞争形成市场价格；在人为操纵市场、滥用优势、违背商业道德等情况下，会造成价格扭曲；短期、局部、一些稀缺产品的供求失衡，为市场及价格机制的调节所不及；社会恐慌、盲目从众的心理，也会造成价格异动，等等。这就要求基于社会利益的政府价格调控和监管，并将其纳入法治的框架。

价格与竞争密不可分。只有通过市场主体的竞争，才能形成有效的价格。竞争促使市场主体对价格作出灵敏反应，为自身利益而不断改进技术和经营管理、降低成本、提高产品和服务质量，从而提升消费者福祉，促进社会生产力的发展。

《价格法》明确了我国的价格基本制度是实行并逐步完善宏观经济调控下主要由市场形成价格的机制，这既是对价格改革成果的法律确认，也是通过立法

明确了价格改革的方向。2001年7月，原国家计委公布了对《国家计委和国务院有关部门定价目录》（简称《定价目录》）的修订，放开原目录中107种商品和服务的价格，这是通过市场形成价格机制的重要标志，也反映了政府价格管理职能的转变。

价格固然需由政府依法调控、监管，问题在于，这种调控、监管应当立足于市场和竞争，着重修复、模拟市场机制，而不是单纯地通过行政手段来固定或调整价格。由于社会主义市场经济尚在发展中，加上计划经济的惯性，我国价格调控、监管的实践仍偏重行政而脱节于市场，忽视市场自发性的价值。从法律的角度看，出现这种情况，与反垄断法的不完善和价格调控、监管未能很好地与竞争法相结合有很大的关系。反垄断法的目的是促进自由、公平的竞争，修复、维护市场机制，价格调控、监管应当以其为前提和首要法律手段。《反垄断法》业已实施，为此提供了契机和条件。价格调控、监管中单纯行政手段的运用，也要秉持市场经济及其反垄断、反不正当竞争的理念，并通过法律的实体和程序性制度，使之尽可能以市场为基础、与市场相契合。

二、以竞争和市场化为核心的价格调控监管

（一）价格宏观调控与价格监管的关系

在宏观调控中，政府作用于国民经济的媒介是宏观经济变量，主要包括财政政策、货币政策、汇率政策等，而不是通过对市场主体或市场行为的直接管制或规范来实现的。因此，在不十分严格的意义上，又不无条件地迁就通俗的理解比如把审批也当作宏观调控，则可按直接或间接的标准，来区分政府对经济的宏观调控和微观监管。[1]《价格法》区分了"政府的定价行为"与"价格总水平调控"，大体上就是对价格的直接监管和间接调控之分。

事实上，价格的直接监管与宏观调控也有关联。"因为从价格体系上讲，价格有广义价格和狭义价格。广义价格既包括有实物形态和没有实物形态的商品价格，也包括各类服务价格，还包括各类生产要素价格。此外还有利率是资金的价格，汇率是外汇的价格，工资是劳动力的价格等等。"[2]《价格法》把价格的范围限定在商品和服务的价格，利率、汇率、保险费率、证券及期货价格等不适用该法，因此是狭义价格，通常称为"物价"，也是本文所指的价格。而在经济运行过程中，"物价"的波动和上涨可能是其他广义价格作用的结果。"物价"与要素价格、资金价格相互作用，共同对市场价格总水平产生影响。在国家价格宏观调控中，对非商品和服务价格，即其他生产要素价格，特别是利率、

汇率对全国价格指数及通货膨胀的判断也十分重要。因此，《价格法》第26条规定，国家确定市场价格总水平调控目标，要综合运用货币、财政、投资、进出口等方面的政策和措施予以实现。在价格宏观调控中，必须着眼于各种价格的相互联系和相互作用，把价格问题作为一个系统来认识和解决。

价格宏观调控作用于市场机制，间接影响价格，一般不会损害市场机制，因此应当更多地运用，而慎用直接的价格控制。但在实践中，在诸如价格手段的运用、政府定价的范围与方式、价格总水平异常时政府实施的干预措施等方面，经常是急功近利，过度行政强制以求立竿见影，不顾什么宏观微观。刚性地切入，副作用大，颇似治驼哪管死活。在改革开放30年和《价格法》实施已10年的今天，有必要对此加以反思，重新认识价格规制手段在市场经济条件下的性质及其运用。

当然，从英文看，政府对经济的规制（regulation）既包括宏观调控，也包括直接监管（supervision）。在此意义上，就政府与市场的关系而言，价格的调控、监管可概称规制。从 de-regulation 到 re-regulation，无非就是对市场能够调节、社会能够自治的事，政府就放手无为而治，同时对必需保留的最必要的政府经济职能立足于市场加以优化，这对政府的价格调控、监管也是适用的。符合市场经济要求的价格规制与计划经济下的政府价格调控、监管的根本区别，就是它是以充分发挥市场机制的作用为前提的，政府的价格规制是市场机制的补充，而不是相反。

（二）价格监管的目标、手段和实现机制

《价格法》规定了市场调节价、政府指导价与政府定价三种价格形式。市场调节价，是由经营者自主制定，通过市场竞争形成的价格，它是市场经济、价格机制发挥作用的基础，而其在总体商品和服务价格中所占的比重，也决定了一个国家实行的是不是市场经济，以及市场价格机制的存在与否。政府指导价和政府定价则是政府部门按照定价权限和范围，规定基准价及其浮动幅度，指导经营者制定的价格或直接制定的价格。在市场经济体制中，政府指导价和政府定价应当是价格市场形成机制的例外与补充。这三种价格形式，决定了政府价格监管的不同目标和手段：对于通过市场竞争、由经营者自主制定的市场调节价领域，国家主要对经营者的价格竞争行为实施反不正当竞争和反垄断法的监管。随着我国市场形成价格机制的确立，对价格竞争行为的监管应当是政府价格监管的核心。而在政府指导价和政府定价领域，涉及的问题较为复杂，包括政府指导价和政府定价领域的确定与调整、实施的条件、目标和手段等。在市场经济条件下，政府指导价和政府定价是政府对某些领域价格的直接管制，这种政府的直接价格规制，也应当秉承竞争的理念，尽量采用市场化的手段。

1. 政府直接规制价格的边界

根据《价格法》的规定，实行政府定价和政府指导价的范围为"与国民经济发展和人民生活关系重大的极少数商品价格""资源稀缺的少数商品价格""自然垄断经营的商品价格""重要的公用事业价格"，以及"重要的公益性服务价格"。应当说，这一立法之于今天的社会实践已显得滞后。

就立法本身而言，对"与国民经济发展和人民生活关系重大的极少数商品价格"的价格管制，不具有普遍性，甚至不具有合理性。多年的价格改革实践经验已经表明，某种产品或服务越是供不应求，价格越是居高不下，就越需要放开价格，通过市场来调节供求，通过竞争来形成合理的价格，并促进生产。在30年的价格改革中，我们对钢材、煤炭、粮食、棉花、食油、猪肉等商品价格的放开，就充分说明了这一点。对"资源稀缺的少数商品价格"的价格规制，则需要强调产品的供求机制与价格机制的联动作用。"自然垄断经营的商品价格和重要的公用事业价格"规制有其经济合理性，实践中大部分的直接价格规制也集中在该领域，但将"自然垄断经营"与"公用事业"并列不太符合逻辑，因为自然垄断往往只是公用事业的一个方面和某种特征。同时，各种公用事业之间或者同一公用事业的不同环节之间，其自然垄断的程度是不同的，弱自然垄断的公用事业或环节，应该通过竞争实行市场化的价格管理。根据公用事业是否"重要"来决定其价格形成机制，也缺乏合理的标准。最后，对"重要的公益性服务"的价格规制有一定的经济合理性，但笼统的规定忽略了公益事业收费机制的多样性，例如部分应当免费或通过税收形式；同样，如何判断公益事业是否"重要"，在立法上缺乏与决定公益事业收费机制的重要因素如公共物品属性、使用范围及拥挤程度等的相关性。

在实践中，真正决定政府定价和指导价的领域及内容的是《定价目录》，这份以部门规章形式出台的目录规定了政府实施直接价格规制的13项商品和服务及其具体定价范围，是我国现有政府管制价格的直接依据。

在市场经济体制下确定政府指导价和政府定价的领域，其实质是划定政府价格管制的边界，与之相对的是市场竞争的范围。政府实施直接价格规制的领域，应当是那些尚未建立或未完全建立，或暂时还不易建立，或无法以竞争性的价格机制为主来调节资源配置的领域。在现代市场经济条件下，以什么方式形成市场价格，不是人们的主观意志决定的，而是由产业的客观性质和特点所决定。能够并适宜市场竞争的行业，就应以市场竞争的方式形成价格；反之，则可通过非市场竞争的方式形成价格。所以，只能以是否适宜竞争为界限，来确定企业定价和政府定价的范围。凡是能够进入竞争性市场的商品和服务，都要由企业根据市场供求状况自主定价，这同样也应是决定政府直接规制价格的范围的核心标准。而该判断基于一个更为根本的前提，即如何认识产业及其具体环节的竞争性？对这一问题的回答，不属于本文的范围，但仍不妨以自然垄断行业和能源产业为例，说明对竞争性、不具有竞争性或者具有垄断合理性的产业及环节、竞争机制、竞争理念的认识，以及竞争机制的建立对政府直接价格规制边界确定的意义。

2. 自然垄断行业、能源产业的价格规制及其引入竞争和市场化改革

（1）自然垄断行业

电力、铁路、民航、电信、邮政、城市公用事业等都具有一定的自然垄断性，它们也是《定价目录》规定的实行政府定价的领域。但是，政府定价天然地存在监管障碍，除监管者可能被"俘获"这一所有管制行为所面临的困境外，还包括政府无法真实、准确地掌握企业的生产经营成本，很难形成对企业的有效激励；在政府定价中可能存在垄断企业对政府的倒逼；以及政府定价往往存在调整缓慢、不够灵活的问题。也正是因为政府定价的非合理性因素太多，才使得其无法成为市场经济条件下价格的主要形成机制。

自然垄断行业并非铁板一块，行业内的各个环节具有强、弱自然垄断之分，因此，可以针对自然垄断的强弱属性，实施不同的管制手段，这也同样适用于对其价格的监管。对具有强自然垄断特性的输配电、路网、管网、水网、输配气等环节，由于无法通过有效的竞争形成市场价格，因此需要政府定价。借鉴国外的经验，可以通过模拟竞争、实施激励性价格等方法，尽力使政府定价更为合理。而那些具有弱自然垄断属性，或者本应通过竞争形成价格、但因体制性障碍而无法实现竞争的环节，则应通过行业改革，打破垄断，引入竞争。

例如，针对电力行业，电力价格首先要逐步实现经由市场竞争形成上网电价，并对其实行两部制电价；逐步建立规范的输配电价形成机制；建立有利于公平负担的销售电价定价机制；实施煤电价格联动，及时疏导煤电矛盾。针对铁路行业，应将铁路统一运价中的铁路建设基金和运营价格合并，简化运价结构，提高铁路运输定价透明度；调整铁路运输价格水平，逐步建立各种运输方式的合理比价关系，促进各种运输方式间的合理分工和竞争；适当放松政府直接规制，逐步建立铁路运输价格根据企业经营发展需要和市场供求状况在一定范围内适当浮动的机制。针对电信行业，应适当准入更多的电信业者，除与电信用户密切相关或市场竞争不充分的电信业务由政府确定最高标准和资费结构外，其他电信业务资费应均由电信企业自主决定。针对邮政行业，要结合邮政

体制改革和《邮政法》的修订，改革现有邮政价格形成机制，政府除对邮政普遍服务业务的资费、邮政企业专营业务资费进行直接规制外，其他邮政资费可以放开实行市场调节价。

（2）能源产业

我国目前的能源价格机制还需进一步改革，改革的方向是政府逐步放松对能源市场价格的管制，由政府调控为主向市场调节为主转变。2007年12月公开的《能源法》征求意见稿第87条规定："国家按照有利于反映能源市场供求关系、资源稀缺程度、环境损害成本的原则，建立市场调节与政府调控相结合、以市场调节为主导的能源价格形成机制。"[3]这条草案反映了能源价格改革的方向，即能源价格要体现市场供求关系、资源稀缺程度，并把环境损害成本纳入能源价格之中；其核心是建立以市场调节为主的能源价格形成机制，实现能源价格的市场化。

能源价格的市场化改革，是整个产业市场化改革的重要组成部分。事实上，从煤价、电价和油价管制的演变过程可以看出，政府早已经意识到能源价格市场化的必要性，并已进行了一些改革，但改革得不彻底，在很大程度内保留了政府的定价权。之所以如此，与国有企业在能源行业的主导甚至垄断地位，以及保障国家能源安全的考虑密切相关。国有企业的主导地位，为政府规定能源价格提供了必要性和可能性，但要建立以市场调节为主的能源价格形成机制，就要促进能源行业竞争机制的形成，通过有效的竞争促成行业的良性循环。2007年开始实施的《原油市场管理办法》《成品油市场管理办法》就为创造这种公平的竞争机会提供了可能。

能源产业的市场化改革，本质上也是市场经济机制的内在要求。以电煤价格为例，完善电煤价格的市场形成机制是煤炭价格改革的重点，在现有政府主导电煤价格协商体系的机制下，政府为了缓解电价压力而对电煤的几番限价令都无法奏效[4]，诚如相关政府官员坦言的那样，"煤炭价格说到底是由供求决定的，在当前资源偏紧和运力受限的前提下煤炭价格肯定要上涨，简单地压制价格只能是扬汤止沸，解决电煤矛盾的根本出路还是要让煤炭和电力市场实现真正的市场化。"[5]

除煤炭价格外，其他能源产业价格也应遵循市场化改革的基本规律。例如，水价改革要坚持市场化、产业化改革方向，建立以促进水资源可持续利用为核心的水价机制，使水价能够反映水资源的稀缺程度和供应成本。石油价格改革的最终目标是由市场形成价格，在石油市场竞争尚不充分的情况下，改进国内石油定价办法，建立既反映国际市场石油价格变化，又考虑国内市场供求、生产成本和社会各方面承受能力等因素的石油价格形成机制。天然气价格改革的重点则是进一步规范价格管理，实现计划内外出厂价并轨；逐步提高天然气价格，理顺天然气与其可替代能源的价格关系。

3. 价格主管部门与产业监管机构在价格监管上的权力配置

随着自然垄断行业和能源产业改革的深入，必然会出现价格主管部门与产业监管机构之间的权力配置问题，解决这一问题是完善价格监管的必然要求，也是机构改革和政府职能转变后的一个突出问题。

根据《定价目录》，对目录中规定的商品和服务价格，除"电信基本业务"由信息产业部（现为工业和信息化部）定价外，其余大部分都由"国家计委"或"国家计委会同有关部门"定价。实践中，价格管制产业的价格监管权也基本由国家发改委实施或主导实施。但这种权力配置一直存在争议，因为价格管制、特别是定价权，是产业监管机构最为重要的监管手段，价格监管的缺失或不到位会使产业监管大打折扣。而由一个综合性的价格部门为所有的产业制定价格，在专业分工越来越深入以后，其合理性和可行性都会发生问题。例如，在电价管理上，目前有关法律和规定明确定价权属于政府价格主管部门，电力监管机构有调整电价的建议权；电价监督检查权由政府价格主管部门和电力监管机构共同行使，但电力监管机构没有对违法电价行为的处罚权。可以看出，电价监管的两个核心内容——定价权和处罚权，电力监管机构都无法正常行使，其行政执法权是不完整的，这就直接影响到监管的效果和权威性。

因此，有学者主张，"政府价格主管部门在定价问题上必然面临一个转型的压力，要实现从微观监管向宏观调控的过渡，从直接制定价格向监督产业监管机构的定价行为过渡"。[6]我们认为，将产业价格监管的权力赋予各具体的产业监管机构是合理的，而国家发改委作为价格主管部门，应充分发挥其价格宏观调控的作用，即站在国民经济整体运行的角度考虑价格政策，而不必事必躬亲地实施微观价格监管。因为，建立在行政分权基础上的博弈与协调，是政府尊重市场、正确决策的较优制度选择。

（三）非常时期的价格干预

在一国经济运行过程中，由于某些事态的影响和干扰，会导致部分商品价格、甚至社会价格总水平呈现出异乎寻常的、剧烈的、不确定变动趋势的现象。此时，须由政府采取相应的价格管制措施，以平抑物价，维护社会稳定，这是政府的应有职责，也是各国的通例。

《价格法》第30条、第31条，以及国家发改委颁布的《非常时期落实价格干预措施和紧急措施暂行办法》，对我国非常时期的价格异动，规定了国务院和省、自治区、直辖市人民政府决定实行价格管制措施或者紧急措施的权力。诱发价格异动的可能因素包括需求因素、成本因素、结构因素、国际因素等。具体而言，各种突发公共事件、严重自然灾害、战争、通货膨胀，甚至流言、谣传等，都可能成为诱因。一般而言，针对因偶发或临时性等非市场因素引发的价格异动现象，如 2003 年"非典"、2008 年的南方雪灾和汶川地震时的情形，政府采取对部分特殊商品进行限价等价格管制措施并未引起大的争议；但是，对于主要由成本推动等市场因素综合引发的价格异动现象是否应当，以及如何采取价格管制手段，则值得思考，即在什么情况下政府的管制措施才具有合理、合法化的基础？

一个显著的例子，就是由于 2007 至 2008 年 CPI 持续攀高，国务院于 2008 年初决定近期成品油、天然气、电力价格不得调整，供气、供水、供暖、城市公交等公用事业价格以及学校的学费、住宿费收费标准不得提高，并保持医疗服务价格稳定；[7] 随后，国家发改委宣布，对包括粮食、食用植物油、肉类及其制品、牛奶、鸡蛋、液化石油气等重要商品实行临时价格干预措施，提价需报政府批准，调价必须备案。[8] 这是十几年来，政府首次在全国范围对食品价格实行严格的行政管制。此轮 CPI 的持续上涨是国内外各种因素共同影响的结果，其根源是成本增加，但同时是我国长期经济运行失衡、市场经济体制尚未理顺的结果，也是全球资源性产品价格大涨、美元过快贬值等因素的直接反映。通货膨胀是一种宏观经济现象，特别是在中国参与世界经济更加深入的情况下，应当以全球视野，采用适当的宏观经济政策予以调节，而不应变为以行政手段干预微观价格。正如学者所言，这种强令不许涨价的行为，可能会导致"厂家用以次充好、缺斤短两、削减产量应对，甚至干脆退出市场。一旦发生供给短缺，深受其害的还是消费者"[9]。因此，如果涨价是对市场供求的真实、合理反映，那么对这种涨价的行政管制就不具有合理性，从而也丧失了合法性基础。虽然相关官员称此次价格管制"干预的是不合理涨价"[10]，根据国家发改委同时颁发的《关于对部分重要商品及服务实行临时价格干预措施的实施办法》，这种"合理性"判断的标准是"如果没有正当理由，要使企业的生产经营保持合理的利润，不得要求企业亏损经营"，但对企业"合理利润"范围的控制本身就是行政管制，从而脱离了市场供求机制。

因此，应当改革和完善的是应对非常时期价格异常波动的规制手段，使其尽可能市场化，即内化于市场机制，通过调节供需关系及特定主体的购买力，以实现稳定价格的目的，而不应采取直接管制厂商定价的方式。例如，可以通过建立价格调节基金，调节市场价格的异常波动；建立重要物资的风险储备和风险基金制度，以保护和支持一些行业的发展，这些《价格法》中规定了的市场化手段，因相关部门未予足够的重视，以致关键时刻想临时抱佛脚，都抱之不及。当然，针对经济周期和不同时期的宏观经济形势，从根本上应当采用宏观调控手段来保持经济的稳定和增长。

（四）价格宏观调控

保持价格总水平基本稳定是宏观经济调控的基本目标之一。价格是国民经济运行状况的综合反映，价格水平的高低起伏归根结底是由宏观经济运行状况决定的。只有在宏观经济基本稳定的前提下，价格稳定的宏观调控目标才有可能实现。价格宏观调控的目标，就是要在开放的市场经济条件下，通过对价格的监测和控制，形成和保持一个合理完善的、有宏观调控的市场价格制度，发挥价格配置资源的基础性调节功能。

从根本上说，价格波动是由供求决定的，因此，价格基本稳定的前提是保持社会总供给和总需求的基本平衡。要实现这一目标，有赖于整体宏观经济调控的效果，将货币政策、财政政策、投资政策、产业政策、进出口政策等，与价格政策有机结合起来，充分发挥各部门和各种政策的优势，形成政策合力，从而确保宏观调控目标的实现。

同时，国民经济整体价格水平的波动，也是宏观与微观经济体制、经济发展模式不适应经济发展要求的矛盾冲突的表现。我国现阶段处在新的一轮价格上涨周期中，许多农产品价格和资源性产品价格的上升都是补偿性的，是解决其长期被扭曲、回归价值所必需的，也是转变经济发展方式所必需的。因此，在价格宏观调控决策中，要找出形成价格波动的深层次矛盾和原因，避免产生错误的认识和做出不当决策。

三、竞争法与价格规制立法及其实施的关系和协调

企业享有定价自主权只为形成合理的市场价格提供了前提条件，如果没有必要的竞争规则，如同任何经济领域一样，企业受经济利益的驱使，天然地具有采用不正当竞争或垄断手段牟取非法利益，进而扰乱正常竞争秩序的倾向与行为。同时，价格竞争是企业之间竞争的主要手段，而价格又是企业实施不正当竞争与垄断行为的主要媒介之一，因此对不正当价格行为，包括价格不正当竞争行为与垄断行为的规制，不仅是价格监管的重要组成部分，也在竞争法中占有相当比重，这在市场形成价格机制比较充分的国家更为明显。鉴于此，对于通过市场竞争、由经营者自主制定的市场调节价领域，主要是针对经营者的

价格竞争行为实施反不正当竞争和反垄断规制。

我国《价格法》规定了8种不正当价格行为，其中包括价格不正当竞争行为，也包括垄断行为。国家发改委2003年发布的《制止价格垄断行为暂行规定》则对价格垄断行为作了具体规定，包括经营者之间串通操纵价格的垄断行为，有"统一确定、维持或变更价格""通过限制产量或者供应量，操纵价格""在招投标或者拍卖活动中操纵价格"及其他操纵价格的行为；滥用市场支配地位而实施的价格垄断行为，有"强制限定转售价格""违反法律、法规的规定牟取暴利""低于成本价销售商品"和"在交易价格上实行差别待遇"等。而刚刚生效实施的《反垄断法》也对价格垄断协议行为和滥用市场支配地位实施的价格垄断行为作了规定，包括具有竞争关系的经营者达成的"固定或者变更商品价格"的垄断协议；经营者与交易相对人达成的"固定向第三人转售商品的价格"和"限定向第三人转售商品的最低价格"的垄断协议，以及"国务院反垄断执法机构认定的其他价格垄断协议"；而滥用市场支配地位的价格垄断行为包括"以不公平的高价销售商品或者以不公平的低价购买商品""没有正当理由，以低于成本的价格销售商品""没有正当理由，对条件相同的交易相对人在交易价格等交易条件上实行差别待遇"；以及国务院反垄断执法机构认定的其他滥用市场支配地位的价格垄断行为。囿于篇幅和主题，本文不对上述不正当价格行为进行具体论述。可以预见的是，随着实践的发展，在价格机制逐步理顺和市场机制不断完善的情况下，对不正当价格行为的监管，将会成为价格监管的核心内容，而由于不正当价格行为同样也是竞争法的重要调整对象，因此，必然会面临如何认识和处理竞争法与价格规制立法、竞争法主管机关与价格规制机关的关系问题；而在我国的价格监管体制较为特殊，以及《反垄断法》业已实施，价格法治水平亟待提高的情况下，对这一问题的探讨更具迫切性和实践意义。

（一）价格不正当竞争行为

在规制经营者不正当价格行为的实践中，经营者的不正当价格行为，特别是不正当价格竞争行为与不正当竞争行为是难以区分的。《中华人民共和国反不正当竞争法》（简称《反不正当竞争法》）第2章规定的11种不法行为中，有5种是垄断行为，6种属于不正当竞争行为，有一些不正当竞争行为与不正当价格竞争行为密切相关，例如第9条规定的虚假宣传、第13条规定的有奖销售等，都可能是不正当价格竞争的表现形式。然而，《价格法》规定，对经营者的不正当价格行为，由县级以上各级人民政府价格主管部门负责监督检查，而《反不正当竞争法》规定，对不正当竞争行为，由县级以上人民政府工商行政管理部门负责监督检查。由于某种价格不正当竞争行为可能既违反了《价格法》，也违反了《反不正当竞争法》，例如对经营者的价格误导行为，价格主管部门可以依照《价格法》中的价格欺诈进行查处，工商行政管理部门则可依据《反不正当竞争法》中的虚假宣传进行查处，因而涉及二者的管辖权分配，以及如何保障"一事不再罚"原则的落实问题。

《反不正当竞争法》第 3 条第 2 款规定："县级以上人民政府工商行政管理部门对不正当竞争行为进行监督检查，但法律、行政法规规定由其他部门监督检查的，依照其规定"。因此，对价格不正当竞争行为的监管权应当由《价格法》规定的价格主管部门，即地方的物价局和内设于国家发改委的物价司实施。但由于实践的复杂多样，两个部门之间不可避免会存在管辖权上的冲突。值得关注的是，深圳市将工商局与物价局合并为"深圳市工商行政管理局（物价局）"，由于属于同一行政机关，相互之间协调配合应当较为融洽，其经验值得研究推广。

（二）价格垄断行为

我国《反垄断法》规定了"垄断协议""滥用市场支配地位"以及"具有或者可能具有排除、限制竞争效果的经营者集中"三类垄断行为，其中"垄断协议"和"滥用市场支配地位"都涉及价格垄断行为。对价格垄断行为的监管，相对于价格不正当竞争行为的监管而言更为复杂，因为它可能涉及价格主管部门、竞争法执法机构与产业规制部门三者之间的关系。

就发达市场经济国家的监管模式而言，对不设专门产业监管机构的产业领域的垄断行为，概由竞争法主管机关监管；而对实施产业管制的产业，对产业内垄断行为的监管就涉及产业监管部门与竞争法执法机构的权力配置问题。这一问题也是我国《反垄断法》在立法中没有解决，在实践又必然会面对的难点问题。在发达国家，价格垄断行为作为垄断行为的一种，并没有被单独区分出来由专门的价格管制部门另行监管，而是由于价格监管对产业管制的重要性，使得在价格垄断行为问题上产业监管机构与竞争法主管机关之间存在更多的冲突、协调与配合。因此，也就不涉及价格主管部门对价格垄断行为的监管问题。

按照发达国家的经验，在产业规制立法缺乏竞争性规范，甚至是与竞争政策的精神和主旨相违背时，应当发挥竞争法对市场竞争行为的一般性规范作用，特别是在促进产业竞争的规制缺失时，由竞争法主管机关替代管制机关发挥其促进产业竞争的作用就非常必要。[11]根据 OECD 的研究，这一点在过渡性产业（transition sectors）体现得尤为明显。[12]而在中国的价格管理体制下，国家发改委既作为价格管制机关，又承担价格竞争执法机关的职能，将这两种本应分开并制衡的角色予以混合，① 究竟是否能同时履行好这两种不同的职能，做到角色不错位、建立起部门内部不同机构之间的"防火墙"，特别是能否扮演好推动价格机制改革和建立、完善竞争机制这一竞争法执法机关应有的角色内容，尚需实践检验。还需要注意的是，发改委作为市场价格垄断行为的执法者，本身也意味着价格主管部门的一次转型，由于经济性规制与竞争法执法在监管目标与任务，监管时间，监管基本手段与方法，监管权力、程序和频率，以及监管所需信息等方面都存在较大差异，原先的价格主管部门也要适应及实现这种从事前的价格规制到事后的反垄断执法的改变。

四、结语

价格机制与竞争机制是市场机制的核心内容，二者相互制约又相辅相成。以政府和市场主体的价格行为为调整对象的价格法，必须反映我国经济发展的实践水平，并适应发展和改革的要求。十年前《价格法》的颁布，以法律的形式确认了我国市场经济价格体制改革的初步成果，而十年后，需要再次以法律手段为我国价格体制的进一步转型，即向更深入的竞争型、市场化价格体制的迈进提供制度支持。

政府对价格的监管，法律对价格行为的调整，都应尊重市场经济的基本规律。价格是价值的反映，是市场杠杆，是竞争工具，是与社会生产、人民生活关系密切的风向标。因此，自新中国成立以来，我国就习惯于将价格作为政府直接控制、调节经济的工具，这种惯性在今天依然存在，并决定和影响着我国现有的价格体制、监管格局与价格规制方式。但在市场经济已初具规模并继续深入改革的今天，政府的职责应当在于为理顺价格体制创造条件，其实质就是不断推进各个产业的市场化程度，建立竞争机制，使价格宏观调控更加科学、价格监管更为合理有效。

因此，价格法的完善，不仅是《价格法》及现有相关价格监管规范本身的完善，也不仅是价格主管机关的职责，随着市场竞争性领域的不断扩大，价格监管将会日益集中于对价格不正当竞争行为与价格垄断行为的规制上，因此，《反不正当竞争法》和《反垄断法》也是价格法的重要组成部分，而涉及自然垄断行业、能源行业等引进竞争机制与市场化改革的相关规范，也是广义价格法的内容。在我国现有价格管理体制下，《价格法》与竞争法之间存在规范重复

---

① 事实上，集经济性规制职能与竞争法主管机关两种角色于一身的，有澳大利亚竞争与消费者委员会，但这是特例，其背后有特定的经济结构与政治体制原因。

的问题，今后可以考虑摒弃这种就"价格"本身进行立法的模式，将价格法中对不正当价格行为的调整规范并入《反不正当竞争法》和《反垄断法》中，以实现更为统一、专业的监管，而将《价格法》纯化为调整价格宏观调控与非竞争性价格监管的"政府价格行为法"，并规定"过渡条款"，以督促政府不断反思、总结，根据产业竞争化程度适时调整价格规制的范围和方式。政府价格行为或价格监管应当立足于市场；价格宏观调控则应回归宏观调控的固有本性，摒弃直接行政手段，并强化、落实对调控机关的问责。而在价格监管机构设置上，应当进一步明确竞争法执法机构与价格主管机关，包括价格主管机关内部价格垄断行为监管部门与其他价格监管部门的权力配置与职责，并建立有效的行政协调机制。只有这样，价格法才能真正契合市场经济的内在要求，并对价格机制的有效作用提供制度支持和保障。

（史际春、肖竹，原载《北京大学学报》〔哲学社会科学版〕2008 年第 6 期）

参考文献：

［1］史际春，肖竹．论分权、法治的宏观调控［J］．中国法学，2006（4）：158-168.

［2］马凯．正确理解与把握《价格法》的适用范围［J］．价格理论与实践，1998（5）：5-7.

［3］《能源法》征求意见稿面向社会征集意见（全文）［EB/OL］．中华人民共和国中央人民政府网站，2007-12-04.

［4］发改委限各大港口电煤最高价［Z/OL］．新浪网，2008-07-24.

［5］发改委无奈再干预电煤价［Z/OL］．新浪网，2008-07-25.

［6］周汉华．进一步完善价格法制建设的几个问题［J］．价格理论与实践，2003（5）：11.

［7］国务院：近期，成品油、天然气、电价不得调整［Z/OL］．新华网，2008-01-09.

［8］快讯：发改委宣布从 15 日起启动临时价格干预措施［Z/OL］．新华网，2008-01-16.

［9］价格管制再度降临［Z/OL］．新浪网，2008-01-21.

［10］临时价格干预不影响市场机制［Z/OL］．人民网，2008-01-18.

［11］肖竹．论竞争政策与政府规制的关系与协调——以竞争法的制度构建为中心［J］．经济法学评论，2008，8.

［12］ ORGANIZATION FOR ECONOMIC CO-OPERATION AND DEVELOPMENT
（OECD）. Relationship Between Regulators and Competition Authorities ［R］.
Roundtables on Competition Policy No. 22. 1999：30-31.

关于直接税间接税孰优孰劣及
应否对住宅开征房产税的探讨

间接税比直接税更优。鉴于房产税的极高"税痛感"和对抗性，对居民住宅开征房产税应当三思而行。

我国近年税制改革的思路之一是"尽可能增加直接税、减少间接税"，拟议中对居民住宅开征房产税是其中的一项重要举措，以取代被贬为"土地财政"的国有土地使用权出让制度。然而，相比间接税，直接税的纳税人对税收和税负的感知度高，"税痛感"和对抗性也更强，住宅房产税即集中反映了直接税的这种特点和弊端。果然将此付诸实施，既有违税收的规律和逻辑，也不符合中国实际，可能给国家和社会带来难以承受之痛。

一、"税收显著性"与住宅房产税之不可行

有一种"税收显著性"（tax salience）理论，即：纳税人对税收的感知程度也即税收的"显著性"越高，其"税痛感"及对税收的抗拒也越强。这是符合人性和社会内在规律的概括，可以很好地解释用直接手段征收直接税的情形，比如对住宅征收房产税就是这样，其征收阻力大，容易发生逃漏税问题，采取强制手段或救济措施则会引起普遍的矛盾、冲突。

就住宅房产税而言，其他任何一种税的"税痛感"都无出其右。原因有三：

其一，房产税是对社会财富存量征收的财产税。同样作为直接税，个人所得税是收益税，是对财富的增量征税。换言之，房产税是从已分配给某社会成员的财产中收缴一个份额，从他（她）分得的"蛋糕"中去切一块。作为财产税，房产税是对符合税法规定条件的房产征税，其征收并不考虑纳税人当下有无收入来源，"量财"征收而非"量能"征收，房屋所有权人即使没有收入也必须纳税。而个人所得税是在社会分配过程中对新增国民收入征税，纳税人收入多则多征、收入少则少征或不征，无收入不纳税。因此，房产税对人的心理

和行为的影响很大，容易引起纳税人的非理性反应和行为扭曲，比如假赠予、假买卖、假结婚、假离婚，相对而言，个人所得税对纳税人行为的影响和扭曲比较小。

其二，房产税只能直接征收。相比之下，个人所得税可以间接或"隐形"征收，如代扣代缴、预扣预缴等，像间接税一样使纳税人在无感或基本无感、"无痛"或基本"无痛"中缴税，如同信用卡消费和ETC缴费，金额未必小但痛感不大。相反，房产税只能直接征收，应缴房产税的纳税人如不响应税务机关的请求，无力缴纳或拒不缴纳，税务机关就不得不采取强制措施了。

其三，在各种税收强制手段中，收缴房产税的强制手段"法拍"是最严酷无情的。法必须有不能正常实现时的救济手段，如违约和侵权损害赔偿、强制执行等，否则某项法律规定和法律制度就会形同虚设，其严肃性、权威性也丧失殆尽。房产税的救济手段是纳税人逾一定期限不缴纳税款，由法院依法拍卖纳税人的住宅，清缴所欠税款。美国的很多无家可归者，就是因为失业等变故交不起房产税，住宅被法院拍卖而流浪街头的。民生无小事，中国固然可以不遵循国际惯例而对自住住宅免征房产税，但个人和家庭有两处及以上自住住宅者也不在少数；更重要的是，"法拍"涉及个人及家庭最重要的财富和最能挑动社会敏感神经的产权，对刚刚建立产权观念和产权保护制度的中国人和中国社会来说，能否接受自有产权住宅只因未缴税就丧失其产权？观念障碍和远不如美国那么"狠"的税收征管，使得中国开征房产税注定会出现普遍违法的情形，这从多年来合法强制征收和强制拆违的遭遇即可见一斑。中国人口基数大，自有住宅比例在世界上首屈一指，如果征收房产税，法院肯定都忙不过来；而开征房产税的必要条件是强制拍卖的救济，如果不想、不能或不敢使"法拍"成为常态，则房产税自然而然就不了了之了。

二、为"土地财政"正名

土地公有是社会主义应有之义，国有制可以确保国土的统筹开发、利用、保护、管理，并将"涨价归公"寓于其中。在私有制主导的国家，经济社会发展很大程度上就是社会与私人土地所有者博弈的过程，包括国家对私人土地的征收、征税等，以平衡公私利益、维持最低限度的社会公平公正。在我国，政府以市场价转让国有土地使用权，取得土地预期的升值，用于公共财政即市政建设、修桥铺路、社会保障等等。这一方面基于所有权获取收益、避免了征收和征税的矛盾冲突；另一方面避免了不公正的"涨价归私"——土地升值过分地为开发商和居民个体所占取。

租税本无实质分别，不必纠结于政府收入是来源于租还是税。香港特别行政区的土地是公有的，其住宅房产税（称为"物业税"或"差饷"）极低，不到美国房产税平均税率的10%，且近半居民住政府保障房（公屋和居屋），特区政府主要依靠"土地批租"打造了一个举世公认的轻税薄赋的优良经济社会暨营商环境。内地的国有土地使用权转让正是在香港回归前借鉴了其土地批租制度，该制度引进三十余年来，对于内地经济社会发展和民生改善乃至中国崛起功不可没，无任何理由给予负面评价或者否定。

在房产税作为地方财政主要来源的国家，房产税是地方公共服务的"对价"。这就意味着，"有产者"及其财政贡献所决定的纳税人意识及其强势话语权，必然会迫使地方政府因房产税贡献多少或有无而对不同的区域区别对待，比如地方提供的公共服务，在"富人区"优质、在"中产阶层"居住区一般，房产税贡献小或没有房产税来源的区域则陷入脏乱差。这是财产权和社会内在逻辑使然，无可避免，充其量只能通过主观意识和努力加以缓和。这与中国实行社会主义也是格格不入的。

三、直接税的根本缺陷决定了我国税制改革的方向应转为增加间接税和直接税的间接或"隐形"征收

直接税的征收方法复杂，征收难度大，严厉的法律强制在我国又必为民众所反感，不为社会普遍认可，所以应尽量通过不显著的、"税痛感"低的方式征收；对于那些必须直接征收的直接税，如果尚未开征则不应开征。

我国拟增加和强化直接税的理由主要是西方各国皆如此。然而税制是否优良，取决于整体税负高低适当、纳税人税负公平、征收简便且刚性，与直接税和间接税的比重并无关联。鉴于直接税固有的对抗性，反而应当尽可能减少直接税和直接税的直接征收，同时尽可能增加间接税和直接税的间接、"隐形"征收。

最好、最有效的税收是在"非弹性"的行为和纳税人不敏感的基础上征税。税收的显著性和"税痛感"高，会导致纳税人行为的改变，两者是呈正相关的。降低税收的显著性或纳税人的税负感，就会相应减少其应对税收时可能出现的行为扭曲。纳税人对间接税的感知度低，属于"理性无知"，这既可防止强征出现适得其反的效果，也可在潜移默化的"无痛"状态下不影响其偏好和行为，使之乐于接受税收，从而利用纳税人的不完全理性反应来达到有利于社会的征税目的。

我国古代就有这样的思想，即政府应尽可能通过经济手段而非税收来取得财政收入，税应在民众不知不觉中就其日用商品征收以减轻税收存在感。比如唐代刘晏所称，"知所以取人不怨""因民所急而税之则国用足"。

有一位民营企业家、第十届至第十二届全国人大代表在 2018 年个人所得税法修订后投书全国人大常委会，认为现行税制复杂、低效、不科学、弹性大，建议彻底改革，不交易不征税，凡交易即征收 10% 的交易税，且一律采用技术手段自动收缴，将征管机关及其工作人员和纳税人的操作空间压缩至最小。他的想法可能不那么专业，但确是源于实践的切身真实感受，符合实际和税收内在规律，也与财税的某些理论不谋而合。

四、结语

综上，现行税制改革的基本思路只是简单地理解和仿效外国的做法，于理不通，与中国实际不合，应当三思而后行。

住宅房产税征管的对抗性太强，难以为社会所接受，其弊大于利。以房地产税取代国有土地使用权出让制度，有悖于我国的基本经济制度，也无视了"土地财政"的优越性及其积极的实践效果。我国税制改革的方向，应为增加能够降低纳税人"税痛感"的间接税和直接税的间接、"隐形"征收——"拔鹅毛别让鹅痛得呱呱叫"。理想的税收是对纳税人的影响程度最小，对其心理和行为选择干扰最少的税种或征收方式，而不是相反。

（原载《思想理论动态参阅》第 78 期〔总第 2228 期〕，2021 年 5 月 25 日）

财产权观念应跟上"修宪"步伐

2004 年修宪，明确了私有财产和公有财产一样不受侵犯，意义重大。然而，宪法上的财产权要在生活中普遍实现，存在一些具体的观念问题有待解决。

财产权是现代社会的基础，有了财产权，才有正常的交易、企业、经济，才会有现代企业制度，社会才可能安定有序地运行、发展。宪法规定"公民的合法的私有财产不受侵犯"，在宪法上构建起完整的公私财产权，财产权理念方得真正确立。

一个社会、国家能否富强、昌明，关键在于它能否切实保障财产权及在财产权基础上派生的种种法律关系，其保障程度越高，这个社会、国家就越发达。这种保障和发达水平的标志，就是财产权得以派生的法律关系的层次和种类的多寡，及其在社会生活中的实现程度。在许多发展中国家，人一旦脱离对财产的直接、实际的控制，其财产权通常也就无从谈起了。而在法治发达的国家或地区，则人们即使不占有、使用、收益、处分其财产，或者基于其财产订立一个一百年后履行的合同，其财产权通常也无虞无患，得依权利人的意志畅快地实现。此次修宪，明确了私有财产和公共财产一样不受侵犯，意义重大。不过，修宪总体而言只是一个旨在中国社会确立财产权的宣言，要把宣言化为社会的行动，涉及老百姓、政府官员、法官、检察官、律师等的观念转变、提高的问题。

问题一：企业是财产吗？

回答是肯定的。

福布斯杂志公布富豪排行榜，名列榜首的比尔·盖茨拥有 430 亿美元，但这 430 亿并不是我们通常理解的银行存款、房屋和家里的细软等，而主要是他作为微软的最大股东享有的微软企业的一个份额。

通常在法律上讲财产，是指房屋、土地、货币或股票、债券等等，把它跟某种形体结合起来，一定要是看得见摸得着的东西。可是在现代社会，财产要表现为价值才有意义，价值不表现为有形物体也是财产，如以电子方式存储或交付的存款、股票等。把价值作为财产在法律上早已有了，就是概括财产，一个人、一个企业的概括财产，包括他（她、它）的一切有形物和无形物、债权和债务；一项概括财产中也不妨含有若干较小的概括财产，如某人转让其在某企业中的一切权益，等等。

因此，盖茨个人财产中的一个大头，就是他对微软企业作为概括财产中属于他的那一份概括财产。

迄今我们只是把企业作为法律上的主体，作为一个不同于自然人的法人，或者是相对独立的民事主体——合伙等等。但是，要确立和保护财产权，更要把企业作为法律上的客体。企业不仅仅是法律上的主体，它还是一项概括的资产，是财产权的客体，所有权、他物权的对象。企业还是一种事业、任务乃至于追求。财产权人可以尽可能发挥自己的想象力，通过企业来实现其财产利益。一个社会只有能够鼓励和促进人们的追求，这个社会才是有前途的，其要义之一就是要保护他们的财产权，鼓励他们把财产投入企业或用于企业经营。这就不能把企业法人神圣化，而要把企业法人作为人们实现自身追求的一种手段，作为一种投资工具，作为法律的客体，这就是财产和财产权的一种延伸。无论由此衍生、变化出何种财产关系甚或社员权、人身权关系来，都要对之适用财产权不可侵犯的理念和制度，不容有任何含糊。

问题二：支配就是对物的有形支配吗？

回答是否定的。

大陆法系传统上将所有权概括为一种法律保障的抽象的支配力，曾几何时被我们庸俗化为占有、使用、收益、处分的权利。对某一有形物的占有、使用、收益、处分的权利，都分离出去了，那还是不是所有权呢？通行的说法是，所有权投资以后就转化为股权，就不是所有权了。这与修宪保护财产权的精神不符。股权是所有者投资于企业或投资经营时其所有权的表现形式，股权固然不是所有权，但是所有者投资以后，所有权就表现为股权。要保护财产权，就要使财产所有人或他物权人能够基于其财产权，控制由其财产权衍生出来的各种各样的财产法律关系和组织法律关系。当其投资于企业时，就要承认及保护由其投资派生的参加股东会、委派董事、担任董事或经理、参与决策、查账、分红等组织权利、财产权利和人身权利，这些都可归结为财产权。侵犯这些权利归根到底就是侵犯财产权，不保护这些权利就是没有财产权。确立了这样的观念之后，对实际生活中某些企业被个别股东把持，其他股东要求查账、开会、分红均不能实现，甚至连公司的大门都不让进，法院和公安局都不以为这是财产权受侵犯而不予受理，一些股东只好眼睁睁地看着自己的财产被他人侵夺，这种现象不应再继续下去了。

现在世界上掀起了保护小股东的浪潮，就是要保护小股东的财产权，包括知情权。德国有个典型案例，反映了这个问题上的最新潮流。德国海德堡大学的文格尔教授买了很多股票，其中有奔驰公司的股票。奔驰公司的年末实际分红比期中预期的利润低了很多，文格尔就此质问奔驰公司，奔驰公司答复：根据德国《股份法》第131条某项，公司可以（防止）泄露商业秘密为由而拒绝答复股东的询问。于是文格尔起诉到法院，称奔驰公司侵犯了其财产权。法院顺应保护小股东的历史潮流，判决奔驰公司必须向文格尔作出解释。文格尔乘胜追击，又将《股份法》第131条中的那项规定起诉到宪法法院，要求确认其违宪，结果德国宪法法院顺应保护小股东暨财产权的大潮，判决《股份法》131条的那一项违宪而予废除。

由此，发展中国家与发达国家、法治国家与非法治国家的差别之一，就在于基于财产权的扩展延伸的大小、广阔程度不同。法治越发达，财产权越是根深蒂固，基于财产权派生出来的法律关系也就越多、越广泛。所谓多、所谓广泛，就是承认财产权派生出来的组织权利、人身权、知情权、开会权等等都可归结为财产权，侵犯这些权利即是侵犯财产权，不保护这些权利就是缺乏财产权的理念，没有真正保障财产权。

问题三：对存款的权利是所有权还是债权？

对这个问题，法学界和经济学界的观点泾渭分明。经济学界认为权利人对存款还享有所有权，法学界则普遍认为权利人对存款只享有债权。那么，这种权利究竟是所有权还是债权？按照传统的理论，如果是所有权，权利人对其存款还有支配权、支配力，否则就是债权，只能请求银行偿还。这就涉及绝对权和相对权的区分。

应当认为，存款人对其存款享有的是所有权。首先，其权利客体是货币价值，而不是钞票或硬币实物，钱尽管存到银行了，银行取得的只是其使用权，存款的价值还是存款人的；其次，现代社会保护弱者、消费者的权利，维护金融的稳定，不让银行轻易倒闭，存款人要取钱银行就必须给取；再次，即使银行倒闭了，现代的政府也对老百姓的存款提供担保。因此存款不是一个存款人可能拿得回、也可能拿不回来的有形物，而是从未脱离存款人支配力的一个价值、一份财产，所以是所有权的客体。

可见，绝对权和相对权、所有权和债权、支配权和请求权等，并不能截然划分，它们之间是可以从量变到质变的，达到一个临界点就可能转化了。应当在法学上明确，绝对权和相对权、支配权和请求权、物权和债权的区分是相对的，它们可以相互转化，更存在着物权性的债权。然后要在法律上、司法上从财产权保护出发，保证在任何必要、适当的情况下，使任何表现为请求权的相对的债权得以随时转为对财产、价值等的直接支配权，不要把它绝对化。存款以及债转股、银行的债权控制等就是这个道理，也即要尽可能将债权物权化，使债权人必要时得直接支配财产或控制债务人。

问题四：财产和人格能够绝对分离吗？

现代法承认任何人都有法律上的人格，都可以拥有财产，将财产和人格相分离，财产是财产，人格是人格。然而不能把这种分离绝对化，财产和人格既可分，又不可分。其不可分的理由有二：

其一，一个人如果没有财产，他（她）的人格也是不健全的。某人如果穷到连姓甚名谁、从哪儿来、犯过事没有等等都不重要，但求卖点力气混口饭吃的时候，财产权对他来说是没有意义的，也是没有办法给予保护的。

其二，有些财产权是跟特定的人格联系在一起的。特定的人格决定了其享有的是一种特定的财产权。最典型的就是国家所有权。国有财产实现过程的各个环节、各个主体都是法律模拟出来的，这对法治的要求特别高，比私有制对法治的要求要高。集体所有权也是这样，财产和人格也是有特定联系、不可分的。

当然，财产与人格又是可分的。应当而且可以把各种可以享有权利的主体抽象为法律上的主体，把任何财产抽象为财产权，任何财产权——不论公有财产还是私有财产都是不可侵犯的，要求法律保护它不受侵犯。

（原载《检察日报》2004 年 6 月 10 日）

论物权关系的法律调整

——以经济法与民商法的功能协同为视角

物权不仅由民法及其物权法保护，比如警察的效率和廉洁度就是反映一国物权保护水平的重要标志，盗窃、抢劫等刑名也是物权保护的利器；国家和集体的物权关系等，尤须经济法协同方得有效法律调整。

一、问题及其意义

《中华人民共和国物权法》（简称《物权法》）的颁布，标志着中国物权法制的进步，也是民法乃至国家法制建设的一项重大进展。由于物权保护在保障民众私权、促进市场经济发展中十分重要，因此有必要突出强调《物权法》对物权的保护价值和功能。但是尚存的疑问是：《物权法》对物权关系的调整是否等同乃至可以替代对物权关系的法律调整？《物权法》能否对各种物权都给予有效保护？即使是《物权法》明文规定的物权，该法都能胜任对相关物权关系的调整吗？①

显然，物权关系的法律调整不等于《物权法》对物权关系的调整，《物权法》只是物权关系法律调整体系的一个组成部分，物权关系需要整个法律体系及其各法律部门协同调整。而由于民法及其《物权法》的性质等所限，《物权法》并不能有效调整各种物权关系，即使是《物权法》作了规定的一些物权，仅靠《物权法》调整也是不够的。

对此，目前人们提及的主要是宪法和行政法对物权关系的调整。比如指出

---

① 关于"物权"究竟包含哪些类型的权利，或者作为物权客体的"物"究竟包含哪些类型，即使在《物权法》颁布之后也不乏争议。这不在本文讨论范围之内。一般而言，物权的客体主要是有体物，即《物权法》第2条（《民法典》第115条）所称的不动产和动产；相应的物权主要也是指基于有体物而产生的权利，包括但不限于该条规定的"所有权、用益物权和担保物权。"

《物权法》应当以宪法为依据；强调行政机关及其职权行为在物权创设（如不动产物权登记）、消灭（如征用不动产物权）和救济（如物权纠纷的行政裁决）等方面的作用。现有研究已证明物权关系的法律调整不等于《物权法》对物权关系的调整，但从宪法、行政法角度的研究，与从刑法、诉讼法等部门法的角度研究物权关系的法律调整一样，涉及的都是物权法制的一般性问题，而没有揭示出某些物权本身的特殊性。这主要体现在经济法对物权关系的调整上。从经济法的角度研究物权，既要解释某些物权的非民法特性，更要立足于不同部门法的功能协同组合，① 对物权关系的法律调整作出一种新的解读。

确立物权关系需有整个法律体系协同调整的意识，尤其是经济法与民商法在物权关系的调整中应当具备功能组合的观念，这不仅有助于正确、客观地认识《物权法》的功能，也有助于真正建立一套包括立法、行政和司法在内的物权保护法律系统，其意义重大。本文首先讨论物权关系需要整个法律体系及各部门法协同调整的原理，然后以三种具体的物权为例，分析《物权法》对相关物权关系调整时存在的不足，进而从经济法与民商法功能协同组合的视角，探讨这种协同调整的具体进路。

二、物权关系需要整个法律体系及各部门法协同调整

财产、财富表现为法律上的"物"，是经济、社会的基础及其发展的动力和结果。尤其在生产力发达的今天，物权关系无所不在，所以物权也成为各法律部门调整的对象。

按照全国人大常委会解释的七个法律部门，加上国际法，这八种法也即我国的整个法律体系都具有调整物权关系的功能。宪法对我国实行社会主义市场经济、以公有制为主导的所有制作了规定，是整个国家及经济的基本法；公共财产神圣不可侵犯、合法的私有财产不受侵犯等宪法原则，也不妨在个案中直接适用。对物权关系的日常调整是民商法、行政法、刑法、诉讼及程序法的任务。行政法对物权关系的调整不仅仅是登记、行政救济等，须知警察的效率和廉洁度是反映一个国家物权保护水平的重要标志之一；刑法中的盗窃、抢劫等罪和没收、罚金等刑罚也是物权保护的利器。诸如人造空间物体、海洋及其矿藏、月球等物权，属于国际法范畴。而实行市场经济，也要发挥政府和社会成员的能动作用以弥补市场的不足和不能，由政府和民间一同来提供道路、公交、

① 这是指在法治一般的理念、原则之下，不同部门法功能的协同配合，冲破因循大陆法系的观念和实践，部门法各自为政、"只见树木不见森林"的框框。

教科文卫、社会保障等公共产品和准公共产品，这就涉及了社会法和经济法。本文从经济法的视角展开，关注的主要是社会化条件下超越《物权法》的具体物权关系应当如何调整，而不在征收、征用等外在于物权的法律制度。

事实上，由整个法律体系和各部门法的功能组合来调整物权关系是经济规律和实践的客观需要。下面以逻辑与历史相统一、理论和实践相结合的方法，分三点进行阐释。

（一）从物权发展的历史看，民法及其物权法难以胜任对各种性质和类型物权关系的调整

从历史上看，民法及其物权法中的"物"，其本质与核心一直是个体能够直接支配的有体物。从文明之始的个体动产物权和各种形式、不同程度的不动产共同体所有，到个体得享有完全的不动产物权，标志着民法及其物权法不辱使命，达到了其最高成就。相应的物权，就是附着在个体直接支配的有体物之上的各种权利。换言之，民法物权的主体特征是个体，包括个人、家庭和其他复杂程度不超越具体个人关系的个别组织；客体特征是有体物，且以所有权为核心，超出此范围，如专利、商标、国家的不动产等，则物权充其量只能起到一种名义上的衔接作用，而需由后民法的知识产权法、国有财产法等加以调整和保护。

现代民法起源于罗马法。在罗马法中，有体物和无体物曾是一个基本的区分。盖尤斯说："有体物是能触摸到的物，如土地；无体物是不能触摸到的物，如权利，比如继承权。"[1]随着私有制的发展，自然人拥有财产特别是土地的增多，罗马法渐渐地把物限定为有用物，特别是土地这样的有体物，出现了所有权的概念。罗马法对所有权有三种表述：manicipium、dominium 和 proprietas。前二者仍带有古代法的身份性质，与现在的所有权概念最接近的是 proprietas，即相对完整的个人所有权概念。[2]如同罗马法对后世的大多数重要贡献，这种所有权是事实上的一种经验性确认，而非抽象的所有权，但这并不影响在罗马法晚期出现了以个体土地所有权为标志的真正的、经典的所有权，由此得以派生出物权体系，并进一步形成近现代的物权法。这种以个体对有体物的直接支配为本质及核心的物权，清楚地反映在后世大陆法系国家的民法典或物权法中，比如法德日瑞士荷兰的民法典，我国民国时期编纂的民法典和今天的《物权法》也不例外。

在英美法系国家，与物权概念相当的是财产和财产权。与大陆法系的物和物权相比，财产和财产权的概念更为包容、开放，如在信托制度下不强调物权法定、更重视财产的交换和利用价值而不拘于有体物等。凡是可以支配的、具

有使用和交换价值的客体都是法律意义上的财产，不论是有形的还是无形的。土地、动产以及所有权、终身财产权、地役权等均可称为财产，同时"财产"也常常被不加区别地用来表示有货币价值的所有权客体。[3]同时，与大陆法系的物权法一样，普通法中的财产概念是为了保护（私人）财产权而设计的。因此，英美法的财产和财产权作为排他性、绝对性个体权利的基本特征，与大陆法系的物和物权并无差异。

从原始公有制解体时各民族不同程度的团体公有，到罗马法、近现代物权法或财产法确立典型的私人所有，这是人类文明和法制的进步。因为前者建立在血缘宗法的人身依附之上，而"只是在公社瓦解的地方，人民才靠自身的力量继续向前迈进"。[4]利用血缘宗法关系"温情脉脉"地奴役、压迫，扼杀个人的自立、自主、自强，妨碍着经济、社会的进步；而当生产力有了新发展，既有的体制和机制又固化着血缘宗法关系，阻碍这种关系的瓦解。物权和物权法的确立，标志着从身份到契约的完成，社会发生了一次重大质变。但是，社会永远不会停止进步。在古代的团体公有向经典的个体所有的发展过程中，呈现的依次是村社、大家庭内部人身依附基础上的权利分合和上下分层，然后是小家庭和个人。在财产和物权的进一步发展中，就权利结构而言，则呈现出在人身依附渐趋消亡、个体日益独立自主基础上的权利整合、分化和分层的结构。[5]股份公司和合作社的财产权、承担着越来越多社会职能的国家所有权等，都是其表现形式。这是现代物权法始料未及的，当然也不能苛求于它，所以要另辟蹊径，通过其他的法协同配合来调整新关系、解决新问题。

总之，近现代民法及其物权法在反封建、资产阶级革命的大时代下兴起，至今仍具有重大意义，它是市场经济和社会发展的基础所在。只是应当看到，生产力、财产关系和社会发展的规律也会对民法及其物权法的功能产生限定。在个体物权和直接支配有体物之外，还存在着超越个体的不同对象、不同内容的物权，对这些物权关系的调整，民法及其物权法是无法独立胜任的。我国《物权法》制订中曾发生要不要规定"国有财产"的争议，就反映了民法及其物权法的这种固有局限性。

（二）从物权的发展趋势看，经济、社会的社会化是物权关系需要各部门法协同调整的根本原因

人们对物权社会化的研究，主要将其理解法律及社会对个别物权、特别是所有权的行使施加的限制。"所有权社会化是指所有权伴有义务，其行使应同时兼顾公共福利，即法律应对所有权的绝对性进行限制，禁止所有权人以反社会的目的行使其所有权，同时国家为了公益目的可以依照法律程序强制征收私人

财产。"[6]然而，应当指出，对所有权施加特定义务、限定其行使方式等固然是物权社会化的表现形式，但并非全部。物权的社会化并不只有消极、限定的一方面，也存在着积极、开放的维度。事实上，物权社会化是经济和社会发展的必然产物，它将物权及其行使推向了一个更高级的境界。

随着社会化大生产的普及和深入，一种高度分工又高度合作、高度分化又高度整合的机制在经济、社会和法等各个领域逐渐形成。这是一个从简单到复杂、从封闭到开放的过程。在此意义上，首先可以把物权的社会化理解为一种社会的整体变迁。在前资本主义阶段，除罗马帝国晚期的例外，物权具有的共同特征是封闭性，财产尤其是不动产被封闭在靠身份关系维系着的大大小小的共同体内。资产阶级革命将经典物权确立为普世价值，财产在以个体为基础和主体的前提下占有、利用，强调的是物的归属意义。而从 19 世纪末以来，随着市场化、全球化的发展，凡卷入这个潮流的国家，其社会化程度都与日俱增，物权从以所有为中心转变为所有基础上的利用为中心，归属与利用的分离成为普遍现象。其次，具体而言，物权的社会化表现在主体、客体和内容三个方面。在主体方面，物权的社会化表现为物权主体的多元化和复杂化，不再局限于个体或者以个体为中心，各种组织、国家（包括地方政权）支配、利用着社会的大部分财富。[7]在客体方面，物权的社会化表现为物权的客体日益由有体物扩展到无体物、由独立物扩展到非独立物、由特定物扩展到非特定物、由单一物扩展到集合物、由实物扩展到价值，等等。债权与物权两分的格局也不再是铁板一块二者的界限变得模糊不清了，"物权债权化"和"债权物权化"现象日增，且并行不悖。股权、没有贵金属或纸币载体的货币价值、资产证券化、债转股、债券长期投资、企业和土地的承包或租赁等的发展，即为其丰富多彩的表象。在内容方面，物权的社会化表现为物权日益转向以利用为中心。虽然通过交换取得物权或曰财富流转是经济的命脉和永恒主题，但在社会化条件下，物或财产的作用日益表现为利用而非交换，尤为经由股权的动态的企业化利用，其普遍性、重要性达到了人类有史以来前所未有的程度。相应地，物权内容的社会化导致另一个结果，则是他物权日显重要。除传统的用益物权和担保物权外，受到物权人越来越多重视的是企业法人财产权。

所有这些，使得物权超越民法及其物权法，① 成为一种开放、活跃的体系，

---

① 社会化趋势导致私人物权不再仅由民法及其物权法保护。随着国家、组织和个人在经济生活中的高度融合，国家物权、集体物权与私人物权之间也不再处于对立状态，如国家、地方、村集体、企业与个人依公司法共同投资经营。

从而保持对经济和社会实践的高度回应性，反过来又促进社会化的发展，如此循环往复上升。这就要求对物权关系的法律调整也遵循社会化的要求，通过法的各部门在分工的基础上高度合作，由整个法律体系及各部门法协同来调整物权关系。

（三）从物权保护的实践看，部门法协同调整物权关系是经济和社会实践的客观要求

从国外的情况看，当社会发展导致物权超出民法及其物权法的范畴时，无论大陆法系还是英美法系国家，都不拘泥于既有的条条框框，而是适时发展出知识产权法、合作社法、国有财产法等加以应对。对此，除了以社会决定法律、内容决定形式的原理加以解释外，只能说明发达国家的学界、实务部门和社会总的来说是实事求是的。社会出现了新的要求，旧瓶装不下新酒了，就及时转轨，否则一些社会关系得不到有效法律调整，就会累及社会经济的发展。比如国有财产，其主体是国家或地方，与政权体系相融合，自然不是民法中依据国家得拥有财产、享有物权能够了得；在国有财产投资经营的情况下，政权体系还需与公司或企业法人的组织和治理相衔接。所以才有像日、韩等大陆法系国家制定专门的《国有财产法》及种种相关法规，英美法系国家也是一样，如英国的"公共财产主要依靠特别的行政立法以及在其之下的部门规章来调整，这些立法授予特别的政府机构为行使特别的职能而获取、掌握和转让各类财产。"[8]

从中国的情况看，《物权法》颁布以后出现了一股过分拔高它的倾向，甚至将其称为唯一的"物权保护神"。这是很有害的，因为它会削弱《物权法》力所不及范围的物权关系调整。而一个社会的物权如果得不到普遍的、基本的保护，它就一天都不能正常运转。在我国《物权法》实施前，物权一般而言也是能够正常实现的，警察和司法、市场和社会好歹都在运转；它施行以后，也不可指望它能对诸如公司或企业法人财产权关系、国有财产及其投资经营关系进行有效调整。国家既已修宪，向世人宣示了中华人民共和国致力于保护财产及私人财产的基本方针、国策。所以说，《物权法》的作用，是在民法范围内细化、优化对物权关系的调整，而非各种物权关系有效调整和实现的必要充分条件。而且民法学界一般也承认，对于国有财产、公司等社团法人的财产以及集体所有的财产，在很大程度上要通过其他的单行法或特别法加以调整及保护。只是要指出，将《物权法》视为"基本法"，将调整该法所不能调整或调整不及的物权关系的法称为"单行法"或"特别法"，根本上仍然反映了民法及其物权法所不合理期待的一种优越地位。公司等团体财产、国家财产、集体财产

等与私人财产一样地神圣，调整这些物权关系的法在相应的领域也具有基本法的作用，它们与《物权法》之间是功能组合关系，而不是对《物权法》辅助补充或拾遗补阙。只有这样，经济、社会才得以正常运行和发展。

三、投资经营公司条件下的物权关系调整

所谓投资经营公司条件下的物权关系调整，是指所有权人或他物权人①以其财产投资设立公司或企业法人的情况下，对相应的物权关系应当如何调整的问题。② 这个问题一直以来有争议，也未曾明确、深入地从物权角度进行过讨论。

（一）物权、股权与法人财产权

1. 关于股权和法人财产权的歧义

关于股权和法人财产权的性质、内涵至今仍是存有争议的问题。这与中国改革开放的特定历史背景有密切的联系。

在计划经济时期，不存在股权，也不存在法人财产权，国有经济、国家所有权"铁板一块"。改革开放以后，以市场取向进行企业改革，国企开始转型，私人企业和公司大量涌现，引发了观念和制度的变迁过程。出于对传统政企不分体制的逆反，公司应为在财产上、人格上独立于任何人的法人，对其支配的财产享有完整、独立的所有权成为一种思潮。继而逐渐形成一种观点，即：股东投资设立公司以后，原来属于股东所有的财产就转而为公司法人所有，股东丧失其所有权，换得"股权"；公司则享有完全、独立的"法人财产权"——法人所有权的代名词。尤其是《公司法》和《物权法》相关条文的表述，强化

---

① 在转投资和国有财产投资经营的情况下，出资人只是他物权人，不是所有权人，但依法为所有者权益的承担者。

② 各种企业法人的一个共性是出资人以其认购的资本额为限对企业法人的债务或债权人间接地承担有限责任，企业法人在法律上具有不同于其出资者的人格。公司是典型的企业法人，所以此处和本文全篇所称的"公司"等同于企业法人，不包括非法人企业（如个人独资和普通合伙企业）和非企业公司（如采取公司组织形式的NGO），讨论主要以《中华人民共和国公司法》（简称《公司法》）为依据。这部分讨论的观点一般而言也适用于国有独资公司或国有控股公司，但对国有财产投资经营的物权问题将着重在下一节中讨论。

了这种通说的合法性。①

赋予公司或企业法人以完整、独立的"所有权"，主观上或是出于改变计划经济下行政性企业制度的善意，却与市场经济及其财产权神圣的物权法原则背道而驰，既行不通，在理论上也不能成立。既然"公司股东依法享有资产收益、参与重大决策和选择管理者等权利"，那么股权究竟是对公司的支配权还是请求权？法人在法律上作为拟制的人格，它享有的完整、独立的"所有权"究竟由谁来行使？如果是由股东行使，那么这与股权又是怎样的关系？对此必须辨明、澄清，否则中国的企业是无法在市场化、法治化、全球化的环境中立足的。

2. 正确认识物权、股权与法人财产权

要正确认识这三者的关系，仍要从公司的概念谈起。一直以来，人们习惯于把公司作为法律上的主体，一个不同于自然人或其出资者的法人。但是，如果真正认识到物和物权对于市场经济及其法治的基础地位和重要性，就要把公司和企业法人作为财产权主体——所有权人或他物权人——投资经营的法律手段或工具。公司不仅仅是法律上的主体，它还是一种概括的资产或价值，一种营业，可以作为交易和物权的客体。公司又是一种事业、任务、追求，财产权人尽可能发挥自己的想象力，通过公司来从事经济、社会活动，以实现其财产利益和其他目的。一个社会只有鼓励和促进人们积极进取，这个社会才是有前途的，其要义之一就是保护人们的财产，鼓励人们把财产投入公司经营。这就不能把公司这个法律拟制的人格神圣化，而要把它作为人们实现自身追求的一种手段，一种投资工具，作为物和物权的延伸。无论由此衍生、变化出何种财产关系甚或社员权、人身权关系，都要对之适用"财产权神圣"的理念和制度，不容有任何含糊。[9]

因此，股权就是物权人投资于公司或其他企业法人时其物权的表现形式。股权本身固然不是物权，但是物权人投资以后，其物权就表现为股权，此时物

---

① 比如 2005 年修订后的《公司法》第 3 条规定："公司是企业法人，有独立的法人财产，享有法人财产权"；第 4 条规定："公司股东依法享有资产收益、参与重大决策和选择管理者等权利"——去掉了修订前的"所有者"权利字样。《物权法》第 67 条（《民法典》第 268 条）规定："国家、集体和私人依法可以出资设立有限责任公司、股份有限公司或者其他企业。国家、集体和私人所有的不动产或者动产，投到企业的，由出资人按照约定或者出资比例享有资产收益、重大决策以及选择经营管理者等权利并履行义务。"第 68 条（《民法典》第 269 条）规定："企业法人（民法典称为'营利法人'）对其不动产和动产依照法律、行政法规以及章程享有占有、使用、收益和处分的权利。"《公司法》中还删掉了原来第 4 条中"公司中的国有资产所有权属于国家"的字样，这被认为是赋予公司以法人所有权的力证。

权并未消灭，只是通过股权来体现、行使和实现而已。在这种条件下，要保护物权，就要使投资的所有权人或他物权人能够基于其物权，控制由其物权衍生出来的各种各样的财产法律关系和组织法律关系。当其投资于公司时，就要承认及保护由其投资派生的参加股东会、委派董事、担任董事或经理、参与决策、查账和分红等组织权利、财产权利和人身权利。这些权利由物权投资所派生，侵犯这些权利就是侵犯物权，不保护这些权利就是否定了物权。①

至于法人财产权，公司诚然可以据此支配由股东投资形成的公司财产，但不应当也没有必要将其拔高为"法人所有权"。本质上，法人财产权就是所有权人或他物权人投资经营公司或企业法人时形成的一种他物权，其主体是公司或企业法人，同时法律必须保障公司或企业法人的意思确是出资者或股东的共同意志。公司和企业法人应当为其资本所有者所有并控制，在转投资的情况下也应当由出资者或股东作为所有者权益的承担者，这样，被投资的公司或企业法人就不可能对企业财产享有所有权。这是现代企业、市场经济和现代社会的基础。否则产权不明、老板缺位，建立现代企业制度的努力就会异常艰难曲折。我国近年通过修宪和《物权法》逐渐确立起财产权神圣的社会共识，应当通过整个法律体系加以落实，不能因为《物权法》的不足和认识上的具体偏差，而否认出资者或股东对其资本和所投资企业的所有者或所有者权益承担者的身份和地位。

至于《公司法》中去除"公司中的国有资产所有权属于国家"的字样，则是为了使法条合乎投资经营的逻辑。因为如果公司中的国有资产是指公司租借、保管的国有资产，没有这句话也不会改变它的国有性质；而如果"公司中的国有资产"是指国有财产投资的股本，事实上无法将其与一定的实物形态相对应，只能由其具体的出资人或股东基于国有财产的利益和要求，通过股权参与形成公司的意思，并以公司的名义来行使股东投资形成的公司法人财产权。所以，《公司法》应当删去这一不科学的提法，不能认为这样就使股东对其资本和所投资企业的财产丧失了所有者或所有者权益承担者的地位。

（二）《物权法》调整公司财产关系的劣势与不足

21世纪的《物权法》并未超越罗马法和近现代民法，仍以保护以个体为中

---

① 由于对物权的漠视和物权投资经营时的变形认识不清，在我国曾经以至迄今仍不鲜见的一种典型情形是：甲乙合开公司，被甲把持，索性连公司的大门都不让乙进，法院说不能管这种公司法人内部的事，公安局则称这是民事纠纷、不能插手，导致乙的财产权益赤裸裸地受到侵犯而告诉无门。对比之下，在历经资产阶级革命、具有"财产权神圣"传统的国家，这种事情是匪夷所思的。

心的"动产和不动产"为本质和核心。表面上，股票、股权、债券等都可以纳入动产的保护范围，法人财产权也不妨作为一种概括的动产，但《物权法》局限于对这些财产的实物载体和价值的静态保护，对其所由派生及其行使、实现的过程以及过程中的状态则无力过问。换言之，对于出资者投资经营形成的多元、动态的公司或企业法人财产关系，《物权法》是没有能力进行调整的。在这方面，《物权法》的劣势和不足主要表现为以下两点：

其一，《物权法》将企业法人与其他所有权主体并列，以罗列"占有、使用、收益和处分"的所有权权能的方法，将企业法人财产权表达为"法人所有权"。如此一来，在平等、独立自主个体的基础上形成的立体物权结构，就被混同于平面的个体物权，公司和企业法人被塑造为真实地隔离于其投资者的实体，投资者对公司或企业法人的控制和监督机制无疑就削弱了。滥用公司和企业"独立"法人地位的现象层出不穷，与造就、支撑如此法条背后的观念有很大的关联。

其二，《物权法》规定的物权局限于所有权、用益物权和担保物权。而所有权人或他物权人投资经营时，需通过股权或持股份额来行使其物权，资产收益、参与重大决策和选择管理者等权利就被沦为对"公司"或法人的一种请求权。将控制、支配权混同于请求权，财产权就不那么神圣了，从而降低、削弱了物权及其主体的地位。

由上，不能不认为《物权法》及其指导思想已落后于现代企业制度的实践，导致中小投资者的权益得不到保障，大股东也往往因内部人控制而遭受损害。在公司或企业法人的名义下，一些人剥夺另一些人权益的背后，正是由于对投资经营公司条件下的物权及其保护缺乏正确的认识。

（三）公司法和其他法律协同调整公司财产关系的具体进路

《物权法》对投资经营公司条件下相关权利的实物载体和价值的静态保护不是全无价值，但这种保护是外在的、末端的、次要的。根据以上分析，迫切需要公司法及其他相关法律与《物权法》形成功能组合，以实现投资经营公司条件下对物权的有效保护。

现代公司或企业法人的一个重要特征是"内部意志外部化、外部意志内部化"，需要将该公司或法人以外的其他物权主体的意志转化为它的意志，并以它自己的名义对其他主体投资形成的物——法人财产，行使一种他物权——法人财产权。如果不能很好地把握这种辩证法，简单、表面地理解公司或企业法人的"独立"地位，难免会引起种种弊端。因此，调整公司财产关系，最重要的就是要保障这种"内外意志"的顺利、有效转化。其关键是遵循公司法治的趋势，确保公司的意思是股东的共同意志，尤其是中小投资者的意志及其蕴含的利益能够顺利地融合进去，避免公司或法人的意思沦为仅仅是大股东甚至非股东的意志。

人们对《物权法》产生崇拜，从根本上说是源于对《物权法》的财产保护功能的确信。但是，一般民众不可能洞悉，如果将该法一以贯之，他们投资经营的权益就会受到损害。因此，必须探明投资经营公司条件下物权的立体架构，将其贯彻到相关物权保护的法律和社会实践中去。这种架构就是投资者出资的所有权或他物权—股权—法人财产权，将其作为整体的、立体的物权加以加保护。这种保护是以公司法为主，民法及其物权法为辅，加上其他各法的部门作为整体保障。

令人欣慰的是，《公司法》的新近修订，尽管主观上未能跳出公司"独立"法人的窠臼，但在客观上大体顺应了以股东为本、加强保护中小股东和利益相关方的世界大势。它规定股东享有众多权利，并赋予中小股东抗衡大股东和内部人控制的必要权利。如规定了股东知情权、质询权、退股权、对股东会或董事会决议请求撤销或宣告无效的权利、控制股东或实际控制人等利害关系人的回避义务、揭开公司面纱等，特别是赋予股东代位诉权和直接诉权，在公司被大股东或内部人控制损害公司利益时，股东有权为了公司而以自己的名义向法院起诉，也有权对损害其利益的股东、董事或高管直接提起诉讼。对于股东越过"公司法人"而以董事、高管或控制股东作为被告起诉，合理的解释只能是：公司法人财产权只是股东投资派生的一种他物权，股东作为其出资的所有权人或他物权人，对公司财产仍具有优于派生物权的初始物权人的地位，从而具有法定的追及权，对侵犯公司或其自身财产权益行为，直接依法寻求救济。这样，就将物权投资经营公司时的立体结构，形象、生动地展现在我们面前。

四、国家物权关系的法律调整

（一）国家物权的概念、性质和特征

所谓国家物权，是指国家包括地方政权享有的物权。其主体，是由各级、各类国家机关或机关法人组成的政权体系，而不是个别的机关、个人；政权，应当是人民的政权。

因此，国家物权具有"代表"性质。首先，国家是在法律上代表人民享有物权，或者说人民在民主法治的基础上组成国家来支配、利用自己的财产，也即宪法和《物权法》中规定的，国有即全民所有。其次，国家作为体系，需由具体的国家机关代表国家来行使物权。这一点，是在国企改革中为解决老板缺位问题而逐步得到确认的。1992 年的《全民所有制工业企业转换经营机制条例》在第 41 条中首次规定，"企业财产属于全民所有，即国家所有。国务院代表国家行使企业的财产的所有权"。之前由哪个国家机关代表国家行使物权在法律上并不明确，于是似乎任何国家机关都可以代表或不代表，导致权力行使的武断、随意，不作为、乱作为也无从追究责任。2002—2003 年，党的十六大和十六届二中、三中全会提出，改革国有资产管理体制，由国务院和地方人民政府分别代表国家履行出资人职责，进而反映为《企业国有资产监督管理暂行条例》第 4 条的规定："国家实行由国务院和地方人民政府分别代表国家履行出资人职责，享有所有者权益，权利、义务和责任相统一，管资产和管人、管事相结合的国有资产管理体制。"最后，与一般的法人一样，具体国家机关行使国家所有权，也要通过一定的制度和机制，通过自然人的行为来进行和实现。既然是国家机关（也可能是诸如国资委等特设机构），则其"代表"与特定的政权或公共组织及其制度联系在一起，与普通的组织或法人的代表或代理机制是有本质区别的。

与发达国家不同，我国仍沿袭苏联的国家统一、唯一所有的国家所有权，不承认地方所有权。而事实上，不仅国有或国有控股企业的法人财产权是他物权，地方管辖权之下的国有财产支配、利用，更与物权无异，并在改革、发展中发挥了重要的积极作用。因此，国家物权的概念，可以很好地囊括表现为地方管辖权的各级各地方政权对国有财产的他物权，借此可望达到与国外的地方所有相同的效果。

国家物权有很多不同于其他主体的物权的特征。最大的特征在于它兼有主权性和非主权性。国家是主权实体，矿藏、水流、海域、野生动植物资源、无线电频谱资源等专属国有是主权的表现。国家的行政事业性财产及其利用、国有财产投资经营，则与其他主体及其物权平等，一般而言不具有主权性。相应地，国家物权兼有财产性和行政性，因为其主体为政权，要通过行政体系加以支配。由此派生出国家物权的另一个特征，就是它没有天然的人格化主体，没有人格化的利益主体，其占有、利用、收益、处分、决策、监管、保护等任何一个环节的主体都是通过法律或行政拟制的，国务院和总理、各地方政府及其首长、各级国资委、国有股股东、国有股东委派的董事、国有或国有控股企业的负责人等本身都不是物权人，① 而只是某种代表或代理人。因此，在国家物权的存续和实现中，比其他物权更容易发生利益冲突②和"所有者缺位"现象。我们反对执意贬黜国家物权的"所有者天然缺位""财产归属与利用天然分离"等说法，因为天然没有人格化主体、归属与利用天然分离不等于所有者天然缺位，所有者是否缺位取决于一个政权组织得好不好、行政体系的效率高不高。其实，"所有者缺位""财产归属与利用分离"并非国家物权所特有，在财产利用市场化、社会化的当今时代，它在公司财产关系中也普遍显现出来。问题在于，只有科学地认识国家物权的特点，才能准确地把握国家物权的客观性及其保护的复杂性和难度，从而恰当地、不偏不倚地加以应对。

（二）《物权法》调整国家物权关系的劣势与不足

尽管在制定过程中出现争议，《物权法》通过时仍然规定了国家物权，并且规定对国家物权与集体以及私人物权实施"平等保护"。其实，在国家物权已在社会财富中占据半壁江山的现代社会，在《物权法》中规定国家物权是无可厚非的。问题在于，具有主权性和行政性的国家物权与其他物权在任何情况下都应当是平等的吗？一部《物权法》，能否有效地调整国家物权关系？

国家物权在非主权性的占有、利用中，与其他主体的物权原则上是平等的，如政府、国企与私人合资经营，在日常交易中形成或消灭国有财产等。然而，国家物权还有主权性和行政性的一面，在国有资源性财产尤其是专属财产的占有、利用或授权利用、监督管理中，在对非国有财产的征收、征用中，国家物权与非国家物权及其主体之间都谈不上"平等"，否则现代社会、现代国家都无从谈起。③ 原因是国家、政府已成为现代经济中的"一极"；公共利益高于、优于私人和小团体的利益。至于何为"公共利益"，需要借助于既有的政权组织方式、运作及其与社会的互动，如各种听证会加上行政体系及其决策方能定夺，

---

① 国家物权的主体是整个国家，地方物权的主体是对应于同级人民代表大会和同级地方财政的地方政权，而不是某级政府或其国资委。

② 现代社会是角色社会，每个人都在其中扮演着种种不同的角色。顺应这种客观要求，形成了"利益冲突"——准确地说是利益不得冲突的法治理念：一是扮演角色的人不能与其所扮演的角色有利害冲突；二是其扮演的角色与该角色管辖的主体之间不能有利害冲突。正是这样的冲突，成为寻租或腐败的温床，时时诱使身处其中的人败坏角色、牟取私利。

③ 在国外还有这样一种理论和实践，即：在政府与私人的交易中，推定政府一方是傻瓜。因为政府面对的是精明而巧于算计的个人，政府一方的代表或代理人对政府的利益却是木讷或迟钝甚至心怀邪念的，如果对二者平等对待、"平等保护"的话，政府一方的利益就会受到损害。

远不是《物权法》之力所能及。

与公司或企业法人财产关系相比，国家物权是一种高度立体、动态的结构，在这方面，《物权法》在调整投资经营公司条件下的物权关系中的缺陷和不足，在调整国家物权关系中更被放大了不知多少倍。借用经济学上的概念，国家物权从归属到利用、实现的"委托代理"链条长、环节多，除非取消国家所有制和国有经济，否则这是无可避免的。而且此"委托代理"，不是民法上的委托代理，非《物权法》能够调整，需通过政权和行政体系的运作，方能解决所需的角色设定、权义承担和行使、责任和救济的问题。

（三）《物权法》与其他法律和法律部门协同调整国家物权关系的具体进路

《物权法》维护个体物权的核心和本质与国家物权在性质上不甚契合，但在对国家物权的结果的、静态的保护方面仍有不可取代的价值，如责令停止侵害、损害赔偿等。明确国家物权就其非主权的财产性一面而言，应当与集体、私人物权的地位平等，并予平等保护，也有重要的价值。此外，对国家物权关系的具体调整，需主要依赖专门的国有财产法包括各种资源法，并以宪法行政法为后盾，如政府组织法、行政程序法、人民代表大会法等，加上人民通过体制内外各种机制的监督，实现对国家物权的保护。

国家物权的行使需要落实为具体机关或企事业团体单位的权益和责任，因此，仅仅明确由国务院和地方代表国家行使国家所有权还不够，尚需探讨如何使之在法治的基础上运作的模式和机制。为此，应当区分国家所有权的抽象代表、具体出资人（股东）、国有财产实际占用者等三种不同角色，科学地构建国家物权行使的主体结构。

国家所有权的抽象代表职能就是国有财产"总老板"的角色，其任务是依照宪法、法律，制订政策、规章，监督好任何掌管着一定国有财产的主体，管好、用好国有财产，在其投资经营的情况下则监督其当好股东或出资人。按照发达国家的惯例，财政部门是承担国有财产"总老板"职能的机关，我国财政部门也不例外。各级国资委成立以后，对其定位是国有资本的出资人。然而，出资人就是具体股东，一方面，任何一级国资委都没有能力也不可能在同级政权投资的各行各业范围内进行资本运作、当好具体老板；而且这样会架空国有或国有控股企业在工商局登记的出资人，它们实际上不必再依公司法承担股东权力，那就回到"政府父爱"和"大锅饭"的老路上去了。所以，国资委只能做国家所有权的抽象代表，实际上是从按国际惯例由财政部门承担总老板职能的国有财产中分出一部分"经营性国有资产"，让国资委承担其总老板职能。另一方面，由国资委充当具体老板或出资人的话，也会产生自己监督自己的利益冲突。正是顺应这种客观要求，近年来国资委的职能正在向国资总老板的角色转化。同时，财政部门仍然承担着行政事业性国资的总老板职能；国土资源部门承担着资源性国资的总老板职能；金融、烟草等行业的经营性国资则不归国资委管辖，说明国有财产管理体制有待进一步理顺。从中国实际情况看，检察、审计、行政监察、公安、党的纪检等机关也在各自范围内承担着国资总老板的职能。

明确由一定的机关扮演国家所有权的抽象代表职能或"总老板"角色，将其区别于承担经济社会公共管理者角色如工商管理、药品和食品监管、矿山安全监督、劳动监察等的机关，也是"政资分离"的需要。

具体出资人（股东）就是在工商局登记的作为企业股东或者出资人的具体主体，担当该角色的主体既可以是企事业单位，也可以是国家机关。它们按照企业或公司法投资经营，有义务在承担总老板职能的机关的监督管理之下，为国家（包括地方）当好股东，追求国资保值增值。

国有财产的实际占用者十分广泛，包括任何国家机关、国有或国有控股企业、以国有财产举办的事业单位和社会团体等。它们以国资为基础从事行政、经济、立法、司法等活动，其角色范围内的活动受承担相应公共职能的机关管理监督，有关财产占用则受承担国资总老板职能的机关监管，企事业单位团体还要受制于具体的出资人（股东）或举办者。

以上三者加上经济社会公共管理者的角色设置都不得利益冲突，角色扮演不得错位、越位、缺位，担当角色的机关及其工作人员应具有可问责性，并在角色定位准确、清晰的基础上落实责任。这是国家物权有效实现的充分必要条件。

五、合作制集体物权关系的法律调整

（一）合作制集体物权的概念、性质与特征

所谓合作制的集体物权，是指实行合作制的集体对其财产享有的占有、利用等支配权。与投资经营公司条件下的物权关系一样，集体物权也是一种建立在个体自主、平等基础上的立体结构，不同的是这种结构呈现在集体及其物权内部，物权是依人的民主（而非资本民主）加以行使，从而形成与全民暨国家物权并列的两种公有制形式之一。在我国，集体物权还有一个特征，就是在集体物权中占主体地位的农村土地和其他资源的集体所有是直接依法产生的，而

不像投资经营公司的物权关系是建立在契约的基础之上。

集体物权的形式多样，既有法定的农村社区性物权，也有典型的合作社物权，还有顺应市场经济的要求出现的集体投资经营（如华西村股份有限公司）物权关系、本企业员工以资本关系控制的股份合作企业的物权关系等。

集体投资经营公司的物权关系固然也超越了《物权法》，但由此在集体外部形成的物权关系与一般主体投资经营公司的物权关系无异，所以下面的讨论一般不包括这种情况。

（二）《物权法》调整合作制集体物权关系的缺陷与不足

国际合作社联盟《关于合作社界定的声明》和国际劳工组织《促进各国发展合作社的倡议书》对合作社的定义是："自愿联合起来的人们通过联合所有与民主控制的企业来满足他们共同的经济、社会与文化的需求与抱负的自治联合体，他们按企业所需资本公平出资，公正地分担风险、分享利益，并主动参与企业民主管理"；1995 年重新修订以指导 21 世纪合作运动的七项合作制原则包括：自愿与开放的社员资格；一人一票的民主控制；社员公平出资并民主控制其资本；自治、独立、自助；提供合作教育、培训，宣传合作制的优越性；通过合作社之间的合作加强合作运动；关心社区。[10]《中华人民共和国专业合作社法》（简称《专业合作社法》）第 3 条规定："农民专业合作社应当遵循下列原则：成员以农民为主体；以服务成员为宗旨，谋求全体成员的共同利益；入社自愿、退社自由；成员地位平等，实行民主管理；盈余主要按照成员与农民专业合作社的交易量（额）比例返还。"

合作制是社会弱势成员自助、自治以求在以资本主导的市场经济条件下生存、发展的产物，在此基础上形成并行使不同于一般共有和资本关系的集体物权。我国过去在追求"一大二公"中形成的以"大锅饭""大拨轰"为特征的"集体所有"，在改革开放中也已向合作制回归。所以，土地集体所有基础上的合作和社会成员尤其是农民的自愿合作这二者在经济形态和物权上并无本质的区别。

与《物权法》在调整投资经营公司条件下的物权关系和国家物权关系时的不足一样，它立足于个体平面、静态的调整，擅长的是该法第 62、63 条规定的看守性保护，① 对与合作制紧密结合的物权关系的动态调整就显得力不从心了。如依《物权法》第 61 条的规定，集体所有的不动产和动产由本集体享有占有、使用、收益和处分的权利，实际上是以"法人所有权"误解了集体所有权。因为合作制遵循自愿原则，不能强迫人人入股，合作社有雇员也是国际惯例，合作制成员与集体组织的人员在多数情况下并不吻合，集体组织应由出资参与合作的成员所控制，而不能由组织的全体人员"集体"控制，否则就会发生并非职工人人出资的集体企业由职工代表大会（而不是社员大会、职工股东大会或股东大会等）作为权力机关的怪现象，从而导致非所有者对所有者的侵占或剥夺。这样一来，财产权哪里还有神圣可言。

作为一部民法范畴的物权法，《物权法》对集体物权缺乏深入理解的地方不限于此。又如该法第 59、60 条规定，本集体成员集体所有的土地、山岭等不动产，法定地由集体经济组织或村民委员会、村民小组代表集体行使所有权，只是在列举的一些情况下须由成员集体决议。② 这是对农民作为集体所有权主体成员权利的无端限制，无疑会助长乡土强人、"能人"对农民权益的侵害，与完善村民自治基础上的集体土地利用、保护，强化村民直接民主的实践也是相悖的。

经典物权法固有的不足，加上《物权法》勉为其难地规定集体物权所显露的尴尬，表明必须由其他法律和法的部门来修补《物权法》的缺陷，并与其功能很好地协调、组合，才能有效地调整和保护集体物权关系。

---

① 《物权法》第 62 条（《民法典》第 264 条）："集体经济组织或者村民委员会、村民小组应当依照法律、行政法规以及章程、村规民约向本集体成员公布集体财产的状况"；第 63 条（《民法典》第 265 条）："集体所有的财产受法律保护，禁止任何单位和个人侵占、哄抢、私分、破坏。集体经济组织、村民委员会或者其负责人作出的决定侵害集体成员合法权益的，受侵害的集体成员可以请求人民法院予以撤销。"

② 《物权法》第 59 条（《民法典》第 261 条）："农民集体所有的不动产和动产，属于本集体成员集体所有。下列事项应当依照法定程序经本集体成员决定：（一）土地承包方案以及将土地发包给本集体以外的单位或者个人承包；（二）个别土地承包经营权人之间承包地的调整；（三）土地补偿费等费用的使用、分配办法；（四）集体出资的企业的所有权变动等事项；（五）法律规定的其他事项"；第 60 条（《民法典》第 262 条）："对于集体所有的土地和森林、山岭、草原、荒地、滩涂等，依照下列规定行使所有权：（一）属于村农民集体所有的，由村集体经济组织或者村民委员会代表集体行使所有权；（二）分别属于村内两个以上农民集体所有的，由村内各该集体经济组织或者村民小组代表集体行使所有权；（三）属于乡镇农民集体所有的，由乡镇集体经济组织代表集体行使所有权。"

（三）合作社法等协同调整合作制集体物权关系的具体进路

由上，对合作制集体物权关系的有效法律调整，其根本在于《物权法》与合作制及其组织法律制度的契合。我国尚无一部农村社区合作组织法、概括的合作社法或集体经济组织法，缺乏对合作制组织的宗旨、原则、成员权力、组织治理、财产关系和财务等的一般性规定，现行法主要有《专业合作社法》和较早的《中华人民共和国乡村集体所有制企业条例》（1990）、《中华人民共和国城镇集体所有制企业条例》（1991）。

不过，《专业合作社法》还是比较好地表达了合作制原则，诠释了集体物权及其行使的一般要求。如该法第 22 条规定，农民专业合作社成员大会由全体成员组成，是本社的权力机构，享有选举和罢免理事长、理事、执行监事或者监事会成员以及决定重大事项的权利；第 17 条规定：农民专业合作社成员大会选举和表决，实行一人一票制，成员各享有一票的基本表决权，出资额或者与本社交易量（额）较大的成员享有附加表决权的总票数，不得超过本社成员基本表决权总票数的 20%。这两条十分重要，它恪守了集体物权应当在合作制成员地位平等、一人一票的民主基础上占有、利用、决策、支配；同时可以对其作适当变通，以适应市场经济的要求。其中也有一个辩证法，那就是这种变通的"量"，不能达到使合作制发生质变的"度"。相比较之下，《物权法》把集体的土地等自然资源所有权交给集体经济组织或者村民委员会（村民小组）来行使，无疑超过了这个度。因为这样就将集体经济组织或者村民委员会（村民小组）的代表权置于集体成员民主之上，对民主做了不必要的间接化处理。从《中华人民共和国村民委员会组织法》（简称《村民委员会组织法》）及其实践看，这样做的结果是村民委员会漠视、操控村民会议，集体经济组织的决策层则往往与村民委员会是"一套人马"。有学者称之为"主体性的缺失"，其原因在于"残缺式产权、服从型民主、非决策参与和输局博弈"[11]等方面。"村民自治的弱势地位正是其主体权力虚置的集中反映"，这与集体物权保护的难题是一致的，而且后者是前者的原因。因此有必要将《村民委员会组织法》改革为"村民自治法"，弱化村民委员会的行政性；条件成熟时也可制定一部农村社区合作组织法，与集体物权相对接。如果说政治民主有一个过程，尚需时日，那就先把农民集体的财产权归还给它自己，以法促进、保障集体成员在积极自主参与和民主决策的基础上有效地占有、利用集体财产吧。

真正落实了集体成员的民主决策、有效控制，执行、监督问题也可迎刃而解，这是集体物权关系有效法律调整和保护的根本所在。

六、结语

"无财产即无自由"，这是西方国家的一句法谚。[12]经典的个体物权、民法及其物权法对于经济和人的发展以及社会进步的价值是不言而喻的。而中国实行社会主义市场经济，社会化、市场化程度日益加深，国家物权、集体物权、投资经营公司条件下的物权同样重要——甚至更为重要。对于这些立体、多元物权关系所要求的动态调整，《物权法》存在先天不足，需要国有财产法、合作社法、企业和公司法等以及整个法律体系协同调整。经济法在物权关系调整和物权保护中的作用一直以来是受忽视的，但本文的讨论显示出，经济法在这方面大有其用武之地，反映经济法在经济关系的法律调整中不仅具有主导地位，而且也有基础性的一面。随着市场经济及其法治和经济法学的发展，这种基础性地位将越来越为人们所认识和重视。

（史际春、冯辉，原载《经济法学评论》第8卷，中国法制出版社2008年版）

参考文献：

[1] ［意］桑德罗·斯契巴尼. 物与物权［M］. 范怀俊，译. 北京：中国政法大学出版社，1999：2.

[2] ［意］彼德罗·彭梵得. 罗马法教科书［M］. 黄凤，译. 北京：中国政法大学出版社，1992：19-20，196.

[3] ［英］F.H. 劳森，B. 拉登. 财产法［M］. 施天涛，等译. 北京：中国大百科全书出版社，1998：15.

[4] 恩格斯. 反杜林论［M］//马克思恩格斯选集：第3卷. 北京：人民出版社，2012：561.

[5] 佟柔，史际春. 我国全民所有制"两权分离"的财产权结构［J］. 中国社会科学，1990（3）：159-174.

[6] 马俊驹，江海波. 论私人所有权自由与所有权社会化［J］. 法学，2004（5）：83-91.

[7] 余能斌，王申义. 论物权法的现代化发展趋势［J］. 中国法学，1998（1）.

[8] 曹培. 英国财产法的基本原则与概念的辨析与比较［J］. 环球法律评论，2006（1）：15-21.

［9］史际春. 财产权观念应跟上"修宪"步伐［N］. 检察日报，2004-06-10.

［10］郑良芳. 合作经济需要大发展［A/OL］. 工合网，2007-11-26.

［11］程为敏. 关于村民自治主体性的若干思考［J］. 中国社会科学，2005（3）：126-133，208.

［12］尹田. 法国物权法［M］. 北京：法律出版社，1997：110.

国企公益性之辨

除极少数政策性的及由其职能体现公益性的国有企业外，国企必须采取营利性经营方式，否则无法在市场中生存。同时，营利性国企也都具有公益性，表现在"节制资本"、直接的公益职能、营利的公共目的、天然的社会责任等。

为深化国企改革及完善其治理，对国有企业的分类成为近期热议的话题。其中涉及公益性概念及能否以此为标准对国企进行分类，颇显复杂，需要厘清。

一、公益性与营利性并不矛盾

公益是公共利益的简称。所谓公共利益，是指一定范围内不特定人的共同利益。这"一定范围"，可以是一国、一省、一县市，也可以是儿童妇女、老弱病残等特定人群。公益可以是一种主观追求，比如邮政和电信的普遍服务；也可能是客观上吻合或者有利于其实现，比如以营利性方式提供水电、道路和公交等公用服务。

公益与营利并非对立。营利或营利性是指出资者、股东或举办者为获取利润而投资经营，可依法从所投资的事业或企业获取资本收益；但其所由获取利润的企业或事业不妨是公益性的，比如环保服务企业、公共汽车公司。公益更可以通过非营利的方式来追求或实现。所谓非营利，也即组织的举办者或成员依法不得从本组织获取盈余及其任何资产或财产。非营利组织的宗旨或目的通常都是公益，如教育、医疗甚至某种政治目的。

营利性是针对企业或公司的举办者或出资者、股东能否从该组织取利而言的，而与企业、公司本身是否赢利或盈利无关。同时，如果出资者或者股东依章程或依法将其从企业获取的利润用于社会或公益目的，而非私用，则该企业一般而言仍是非营利性的。这就是近年在世界上出现的社会企业或非营利企业。社会企业通过经营赚取盈余，其举办者或股东则将所获利润用于公益性目的。因此，一项事业，无论营利或非营利，都可商业化经营，采取有偿或赢利的方式，如非营利性博物馆卖门票、国外的慈善组织开办出售受捐物品的廉价商店以获取收入或盈余。

国家或政府是公共利益的天然代表，国有资产或公共财产属于全体人民的利益，私人不愿追求或实现不了的公益任务由政府或国资来承担，就是天经地义的，比如义务教育、高铁。当然公益事业也可以由私人举办或经营，比如公共交通，一般而言私人要在营利的基础上提供公用服务，"不赚钱"则其无意愿，企业也不可持续。

公益性与经营性也不矛盾。经营，是指基于一定的经济目的进行筹划运作，计较投入产出，进行经济核算。经营的目的一般是投资者追求利润，即营利性。但企业既可以从事营利性经营，如一般的竞争性企业，也可以从事政策性经营和公益性经营，如政策性银行、主权财富基金。

二、国有企业天然具有公益性

国有企业的公益性，体现在宏观意义上就是"节制资本"。通过国有资本对私人资本加以适当节制，可以防止私人控制国计民生进而改变国体之社会主义性质，也可有效遏制乃至缩小贫富差距。

私人或私人资本承担公共利益不是当然的，私企做到"大而不能倒"，捅了篓子还得用国资或公共财产来拯救，比如 AIG 和通用汽车；难以为继时也需由国企取代之，比如美国联邦对铁路客运的国有化。

国企还天然地承担社会责任，这也是其公益性的表现。企业社会责任是企业在守法的基础上对利益相关者和社区、国家承担公众所期待的更高道义责任。国企和国资的所有者是全体人民，法律上的所有权人则是国家，每个公民都是全民和国家的一分子，所以即使国企遵纪守法了，他们仍有权对其"指手画脚、说三道四"。而对私企，只要其遵纪守法了，公众就无权再予置喙，或者说了也白说，企业可以不加理会。

具体而言，国企的公益性依其表现方式有以下不同类型：其一，直接追求国家利益或实现国家职能，如主权基金及其投资、印钞造币、战略储备、烟草专卖等；其二，提供准公共产品，如高铁、保障房等；其三，提供公用产品或公用服务，如水电、公共运输、邮政电信等，包括不与成本直接挂钩的普遍服务；其四，上缴利润纳入公共财政、用于公共目的，如修桥铺路、社会保障等。

三、基于公益性规制国有企业

企业自有其共性，国企与私企一样都应当不腐败、不浪费，谋求以较小成本获取较大收益，能按照市场需求和出资者意愿顺畅地调整业务，能扩能缩、能进能退，乃至歇业。因此，国企在治理和管理、经营和财务及其考核等方面，与私企并无不同。

国企法律调整的特殊性主要源于其公益性，需强调的要点约略如下：

第一，鉴于其资本或控制资本属于国有，国企从董事、出资人到代表国家所有权的监督管理，需与政权体系相衔接，政府依法、依人民的意愿不得疏于承担老板职责，委托代理的链条不能断裂、不应存有薄弱环节。在此意义上，"政企""政资"分不开也不能分开，一旦分开，就化公为私，"企"和"资"就不再是国有或国家的了。"政企分开"应该是任何国家机关不得越过国有资本的具体股东或出资人，直接干预企业的决策和经营管理；"政资分开"，仅指政府代表国家行使所有者职能与政府行使其他经济社会公共管理职能在机构上分开。

第二，在组织形式上，国际的趋势是国企以普通企业的法律形式来履行公益性职能，这与我国一直以来的做法相契合，原因是这种方式更有利于企业的市场竞争和商业化运营。比如著名的新加坡淡马锡公司，承担着主权财富基金的职能，形式上就是一间普通的"私人公司"，其国有和公益的性质，体现在资本、治理和经营上与政府甚至总统的衔接。西方国家传统的做法是以专门立法设立特殊企业，规定其治理、经营和财务的做法，现在很少见了。

第三，公用性国企的产品和服务与民生息息相关，但原则上也应"使用者付费"，如水电、城市公交、铁路客运、邮政和电信等。20世纪80年代以来，各国对公用事业均采用营利性方式经营，以确保有效和可持续之供给。对此，我国原则上也不应实行免费或价格补贴，否则除了造成浪费和短缺，也会陷企业于"官商"不能自拔。只有在最必要的情况下，以不影响竞争和企业有效经营管理为前提，可对终端消费者给予必要的补贴，如给低收入者发水电费券。这就要求政府优化公用事业的价格管制，将其建立在市场的基础之上，比如世界上最好的地铁和城市轨道交通系统——港铁，就是一个范例。对其中价格不与成本直接挂钩的"普遍服务"，则可建立必要的公共性或社会化的补偿机制。

第四，政策性经营采保本经营原则，如政策性金融、保障房建设运营、战略储备等，必要时给予财政补贴。

第五，对由职能体现公益性的国企，采"职能兼财务"的考核方针；对仅以或主要以上缴利润体现其公益性的国企，实行"财务兼职能"的考核方式或者仅考核财务。前者如主权基金，主要考核其是否服从了国家安全、外交和经济战略，再考虑其是否"赚了钱"；后者如竞争性行业的国企，主要考核其盈亏合理与否，再考虑其创新、市场扩张或收缩、创造就业、稳定经济、社会责任等其他方面。

四、结语

任何国企都具有公益性，但绝大多数公益性国企也是营利性的。国家应当根据国企的公益性及其表现方式，以及国企引入竞争和商业化运营的程度，予以政策法律调整。

（原载《中国社会科学报》2014 年 4 月 9 日）

"政资分开"辨正

"政资分开"决不能将政权、政府与国有的资本、资产分开，而是将政府代表国家行使国有资本所有者的职能与政府行使其他公共管理职能在机构上分开，仅此而已。

"政资分开"，似乎是指政府的行政与国有的资产、资本、财产分开，政不要过问"资"。然而，国家除代议机构外，也包括行政、司法机关，政府承担着国家行政职能，国家也即国有的财产必然也必须要由政府来管理，包括预决算、占有、管辖、转移、使用、收益、处分、举债还债、财政及审计监督等，中外概莫能外，"政资"分不开也不能分开，一旦分开，就化公为私，"资"就不再是国有或国家的了。同理，各国政府也都可投资办企业，此时它依法、依人民的意愿不得疏于承担老板职责，在这个意义上，"政企"也是不能分的。"政企分开"，不过是指任何政府机关不得越过国有资本的具体股东或出资人，而对企业的经营决策和管理指手画脚而已。事实上，在我国，对于行政性和资源性的国有资产，"政资"都是不分的，占用或管辖特定"资"的行政机关同时也是该"资"的具体管理者。

那么，"政资分开"的命题从何而来？应该说，它是中国作为发展中国家，政府的一般行政能力和水平低下的产物。改革开放以后，虚幻的"独立"法人观念一度盛行，国有或国有资本投资包括参股的企业开始摆脱"主管部门"，处于任意自为、无人监管的状态。按照国际通行的做法，财政部门专司国资老板的职能，应该对任何掌管着一定国资的主体管好用好该国资进行监管，包括对拿着国资去投资的主体监督其依法当好股东或出资人。可是在急速转型期，我国的财政部门既缺乏必要的理念也没有管好经营性国有资产的能力，处于懈怠、失职状态。反之，其他政府部门作为国家机关似乎都可以"老板"身份自居，去管国资、国企，同时又可以不管，更不担责任。

显然，问题的症结在于承担国资老板职能的主体不明确。所谓"政资分开"，正是就国有资本或经营性国有资产而言的，希望借此在国有财产投资经营的领域，明确承担老板职责的主体，排除其他政府机关的不必要、不适当的干预。具体做法是成立中央和地方的国有资产监督管理委员会，经同级政府授权承担本级政权管辖的国有经营性资产的出资人职能。也就是说，将照理应由财政部门承担的经营性国资老板的职能分出来，由另一个专门机构行使，以收事、权、责相匹配和统一的效果，改变"九龙治水"、财政"一龙"应治水而不治水的管理落后状况。

政府承担的国家所有权职能也是一种公共管理，并非"私人"或"私"的管理。所以准确地说，不是"政资分开"，而是政府代表国家行使国有资本或经营性国有资产的所有者职能与政府的其他经济社会公共管理职能在机构上分开。

最后还要指出的是，政府的所有者职能又有总老板与具体老板之分。总老板职能就是各国通常由财政部门承担的代表国家所有权的监管职能，具体老板则是以特定国资直接对企业投资的股东或出资人。按照法治的要求，这两种职能不应由一个主体承担，否则会产生"利益冲突"。而现实是，国有资产监督管理委员会名不副实，它本应承担从财政部门分出来的国有经营性资产总老板职能，这是合适的；法律却要求它承担对企业的具体出资人职能，这是它作为行政特设机构难以承受之重，还有架空国企的法律上的实际出资人之嫌。这是经营性国有资产管理暨国有企业下一步改革需要解决的一个问题。

（原载《法律与经济——中国市场经济法治建设的反思与创新》2013 年第 1 卷，中国社会科学出版社 2013 年版）

国有公司、企业中哪些人被视为"国家工作人员"

国有企业中哪些人属于"国家工作人员"或曰"官员或政府雇员"，这是刑法上具有重要意义的一个问题。对此，法律上并不清晰、明确，须仔细分析辨别。

前 言

这是笔者 2012 年 2 月在美国联邦加州中心地区法院作为专家证人提交的法律意见书。美国近年加大了其《海外反腐败法》（The Foreign Corrupt Practices Act of 1977，FCPA）的执行力度，联邦司法部以涉嫌在中国向企业人员行贿起诉了诸多美国公民。根据 FCPA，只有向外国官员行贿才构成犯罪，而"外国政府或其任何部门、机构或职能机构的官员或雇员或以任何官方身份代表该等政府或部门、机构或职能机构的人士"，均属于"外国官员"。因此，被告在中国行贿的企业人员是否属于"官员或政府雇员"，对于认定被告是否构成犯罪，事关重大。按照中国法律，企业中本无"官员"，相当于 FCPA 所谓"官员或政府雇员"的，主要是《中华人民共和国刑法》（简称《刑法》）第 93 条第 2 款规定"以国家工作人员论"的"国有公司、企业、事业单位、人民团体中从事公务的人员和国家机关、国有公司、企业、事业单位委派到非国有公司、企业、事业单位、社会团体从事公务的人员，以及其他依照法律从事公务的人员"。由企业及其资本的所有制性质所决定，在中国，私人企业中一般不存在"国家工作人员"，国有及国有控股、参股的企业（简称国有企业）中则可能有"国家工作人员"，本法律意见书对此作了具体阐述，供有关检察官、律师、陪审团和法官判断涉案被告是否构成犯罪时参考。事实上，关于企业中何为"国家工作人员"，在中国也是一个尚未解决的问题，对此的认识和做法都不尽一致，本文的梳理对中国的司法实践也有一定的借鉴意义。

笔者应邀就两个方面发表法律意见：一是中国国有暨国有控股企业、公司的来龙去脉，其性质和职能，尤为其是否属于政府组成部分或附属机构；二是在中国的国有暨国有控股企业、公司中任职的人员尤其是管理人员是否属于"官员或政府雇员"。令人意外的是，包括律师和法官在内的美国人最不能理解也即最难说服他们的，竟是中国的国有企业不属于政府部门、机关或其附属机构这一点，而这在中国是一种毋庸置疑的常识，因此，法律意见书要从中国计划经济的传统谈起。

一、基本判断

中国曾仿效苏联实行计划经济，1978 年开始改革开放，逐渐走向社会主义市场经济。

（一）计划经济时期及当时的国有企业（1949–1978 年）

即使在计划经济时期，中国的国有企业也不是政府的组成部分，国有企业的管理者和职工甚至邮政、军队企业的职工都不是公务员或政府雇员，这与西方国家的传统做法有很大的不同。

所谓计划经济，就是在各级政府设立各种企业主管部门，每一个国有企业都受一个主管部门管理，如第一机械工业部、省煤炭厅、市商业局、县工业局等，国家制订经济计划，由主管部门下达给国有企业，国有企业按照计划从事生产或贸易，没有经营自主权。

计划经济时期的国有企业虽然不是在市场中竞争、追求利润的主体，但与承担公共管理职能的政府有性质的区别，对它的标准定位是"经济组织"和"生产经营单位"。中国在计划经济时期没有为国有企业立法，也没有制定民法，唯一的一部关于国有企业的规范性文件是中共中央颁布的《国营工业企业工作条例》（1961，以"工业七十条"著称）。以该条例为例，其第 1 条中规定：国营工业企业是社会主义的全民所有制的经济组织；国营工业企业对职工的劳动报酬，实行各尽所能、按劳分配的社会主义原则；国营工业企业是独立的生产经营单位，都有按照国家规定独立进行经济核算的权利。第 26 条中又规定：工人的工资形式，凡是需要实行计时工资制的，就应当实行计时工资制；凡是需要和可能实行计件工资制的，就应当实行计件工资制；目的是为了提高劳动生产率。对技术人员和职员，实行计时工资制。

（二）改革开放以来的变化（1978 至今）

国有企业在改革开放中发生了三点变化：一是实行股份制、公司制；二是面向市场从事活动，亏损或经营不善的可以破产或倒闭；三是撤销主管部门，政府不再对任何企业下达计划，政府与私人一样，依公司、企业法对企业出资或者说持有股份，作为一些企业的出资者或者说股东、老板，对其控股或者参股。

改革之后，有国有财产出资的企业成为市场主体，经理人员和职工都成了出卖劳动力的劳动者，在法律上适用《中华人民共和国劳动法》和《劳动合同法》，与适用《公务员法》的公务员和政府雇员明确地区分开来。但在刑法上，为维持对国有财产、资本利益的保护力度，对未实行股份制或公司制的国有企业或全资国有资本公司中的管理人员以及这些企业、公司向其直接持股的公司委派的高层管理人员，视为国家工作人员。符合这些情况的国有企业，在中国各类国有企业的数量中所占的比例很小。

二、名词和概念

（一）关于国有企业

国有企业又称全民所有制企业，意为由全体人民所有，而在法律上，是由国家代表人民作为全民所有的财产和企业的所有权人。在整个计划经济时期，直至1986年《民法通则》颁布，国有企业被称为国营企业，因为当时的国有企业在政府的计划和管理下从事活动，没有经营自主权。顺应改革开放后希望将国有企业改成国有、企业自主经营的法人，而不再国有国营的愿望，《民法通则》和《全民所有制工业企业法》将其称为全民所有制企业。随着法制的发展，在投资和交易中，企业的所有制归属或者通俗地说其"老板"是谁成为人们的一种基本的、常态的关注，"国有企业"遂成为一个普遍的、流行的称谓。鉴于国有企业有多种表现形式，在《企业国有资产法》中，又将不同的国有企业统称为"国家出资企业"（该法第5条）。

在中国，与企业相关的概念还有"事业单位"和"特设机构"，其经费来源于中央或地方政府预算，属于承担非政府职能或者经授权承担专业性政府职能的非政府、非营利机构，如北京大学、中国科学院、新华社、银行业监督管理委员会、证券监督管理委员会、国有资产监督管理委员会（简称国资委）等，特点是依法设立、承担特定职能、不面向市场从事经营、不必进行工商登记，类似于英美法系的法定机构（statutory organizations）。

（二）关于政府官员和政府雇员

这是西方国家的一般称谓，在中国将其称为公务员或者国家工作人员，改革开放以前和之后的一段时间里也称为国家干部。干部是一个广义的概念，非政府机构中的管理人员也是干部，比如私人企业中的董事、经理等，但其不具有公务员或国家工作人员的身份，所以不是国家干部。

三、中国传统国有企业改革的历程和结果

中国对作为计划经济产物的国有企业进行的改革，与整个经济社会改革一样，其基本方式就是对外开放和市场化程度的不断加深。

（一）外商投资与国有企业改革（1979 至今）

1979 年的《中外合资经营企业法》以及不久后相继颁布的《中外合作经营企业法》《外资企业法》，拉开了外商、外资大举进入中国的序幕。中外合营的中方，在很长时间内都只是国有企业。通过与外商合营，国有企业或者整体改制为中外合资、合作经营企业；或者分出一部分优质的资产和人员与外商合资、合作，其本身则成为新设的中外合资、合作经营企业的母公司。吃惯了"大锅饭"① 的国有企业，由于外商对投资回报的切身关注，及其建立在法治基础上的商业理念和行为方式，将企业组织严格建立在资本关系和以契约为基础的利益计较之上，从而被上了一堂有关市场经济及其企业制度的生动而深刻的一课，国有企业的公司制、市场化改革由此开启。

（二）不成功的扩权和承包租赁改革（1979 至 90 年代中后期）

在引进外资的同时，对国有企业进行放权让利的改革，国务院在 1979 年下达了《关于扩大国营工业企业经营管理自主权的若干规定》和《关于国有企业实行利润留成的规定》等 5 个试点文件。

1984 年，中共 12 届 3 中全会作出《中共中央关于经济体制改革的决定》，拉开了第二阶段国有企业改革的序幕。在这个决定中，明确提出了"所有权经营权可以适当分开"即"两权分离"，以使国有企业能够成为自主经营、自负盈亏的社会主义商品生产者和经营者，具有自我改造和自我发展的能力，成为具有一定权利和义务的法人。从 1986 年起，承包、租赁等所有权与经营权分离的国有企业改革在全国范围内推行。

国有企业与主管部门讨价还价，在放权的氛围下获得了一定的自由权。但是放权或收权的权力仍为政府所掌握，企业还是不能面向市场追求利润。承包和租赁使国有企业与政府的关系契约化了，但是法治发展的滞后，导致承包和

---

① 中国人的形象说法，是指企业不计成本、管理松弛、浪费严重，在国家的"大锅"里随意吃拿；职工捧着"铁饭碗"，干多干少、干好干坏，收入都一样，在企业的"大锅"里随意吃拿，所谓两个"大锅饭"。

租赁合同得不到可靠的司法保障，企业"负盈不负亏"，加剧了过度消耗原材料和设备的行为，企业和职工在很大程度上仍在吃"大锅饭"，他们对国有资产和社会利益漠不关心，又不放过任何机会谋取私利。

尽管《民法通则》规定国有企业是法人、享有经营权，1988年的《全民所有制工业企业法》规定了国有企业的厂长经理负责制、职工代表大会制等，但是，实行承包、租赁后，政府主管部门对国有企业的控制逐渐松弛，效率低下、缺乏所有者约束的国有企业的市场竞争力低下，资产被内部人侵吞和浪费的现象严重，以致到了90年代中后期，国有企业普遍陷入了困境。结果是，大多数国有企业都倒闭、破产或者卖给了私人；剩下的少数，通过股份制、公司化而重获新生。

（三）公司制和国资委（1993至今）

1. 公司制冲动和《公司法》的制定

尽管国有企业参与的中外合资经营企业从一开始就采取公司形式，但是内资暨国有企业自身的公司制改革是80年代中后期启动的。

在商品关系和市场化的发展中，国有企事业单位的独立性日增，出现了联合投资经营的冲动，表现形式是设立公司、发行股票和债券等，如1984年老国企"飞乐"改制发行股票、1988年深圳特区选择对一些企业进行股份制改革并上市发行的试点；甚至党政机关也投入办公司的热潮，为民众所诟病。

这就要求将国有企业的改革与建立规范的公司制度结合起来。为此，中国从1985年开始研拟《公司法》，并于1993年由全国人大常委会正式通过为法律，标志着普遍的、大规模的国有企业公司制改革拉开了帷幕。

2. 各级国资委和《企业国有资产法》

国有企业的公司化、市场化，并不能一蹴而就解决国有制一直以来的"大锅饭"问题，在公司化条件下表现为对国有的资本和股份无人负责，俗称"老板缺位"，众多国家机关对国有企业似乎谁都可以管、也谁都可以不管，出现了经理、董事、职工等内部人侵吞或通过关联交易造成国有资产"流失"的现象。

经过了90年代中后期国有企业大面积倒闭、破产，痛定思痛，中国设法解决国有资本暨股份无人代表、无人负责的问题，具体措施就是在国务院和地方设立国资委。

2003年，全国人大批准《国务院机构改革方案》，成立了国务院国资委，赋予其代表中央政府统一行使对非金融类国有企业的出资人职责，"管人""管事""管资产"相统一，改变不同国家机关对企业"九龙治水"的混乱状况；与此同时，各地省、市两级地方也设立了国资委，分别充当同级政府投资的企业中的国有资本或股份的出资人。

按照《公司法》第 4 条和《企业国有资产法》第 12 条的规定，出资人享有的权利是依出资份额或股权对企业享有的资产收益、参与重大决策和选择管理者等权利。《企业国有资产法》第 15 条还规定：履行出资人职责的机构对本级人民政府负责，向本级人民政府报告履行出资人职责的情况，接受本级人民政府的监督和考核，对国有资产的保值增值负责。

四、当前中国国有企业的类型

（一）中央国有企业和地方国有企业

中国对国有财产和国有企业实行中央和地方分级管理，中央政府即国务院和各级地方政府分别授权本级国资委代表国家行使对国有资本出资企业的出资人或股东权利，从而形成中央国有企业（央企）和地方国有企业的基本分类。地方国有企业包括省属国有企业，比如上海市地方国有企业、广东省地方国有企业等；以及市属国有企业，比如广州市、成都市等地方国有企业。

按照中国宪法规定的财政体制，每一级政府的财政由同级人民代表大会决定、对同级人民代表大会负责，不同地方之间、不同层级的地方之间、地方与中央之间，并不存在资本或股权的集中控制者。表现在法律上就是，每一个国资委都是同级政府出资的非金融企业的最高一级出资人，比如上海市国资委不受国务院国资委管辖、广州市国资委不受广东省国资委管辖等等。

（二）国有独资企业、国有独资公司、多元国有主体投资的公司和国有资本控制公司

按照国有资本出资的主体、比例和适用法律的不同，中国的国有企业有四种不同的类型：

1. 国有独资企业

这是指单一国有资本出资，适用《全民所有制工业企业法》的企业。比如中国邮政集团公司实行总经理负责制，不适用《公司法》及其规定的股东会、董事会、监事会和经理的治理形式。

2. 国有独资公司

这是指单一国有资本出资，由国务院或地方政府国资委履行出资人职责的有限责任公司（《公司法》第 65 条第 2 款）。国有独资公司适用《公司法》，但不设股东会，由国有资产监督管理机构行使股东会职权（《公司法》第 67 条）。

3. 多元国有主体投资的公司

这是指企业资本全部为国有，但是来源于多个不同的国有企事业单位或国资委、可能分属不同层级政府管辖的国有财产，由多个国有主体充当股东的有限责任公司或股份有限公司。这类企业与多元私人主体投资的公司一样适用《公司法》。

4. 国有资本控制公司

这是指国有股东占多数出资额，或者出资额虽然不占多数、但依其出资额或者表决权足以对公司决策产生重大影响的公司（参见《公司法》第217条）。经过多年的市场化洗礼，这类公司在中国的国有企业中占据绝大多数。如果国有资本在公司中参股，但不足以控制或对公司产生重大影响，则这样的公司就不属于国有企业，依其控制股东的性质为私人企业或外商投资企业等。

但在刑法上，对这类公司中的绝大多数，并不认定为国有企业或国有公司；只有国务院或地方政府国资委或者前三类国有企业直接持股并委派董事、监事、经理、会计或财务总监等管理人员的公司，才被视为国有企业或国有公司。

五、中国国有暨国有控制企业的性质和地位

延续了国有企业与政府在组织上分立的做法，中国在改革开放中不断强化国有企业的市场主体地位。法律上的相应表现是：国有企业是与机关法人、事业单位法人相对的企业法人；享有法人财产权，对企业财产享有占有、使用、收益和处分的权利；国有企业面向市场经营，经营不善或者亏损无以为继的，可以倒闭或破产。国有企业与政府性质迥异，不是政府的组成部分或从属机构，它从事经营活动，适用的是企业、公司法；而政府和政府机关法人从事公务或公共管理活动，适用的是《国务院组织法》和《地方各级人民代表大会和地方各级人民政府组织法》。

《民法通则》第36条规定，法人是具有民事权利能力和民事行为能力，依法独立享有民事权利和承担民事义务的组织；《全民所有制工业企业法》第2条规定，全民所有制工业企业是依法自主经营、自负盈亏、独立核算的商品生产和经营单位；《公司法》第3条规定，公司是企业法人，有独立的法人财产，享有法人财产权，公司以其全部财产对公司的债务承担责任；《企业国有资产法》第16条规定，国家出资企业对其动产、不动产和其他财产享有占有、使用、收益和处分的权利。而中国于1986年制定的首部企业破产法，就是专门适用于国有企业的，如今国有企业的破产或倒闭已成为常态。迄今中国的破产法只适用于企业法人，而不适用于政府，这也是国有企业与政府的区别，任何政府部门

或机关在法律上是不能破产的，因为通行的观念认为政府不应该破人民的产。

区分企业和政府还有一个重要的标准，就是包括国有企业在内的企业法人都必须经工商行政管理部门登记注册，才算合法成立，才能从事经营活动。《全民所有制工业企业法》第41条规定，全民所有制企业、集体所有制企业有符合国家规定的资金数额，有组织章程、组织机构和场所，能够独立承担民事责任，经主管机关核准登记，取得法人资格；《公司法》第6和第7条规定，设立公司，应当依法向公司登记机关申请设立登记；依法设立的公司，由公司登记机关发给公司营业执照，公司营业执照签发日期为公司成立日期。而政府和政府机关直接依照《国务院组织法》和《地方各级人民代表大会和地方各级人民政府组织法》设立，无须进行任何登记注册。

六、国有企业中的管理者和职工的身份及地位

从国有企业的管理者、职工与公务员的区别，可以凸现出其身份和地位，从而说明其不是也不属于公务员。

国有企业的管理者、职工适用《劳动法》和《劳动合同法》，公务员适用《公务员法》。《劳动法》第2条规定，该法适用的对象是中华人民共和国境内的企业、个体经济组织和与之形成劳动关系的劳动者；《劳动合同法》第2条规定，该法适用于中华人民共和国境内的企业、个体经济组织、民办非企业单位以及国家机关、事业单位、社会团体等与劳动者建立劳动关系，订立、履行、变更、解除或者终止劳动合同。国有企业的管理者和职工是劳动力出卖者，其交易和价格由市场决定，并由劳动合同加以规范。而政府官员和雇员适用《公务员法》，根据该法第2条，他们是指依法履行公职、纳入国家行政编制、由国家财政负担工资福利的工作人员，其任用和薪酬都不由市场机制所决定。根据《公务员法》第21条，对一般公务员采取公开考试方式录用；同时，第38条规定，公务员职务实行选任制和委任制，领导成员职务实行任期制。公务员薪酬也不存在与雇主讨价还价的问题，该法第73条规定，公务员实行国家统一的职务与级别相结合的工资制度；第53条还规定，公务员必须遵守纪律，不得组织或者参加罢工，而企业管理者和职工当然是有权罢工的。

在中国，政府不会破产，公务员一般也不会被解雇，加上稳定可靠的社会保障，就使公务员捧上了"铁饭碗"，因此金融危机以来，中国的公务员考试出现了火爆场面。民众的一般认识也是，公务员的收入虽可能稍低于在企业中就业，但其岗位和收入平稳，医疗保险水平较高，退休后的待遇也高于企业雇员。这些可谓社会对国有企业的管理者和职工不同于公务员或者政府官员的通俗而

实际的诠释。

七、关于中国刑法中的受贿罪和非国家工作人员受贿罪

中国《刑法》第 163 条规定，公司、企业或者其他单位的工作人员利用职务上的便利，索取他人财物或者非法收受他人财物，为他人谋取利益，数额较大的，处 5 年以下有期徒刑或者拘役，数额巨大的处 5 年以上有期徒刑，可以并处没收财产。中国的有期徒刑最高为 15 年，特殊情形下最长不超过 25 年。该条第 3 款同时规定，国有公司、企业或者其他国有单位中从事公务的人员和国有公司、企业或者其他国有单位委派到非国有公司、企业以及其他单位从事公务的人员有索贿受贿行为的，依照本法第 385 条、第 386 条定罪处罚。而这两条是关于国家工作人员受贿罪的规定，最高刑罚是死刑。这就涉及在中国的国有企业中，哪些人可以被视为国家工作人员或公务员，对其受贿比照国家工作人员受贿罪进行处罚。

（一）中国的公司、企业人员受贿罪或非国家工作人员受贿罪的由来

中国的《刑法》是 1997 年制定的，当时在该法中只有国家工作人员受贿罪，对公司、企业中的人员受贿，或者视为国家工作人员受贿进行处罚，或者不构成犯罪，畸重畸轻，既不公平，震慑力也不足。

随着改革的快速进展，这个弊端越来越严重。其原因有二：一是国有企业普遍实行公司化改制，确定了其市场经营主体的性质和地位，无法再将其视为国家机关；二是中国在 1993—1995 年取消企业中的国家干部编制，在企业中打破干部、工人界限，实行全员劳动合同制，无法再对国有企业人员受贿比照国家工作人员受贿进行处罚。

于是，针对企业中的腐败和国有资产流失情况，全国人大常委会于 1995 年通过了《全国人民代表大会常务委员会关于惩治违反公司法的犯罪的决定》，首次创设公司、企业人员受贿罪。也即《决定》第 9 条的规定：公司董事、监事或者职工利用职务上的便利，索取或者收受贿赂，数额较大的，处五年以下有期徒刑或者拘役；数额巨大的，处五年以上有期徒刑，可以并处没收财产；第 12 条规定，国家工作人员犯本罪的，依照全国人大常委会《关于惩治贪污罪贿赂罪的补充规定》的规定处罚，最高可判死刑。

1997 年，中国《刑法》全面修订，遂将《决定》的规定纳入刑法典，形成上述著名的第 163 条。而随着市场化的发展，又出现了一些新的腐败形式，比如足球教练、裁判、运动员受贿"打假球""吹黑哨"等，全国人大常委会又

于 2006 年通过了《中华人民共和国刑法修正案（六）》，将《刑法》第 163 条中的犯罪行为人由"公司、企业的工作人员"，改为"公司、企业或者其他单位的工作人员"，相应的罪名也改成了非国家工作人员受贿罪。

（二）为什么国有公司、企业的管理人员和职工一般不适用国家工作人员受贿罪的规定

首先，国有企业实行全员劳动合同制后，除国资委直接持股的企业中可能有极少数例外，在中国的国有企业中已不存在具有公务员或国家干部身份的管理人员和职工。

其次，中国于 1995 年增设公司、企业人员受贿罪，正是为了解决国有企业腐败的问题，对国有公司、企业中从事公务的某些人员比照适用国家工作人员受贿罪的规定，是为了加大惩治腐败的力度，并不等于该等企业人员的身份就变成了国家公务员。

再次，为正确适用公司、企业人员受贿罪，最高人民法院作了《关于办理违反公司法受贿、侵占、挪用等刑事案件适用法律若干问题的解释》，针对检察机关根据最高人民检察院《关于办理公司、企业人员受贿、侵占、挪用公司、企业资金犯罪案件适用法律的几个问题的通知》对"国家工作人员"的认定过于宽泛（参见该通知第 1 条），在解释中强调国家工作人员必须是"具有国家工作人员身份的人"。也即该解释第 4 条的规定：《决定》第 12 条所说的国家工作人员，是指在国有公司、企业或者其他公司、企业中行使管理职权，并具有国家工作人员身份的人员，包括受国有公司、国有企业委派或者聘请，作为国有公司、国有企业代表，在中外合资、合作、股份制公司、企业中，行使管理职权，并具有国家工作人员身份的人员。

（三）何为国有公司、企业？何为公司、企业中的公务

《刑法》第 93 条第 2 款规定，国有公司、企业中从事公务的人员和国家机关、国有公司、企业、事业单位委派到非国有公司、企业中从事公务的人员，以国家工作人员论。因此，公司、企业人员受贿是否比照国家工作人员受贿，涉及两个要素的认定：一是该公司、企业是否为国有公司、企业；二是公司、企业中有哪些事务属于公务。

1. 关于国有公司、企业的认定

国有独资企业、国有独资公司、多元国有主体投资的公司属于国有企业无疑，但是这三类公司在实际生活中的数量很少，现实生活中的国有企业主要是国有资本控制的公司。在刑法上，对国有资本控制公司并非都认定为国有公司。

为了准确认定《刑法》第 163 条规定的国有公司、企业人员，最高人民法

院于 2005 年作了《关于如何认定国有控股、参股股份有限公司中的国有公司、企业人员的解释》，根据该解释，国有公司、企业委派到国有控股、参股公司从事公务的人员，以国有公司、企业人员论。也就是说，最高人民法院认定的国有公司、企业，仅指国有独资企业、国有独资公司、多元国有主体投资的公司，其直接控股、参股的公司则可以视为国有公司、企业。这三种国有企业控股、参股的公司再投资的子子孙孙企业，或者说这三种纯国有资本企业间接控股、参股的企业，在刑法上都不属于国有公司、企业的范畴。否则，将公私多元主体合资经营的企业宽泛地认定为国有公司、企业，对其人员比照国家工作人员适用受贿罪，既不符合这些企业已成为纯粹市场主体的客观实际，也有违在国家工作人员受贿罪之外另设公司、企业受贿罪的立法初衷。

2. 关于公司、企业中公务的认定

在作为市场经营主体的公司、企业中，一般而言是不存在作为公共管理活动的"公务"的。但在中国的刑事司法中，为强化对国有财产的保护，将在国有公司、企业中管理、监督国有财产等活动解释为"公务"。2003 年最高人民法院印发《全国法院审理经济犯罪案件工作座谈会纪要》，提出的指导意见是：从事公务，是指代表国家机关、国有公司、企业事业单位、人民团体等履行组织、领导、监督、管理等职责，主要表现为与职权相联系的公共事务以及监督、管理国有财产的职务活动。如国家机关工作人员依法履行职责，国有公司的董事、经理、监事、会计、出纳人员等管理、监督国有财产等活动，属于从事公务。这里的国有公司，是指全部资本均为国有资本的公司。在中国的企业、公司中，经理是指全权负责企业管理工作的职务，相当于美国的 CEO，而不包括企业的部门经理、分公司经理、项目经理等。

同时，基于上述对国有公司、企业的限定，对国有资本控股、参股的公司中从事公务人员的认定，严格限制在受国家机关、国有公司、企业、事业单位委派从事公务的人员。2001 年，最高人民法院在《关于在国有资本控股、参股的股份有限公司从事管理工作的人员利用职务便利非法占有本公司财物如何定罪问题的批复》中称，在国有资本控股、参股的股份有限公司中从事管理工作的人员，除受国家机关、国有公司、企业、事业单位委派从事公务的以外，不属于国家工作人员。也就是说，对在国有控股、参股企业中履行国有财产监督、管理职责的人员，还需具备被政府、全资国有企业"委派"的要件，才能比照适用国家工作人员受贿罪。

最后，如果受委派的人员是经受委派公司的董事会聘任而成为国家参股、控股公司的经理、会计等，而不是直接代表国有财产利益、作为外部董监事或财务总监等履行职责，该经理、会计等管理行为，不被认定为从事公务。因为在这种情况下，其行为是企业董事会委派的企业事务，与代表国有财产的公共管理行为之间不存在直接的、必然的联系。

八、结论

综上所述，按照中国的法律，被告如果是对全资国有企业中的或者受政府或全资国有企业直接委派到国有资本控股、参股的公司中担任董事、CEO、监事、会计暨财务总监等管理职务的人员不当给付利益，即视为对国家工作人员行贿。当然，将这些人员"视为"国家工作人员或"比照"适用国家工作人员受贿罪，并不等于这些人员就是国家工作人员、政府官员或政府雇员。

反之，如果他们是对上述公司、企业中非承担管理职务的人员，或者对全资国有企业间接或非直接控股、参股的公司中的任何人员不当给付利益，则不被视为对国家工作人员行贿，收受不当利益的人依中国法律构成的是非国家工作人员受贿罪（曾被称作公司、企业人员受贿罪）。

（原载《经济法学评论》第 13 卷，中国法制出版社 2013 年版）

论公司社会责任：法律义务、道德责任及其他

公司或企业的社会责任（CSR）本质上是一种道义责任，并非法律上的义务或责任，内容是企业应当守法、"做好自己"及在此基础上对利益相关各方和社会承担道德义务。

经济的迅猛发展，引发出资源和环保、安全和体面的劳动、消费者权益等问题，人们对企业从中所起的作用毁誉参半，加之《中华人民共和国公司法》（简称《公司法》）于 2005 年修订后将公司社会责任写进法条，在我国引发了公司社会责任研究的热潮。然而，冷静地分析有关公司社会责任的理论和实践，则不难发现，在繁华背后，存在着认识的模糊和混乱。本文拟从厘清与界定、内涵与外延、实践与完善三个层面，对公司社会责任作一探讨，以求教于方家。

一、公司社会责任的语义、争议和界定

不同的人使用公司社会责任这个词，表达的含义不尽一致。因此有必要先对公司社会责任这个概念做一番厘清和界定。

（一）关于公司社会责任的语义分析

1. 关于"公司"

"公司"的含义宽泛，常常令学者感到困惑。在此没有必要对公司给出一个全面、终极的定义，仅就公司社会责任而言，本文希望对"公司"做以下澄清。

其一，公司作为一种组织形式，尽管营利性组织和非营利性组织都不妨采用之，但由于公司已成为当代企业的主体部分，"公司"在实践和学术中往往被引申为企业的同义语。[1]公司社会责任的英文是 Corporate Social Responsibility（简称 CSR），在中国更多地将其译为企业社会责任。因此在本文中，公司与企业是可以互换使用的两个词。而企业的主体部分当然是营利性的，政策性企业、社会企业等只是非典型的企业。在这个意义上，所谓"公司"社会责任，主要

是指营利性企业的社会责任。① 如果脱离企业的营利性来讨论其社会责任，任何理论都失去了根基，也没有什么意义。在当今市场经济条件下，即使是普通国有企业、具有公共性的公用企业等，也要在营利基础上才谈得上承担社会责任，只不过人民、社会要求其比一般营利性企业承担更高的道义责任而已。

其二，无论公司所处的社会关系多么错综复杂，公司应当为其资本所有者所有并控制，或者在转投资或国有财产投资经营的情况下由出资者或股东作为其所有者权益承担者。这是现代企业、市场经济和现代社会的基础。否则，产权不明、老板缺位，企业何以存续及开展活动，社会责任也无从谈起。

关于公司社会责任的种种认识，无论肯定或否定，其焦点就在于：公司的目标是追求股东利益最大化，还是要以社会责任对此施加限制，归结为公司的经营管理者是股东的受托人还是公司全体利益相关者的受托人。而此归结为一个关键问题，即公司是谁的公司，或者公司的本质是什么。人们关于公司本质的认识有"所有者的工具或财产""个人或集团的契约组织""利益相关者共同体""市民社会的公民"以及现在的"全球公司公民"等诸多说法。汉斯曼教授在他的《公司法历史的终结》（2001）中试图总结有关分歧。他认为，在公司的历史实践中，国家主导模式、利益相关者主导模式和雇员主导模式毫无例外地受挫，唯股东利益主导模式立于不败之地。因为股东是剩余风险的承担者和剩余价值的索取者，经营管理者要直接对股东的利益负责，如果能做到这一点，公司就能在价值最大化的目标下参与竞争，从而更好地承担它对利益相关者的责任。[2] 应当说，中国的实践也可证明，我们的观点与汉斯曼是不谋而合的。

其三，相对于国家而言，企业是市场或社会中的实体，因此不应当将国家、政府的责任与企业应当担负的责任相混淆；相对于个人而言，公司本质上是一种社团，因此存在着委托与代理、信托与监督这样的关系，同时与个人相比，公司的行为也必然具有更多的外部性。

由上引申出的一个道理是：既然出资者或股东是企业的所有者或所有者权益承担者——企业损益的天然、法定和第一性的承担者，则其就是以公司名义承担的社会责任的实际承担者，② 微软承担社会责任也即微软的股东尤其是以比尔·盖茨为主的大股东或控制股东承担社会责任。未经出资者或股东共同决定，企业的经营管理者（包括担任董事、CEO 等的个别经营股东）无权慷他人之慨

---

① 政策性企业、社会企业分别在政策和企业非营利的社会性宗旨范围内承担了社会责任。此外，它们也与营利性企业一样承担社会责任。

② 实际上，所谓企业的营利性，也是指股东营利、追求利益最大化，而不是企业自身赢利或盈利。因此非营利机构也是可以盈利的，只是其举办者不营利而已。

让其掌管的企业去承担什么责任，比尔·盖茨也不得不经微软董事会或股东会决定而让微软去赞助公益事业。而出资者或股东以自己的名义承担社会责任的，则与企业无关，比尔·盖茨以其自己或比尔与美琳达·盖茨基金会（Bill & Melinda Gates Foundation）的名义从事捐助等活动当然与微软（和微软的其他股东）没有关系，微软的其他股东也无权干涉。

从法律上、逻辑上说，企业或公司的意思和行为应当是全体股东的共同意志，此即"内部意志外部化、外部意志内部化"的公司辩证法。[3]而事实上，在奉行资本民主的公司制度或资本企业制度下，企业或公司的意思和行为是经由大股东控制的公司管理层表达出来的，公司社会责任在实践中表现为经营股东或内部股东、董事、CEO——这些企业家们在决策和行为时对社会的一种承担或担当。对此，需纳入公司内外部治理机制，确保公司在以股东共同利益为本的基础上有效经营，同时不损害他人合法权益，并增进利益相关各方和整个社会的福祉。当然，股东全体①、法律、社会对经营管理者的制约和监督往往是被动的、滞后的，这也是公司法的各项制度所由展开的一个基本点。

2. 对"社会"一词的分析

哈耶克在评论社会正义、社会利益之类的概念时指出："那种认为诸如'社会'或'国家'（乃至任何特定的社会制度或社会现象）等社会集合体在任何意义上都要比可理解的个人行动更加客观的观点纯属幻想。"[4]哈耶克的观点是基于个人主义自由观的立场作出的论断，但他却揭示出了这样一个事实，即"社会"利益也好、正义等共识也好，天然地需要通过相关个体、群体的充分博弈才能相对表达出来或者得以实现。这在国内学者关于"社会利益"（或社会公共利益、社会整体利益等）应否及怎样法律化的争议中也得到了清楚的体现。[5]事实上，对于什么是社会利益，不可能通过具体法条加以确定。道理很简单，即使公共工程也可能不符合社会利益，而商业行为也可能合乎公共利益。如果排除公众参与和利害各方的博弈，则结果多半是不公的，人民的利益可能在"社会"的名义下普遍受损。以公司社会责任为例，传统的古典自由主义理论强调公司的自由，排斥对公司施加任何形式的强制。在这种背景下，公司社会责任其实无从谈起，或者说公司承担的责任就与个人一样，仅仅是纳税和守法等内容；而随着经济和社会环境的变化，公司行为的外部性越来越大、且日益复杂，引发了诸如环境污染、公司治理、劳工标准、产品质量、社区利益等问题，

---

① 由于"企业家们"的决策和行为是以企业暨股东全体的名义进行的，所以实际上，"股东全体"对他们的制约和监督需由小股东或股民来承担、发动及实施。

导致公众及社会对公司责任形成了更多的期待，但在履行既定的法律义务之外，这些"责任"是不可能用法条具体规定并套用实施的。

另外，对"社会"的解读还有一种路径，即将其与国家、个人进行区分。但是将国家与社会截然对立的观念和做法已与实践的发展不符，在现代"混合经济"的大背景下，随着国家公共管理包括国家财产权渗透到经济、社会的各个领域，国家与社会已经紧密联系在一起。[6]因此在讨论公司社会责任时，需要把握好一个辩证思维，即：公司社会责任往往表现为政府、法律、国家对企业的要求，以此作为企业与社会之间关系的媒介；同时，要避免把政府、国家的责任与公司责任相混淆，也不能把社会的要求过度转化为法律、国家、政府对企业的强制性要求，或者国家、政府、任何团体和个人以社会的名义对企业越俎代庖。

3. 对公司社会责任中"责任"的认识

"责任"一词有不同的含义，因此还要明确各种不同的"责任"，及其应当通过怎样的形式来实现。

"社会责任"的英文是 social responsibility，而在英文中，responsibility、duty、obligation 和 liability 都可译为"责任"。Duty 是具体法律义务上的"责任"，obligation 是具体的法律或道德约束，liability 是归责意义上的"责任"，responsibility 则是指角色及其权义设置，既可以是某种法律上的义务、职责职权，也包括伦理或道德范畴的义务或角色定位。国内法学界的通说认为，"法律责任是由特定法律事实引起的对损害予以赔偿、补偿或接受惩罚的特殊义务，意即由于违反第一性义务而引起的第二性义务。"[7]"公司社会责任"中的"责任"——Responsibility，就属于"第一性义务"的范畴，但不限于法律规定的义务。不管有没有出现"公司社会责任"的概念，或者说无论这个概念存在与否，对公司角色及其权义的法律设置或法律上的义务是既定的，所以这个概念从一开始就超越了法律，属于社会自治或社会性规制的范畴。也就是说，公司社会责任中的 responsibility，指的主要是道德义务或道德领域的角色责任，这就不宜通过国家强制力来保障实现——事实上也保障不了。在这个意义上，CSR 是一种社会规制（social regulation），而不是法律的调整。而违反法律义务或法律领域的角色责任引发的归责意义上的法律责任（liability），则可以通过具体的执法和司法过程加以追究。①

---

① 新近汉语中有把 responsibility 译为"担当"或"承担"的趋势，如能为社会普遍接受，应不失为对 responsibility 的一种更好的表达——既表达出了角色及其权义设置的含义，又与法律上的具体义务和违法责任相区分，使英语中的几个不同概念不至在汉语中被混淆。

当然，社会规制、自治与法律调整、规制并非水火不容。如商事仲裁、村民自治也可由法律给予必要保障。同理，法律也可将社会对公司的基本要求（所谓最低道德标准）规定下来，作为法律上的义务，不过这样的话，就是对公司社会责任的本意做扩大解释了。

由于客观社会现象或事物的复杂性，在社会科学中，对一个概念、范畴存在多种解释是正常的，比如概念通常有狭义、广义和中义之分，重要的是在具体问题的研究中明确人们使用的是哪一种含义。因此厘清公司社会责任的语义，并非要将其变成一个封闭、绝对的概念，而是遵守规则，避免语义混乱，作为本文研究的铺垫。

（二）有关公司社会责任的理论及争议

1. 有关公司社会责任的论战

公司社会责任在西方经历了不同的发展阶段。有说法是，在资本主义发展初期，古典经济学理论把市场经济下公司的最基本功能等同于公司的社会责任，只要在法律允许的范围内尽可能高效率地使用资源以生产产品，并以公平的市场价格销售给消费者，公司就尽到了自己的"社会责任"。到了 18 和 19 世纪，众多资本主义国家由于经济、社会发展不平衡产生了程度各异的贫富差距，同时也由于慈善事业是一种传统的美德，于是慈善事业被认为是一种重要的社会责任。从 19 世纪末开始，人们对经济发展的期望产生了边际效用递减，对生活质量则有了更高的追求，对经济发展的副作用比如环境污染和牺牲劳工权益等消极作用的容忍度降低，由于经济发展失衡产生的各种社会矛盾也使公众对企业有了更多的期望和要求，从而使公司社会责任有了更加复杂的内容。其实这只是一种逻辑追溯、思想探究，事实上，当代公司社会责任是 20 世纪的劳工运动、消费者运动和环保运动等社会运动共同作用的产物，其直接成因及真正问世，则是发端于美国的社会责任运动。①

尽管公司社会责任在西方已得到社会主流的认可，但是西方国家的学者迄今对其并未形成一致性意见。从 20 世纪 30 年代到 60 年代，与公司社会责任相

---

① 20 世纪 90 年代初，为美国著名服装制造商 Levi-Strauss 加工产品的海外血汗工厂被西方媒体曝光，引起舆论哗然。为了挽回公司形象，Levi-Strauss 拟订并公布了一个公司社会责任守则（也称生产守则）。耐克、沃尔玛、迪斯尼等大公司也随之仿效，制定了自己的生产守则。由此在美国和其他发达国家引发了许多倡导公司社会责任的非政府组织和公众的参与，形成企业社会责任运动，将其由企业自我约束（self regulation）转化为社会性规制，并随着经济全球化而波及全球。当然就理论而言，企业自我约束也属于社会性规制的范畴。

关的争论主要有两次，即 30 年代至 50 年代伯利与多德关于管理者受托责任的论战，以及 60 年代伯利与曼尼关于现代公司作用的论战。[8] 其影响一直延续至今。

伯利（Berle，Adolf A.）与多德（Dodd，E. Merrrick）关于管理者受托责任的论战，集中于公司和作为其受托人的管理者是只对股东承担责任、还是要对公司的所有利害关系人承担责任。伯利（1931）认为，管理者只是公司股东的受托人，而股东的利益总是在其他对公司有要求权的人的利益之上。多德（1932）则认为，公司作为一个经济组织，在为股东创造利润的同时也有服务社会的功能。他强调法律之所以允许和鼓励经济活动，不是因为它是其所有者利润的来源，而是因为它能服务于社会。这一争论以二者观点的友好折中而告终。多德（1942）认为，在 1932 到 1942 年的十年间，美国政府的"新政"实施了大量干预经济的活动，同时由于工会和消费者团体的努力，通过了一系列法律来保护劳动者和消费者的利益，既然这些利益团体已经加强了他们相对于公司的法律地位，那么他们的受托人就是公司，也就是说，公司需要承担相应的社会责任。伯利（1954）赞同了多德 20 年余前的观点，认为现代管理者不仅为了股东利润最大化而经营企业，事实上而且法律也确认他们是一种社会制度的管理者。

而伯利和曼尼（Manne，G. Henry）的争论是以古典自由市场理论为基础的传统企业理论与现代企业理论之争。曼尼（1962）认为，管理效率并不意味着管理者有能力承担社会责任，而且让商人介入到捐赠活动中并取代市场的作用，是一种很糟糕的机制。公司要在高度竞争的市场上出售产品，就不可能从事大量非利润最大化的活动，如果一定要这样做，公司很可能就无法生存。曼尼认为，公司只是一种经济组织，强调公司社会责任会危及自由市场，而且公司社会责任会引发垄断和政府加强管制。

弗里德曼和曼尼一样反对公司社会责任，他也是公司社会责任批判者中最有代表性和影响力的一位。他在《资本主义与自由》一书中指出，有一种逐渐被普遍接受的观点认为，公司、管理者和工会的领导人在满足他们的股东或成员的利益之外还要承担社会责任，这种观点在根本上扭曲了自由经济的特点和性质。在自由经济中，企业确有但仅有一个社会责任——只要它处在开放、自由和没有欺诈的竞争游戏规则中——那就是使用其资源并从事经营活动以增加利润，也就是在遵守法律和适当的道德标准的前提下，尽可能挣更多的钱，这样才能更好地服务于消费者。弗里德曼反对公司社会责任的依据主要有三：一是认为公司只是股东的公司；二是坚持公司的目标是利润最大化；三是将管理者仅仅看作股东的代理人。

从伯利到弗里德曼、汉斯曼，有关公司本质和社会责任的争论似乎从终点回到了起点。但实际上，人们的认识在讨论中是不断深化的，不同的意见及其理由也构成本文进一步研究的基础。

2. 关于公司社会责任的定义

对公司社会责任的不同认识，形成了对它的不同定义。卡罗（Carroll）在他1979年的一篇论文中，将公司社会责任定义为社会在一定的阶段对于组织的一种包含了经济、法律、道德以及意思自治等多方面的期待。[9]麦克威廉（McWilliams）和西格尔（Siegel）认为，公司社会责任是指公司的一些改进社会福利的行为，这是超乎企业利益之外的，由政府所要求的行为。[10]古德帕斯特（Goodpaster）则认为，公司社会责任限于股东价值的最大化就足够了。[11]总部设在美国的社会责任国际（Social Accountability International，SAI）的主要任务是推动企业改善劳动条件，旨在维护"工作场所的人权"。而对公司社会责任最为广泛引用的是世界可持续发展商业委员会（World Business Council for Sustainable Development）的定义：公司社会责任是指企业做出的一种持续承诺：按照道德规范经营，在为经济发展做贡献的同时，既改善员工及其家人的生活质量，又帮助实现所处社区甚至社会的整体生活质量的改善。

中国学者一般认为，企业社会责任是指企业在赚取利润的同时，主动承担对环境、社会和利益相关者的责任；[12]在2006年中国企业发布的首个专门的企业社会责任报告《国家电网公司2005社会责任报告》中，将企业社会责任定义为"企业对所有者、员工、客户、供应商、社区等利益相关者以及自然环境承担责任，以实现企业与经济社会可持续发展的协调统一。"[13]前者把营利暨做好企业自身排除在企业的社会责任之外，后者则把所有者纳入企业利益相关者的范围、将企业对所有者的责任也包括在企业社会责任之内。

（三）本文对公司社会责任的界定

综上所述，我们认为，公司社会责任在本质上是特定的经济和社会条件对企业的客观要求，表现为社会对企业的期待，是企业对社会应承担的义务，包括守法、做好企业本身和对社会的道义承担。

实现公司社会责任的关键首先在于强化公司的守法责任，对于其"做好自己"和道义上的承担，则应通过提倡、鼓励和引导来实现。

Responsibility意义上的法律责任是法律上要求公司依其角色或本分所应承担的作为或不作为的义务，违反这种义务要承担法律上的不利后果。公司在法律上应负的义务或责任，原本就是其应当承担的，而与是否存在对它的"社会责任"要求无关。但正是因为企业为了赚钱往往无视法律，罔顾社会对它的起码要求，从而引出企业社会责任问题。因此，企业的法律义务也是社会要求企业承担的责任，而且法律义务隐含的一个前提是义务主体必须遵纪守法，这样就将公司应承担的法律上的义务、不履行义务的责任与其社会责任相衔接起来。

追求盈利、对股东负责是企业固有的本性，且与企业自始相随，所以这原本也不是企业的社会责任。但是，企业做得好，对于经济发展、消费者整体福利、社会进步、提升民族经济的国际竞争力具有重要意义。公司必须生产和销售社会所需的产品或服务，并以公允的价格出售给用户或消费者，才能维持自身生存发展，进而为资本所有者牟取利润。"事实上，私人所有者必然会对社会承担其应负的责任，理由很简单，他们必须依靠社会才能出售其产品，也必须依靠社会才能购进必需的原材料、工厂、服务、资本、设备等，然后才能组织生产他们准备用于出售的那些东西。如果他们拒绝满足社会的急迫需求，他们就会失去消费者，也就无法在市场上立足。而如果那样的话，他们就必须给在这些基础产业中更加'负责任'的其他控制者腾出位置来。"[14]公司如果做不好自己，不仅公司及其老板、经营管理者可能破财毁誉，而且可能累及债权人、职工、政府和社会。在这个意义上，企业在诚信守法的基础上努力做好自己，也是企业对社会应尽的责任，这与它追求自身利益最大化、为股东谋利是同一事物的两个方面。

除此之外，公司的社会责任都是道义责任。这是以社会运动、惯例、普遍的道德要求等非正式制度形式存在，并以企业的自我认知、同情心和责任感、自愿行为、舆论、NGO和公众行动的压力等保障实现的。

有学者认为，公司的社会责任还包括自发责任或自愿责任。该责任是指公司在没有法律要求和道德期望的情况下，完全出于博爱等人性本能或自身价值实现需要而自发承担的有利于公众利益的责任。[15]例如慈善捐助、为上班的母亲提供日间托儿服务等责任。实际上，这里所说的自发责任或自愿责任都是道德责任，只是它有时可能高于社会的一般道德要求而已。

一般认为，广义的公司社会责任包括企业的经济责任、法律责任、道德责任和慈善责任；狭义的公司社会责任仅指道德责任和慈善责任。[16]我们认为，慈善责任属于道德责任的范畴，而经济责任涵盖在法律责任和道德责任中，从逻辑上讲不能与法律责任和道德责任并列。法律、道德和社会中的个体行为构成一个社会最基本的制度环境体系，所以公司社会责任应当是守法责任、做好自己的责任和对社会的道德承担这三者的统一体。

二、公司社会责任的内涵与外延

(一) 公司营利性与公司社会责任

施瓦兹 (Schwartz, Mark S.) 认为，在促使公司承担社会责任的经济、制度和道德等诸多动因当中，公司纯粹出于道德动因而承担社会责任的情况十分少见，纯粹出于制度动因承担社会责任则往往是对制度的被动适应。而道德动因通常也可以被解释为有利于长期经济利益，所以，利益是企业承担社会责任的根本动因。基钦 (Kitchin Tim) 认为，企业只有在收益超过成本，或者当外在压力可以通过有效的机制转化为其内在经济动因时，才会从不自觉的适应转变成自觉的改变。因此，只有当企业社会责任与企业的核心目标结合在一起，成功地转化为内在的商业运作过程时，企业社会责任才得以实现。

比如根据调查显示，股票市场只在一定程度上愿意对企业承担社会责任的行为提供报酬。[17] 根据学者对我国股市的调查研究结果，从当期来看，上市公司承担社会责任会降低公司的价值。[18] 无论如何，营利性的企业、公司本质上是作为追求利润的理性工具出现的，它们在营利之外承担社会责任难免与其本性相悖。正如波斯纳认为的那样，在竞争市场中，长期为了利润之外的任何其他目标而经营将导致企业萎缩，甚至倒闭、破产，而企业承担社会责任的成本会以提高产品价格等方式由消费者来承担；企业履行社会责任也会降低股东自己履行社会责任的能力，追求利润最大化却可以增加股东的财富，股东可以用这种资源来对政治、慈善捐赠等做出贡献。[19] 事实上，公司社会责任中只有遵守法律、履行法律义务可由法律和国家强制实施，企业对高于法律要求的道德责任的履行，取决于社会的道德要求通过舆论、社会行动等对企业及其利益的影响程度。当社会的道德要求和评价能够具体化并成为影响企业经营和营利活动的因素时，才会透过对企业种种外部行为的约束，而促使企业产生不得不将履行社会责任纳入其行为和经营目标的内在动机。但是需要特别强调的是，这种内化过程必须经由市场来完成，而不应由政府和民粹式的社会行动强制实施，否则就会违背企业经营规律，最终破坏企业生存的市场生态，不利于企业的长久发展和市场的完善。

另一方面，公司承担社会责任与营利性并非绝对对立，在良性互动的情况下，公司承担社会责任也能够与其营利目标相一致。哈佛大学的企业战略大使迈克尔·波特 (2003) 在其《企业慈善事业的竞争优势》一文中提出，企业可以利用慈善和社会活动来改善自己的竞争环境，当企业的支出能同时产生社会效益和经济效益的情况下，企业的公共活动与股东的利益就可能不冲突地交汇在一起；他还提供了一套分析工具，让企业家可以找到同时实现社会价值与经济价值，既能提高企业竞争力又能提高其所在组群竞争力的慈善活动的领域。[20]比如美国目前有各种基金会5万多家，这些基金会承担了大量的道义责任，而它们对其发起设立者而言，仍然是追求企业利益最大化的一种表现和行为；基金对企业的基本功能类似于长期广告效应，它是企业和股东为了树立企业的某种形象和信誉所作的一种长期投资。[21]

在倡导可持续发展和精神文明昌盛的当今社会，实现公司营利性目标与履行社会责任之间的一致性存在着越来越大的可能。20世纪公司社会责任运动的兴起，使得公司利益的实现机制悄然发生变化：以往那种公司利益的实现只需单纯通过市场竞争的局面改变了，公司尤其是大公司，在实现自己的利益时往往不得不认真面对社会公众的感受和诉求，因为公司利益的实现受到股东之外其他相关利益者乃至公众好恶和感受的制衡。如一些国际大公司在非洲保护野生动物、捐助等社会责任行动，目的可能只是确保从非洲获得优质廉价的原料，当其从事"公益"行动所在区域民众福祉的提升与其营利目标相冲突时，往往会毫不犹豫地选择后者而压制前者，它们的不光彩动机和行为经常无意间被曝光，令其原形毕露。①[22]因此，随着经济发展、社会环境和人的价值观念的转变，以及信息披露机制的健全、现代企业制度的发展和公司内外部治理机制的完善，公司的营利性与公司社会责任正从完全对立逐步走向相互促进。这种相互促进关系的形成，来源于公司生存、发展的外部制约和要求。

（二）"做好自己"与公司社会责任及其在中国的重要意义

公司存在的价值首先是把企业做好，大而强、小而棒、产品广受欢迎等，都是一个好企业的表征。当今时代，所有权、财产权不仅不能被消灭，相反还需要明晰、强化，以股东为本、对股东负责是做好企业的前提，否则就不啻为缘木求鱼。做好企业本身是履行公司社会责任的基础，因为企业的经营、竞争和盈利必须建立在其产品或服务的使用价值之上，否则它就是应遭社会唾弃的不良企业或不法之徒。所以不妨认为，"做好自己"也是企业对社会应当承担的一种责任。

---

① 埃塞俄比亚锡达莫、哈勒尔和耶加雪啡等三个地方的咖啡豆在国际上备受欢迎，每磅可卖到26美元，但埃塞俄比亚的咖农从中只能得到0.6-1.1美元，入不敷出，生活艰难；而当埃政府为这几种咖啡豆寻求原产地保护时，却遭到星巴克和美国全国咖啡协会（NCA）的反对，因为这样星巴克每年将向埃咖农多支付约8850万美元。星巴克声称的"致力于高价购买所有咖啡"，在关键时刻显露了原形。

诚如彼得·德鲁克的名言所说："企业首先是做得好，然后是做好事。"[23]对于企业来说，怎样为社会提供好的产品或服务是最为核心的问题。如果企业连这一点都做不到，不敬业、不专业、甚至违法乱纪不择手段捞钱，它根本就不该在社会中生存下去，以至为社会诟病、谴责，也就谈不上承担什么社会责任了。对于一个社会而言，衡量其发展水平的最基本的标准是生产力，而企业生产力是构成社会生产力的基本单位，对于一个社会、国家来说，没有企业的不断涌现、做好做强，就无法为种种社会目标提供条件，从而影响整个社会生产力的提高，并制约社会的发展。而企业做得好，也会带动就业岗位的增加、税费的增长、社会保障条件的改善等社会目标的实现。

企业要做得好，其根本机制是投资者也即股东的利益驱动和约束。如果否定这一点，也就不是市场经济。人类几百年血与泪的经验教训告诉我们，除了市场经济，实在找不到任何一种比它更好的社会生产组织方式，老板基于资本的利益驱动和利益约束对于生产力发展和社会进步的积极作用，是任何力量、任何组织都无可取代的。因此，要做好公司，首要和关键的一点就是要服从股东的意志和利益（当然是遵从公司法形成的股东共同意志），哪怕老板是笨蛋、流氓，他人也不得取而代之。因此，维护和保证股东的利益，是公司做好自己和承担社会责任的基础。一个简单的道理是，公司追求股东利益最大化当然不能保证公司其他利益相关者的利益最大化，但是公司如果不追求股东利益最大化，任何其他利益相关者的利益就无从谈起。除股东利益之外，公司对雇员、债权人、客户、消费者、政府乃至整个社会的责任分配和先后顺序，则不仅是一个法律问题，而是在特定经济社会发展、思潮、由文化和传统决定的公司治理和社会环境下各方博弈的过程和结果。

强调公司"做好自己"和对股东负责在中国具有重要的意义。在计划经济时代，企业几乎成为政治组织，社会饱受短缺之苦。好不容易转向了市场经济，而计划经济的惯性——畏惧竞争、做事不专业、产品或服务不能精益求精仍是中国企业的普遍弱点，更有郎咸平不断大声疾呼的经营者做了几天"保姆"就时刻想取代主人、缺乏受人之托就忠人之事的信托观念，妨碍着中国企业建立现代企业制度的进程。企业稍有发展、盈余，则成为众人觊觎的"唐僧肉"，许多好的企业因被社会各方化缘、政府摊派公共项目而负担过重，这些也是股东的老板地位不受尊重、财产权不那么神圣的表现。反过来，种种有违市场经济要求的畸态，其成本或代价必然是由消费者和社会来承担的。结果是，长期以来，中国的企业——既包括国有及国有控制企业，也包括私营、集体等民营企业——在自身做得差强人意的情况下，背负了很多本来不应由它们承担的社会负担；另一方面又没有很好地承担起它们应负的社会责任，比如在产品市场中对客户和消费者负责、在资本和资金市场中对股东和债权人负责、在人力市场中对雇员负责、在公共管理中对政府和社会负责等等，陷入原本不该承担的责任要承担、本该由企业做的事又没有做好的境地。特别值得一提的是，在我国的企业（包括私人企业）与政府的关系还没有真正理顺的情况下，过度强调公司的社会责任，还可能给政府不恰当的干预、包办和官商勾结提供一个方便的借口，这一点值得我们在倡导公司社会责任时予以警惕。

因此，公司"做好自己"、为股东谋利，也是其积极地对社会承担责任。公司的社会责任是有国界和阶段性的。中国是一个人口大国，企业能够"做好自己"，从而为更多的人创造就业机会，正是履行其在中国现阶段的一项重要的社会责任。比如，中国企业家对解决贫困和社会问题的最大责任，是让农村大量有劳动能力的人口加入城市化和工业化的进程，而企业家的能力和创造性也在这个进程中体现出来。做好企业本身，多依法纳税，从而使国家有更充裕的财力用于社会事业、改善经济结构、提高人民福祉，其意义也比企业自己对社会的偶尔、有限的捐赠更为深远。另外，人类面临的很多难题，如新能源、节能环保和特效医药等，都需要企业积极应对开发。企业能够生产出社会真正需要的、多样化的产品，众多企业形成合力，消费者选择权及其整体福利的实现就有了保证，这正是社会主义市场经济的追求及其应有之义。

（三）道德义务与公司社会责任

道德既是永恒的，又是变动的，即使是公平正义、诚实守信、己所不欲勿施于人等亘古不变的优良道德，在不同的时空背景下也会有特定的理解。因此道德与一个社会或民族所处的现实和历史条件息息相关。比如在资本主义早期，企业只要不恶意、不主动地侵害他人权益就可以了；但随着经济和社会生活的发展，人们衡量企业的道德要求越来越高。

尽管我们强调，做好自己、对股东负责、为股东谋利是公司承担社会责任的基础和第一步，但这并不否认公司应当承担其他类型的社会责任，尤其是道德性的义务。当经济蓬勃发展、导致土地和环境不堪重负时，公众是否可以期待企业厉行节约、节能减排？当公司的存在和发展对一个地方的人文环境造成负面影响时，公众可否期待它们为恢复当地的人文环境提供经济支持？当一个社会、民族面临诸如艾滋和埃博拉病毒的侵蚀时，公众能否期待拥有治疗相关疾病的药品专利的公司提供廉价的药品，或者无偿或低价提供产品配方？当众多跨国公司尽享土地、劳工、税收、外汇等优惠政策在华投资并大获其利时，公众是否可以期待它们为社区和社会福利作出更大的贡献？在社会高度分工又高度合作的现代市场经济背景下，公司因其外部性不可能两耳不闻窗外事、只顾自己和股东，它必然要作为一个社会公民、一个企业组织、一个社区成员而承担起诸多责任，而调控这些角色责任的，除了法律的基本要求外，更多地要靠道德的鼓励和约束。

上述社会对企业的种种要求，不必要也不可能都转换为法律上的义务，它们是特定条件下要求企业在营利的本分之外为社会、政府分忧。譬如很难要求一个努力做好自己的企业在它实际盈利之前承担分外之事，更不用说那些根本就做不好自己的企业了，如果以法律强制企业普遍履行的话，企业生存的市场环境也就被破坏殆尽了。企业的法律义务也是社会对企业的要求，如果说企业的法律义务和守法属于社会责任的话，由于其已由法律保障实施，所以人们今天所理解和期待的公司社会责任，主要是道德责任。公司在其初级阶段，社会对它的道德要求更多地与法律义务相重合，此外别无所求，或者有所求也枉然，这时其实还不存在真正的公司社会责任。随着企业生存、发展的外部条件发生变化，社会公众对企业构成的压力已经足够大，并可能影响企业和股东赚钱牟利，国家也因势利导，通过税收等手段鼓励、引导企业在守法经营之外承担更多的"份外"责任时，企业的社会责任则更多地与道德义务相重合，这才是真正意义上的公司社会责任。

因此，在强调公司社会责任以守法责任为关键的同时，要以道德引导作为公司社会责任实现的主体和主导。一个只靠法条及其强制实施而无其他更高的有效行为准则的社会，将无法利用人类的潜能以建设和谐社会。执法和司法只能涉及公司的法定义务，当社会在博弈、互动中确立了体现多数社会成员共同利益的主流价值观时，就为公司提出了相应的道德准则并约束其遵守，否则公司将会遭遇社会的否定性评价，最终影响公司的利益和生存。

（四）守法责任与公司社会责任

公司社会责任的关键在于公司守法责任的有效实现。企业承担法律义务之外的其他社会责任，可能与企业的利益最终一致，也可能与企业当前甚至长远的利益相悖，可能与企业家本身的性格有关，更多的则是迫于社会舆论评价体系的压力所为。一种企业行为的背后可能有多种动机，完全功利化固然不好，但也不应施加过高的道德要求。除守法责任以外的责任承担，只能通过提倡、鼓励、引导和道德约束加以实现而不能强制实施。

法律为公司规定的义务，是公司处理与股东、利益相关者和社会之间关系的底线。对我国而言，现阶段对公司守法责任的强调与坚守应该成为弘扬、落实公司社会责任的根本。例如，中国有《劳动法》，劳动法体系日益完善，但不少企业存在违法行为，工作环境差，职业病未能得到有效防治；拖欠工资、不付加班费等侵犯员工合法权益；劳动力缺乏培训等。因此，越过守法责任这一基本底线而盲目呼吁企业承担社会责任是没有意义的，如果法律都无法发挥作用，希望通过倡导社会责任就能唤起企业的良知显然是不现实的。守法是企业必需的行为，以此承担、履行其作为社会公民对社会应负的起码责任。除了应该遵守劳动法外，企业还应该依社会保障法规按时足额缴纳各项社会保险费；按照环境保护法的要求处理和排放污水、废气等；遵守产品质量法、农产品质量安全法、食品卫生法等，生产品质有保证且不会损害消费者身心健康的产品，等等。

在我国，公司社会责任的基础性内容已经在现行法律体系中得到体现。中英政府合作项目"国有企业重组和企业发展"（SOERED）的研究团队查阅了200多个由全国人大或其常委会颁布的法律和国务院的行政法规，发现其中每一个法律文件都不同程度地涉及公司社会责任的内容，构成了一个企业在中国合法经营和保护自己权益的完整法律依据，总起来有六大类：基本原则、商业责任、职工权益、安全卫生健康、环境责任、社区责任；责任内容覆盖了从生产到消费、从知识产权到商业诚信、从核心劳工标准到职工福利、从保护女工的特殊权益到对特殊社会人群的保护、从责任的定义到处罚办法等诸多方面。

以公司社会责任中的职工权益保护为例，学者普遍认为，当前我国企业实施 SA8000 标准的最大优势在于，所谓 SA8000 "苛刻的劳工标准"，其实在我国《劳动法》中都有相应规定。[24] 又如，在证监会和国家经贸委联合发布的《上市公司治理准则》中，对公司对其利益相关者应负的社会责任作了规定：上市公司应尊重银行和其他债权人、职工、消费者、供应商、社区等利益相关者的合法权利；应与利益相关者积极合作，共同推动公司健康发展；应为维护利益相关者的权益提供必要的条件，当利益相关者的合法权益受到侵害时，他们应有机会和途径获得赔偿；应向银行和其他债权人提供必要的信息，以便其对公司的经营状况和财务状况作出判断和进行决策；应鼓励职工通过与董事会、监事会和经理人员的直接沟通和交流，反映职工对公司经营、财务状况以及涉及职工利益的重大决策的意见；在保持公司持续发展、实现股东利益最大化的同时，应关注所在社区的福利、环境保护、公益事业等重大问题，重视公司的社会责任。2006 年，上海银监局制订了《上海银行业金融机构公司社会责任指导意见》；同年，深交所颁布了《上市公司社会责任指引》，鼓励上市公司根据指引要求撰写社会责任报告，等等。

（五）对《公司法》第 5 条"社会责任条款"的理解

《公司法》第 5 条规定："公司从事经营活动，必须遵守法律、行政法规，遵守社会公德、商业道德，诚实守信，接受政府和社会公众的监督，承担社会责任。"这是我国首次在法律中出现公司社会责任的用语或概念。

但是，法律的规定未必就形成法律义务，《公司法》第 5 条实际上是以法律条文发出了一个道德号召。原因很简单，那就是除了《公司法》和其他法律法规为公司规定的法律义务外，该第 5 条并不为公司增加任何具体的法律义务。首先，《公司法》和其他任何法律都没有赋予"社会责任条款"以具体内容，也不必将公司应承担的具体法律义务解释为"社会责任"；其次，如韩国学者所说，公司社会责任的责任主体和义务对象（责任对象）都不确定，消费者、公众、公司所在社区、社会整体等难以笼统地作为现实的权利人而存在，这是将公司社会责任入法的最大难点；[25] 再次，与公序良俗、诚实信用等道德入法的条款不同，社会责任条款本身无法用以在具体案例中作为判断合法或不法的依据，换言之，它是一条"软法"，而非可用国家机器的力量强制实施的典型的"硬法"；最后，社会责任也不应该概括性地法律化，以免将高标准的道德要求变为对企业的普遍强制性要求，为政府和社会对企业的不当或过分的要求提供法律依据，从而损害正常的投资和企业经营活动，乃至对市场经济造成致命的伤害。

国内一些学者把《公司法》第 5 条的"社会责任"解释为公司的法律义务，是希望以此强化公司的社会责任，或者说不这样就会削弱公司社会责任实施的力度。其实这是对道德力量的轻视，也夸大了法律的作用。因为对需要靠内心认知和舆论的推动、约束来实现的社会规范，以法硬性推行只能适得其反，既实现不了，又会对企业和社会造成不必要的创伤。而道德以柔克刚，其软力量在适合其作用的领域绝不亚于法律强制的"硬"力量。①[26]

三、公司社会责任的实现与完善

（一）完善与公司社会责任相关的法律法规，加大执法和司法的力度

在我国，实现公司社会责任首先要紧扣企业的守法责任，以落实已经写入法律的社会对公司的最低或基本的要求。这就需要完善与公司社会责任相关的

---

①　如前述星巴克案，在国际舆论的压力下，经埃塞俄比亚政府和英国慈善组织乐施会的努力，埃政府和星巴克就承认埃塞俄比亚特种咖啡豆原产地名的重要性及其许可、销售和推广达成了协议，而这是埃政府和咖农以法律行动所不可能达成的目标。

法律法规，加大执法与司法的力度。如完善公司治理和监管制度，强化对公司管理层决策及企业行为的制衡，消除诸如中石油、中石化、国电公司等的垄断福利、在国际油价上涨国内成品油调价机制启动之前助长"油荒"等对社会不负责任的行为；在劳动和环保方面，明确市场准入的具体条件，同时对违法用工、损害职工权益、违反环保法规的企业，该依法纠正、处罚或令其退出市场的，决不心慈手软，等等。

（二）建立公司履行社会责任的激励机制

企业以追逐利益最大化为行动纲领是无可厚非的，这是激励企业创新的重要因素，也是经济和社会发展的根本驱动力。只有鼓励和保障企业的逐利动机和行为，社会经济才能持续发展，社会福祉的"蛋糕"才能越做越大。因此，加强公司利益与公司社会责任的一致性，是促使公司履行社会责任的根本途径和方向。应当通过法律和政府的引导，完善公司履行社会责任的有效激励措施，而不是放任自流或流于形式。而对企业来说，履行社会责任，更多的应该是适应外界环境的变化而调整企业的短期和长期战略，包括企业的文化和价值取向，以消弭企业行为与社会伦理道德的摩擦和冲突。这样，社会责任就与企业的经营目标有效地结合在一起，成为企业发展的持久动力。如对公益捐赠和使用新能源予以税收优惠；对注重改善员工工作和生活条件、保护环境的企业给予表彰和奖励；政府采购拒买"血汗工厂"的产品，拒绝对不履行基本守法责任的企业给予税费减免等政策优惠；不准有"欠薪"记录的企业进入建筑市场，等等。事实上，我国已经开始了这方面的积极尝试。如深圳通过政府推动"企业社会责任认证"来促使公司承担社会责任，帮助企业建立和谐劳动关系以提升国际竞争力；[27]商务部也推出了若干举措，如在六类资源型产品出口配额招标时引入了企业社会责任审查程序，如果一家企业没有为职工按时足额交纳养老、失业、医疗和工伤等各项社会保险，或没有达到国家的环保标准，或存在明显的违法违规行为，则该企业就不具备投标资格。

公司社会责任运动不是外国人的专利。在建设和谐社会的条件下，它也是众多中国企业的内在需要，越来越多的企业和社会组织已投身于推动公司社会责任建设。当前的一项重要任务，是通过"善有善报"的宣传，让更多的企业认识到承担社会责任、做一个优秀的企业公民，与企业营利并不矛盾，反而有助于企业稳定、可持续的经营。美国的一家非营利组织 Business for Social Responsibility（BSR）总结企业参与社会活动的实际利益包括：市场份额和销售额增长；品牌和企业的形象得以提升；吸引、留住员工；降低运营成本；增大对投资者和财务分析师的吸引力，等等。[28]当然，也要通过社会责任运动警示企业，如果它们不尊重以至损害利害关系方和社区、社会的利益，就会受到公众的指责、产品不为消费者接受，最终遭遇衰落、倒闭的厄运。让企业明白"恶有恶报"的道理，可从相反的方向激励其承担、履行社会责任。

（三）引导企业参与社会责任标准认证

企业社会责任的推展离不开相关社会责任标准的认证活动。一般而言，这类认证是在政府的指导和监督下，由非政府组织出面建立独立的第三方认证和审核机构，从社会、经济、环境和可持续发展等各个方面，对企业履行社会责任的情况给予客观的评估和审核，并定期公布评估结果，使之成为权威的参考依据。社会责任标准认证客观上形成了一种约束机制，可以促使企业更好地履行社会责任，因此政府应当引导企业参与社会责任标准的认证。

然而，也应当认识到，公司社会责任运动是经济全球化条件下各种矛盾聚焦的产物，必须对西方国家倡导的公司社会责任运动及其各类认证标准保持清醒的认识。它经常被用作贸易保护和人权斗争的工具，对于被动接受的发展中国家来说，公司社会责任是一把"双刃剑"。一方面，提倡公司社会责任运动，借助相应的法律及市场约束机制，有助于改善环境和劳工状况等，提高公司经营者在社会责任问题上的法律意识和管理水平；另一方面，推行与发达国家相同的公司社会责任标准，有些情况下可能并不符合中国经济、社会发展的现状，譬如要求工厂都要有高标准的卫生间和常年有热水洗手，可能不合理地削弱企业的成本竞争优势。入世以后，我国企业受到欧美等主要贸易伙伴国更多、更强的掣肘，SA8000、"生产守则"的实施就反映了欧美等国的跨国公司对发展中国家的供应企业施加的直接影响。跨国公司面对消费者的强大压力，一方面不得不冒着放弃低成本采购的风险，将 SA8000 标准带给跨国公司的压力部分转嫁到发展中国家的供应商身上，要求包括我国在内的发展中国家接受其要求的 SA8000 认证，从而取悦发达国家的消费者以争取市场份额；另一方面，跨国公司也从自身利益出发，不断寻找新的劳动密集型贸易合作伙伴。跨国公司还运用"生产守则"，迫使加工制作其品牌产品的发展中国家的工厂遵守一定的劳动标准和环保标准，成为其本身承担社会责任的标志。但是，一旦中国的企业提升档次、提高了成本之后，跨国公司又会不惜将订单转向其他国家的低成本生产商乃至不人道的"血汗工厂"，而不可能指望其善意地照顾中国的利益。就在本文将完稿之时，英国《观察家报》又揭露了一起不道德转包案，美国零售商 Gap 公司将其著名童装品牌 Gap Kids 外包给印度的一个使用童工的工厂生产，而估计在印度有 5500 万年龄不到 14 岁的童工![29] 可以肯定，只要西方消费者对廉价商品有需求，就不可能杜绝西方的公司利用社会发展水平低、法制不健全的国家的"血汗工厂"为其制造产品。正如美国的一个 NGO——National Labor Committee 在一份针对中国玩具业的调查报告中指出:"如果有一天中国开始认真实施其劳动法与环保法,沃尔玛就会撤离中国而转向孟加拉国和洪都拉斯"。[30]

另一方面,在引导企业参与社会责任的国际标准认证过程中,还要注意避免社会责任认证的商业化所带来的负面效应。以 SAI 的"社会责任 8000"认证为例,获得 SA8000 证书不仅要承担改善工厂条件、提高工人待遇等带来的成本,还要支付一笔数目不菲的认证审核监察费。据统计,截至 2007 年 7 月,全球取得 SA8000 认证的公司共 1200 家,其中有 156 家分布在中国。[31]一些参加过社会责任审核的审核员坦言,他们到工厂审核首先是一种商业行为,工厂对他们的到来要支付高昂的报酬,还要好好招待,当然最后提供的审核意见一般也会令客户和厂家皆大欢喜。在调查中,有工厂管理者和工人告诉调查人员,工厂在每次审核前都要做好充分的准备,工人则被告知不可"乱说话"。因此,审核员在现场检查中,大体上不会出现无法通过的事情,有个别问题也能经解释而予放行。在美国,职业会计师行尚且可以为了一己私利而作假,既然成了商业行为,则中国的企业要造出一些满足社会责任要求的表象和数据,就更是小菜一碟了。因此,越来越多的劳工组织和 NGO 团体提出,社会责任标准认证和财务审核、质量认证的性质是完全不同的,它应当是排斥商业性的行为,没有商业利益才能确保审核监督的客观和公正。因此,政府应重点针对 SA8000 和生产守则认证中的商业化问题,加强舆论引导,客观地介绍公司社会责任运动,防止片面宣传和商业炒作,并且要对国际上的认证机构及其行为进行监督,杜绝它们借机在我国进行不法商业活动。

最后,公司履行社会责任需要一个社会基础,这就是公众的权利意识、企业的责任意识,以及整个社会的公平正义意识。这不仅需要通过法律去规范,通过监督和批评施加压力,使企业履行应有的社会责任,还需要通过培训、教育和宣传等各种方式,培育公众对他人和社会的责任意识,鼓励公众参与和支持企业履行社会责任的各项行动。

四、结 语

对于中国的企业来说,社会责任是一个新颖的课题,既意味着挑战,也蕴涵着机遇。从时代的发展趋势来看,随着市场经济的发展、社会化程度不断提高和公共管理改革的深化,政府、社会与企业三者的联系越来越紧密,企业所处的社会关系和相应扮演的角色呈多样化态势,因此公司社会责任乃是一股不可逆转的潮流。但同时也应当注意公司社会责任在法律化和商业运作中出现的认识偏差，确保中国的企业能够在社会责任的指引和约束下健康地运行、发展。

（史际春、肖竹、冯辉，原载《首都师范大学学报》〔社会科学版〕2008 年第 2 期）

参考文献：

〔1〕史际春，肖竹. 公司法教程〔M〕. 北京：中国政法大学出版社，2007：8.

〔2〕HANSMANN H, KRAAKMAN R. The End of History for Corporate Law〔J〕. Georgetown Law Journal, 2001, 2.

〔3〕史际春. 公司法的理念〔A/OL〕. 中国民商法律网，2007-10-20.

〔4〕〔英〕哈耶克. 个人主义与经济秩序〔M〕. 邓正来，译. 北京：生活·读书·新知三联书店，2003：105.

〔5〕王利明. 物权法草案中征收征用制度的完善〔J〕. 中国法学，2005（6）：57-67.

〔6〕史际春，陈岳琴. 论从市民社会和民商法到经济国家和经济法的时代跨越〔J〕. 首都师范大学学报（社会科学版），2001（5）：29-40.

〔7〕张文显. 法理学〔M〕. 北京：北京大学出版社，高等教育出版社，1999：122.

〔8〕沈洪涛，沈艺峰. 公司社会责任思想起源与演变〔M〕. 上海：世纪出版集团，上海人民出版社，2007：27-36.

〔9〕CARROLL A B. A Three-Dimensional Conceptual Model of Corporate Performance〔J〕. Academy of Management Review, 1979, 4（4）：497-505.

〔10〕McWILLIAMS A, SIEGEL D. Corporate social responsibility, a theory of the firm perspective〔J〕. Academy of Management Review, 2001, 26（1）：117-122.

〔11〕GOODPASTER K E. Business Ethics and Stakeholder Analysis〔J〕. Business Ethics Quarterly, 1991, 1（1）：53-73.

〔12〕冯宗智. 社会责任不等于认证〔A/OL〕. 新浪网，2004-11-16.

〔13〕国家电网公司 2005 社会责任报告〔R/OL〕. 国家电网公司网站，2007-10-20.

［14］LEONI B, Freedom and the Law［M］. Indianapolis：Liberty fund Inc. 1991：168.

［15］白永秀，赵勇.理性、激励机制与企业社会责任构建［M］//中国企业管理研究会，中国社会科学院管理科学研究中心.中国企业社会责任报告.北京：中国财政经济出版社，2006：144.

［16］企业社会责任：唱响同一首歌［Z/OL］.新浪网，2005-10-25.

［17］詹正茂，编译.企业的社会责任［M］//中国企业家调查系统.企业家看社会责任—2007中国企业家成长与发展报告.北京：机械工业出版社，2007，319-320.

［18］李正.企业社会责任与企业价值的相关性研究——来自沪市上市公司的经验证据［J］.中国工业经济，2006（2）：77.

［19］［美］理查德·A·波斯纳.法律的经济分析［M］.蒋兆康，译.北京：中国大百科全书出版社，1997：544-547.

［20］田虹.企业社会责任及其推进机制［M］.北京：经济管理出版社，2006：28.

［21］李向阳.企业社会责任首先是对股东负责［N］.中华工商时报，2002-11-26.

［22］谋划大扩张惹麻烦 星巴克被指阻挠非洲农民赚钱［Z/OL］.搜狐网，2006-10-27.

［23］李义平.企业的社会责任不能无限扩张［A/OL］.新浪网，2006-10-22.

［24］李立清，李燕凌.企业社会责任研究［M］.北京：人民出版社，2005：344-345.

［25］［韩］李哲松.韩国公司法［M］.吴日焕，译.北京：中国政法大学出版社，2000：50，55.

［26］星巴克终让步 埃塞俄比亚打赢"咖啡商标保卫战"［Z/OL］.搜狐网，2007-05-09.

［27］徐恬.深圳拟推企业社会责任"门票"［N］.深圳商报，2005-07-21.

［28］BSR Overview of Business and Community Investment Issue Brief［R/OL］. the website of BSR, 2007-10-12.

［29］Indian "slave" children found making low-cost clothes destined for Gap［EB/OL］. the website of The Observer, 2007-10-28.

［30］陈永正. 论企业社会责任的本质、形成条件及其表现形式［M］//环境与发展研究所. 企业社会责任在中国. 北京：经济科学出版社，2004：313.

［31］SA8000 标准发展历程［EB/OL］. the website of Pin Group, 2007-10-20.

市场和政府谁更聪明

刘俊海对话史际春——公司监管的真谛：呵护与维护资本市场的自发性。

刘俊海：法律是一个立体性的概念，既包括书本上的法律，也包括实践中的法律；既包括内生法，也包括外生法。我们讨论的上市公司监管无论在法律或者行政法规层面，仅仅是法条中的法律规范或者静态的法律规范，而生活中的法律规范或动态的法律规范也属于广义的法律规范。依据公司自治和契约自由而设定的章程条款或协议条款同样是拘束公司及其股东与高管的重要法律文件。

史际春：是的。公司法、证券法跟合同法一样，对法条并不那么依赖。现在西方国家研究中国的一个热点，就是说中国的信用不行，合同法也不行，怎么经济发展得这么好？因为学者往往不理解，合同法不依赖法条，公司法、证券法也不那么依赖于法条，而是依赖市场主体追求自身利益最大化的自治，依赖监管部门的实践，以及法院事后根据人们行为的正当性与否来作出合法性与否的判断，也即自治、监管、司法审查。因此，与发达国家的发展一样，自由和责任是中国公司法、证券法的两个并行不悖的走向。浙江和福建那些没有很高文化的农民，设计出来的公司架构之复杂，足以令学者汗颜，原因就是公司不那么依赖法条，它和合同一样是在法不禁止即允许的框架下运作的。

刘俊海：公司自由与公司自治应当是上市公司监管的前提与基础。公司自治是现代公司法的灵魂，是市场经济富有活力的秘籍。弘扬公司自治精神有利于建设创新型国家。人类的每一项进步都源于自由创新精神的驱动。一个国家、一个民族、一个城市、一个单位、一家公司、一个自然人在市场、社会和历史舞台上的核心竞争力和综合竞争力归根结底取决于其想象力、创造力和创新力。但是我国上市公司的自治程度还不高。原因多种多样，除了高度集中的股权结构，还有传统的封建文化基因和传统计划经济体制的思维惯性和制度记忆。有些上市公司治理存在行政权、股权、控制权和经营权等多个方面的外部干预。

实践中，依然有人过于迷信政府智慧，怀疑商人智慧和市场智慧。在父爱主义的立法理念下，在假定立法者智慧高于商人智慧、政府智慧高于市场智慧的前提下，我国传统的商事立法和经济立法存在着强化立法干预和行政干预的烙印。立法者应当善于动员上市公司及其利益相关者（包括投资者、债权人、经营者）、中介机构（如律师、会计师）和司法权主体（人民法院和仲裁机构）的各种资源，激浊扬清，防范奸商的道德风险，弘扬和谐的市场文明，实现效率与公平兼顾的立法目标。

史际春：自由意味着，凡法不禁止的，任何人均可就任何客体进行交易；并为私人财产权正名，强化物权关系，谁投资谁就享有所有者权益、包括控制权和资本孳息及风险的剩余（法定归属）权，即使在公有财产投资经营中也要通过法律的设计和模拟，明晰老板和非老板的关系。我国法律上虽然没有像日本那样实行有限公司的自由化，但事实上有限公司是合同化的。设想一个、两个自然人股东的公司，法律上规定的公司架构和治理对其并无太大的意义，只要确保二人可以相互制约、监督即可。这种制约、监督就是责任。任何人依法投资于公司，其财产权暨股东权都应当受到法律保障。否则，一些人可以利用公司这种合法形式，经常、普遍地侵占另一些人的财产，财产权不再神圣，市场经济乃至整个社会的基础就会毁于一旦。经营者对公司和股东、股东对股东、股东对公司和社会、公司对债权人和职工，等等，都必须承担相应的义务，并可被问责。这种问责最终要通过司法来保障和实现。

刘俊海：谈及公司自治与公司自由，就不能回避股权文化和股东价值。弘扬股权文化是市场经济法治化程度的重要标杆。股东权的保护水平是检验一部公司法是否成熟、公正的试金石。衡量一个国家或地区的市场经济体制是否完善，可以从投资者权益保护状况、消费者权益保护状况和劳动者权益保护状况等三大指标得到基本验证。近年来，我国股东的法律意识和维权意识普遍觉醒。股东查账权诉讼的悄然兴起即其明证。但相比之下，股东的维权艺术和维权手段尚需进一步磨砺。尤其是在修改公司章程、选择投资对象、行使表决权、团结其他股东方面的法律智慧以及行使诉权的举证能力方面依然任重道远。广大投资者是整个证券市场的基石，投资者的出资是证券市场的物质基础，投资者的利益是上市公司及其高管的行为指南，投资者的意志是影响证券市场繁华衰败的决定力量。但上市公司投资者深受虚假陈述、内幕交易和操纵市场等之苦，对此必须及时谋划因应之道。

史际春：公司的意志和利益应当也必须是股东的共同意志和利益，由此足见公司人格的法律拟制性。公司法顺应潮流，强化了公司与股东以及股东间的互动，促使公司与股东"外部意志内部化、内部意志外部化"的实现，相关规定如股东知情权、质询权、异议回购权、要求撤销股东（大）会或董事会决议或宣告其无效的权利、利益冲突及其回避、董事等的忠实义务和勤勉义务、代位诉权和直接诉权、揭开公司面纱等，不必一一列举。但毋庸讳言，我们在是否以股东为本方面，还没有像发达国家那样，形成一致的认识。例如，一些法院忌惮于公司法人"神圣"，当为不为，尤其不情愿解散公司，而加剧股东之间及其与公司互动中的种种不公，等等。其实，发达国家和地区已经在讨论母公司的股东对子公司的查账权问题了，我们的法律和法院还出于维护"公司经营"，对小股东查账能推则推。在实践中，"公司"把小股东、母公司把子公司玩于掌股之中，其实查账也只能起到一个微弱的平衡作用，允许查账对于完善公司治理的利远大于弊，又有什么可顾虑的呢。

刘俊海：我们再把目光由股东权利转向市场监管与市场自发之间的关系。市场监管的目的在于修复市场失灵现象，帮助市场恢复自身的功能，而非在于消灭市场、否定市场。总体而言，市场比政府更聪明。政府要公平、有效地驾驭和调控市场，必先认真不懈地学习和掌握市场的智慧与规律。市场就是一所大学。政府对于增加社会财富、淳化民风、构建和谐社会的积极市场智慧要坚决予以鼓励、表彰、褒奖、支持与保护。政府对于吞噬社会财富、败坏民风、破坏和谐社会、贬损社会公平的主流价值观的消极市场智慧要予以反对、抨击、遏制、封杀、打压和制裁。

史际春：市场经济的精髓是市场主体在追求自身利益最大化的基础上，独立自主地做决策。既需要市场主体独立决策，又不能损害交易和竞争。资本市场也是一样，否则就会助长内幕交易与操纵市场现象，高管做了几天就会以主人自居等等，进而扭曲市场。所以，上市公司的监管，就是要小心呵护、坚决地维护市场的自发性。这是"市场之王，市场之宝"。以上市公司收购为例，不管是恶意收购还是友好的善意的收购，都是市场的应有之义，对它应该持一种中立的态度，不要作正面或者负面的道德评价，在这个基础上来考虑收购和反收购的问题。首先，要尊重交易各方的意志。这就需要明确谁是收购和反收购的主体。非股东的经营者或者非控制股东的经营者，并不是收购和反收购的主体，不能够为了自己的利益去阻挠或者促进这种收购。公司本身也不是收购主体，而是客体，此时其背后的主体——股东的利益和意志被凸现出来。其次，要维护一个公开透明的市场秩序，这也不能完全依赖法条，而需立足于"财产权神圣"，来调整由资本所有权或他物权派生的财产关系和组织关系。对收购和反收购合法性的判断，不能一概而论，实际上难以由法条作出具体规定。

刘俊海：市场的自发性意味着市场监管方式的多元化，包括但不限于行政监管与司法监督。属于民事纠纷的，可以直接寻求民事诉讼和仲裁等救济通道；属于行政争讼的，可以直接寻求行政复议或者行政诉讼的救济手段。对于属于公权力规制范围之内的市场失序现象，受害者也有权请求监管机构启动行政调查与行政处罚程序。无论是行政监管机构，还是法院和仲裁机构都应竭力打造清廉、高效的诚信品牌。

史际春：由利害关系人基于切身利害发动争议，是最有效的"监管"手段。监管机构自有其局限性，不可能在第一时间发现并纠正任何违法行为，腐败和"被俘"也是不可避免的。通过利害关系人的诉求，既可及时引入行政监管，也可经由司法程序及时解决问题。所以，法院要发挥主观能动性，积极尽快介入到收购和反收购的司法审查中去。当然，也不能否认作为公共管理范畴的上市公司监管的重要性，它有很强的专业性、技术性、政策性，监管做好了，对于降低资本市场运作的社会成本能够起到很大的作用。只是监管要适度，不要过度。我觉得只要监管两个方面：一是身份、决策不要有利益冲突，有冲突就要回避，或者实在不能回避的则不能利用它谋利；二是任何人不要违法乱纪。而且尽量不要搞行政许可性的监督，要尽可能搞备案、隐而不发式的监督。这样更符合市场经济的要求，监管起来也更有效，而且在国有股东比较多的情况下，不会把具体的国有股东架空。你把具体的国有股东架空了，他不负责任了，证监会即使有三头六臂，你也监管不过来，出了问题是不是你也要负责任？既然你不可能负责任，那就不要过度地监管。

（原载《法制日报》2007 年 12 月 23 日）

关于我国的竞争政策：法和政策分析

初次研究竞争政策，即发现政策与法融合的奥秘。法律的主要作用是概括授权，而非对社会生活作具体细致的规定；法律的适用则更多地依赖行政立法和行政执法，也即政策。政策和法趋同了，竞争政策和竞争法亦然。

在现代法治条件下，政策与人治渐行渐远，政策已然成为法的纲领和指南，且呈现出法与政策融合的趋势。换言之，法不可能脱离政策而存在，有关法的政策如何，涉及法的宗旨能否有效实现及其功能的发挥，事关重大。而反垄断法是典型的"政策法"，竞争政策则是典型的"法政策"，能否制订并有效贯彻适当的竞争政策，直接关系着我国反垄断法的定位及其实施成效。《中华人民共和国反垄断法》（简称《反垄断法》）中规定，国务院反垄断委员会的职责之一是研究拟订有关竞争政策。而对政策之于法的意义和作用、竞争政策的性质和内容、它与竞争法暨反垄断法以及其他相关政策的关系究竟如何等问题，迄今道理上并不十分清楚，行动上难免踌躇游移，因此值得作一探讨。

一、政策和竞争政策

对于国际上通行的"竞争政策"，人们往往吝于说明其含义，信手拈来，不求甚解。竞争政策属于政策的一种，为此需将其与政策作联系分析。政策一词源于 policy，在英文里由 politic 即统治、政治演化而来，顾名思义，是指政府或政党的谋略、策略、对策等。按一般理解，政策是国家、政党等为实现一定目标的行动准则。同时，一般团体、组织日益社会化，也使它们延伸成为政策主体，如企业、学校、NGO 等制订适用于自身治理和行为的政策。就竞争政策而言，其主体限定在本来意义上，主要为国家或政府，也包括政党。

政策一般具有目标性、阶段性、原则性、灵活性等特征，传统上正是将此作为政策区别于法的标志。以经济及产业政策为例，一定阶段伴随着一定的目标，如改革开放以后通过合资和加工出口大规模吸引外资、90 年代纺织等传统产业调整、国企通过破产进行战略转型、近期以内需为导向调整对外经贸合作格局等。在形式上，政策未必表现为法律，而体现在党的报告、决定、政府的规章、通知、公告等文件中，如中共中央《关于经济体制改革的决定》、关于"三农"的"1号文件"、国务院《关于禁止传销经营活动的通知》、中国人民银行《关于进一步改革外汇管理体制的公告》等，却能够对法律的实施产生直接影响，乃至搁置、改变或取代法律。如《中共中央、国务院关于进一步加强土地管理切实保护耕地的通知》就将《中华人民共和国土地管理法》中有关国家建设征用耕地审批的法律规定冻结了一年多。政策也可能是法律，如实行社会主义市场经济、农村第二轮土地承包至少30年不变的政策等，都在宪法、法律中作了规定；国外有美国的《1980年小企业经济政策法》《2005年能源政策法》等，日本学者对有关政策性的法更径以竞争政策法、不景气对策法、消费者政策法等相称。政策甚至可以表现为无形的政纲或立场、理念，如美国反托拉斯法的实施在共和党执政时宽松，民主党执政时较为严厉，这是公开的秘密；又如出于对计划经济和"单位所有制"的逆反，我国社会上包括行政和司法都曾崇尚"资本运作"和携技术或商业秘密跳槽，对相应的违法犯罪不以为耻反以为荣，有关内幕交易、操纵市场、知识产权和反不正当竞争的法律条文就难免一度形同虚设了。

明确了政策的概念，我们对竞争政策做如下定义，即：它是以市场为导向，着重维护、修复、弘扬市场机制，促进、优化或限制竞争的政策。这是广义上理解的竞争政策，与财政政策、规划、产业政策、金融政策、贸易政策、投资政策、环境和资源政策、消费政策、国家安全政策等交叉重合，诸如在电信和电力等行业引进竞争、限制小煤窑、"两反一保"、直补家电和新能源汽车的消费者而非企业等，都属于竞争政策的范畴。而通常所谓竞争政策是狭义的，指与竞争法的实施相关或者主要通过竞争法来实施的竞争政策；《反垄断法》提及的"有关竞争政策"更窄，仅指与反垄断法相关的竞争政策，原则上不包括反不正当竞争的政策。狭义的竞争政策直接关系到竞争法暨反垄断法的实施方向、方式和力度，固然十分重要，但其有效作用又离不开广义的竞争政策，如通过产业调整形成合理的竞争结构，即非狭义的竞争政策所能企及，却又是狭义竞争政策发挥作用的前提或条件。

竞争政策也有层次之分。只有在市场经济条件下，才有竞争存在的余地和价值，因此，实行社会主义市场经济是我国的最高竞争政策。其次就是广义和狭义的各种具体竞争政策暨制度。在实践中，竞争执法机构和司法部门还可能有针对个案的成文或不成文的竞争政策，如美国政府促成波音麦道合并、欧盟查处微软和英特尔、可口可乐并购汇源等重大案件的处理，事实上都有一定的政策性原则或方针指引，而不是就事论事、套用法条那么简单。

对政策和竞争政策有了清楚而辩证的理解，方可指望竞争政策在竞争法和法治中扮演积极的角色，发挥应有的作用。

二、竞争政策和竞争法

在中国，政策传统上是与人治画等号的。今天我们摈弃人治，致力于法治国家建设，何以还需要及强调政策，甚至在西方法治国家也是如此？政策与法、竞争政策与竞争法之间究竟是一种怎样的关系？

之所以在法治条件下仍需要政策，其根本原因可以用一句老话解释：徒法不足以自行。如果把"法"简单地理解为法律条文，那么在任何国家，法条都是多如牛毛，且充斥着矛盾、重复、缺漏和错误，"依法办事"无从进行，强行为之则必然又会回到随意、武断、无理的人治状态去。因此需要有适当的法理念作为法的灵魂，以适当的政策为法把握方向、确立行动章法，这样，立法、执法包括司法才能合乎社会大多数人的长远利益，达到一种善治状态。通过适当的政策，可将庞杂、疏漏、相互冲突的法条梳理清楚，去芜存菁、拾遗补阙，以利法的公正适用，推动法的与时俱进。

因此，政策固然有弹性大、易与人治合流的弊端，但在法治条件下，政策与法并非不兼容，而且成为法所不可或缺的要素。在当代国家，政策被纳入法治轨道，呈现出法与政策融合的趋势。

依法治的要求，任何政策的制订、推广、执行及其主体都应当具有可问责性。也就是说，相关机关及其首长和工作人员在角色定位及其权力设置合理、明确的基础上行事，拟订、实施政策，接受来自体制内外包括公众自发批评究问在内的各种问责，经不起问责的则承担相应的行政、刑事、民事等法律责任。如果哪怕是最高首长和不成文的政策都不至于脱法，则政策与人治也就没有什么共同之处了。

在形式上，政策与法也在趋同。一方面，由于公共管理的广度和深度空前，承担公共管理职责的主体时刻面对着复杂多变的经济社会情势，必须像企业CEO那样具有自由裁量权，通过行政立法、行政执法和具体行政行为来适用法律；且法律及其条文愈益获得专业技术、经济和社会秉性，法普遍获得了政策性、概括性和授权性特征，如有关财税、产业、竞争的法律。《反垄断法》就是一部典型的政策法，因为该法没有任何一个法条可以直接套用于实际案例，其有效实施，高度依赖于经济活动当事人、政府、法律工作者、司法机关和整个社会形成恰当的市场经济理念。《反垄断法》只是为判断一种行为是否合乎市场经济的要求提供一种分析的框架或方法，而不是为市场当事人和政府执法、法院司法直接提供具体的行为规范，在反垄断法之下，并没有当然不法、也不存在当然合法的垄断行为。换言之，适用《反垄断法》，依据的表面上是它的法条，实际上却是市场经济之"理"、也即某种经济学，在操作中就表现为一定的政策。正因为此，日本出现了法政策的概念，是指法的制订、宗旨、实现等一系列机制，与政策法和政策法治化是不谋而合的。

另一方面，政策也越来越法律化、具体化。法律化就是将政策的要求通过立法、法规、法条表达出来，直接赋予其法律效力，如以上举例。同时，政策也有细化的趋势，如《汽车产业发展政策》《指导外商投资方向规定》和《外商投资产业指导目录》，有关竞争法及反垄断法的实施指南、司法解释等，俨然已成为公共管理部门或执法机关、司法机关日常工作的规范或法的依据。

这样，除了个别情况下存在无形的、观念性的政策取向外，国家的政策和法已难以区别，在法治状态下实际上也不必区分。法的制订、执行和政策都要以法治来衡量其正当与否，对于有违公平正义或宪法、上位法的原则、当前政策要求而强行适用不合时宜的具体法条也应认定为不法，合法性与正当性相统一的程度与法治水平呈现出一种正相关关系。

狭义的竞争政策与竞争法基本上是混同的，这在发达国家也不例外。二者都是指构成竞争制度的有关法律、法规、方针、政令、规章、措施、办法、指南等的总和。

三、竞争政策与经济政策

竞争政策属于经济政策，经济政策还有财政政策、规划和产业政策、金融政策、贸易政策、投资政策、环境和资源政策、消费政策等。国家安全政策不完全是经济政策，但国家安全也包括国家经济安全如粮食安全、能源安全等。

在这些政策中，竞争政策处于何种地位？经济是基础，政治、国防、外交等决定于经济，政治关系、国防和外交等政策源于经济关系而高于经济政策，服务并保障经济和经济政策。而鉴于我国实行社会主义市场经济，需由市场机制在资源配置中起基础性作用，因此必须将竞争政策作为基础性的经济政策。所有其他经济政策，包括社会政策，都应当以竞争政策为基础，建立在市场机制之上，违背市场暨经济规律就不具有可持续性，进而像曾经的计划手段那样损及整个经济。竞争政策以外的其他经济政策本身都可能忽略、抑制甚至排斥市场机制，比较典型且在国内外讨论比较多的是产业政策，现在人们已达成共识、实践也证明，其他经济、社会政策与竞争政策是可以互补而并行不悖的，发生矛盾和冲突时可以通过协调达成平衡，使它们尽可能不扭曲市场机制，或者将其对市场机制的损害降至最低程度。

竞争政策、竞争法和反垄断法以市场为导向，通过直接作用于市场机制——维护、修补、优化市场机制，以维护市场经济的秩序。我国狭义竞争政策的目标，也即促进自由竞争、维护公平竞争。然而，市场并非万能，自有其力所不及和失灵的领域。诸如重大基础设施、基础研究和高雅文教产品、新能源和可再生能源开发、资源和环境保护等，为社会和公众所需，但仅靠市场的力量却无法实现，原因就是其"不赚钱"或难以盈利而无人肯做，这是市场所不能；此外，市场和市场关系的本性是优胜劣汰，市场本身不但不能解决地区、产业、群体和个人等以及不同时期发展不平衡的问题，反而会加剧这方面的矛盾，这是市场失灵。所以，在竞争政策之外，需由社会政策、产业政策、环境和资源政策、消费政策等来弥补它的不足；并由规划和产业政策、财税政策、国家安全政策等为主导，统筹协调及保障经济社会的可持续发展。与此同时，务必牢牢把握竞争政策的基础性作用不动摇，始终清醒认识人类迄今找不到任何一种比市场经济更好的生产组织方式的道理，从而为发展和不断增进人民的福祉提供不竭的原动力。

在实践中，如何处理好竞争政策作为基础性经济政策与其他政策的弥补作用和主导性之间的关系？答案是分权和法治。分权意味着具体掌管某种政策的主体定位科学、权责明确，着力方向不同、相互可能发生矛盾冲突的政策不应由同一机关掌管，以保证政策主体确有担当并有足够的激励和约束。法治意味着不同政策主体在各种体制内外的问责、正式和非正式的绩效评价、落实法律责任的基础上追求各自的政策目标，在沟通、博弈、修正、协调中达致理想的结果。否则，就是政策主体利益冲突，各种政策目标相互掣肘，决断迟疑，无人负责，无从究责，竞争政策和任何政策都只能是空中楼阁。

四、竞争政策的渊源

如果说，在发达国家，任何政策当然在问责暨法治的框架内实行，因而无须特别关注竞争政策渊源的话，则在中国，在政策"大"还是法"大"仍是一个问题的情况下，就不得不对竞争政策的渊源做一番梳理和辨析。

法和政策在形式上的趋同，导致其大多可纳入同一渊源体系。法的渊源，从宪法到《中华人民共和国立法法》（简称《立法法》）规定的法律、行政法规、地方性法规、自治条例、单行条例、政府规章，到行政机关、法律授权具有公共管理职能的机构、法院、检察院制订发布的各种规定、解释等规范性文件，等等，也都是政策的渊源。处于同一渊源体系中的法和政策，二者从形式到内容都不能、也不必清晰界分，有关法和政策的效力只需按法律效力确定的一般原则加以认定即可。因此，"政策"与"法"不一致或存在矛盾的，既可能是法"大"，也不妨是政策"大"，其认定原则无非是上位法优于下位法、上下位法互不矛盾的可以并存及相互补充、相互冲突的则特别法或具体规定优于普通法、新法优于旧法等，这些在《立法法》第5章中有相关具体适用和处理的规定。

需要指出的是，在不违背最高竞争政策和《反垄断法》的情况下，反垄断委员会、反垄断执法机构和最高人民法院等尽可制订有关该法施行的政策性规定，但是按照法治要求，下位渊源的规定不得与上位渊源的法或政策相冲突，比如有关反垄断执法指南和司法解释就不得从实质上改变《反垄断法》的宗旨和规定，更不得违背由市场暨竞争作为资源配置的基础性机制的市场经济根本要求，也即我国的最高竞争政策。其次，党在宪法和法律框架内实行对国家事务的领导，党的政策涉及竞争的，必须将其转换为法的形式，纳入法和国家政策渊源的体系，方可取得在反垄断法的行政执法和司法中直接适用的效力。当然，政策理念也会影响法的执行、作用和效果，这是政策与法条仍存的区别，党和国家的方针政策可以通过影响人们包括执法者和法官的观念、行为而左右反垄断法的施行，但在这种情况下，无形的或仅表现为党的文件或内部文件的方针政策，或者任何首长的政策性指导性意见与法的既有规定不一致而发生争议的，无疑是法"大"于政策，政策此时必须屈居于法治的权威和尊严之下，强行为之的行为人可通过被问责而追究法律责任，这样政策的悟空就终究跳不脱法治的如来佛掌心。

《反垄断法》第37条规定：行政机关不得滥用行政权力，制定含有排除、限制竞争内容的规定。然而，对于此条"规定"以及《立法法》中规定的作为法渊源的行政法规和政府规章之外的各种抽象行政行为，它们与上位的法或政策冲突的，无论《反垄断法》《立法法》还是其他任何法律或制度，都没有提供适当的救济途径或方式。这就需要改革行政诉讼法，按照法治要求将抽象行政行为纳入司法审查，兹不赘述。

（原载《国际商报》2009年10月13日）

我国银行卡清算市场规制策略研究

银行卡清算市场开放后，为防止外资控制我国银行卡清算市场，应当维持内资卡组织一家独大，与外资巨头并立，形成寡头垄断的竞争结构。其他方面的规制主要应在防范技术及安全风险、维护交易安全和反不正当竞争方面着力。

经济持续高速增长，国内、国际贸易和人员出入境频繁，需要方便、快捷、高效的金融支付清算服务系统提供支持。境内银行卡清算服务经历了从无到有、由弱到强的发展历程。2002 年中国银联的成立，实现了国内银行卡联网通用、商业银行系统间互联互通和资源共享，保证了银行卡跨行、跨地区和跨境的使用。随着中国银行卡清算市场全面开放和以第三方支付为代表的新兴支付产业的发展，新问题不断涌现，我国银行卡清算市场面临新的挑战，需要进一步完善顶层设计。

一、银行卡清算市场面临的主要问题

（一）新兴支付产业无序经营扰乱市场秩序

第三方支付一方面通过提升支付效率、扩大金融普惠性提升了社会福祉，另一方面，因为产业尚未进入规范发展的轨道，给支付体系带来了新的风险与不安全因素：

一是不正当竞争问题。虽然获准的支付机构数量众多，但是第三方支付很快就形成了高集中度的市场，除少数有一定客户基础的领先企业外，大多数第三方支付机构处于微利或亏损状态。面临竞争与生存压力，部分企业采用"套码""虚拟商户""虚假预授权"、POS 服务层层转包、"切机""套现"、与银行直联等方式不正当竞争，低价争抢其他机构存量商户，扰乱了市场秩序。

二是资金沉淀风险。以网络购物支付为例，第三方支付机构通常以中介的身份参与买卖双方的支付过程，在交易完成之前，资金预付到第三方支付机构账户，形成大量的客户沉淀资金。这部分沉淀资金如不能得到有效监管，可能产生资金挪用等风险。

三是信息安全风险。第三方支付主要依托开放的互联网进行交易，与此同时又连通着金融专用网络。部分第三方支付机构的信息安全技术不能确保用户信息和数据传输的安全，不但会给用户带来各种损失，还会对与之合作的银行带来威胁。

四是金融犯罪风险。相对于银行业金融机构而言，第三方支付机构受到的监管较少，部分机构片面追求支付的便捷与"创新"，风险防控机制薄弱，再加上网络交易本身具有较强的匿名性和隐蔽性，使近年来通过第三方支付通道开展非法资金转移、洗钱、贿赂和诈骗等金融犯罪的问题不断增多。

五是交叉感染风险。近年随着互联网金融的迅速发展，第三方支付业务迅速向投融资等金融业务领域渗透，出现了一些产品性质比较模糊的跨业交叉产品，而互联网金融的特点使得参与者众多，其中一些"创新"只要几个月就可覆盖近亿消费者，但是对这些产品的风险评估与监测、督查管理尚不到位，如果爆发风险，将造成范围较广、破坏性较大的影响，加上第三方支付与传统金融业具有紧密的关联性，其影响还可能扩散至传统金融领域。

（二）国外巨头进入中国市场后挤压国内产业

从全球市场格局来看，由于发展历史较长，维萨和万事达目前在国际市场上占据优势地位，掌握了全球银行卡清算市场的主导权。凭借先占优势，两家企业在世界范围内争夺市场份额，一些国家和地区自有品牌卡组织的消亡就与这两家卡组织的垄断暨竞争挤压有直接关联。我国银行卡清算市场开放前，维萨与万事达就在境内设立了代表处拓展业务，但受制于产业政策，它们无法大规模拓展业务。

市场开放后，这些国际银行卡组织必将强势进入中国市场，凭借其已有的大量双标卡持卡人，及其境外受理网络优势，夺取民族资本卡组织的市场份额。如果中资卡组织的市场份额显著下滑，其卡片发行和持有的绝对数量也有可能下降，从安全和市场效率的角度，国人最不愿看到的情况是它退化为维萨等国际银行卡组织的收单机构或专业化外包服务机构，使我国银行卡转接清算产业被外资寡头所控制。

卡组织是银行卡产业的关键枢纽，也是银行卡产业诸多规则和标准的制定者，因此，银行卡转接清算业务控制力的丧失还将导致我国民族银行卡产业的弱化甚至消失，银行卡清算市场及其发展将受制于人。进一步地，由于银行卡是重要的非现金支付工具，在小额支付中占据主导地位，银行卡中包含大量的私人信息和金融信息，国家银行卡产业控制力的弱化甚至丧失，将对金融信息和支付体系的安全构成不确定的威胁。维萨和万事达占据着国际市场的主导权，尽管其卡片的账户都由发卡银行进行管理，但是发卡规则、业务规范、技术标准、交易、清算都遵循维萨、万事达的规定，数据由它们集中统一管理，而且主要的交易和清算皆通过它们的网络完成。在这种格局下，各发卡银行成为维萨、万事达的品牌分销商，而区域性的或国内的银行卡网络和组织也主要是为其进行交易转接，中国市场一旦"沦陷"，它们就控制了全球个人支付体系，以及其他国家对个人支付体系的管理主权。

如同其他任何一个产业，银行卡产业国际竞争的制高点是业务标准、技术规范以及基于此的银行卡品牌。维萨、万事达等进入中国市场后，必将挤压国内转接支付产业的发展。

（三）国家金融安全问题

金融安全是国家经济安全的核心，没有金融安全，就没有经济安全，也就没有国家安全。银行卡清算市场的自主性涉及国家金融安全，除了从产业发展与国际市场竞争等方面考量，银行卡清算市场的发展与政策制定，还必须充分考虑我国所处的国际政治环境。具有世界影响力的卡组织集中于美国和日本，基于历史、国体和意识形态的原因，这两国对中国发展、成就和综合国力的提升，总是抱着纠结、紧张乃至敌视的态度。因此，有必要继续支持我国银行卡清算组织的国有控股性质及其民族品牌的卡组织地位，使政府能够直接对其发挥影响力，确保国家对本国银行卡清算市场的"金融主权"。

二、我国银行卡清算市场规制策略选择

（一）扫清中国卡组织发展的制度障碍

一是从法律和竞争法治看，卡组织属于可豁免的合理化卡特尔。卡组织通过银行卡清算品牌，制定清算标准体系和业务规则，发展发卡机构和收单机构作为入网机构，实现银行卡规模发行与广泛受理，提高了银行卡交易处理和资金清算的效率。其根本价值在于，通过整合发卡、受理两端的众多机构，建立统一的系统、标准、规则、品牌，最终为持卡人、商户提供支付服务。卡组织依托平台，解决了平台两端机构的协调、谈判成本，这是其产生、发展的最大价值所在。全球、开放、平台，三个定语勾勒出其框架，是一种基于平台思路的战略。

从交易便捷和安全的角度来看，特定品牌的银行卡通常与该银行卡组织的

清算技术标准联系在一起，包含整套交易信息传输、资金清算、纠纷解决等技术规则，具有较强的专属性。在此规则下，商业银行发卡、商户和收单机构受理带有特定银行卡组织品牌标识的银行卡，是对该卡组织标准体系的采用。因此，品牌是银行卡清算业务的核心，不仅是银行卡清算机构的商标，标明这张银行卡及其交易遵循由该银行卡清算机构制定的清算标准和业务规则，也代表了由该银行卡清算机构为银行卡交易提供的信息转接、资金清算、差错处理和争议解决等一系列服务，具有很强的技术性暨标准化属性。

在西方国家的反垄断法上，企业为统一技术标准、提高经济效益的合理化卡特尔是受反垄断法豁免的。我国《反垄断法》也不例外，根据该法第 15 条第 1 款第 3 项规定，"为提高产品质量、降低成本、增进效率，统一产品规格、标准或者实行专业化分工的"垄断协议，不受反垄断法禁止，条件是"经营者还应当证明所达成的协议不会严重限制相关市场的竞争，并且能够使消费者分享由此产生的利益。"卡组织属于《反垄断法》豁免的合理化卡特尔，是由商誉、知识产权、基础设施和技术标准连接在一起的标准系统，构成了支付清算机构的三大要素：品牌、规则和网络。这也是当今认定和区分不同支付清算机构的重要标准。

由此决定了业务规则和转接清算网络对于支付清算机构的重要性。每个支付清算机构都会根据其业务特点和具体情况制定专属于其自身的业务规则并据此建立转接清算网络，否则卡组织就无法构建不同的品牌并提供差异化服务，也难以相互竞争。

二是卡组织转接权是通用商业模式。"谁的品牌谁转接"，是银行卡品牌具有专用属性特征的必然结果。带有银行卡品牌标识的银行卡不同于普通商品，"银联""VISA""MasterCard"等银行卡品牌标识，表明了该银行卡及其交易遵循由其卡组织制定的统一交易规则和清算标准体系。商业银行发行、特约商户和收单机构受理带有某一银行卡品牌标识的银行卡，就意味着必须采用该组织的交易规则和标准，以保障银行卡跨行交易安全、顺利、高效地进行，维护持卡人和特约商户的合法权益。

对于我国的银联来说，"银联"标识、银联卡和银联提供的跨行转接清算服务是一个有机的统一体，割裂它们之间的联系，由其他市场主体任意采用其他规则和标准提供银联卡的跨行转接清算服务，则打破了交易规则和标准的一致性，不仅不能保证持卡人与特约商户享受一致性、标准化的服务，更直接影响相关交易方对交易风险的监测、识别与判断，从而妨害交易安全。

（二）有效执法，规制不正当竞争行为

通过正当的市场竞争，促进优胜劣汰，不仅能够使市场经济保持活力，还能使资源流向效率较高的市场经营者，有利于降低商品和服务的价格、提高质量、促进生产力发展和消费者福祉的不断提升。但是不正当竞争会造成破坏市场秩序、浪费社会资源、损害社会和消费者的利益等后果。因此，维护公平竞争是市场经济法治的一项重要原则。

支付工具、支付方式的频繁"创新"导致风险增加。急于抢占市场的非银类支付机构，大量使用外包服务机构和人员拓展市场，但这些机构素质良莠不齐，成为银行卡业务风险管理的短板。部分支付机构对外包机构资质审核流于形式，导致一些内控制度不健全、不具备持续经营能力、无风险防范意识的"三无"机构进入收单行业，加剧了银行卡信息泄露和欺诈套现等风险。2015年部分地区出现特约商户的POS被收单机构的外包人员改装，银行卡信息被测录设备盗取导致盗刷；个别商业银行的ATM违规留存银行卡敏感信息，被外包机构人员获取用于制造伪卡盗取资金；2014年部分地区也曾集中爆发预授权套现风险事件、携程网站客户信息泄露事件等。第三方支付与银行直联也是一种不正当竞争行为，实质上是第三方支付机构节省了交易费用，而牺牲了交易安全与市场秩序。因此，强化、优化银行卡清算市场的反不正当竞争执法行为，维护良好的市场秩序，是银行卡清算市场顺利发展的一项必要条件。

（三）形成科学合理的规制框架

一是加强监督管理，引导银行卡清算市场有序运行和发展。首先，要发挥中央银行维护支付、清算系统正常运行及其法定监管作用，及时完整地获取金融市场的交易和风险敞口信息，监控银行卡清算市场主体所承受的信用风险和流动性风险，以便及时发现、预警和防范系统性风险。其次，合理设计银行卡清算体系统计监测指标，进一步完善支付信息采集、汇总、分析手段。参照《重要支付系统核心原则》《证券结算系统建议》等，适时开展银行卡清算基础设施的评估工作。最后，健全支付机构监管机制，建立"政府监管、行业自律、公司治理、自我约束"的银行卡清算业务监管体系，切实保障消费者资金安全，维护银行卡清算市场的稳定运行。

二是加强安全管理，控制和防范技术及安全风险。银行卡清算系统作为国家的重要金融基础设施，其安全稳定运行关系到社会资金的高效运转、金融稳定和社会安定。银行卡支付系统运行工作量大、层次多、涉及人员广，有必要建立统一高效的支付系统运行维护体系，完善系统故障和事故的立即报告和处置制度。因此，在不断应用新技术、新系统的同时，必须进一步完善内控体制机制，尽量减少和避免运行风险和道德风险；大力推广电子支付交易中的安全电子交易协议和统一的身份证；尽可能采取国产核心软件和正版操作系统及数据库，防止非授权用户的访问和破坏，保证银行卡清算系统的信息流通和操作安全。

三是以产业政策构建合理的市场暨竞争结构。根据银行卡清算产业的特点，适应维护金融安全和国家安全的需要，应当在境内维持一家民族资本卡组织与外资寡头并立的市场格局，这样既能避免国内重复建设、浪费资源，又能避免内部恶性竞争、削弱民族卡组织的国际竞争力，不至重蹈其他国家和地区银行卡清算市场被维萨、万事达侵蚀甚至控制的覆辙。《反垄断法》并不反对垄断的市场结构，从支付清算的产生原因、功能和发展看，其规律正是由国家垄断或者先由市场分散清算逐渐发展到市场寡占或独占的竞争格局。对于银行卡清算产业来说，这是一种最有效的市场结构，当然也是我国金融暨国家安全的必然要求。

四是完善银行卡清算法律制度，夯实银行卡清算体系发展的法律基础。要使银行卡清算市场相关法规、规章与《中国人民银行法》《反垄断法》《银行业监督管理法》《价格法》《反洗钱法》《公司法》等相关法律更好地衔接，也包含着相关规制及监管机制良好、平顺衔接的要求，比如央行的行业或市场监管与反垄断执法的合理对接，在此基础上制定有关支付系统、银行卡及其清算、银行卡收单业务、非金融机构支付服务等法规或规章，理顺银行卡清算机构及各市场参与者的法律关系，提高法规、规章及监管透明度，切实防范风险，保障支付及清算各方参与者及公众的合法权益。

（原载《中国金融》2016 年第 19 期）

《反垄断法》 与社会主义市场经济

《反垄断法》的出台，标志着我国社会主义市场经济迈入了一个新阶段，对社会观念、行政执法和司法等提出了更高的要求。

一、反垄断法是现代市场经济的守护神

《中华人民共和国反垄断法》（简称《反垄断法》）多年磨一剑（从国务院1987 年成立反垄断法规起草小组、草拟《禁止垄断和不正当竞争暂行条例草案》起为 20 年，自 1994 年八届全国人大常委会将《反垄断法》列入立法规划为 13 年），终于出台了。

这是一个里程碑式的法制事件。因为反垄断法是高级的市场经济之法，《反垄断法》的颁布，标志着社会主义市场经济及其法治在我国进入了一个新的发展阶段。它让每一个关心国家发展、民族复兴大业的人长长地舒了一口气。

改革开放，党和国家从"以阶级斗争为纲"转向以经济建设为中心，冲破思想桎梏，市场化程度日益加深，极大地解放了生产力，经济和社会实现了井喷式发展，人民福祉空前提升。然而，在高速发展中，中国也面临着地区、城乡发展不平衡，贫富差距拉大，环境和资源破坏等问题，社会上出现了一股质疑 GDP 和市场经济的思潮，平均主义的传统有所抬头。如对价格波动反映并调节生产经营，低了认为是恶性竞争，高了惊呼损害民生，总希望以主观的行政手段控制之；有意无意地呼唤人人同样、同质的住房和教育；不顾经济及财政的规律而鼓吹各种免费，等等。本来，在任何社会、任何时代，发展的平衡是相对的，不平衡是绝对的，我国实行社会主义市场经济，对于社会经济发展中出现的种种问题，可以通过科学发展、构建和谐社会的战略应对之，具体措施诸如西部开发、振兴东北老工业基地、扶持"三农"、社会保障、完善公交等公用事业、加大经济适用房和廉租房供给等，万万不能通过否定市场经济——市场在资源配置中的基础性作用来解决问题；而且，国家的各种必要的调控和监

管，也要建立在市场的基础之上，而不能倒回计划经济时期那种任意的行政手段上去。《反垄断法》正是契合了现代市场经济的这种要求，在反垄断的框架下，国家立足于市场机制，为自由、公平的竞争而维护市场经济。因此，该法的问世，打消了人们对于国家发展走向的疑虑，去除了当下中华民族崛起中的一个隐忧，意义非同小可。

市场经济的精髓，一方面是社会成员在市场中追求自身利益最大化；另一方面，这种自由逐利必须建立在个别社会成员独立自主决策所构成的市场关系的自发性之上。因此，对市场关系的法律调整，首先要顺应、保障市场主体的意志及其相互表达的协调一致，这就是民商法。民商法以当事人意思自治为基础，调整社会成员自发的交易、竞争及作为其起点和归宿的财产权关系。然而，市场经济有两个天然的倾向：一是通过联合、排挤而人为地限制竞争，以便"舒舒服服赚大钱"；另一个是不顾一时一地的商业道德而过度竞争——假冒伪劣、坑蒙拐骗、掺杂使假、缺斤短两等。可以说，这是市场经济固有之"恶"；而且，即使是正常的优胜劣汰，对于弱势和被淘汰的社会成员来说也是残酷无情的。但是，人类经过一两百年不断升级的管制实践和计划经济的探索，付出血与泪的代价后得到的结论是：要消除市场经济的弊端，只能采取弘扬市场机制、发挥其优越性的办法，而不能通过损害、消灭市场机制的方式来医治市场经济的弊病。因为除了市场经济，人类找不到任何一种比它更好的生产组织方式，市场及财产关系对社会成员的利益驱动和利益约束是任何力量、任何组织都无可取代的。中国的改革开放，《反垄断法》的出台和中共十七大延续改革开放路线，表明了整个社会对这一点的认同。

民商法立足于社会及市场自发性的调整，仅有这种调整，市场经济的两个倾向就会侵蚀、消灭其自发性，最终否定市场经济本身。于是反不正当竞争法、反垄断法应运而生。反垄断法是一种规制法，但它与民商法相呼应，又是一种立足于市场的自发性、旨在维护这种自发性的法。也就是说，反垄断法密切关注着社会成员或市场主体是否自主、自发的行为，一般情况下任由其自治加上民商法的调整，而一旦其行为影响其他社会成员或市场主体的独立决策，损害了市场的自发性和市场机制，反垄断法就要出手，以即时恢复市场的自发性，使市场始终得以保持有效配置资源的作用。这是一种建立在民商法调整之上的高级的二次调整。之所以高级，是因为反垄断法并不直接调整具体的市场组织关系、交易关系、财产关系，这是公司法、合同法、物权法等的任务，而且在正常情况下引而不发，起着一种比赛规则的作用。这是现代市场经济所不可或缺的，缺少它，一个国家的经济就谈不上是真正的市场经济，这个国家的市场经济法治也一定是不健全的。

反垄断法旨在促进自由竞争、维护公平竞争。促进自由竞争，就是维护市场经济的本性，反对任何不符合市场要求、不合理的限制竞争行为。尽管市场有其弊端，完全竞争的状态也是几乎不存在的，但是既然实行市场经济，就一定要崇尚、爱护自由竞争，更不能恐惧、拒斥自由竞争，这就要求整个社会树立市场经济的理念。只有认可并充分保护自由竞争，市场经济的优越性才得以发挥出来。否则，即使有了《反垄断法》，也只能停留在纸面上。从1890年《谢尔曼法》问世，直到20世纪90年代，反垄断法才在西方国家得到普遍确立，就充分证明了个中道理。

维护公平竞争就是防止市场经济的本性对市场经济本性的扭曲。联合限制竞争、滥用优势损害竞争、结合排斥竞争等，本身都是自由竞争使然，结果却是葬送自由竞争。也就是说，反垄断法维护公平竞争，不是反自由竞争，而是为了维护自由竞争，它与行政管制和计划经济有着本质的区别。自由竞争的固有弊病——玻璃匠整天想着下冰雹把所有的玻璃都打碎，建筑师盼望着火灾把整个城市毁掉，等等，很容易使人对自由竞争产生厌恶，必欲除之而后快，这样一来，也就不可能真正实行市场经济，《反垄断法》也就没有了用武之地。

二、《反垄断法》不应具有哪些中国特色

实行社会主义市场经济，无疑会赋予《反垄断法》某些中国特色。一穷二白、落后挨打，历史让中国人民选择了社会主义，后发的跨越式发展有赖于政府主导，因而电信、石油、电力、铁路、民航、军工等由国有经济控制的程度较高，这意味着除自然垄断外，国有垄断和合法垄断的成分在我国比在以私有制主导的发达国家来得高。尽管对这些行业，也要引进竞争机制、实行不同程度的民营化改革，但是《反垄断法》并无对相关垄断格局给予价值判断并作调整的功能，这主要是国家发展战略和产业政策的任务。相反，《反垄断法》要在维护既定垄断格局的状态下调整相关的垄断和竞争关系，否则《反垄断法》就会对整个国民经济造成负面冲击。所以该法第7条规定，国有经济占控制地位的关系国民经济命脉和国家安全的行业以及依法实行专营专卖的行业，国家对其经营者的合法经营活动予以保护，可谓一项中国特色。只有这些行业的经营者超出其合法的组织垄断和经营垄断、或滥用其合法垄断地位，损害消费者利益或社会利益的，才要适用《反垄断法》加以规制。

作为发展中国家，市场关系和国家行政在中国都处于初级水平。《反垄断法》逆发达国家的趋势为维护民族利益仍明文规定进出口卡特尔豁免适用、强

调行政机关和公共组织不得滥用权力限制竞争、设立国务院反垄断委员会统领多元的反垄断执法机构、规定了对经营者集中或企业结合的国家安全审查条款等，也都是中国特色吧。

不过，种种中国特色，主要是《反垄断法》与其他法律制度衔接、外在于反垄断法的内容。《反垄断法》通过对联合限制竞争、滥用优势、企业结合进行规制的三大制度，致力于维护市场关系和市场经济体制，反映的是市场经济的一般规律。其中，引入适用除外、相关市场等通行的概念或制度，规定行业协会、政府和公共组织不得自行从事或组织实施排除、限制或损害竞争的行为，未规定卡特尔审批制度，规定企业结合报备加实质审查，不得滥用知识产权等，都充分总结、吸收了发达国家反垄断法的经验教训，具有先进性、时代性。但是，要使该法真正发挥应有的作用，还应关注它不应当具有哪些"中国特色"。

（一）反"行政垄断"不应有中国特色

从中国的实际看，垄断在相当程度上掺杂着行政权力的不恰当运用，这是原行政性经济体制在市场化改革过程中的惯性作用，理应消除。但是，在行政垄断如何反的问题上，却存在着两种认识偏差，如果不加澄清的话，"行政垄断"是反不了或无法有效地反的。

偏差之一，认为"行政垄断"的根本成因在于整体的政治体制，所以不应由《反垄断法》对其进行规制。不能否认，行政垄断确有其深层次的原因，也不能指望一部反垄断法解决所有问题。但是，政治体制改革并非一蹴而就，需要循序渐进，以法律手段促进市场经济和政治体制的完善，应为重要的一步。《反垄断法》出台，明确规定要反"行政垄断"，终结了这个认识上的偏差。

偏差之二，认为"行政垄断"是中国特色，充其量是原计划经济国家特有的现象，西方国家只有"经济垄断"而无"行政垄断"，其反垄断法便不存在反行政垄断的问题。由于这样的认识与事实不符，所以即使其动机是对"行政垄断"深恶痛绝，希望以此强化《反垄断法》反"行政垄断"的功能，结果却适得其反。事实上，美国的反垄断法从来都反"行政垄断"，尤其是州和地方政府的垄断；西欧和日本从 20 世纪 80 年代起，也明确了反垄断法对政府非主权行为的适用性。发达国家反"行政垄断"的一个特点，就是对政府和其他公共团体的非主权行为，与公民和企业一体使用反垄断法，所以不需对此做特别的规定，只需明确政府及公共团体从事任何非主权行为时，也是作为反垄断法适用主体的"人"或"企业"即可。而且"行政垄断"的概念是不科学的，行政垄断也可能是合法的国家经济垄断，无论从主体还是行为方式、行为结果等方面，都无法将行政垄断与不法画上等号。

对行政垄断进行规制的最好办法，就是遵循国际通行的做法，直接将行政主体纳入《反垄断法》的规制范围，而不是仅把《反垄断法》的规制主体限制为"经营者"。以"行政垄断"的概念为基础，在《反垄断法》中对其作专章规定，事实上是将"行政主体"与"经营者"区别对待，导致行政主体承担的义务、法律责任都与一般经营者不同，何况行政主体的垄断与一般经营者的垄断一样，表现形式复杂多样，难以一一列举，这样做的效果，反而会放纵行政垄断，使其失去约束。例如，依《反垄断法》第51条，行政机关和公共组织滥用行政权力，实施排除、限制竞争行为的，只能由上级机关责令改正，而无论从较早时地方政府限制外地生产的汽车进入本地市场、还是近年少数政府部门组织不当限制竞争的卡特尔来看，这样的规定，对于反"行政垄断"是无济于事的。只有令行政机关与"经营者"一样地适用《反垄断法》、同样承担责任，并允许利害关系人直接对其提起反垄断民事诉讼，方可能有效地遏制行政权力对竞争的不当限制和损害。

（二）反垄断民事诉讼不应有中国特色

这里指的是所谓私人反垄断民事诉讼，笔者在多年前撰文和已出版的《反垄断法理解与适用》一书中提出我国也应建立反垄断民事公诉制度，此处不予赘述。私人反垄断民事诉讼，是指个人、企业等垄断行为利害关系人依据反垄断法直接向法院提起诉讼，以追究行为人的民事责任尤其是损害赔偿的诉讼。《反垄断法》第50条规定实施垄断行为的经营者对受害人依法承担民事责任，第38条虽未禁止垄断行为利害关系人直接向法院提起民事诉讼，但其起草者的意图是行政前置，即只有在反垄断执法机构对垄断行为进行审查、作出决定以后，当事人才能根据反垄断执法机构的结论对垄断行为人提起民事诉讼，或者要在针对反垄断执法机构的具体行政行为提起行政诉讼后，再根据行政复议或者行政诉讼的结果提起民事诉讼。这样设计是考虑到反垄断法的专业性、政策性要求，专业性问题由专业机构首先处理，避免《反垄断法》实施中可能出现的盲目和混乱。这对恰当地认定垄断行为和相关纠纷的解决或许具有积极意义，却与现代法治的要求不符，所以应当允许垄断行为的利害关系人直接向法院提起民事诉讼、寻求救济。而从法条的文义看，这样做并不违反《反垄断法》。

首先，法治国家应当实行民主的司法，允许当事人根据《反垄断法》第50条和一般民事法律提起民事诉讼。有权利就有救济，而不是有救济才有权利，任何人的合法权益受到损害都应有权提起民事诉讼，以寻求法律保障，仅靠第38条规定的举报权是远远不够的。

其次，反垄断执法机构本身具有局限性。政府的能力总是有限的，一方面它不可能及时、正确地处理所有问题，另一方面依其能力只可能对一小部分垄断行为进行查处。而且行政机关查处案件需时不菲，市场瞬息万变，垄断行为的受害人等到案件查处完毕方能要求不法行为人赔偿，难免落空，从而不利于保护其合法利益。反垄断执法机构与垄断行为利害关系人的关注点也不尽相同，它更关注整体的竞争秩序和社会利益，可能忽视对受害人个体、个别利益的保护和补偿。

再次，垄断行为未必都是大案、要案，如拒绝交易、搭售、维持转售价格等未必普遍流行的滥用优势地位和垄断协议行为，反垄断执法机构无暇也不必事必躬亲进行查处，由利害关系人直接诉诸法院解决更为合理、有效。

再其次，行政前置不符合国际惯例。尽管各国反垄断执法机构的设置有所不同，法院与反垄断执法机构之间的关系也不尽一致，但行政与司法并行是世界上反垄断法救济的通行模式和趋势。美国历来允许私人的反垄断民事诉讼，在其反托拉斯法形成之初就确立了著名的私人三倍赔偿民事诉讼制度。其他国家也逐渐认识到私人反垄断民事诉讼的重要性。鼓励私人反垄断民事诉讼，借以提升反垄断法实施的效率和效果，降低反垄断执法成本，维护当事人合法权益，已成为普遍的共识和趋势，中国也不应例外。

最后，允许利害关系人直接提起民事诉讼有利于推动反垄断法的有效实施。垄断行为的受害人身处相关行业，对反竞争行为比反垄断执法机构更敏感、更熟悉，且他们与垄断行为有着切身利害，允许其直接提起民事诉讼能够充分发挥社会成员的积极性，弥补政府执法的不足，节约行政成本，提升反垄断法的实施水平。

当前，在我国大多数存在行政监管机构的领域，都允许行政机关查处，也都允许当事人直接提起民事诉讼。如《环境保护法》第41条规定，环境污染案件赔偿责任和赔偿金额的纠纷，可以根据当事人的请求，由环境保护行政主管部门或者其他依法行使环境监督权的部门处理，当事人对处理决定不服的可以向人民法院起诉；当事人也可以直接向人民法院起诉。而证券民事赔偿行政前置的实践，并未取得好的效果，当事人的合法权益因此不能得到及时、有效的保护，同时也妨碍了我国证券市场趋于规范和法治化的进程。对于专业性很强的案件，法院可以通过提高法官素质、设置专业法庭、与反垄断执法机构合作、召开听证会、聘请专家证人等各种措施，公正地进行审理和裁判，因此没有必要诉诸行政前置甚至倾向于行政专属管辖，在法治道路上停滞、倒退。

对于允许当事人直接提起民事诉讼可能导致滥诉现象，也不必担心。《反垄断法》第50条规定的"依法承担民事责任"涉及损害赔偿时是等额赔偿，并不存在如美国、台湾地区那样"三倍民事赔偿"的民事诉讼激励。至于恶意诉讼，也不是反垄断诉讼所独有的，完全可以在司法审判中以通常的方式加以解决。当然，赋予当事人诉权并不否定反垄断执法机构的积极、主导作用。只有行政救济和司法救济相互配合、协同作用，才能推动《反垄断法》的有效实施。

三、应对高级市场经济之法的新挑战

社会主义市场经济还处于起步阶段，远未达到普遍确立理念和形成传统的程度，因此《反垄断法》对于中国来说是一个全新的课题和挑战。

首先，在改革开放历经 30 年的今天，整个社会能否"继续解放思想、坚持改革开放不动摇"，将市场经济理念凝聚为共识，对市场经济百般呵护、坚决维护，遏止平均主义、管制万能的思潮泛滥以至湮没市场关系，这对《反垄断法》而言是最紧要的。否则，《反垄断法》将成为一纸空文，起不到应有的作用。

其次，在社会化市场经济条件下，公共管理无所不在，政府固然也可以参与公开市场操作、做市场的运动员，如政府采购、买卖有价证券等，也可以投资经营企业做老板、兼做运动员和教练员，这是政府应当遵从民意扮演诸多不同的角色使然。但在反垄断法之下，政府的角色只是赛场的裁判，按照既定的比赛规则，对市场中的运动员和场边的教练员随时叫停、判罚并即时恢复比赛，自己既不做运动员，也不做教练员。这就要求政府真正按照市场经济的规律和要求，来驯服、调教桀骜不羁的市场经济，而不是像一直以来的那样，市场稍不尽人意，行政手段就不由自主地紧跟而上，市场经济的优越性——经济发展、消费者福祉提升在很大程度上不是自觉、主观地追求来的，而是被经济规律逼得走投无路、市场不情愿地给我们带来的意外惊喜。但是，《反垄断法》颁行不等于政府就愿意并且会做裁判员了，它需要我们的政府学习、学习、再学习。

再次，在现行行政体制及维持既定的执法格局、《反垄断法》又不能平等地适用于政府和人民的情况下，能否从根本上缓解合法垄断行业因缺乏竞争而存在的诸多问题，以及政府和拥有公共管理权力的组织不当限制、损害竞争的问题。

在缺乏对抽象行政行为的司法审查、民事公诉等发达国家常用手段的情况下，《反垄断法》要有效实施并达致各界期待的效果，尚需国人付出努力。对于行政机关制定规章或规范性文件限制竞争的，《反垄断法》第 37 条虽然有了禁止性规定，但它已经超出该法规定的救济和责任所能解决的范围，还有地方性法规、行政法规甚至法律可能不当限制、损害竞争的问题。这些，只能通过推进政府法治、建立制度化的抽象行政行为司法审查和合宪审查机制加以解决。

最后，一部《反垄断法》，就是一部现代市场经济之"理"。鉴于其蕴含的高度辩证法和市场关系的复杂性，天然地排斥法条主义——教义学或注释法学、在行政执法和司法中抠法条等。换言之，《反垄断法》是合理性与合法性高度统一、充分讲"理"的一种法。该法的条文，只是为判断一种行为是否合乎市场经济的要求提供一种分析的框架或方法。适用《反垄断法》，依据的表面上是它的法条，实际上是市场经济之"理"，它要求企业、政府、法律及司法界等树立恰当的市场经济理念、把握市场经济的方法论，以此——合乎市场经济要求的经济学来调整自己的行为，实施并实现《反垄断法》也即某种经济学。这就对行政执法、司法的思维和行为方式提出了新的要求。

世上无难事、只怕有心人。相信我们的社会能够尽快学会按照反垄断法的内在要求来实施《反垄断法》，以此为契机，加速社会主义市场经济建设及其法治进程，使之获得一个从量变到质变的提升。

（原载《法学家》2008 年第 1 期）

反垄断法：一本难啃的市场经济"大部头"

反垄断属于"更好发挥政府作用"范畴，随着社会主义市场经济向纵深发展，凸显反垄断配合"市场决定资源配置"的重要性、高难度及复杂性。有效反垄断的关键，在于吃透市场经济之"理"，而非动辄增修法条。

那年作为国务院法制办反垄断法审查专家顾问委员会成员，在张穹副主任领导下逐条研议反垄断法草案，历历在目。此前，1989年底国家工商总局召开反不正当竞争法国际研讨会，我通过竞争法热心人、曾任国家局政策研究室主任的吴炯女士拿到会议材料，趁势于1991年在人大开设竞争法课，记得首次授课对象是"高法班"学员。在竞争法中沉浸三十年，尤其是《反垄断法》施行12年来，亲历社会主义市场经济和反垄断实践的深入发展，深感市场经济和反垄断法之深奥，高水平反垄断倚赖的是市场经济理念和对市场的认识，而非法律之文本。《反垄断法》结合中国实际对美欧日博采众长，其实够用了，如果理念和认识不到位，增添、修改法条只会适得其反，因为经济社会和市场变幻无穷、发展无止境，"世上没有两片相同的树叶"，法条越细越具体越束缚反垄断，越可能背离公平和法治。而市场经济这本大书，无论对自己还是对国家反垄断执法和司法，都是读不完的。

首先，反垄断暨竞争政策并非市场本身。说到反垄断，以及竞争政策的基础性地位，竞争法学和实务工作者往往下意识地将其视为市场本身，并以市场及其竞争的化身自居。然而，市场决定资源配置，就是由市场调节决定资源配置，所谓市场调节，是任由社会成员根据价格和供求的信号进行投资及交易，自由自主地决策，自担风险，一旦不赚钱就将资源即时转移到其认为能赚钱的其他市场活动中去，追求自身利益最大化。由此形成一种自发的秩序，就是市场经济。而反垄断是政府或法院根据其主观判断，认定某人某行为损害了竞争，加以"矫正"，这就属于更好发挥政府作用的范畴了，法院也属广义政府。既然是政府行为、政府的主观判断，则可能违背市场的规律和要求，反而给市场和市场经济添乱，这正是某些经济学家否定反垄断法、鼓吹不该反垄断的原因及其合理的一面。当然其整体上是不合理的，自发市场经济的两个天然倾向——垄断和不正当竞争，终究会破坏和否定市场经济，反垄断和反不正当竞争是必须的。

经济体制及其改革的核心是政府与市场的关系，政府必须尊重市场，对市场保持一份敬畏，反垄断也不例外。反垄断以政府的力量作用于市场，主观武断和权力的不当行使在所难免，因此应当在市场面前保持谦抑。看不清楚的别急于出手，市场能自我调节、市场机制仍可在动态中修复的不必出手，虽然垄断但是并未削弱竞争和市场机制的也应引而不发。比如对于大数据、人工智能、区块链等，就是如此。

同时，对于确定符合反垄断原理和逻辑的现象，则该反就应反，不能被"高大上"的商业模式或技术形式所惑而不敢出手。比如市场竞争原则上应当是性价比的竞争，比谁的质量高（包括谁的花色品种更讨人喜欢）、谁的价格低，通过提升质量和降低价格开展竞争，而网约车平台以补贴方式开展竞争，网约车平台虽属双边市场却不具有双边市场可以在平台两边转移成本的特性，司机方和乘客方都必须按市场定价，平台仅具有中介性质，反垄断执法对通过补贴开展竞争不敢出手，结果有违反垄断法初衷，大平台通过补贴滥用优势消灭了众多经济实力较弱的小平台后轻松获取利润。又如苹果公司对其 ios 操作系统上的第三方 APP 内提供服务收取的金额（主要是"打赏"）抽取30%，肆意剥削开发者和消费者，被网民无奈戏称"苹果税"，如同公路收了卡车的过路费还要对运输公司收取的运费提成、房屋业主收了餐厅的租金还要对餐厅的营业收入提成一样，是十分离奇且赤裸裸的市场霸道行为，市场一片哗然，反垄断执法机构却无动于衷。放任市场扭曲，无疑是在政府与市场的关系中没有很好发挥政府作用。

其次，当代任何国家的市场经济都不再是纯粹的自由市场经济，反垄断法也与整个经济政策、经济和政治体制密不可分，甚至融为一体了。所以反垄断法不只是保障市场主体自由自在的自主决策、维护自由公平的竞争那么简单。反垄断法属于竞争政策范畴，配合市场机制发挥基础性作用，此外一个国家还有规划和产业政策、财政和货币政策，以及国家安全、国家战略等。事实上，后者作为主导性的政策或统率性的政治要求，是高于反垄断法及竞争政策的，社会整体效率、社会福祉、消费者利益等价值，也高于竞争和反垄断的价值。反垄断法的适用除外和豁免，就是其自洽于产业政策和整体效率的要求。美国改变对华战略，发起贸易战、打压中国高科技企业，即使削弱和排除竞争、阻碍科技进步、造成运营商等本国企业损失、损害消费者福祉也在所不惜，则可谓反证吧。

市场机制暨市场竞争不是万能的。一是过度的竞争，往往表现为小散乱的低集中度市场、低端的农贸市场型竞争，价格战导致企业朝不保夕，产品和服务质量低下，反垄断执法应当有意引导形成一种寡头垄断、小企业依附大企业形成产业链的市场结构，一种集创新、质量、服务、品牌、价格和国际竞争为一体的高效而不失激烈的竞争；二是市场退出或市场配置的成本可能高到社会无法承受，任何行业或多或少都有资本沉淀，市场经济的优越性就在于优胜劣汰，但是末位淘汰在10%-20%时是良性竞争， 一旦产能过剩超过20%，则会形成竞争僵局，优的胜不出，劣的汰不了，从而形成局部或全局的经济危机，比如西方国家的经济危机和我国2010年之后出现的煤钢建材等产能过剩；三是竞争不足的领域也无法靠市场自我矫正，须通过政府打造有效竞争的市场，这主要依赖产业政策，但反垄断执法机构也不是无能为力，比如政府决定的分拆和合并、划拨资产等，反垄断执法机构应予积极协同配合，以形成所需而有效的独占或寡占等；四是政府负有创造和开拓市场的责任，这是北京大学的文一教授说的，竞争法界之前可能未予留意：因为自发形成的市场可能不够大、不够深，政府可以通过构建交通和通信系统使之变大、通过主导航天军工等产业使之变深，从而改变农贸市场般浅碟形市场经济的格局，在我国还包括政府积极缓解市场竞争优胜劣汰的副作用，比如扶持"三农"、脱贫攻坚、开发中西部和振兴老工业基地等。

再次，反垄断法与反不正当竞争法不能截然分开，两者同属竞争法或公平交易法。比如通谋招投标，既涉及卡特尔，也是不正当竞争，12年来，对这种危害性极大的不公平竞争行为的查处大为削弱，其重要原因之一，就是对这种行为性质的认识陷入了非此即彼的误区。原先将其放在《反不正当竞争法》中，《反垄断法》施行以来尤其是《反不正当竞争法》修订将其取消之后，因其卡特尔性质，反不正当竞争执法逐渐不再给予关注；事实上，通谋招投标主要是对未参与通谋的厂商构成不正当竞争，加上通谋既可能构成横向垄断协议也可能构成纵向垄断协议，《反垄断法》对此未做任何具体规定，于是反垄断执法对其也不闻不问，失职了。此外，利用任何优势地位也可能从事不正当竞争，比如补贴，因为有能力补贴的经营者一定具有市场支配地位，而利用补贴开展竞争原则上是不正当的。

复次，随着经济社会的发展，商业和科技的进步，垄断的主体越来越复杂。反垄断法上的经营者也是市场中的一个竞争者，竞争者的行为是由某个主观意思或决策所决定的，所以经营者就是表达行为意思或者决策的主体。表面上，市场交易是在一个个企业法人或个人之间进行的，法人或个人是法律上的独立主体，但在当代市场经济条件下，这些法人或个人未必是市场中的主体或竞争者，不是其行为的决策或决定者。为了降低风险和成本，提高可预期性，法人和个人通过各种方式联合或结合，实现集中统一的计划和安排。比如诸多企业围绕一个核心企业及其品牌结合成一个紧密联合体，等等。换言之，在交易关系中作为独立主体的法人或个人，在组织关系或协作关系中是不独立的。公司法、证券法的最新发展是要明确公司的实际控制人和责任人，而不拘泥于法人的独立人格和独立责任，这与反垄断法中经济实体的概念异曲同工。但在反垄断执法中，往往还囿于传统的"独立法人"观念放不开手脚，比如对子公司的行为不敢追究其实际控制及决策的母公司的责任、处罚加盟店而不公平地忽视了拥有品牌的核心企业的决策和控制，等等。反垄断法中的合营企业难题在此分析框架下也可迎刃而解。合营企业为合营各方通过股权、管理、技术、供应链等共同控制的，构成结合或集中；合营企业为合营一方控制，另一方比如只是出租房屋等，则合营各方仍是独立的经营者，合营企业只属于控制的一方，设立合营企业并不构成结合或集中。

　　最后，为什么反垄断法的适用，理念比法条更重要？市场乃至经济社会太错综复杂，某种行为是否限制了竞争，以及虽限制竞争但是否损害或者有利于市场和经济社会，都必须通盘辩证地考量，而无法硬性适用《反垄断法》的某一条文。《反垄断法》只是为判断一种行为是否合乎市场经济的要求提供了一种分析方法，因此，"适用《反垄断法》，依据的表面上是它的法条，实际上却是市场经济之'理'也即某种经济学。对此，我们准备好了吗？"该法出台时，中国法制出版社约我写一本《反垄断法理解与适用》，这是我写在该书封底的一句话。非常遗憾地说，12年过去，这方面并无大的进步和质的提升。

　　反垄断法是合理性与合法性高度统一的法，不能允许合理不合法、合法不合理的现象存在。而时至今日，学者和实务工作者还纠结"本身违法"这种"是与否"的二分法存在，与法治所要求的利害关系方表达、博弈和决策者担当格格不入，相反，合理原则所提供的辩论和解释空间方凸显反垄断法的永恒魅力。涉及反垄断法的价值、宗旨等问题只有在合理原则的框架下才能得到进一步的追问和解答，诸如效率、公共利益、安全和政治目标等因素也都要以合理原则为渠道进入反垄断法的适用。近期人们关注和讨论纵向垄断协议是否可以不适用合理原则，对照当年反垄断法草案审议的初心和之前的案例，实际上也是一种倒退。

　　《反垄断法》适用，往往还需要先依理念定立场，再找技术性方法去适用相关规定。在"3Q"大战案中，最高人民法院就是出于对腾讯作为互联网新经济企业的崇尚和敬畏，把短信等也归入 PC 端 QQ 的相关市场，从而认定腾讯没有市场支配地位，它强制消费者在 360 和 QQ 之间"二选一"的是合法的。其实，最高人民法院应该出于对严重扭曲竞争、损害消费者利益的"二选一"行为的厌恶，根据 QQ 可以 7×24 小时在线、性价比与 6 毛钱一条的短信不可同日而语且有数亿人安装的事实，得出相反的结论。可口可乐收购汇源案，也是基于立场定方法的一个案例。所以对如何界定相关市场，法律上只需一个概念即可，具体应当留给正确的理念和规制——行政立法和行政执法，以及司法去做。

　　12 年来，这方面的正反经验不胜枚举。就操作而言，学界和实务部门应当更多关注反垄断法的一般概念及宗旨条款、原则条款、兜底条款，而不是只盯着具体条款，具体条款"不够用"就喊着要修改法律。如果说我对《反垄断法》有何期待和展望的话，唯一就是循着社会主义市场经济理念，使其适用由此更上一个台阶，达到一个新的境界，迈入高级阶段。

　　（原载李青主编：《中国反垄断十二年：回顾与展望》，中信出版集团股份有限公司 2020 年版）

银行卡"交换费"集中定价的反垄断法分析

银行卡清算产业具有典型的双边市场结构，合理的交换费集中定价的合法或不法是一个典型的反垄断问题，相关分析不乏反垄断合理性与合法性关系的理论价值。

一、问题的提出

银行卡清算产业具有典型的双边市场结构，交换费集中定价机制及其倾斜式价格结构，是银行卡清算产业市场正常运行的关键因素。① 然而，从实践中竞争政策与反垄断法的实施来看，交换费产生根源和功能的特殊性给反垄断执法机构的日常监管带来了挑战。依照传统反垄断法观点，交换费集中定价方式属于具有竞争关系的发卡银行的联合定价行为，而其倾斜式价格结构则是银行卡组织滥用市场支配地位的结果，理应受到反垄断法禁止。最早关于交换费的判例是"美国全国银行卡公司诉维萨案"，[1] 该案中的原告认为维萨制定交换费是滥用垄断势力，虽然法院最终判决维萨没有滥用，但对交换费的质疑和讨论并未就此停歇。有关银行卡清算产业交换费定价之反垄断规制争议，可谓网络经济对反垄断法冲击的一个缩影。网络经济引起了电脑、通信和互联网等行业的技术革命，[2] 而反垄断法规则凭借既往经验形成的"先验"规则普遍、反复地适用于某一产业行为的做法，对网络经济产业而言不一定合理。就特定网络产业的个案来说，反垄断规制应当从网络经济的属性出发，结合产业的实际状况，作出具体的合理性分析。合理性分析是反垄断法实施的正当性基础，能确保竞争

---

① 交换费（Interchange fee）是指在银行卡刷卡消费中发卡银行向收单银行收取的服务费。商户为完成一笔银行卡交易，需要向提供刷卡服务的机构支付手续费，业内称为商户扣率。商户扣率包含在刷卡消费者支付给商户的商品或服务价款中，属于商户销售成本，由银行卡清算组织的网络转接费、发卡行服务费（即交换费）、收单行服务费组成。其中，交换费在商户扣率中占比较高，是收单银行支付给发卡银行的金额。

规制中的实质正义。这种正义是合理性与合法性的统一，合理性是合法性的基础，凡合法的必须是合理的。合理性分析反映了反垄断规制的经济理性，能提高执法结果的可接受性，确保反垄断法的规范、机制与其他政策相兼容。如此也可减少政府竞争规制对竞争及市场机制的扭曲或替代风险。

随着国内银行卡清算产业的开放和第三方支付的兴起，银行卡清算市场的格局、第三方支付与银行卡清算产业的利害关系、银行卡清算组织交易规则是否符合反垄断法的精神与规则等，即银行卡清算产业的垄断与竞争及其如何规制的问题，再度引起了实务界和法学、法律界的高度关注。其中，对银行卡清算组织特有交易规则的反垄断法分析与评价具有基础性。交易规则是银行卡清算产业基本经济技术特征的反映，这种特征决定了银行卡清算产业的组织结构、竞争模式和消费者福利的实现，进而影响政府规制策略的选择，影响产业的运转和发展。故此，本文拟对作为银行卡清算组织交易规则核心的交换费之合理与否进行评析，以期为银行卡清算产业交易规则的反垄断法识别及相应的执法提供一种可资参考的视角。

二、合理性分析是交换费集中定价之反垄断法规制的起点

银行卡清算是一种典型的双边市场，不能简单地根据反垄断法的形式规定对其交易规则是否产生反竞争效果进行判断，而必须从该产业的基本经济特征出发，对其具体交易规则的合理性与合法性一并进行分析。

（一）合理性分析是现代反垄断法实施的起点

合理性原则的基本含义是，垄断并不必然违法，需以合理性作为认定其是否合法的标准，考虑行为人及其行为的相关背景，如是否实质上损害竞争，是否有利于社会公共利益和增进消费者福祉等。垄断的利弊两面性和反垄断法价值的多样性，决定了合理性分析的必要性。首先，垄断与竞争是市场配置资源的两种方式，垄断并非天然的"恶"，竞争也并非总是产生正效率，是否允许垄断存在或者对竞争进行适当限制，需要根据个案中企业、产业所处的市场环境和具体垄断行为对消费者福利、公共利益、经济效率、国家利益的具体影响作出评判；其次，反垄断法保护和增进的法益具有多元性和层次性。现有反垄断法包含了多重立法目的：保护市场竞争，防止和制止有损竞争的垄断行为，提高经济运行效率，维护经营者、消费者合法权益和社会公共利益，促进社会主义市场经济健康发展。[3]同时，各个国家根据其不同的政治经济条件和社会发展阶段以确定特定的反垄断法目的，而且反垄断法的目的还可以通过立法程序不

断修改。因此，从更为一般的意义来看，反垄断法的目的包括经济目的、社会目的和政治目的。[4] 由此可见，合理性分析的意义在于确保反垄断法实施的弹性，确保反垄断法对竞争秩序的灵活规制及其与其他经济政策的兼容和协调。

我国反垄断法充分贯彻了合理性原则。在对垄断协议的规制中，允许合理化卡特尔存在；在具有正当理由的情况下，允许具有市场支配地位的企业低于成本价格销售商品，给予交易对手差别性对待、限定或拒绝交易，搭售或者附加交易条件，允许知识产权的合法垄断，并授权反垄断执法机构对具体滥用市场支配地位的行为进行识别和认定；在对企业合并控制上，允许经营者做效率抗辩或者公共利益抗辩，要求合并附条件通过以及对外资并购进行国家安全审查等。[5] 实际上，反垄断法中没有也不应有"本身违法"式的绝对禁止性规范。本身违法原则只是一种减小规制成本和执法资源，缩短反垄断审查周期，提高特定类型垄断案件执法效率的便宜之计。因为，法条并不能清晰划定限制竞争行为与非限制竞争行为的边界，如果不经合理性分析，仅以形式要件即武断地认定某垄断行为不法，存在违背法治和实质正义的风险。

从更一般的意义上看，合理性分析为国家规制市场竞争提供了正当性。反垄断法以国家"有形之手"来弥补市场机制扭曲，使市场正常发挥其调节作用，既是对民商法功能不足的延伸和发展，又是国家经济职能扩展的结果。凡市场不能调节或不能有效调节的，政府就应该积极作为，以保持市场经济的持续良好运行。但是，鉴于经济形势的纷繁复杂，在经济发展的不同阶段和不同情势下，对经济的不同层面和不同方面，政府对市场竞争的调节应当是不同的和变化的，需要因地、因时即时调整调节的范围、强度和措施。这就决定了政府与市场关系的是动态的，反垄断规制也是动态的，对同样的行为在不同地区和不同时期可能作出不同的判断和认定。这种判断和认定就是针对特定时间、地点和对象的合理性分析的过程。此外，在法治条件下，合理性与合法性具有内在一致性，只有实质上具有合理性的行为才可能获得合法性。

（二）合理性分析是基于产业经济特征的个案分析

1. 对网络经济的规制应当立足于产业的经济技术特征

网络经济在经济结构、经济组织及其运行方面呈现出新的特点，其垄断形成机理、特征和绩效评价发生变化，[6] 改变了企业的竞争环境和竞争行为，对既有的竞争规则和反垄断法也不可避免地会产生影响，反垄断法必须因应形势作出适当的调整、修正和发展。换言之，对于网络经济而言，保护竞争仍是竞争政策及反垄断法的基本出发点，但其实施需要适时调整以适应具体的产业。诚如波斯纳所言："为处理传统制造业中的竞争与垄断问题而发展起来的原则在应付 21 世纪动力十足的新经济确实有问题，但那不是法律原则的问题。（如果）反托拉斯法律原则足够灵活，也切实忠于经济上的合理性，足以应付新经济中出现的竞争性问题。"[7]反垄断法之维护自由、公平竞争，在网络经济条件下固然不可改变，但为鼓励创新，则需要重新审视其政策目标、规制的标准和方法，反垄断执法应对竞争和垄断行为在查明事实、周全地评估利弊的基础上认定其合法与否，即充分分析其经济合理性——是或否及其程度。

因此，网络经济下的反垄断规制应当立足于产业特征。就银行卡刷卡消费而言，银行卡发卡行与银行卡持卡者供需双方构成发卡市场，收单银行与特约商户供需双方构成收单市场，两个市场在银行卡清算组织提供的平台上相互作用。在市场中，不同的平台经营者往往都给予平台一边市场参与者以价格折扣甚至免费，而对平台另一边市场参与者完全按市场定价。这种差别定价很容易被认定为是掠夺性定价和超高定价，从而招致反垄断规制。然而，这样的认定因其未能认识到平台商业模式的独特性和平台经营者定价的必要性而存在误区。[8]

2. 平等适用基础上的个案分析

不同产业、企业在经济发展和国际竞争中发挥的作用不同，需视其产业属性和企业实际情况而定。平等适用要求任何产业、任何企业存在不合理、不合法地扭曲、损害竞争情形的都应受反垄断法的规制，这是保证反垄断法一体实施，发挥市场配置资源的决定性作用和竞争政策的基础性作用所必需的。因此，银行卡清算产业与网购、网约车等具有平台性质的行业及企业都必须接受反垄断法的审查，对此当无疑义。

然而，对平台产业、企业及其行为的反垄断法审查必须基于平台特性分析，因为平台产业、企业及其行为是否具有合理性与平台密切相关。除了产业自身的特征外，还应考虑现有产业或企业的市场竞争状况、商业惯例、在国民经济中的地位、产业成长与发展阶段、国际竞争力等因素，据此决定反垄断法实施的范围和强度。首先，由于市场及竞争行为的复杂性，反垄断法及其规则是概括性的，法律对违法行为不可能穷尽式地列举，需留有较大的空间，以按照行为的具体情况和实质的正当性要求作利益与价值衡量，进而作出判断。其次，竞争政策只是公共经济政策的一个方面，此外还有产业政策、财政税收政策、金融政策、国家安全政策等，这些政策的具体功能各有不同。例如，反垄断法规制的是限制竞争和不竞争的行为，而对市场结构不合理、特定产业竞争不充分等，难有作为。因此，具体采用何种手段以及这些手段的作用范围和大小，需视市场运行、经济发展和产业的不同状况而定，以实现不同政策间的最优功能组合，形成恰当的规制策略。最后，需要考量特定产业、企业的性质和数量，比如是否垄断产业、该产业中特殊企业及国有企业的比重等，因为特殊企业具有政策性、国有企业天然承担社会责任，它们或执行国家政策，或承担基础设施等准公共物品提供，或担负战略职能、参与国际竞争等，其功能、行为与政府规制在一定程度上可相互取代，特殊企业和国有企业数量较多的，包括反垄断在内的政府规制的力度和难度就较小，否则较大。[9]这些皆以对特定产业的具体分析为起点。

三、银行卡清算产业的特征及其"交换费"定价机制

（一）银行卡清算产业的双边市场特征

其一，具有交叉网络外部性。网络外部性分为直接网络外部性和间接网络外部性。直接网络外部性是购买相同产品的消费者数量对产品价值的直接影响，即在网络产品消费中，消费者数量增加的同时会增加所有消费者的收益；间接网络外部性是指消费者消费某种网络产品的价值随着与该产品相兼容的互补性产品种类的增加而增加。交叉网络外部性不仅取决于消费该平台产品的同一边用户的数量，而且还取决于消费该平台产品的另一边用户的数量。[10]对于银行卡转接清算而言，消费者对银行卡的需求不仅取决于其持有银行卡的成本和持有银行卡的其他消费者的规模，而且更取决于受理银行卡的商户规模。同理，商户对银行卡的需求不仅取决于其自身受理银行卡的成本和受理银行卡的其他商户规模，而且取决于持有银行卡的消费者的规模。因此，只有促成两边市场拥有足够的持卡消费者和特约商户，银行卡清算组织才能维持足够的交易规模和保持长久的发展。

其二，产业和服务相互依赖、互补。平台组织向双边用户提供相同或者不同的产品和服务，只有两边的消费群体同时对该平台提供的产品或者服务有需求，并且能达成一致时，该平台才能实现其功能。在银行卡清算产业中，特约商户对银行卡的需求取决于受理银行卡带给特约商户的收益是否大于其他支付手段，或者受理银行卡是否有利于其增加潜在消费者以获得更多的收益。而消费者对银行卡的需求则取决于支持刷卡消费的特约商户数量及其便捷程度，也就是说，受理银行卡的特约商户越多，消费者持卡消费的可能性越大。因此，平台两边市场存在"共生"的关系。

其三，倾斜式定价策略。在一个双边市场中，交易平台提供的产品或服务面对的是不同的用户群体，交叉网络外部性不会被用户内部化。因此，为了平

衡两类消费者之需，交易平台通常对外部性较强的一方采取低价甚至免费策略或成本转移的方式，以吸引其加入平台并进行交易。在银行卡清算产业中，为了设计最优的价格来平衡消费者与商户的需求，清算组织一般通过调整交换费来间接影响持卡人与特约商户的成本，即交换费的变化会影响特约商户的刷卡成本，从而间接影响到消费者消费支付时的价格。

其四，自然垄断与规模经济。与物质产品相比，双边市场中的平台产品具有高固定成本、低边际成本的特点。此外，平台产品的固定成本绝大多数为沉没成本，如停止生产基本上无法回收，且平台产品一旦生产出来，就可以无限复制，基本不再受到约束和限制。就银行卡清算而言，其 POS 终端、各成员银行的网络信息处理和银行卡清算组织网络信息处理相关设备等都是银行卡网络有效运作的固定成本，相对高昂；而一张符合标准的银行卡的成本则极其低廉。

受上述因素的影响，平台企业形成了不同于单边市场条件下的定价、投资和竞争策略，[11]使双边市场结构下的银行卡清算产业形成了特有的交易规则和竞争机制，对此不能拘泥于传统的产业及其竞争规制。

（二）银行卡清算产业交换费定价机制

交换费是指收单银行向发卡银行支付的一笔费用，以弥补发卡银行为吸引和维持持卡消费者而花费的成本。[12]我国官方文件将"交换费"称为"发卡行服务费。"[13]

消费者从商户手中购买商品或服务后，向发卡银行支付商品价格和卡费 p+f；发卡银行收到这笔资金后，将扣除交换费后的资金 p-a 支付给收单银行；收单银行将收到的资金扣除商户扣率之后，将剩余资金 p-m 支付给商户。其中，卡费 f 和商户扣率 m 实行市场化定价，分别由发卡行与收单行之间的市场竞争决定。因此，银行卡组织设定的商户扣率由"交换费+银行卡组织网络服务费+收单服务费"三部分费用组成。在整个银行卡交易过程中，卡费由发卡行根据市场竞争状况决定，收单服务费实行市场调节价，由商户和收单机构协商确定具体费率。交换费则由银行卡组织设定，最具刚性。在我国，根据《关于完善银行卡刷卡手续费定价机制通知》（以下简称《通知》）的规定，交换费和卡组织网络服务费由政府指导定价，实行上限控制。[14]银行卡组织在政府指导定价机制下设置的交换费将发卡市场和收单市场联系在一起，并通过交换费的价格结构对双边市场进行利益分配。因此，交换费是商户扣率的重要组成部分。

银行卡组织通过交换费平衡持卡人和商户的需求，交换费的变化影响卡费和商户扣率的变化，即间接地对消费者和商户的价格结构产生影响。从收单行角度看，交换费是收单银行向商户提供服务的成本。交换费的增加意味着收单行处理每笔卡支付业务成本上升，因此，它将提高商户扣率来对交换费的增加做出反应。从发卡银行的角度看，交换费也可以看作向持卡消费者提供服务的一种回报收入。交换费的增加意味着发卡银行处理每笔卡支付业务的收入增加，此时发卡银行对交换费增加的反应是减少消费者的持卡成本，即降低卡费。所以，交换费的增加所产生的总效应是商户扣率增加和消费者卡费的降低。从某种程度上来看，商户扣率的增加正好等于卡费的降低。增加交换费的唯一效应是消费者和商户所面临的价格结构的变化，价格总水平却保持不变。[15]所以，交换费是银行卡组织用来平衡双方需求和取得最优价格结构的唯一手段。[16]

综上可见，银行卡清算产业平台商业模式的成功源于双边市场间的网络外部性，也即一方参与者数量的增加能给另一方参与者带来收益的增加。因此，银行卡组织需要采用合适的方式将发卡市场的持卡消费者和收单市场的商户都吸引到平台参加交易。而为激发网络外部性并实现两边市场规模的增加，银行卡组织则需要实施倾斜性定价结构。这就是对需求价格弹性大、单归属性、网络外部性强度高的持卡消费者实施免费定价以吸引使用银行卡消费，反之，则对商户收费。所以，银行卡组织的平台经营者的定价机制是出于构建平台商业模式的需要。

四、合理性分析视野下交换费集中定价规则的反垄断法分析

实践中有关交换费定价方式及费率水平的争议不断。2004 年深圳发生的"银商大战"① 的焦点，正是银联"单方面"制定刷卡手续费。围绕交换费定价的问题主要表现在两个方面：一是银行卡清算组织与其成员银行联合定价的行为是否构成价格垄断协议，从而违反《反垄断法》；二是银行卡组织采取的不平衡定价策略，是否滥用了市场支配地位。

（一）垄断协议利弊分析及其豁免依据

反垄断法上的一个一般性认识是，市场竞争者之间协调价格的行为都会削弱或消除市场竞争，也会因限定产品或服务的价格而导致消费者利益受损。按银行卡清算组织的运作模式，其所有发卡银行（机构）都是具有竞争关系的该卡组织成员，而成员银行和卡组织共同制定交换费的行为构成了协同定价行为。但是，垄断协议并非一概只具有消极、负面的作用，在其他因素不变的情况下，

---

① 2004 年 4 月 27 日，深圳 42 家零售商向所有国内发卡银行"发难"，要求下调刷卡手续费，并曾联合拒绝刷卡支付。其诉求之一就是废除刷卡费率的银联统一定价，而由商家与银行"两两"直接协商确定。

经营者达成垄断协议有利于减少交易成本，提高或者维持较高的价格则有助于经营者稳定地获取一定的利润。就横向垄断协议而言，具有竞争关系的经营者之间通过固定或者变更商品价格、限制商品数量、分割销售市场或者原材料市场等协议，就无须再为争取客户和原材料而竞争。就纵向垄断协议而言，则可以减轻供求环节的竞争，降低交易成本，提高利润率。所以，垄断协议利弊并存，在承认其弊端的前提下，特定条件下的垄断协议具有以下积极作用：（1）产生规模效应，提高经济效率。经营者通过垄断协议协调行动，可以产生比分散竞争更高的生产力和更低的成本，从而提升效率。（2）优化资源配置。垄断协议可以提高经营者之间在价格、产量等方面的信息交换，增加其市场经营策略的透明度，从而避免盲目扩大规模和重复建设等弊端。其中，纵向垄断协议则通过限制同一品牌之间的竞争，扩大不同品牌之间的竞争，使品牌竞争能够更为迅速地调节价格和供求关系。（3）稳定价格，提高服务质量。固定价格可以将企业的注意力从价格竞争转移到产品质量、服务水平的竞争上；制造商按一定的标准选择销售商，有利于保障产品质量和售后服务；维持转售价格可以通过控制销售价与出厂价或批发价之间的价差来约束销售者定高价。当垄断协议带来的效率和福利提升大于其限制竞争的负面效果时，给予必要的豁免便具有合理性，这也是我国《反垄断法》在禁止垄断协议的同时规定了豁免理由[17]的原因。

征求意见中的《国家反垄断委员会关于垄断协议豁免一般性条件和程序的指南（征求意见稿）》第7条、第8条、第9条也从上述三个方面，详细规定了垄断协议的豁免条件[18]：首先，协议属于法定的类型。《反垄断法》第15条第1款明确列举的6项协议类型包括合理化垄断协议，① 标准化协议，专业化垄断协议，中小企业垄断协议，有助于实现环保、节能和救灾等公益目的的垄断协议，为克服经济不景气垄断协议、进出口协议、农产品供销协议等。本条第2款，还规定了符合相关法律和国务院规定的其他情形，为豁免提供足够的适用空间。其次，已达成协议不会严重限制相关市场竞争。垄断协议具有限制竞争的效果和其他积极效果，是否应受豁免的关键是看限制竞争的负面影响能否为其他因素所抵消。第三，能使消费者分享由此产生的利益。只要垄断协议不会严重限制相关市场的竞争，反而能够提高效率，有利于整体经济的发展、稳定和社会公共利益的实现，并能使消费者受益，就应当予以豁免。

---

① 合理化主要是指改进技术、研发新产品、提高质量、降低成本、提高效率等。

（二）交换费集中定价机制应受反垄断法豁免

从性质上看，交换费的目的是弥补发卡银行为吸引和维持持卡消费者而花费的成本，这也是收单银行向发卡银行的转移定价行为，意在实现两者之间的利益激励和平台的最大交易量。从制定方式上看，交换费是由银行卡清算组织联合其成员银行（发卡银行）制定的，由于成员银行间具有竞争关系，表面上，在一个开放式卡组织中，由于所有发卡银行都是具有竞争关系的卡组织成员，而成员银行和卡组织共同制定交换费的行为属于协同定价行为，而且这种协同定价行为具有横向和纵向交叉的特点。一方面，由于各成员之间的发卡业务形成竞争关系，通过协调可以将交换费固定在同一水平或者规定最低限价，就可能影响通过竞争形成价格的机制，使价格不能灵敏地反映市场供求、引导资源配置，损害价格机制对资源配置的激励和引导作用。尤其是当协调定价高于竞争条件下的市场价格时，就会损害消费者利益，并使经营者怠于改进管理和技术，最终对整个产业产生负面影响。另一方面，从卡组织与其成员银行关系上看，卡组织是转接清算服务的提供者，发卡行、收单行、消费者和商户四个主体之间的清算和交易高度依赖卡组织的转接清算服务，由此，卡组织与成员银行之间形成了纵向垄断协议，卡组织提供转接清算服务，成员银行接入卡组织网络使用其服务，两者分别位于转接清算服务的上下游。由于网络的专属性，卡组织相对成员银行位于支配地位，卡组织与发卡银行固定交换费的行为实际上固定了发卡银行提供发卡业务的价格，产生了纵向价格约束效果。对于发卡行来说，各家银行都按照同一价格收取交换费，基本是在它们之间成立了横向卡特尔，从而取消或削弱了具有市场效果的价格竞争，消费者无法通过发卡行之间的价格竞争获益。但是，从交换费的产生原因和实际效果看，其合理性表现在如下四方面。

其一，降低协商成本，提高协商效率和价格公平性。第一，由于银行卡网络交易中的发卡市场和收单市场上的参与主体众多，"两两"协议定价不具有可行性。中国支付清算协会的统计数据显示，我国境内银行卡交易市场上发卡银行和收单机构的数量分别为 913 家和 1047 家，[19] 若由每家发卡银行和收单机构单独协商定价，最多可能产生 95.6 万个价格，这将产生极高的交易成本，尤其是对中小机构来说，与几百家机构协商的成本远超其达成交易可能获得的收益，导致"规模不经济"。因此，当个别协商谈判的交易成本高至不切实际的程度时，此定价策略便不可行。第二，可以减少"搭便车"现象。在分别协商模式下，为了节约谈判成本，部分成员银行可能不参与交换费谈判，而是直接利用其他有实力银行的谈判结果，与其在这种情况下市场定价逐渐变成为"寡头"

定价，不如由银行卡清算组织协同其成员银行集体、民主地协议定价。第三，在市场运行中，发卡银行和收单银行规模不一，小规模机构在协商中处于劣势，很可能被逐出市场，导致发卡市场和收单市场的高集中度，交换费随之升高。若是再引入商户谈判，这种双边谈判的弊端就更显而易见。[20] 所以，集中定价机制可以减少发卡银行与收单机构一对一议价带来的市场低效和资源浪费，保证卡组织模式的规模经济。第四，这是降低协商成本的唯一方式。"两两"协商低效、不可行，而若由监管机构定价，实际上是由政府代替卡组织或市场的功能，可能造成价格脱离实际等问题。在某些国家，万事达卡成员机构也可以通过双边协商来制定交换费，但是卡组织成员协商和监管机构定价都没有推广开来，未能成为主流的交换费定价方式，多数国家和地区的交换费是由银行卡组织及其成员集体制定的，政府辅之以必要的监管。2016 年 9 月 6 日生效的《通知》在维持交换费集中定价机制的同时，将由政府定价改为政府指导价，同时降低其费率水平、实行上限控制，并将收单行服务费由政府指导价改为市场调节价，对医疗、教育等非营利机构的刷卡交易实行交换费率优惠。这将使集中定价方式在市场化基础上更为规范地运行，也说明集中定价机制有利于提高清算效率、节约全社会交易成本。因而，交换费机制是开放式卡组织唯一能够平衡市场两端需求的途径。在此意义上，交换费集中定价是合理化的垄断协议。

其二，不平衡的价格结构是维持交易量的需要，并不构成滥用市场支配地位。我国《反垄断法》第 17 条列举了六种具体的滥用市场支配地位行为，其中第 1 款第 1 项禁止以不公平的高价销售商品。在中国，银联在转接清算市场处于垄断地位，市场开放后即便出现寡头垄断格局，它也仍然具有市场支配地位，所以问题不在于是否具有市场支配地位，而在于是否滥用，其倾斜性定价策略是否属于掠夺性定价或垄断高价？首先，倾斜式定价是维持平台交易量的需要。在具有双边市场特征的银行卡产业市场中，对持卡消费者制定低于其交易成本的价格和对商户制定高于其成本的价格，是银行卡清算组织提高整个平台交易量的有效方式。由于消费者对银行卡的需求弹性远大于商户的需求弹性，卡费的上升将导致消费者放弃使用银行卡，从而导致整个产业的萎缩。因此银行卡清算组织必须采用不对称的定价策略，以低价甚至免费来培养一定的持卡消费者群体，通过网络外部性吸引更多的消费者持卡消费。掠夺性定价旨在削弱乃至消灭竞争者，而后谋取垄断高价，而银行卡清算产业属于寡头竞争的垄断行业，对消费者低价或免费既不可能削弱或消灭竞争者，也不可能转而再对消费者实行高价策略。在平台的另一边，则向商户收取较高的费率，以保证发卡银行获得一定的利润，但这种较高的费率既受市场供求的制约，又受到交叉网络外部性的限制。总之，倾斜式定价是为了交易平台两边集聚尽可能多的用户，意在扩大市场规模，并非某一个或少数几个市场主体为一己私利而限制竞争。其次，交叉网络外部性和需求的互补性限制了银行卡清算组织滥用市场支配地位的可能性。在单边市场中，垄断厂商可以通过制定高于边际成本的价格以获取垄断利润，而在双边市场中，任何想从某需求者一方获取超额利润都将是自我毁灭。在银行卡产业中，若设置较高的商户扣率，虽能使银行在一定程度上获利，但这将降低商户受理卡支付的意愿，商户需求的减少则使消费者对银行卡的需求降低，以致恶性循环，降低整个平台的交易量。平台双边市场正常运行的客观要求使得银行卡清算组织几无可能"自杀式"地滥用市场支配地位。

其三，交换费集中定价不会严重限制市场竞争，反而能使消费者受益。首先，从单个卡组织所处的市场环境看，银行卡清算产业主要表现为不同品牌卡组织的竞争，同一品牌围绕该卡组织平台形成的双边市场作为一个整体展开竞争。银行卡清算产业具有自然垄断性，存在网络效应、规模经济、范围经济等特征，在市场完全开放的条件下，有实力、有能力从事转接清算业务的经营者仍为少数，必然形成寡头竞争的局面。而寡头之间的高质量竞争将惠及消费者。在国内银行卡清算市场开放的情况下，银行卡组织产业之间的竞争加剧，相应的监管措施日益完善，某一卡组织垄断境内市场的格局或者各家卡组织合谋垄断银行卡交易的格局难以形成，任何卡组织尝试高于市场平均价格的商户扣率，都有可能导致其签约商户转向其他卡组织平台，从而面临失去整个市场的风险。其次，从卡组织平台双边市场结构看，交换费定价机制只是卡组织内部的价格结构，并不能决定卡组织的价格水平，即消费者和商户接受服务所支付的整体费率。相反，由于发卡市场和收单市场接近于完全竞争市场，消费者和商户接受服务的成本和质量直接决定了其对服务提供方的选择，在发卡银行和收单机构分别在发卡市场和收单市场面临激烈竞争的情况下，交换费集中定价对消费者有利无弊。

其四，集中定价行为在互联网时代面临着更强的竞争约束。在网络时代，银行卡组织不仅面临产业内部竞争，而且还不得不面对新兴支付方式的挑战。依托互联网技术的迅速发展，出现了第三方支付、网约车、网络金融等新的业态，方便了消费者的选择，改变了产品和服务的提供模式与交易方式，给市场带来了更多的竞争品、替代品和互补品，打破了原有的市场格局。从市场竞争的角度考察，新产品的出现拓展了消费者的选择空间，使其能根据质量、价格、品牌等因素选择适合自身需求的个性化产品或服务，由此丰富了市场竞争层次，增加了相关产品和服务市场的竞争约束。在同一消费领域，竞争可以在传统与新兴、线上与线下、原有模式内部、新兴模式之间同时存在且交互作用。具体而言，互联网对产品和服务及其竞争的影响有两种方式：一是将互联网要素注入原有的商品和服务中，利用网络技术拓展了原有的交易规则和模式，新旧服务在功能和服务内容上并存和互补。比如，原有网络媒体平台的核心功能是提供信息，信息以平台为中心进行单向传播，由提供者向受众扩散，其典型代表是新浪、搜狐等媒体平台。但是，随着微信、微博等新型信息交互平台的出现，信息不再单向流动，用户成为信息传播的核心，这些新媒体成为用户主导信息交流的载体。又如，在网络支付出现之前，网络（交易）平台的主要功能是广告即产品或服务的展示和宣传，不具备即时交易功能，商品交易主要依靠线下完成。而随着网络支付功能的嵌入，天猫、京东、ebay 等互联网交易平台集展示、宣传、询价、金融、物流于一身，并且允许第三方入驻，线上与线下融合，线上交易能够即时完成。二是通过互联网技术的应用，对传统产品供给模式形成替代，竞争在两种模式之间同步展开。其中的典型是互联网金融、网约车和第三方支付。互联网金融既包括通过互联网来运作的金融业务，也包括互联网企业介入金融行业所开展的业务，但无论是何种形式，均未改变金融的本质。然而，其将资金融通方式转移到线上，实现了对传统金融的部分替代，给线下金融产品经营者带来了巨大的竞争压力。类似地，网约车等调动了闲置的资源，提供与传统出租车相同或更为多元的服务，在便利消费者的同时，也极大地挤占了传统出租车的市场空间。概括来说，互联网经济创造了新的业态和对应的运行机制，其对传统产品和服务领域的影响主要表现为拓展、提升原有功能，或者创造替代性产品、增加竞争约束两种情形。

　　由上分析可见，互联网经济的兴起没有瓦解以联合定价为核心规则的银行卡转接清算模式，却通过第三方支付增加了银行卡转接清算的外部竞争。如前所述，交换费定价模式是卡组织转接清算模式存在的根基，是网络经济的固有属性。① 在第三方支付出现以前，通过卡组织转接是银行卡交易的唯一方式，消费信息通过卡组织在收单机构（和商户）和发卡行（和持卡人）之间传递，最

---

　① 在此，应当注意网络经济与互联网经济的差别：经济学研究中一般将经济体之间以节点和链路构成的系统作为主要作用方式、具有网络效应的经济现象称为网络经济，又被称为信息经济、知识经济，与传统的工业经济相对应。网络经济通常具有多边市场结构、网络外部性、正反馈与需求方规模经济，以及技术或产品兼容性与标准竞争等特征，既可能存在于线下（实体）领域，如电信系统、铁路、航空运输、卡组织系统等，也可能存在于线上（虚拟），如电子商务、即时通讯等领域。而互联网经济是基于互联网所产生的经济活动的总和，包括电子商务、互联网金融、即时通讯、搜索引擎和网络游戏等。可见，网络经济包括但不限于互联网经济。

终实现交易费用的清算与结算，卡组织因此处于银行卡交易的枢纽；同时，发卡银行、收单机构和卡组织分别收取固定比例的交易费用作为报酬，以维持运转，这通常被称为银行卡交易的"四方模式"。然而，第三方支付可以绕过卡组织直接与发卡行连接完成资金清算，形成"三方模式"，从而"取消"了卡组织的转接功能，与其争夺利润。虽然第三方支付仍存在安全性、违规操作和监管漏洞等风险，但无法回避的现实是其已经与联合定价模式形成了直接竞争。①目前，被称为网络版银联的第三方支付线上统一清算平台（以下简称"网联"）正在筹建中，它的出现将会切断第三方支付机构直连银行的模式，将支付与清算功能分离，按照相互独立的监管规则运行，避免恶性竞争、非法经营等问题，这也反映了银行卡清算与第三方支付共同维护公平竞争、规范市场秩序的愿望。同时标志着第三方支付也将采用与卡组织相同的集中定价模式，以大幅缓解因重复投入、分别议价产生的资源和效率损耗问题，也有利于统一技术和安全标准。因此，网联构建的线上双边市场平台，符合网络经济的一般规律，可以为所有第三方支付企业提供同样标准的服务，抹平了支付企业之间实力差异带来的安全性、透明度和公平竞争问题，实现了整个互联网支付清算体系的效率和安全平衡。[21]未来，市场将出现线上和线下并行、功能重合的支付转接清算模式，竞争环境的变化将迫使卡组织重新审视自身的竞争优势，集中定价模式也不可能充当卡组织滥用优势地位的工具。

国际经验和国外法例也不能确切地否定交换费集中定价机制的合理性。国外已有的判例未对集中定价机制作出肯定的负面评价。在前述"美国全国银行卡公司诉维萨案"中，上诉法院最终判决认为，维萨的这种集中定价机制是银行卡网络通用性存在的根基，其促进竞争的积极作用明显大于可能产生的限制竞争的副作用。在欧盟和澳大利亚，反垄断监管或司法裁判也未否定卡组织集中定价模式，只是要求此模式下的定价应当是基于成本的合理定价。[22]参考德国的《反限制竞争法》，执法机构对合理化卡特尔的豁免须满足以下6个条件：一是订立卡特尔的目的是实现经济过程的合理化；二是卡特尔可能从根本上提高卡特尔成员企业在技术、企业管理以及企业组织方面的效率或者经济效益；三是这种合理化可以改善市场需求，即消费者和用户可以通过合理化措施得到好处；四是合理化的效果与其限制竞争的程度相比是适当的；五是合理化卡特

---

① 2016年第二季度，转接支付市场的交易份额前三名分别为：中国银联（36.52%）、支付宝（34.83%）、财付通（13.10%），两家第三方支付机构（支付宝和财付通）合计市场份额已经超过传统卡组织中国银联。

尔不能产生或者加强市场支配地位；六是订立这种卡特尔是企业实现合理化目标的唯一方式。[23]结合本文的分析，交换费集中定价实现了发卡行服务费定价机制的合理化，符合银行卡清算产业双边市场的特征，提高了议价效率，在改善银行卡清算产业服务质量的同时，并未产生限制竞争的效果，反而增进了消费者福利，在议价方式上具有不可替代性，从域外法例看也具有合理性。

五、结论

反垄断法的实施是在特定时间、地点对特定对象进行合理性分析的过程，包含了对产业经济特征的考察，以及对规制对象及其所处市场条件和具体市场交易的分析。从根本上看，关于银行卡清算产业交易规则是否违反反垄断法的争议，源于网络经济的特殊性。基于单边市场的反垄断法规则和相应的分析方法，已不能准确地识别网络经济带来的新型商业模式和市场结构对市场竞争的影响。反垄断法中通常被认为违法的一些垄断行为，其违法性或不合理性在网络经济中发生了变化，究竟是否违法，应结合网络经济及相关产业的特征做个案分析，在充分评估其合理性的基础上加以综合认定。自《通知》实施以来，我国的刷卡消费稳定增长，在商户刷卡交易笔数和金额同比增幅均超过10%的同时，商户手续费支出累计减少了31亿元。[24]这些都说明，集中定价机制符合网络经济的内在规律，具有科学性。除了交换费集中定价机制外，银行卡清算产业的特殊交易规则还包括"高于成本定价""禁止额外收费""同一品牌下不同的卡通用"等，相关反垄断规制应立足于合理性分析的原则和方法，避免得出错误的结论和公共政策，损害消费者福祉，妨碍银行卡清算产业的持续和健康发展。

（史际春、徐瑞阳，原载《法学》2017 年第 1 期）

参考文献：

［1］National Bancard Corp. v. VISA U. S. A. , Inc. （779 F. 2d 592）［R］. United States Court of Appeals, Eleventh Circuit. 1986-01-10.

［2］［美］卡尔·夏皮罗，哈尔·瓦瑞安. 信息规则——网络经济的策略指导［M］. 张帆，译. 北京：中国人民大学出版社，2000：152.

［3］中华人民共和国反垄断法：第 1 条.

［4］阮赞林. 论反垄断法的目的［J］. 重庆工学院学报，2007（11）：

133.

[5] 中华人民共和国反垄断法：第 7 条，第 15 条，第 17 条，第 55 条，第 27-29 条．

[6] 王庆功．网络经济条件下的垄断市场与《反垄断法》的完善 [J]．社会科学研究，2009（3）：83.

[7] [美] 理查德·A·波斯纳．新经济中的反托拉斯 [M]．王传辉，译 // 漆多俊．经济法论丛：第 6 卷．北京：中国方正出版社，2002：2.

[8] 杨文明．互联网平台企业免费定价反垄断规制批评 [J]．广东财经大学学报，2015（1）：112.

[9] 史际春．公司资本制度和国企混合所有制改革 [J]．经济法学评论，2015，15：318-319.

[10] KATZ M L, SHAPIRO C. Network Externalities, Competition, and Compatibility [J]. American Economic Review, 1985, 75（3）：424-440.

[11] 尚秀芬，陈宏民．双边市场特征的企业竞争策略与规制研究综述 [J]．产业经济研究，2009（4）：89.

[12] SCHMAIENSEE R. Payment Systems and Interchange Fees [J]. Journal of Industrial Economics, 2002, 50（2）：103-122.

[13] 中国银联银行卡交换系统技术规范 手续费调整清算文件实施指南 [A/OL]．中国银联网站，2016-04-27.

[14] 国家发展改革委员会，中国人民银行．关于完善银行卡刷卡手续费定价机制的通知：发改价格 [2016] 557 号 [A/OL]．国家发展和改革委员会网站，2016-03-18.

[15] 孙雨燕．我国银行卡市场交换费定制的政策建议 [D]．南京：南京航空航天大学，2009：29.

[16] 林功实，林健武．信用卡 [M]．北京：清华大学出版社，2006：300-305.

[17] 中华人民共和国反垄断法：第 13 条，第 14 条，第 15 条．

[18] 国家反垄断委员会关于垄断协议豁免一般性条件和程序的指南（征求意见稿）[A/OL]．国家发展和改革委员会网站，2016-05-12.

[19] 中国支付清算协会．中国支付清算行业运行报告（2016）简要介绍 [R]．中国支付清算协会网站，2016-05-20.

[20] 董维刚，张昕竹．银行卡产业特征与反垄断难题 [J]．数量经济技术经济研究，2007（6）：115.

［21］第三方支付再生变局 网联或将成立［Z/OL］．新华网，2016-08-02.

［22］童牧．国外银行卡交换费的监管及其影响［J］．中国信用卡，2008（9）：32-34.

［23］王晓晔．论反垄断法［M］．北京：社会科学文献出版社，2010：125-126.

［24］国家发展和改革委员会．下调刷卡手续费政策平稳实施 降成本、促消费效果好于预期［A/OL］．国家发展和改革委员会网站，2016-12-08.

公用事业民营化及其相关法律问题研究

民营化就是企业化，它是解决公用事业存在的种种问题的有效途径之一，与在公用事业中引进竞争机制相辅相成。包括建立健全公用事业市场准入、国有资产管理和国有企业制度、特许经营和项目承包的竞争性市场等。

公用事业被称为我国计划经济的最后一个堡垒和市场经济的"边疆"。这一堡垒如何被打破、"边疆"如何去开拓，成为当前公共（行政）管理学界和经济学界广泛讨论、研究的话题。本文从法学的方法和视角出发，借鉴和运用相邻学科已有的研究成果，分析"公用事业民营化"过程之中及其后的种种法律问题，以搭建公用事业民营化的法学研究框架，阐述其基本内容。

一、对"公用事业""民营化"的基本认识

（一）公用事业的范围和特征

大致而言，公用事业是指为公众或不特定的多数人提供产品或服务，或由他们使用的业务或行业。在我国现行的法规、规章中，对"公用事业"（public utility）及其范围有着不同的界定。例如，在国家工商行政管理局 1993 年颁布的《关于禁止公用企业限制竞争行为的若干规定》中所称的公用事业，包括"供水、供电、供热、供气、邮政、电讯、交通运输"等行业。在建设部 2002 年颁布的《关于加快市政公用行业市场化进程的意见》中，将"市政公用事业"界定为"供水、供气、供热、公共交通、污水处理、垃圾处理等经营性市政公用设施"以及"园林绿化、环境卫生等非经营性设施"。总体而言，我国的公用事业包括：供水、供热、供气、城市公交、排水、污水和垃圾处理、园林绿化、环境卫生等市政公用事业；以及道路与桥梁等基础设施、电讯、供电、邮政、铁路、公路、水路和民航运输等行业。而公用事业所具有的民生必需性、公共利益性、不同程度的自然垄断性或公共物品属性，导致了法律对其调整的特

殊性。

（二）民营化

民营化的英文是 Privatization，并非顾名思义的"私有化"，而是将原先由政府提供公用服务或作为政府机构附属物的特殊机构如邮政、电信、铁路等股份化和市场化，实行企业化经营。换句话说，民营化就是将特殊的国有企业或公共机构改造成普通企业。"民营化可以通过许多不同的技术和方法来实现。因此，不同国家和不同情境中讨论民营化会产生混淆和争论。人们使用许多概念来表述民营化，如公私伙伴关系、合同外包、非国有化、非政府化、非国家化、股份化、政府撤资等。这些都是民营化的同义词。其他词如公司化、商业化、市场化等既可以用来指民营化，也可以泛指使政府企业在市场环境下运营的一切努力"。[1]一个更少引起歧义的词——"公私伙伴关系"（Private and Public Partnership，缩写为 PPP）——正在被普遍接受。公私伙伴关系可以是各种多样化的安排，旨在使传统上由政府提供的公用服务改由多种所有制的企业来承担。①

我们认为，在民营化进程中贯彻"公私伙伴关系"或公私合作的理念十分必要。只有依靠公、私双方的力量，才能实现公用事业改革的目标。

二、公用事业为何能够，而且需要民营化

包括我国在内的许多国家，基础设施性质的公用事业是由国家拥有、经营的，而"国家经营基础设施业绩不佳的主要原因是基础设施领域不存在竞争，负责提供基础设施的企业很少拥有为其顺利运营所需要的经营和财务自主权，以及基础设施的使用者在价格扭曲的条件下，往往没有摆正自己的真正需求，对基础设施的服务进行浪费性的消费"。[2]因为缺乏竞争，导致国有、公营公用事业长期亏损经营，政府财政补贴沉重；因为垄断，使得一些企业用政策性亏损掩盖经营性亏损，掩盖管理薄弱和经营不善，消费者颇有怨言。②同时，由于我国公用事业建设投资的主体单一，缺乏稳定、规范的建设资金来源，没有形

---

① 有学者将 PPP 称为"官督商办"，可见它也是中国古已有之。在清末洋务运动中，官督商办是洋务企业的一种主要形式，即"由官总其大纲，察其利病，而听该商董等自立条议，悦服众商"。慈禧还在北京第一家自来水公司——京师自来水公司的奏折上题写了"官督商办"字样。

② 据国家工商行政管理局报告，公用企业利用独占地位侵权成为 2001 年消费者申诉举报的十大热点问题之一。2001 年，供水、煤气等服务领域投诉 10670 件，在 19 个服务行业的 37 个小类中占第三位。

成城市基础设施建设的多元化投融资机制。据估计，"十五"期间，中国至少需要 7000 亿~8000 亿元民间资本来投资国内城市基础设施。[3]

解决问题的方案就是实行民营化。

民营化的可行性，首先在于理论上的突破，即对公用事业物品性质认识的深入，认为在公用事业领域引入竞争和市场机制是可能的。传统上认为，具有规模经济效益线性递增、资本沉淀刚性的自然垄断，需要政府直接经营或由政府管制。而在 1988 年，伯格（Berg）和切哈特（Tschirhart）概括了政府对不同的自然垄断应当采取的不同规制政策。[4]人们也逐渐认识到，公用事业"自然垄断"的强弱状态是千差万别的。针对不同领域的公用事业，也需要区分同一产业内部的垄断性和竞争性业务。同时，技术的进步使得过去如电力、电信事业等因技术限制无法分割，而必须在一个封闭系统中进行传输交易的整合性市场，也能够通过业务切割而在不同的产业层级中导入竞争机制。

在公用事业领域内划分竞争性（哪怕只是有限的）领域和自然垄断性领域，对于公用事业民营化的研究是十分有意义的。凡是能够引进竞争和市场机制的业务，就应该打破原来一个产业自上而下的垂直垄断或对其进行横向分离，引进竞争主体暨竞争，这是解决公用事业效率低下的最有效途径。这对竞争性业务自不待言，即使是自然垄断性质的业务，通过制度强行构造争夺特许经营权的市场，也能够形成竞争，就是将事后的竞争变为事前的竞争。既然要竞争，那么对于各种不同背景的资本，抛开国家的战略性考虑不谈，无论是国资、民资还是外资，都应当一视同仁地让它们公平竞争。从这个角度看，原本只有国有资本才能享有经营"特权"的公用事业的民营化，实际上是一个通过引入市场竞争主体，构造公用事业市场，通过市场的力量来有效提升其运营效率，造福消费者的过程。考察不同国家的做法，会发现由于各国国有企业的状况，国家对国民经济管理、控制的强弱程度不同和种种历史原因，使在不同公用事业领域和同一公用事业领域的不同业务中，允许民间资本、外资进入的范围和程度呈现出不同的状态。而在民营化和引入竞争机制方面，无论依据哪种路径，总的趋势还是相当明显的，即民营化和引进竞争机制必须统一起来：仅仅通过产业分割来打破垄断而不搞民营化，政企不能真正分开，也不可能真正引入市场机制；只搞民营化而不打破垄断，政企可以分开，但不可能引入竞争机制。在一个竞争性市场上，无论是缺少不同的利益主体，还是缺少必要的竞争机制，这个市场都是不健全的。而这一点，对于转轨经济国家来说尤为重要。因为转轨经济国家缺乏良好的市场基础，私人追求自身利益的强烈动机，可能会产生比国有垄断更坏的后果。因此对于转轨国家而言，在民营化的过程中培育完善的竞争市场是十分关键的。

另一方面，民营化也是政府治道变革的重要途径之一。公共选择理论认为，"没有任何逻辑理由证明公共服务必须由政府官僚机构来提供"，摆脱困境的最好出路是打破政府的垄断地位、建立公私机构之间的竞争。[5] 应该说，这是当今各国业已形成的某种共识。

三、公用事业如何民营化——实现方式与制度安排

本文倾向于对我国公用事业的民营化作两种不同层面上的分析。其一是在公用事业民营化进程中，国有资本是否要退出、如何退出、退出多少，外资、民间资本如何进入的问题。在这一层面上，民营化是一个动态的概念，是一个把政府扮演的生产者角色转变为由企业唱主角或者公私合唱的过程。其二是从静态的角度来考察民营化，即需要确定在不同的公用事业领域内，选择以哪一种方式来实现政府和民间资本（外资）的角色安排。以法律的视角，就第一个层面的动态的民营化进程而言，涉及的是如何以法律的形式来确认、保障民间资本和外资进入公用事业领域的市场准入问题；国有资本如何安全退出，国有公用事业企业进行股份制改革、建立现代企业制度的问题；以及如何将民营化与引入竞争机制有机结合的问题。而在第二个层面上，则需要保护实践中已经出现、将会出现的，政府与外商和民间投资之间在公用事业领域中由于不同的制度安排所形成的不同的法律关系，确认当事各方的权利义务、责任承担及救济机制。

（一）民营化的动态实现

在前引中译萨瓦斯的书中，将政府服务活动、政府企业和国有资产的民营化方式分为三类：委托授权、政府撤资和政府淡出，每一类又包括若干具体方式。

1. 政府淡出：放松规制与民间补缺

放松规制表现为允许、鼓励、引导外资和民间投资以独资、合作、联营、参股、特许经营等方式，参与公用事业和基础设施的建设、经营。① 通过放松规制，外资和民间资本得以进入公用事业领域，弥补国有资本在此领域的投资能

---

① 在 2002 年 3 月国家发计委等公布的《外商投资产业指导目录》中，公路旅客运输公司、出入境汽车运输公司、水上运输公司、铁路货物运输公司、铁路旅客运输公司（中方控股）、摄影、探矿、工业等通用航空公司（中方控股）、电信公司，以及大中城市燃气、热力和供排水管网的建设、经营（中方控股），被列为限制外商投资产业目录；而电网建设经营、空中交通管制、邮政等，属于禁止外商投资的产业。

力不足。受利益驱动，外资和民间资本纷纷向公用事业领域进军，这也从一个侧面证明了公用事业民营化和引入市场机制的可行性，因为资本总是去它值得去的地方。

2. 政府撤资

有建设部官员称："大中城市市政公用行业中的供水、管道燃气供应、公共汽车电车、集中供热、排水与污水处理、垃圾处理等，是国家需要控制的领域，但控制不一定控股，控制不一定独资（国有独资）。为满足市场需要，要根据行业的不同特点，有条件地允许非国有经济介入并依法经营，积极探索吸收多元投资发展公用事业的途径，通过吸收各种经济成分，将现在的国有公用事业企业改制为有限责任公司或股份有限公司。"[6] 在改革开放中，国有企业不仅要在竞争性领域内优胜劣汰，而且在公用事业这样一个具有自然垄断性和公共性的领域内，也随着多元投资和资本的市场选择，在政府坚持统一规划、统一服务质量标准、统一市场准入、统一价格收费的基础上，同集体企业、外商投资企业、内资私营企业以及在国有企业之间开展平等竞争。因此，如果市场准入和竞争的前提是平等的，一些国企可能因丧失垄断利益而衰落，但总有一些国企具有"最成功的国有企业一般都具有的特征"，[7] 而不怕或者能够应对民营化的挑战。换言之，公用事业领域与其他领域的国有企业问题没有太大的分别，① 它们要解决的是同样的问题。

3. 委托授权

在我国当前的民营化实践中，合同承包和特许经营是常用的两种形式。在合同承包安排下由政府向生产者付费，而在特许经营安排下由消费者向生产者付费。一般而言，对于"可收费物品"，如供水、供热、供气、公共交通、排水、污水、垃圾处理等而言，适宜特许经营；而对于"公共物品"，如园林绿化、环境卫生等而言，由于消费难于排他，很难对消费者建立合理的收费机制，同时这些事业通常没有经营收入或虽有收入但不能抵补其经营的支出，因此在实践中往往采用合同承包的形式，由政府按项目经营支出的情况为其提供资金，保证企业有足够的营运能力和一定的盈利。

对于这一层面上的民营化，有如下法律和规制问题：

第一，对公用事业民营化进程需有一个较为宏观的法律制度安排。以英国为例，通过公用事业民营化立法，使之具有相应的法律依据和实施程序，比如

---

① 当然，由于公用事业的特殊性，国家需要在许多方面对其进行监管。但这种监管对在相应公用事业领域中活动的国有企业和其他各种企业而言，应当是平等的。

于 1986 年颁布《煤气法》，建立了"煤气供应办公室"，废除了英国煤气公司的独家垄断经营权，规定了煤气产业民营化在价格、质量、投资等方面的具体要求。[8] 而韩国在推进"公企业"民营化过程中，依总统训令设立了"公企业民营化推进委员会"，形成了按照不同部署运用"公企业民营化推进队"的公企业民营化推进体系，公用事业民营化是其重要组成部分。[9]

第二，建立规范的公用事业市场准入制度。首先应当提升有关公用事业民营化改革的规范性文件的法律位阶。现在对于民间资本和外资进入公用事业，多是由国家部委的各种"意见""通知""暂行规定"和地方性法规、规章予以规定，其权威性、稳定性、规范性不足。为了鼓励民间资本和外资进入公用事业领域，保护其合法权益，克服短期行为，可以考虑仿照指导外商投资方向规定和外商投资产业指导目录，以行政法规的形式，按项目自然垄断性和公共物品性的强弱将民间资本的进入领域划分为鼓励、允许、限制、禁止四大类，并建立公用事业投资指导目录。[10] 同时，需根据技术进步和实践情况，不断适时地对目录进行调整，并予公布。

第三，加快公用事业国有企业改革步伐，进一步完善国有资产管理法律制度。公用事业国有企业改革除了要适应公用事业民营化、引进竞争机制的改革要求外，也涉及股份制、收购、重组、法人治理等国企改革的一般问题，相应的改革要求和适用的法律与一般国企是一样的。

第四，建立特许经营和项目承包合同竞争市场。各地在实践中的做法，往往是原国有企业在吸收一部分民间资本或外资后，就直接获得、或者说保持其原本就拥有的"特许经营权"。在这个过程中，"民营化"的作用是需要追问的，因为后进入的民间或外国资本只不过是搭了一趟国有企业特许经营权垄断的便车。因此，要建立特许经营权竞争市场，允许有实力的民企、外商投资企业跨地区或组建新企业与由原国有公用事业企业改组而来的企业平等竞争特许经营权。否则，地方政府很可能以解决当地国有企业困难为借口，将特许经营权作为与投资者讨价还价的砝码；或者利用投资方对特许经营权的渴望，借机寻租，侵害投资方利益；或者以不公平方式处理国有资产，不仅滋生腐败，而且使企业不得不将在获得经营权过程中多支付的成本转嫁到消费者身上。

进一步说，放松规制、政府淡出、撤资和特许经营权竞争市场的建立是一个问题的两个方面。政府撤资的目的在于引入更多的资本，通过资本的本能来追求效率；而特许经营权竞争市场的建立，是通过拟制一个竞争的市场，来激发多元投资主体的竞争动力。如果只有政府撤资、没有特许经营权的竞争取得，那么进入的资本必定会利用其垄断地位为所欲为，把"政府垄断"变为私人市场垄断，不仅没有动力追求效率的提升，更会无顾忌地侵犯消费者的利益；而如果不放松规制、以政府淡出或者撤资的形式引入民间和外国资本，那么拟制的特许经营权竞争市场就难以成为一个真正竞争的市场。

建立特许经营权竞争市场，可以采取招投标、拍卖、挂牌出让等多种方式，这对合同发包竞争也是适用的。

（二）"民营化"的多种制度安排

对于园林绿化、环境卫生等公共物品性很强的公用事业，其民营化通常采用合同外包的形式，制度安排相对比较简单。

而对于供水、供热、供气、公共交通、道路与桥梁、排水、污水和垃圾处理等公用事业而言，由于排他是可能的，可以作为收费物品，情况就变得比较复杂。这些物品的最终消费者或政府可以为它们的使用而付费，正是因为"可收费"，才吸引了资本的目光。在这一领域内，公私合作可以体现为多种形式，采取不同的制度安排，各种制度安排之间体现的是政府和其他各种投资者在公用事业所有权、投资和追加投资、经营和维护、管理权责、风险承担、获取报酬以及期限等方面所承担的不同权义和职能。

在相关制度安排上，法国的做法是值得关注的。法国对城市公用事业实行特许经营由来已久，积累了很多经验。其委托特许经营的内容各式各样，而且特许经营形式并非受制于僵硬的法条。我国的情况更复杂，因此只要是依法允许民资、外资进入的领域，就应允许各级、各地政府根据具体情况或者与投资者谈判来确定公用事业特许经营的具体形式。合同在此大有作为，它可以在遵从法律的基本要求（包括限制性、禁止性规定）的基础上，充分发挥当事人的主观能动性，创造出丰富多彩的具体法律关系来。特别是如果涉及基础设施建设，由于特许经营权与巨额投资相连，更需要利用合同这种简单而又无所不能的法律形式。在基础设施建设中，我国最常用的特许经营暨合同方式就是BOT，它是为了吸收外资的需要从国外借鉴引进的，此外还可以有很多不同的制度安排。比如，已经存在基础设施的，可以采取"出售""租赁"和"运营和维护的合同承包"形式；如果需要扩建和改造，向现有基础设施投入资本的，可以采用"租赁—建设—经营"（LBO）、"购买—建设—经营"（BBO）和"外围建设"的形式；如果需要新建基础设施，可以采用"建设—转让—经营"（BTO）、"建设—拥有—经营—转让"（BOOT）、"建设—经营—转让"（BOT）和"建设—拥有—经营"（BOO）的形式。所以，应当具体问题具体分析，根据具体情况选择或设计最合适的特许经营形式。

法的主要任务，正在于为实践中创造的各种制度安排提供保障，确认当事人制度选择的有效性，提供充分、有效的救济机制。对于固守大陆法系传统的中国来说，其中的难点在于，按照现行"公私"严格分野的诉讼机制和思路，当事人的合法权益（包括政府及其代表的公共利益一方）难以得到有效的保护。比如特许经营权合同，它到底是行政合同还是民事合同？从法治的要求看，这简直不应该是一个问题。在发达国家，要么根本不存在这个问题，如美国和其他英美法系国家和地区；要么有此区分也不影响合同的法律救济，政府一方与民营机构一样依法承担合同暨财产责任，如法、德和日本等大陆法系国家。而在中国，对合同性质无论作何理解都无法给予适当救济，当事人合法权益的保护就成问题了。如果认定特许经营权合同是行政合同，则在现行司法体制和理念下，政府不可能不折不扣地以合同当事人的身份承担违约责任；如果认定为民事合同，则依现行法和法官的水平，根本无法辨认和处理以合同条款表现出来的公共利益和公共政策要求，面对精明且巧于算计的私人及其利益，木讷、迟缓的公共利益被巧取豪夺也就不可避免了。甚至连特许经营权合同纠纷法院是否受理、由行政庭还是民庭受理这样低级的问题，应该说还未从根本上得到解决。这就需要我们将这类公私融合——融当事人意思自治、财产因素等与公共性、国家意志性、政策性等因素为一体的合同界定为经济法上的合同，确立真正的"大民事"观念，在法律上和司法上辩证地把握公与私，在二者间仔细、巧妙地求得平衡，[11]以确保对特许经营权合同的有效法律调整。作为上层建筑的法只有能够促进生产力发展才是良法，千万别让它拖了改革和发展的后腿。

四、公用事业的规制——政府作为公共事务管理者的责任

由于公用事业的民生必需性及其行业特性，在民营化过程中，政府对其进行相应的规制仍是必要的，这是防止民营化后的企业利用垄断地位通过减少产量和降低质量等途径追求利润最大化、损害公共利益的有效途径。

（一）公用事业监管机关及其职权

在美国，从19世纪下半叶开始，由独立的委员会或政府部门按照某种既定的目的监管市场或承担某种职能渐成通行的做法。如美国联邦能源委员会、联邦通讯委员会等等监管公用事业的机构。独立的监管委员会依法兼具准立法、准司法的行政职能，可以制定发布适用于公用事业的法规规章等；对公用事业的价格、竞争、财务会计等进行监管，负责公用事业消费者权利的保护；举行具有司法性质的听证会，做出具有约束力的裁决，等等。[12]而英国的城市公用事业监管机构的职能包括：制定公用事业管理法规，颁发和修改特许经营许可证，制定和监督公用事业价格等。

比较我国的情况，在推行民营化过程中，需要做好两件事：

1. 摆正公用事业监管机关的角色

现在的情况是，我国各大城市的地方政府设立公用事业局或类似的机构，对有关公用事业企业实行管理。它既是有关公用事业运营监管规范的制订者、实施者、监督者，又是该公用事业企业的具体老板（行使出资者或股东职能），乃至插手该公用事业的经营。因此，需要实现公用事业管理监督机构与公用事业具体出资者之间的政资或政企分离，纯化政府公共事务管理者的角色，消除利益冲突现象，杜绝其基于"父爱"对具体公用事业企业运营的干预，及其本身在缺乏监督的情况下以"老板"的身份寻租，损害国有资产权益。只有这样，监管机关才可能对其职权管辖范围内各种所有制的各类企业一视同仁，以维护公平竞争和良好的市场秩序为己任，真正做到"从直接管理转变为宏观管理，从管行业转变为管市场，从对企业负责转变为对公众负责，对社会负责"。[13]

2. 改革和完善公用事业监管机构的设置及职责权限

我国公用事业管理机构的设置长期以来形成的格局是：在中央一级，主要由国家发改委和建设部负责全国公用事业的发展计划、投融资、价格及市场管理；另有信息产业、铁路、道路交通和水运、民航等专门管理机关。在地方，在大中城市设立公用事业管理局、市政公用局等对本地公用企业进行直接管理经营。由于不同公用事业之间的行业差异性，对其监管有很强的专业性，同时考虑监管机关设置在角色和利益上不冲突、不错位，以及监管的衔接、覆盖面等，在公用事业管理机构的改革方面应有两个取向：一是进行专业化管理，分别对水、气、电、交通、电信、邮政、基础设施建设等设置不同机构进行监管；二是组建能够超脱于公用企业、用户或消费者的专门委员会或类似机构，对城市公用事业的价格、经营、竞争等统一监管，对人大暨民意负责，由所在城市的财政保证其经费，以消除现有管理机构存在的欠缺监管动力及独立性、公正性等弊端。

同时也要借鉴发达国家的做法，完善社会监督机制，各种监管都应把听证会作为常用手段，以兼顾各方利益，并发挥各种消费者组织、媒体和公众自发参与的作用，使公用事业得以真正体现其公共性。

（二）价格监管

对公用事业的监管，集中体现在对其价格的监管上。

美国调控公用事业价格以考虑经营者的收益、社会承受能力、透明度、对社会总体经济增长的影响，调价理由和措施的公开性为原则，设立公用事业价格调节基金是一种常用的方法。[14]英国对公用事业价格的规制是控制其价格水平，政府依法采用最高限价模型（RPI-X）来控制公用事业价格，价格调整主要取决于一定时期的通货膨胀率和企业效率的提高。[15]法国对公用事业价格的监管主要体现在特许经营中，其特点是：第一，价格要经过市政议会讨论确定；第二，价格由社会中介机构测算得出。在测算中，比如水的销售价格和废水处理价格，要考虑收支平衡、产量或消费量、经营形势变化、税收等因素；第三，对价格和企业收入定期复核调整；第四，在发生争议的情况下，可以通过专门的仲裁机制来解决。[16]

在我国，根据《价格法》的规定，公用事业价格的监管机构为县级以上人民政府的价格主管部门，地方一般为物价局，在中央为发改委，此外信息产业部、铁道部等也参与有关公用事业价格的制订和监管。对于公用事业价格监管者来说，是否拥有充分的信息、专业知识、公平和竞争的理念是十分重要的。在定价原则上，现在依然遵循"成本加合理利润"原则，"合理利润"是事先确定且长期不变的，① 那么，公用事业企业的成本便成为定价的主要甚至是唯一的因素。在国有公用企业的股份制、市场化改革滞后的情况下，传统国企病在公用企业身上都存在着，许多公用事业企业的成本都是一笔算不清的糊涂账，因此如何认定并控制公用事业的成本也成了政府价格监管成功与否的关键。对此也有两种改革思路：一是改变"成本加合理利润"的定价思路，参考英国的最高限价模式，设计一种符合中国国情、具有操作性的定价方式，通过一个公式，预先设定一段时间的价格，在此期间，经营者可以通过提高效率来增加收益。另一种思路是，在不改变现行定价原则的基础上，对定价因素中的"成本"部分严格审计，改变定价过程中政府与公用事业企业信息不对称的状态。同时，在一般定价的基础上，应当合理运用用量差别价格、季节价格、时段价格、社会公益性价格等多种公用事业价格形式，建立价格调节基金，对普遍服务承担者、低收入者等给予补贴。《价格法》中业已规定，制定关系群众切身利益的公用事业价格要召开听证会，对此应当着力落实、普及，无须赘言，同时还应建立公众多方面、全方位参与和监督的机制，如网上参与、舆论监督、投诉和与政府直接沟通、公益或他益私诉，等等。

总之，公用事业民营化的成功，在事前需要针对不同的公用事业领域，根据行业特点，以强有力的结构调整以引进竞争，提高其产品或服务的商品性或

---

① 如《城市供水价格管理办法》中规定，供水企业合理盈利的平均水平应当是净资产利润率的8%-10%。

完全商品化；在民营化进程中，需要建立规范的市场准入制度，国企建立现代企业制度，完善国有资产管理，建立充分体现竞争原则的特许经营制度；在民营化的制度安排上，要充分尊重客观要求和当事人的选择，建立切实可行的责任暨救济制度；而民营化之后，则须优化公用事业监管机构的设置，完善监管，使民营化最终获得成功而不至于走向另一个困境。用萨瓦斯的话来说就是，"民营化是一种手段而不是目的；目的是更好的政府，更美好的社会"。

〔史际春、肖竹，原载《北京大学学报》（哲学社会科学版）2004 年第 4 期〕

参考文献：

[1]〔美〕E. S. 萨瓦斯. 民营化与公私部门的伙伴关系［M］. 周志忍，等译. 北京：中国人民大学出版社，2002：129.

[2] 世界银行. 1994 年世界发展报告：为发展提供基础设施［M］. 北京：中国财政经济出版社，1994：4-7.

[3] 程玉锋. 8000 亿元"奶酪"凸现公用事业投资价值［N］. 上海证券报，2003-07-16.

[4] 毛寿龙，李梅. 有限政府的经济分析［M］. 上海：三联书店上海分店，2000：240.

[5] 周志忍. 当代国外行政改革比较研究［M］. 北京：国家行政学院出版社，1999：4.

[6] 引入竞争机制 推动城市市政公用事业改革与发展——建设部副部长刘志峰在"市政公用事业改革与发展研讨会"上的讲话［J］. 城乡建设，2000（11）：6.

[7] KESSIDES C. Institution Options for the Provision of Infrastructure［M］// World Bank Discussion Paper 212. Washiongton DC, 1993：25.

[8] 陈平. 中英城市公用事业管理体制比较［J］. 商业经济与管理，2003（1）：31.

[9]〔韩〕崔晚基. 韩国公企业的民营化［J］. 南开管理评论，2003（2）：25.

[10] 朱莺，马国明，等. 我国基础设施民营化进程中政府激励的探讨［J］. 商业研究，2002（252）：111.

[11] 史际春，孙虹. 论"大民事"［J］. 政法论坛，2002，20（4）：108-116.

[12] 曹炳洲. 美国公用事业价格管制与借鉴［J］. 中国物价，1999（4）：

34-38.

[13] 建设部. 关于加快市政公用行业市场化进程的意见（建城［2002］272 号）［A/OL］. 中建政研网站, 2002-12-27.

[14] 王海玲. 西方公用事业价格管理［J］. 价格月刊, 2002（5）: 33.

[15] 刘光华. 国外公用事业价格规制［J］. 价格月刊, 2002（7）: 34.

[16] 徐宗威. 法国城市公用事业特许经营制度及启示［J］. 城市发展研究, 2001, 8（4）.

公用事业引入竞争机制与"反垄断法"

在公用事业等垄断行业引入竞争机制属于产业政策或广义竞争政策的范畴，主要不是"反垄断法"的任务，但仍要在此基础上维护竞争机制，对公用事业等垄断行业一般地适用"反垄断法"。

十余年来，社会上反垄断的情绪高涨，《反垄断法》呼之欲出。笔者注意到，这股情绪主要是针对电信、邮政、铁路运输和其他如公共交通、电力等所谓垄断性行业的，而对个别厂商或行业协会（甚至政府）搞价格同盟或其他卡特尔、生产商（如汽车制造商）纵向限制竞争等损害市场经济的精髓、也直接损害消费者权益的垄断行为，却不那么深恶痛绝，媒体还不时为此类行为呼吁、帮衬，生怕厂商不能舒舒服服赚大钱或者在竞争中被淘汰。学者似乎也没有认识到公用事业及自然垄断行业反垄断的技术性和复杂性，不明传统反垄断法并不反公用事业及自然垄断行业的垄断结构，在公用事业及自然垄断行业引进竞争也不由"反垄断法"作具体调整。① 换言之，"反垄断法"无法从根本上消除这一领域的垄断，只能通过规制公用事业及自然垄断行业并在此领域引进竞争机制的方式来解决其垄断和竞争问题，这属于产业政策或广义竞争政策的范畴。

一、公用事业何以形成垄断传统

所谓公用事业，是指邮政、电信、供电、供水、供气、供热和公共交通等为公众提供产品、服务或曰由公众使用的业务或行业。如依美国加利福尼亚州《公用事业法典》的规定，公用事业包括所有为公众或公众的一部分提供服务或商品的电力公司、燃气公司、自来水公司、电话公司、电报公司、运输公司、石油管道公司、污水处理公司、供热公司和桥梁通行费征收公司等。[1] 在我国国家工商行政管理局发布的《关于禁止公用企业限制竞争行为的若干规定》中，

---

① 本文所称反垄断法，是就狭义、形式而言，故以引号括之。

则将公用企业定义为供水、供电、供热、供气、邮政、电讯、交通运输等公用事业或行业的经营者。

公用事业是生产力发展到一定阶段、人类生活和经济社会化的产物。其基本特征在于公共利益性和不同程度的自然垄断性。

公用事业提供的产品、服务为公众日常所需，没有充裕的替代选择，需求弹性很小。习惯于现代生活的人们，须臾离不开自来水、电、电话、公共汽车（地铁）、火车等产品或服务，其中如自来水、电等几乎不存在可替代品，或者如公共汽车（地铁）、火车等虽有相应的可替代品，但往往因可替代品在品质、价格等方面差别较大，实际上可替代性仍较小。如铁路客运虽可由长途汽车、航空、水运等所替代，但每年春运时提高火车票价并不能真正减少火车乘客的数量。

公用事业的产品、服务往往要通过有线或无线电、管道、公路、铁道等网络来提供，网络建设耗资费时巨大，同样的网络难以重复建设以开展平行竞争，因而具有自然垄断特性。关于自然垄断，传统经济学理论一般是用规模经济原理进行分析，现代经济学理论则倾向于用成本弱增性原理来描述其特征。[2]前者是指在一定的产出范围内，生产函数呈规模报酬递增状态，企业的规模越大，单位产品的成本就越低，由一个企业大规模生产要比几个小规模企业同时生产更有效率；后者是指一个企业生产一定数量产品的总成本，要比两个或者两个以上的企业共同生产同样数量产品的总成本低，这可能是规模经济的效果，也可能是范围经济的效果，范围经济的特征表现为一个企业生产多种产品的成本低于多个企业分别生产一种产品的成本。简言之，自然垄断是指依其性质只能或只宜"独家经营"的业务或事业。既如此，则不管对自然垄断作何描述和相应的事业范围大小，结论不外是自然垄断的事业不宜竞争，否则就是低效、浪费。

自然垄断使公用事业处于独占或寡头市场，加上产品和服务的需求弹性小，处于垄断地位的企业便会提高价格以谋取较大的利益，寡头企业则有合谋提价的倾向。单个寡头也有降价以获得更大利益的倾向，但是根据"囚犯悖论"，对于寡头市场中的企业而言，合作比自行其是更好。这样，就在公共利益的名义下，形成了公用事业由国家或政府投资经营的某种传统，如欧洲国家的情况，并由特别法对其加以规定和调整。又由于一国公用事业的发达程度反映着该国的技术水平、经济实力和文明程度，使它披上了一层神圣的光环，法律对它的调整，即使将其委诸私人经营，更多的也是庇护、父爱有加而不是规限和监管。所以，自19世纪末公用事业开始大规模发展以来，在其经营中长时期内不存在有效的竞争机制，"反垄断法"将它列入适用除外的范畴。

二、为何要在公用事业领域引进竞争机制

公用事业垄断或限制竞争的初衷，是为了提高效益、维护公众利益，然而事与愿违，高成本、低效率构成了传统公用事业经营模式的基本特征。多年来，消费者对电信、铁路、电力等变着法子收费、官商作风、对自己过错损害他人权益的行为不承担责任等越来越难以忍受，成为社会关注的热点问题，事例不胜枚举。如国家计委会同信息产业部和国家电力公司开展专项检查，仅1998至2000年的两年内，电信行业违法收取资费达21.7亿元，电力行业违法收取的金额更高达27.4亿元；[3]据国家工商总局公布的统计资料，公用事业服务质量差和收费透明度低成为消费者投诉的众矢之的，其中以电信、邮政、供水、电、煤气部门居多；[4]另据国家统计局经济景气监测中心的抽样调查，在百姓的心目中，最应该破除垄断的行业，电信排第一，其次是铁路、邮政和电力；[5]自来水公司则对用户规定最低用水度数，收费时不足底度的按底度收，仅此某市自来水公司一年就有可观的进项；[6]与此同时，职工年平均工资收入最高的电力、邮电、煤气、水生产与供应等行业的工资，与年平均工资收入最低的行业年平均工资之比不断拉大，1991年为1.24∶1，1997年已达2∶1。[7]而近几年经济发展平稳，物价稳中有降，人们明显感到价格不降反升或者很少下降、开支有增无减的，恰是电信、水电等消费支出。

而且，这些并非中国特色，发达国家的公用事业也存在同样的弊端，只是不同国家的程度不同而已。20世纪70年代末以来，以英国电信的改革为标志，发达国家开始在公用事业及自然垄断行业中引进竞争机制，目的是"打破垄断、引入竞争、提高效率"，这一改革取得了成效。例如，英国电力工业改革之后，1991到1993年发电企业的税前利润增长了56.25%，劳动生产率提高了59.3%，改变了电力供不应求的局面，电价呈下降趋势，服务质量改善，[8]国家也无须再对电力工业进行补贴。

（一）自然垄断与竞争

按照传统的认识，公用事业具有自然垄断性，应当对其禁止或限制竞争，这样它才能有效经营，降低成本，充分利用资源，提高社会总体福利水平，因此法律上不对其反垄断，以保护垄断，避免毁灭性的竞争。结果恰好相反，缺乏竞争激励的公用事业成了社会的异己和负担，引入竞争之后，其成本反而降低、经营效率和服务质量反而提高了。中国老百姓也初步从电信、邮政（如特

快专递）、城市公交、公路客运、民航等引进竞争机制中尝到了甜头。看来，自然垄断理论只强调了规模经济和范围经济对降低成本、提高效益的作用，而忽视了垄断固有的不求进取、效率低下、官商作风、漠视消费者权益等弊端。对竞争的积极意义应当说怎样强调也不过分，在公用事业领域，也有必要和可能引入竞争机制。

其实，公用事业并非铁板一块地具有自然垄断性。首先，随着经济和技术的发展，传统上属于自然垄断的公用事业，有的呈现出非自然垄断的特征。譬如电信业，随着移动通信、微波和卫星传输、互联网、数字技术等的发展，包括市话、长话在内的许多电信业务，在不另建网络的情况下就可实现多家经营；而且由于成本降低，竞争者各自兴建网络也获得了经济上的可行性。有时，随着市场规模的扩大，需要吸收更多的投资经营者，也会导致某种自然垄断事业获得竞争性。

其次，在公用事业领域，通常只有网络具有自然垄断性质，并非所有的业务都具有自然垄断性。如水电供应管线、铁道确有自然垄断性，但是诸如水厂、电厂、铁路运输公司等却是可以开展竞争的。发达国家改革电力行业和铁路运输的基本做法就是这样。如英国将发电、输电和供电分业经营，在发电、售电市场引入竞争机制，鼓励多家公司开展竞争，输变电业务因其自然垄断性质则由国家电网公司独家经营，同时对输变电价格实行监管；[9]英国铁路公司和日本国铁都是按照区分路、运的方式改革，路垄断而运充分引进竞争，轨道网因具有自然垄断性而由专门的铁道维护保养机构垄断经营，铁路运输由多家公司在竞争的基础上经营。我国当前顺应民意和国际潮流对公用事业的改革，基本思路也是区分自然垄断性业务和非自然垄断性业务，在非自然垄断性业务中引入竞争机制。如铁路改革的总方针是"政企分开，网运分离，引入竞争，加强监管"；电力改革也按照"厂网分开、竞价上网"的思路逐步推开，争取到2010年形成全国范围内统一、开放、竞争、有序的发电市场和部分开放的售电市场。[10]事实上，电信业也可在垄断的基础上开展竞争，一方面由独家垄断变为寡头竞争，另一方面可由竞争者租用独占或寡头垄断的基础设施提供服务，① 国家对租赁条件进行限制和监管即可。

即使是公用事业中的具有自然垄断性质的部分，也可以通过一定方式引入竞争机制。如一家企业垄断经营的可在市场准入上做文章，将经营权经由招标

① 电信改革之后，基础设施通常仍由电信业的"龙头老大"——改革前的垄断者如英国电信、德国电信、香港电信、中国电信等垄断经营的。

特许独家经营，这样就可形成多家竞争投标的局面，中标者必须遵守特许经营的各项条件，特许权期满后又可通过招标选择独家经营者。

（二）市场结构与滥用优势地位

公用事业传统上接近于垄断市场，在引进竞争机制的改革之后，出于公共利益和社会"安定团结"的考虑，各国通常仍实行市场准入控制，并非完全放开进入及竞争，相应的市场结构主要为寡头市场，维持独家经营的则仍属于垄断市场。在垄断市场上，只有一个厂商，其产品没有替代品，从而该厂商能够控制市场价格，进出市场很困难；在寡头市场上，只有少数几个厂商，它们提供的产品相同或者差异很小，每个厂商都对市场价格有相当的控制力，进出该市场相对比较困难。[11]

只有在完全竞争市场中，企业只能被动地接受市场价格，其行为不能影响供求关系和市场价格，也不能影响市场结构，而在其他市场中，特别是在寡头市场和垄断市场中，企业不完全是一个市场价格的接受者，相反它具有市场控制力，能够在一定程度上影响甚至决定市场价格，改变市场供求关系和市场结构。任何企业，总是希望能够扩大、至少保持自己的市场份额，市场控制力恰是扩大或保持企业市场份额的一种重要力量。拥有市场控制力的企业，是不会忽视或放弃利用它来获取更有利的市场地位、牟取更大利益的。企业可以采取多种方式利用其市场控制力，其中有些可能属于正常的营销策略和手段，有些则不免构成损害、限制竞争的滥用优势或者卡特尔行为。例如，垄断市场中的企业倾向于通过价格歧视来谋求更高的利润，寡头市场中的企业可能通过卡特尔或协同行为来追求其利润最大化。这样做的结果，一定比纯粹遵循边际收益等于边际成本所确定的产量进行生产的市场均衡理论更优。因为现实生活中并不存在完全竞争的市场，按照均衡产量生产的产品价格会高于边际成本；而且产品都是有差别的，不同的企业有不同的市场控制力，企业天然具有不断提高自己的市场控制力和市场地位的冲动或欲望。

在传统的垄断市场结构下，某公用企业随时可能损害该事业以外的竞争，危及市场和他人。在公用事业领域引进竞争机制，则可改善市场结构，减少这种危险，不仅可以完善公用事业本身的经营和效率，又有益于整个市场经济，何乐而不为呢。

（三）市场经济的精髓与消费者保护

在公用事业中引入竞争机制，成为世界范围内的一种潮流和共识，应当说还有更深层次的原因，那就是经过几百年的实践，市场经济趋于成熟，人们通过无数的正反经验教训，已经认识并把握住市场经济的本质和精髓。市场经济最本质的方面是竞争，其次才是信用和法治，没有竞争，市场的信用和法治就成了无本之木。市场经济的精髓，则在于众多主体分别自主决定基础上的选择和交易，要消除市场经济的弊端，不能仅满足于否定市场作用的垄断、管制和计划，而是要在促进、维护竞争的基础上，"无为而治"，方能达到个体及社会利益的均衡和最大化。这样的道理，对于市场经济条件下的公用事业也是适用的。岂止公用事业，改革开放以来中国业已享受到了中央与地方、地方与地方之间政府竞争，尤其在提供公共产品和公共服务方面的竞争所带来的好处，所以政府经济活动和公共管理也不乏可引进竞争机制的领域或方面，对政府也要适用"反垄断法"——反限制竞争、滥用权力、市场封锁等，这是题外话。

维护竞争和消费者保护是同一问题的两个方面：前者是从经营者相互关系、后者是从消费者与经营者关系的角度，来维护市场的活力和健康；只有在经营者竞争的基础上，消费者的自由、知情、公平交易、损害赔偿等基本权利才能落实，他们作为"上帝"的主权才得以实现，立足于管，则管不胜管，计划时代的短缺和官商又会卷土重来。

所以，要在公用事业中尽可能引进竞争机制，"能引则引"，将垄断市场局限在最小范围内；并刻意维持、保护竞争机制，原则上公用事业也要适用反垄断法。

三、公用事业引进竞争机制的立法模式

（一）特别法与普通法

要反公用事业的垄断，以平民怨，促使公用事业健康发展并带动整个经济、社会不断提升档次，关键是要适当地、尽可能引进竞争机制，以收釜底抽薪之功效。由于"反垄断法"的功能是对市场主体一般地反限制竞争的法，其调整对象无非为联合行为、结合行为、滥用优势和市场结构控制，在公用事业内在缺乏竞争、市场结构僵化的情况下，仅靠"反垄断法"从外部来反它的垄断，无异于扬汤止沸，反不胜反，且无从下手。何况对于公用事业的垄断来说，"反垄断法"是普通法，调整相关公用事业的法如电信法、邮政法、电力法、铁路法等是特别法，特别法对它的垄断如有具体规定，作为普通法的"反垄断法"也就只好开绿灯放行了。因此，对公用事业反垄断或引进竞争机制，从根本上说要在产业政策和有关公用事业的专门立法上做文章，"反垄断法"只能起辅助和兜底的作用。发达国家的做法或经验正是如此，他们主要是靠民营化（Privatization）和相关专门法来追求这一目标的。

公用事业多种多样，所处领域、性质各异，对其如何引进竞争机制，只有一般的原理，而没有划一的模式和措施。一般而言，在公用事业中引进竞争机制，并非像餐饮业、服装业等那样放开竞争，而要精心设计一种实行特许经营、市场准入控制和恰当监管下的合理的市场结构。这就需要对公用事业的政策和立法，如果放开竞争，则主要依靠合同法和竞争法的调整足矣。

调整公用事业的政策法规，视其领域和影响范围，既可以是全国性的如邮政法、电信法、电力法、铁路法等，也可以是地方性的如关于城市公交（包括地铁、出租车）、自来水等条例、规章。

在相关专门法中，首要考虑的是某公用事业放开竞争的程度和如何放开竞争，其不同业务或领域的放开程度也不尽一致。如法定专营以外的邮递业务、电信设备生产、发电、出租车等，原则上可以放开，只需制定一般市场准入条件即可，符合条件的均可进入。对需要特许控制的，在于确定究竟特许几家企业来经营？这对不同的公用事业也不能一概而论，一般也不应规定具体的企业数量，而应兼顾规模经济和范围经济的要求，授权主管部门根据竞争状况（如价格和成本变动情况）和消费者权益满足程度来发牌。笔者认为，如能始终保持一两家企业在竞争中处于被淘汰的边缘，则特许的数量就是适当的。对仍需维持垄断经营的，如法定邮政业务、电网、铁路、电信基础设施等，其经营和引入竞争的具体方式，也需由相关专门法加以规定。

相关法中另一不可或缺的重要内容是具体规制，它与公用事业领域的竞争和反垄断是紧密相连的。诸如特许的基本条件、期限，资费如何确定，竞争条件下电信的互联互通和普遍服务问题，禁止网络和基础设施垄断经营者的掠夺和"卡脖子"等行为，特定经营组织或规制机构及其治理，有关进入、退出的具体要求和监管等，需要在具体的公用事业法中有针对性地加以规定。

当然，决不能说"反垄断法"在公用事业反垄断中是无所作为的，或者说它在这方面的地位比专门的公用事业法要低。在专门法对某公用事业作了具体规定的情况下，基于特别法优于普通法的原理，对该事项固然不适用"反垄断法"，也只有这样，才能在公用事业领域有效地反垄断。然而相对于特别法来说，普通法遵循的原理更基本，有时甚至更高级，在特别法未作规定、规定不明或者规定有矛盾冲突的情况下，就需要将"反垄断法"乃至市场经济暨竞争的一般原理适用于公用事业的垄断和竞争问题。

"反垄断法"还要反公用事业的卡特尔和滥用优势的行为，不允许公用企业在专门的公用事业法之外限制乃至扼杀竞争，损害其他竞争者和消费者的权益，进而危及整个市场经济。那么，"反垄断法"对于公用事业是一般地适用呢，还是原则上不适用（适用除外）？

（二）"反垄断法"对公用事业：原则上适用还是一般适用除外条款

发达国家在晚近公用事业引进竞争机制的改革之前，"反垄断法"对公用事业原则上是不适用的，可谓"一般豁免，例外适用"。请看德、日法例：根据德国《反限制竞争法》1980年文本，邮政、交通运输、供电、供气、供水等公用事业均可一般地豁免适用该法（程度不尽相同）；日本《禁止私人垄断及确保公正交易法》第21条规定，该法不适用于铁路、电力、煤气及其他性质上为当然垄断事业的经营者所实施的其事业所固有的生产、销售或者供应的行为。我国现有竞争法著述和教材，多反映了这种情况，一般都把邮电、铁路、供电、供水、供气等公用事业纳入反垄断法适用除外的范畴，理由就是它们具有自然垄断性、无法或不宜开展竞争。

显然这已不合时宜了，公用事业不仅不能利用优势限制其外部的竞争，而且在其内部也要开展竞争、要反限制竞争或反垄断了。德国《反限制竞争法》灵敏地追随了这一趋势，该法1990年文本已不准许邮政对该法适用除外，交通运输企业虽仍在一定程度上豁免适用该法，但豁免的范围有所缩小；而根据该法1998年所作的修订，公用事业原则上适用该法，包括以前适用除外的交通运输、供电、供气等事业，只有供水仍可在一定程度上豁免适用该法。德国反垄断法对公用事业的态度的变化，从"一般豁免、例外适用"到"一般适用、例外豁免"，顺应了公用事业引进竞争机制的改革需要，也反映出反垄断法发展的一种趋势。根据台湾地区《公平交易法》第46条第2款的规定，公用事业的行为只有经公平交易执法机构的特别许可，才可豁免适用该法，也即在一般情况下，公用事业也要适用该法的规定，表明这部后发立法是跟上了形势的。

事实上，由于实践中公用事业垄断的弊端普遍受到诟病，我国已有的一些反垄断的法律规定，主要就是针对公用事业的。如《反不正当竞争法》第6条规定：公用企业或者其他依法具有独占地位的经营者，不得限定他人购买其指定的经营者的商品，以排挤其他经营者的公平竞争；第12条规定：经营者销售商品，不得违背购买者的意愿搭售商品或者附加其他不合理的条件。国家工商总局还制定了《关于禁止公用企业限制竞争行为的若干规定》，对以上规定加以细化，明确、具体规定了禁止公用企业实施的六种限制竞争行为。当然，公用事业可能实施的垄断暨限制竞争行为远不止这些，完善的反垄断规制尚待"反垄断法"的出台。但是，公用事业一般不得豁免反垄断这一点，应当是很明确的了。

如前所述，公用事业引进竞争机制并非完全放开竞争，不同程度的垄断和限制竞争仍是必要的，它由产业政策和专门法根据不同公用事业的特点和要求加以确定。所以对"反垄断法"来说，公用事业除了一般适用外，尚需"例外豁免"。

由于公用事业引进竞争机制的情况十分复杂，而企业为追逐利益最大化所可能采取的限制、损害竞争的花样层出不穷、不胜枚举，所以这种"例外"不可能由"反垄断法"一一作具体规定，而需从两方面加以确定：一是相关产业政策和公用事业法的规定；二是反垄断执法机构或法院的具体认定。须知，"反垄断法"的适用不是非此即彼，绝非一加一等于二般的简单，它具有政策性、灵活性的特点，需要综合考虑现实经济政策、产业政策、竞争政策、经济发展和竞争状况、商业惯例及民众对其接受程度等，来判断、认定某行为是否损害竞争和经济，在多大程度上应予限制或禁止，应采取何种方式和措施加以规制或救济；况且任何法律规定都不可能完美无缺，阙漏、矛盾、含糊、歧义是不可避免的。因此，为反垄断执法机构和法院留下自由裁量的空间，这是符合反垄断的特点和要求的。

（原载《法学家》2002 年第 6 期）

参考文献：

[1] 曹炳洲. 美国公用事业价格监管与借鉴 [J]. 中国物价，1999（4）：34-38.

[2] 王俊豪. 论自然垄断产业的有效竞争 [J]. 经济研究，1998（8）：42-46.

[3] 垄断行业乱收费惊人 [N]. 法制日报，2000-07-29.

[4] 中国迫切需要反垄断法 [N]. 中国经济时报，2001-01-03.

[5] 垄断行业违法收费惊人 电信：21.7 亿元，电力：27.4 亿元 [J]. 党政干部文摘，2000（10）：43.

[6] 自来水也有最低消费 工商局反垄断竟败诉 [Z/OL]. 中国水网，2001-04-11.

[7] 传媒焦点：给垄断行业再来几板斧 [Z/OL]. 新浪网，2000-10-14.

[8] 杨蕙馨，等. 西方国家对垄断性企业管理的比较 [J]. 工会论坛，1999（3）：40.

[9] 门建辉. 自然垄断行业放松规制：经验与借鉴 [J]. 中国经济问题，1999（2）：47.

［10］电力年内政企分开［N］．中国经济时报，2000-01-28.

［11］高鸿业．西方经济学（上册）［M］．北京：中国经济出版社，1996：209-210.

《反垄断法》与行业立法、反垄断机构与行业监管机构的关系之比较研究及立法建议

《反垄断法》和行业监管立法在反垄断规制方面是一般法与特殊法的关系，行业监管机构对该行业特殊的垄断和竞争问题应有优先管辖权，反垄断执法机构承担一般监督和兜底监管的职能。

《中华人民共和国反垄断法》（以下简称《反垄断法》）正在制订中。在讨论《反垄断法（草案）》时，如何处理《反垄断法》与行业监管法律（法规）的关系，以及反垄断执法机构与行业监管机构在反垄断规制中是一种什么样的关系，都是无法回避的重要问题。在对现行行业性法律（法规）进行清理和修改的过程中，清除那些在体制上阻碍竞争的规定，是破除以行业特殊性为由而实行各种专营、准入限制及让消费者和行业竞争者承担不合理负担等"行业性垄断"的前提。由于《反垄断法》的制定与许多行业性法律（法规）的制定、修订处于同步阶段，《反垄断法》不可能等待各专门法完善之后再对相关行业的垄断进行规范，因此，必须明确《反垄断法》与各行业性法律在反垄断问题上的关系以及二者在反垄断规制中的权限划分。

一、《反垄断法》与行业性法律（法规）的关系

（一）相关行业立法中的反垄断规范

由于我国现行大部分行业性法律（法规）都不能体现市场经济条件下的规制要求，并且或多或少具有行业保护的特点，因此，现行有关的行业监管规范对垄断行为的规制是有限的。例如电信行业，《中华人民共和国电信条例》中涉及竞争规制的，有第17条至第22条规定的电信网间互联的相关监管措施；第41、42条对电信企业服务的竞争监管规定；以及对上述垄断、不正当竞争行为的处罚性规定。对于民用航空业，中国民航局颁布了《制止民用航空运输市场

不正当竞争行为规定》，该《规定》将不正当竞争行为的主体划分为四种：航空运输企业，机场、民航省（市、区）局和航站，运输销售代理企业和民用航空器维修、空中管制、航空油料、航材供应、航空结算、计算机，其他航空运输生产服务的企业（单位）。根据不同的主体，该《规定》以列举的形式将不正当竞争行为的表现形式分为4个方面共22项。而《中华人民共和国电力法》（以下简称《电力法》）针对供电企业是垄断企业的特点，规定了供电企业"不得拒绝交易"（第26条第1款）、"不得歧视"（第41条）、"不得滥收费用"（第43、44条）等条款。至于《中华人民共和国铁路法》和《中华人民共和国邮政法》，由于制定时间较早，因而具有计划经济色彩，只是概括赋予行业主管部门对本行业进行全面管理的职权，并没有专门针对行业内的竞争和垄断问题拟订规范性条款。

（二）《反垄断法》与相关行业体制改革和修订进程中的各行业立法的关系

由于体制原因形成的行业性垄断，使中国的行业性法律与《反垄断法》的关系具有特殊性。如果政府对经济的垄断和限制随着经济形势的变化和改革的深入而变得不合理，符合其他法律但不符合将要出台的《反垄断法》，则那些法律的内容是否合理、其制定程序是否合法等，就不是《反垄断法》所能解决的问题，而必须根据《立法法》的规定由有权机关进行审查。但《反垄断法》可以规定，在这种情况下，反垄断机构有提请审查和建议权，以求发挥监督作用，并实现《反垄断法》与相关法律的互补和衔接。

在这一问题上，可以借鉴俄罗斯《关于竞争和在商品市场中限制垄断活动的法律》[1]的相关规定。由于特殊的体制背景，该法律赋予了俄联邦反垄断局推动各行业进行反垄断改革的权力，如规定联邦反垄断局拥有下列权力：在需要废除或修改已通过的违法的法令、制止违法行为、撤销或更改已经签订但与反垄断法规相抵触的契约时，对联邦行政权力机构、俄联邦各部门的行政权力机构和各市政当局下达有约束力的指令；并规定为了达到促进市场和竞争的发展、支持企业家精神和推动非垄断化的目的，联邦反垄断当局可以向有关政府部门对下列问题提出建议：分配优惠贷款和税收减免，或者援助经济实体首次进入一特定商品市场；修改自由价格、管制价格和固定价格的适用范围；在贸易和工业中创建和发展并行机构，尤其是运用集中投资和贷款的手段来达到这一目的；资助旨在扩大商品产量和以排除经济实体的支配地位为目的的活动；吸引外商投资，创建外商投资组织和自由经济区；对进出口经营发放特许权和修改海关关税表；修改特许权发放活动表和特许权发放程序；联邦反垄断当局参与贯彻联邦非垄断化计划、各种与培育竞争和支持企业家精神有关的计划。

1992 年颁布、1995 年修订的《乌克兰禁止垄断和企业活动中不正当竞争行为法》中也有相关规定。其反垄断实施机构是反垄断委员会，职责包括对行政机构和地方政府机构进行监管、提出发展经济的建议和立法建议等。该委员会可以发布指令，要求国家部门废除或修整违反反垄断法的文件；有权禁止或允许在这些部门建立垄断企业；制定并批准有关的规范性文件并监督执行；有权禁止或允许在这些部门建立垄断企业；制定并批准有关的规范性文件并监督执行；与其他国家部门和地方机构就提高竞争力和非垄断化活动进行协调；国家部门在非垄断化、推动工业竞争力以及反垄断立法等方面做出决定时，应与反垄断委员会协商一致，等等。[2]

因此，参照以上相关法例和我国《立法法》的规定，可以在《反垄断法》中规定如下条款：国务院反垄断机构认为其他法律、行政法规、行政规章、地方性法规、自治条例和单行条例的规定与《反垄断法》的立法意旨相冲突的，可以建议相关机构依照法定程序进行处理。

（三）《反垄断法》与各行业立法的关系——一般法与特别法

《反垄断法》与《电信法》《电力法》《民用航空法》等中的反垄断条款是一般法与特别法的关系。因为《反垄断法》是针对整个市场竞争的，适用于所有市场领域（当然不包括适用除外的领域），而《电信法》《电力法》等的反垄断条款具有行业性，其适用范围是特定的行业，因而相对于《反垄断法》而言是专门性法律，其反垄断条款对行业内垄断行为的规制具有针对性和具体性的特点。

我国《立法法》第 83 条规定："同一机关制定的法律、行政法规、地方性法规、自治条例和单行条例、规章，特别规定与一般规定不一致的，适用特别规定；新的规定与旧的规定不一致的，适用新的规定。"该条规定确立了过去在法理上认可，但在法律上无依据的"特别法优于一般法""新法优于旧法"的原则，并且明确了"特别法优于一般法""新法优于旧法"必须建立在二者是同位阶法的基础上，而且明确了"由同一机关制定"这一适用前提条件。

因此，在作为一般法的《反垄断法》同作为特别法的行业性法律中的反垄断条款的关系上，行业性法律对行业内的垄断行为有规范性条款时，对该行业内为行业性法律所规范的垄断行为，应当优先适用该行业性法律中的反垄断条款。根据《立法法》的规定，其优先适用的前提是该行业性法律同《反垄断法》是同位法并由同一机关制定，即在行业性法律是由全国人大及其常委会制定的法律时，才能优先于《反垄断法》。那些表现为行政法规与规章形式的行业规范性文件是拟出台的《反垄断法》的下位法，因而不能优先于《反垄断法》的适用。

在《反垄断法》中，行业特别法的优先适用首先必须同《反垄断法》的适用范围和适用除外制度有效衔接。如日本《关于禁止私人垄断和确保公正交易的法律》第6章第22条规定：（1）本法规定，不适用于就特定事业有特别法律而事业者或者事业者团体依据该法律或根据该法律发布的命令所实施的正当行为。（2）前款的特别法律，以法律另行指定。韩国《规制垄断与公平交易法》第58条规定：本法规定不适用于事业者或者事业者团体按照其他法律或者该法律的命令行使的正当的行为。俄罗斯《关于竞争和在商品市场中限制垄断活动的法律》第2条"本法的适用范围"规定：在证券市场和金融服务市场中的垄断活动和不公平竞争有关的商务关系，如不影响商品市场中的竞争，由俄联邦的其他法规调整；如果俄罗斯外经贸部制定了与俄联邦反垄断法规中有关规定不同的规则，应以外经贸部的规则为准。

《反垄断法》不适用于特别法赋予合法性和正当性的行为，也是特别法优先于《反垄断法》适用的一个表现。但在立法中笼统地规定此适用除外制度是有弊端的，最大的可能就是为行业监管部门排除反垄断机构对行业垄断行为的监管权提供借口。[3]

因此，在处理《反垄断法》与其他行业性法律对于垄断行为规制的一般法与特别法的关系上，要正确理解"特别法"优于"一般法"的原则，该原则的适用必须具备以下条件：

1. 特别法的行业性法律应当同《反垄断法》一样属于由全国人大及其常委会制定的法律

这是《立法法》确定的适用原则，可以保证《反垄断法》的权威性，排除行政立法随意否定《反垄断法》适用的可能。台湾地区《公平交易法》将特别适用的范围也局限于"法律"，但实务认为若以行政机关发布的"法规命令"不是"法律"为由，而使事业者因必须遵守行政机关的法规命令而被公平交易委员会以违反公平法为理由加以处罚，对事业者不公平。有学者认为，对该矛盾的解决可以视事业行为是否在行政机关命令范围内而定，若在命令范围之外，则应依公平交易法处理，若在命令范围内，未违法者不得依公平交易法处罚，违法者则基于信赖保护原则，而不应依公平交易法处罚，但可对事业加以劝告等"非正式执行程序"。在我国，信赖保护原则仅在行政许可法中得以确立，在反垄断法律依据的适用问题上，由于行政法规是《反垄断法》的下位法，因此按照上位法优于下位法的法律效力原则来处理这样的冲突应当是合理的。

2. 特别法的适用以不损害竞争和不抵触《反垄断法》立法意旨为限

对这一原则的理解，可以类比知识产权相关立法与《反垄断法》的关系。有学者认为，我国即将建立的反垄断法律制度应当适用于知识产权领域，即适用于与知识产权有关的垄断或限制竞争行为，因此可以在《反垄断法》中设置专门的条款，既明确将行使知识产权的正当行为作为反垄断法的适用除外，又明确对滥用知识产权的垄断或限制竞争行为加以必要的规制。[4]因此，滥用知识产权的行为如果违反了《反垄断法》的规定，则须适用《反垄断法》。这一原则同样适用于其他特别法，当特别法与《反垄断法》对行为是否违法的判定有冲突时，应当排除特别法的适用而直接适用《反垄断法》。

为了落实该原则，应当赋予反垄断机构对特别法是否抵触《反垄断法》的立法意旨及依特别法确认的合法行为是否违反《反垄断法》以最终判断权。

3. 行业性法律对垄断行为未作规定、规定不明时应当适用《反垄断法》

特别法优于普通法但并不高于普通法，相对于特别法来说，普通法遵循的原理更基本，有时甚至更高级，在特别法未作规定、规定不明时，就需要将反垄断法适用于各行业的垄断和竞争问题。

需要指出的是，《反垄断法》对各行业垄断行为的规制只能是一般意义上的，不可能解决其所有的垄断和竞争问题，尤其不可能全面、具体地阐述行业特别法与《反垄断法》之间的复杂关系、《反垄断法》在各具体行业内适用的一般原则和一系列具体问题。这可以借鉴美国、欧盟和日本等在这方面的经验，由反垄断机关根据不同时期的具体情况制定专门的指南或规章加以解决。

基于上述理由，参照相关国家（地区）的立法，应当在《反垄断法》中规定如下条款：全国人民代表大会及其常务委员会通过的其他法律中对具体行业的垄断行为有特别规范的，对该垄断行为优先适用该法律，但该法律的优先适用以不与《反垄断法》的立法意旨相冲突为前提。其他法律对具体行业的垄断行为未作规定或规定不明时，适用《反垄断法》。

二、反垄断机构与行业监管机构的关系

（一）我国现行竞争监管权力配置格局

首先需要考察的是《反不正当竞争法》对不正当竞争行为监管权的配置。该法第 3 条规定："各级人民政府应当采取措施，制止不正当竞争行为，为公平竞争创造良好的环境和条件。县级以上人民政府工商行政管理部门对不正当竞争行为进行监督检查；法律、行政法规规定由其他部门监督检查的，依照其规

定。"一般认为,《反不正当竞争法》将其执法职责赋予了工商机关。但是,基于对"法律、行政法规规定由其他部门监督检查的,依照其规定"这一规定的不同理解和认识,使得具体执法过程中可能产生分歧,而工商部门在履行该职责时,也因此承受着质疑。

比如对保险行业不正当竞争行为的监管权问题,工商局和保监会的认识不同,因而监管权争议一直存在。根据《中国保险监督管理委员会关于明确保险机构不正当竞争行为执法主体的复函》,保监会认为:在中国保监会"三定"方案中,明确规定中国保监会承担"依法对保险企业的经营活动进行监督管理和业务指导,维护保险市场秩序,依法查处保险企业违法违规行为"的任务。根据《反不正当竞争法》第3条第2款的规定,特殊行业的不正当竞争行为应当依据法律、行政法规,由专门部门监督检查。《保险法》第8条规定"保险公司开展业务,应当遵循公平竞争的原则,不得从事不正当竞争",第9条同时规定"国务院保险监督管理机构依照本法负责对保险业实施监督管理",从法律上明确了保监会对保险业不正当竞争行为的监管职责。因此,对保险机构的不正当竞争行为应由保监会统一监督检查,必要时可以请当地工商部门配合工作。而在《最高人民法院关于审理涉及保险公司不正当竞争行为的行政处罚案件时如何确定行政主体问题的复函》中,最高人民法院也认为,人民法院在审理涉及保险机构不正当竞争行为的行政处罚案件时,应当以中国保险监督管理委员会作为有权进行调查、处罚的主体。

另一种模式,则是根据由国务院行政机构设置所确定的行政权力的非制度化划分,对市场竞争行为进行监管。比较典型的是,对通过价格实施不正当竞争和限制竞争的行为,由价格主管部门监管,行业主管部门配合执行。例如依据原国家发展计划委员会、国家建材局发布的《关于制止低价倾销平板玻璃的不正当竞争行为的暂行规定》,生产企业以低于社会平均成本或经销企业低于社会平均出厂价格销售平板玻璃,造成平板玻璃生产经营秩序混乱,并损害了其他经营者权益的,受损害的经营者可以向国务院价格主管部门或省、自治区、直辖市价格主管部门举报,政府价格主管部门可以根据情况立案调查。经调查认定,被举报的经营者确有本规定第3条所列不正当竞争行为之一的,政府价格主管部门可以根据具体情况进行处罚。各级建材行业主管部门及中国建筑玻璃与工业玻璃协会要督促平板玻璃经营者执行本规定。对生产企业低于社会平均成本销售的,经销企业低于社会平均出厂价格销售的,可以规劝其改正;对不接受规劝的,可以向政府价格主管部门直接举报。原国家计委、国家冶金工业局制定的《关于制止低价倾销钢材的不正当竞争行为的暂行规定》,对低于成本价销售钢材的行为，也采取了与上述相同的监管权力配置。

上述种种对垄断和不正当竞争行为的行业性分割监管，不但未能在相关行业形成有序的竞争局面，反倒使行政性垄断成为社会广泛关注的热点问题，使产业监管机构成为公众批评的对象，失去了继续单独行使反垄断执法权力的合法性与社会认同。然而，行业监管本身的特殊性及其重要意义又是不能被否定的，因此，在设置反垄断机构的前提下，科学地配置反垄断机构与行业监管机构在行业竞争问题上的监管权，将是《反垄断法》的一项重要任务。

（二）对行业垄断行为监管的权力配置

将行业性垄断的监管权配置给反垄断机构还是行业监管机构，国外有不同的模式，我国学者也有争论。根据有些学者的研究，在竞争问题上反垄断机构与行业监管机构的权力配置存在三种模式：一是将反垄断执法权配置给行业监管机构，监管机构就竞争问题作出的决定可以豁免反垄断机构的审查和反垄断法律的适用。如美国《克莱顿法》第7条规定，基于下列委员会（局）授权完成的交易，本节不适用于：美国民航局、联邦电讯委员会、联邦电力委员会、州际商业委员会、证券交易委员会依据《1935年公共设施控股公司法》第10条在其管辖权内的授权、美国海运委员会、农业局。二是废除产业监管机构，由反垄断机构行使监管权。比如新西兰，它废止了产业监管机构，反垄断机构集反垄断权与行业监管权于一身。三是建立一种二者合作监管的模式，该模式又可分为分权型的合作与权力共享型的合作两种。[5]针对我国的实际情况，也有学者认为，由行业监管部门监管本行业内的垄断行为不是很有效，主要原因是监管部门与被监管的企业常常有着相同的利益。以公用事业领域为例，我国公用事业现行的行业监管法，大多是本行业自己起草的，或者是立法机关主要征求了行业内大企业意见的结果。这种情况下的行业立法，不可避免地会保护垄断企业以及占市场支配地位企业的利益。在这种情况下，关于公用企业的专门法在很大程度上不是保护竞争，而是保护垄断，因而不能将规制公用企业垄断行为的任务交给这些行业的监管机构。至少在目前，这些行业的行政管理机构还不能胜任这个任务。[6]

参照各国立法例和实践中二者监管权力的配置及执行的经验，我们认为，应当建立反垄断机构与行业监管机构对行业特殊垄断行为进行合作监管的机制。具体而言，这种合作体现在，二者对行业垄断行为的共同管辖权与监管机构的专属管辖权的协调和衔接上。

1. 共同管辖——反垄断机构和行业监管机构之反垄断管辖权关系的基本原则

我国《反不正当竞争法》第 3 条第 2 款的弊端是确立了可以依据其他法律及行政法规，对相应行业的不正当竞争行为排除工商行政管理部门的管辖权，而由行业监管部门依法对此具有专属管辖权或者承担主要监管职责的原则。大部分的行业性法律法规都对本行业监管机构的监管权力采取了十分概括性的规定。如前所述，保监会正是依据该法这一条款和《保险法》第 8 条和第 9 条的规定，认为其应当对保险业的不正当竞争行为负有监管职责，保险企业的不正当竞争行为应由各地保监办统一监督检查，必要的时候可以请当地工商部门配合工作。

我们认为，行业监管机构对行业垄断行为具有监管职责是必然的。无论从理论上说还是从国内外的实践看，只要出于任何原因设置了某种监管机构，它都应对其管辖领域的竞争状态、竞争秩序和竞争行为拥有监管权。因为它是相关领域的专家，如美国的联邦通讯委员会、联邦海事委员会，我国的信产部、交通部等，在掌握第一手信息方面也是一般竞争暨反垄断机关所无法相比的，而且竞争问题不可能从其监管职能、监管事项中截然分离或独立出去。关键在于，在行业监管机构对本行业内的竞争问题拥有管辖权的同时，反垄断机构是否也同时对其拥有管辖权。如果按照上述对《反不正当竞争法》第 3 条第 2 款的理解，反垄断机构对许多行业的竞争状态、秩序及行为的监管权将会被排除或大打折扣，这显然是不符合《反垄断法》的立法意旨与我国竞争法治要求的。因此，确立反垄断机构和监管机构对行业垄断行为的共同管辖权，应当是处理二者监管权关系的基本原则。

美国《1978 年公用事业规制政策法》（Public Utility Regulatory Policy Act of 1978）规定：任何本法之规定皆不影响反托拉斯法对于公用事业之适用，亦不赋予联邦能源管制委员会任何足以产生不公平竞争或者有违竞争的权限。除此之外，德国电力自由化后除由联邦经济部负责费率审定外，其他关于电业竞争秩序事宜都由主管竞争法的联邦卡特尔局依据不正当竞争防止法来加以规范。更值得注意的是，英国在 2000 年 3 月生效的《竞争法》第 4 节中，规定"规制产业"（regulated industries）适用本法时，目的事业规制机关与竞争执法机关"公平交易局"（OFT）拥有"共同执法权"（concurrent enforcing powers）。[7]

德国《电信法》（TKG）第 82 条，在明确德国电信与邮政监督管理局（RegTP）和联邦卡特尔局之间的关系方面有着重要意义。该条第 4 句规定，联邦卡特尔局可以对电信领域实施管辖，且反垄断法庭也享有管辖权。法律中没有规定 RegTP 享有专属管辖权。因为联邦卡特尔局或者反垄断法庭依据《反对限制竞争法》（GWB）所享有的管辖权是一般性的，所以根据 TKG 第 82 条第 4 句，联邦卡特尔局或者反垄断法庭所享有的这种管辖权自然会延伸到电信领域。建立 RegTP 的意义及目的，在于设置一个管理机构来负责电信领域的行业竞争规制，将其作为联邦卡特尔局行使市场监管职权的补充。TKG 对于电信领域更具有专业性，而 GWB 的适用则宽泛得多，对这一点的认识，有助于理解 TKG 第 2 条第 3 款并不能推延出某种广泛的特殊性，从而可以排除 GWB 条款的一般适用性以及联邦卡特尔局由此享有的管辖权。这样，既考虑到联邦卡特尔局具有高效的反垄断职能，又兼顾到 RegTP 在电信领域不容置疑的专业管理职能。双重管辖权导致了 RegTP 和联邦卡特尔局两个管辖机关的双重规制。[8] 而德国《联邦铁路法》（AEG）也体现了这种职权划分，根据该法，联邦卡特尔局依据 GWB 所享有的职责和管辖权，不受联邦铁路局职权的影响。联邦铁路局的职权主要规定于《联邦铁路法》第 14 条第 5 款第 1 句，同样的表述也体现在 TKG 中，其目的是使这种并行管辖权得以规范化，而这一并行管辖权又是在欧共体层面上根据欧共体指令规定给成员国立法者的义务，以贯彻欧共体指令的立法目的。而成员国立法者德国，最终将这一职权划分规定在两个不同的条款中，即 TKG 第 2 条第 3 款和 TKG 第 82 条。

2. 共同管辖之下反垄断机构与监管机构的合作与相互制约

对行业垄断行为监管进行协调的主要方式是不同机构或职能之间的信息交流与政策协调，而不是相互代替。因此，这种协调是有条件的，需要以制度为保障，并在各个机构独立判断的基础上进行，其程序与权力的行使均须体现法治的要求。

依据英国 1998 年竞争法中关于共同执法权限管辖竞合的规定，个别案件适用竞争法时的管辖，应依据对于该个案的专业知识、先前处理经验、对当事人的熟悉程度等要件判断，若行业监管机关经前述程序决定有管辖权后，其即可取代公平交易局行使一切依竞争法赋予之权限，包括调查与事实认定、下命停止之处分、予以豁免处分（grant exemptions）以及违法行为之处罚，不过应依循公平交易局所发布之程序进行。此外，在公平交易局以及监管机关之间，有一工作小组承担协调工作，以避免一事二罚或无人管辖的问题。[9]

德国 RegTP 对 TKG 第 11 条第 3 款规定的内容（许可证拍卖）享有决定权，此外对于 TKG 第 3 章、第 4 章规定的内容（费率管制、滥用监督和互联互通程序）也享有决定权，特别是接受当事方根据反垄断法律规定，如 GWB 第 19 条第 4 款第 4 项①所提出的请求。但是 RegTP 必须听取联邦卡特尔局的意见。此外，对于相关商品市场、相关地域市场的界定以及市场支配地位的确定均由 RegTP 做出，同时也须听取联邦卡特尔局的意见。此外，两个规制当局"在依据 TKG 进行执法时，须遵循与 GWB 协调一致的原则"（TKG 第 82 条第 5 句）。TKG 规定了反垄断规范，就此而言，RegTP 应结合 GWB 的规定并在听取联邦卡特尔局的意见后行使决定权。特别是依据 TKG 第 2 条第 3 款的规定，RegTP 履行管制职能时，亦须遵守一般性反垄断法律规定。因此，如果针对接入拒绝而根据 TKG 第 33 条第 1 款提起的一项滥用市场力指控被 RegTP 否决了的话，亦须再根据 GWB 第 19 条第 4 款第 4 项来审查接入权。同样，TKG 第 82 条第 4 句规定，联邦卡特尔局在依据 GWB 第 19 条和第 20 条第 1 款和第 2 款针对电信领域实施管辖时，应在做出决定前听取 RegTP 的意见。TKG 第 82 条是协商规定，旨在使双重管辖权获得实质效果，并克服享有并行管辖权的机关做出相互矛盾决定的危险。

在其他一些国家的反垄断立法中，也存在类似的规范：

如日本《关于禁止私人垄断和确保公正交易的法律》规定：公正交易委员会在认为有垄断状态的事实发生，而决定采取措施时，应向主管该事业者经营事业的国务大臣通知有关情况。在发生此种通知时，该主管大臣可以就有无垄断状态及第 8 条之 4 第 1 款"对垄断状态的措施"但书规定的足以恢复竞争的其他措施，向公正交易委员会陈述意见。

韩国《规制垄断与公平交易法》第 63 条"制定限制竞争的法令的协商"规定：（1）有关行政机关的长官，在制定或者修订以决定价格、交易条件、限制进入市场或者事业活动、不正当的共同行为或者事业者团体的禁止行为等限制竞争事项为内容的法令，或者以限制竞争事项为内容对事业者或者事业者团体做出承认或者进行其他处分时，应当事先与公平交易委员会进行协商。（2）有关行政机关的长官制定或者修订以限制竞争事项为内容的惯例规则、告示时，应当事先向公平交易委员会通报。（3）有关行政机关的长官以第 1 款规定的限制竞争事项为内容做出承认或者进行其他处分时，应当将该承认和其他处分的内容向公平交易委员会通报。（4）公平交易委员会依第 2 款的规定接到通报时，

---

① 按该条款规定，以下行为构成滥用市场支配地位：拒绝另一个企业以适当报酬进入自己的网络或其他基础设施，但以该另一个企业出于法律上或事实上的事由，非使用他人网络或其他基础设施无法在前置或后置市场上作为市场支配企业的竞争者从事活动为限；如果市场支配企业能够证明，这种使用因企业经营方面或其他方面的事由是不可能的或不能合理期待的，则不在此限。

认为该制定或者修订的惯例规则、告示包含限制竞争事项的，可以向有关行政机关的长官提出纠正限制竞争事项的意见。对于未经第 1 款规定的协商制定或者修订的法令，未经通报制定或修订的惯例规则、告示等或者未经通报做出承认其他的处分，亦同。第 64 条"有关机关长官的协助"规定：公平交易委员会为了施行本法认为必要时，可以听取有关行政机关、其他机构或者团体的长官的意见。（1）公平交易委员会为了施行本法认为必要时，可以要求有关行政机关、其他机关或者团体的长官提供必要的调查和资料。（2）公平交易委员会为了确保本法规定的纠正措施的执行，认为必要时，可以要求有关行政机关、其他机构或者团体的长官提供必要的协助。

而《经济合作组织竞争法的基本框架》在"竞争主管当局与其他政府机构的关系"一章中提出：竞争主管当局在组织上应对政府其他部分保持独立，还应拥有专门的权力去影响对经济竞争具有直接影响的各种政府决策。因此建议，当各政府机构制定会影响竞争政策的决定时，竞争主管当局应有权提出建议、推荐或在某些情形下参与决策。

3. 行业监管机构的专属管辖权

首先要明确的是，监管机构的专属管辖权同其对行业内的竞争管辖权是两个不同的范畴。监管机构的专属管辖权包括对某些行业竞争事项的专属管辖权和行业其他与竞争非相关事项的专属管辖权。"专属性"是为了表明，其专属管辖的事项排除反垄断机构的管辖权而由行业监管机构独自享有的特性。

排除反垄断机构管辖权的依据是行业监管机构的管辖事项是否与《反垄断法》相关。对于那些与《反垄断法》不相关的特殊行业问题，则只适用行业性法律本身的规定。考虑到问题的特殊性和专业性，这种制度安排是正确的，因为一般性反垄断法律规范对此并无规定。只要有关机构对某些方面享有专属管辖权，而此类规定又在《反垄断法》中没有相对应的部分，那么监管机构对该些规定所规范的事项就享有专属管辖权。例如，德国《电信法》关于终端用户费率的事前管制以及许可证的事前管制，在《反对限制竞争法》中没有相对应的部分，则根据《电信法》第 82 条就可以得出结论——RegTP 对此独享管辖权。

因此，特殊管辖权的意义是消除行业监管部门依据特别法排除反垄断机构管辖权的可能，从而明确反垄断法对行业竞争事项上的一般适用原则和特定事项不予适用的例外原则。从上述一些国家的相应立法及实践操作的情况看，具体确定反垄断机构与行业监管机构对行业垄断事项的监管权主要是通过特别法（如德国的《电信法》《联邦铁路法》）或专门的规范性文件（如针对 OFT 及各监管机构的共同执法权而颁布的指南）来实现，因为在《反垄断法》中，不可能对反垄断机构与各监管机构的管辖权作具体细致的分配，只能确立二者关系的基本原则。同时，也可以考虑借鉴日本、韩国的反垄断立法，通过程序性规定保障二者的合作机制。

基于上述理由，我们建议在《反垄断法》中拟订如下条款：

全国人民代表大会及其常务委员会制定的法律中规定的行政机关对相关行业的垄断和竞争事宜拥有监管职权的，由该行政机关依该法的规定行使职权。

反垄断机构依本法对上述行业行使反垄断职权。

反垄断机构为实施本法，认为必要时，可以听取有关行政机关的意见，并可以要求有关行政机关提供必要的协助。

（史际春、肖竹，原载《政法论丛》2005 年第 4 期）

参考文献：

[1] 尚明，主编. 主要国家（地区）反垄断法律汇编 [M]. 北京：法律出版社，2004：141-159.

[2] 王晓晔. 竞争法研究 [M]. 北京：中国法制出版社，1999：10-12.

[3] 赖源河. 公平交易法新论 [M]. 北京：中国政法大学出版社，2002：120.

[4] 王先林. 知识产权滥用及其法律规制 [J]. 法学，2004 (3)：112.

[5] 周汉华. 基础设施产业政府监管权的配置 [J]. 国家行政学院学报，2002 (2)：55.

[6] 王晓晔. 公用企业滥用优势地位行为的法律管制 [J]. 法学杂志，2005 (1)：30.

[7] OFFICE OF FAIR TRADING (OFT). The Guideline of Concurrent Application to Regulated Industries of the Competition Act 1998 [EB/OL]. the website of OFT, 1998-04-01.

[8] H. J. 皮蓬布罗克，F. 舒斯特. 对立、分立抑或并立——评德国《反垄断法》与《电信法》[J]. 董一梁译. 比较法研究，2005 (1)：157.

[9] 张玉山，李淳. 公用事业自由化后管制组织之初探：以电力事业为例 [J]. 公营事业评论，1999，1 (3)：27-50.

由"3Q大战"对竞争执法权配置的再审视

工信部在第一时间约谈360和腾讯两家公司，"3Q大战"立即消停，表明了工信部的担当，更凸显行业主管部门应当对其管辖行业内的垄断和竞争事宜拥有执法权。

引　言

"3Q大战"突起，工信部在第一时间约谈两家公司，使二者很快改正了不正当竞争和滥用优势损害消费者权益的行为，并双双向社会和网民道歉，结局圆满。

作为反不正当竞争和反垄断执法机构的工商行政管理部门，在此案的处理中竟全程缺席。

一、现行竞争执法权的配置及其原因

在《反垄断法》制订过程中，部分学者纯粹出于"本本"和推理，将竞争政策与产业政策等其他政策相对立，强烈要求将反垄断执法权集中、统一、专属于一个机构。该法实施中对此作出妥协，国务院没有授予电信、邮政、银行、保险、电力、交通运输等主管部门或监管机构对相关规制产业中垄断和竞争事宜的执法权，而是权衡机构设置的现状以及设立专门执法机构的难度和必要性，确定了三个反垄断执法机构；并设立国务院反垄断委员会，负责组织、协调、指导反垄断工作。其中，工商行政管理部门除反垄断执法外，还根据《反不正当竞争法》拥有反不正当竞争的执法权。

二、竞争执法的专业性："专业之专业"

竞争执法具有专业性，需要执法主体对市场机制有准确、深刻的认识，比

如对自由、公平竞争的崇尚和追求，对商业道德、各种商业手段、相关市场、竞争结构、自然垄断和正当合理的垄断、技术进步、消费者权益和福祉、竞争与政府调控监管及国家安全的关系等的正确理念、经验和恰当把握。

然而，就不同经济领域尤其是专业技术性很强的行业而言，这仍是一种普遍性或者一般。换言之，电信、邮政、银行、保险、电力、交通运输等行业具有特殊的专业性，如互联网及其服务、软件兼容性、互联互通、设施垄断、信贷和利率、险种设计和理赔、电力调度、道路和运输规范等，所谓"专业之专业"。这也正是各国对某些特定产业设置特定主管部门或监管机构的原因所在。掌握了竞争执法"专业"，未必能够理解特定产业的"专业"，也就不能有效地承担特定规制产业的竞争和垄断执法职责。

三、普通 VS 特别：孰优先孰劣后？

竞争执法必须遵循专业性要求。对于在一般民商法和竞争法调整的基础上另作特定规制的产业，其竞争和垄断事宜的执法应当由特定主管部门或监管机构担当。

因为三个普通或一般的反垄断执法机构对于特定规制产业而言在专业上是"外行"，它们对这些领域的经营和竞争行为是否有害于竞争秩序和消费者权益不敏感、不甚了，等其弄明白了再去执法又缓不济急。这从"3Q 大战"案可见一斑。幸亏工信部未受《反垄断法》的束缚，积极履行职责，勇于担当，法院也受理了腾讯诉 360 不正当竞争、360 诉腾讯滥用优势等纠纷，取得了良好的法律效果和社会效果。

特定主管部门或监管机构是相关领域的专家，在掌握第一手信息方面也为一般反垄断执法机关所无法比拟，而且竞争问题是不可能从其主管或监管的职能、事项中截然分离或独立出去的，像美国的联邦通讯委员会（FCC）、联邦能源监管委员会（FERC）、联邦海事委员会（FMC）等，都对其监管领域的垄断和竞争问题拥有执法权乃至规则制定权。

所以，作为竞争执法机构的工商行政管理部门在"3Q 大战"案中不到位，并不能完全归咎于其失职，因为根本原因是制度设计者受学究气之害而失察。

与普通法与特别法就同一事项均有规定或规定不一致的情况下优先适用特别法的古老法律原则一样，竞争执法机构与特定主管部门或监管机构对特定规制产业中的竞争和垄断事宜的执法权，也是一般与特殊或者普通执法权与特别执法权的关系，特定主管部门或监管机构的执法权应当优先于竞争执法机构的执法权。

四、结论

在设立了特定主管部门或监管机构的领域，应当由其作为相关规制产业中的竞争和垄断事宜执法的第一责任者。为此不必修改现行法律规定，而只需在观念和操作上贯彻落实即可，因为相关规制产业中的竞争和垄断事宜本属特定主管部门或监管机构的管辖范围之内。譬如"3Q 大战"虽属不正当竞争和垄断问题，但所涉并未超出信产部对通信网和互联网、电信和信息服务市场进行监管的职责范围，由信产部主动出面处理不仅具有合理性，而且是其应尽的义务。

对于相关规制产业中的竞争和垄断事宜的执法，竞争执法机构需要起到一种补缺、兜底和指导的作用。

也就是说，特定主管部门或监管机构就其管辖范围内的竞争和垄断事宜与竞争执法机构具有共同执法权，前者的执法权优先。《反垄断法》出台前，最高人民法院曾于 2003 年复函明确由保监会作为保险公司不正当竞争行为的行政处罚主体，并称这与《反不正当竞争法》关于工商行政管理部门对不正当竞争行为进行监督检查的规定并不矛盾，反映的就是共同执法权，至今仍应予肯定。[1]

在执法过程中，对特定规制产业中非专业的一般性竞争和垄断事宜，如果特定主管部门或监管机构在专业性垄断和竞争问题上不作为，则必须由普通执法机构出面执法，不能听凭市场乱象任意发展而失于管束。不妨假定工信部怠于介入"3Q 大战"而工商行政管理部门对问题有敏锐察觉且进行调查处理的，在这种情况下，则竞争执法机构也有权直接执法。由于是"外行"管"内行"且设置了特定的主管部门或监管机构，普通竞争执法机构涉入特定规制产业进行执法的，应当通过国务院或国务院反垄断委员会的层面建立沟通机制，要求就其执法事先告知并征询特定主管部门或监管机构的意见。

另一反面，竞争执法机构应当对特定主管部门或监管机构的反垄断及竞争执法给予指导。所谓指导，是指特定主管部门或监管机构基于部门利益，较之竞争执法机构而言更容易被监管者"俘虏"，而且由于其主管或监管事宜的高度专业技术性，也容易陷入其中而对市场经济、市场机制及其意义不以为然，这就要求竞争执法机构对特定规制产业的竞争和垄断事宜具有一般执法权，有权掌握、评估相关规制产业的竞争状况，对特定主管部门或监管机构提出优化竞争结构、反不正当竞争和反垄断的指导性意见，包括个案指导。

当然，按照《反垄断法》的设计，对特定规制产业的竞争执法指导工作可以更多地由国务院反垄断委员会来承担，并由它统筹协调特定主管部门或监管机构与三个反垄断执法机构的竞争执法工作。由"3Q 大战"案可见，不正当竞争和垄断往往有密切关联，国务院反垄断委员会的职责其实不能局限于反垄断，而应由它掌管包括反不正当竞争在内的整个竞争政策和竞争执法。这样的话，反垄断委员会实际上就是"公平竞争委员会"了。

（原载《经济法学评论》第11卷，中国法制出版社2011年版）

参考文献：

［1］最高人民法院关于审理涉及保险公司不正当竞争行为的行政处罚案件时如何确定行政主体问题的复函［A/OL］.中华人民共和国最高人民法院网站，2010-02-24.

反公用事业垄断若干问题研究

——以电信业和电力业的改革为例

反公用事业垄断与公用事业引进竞争机制、民营化及政府规制改革密切相关；同时，对公用企业滥用优势等垄断行为，须由反垄断执法机构与公用事业主管部门或监管机构良性配合，方得有效规制。

一、关于本文论述框架的解释

本文以"反公用事业垄断"① 的必要体制支持为论述起点，因为公用事业领域的垄断问题不是仅靠"反垄断法"就可以解决的。就反公用事业垄断而言，其首要任务是尽可能地引进竞争机制，而这面临着包括决策者的政治意愿、所涉利害关系方甚至监管机构的抵制以及各种形式的市场准入壁垒等诸多问题。因此，促进公用事业市场的竞争，使这个领域得以有效地反垄断，仍然是当前面临的一项艰巨的任务。在强调竞争的同时也应该看到，至少在中短期内，政府规制的改革也是必不可少的。这不仅因为规制或监管与竞争之间存在着密切关系，更重要的是，中国公用事业改革的出发点建立在弱的制度基础之上。薄弱的制度基础，令人不得不关注反垄断法对公用事业的特殊垄断状况发生作用所必需的环境和条件。事实上，公用事业相关领域过去十多年的改革历程——从企业改制、行业重组到管理体制的重构，都是反公用事业垄断的配套性、系统性改革的必要组成部分。

另外，从法律上说，反垄断法的功能是对市场主体一般地反限制竞争。在公用事业领域缺乏竞争、产权及市场结构僵化的情况下，仅靠"反垄断法"从

---

① 在这里，"反公用事业垄断"是广义的，是指对过去以自然垄断、公共利益、国民经济安全等各种理由而被认为"天经地义"应该垄断的中国公用事业所进行的打破垄断的整体性改革，包含着在公用事业领域引进竞争机制、民营化和政府规制改革等要求。

外部来反它的垄断，无异于扬汤止沸，且难以下手。何况对于公用事业反垄断来说，"反垄断法"是普通法，调整相关公用事业的法如电信法、邮政法、电力法、铁路法等是特别法，特别法对它的垄断如有具体规定，作为普通法的"反垄断法"也只好亮绿灯放行了。因此，对公用事业反垄断或引进竞争机制，主要应着眼于其内部，在有关专门立法或制度上做文章，"反垄断法"只能起一般和兜底的作用。

因此，在广义的框架下讨论公用事业反垄断问题，有关反公用事业垄断所必要的体制支持的论述就必不可少。而对这一社会存在的理解，对于将来反垄断法如何适用于公用事业领域的限制竞争行为也是至为关键的。

二、反公用事业垄断的必要体制支持

（一）反公用事业垄断与引进竞争机制——技术与制度的力量

关于公用事业领域引进竞争机制的必要性和可行性，学界已基本达成共识。需要研究的重点问题，是针对不同行业的不同特点，讨论如何并且在多大程度上引进竞争机制。下面以电信业与电力业为例，对此加以说明。

1. 电信业

数十年来，电信业内都由一个经营者独占，在大部分国家里这个独占者也是公营企业。导致独家垄断的原因是网络部分存在大量的固定成本，重复建设一个网络对个人和社会都无益可言。然而，对在位垄断者效率低下和官商习气的日益不满，以及技术进步促动的规制放松，推动了电信业的改革。

（1）美国——分拆 AT&T

1974 年，美国联邦司法部提起了一个反托拉斯诉讼，声称 AT & T 在长途业务、市话业务和设备市场上存在垄断，请求法院剥夺其垄断地位。司法部认为，联邦通讯委员会通常难以阻止 AT&T 向其他竞争者就市话接入过分收取费用和提供质量低劣的服务。1982 年，司法部与 AT&T 达成协议：AT&T 在纵向上一刀两断——长话业务与市话业务分离，分拆出去的市话业务按照区域在横向上又切割为七个地区性贝尔电话公司，这些公司在各自的区域内垄断市话。分拆之后，AT&T 不再具有市话垄断的接入优势和交叉补贴的竞争手段，并促进了长话电信运营商之间的公平竞争。1996 年美国出台《电信法》，促进市话市场的竞争，形成由竞争性的本地交换运营商发动竞争的局面，来消除在位的本地交换运营商利用他们的瓶颈垄断阻止增值业务领域竞争的能力。[1]

（2）英国——准入与不对称管制

在民营化改革以前，英国电信公司（BT）是一家公营企业，垄断着全英电信业务。第二家全国范围的电信网络运营商 Mercury 在 1982 年取得许可证。由于新进入者与原有运营商之间的竞争是一种竞争能力不对称的竞争，为了培育市场竞争机制，与不对称竞争相适应，政府对原有企业和新进入企业实行"不对称管制"，即对新企业给予一定的政策优惠，扶持其尽快成长，以使其与原有企业势均力敌，从而实现公平、有效的竞争。同时，根据英国 1984 年的《电信法》，成立了一个独立的监管机构——电信管理局（OFTEL），由电信总监领导。各政党团体也可以向垄断和兼并委员会（MMC）提出反垄断提案。现在，在移动电话市场上，英国有了四家运营商；在市话领域，OFTEL 鼓励企业以自备设施的方式进入市场开展竞争。

（3）德国——邮电分离、私有化及开放市场

与世界上绝大多数国家一样，德国邮电业原来由德国邮电部统一经营。在国际电信改革浪潮的推动下，特别是在欧盟的推动下，德国电信业于 1989 年启动了改革进程。1989 年，邮电部成为政府行业主管部门，同时邮政、电信及邮政银行三者分开，终端设备市场和文本、数据传输业务市场放开竞争。1992 年，在引入数字移动通信业务的同时，移动通信市场全面放开。1994 年德国电信民营化，成立德国电信股份有限公司，其 26% 的股份由私人购买。1996 年出台、实施的《电信法》规定，除了固定网话音业务外，所有电信业务的传输线路运营开放竞争。1998 年 1 月 1 日，德国电信市场全面放开竞争，解散了原来的邮电部，在其基础上成立新的邮电规制局，负责电信行业的市场规制。至此，德国成为世界电信市场最为开放的国家之一。[2]

（4）中国——政企分开、分拆及数网竞争

在不到十年的时间里，中国对电信业做了数次大的变动。1994 年，中国联通公司的成立打破了中国电信业由邮电部一统天下的局面。1998 年，信息产业部在原邮电部和电子工业部的基础上成立，开始了邮电分离、政企分开的政府体制改革，此时，中国电信作为原邮电部的直属企业仍然占据着 99% 的市场份额。1999 年，国务院总理办公会敲定中国电信重组方案，将它一分为四——中国电信、中国移动、中国卫星通信和国信寻呼（不久后并入中国联通）。而后为了促进市话领域和骨干网的竞争，垄断骨干网和市话网的中国电信再次被分为南北两部分。第一次纵切式的分拆，避免了电信不同业务间的交叉补贴，但没有解决单一业务中的垄断问题。横切式的分拆，则在每一业务领域中引进竞争，在反垄断道路上又迈进了一步。至此，我国电信领域形成了中国电信、中国网

通、中国移动、中国联通、中国铁通、中国卫通等 6 家基础电信企业和四千多家增值电信服务企业的市场竞争格局。

包括中国在内的世界电信业走向竞争之路，起因于电信技术的革命。技术革命不仅导致了电信成本的下降和效率的提高，还使以往按不同技术划分的不同业务领域相互渗透，形成竞争。然而，技术虽然为竞争提供了条件，制度的变革则需要人们付出更多的自觉努力，中国电信业的数次变动，就反映了垄断部门与中央政府以及垄断部门相互之间的博弈及其结果。[4] 从中国联通问世到 2000 年《中华人民共和国电信条例》（以下简称《电信条例》）出台的时间间隔，就反映了理性对这种社会变革的确认和相应法律调整的滞后性。技术还在日新月异地发展着，制度、法律的与时俱进和对市场经济及其法治理念的坚信与适用，对公用事业整体性的反垄断变革来说，显得尤为重要。

2. 电力业——厂网分开、输配、配售分离

（1）美国

20 世纪 80 年代末，美国开始对电力工业进行改革。其主要内容是：发电端放开，实行投资主体多元化，允许公用性电力公司以外的投资者建厂发电；电力公司相应地改变发、输、配电垂直管理模式，组建一批控股的子公司，实行输电子系统分开管理，输电和配电分开结算；鼓励发电环节竞争，各独立电厂与电力公司的电厂开展上网竞价。1992 年的《国家能源法》消除了新的发电公司上网的法律障碍，鼓励任何人投资办电厂，机组类型亦不受限制；鼓励批发电力市场竞争；要求公用性电力公司开放输电系统，为非公用性电力公司发的电提供输电服务。

（2）英国

英国的电力体制改革始于 1990 年。目前在发电、输电、配电三个环节中，除输电仍由英国国家电网公司垄断外，其他部分均已放开。电力市场中的发电电价、销售电价和供电电价，主要由竞争形成。电力生产经营者只要获得英国电气管理局颁发的许可证，就可进入电力市场。由此，英国较彻底地消除了电力工业的垄断，分解了电力系统的发、输、配、售电各个环节，用户可自由选择供电商。这使得用户电费下降了 30%，发电装机增加了 22%，发电效率及可靠性均有所提高。[5]

（3）德国

1996 年欧盟开始进行电力市场化改革的准备。作为欧盟重要成员之一的德国，其电力市场的改革也一直按照欧盟的指令在不断深化。1998 年德国实施电力市场改革，在发电和售电侧引入竞争，允许并产生了双边交易市场，输电和

配电仍维持原垄断经营。[6]欧洲理事会于 2002 年 3 月在巴塞罗那会议上决定，2004 年向"非居民用户"开放电力市场以实现由其自由选择供应商，还试图要求所有的电力公司将它们的输、配电业务从其他业务中分离，建立专门的法人机构负责各项电网业务。[7]在欧盟的推动下，德国的电力市场特别是输、配电领域的竞争将会加强。

（4）中国

中国电力产业发展和体制变革的轨迹，大体经过了 1949—1985 年的"政企合一、国家垄断经营"、1985—1997 年的"政企合一、发电市场逐步放开"和 1998 年至今的"政企分开、实施深层次体制改革"三个阶段。深层次的体制改革将集中于"厂网分离，竞价上网"的电力市场化改革。"厂网分离"的意义，在于尽可能消除拥有电网垂直一体化经营的电力公司与独立发电厂间不平等、不公平的竞争地位。

"厂网分离"只是电力生产企业和电网的"分离"，电力销售企业即各地方的供电公司、供电局还是电网一体的格局。如果售电侧不引入竞争，就意味着对任何一个终端用户而言，卖方只有一家电网公司，从而存在着卖方垄断；而对于某个地区的绝大多数发电企业而言，买方也只有一家电网公司，存在着买方垄断。如此市场结构，割断了终端买方与卖方的关系，市场信号无法传递到终端用户，市场机制也就因售电侧的垄断而存在缺陷。因此，在电力产业的售电侧引入竞争是十分必要的。引入的方式有两种：一是引入新的独立售电公司，同时对电网公司实行输配分离和配售分离；二是实行大用户直购电，从而形成大用户、代表大用户的售电企业与电网公司之间的竞争。

与电信业不同的是，由于电力产品是关系到国计民生的特殊"刚性"产品，政府对电力产业的规制更显重要。在发电、输电、配电和售电环节引进竞争机制固然关键，但如何对竞争性的市场进行有效监管，要比对垄断性市场的"管制"更为困难。对监管机构及其权义设置和监管内容、方式的探讨，将是电力产业今后发展的一个持久性话题。

（二）反公用事业垄断与民营化

就广义而言，"民营化可界定为更多依靠民间机构，更少依赖政府来满足公众的需求"。[8]我们认为，讨论反公用事业垄断问题时，引进竞争机制和强调民营化都十分必要。"民营化和引进竞争机制必须统一起来：仅仅通过产业分割来打破垄断而不搞民营化，政企不能真正分开，也不可能引入真正的市场机制；只搞民营化而不打破垄断，政企可以分开，但不可能引入竞争机制。在一个竞争性市场上，无论是缺少不同的利益主体，还是缺少必要的竞争机制，这个市场都是不可能最终建立的。"[9]

这种认识也为我国相关行业改革者所认同。以电力工业为例："我国电力工业国有资产额达到 13 669 亿元，占全国工业领域国有资产总额 53 886.5 亿元的 25.4%，在电力工业中国有资产比例高达 80%。如果不能通过体制变革推动所有制结构的调整和国有企业的深化改革，那么引入竞争提高效率和降低成本的初衷将会落空。"[10]因此，与电力业反垄断和引进竞争机制相配套，电力投资体制也需要改革。其基本思路是：首先，在发电和售电的竞争性市场上，创造各类资本在同样规则下开展平等竞争的条件；其次，在输电环节以形成多元投资主体为目标，通过上市或其他股权融资方式，形成输电公司多元化的资本结构，以规范的法人治理提高经营效率，并吸引非国有资本满足电网建设资金的需求；最后，在配电环节的输配分离阶段，对供电经营区采取特定时段的特许权拍卖，允许民间资本和外资参与竞标。

民营化与引进竞争机制相辅相成。公有、公共部门应该服务于公共利益，但在现实中它并不必然恪尽职守；私营部门追逐私利最大化实为天经地义，但其客观效果却未必损害公共利益。两者应当在平等的竞争和规制条件下，在公用事业领域中生存、发展，以提高效率并造福社会。反垄断法应贯彻"人人平等"原则：私有（民营）企业滥用其通过市场竞争获得的优势地位、通过限制竞争协议和反竞争的结合行为损害竞争的，要适用反垄断法，乃至受到法律制裁；国有、公营部门滥用其因特别规制而取得的任何优势地位的，也不能例外。之所以强调反公用事业垄断需有必要的体制前提，就是希望中国将来的反垄断法所面对的，是一个政企分开、产权多元、产业结构优化、竞争充分适度、监管合理有效的公用事业市场。只有在这样的市场环境中，反垄断法才能真正发挥它对市场竞争结构和秩序的维护作用，而不是在不合理的"法定"垄断、行业壁垒和部门利益面前无可奈何、无能为力。

（三）反公用事业垄断与政府规制改革

讨论反公用事业垄断，不可避免要涉及政府对公用事业的规制问题。很多经济学者将公用事业的反垄断监管看成是公用事业监管机构对公用事业进行规制的内容之一。[11]对公用事业的反垄断，究竟是由反垄断及竞争执法机关来承担，还是由公用事业譬如电信、电力的监管机构来执法，在各国有不同的先例和做法。一些发达国家的改革迹象表明，随着网络竞争的不断深入，政府规制的方式正在发生变化。比如新西兰，已经在多数网络产业里取消了监管机构，而主要依靠竞争法来控制企业的垄断行为及公用事业领域的竞争状态。

在充分引入竞争之前，反垄断法和竞争政策不可能对垂直整合的垄断企业有什么控制作用。今后中国在这些行业的首要任务还是继续尽可能地引入竞争。中国公用事业的垄断现状，既不是什么"行政垄断"，也不是自然垄断。因为，一方面公用事业毕竟不是完全自由竞争的产业，而且相关限制竞争或垄断的合法性是受到现行法和政策所确认的；另一方面，主要由国有企业垄断的公用事业几乎都不再具有自然垄断的性质，即使具有自然垄断属性的公用事业领域也有相应的竞争机制的引进，如特许经营权招、投标。因此，对于中国而言，首先要做的是体制改革，其关键是恰当地设置监管机构及其职权，在相关公用事业领域内引进竞争机制及建立相应的市场准入制度，并对价格、普遍服务、互联互通等实行有效监管。这些改革目标的实现，是反垄断法和竞争政策得以对公用事业发挥作用的体制性前提。也只有这样，中国才可能面临反公用事业垄断究竟应由竞争执法机关还是由相关监管机构来执法的问题。

当然，这并不是说，在公用事业体制转型和市场化改革的过程中反垄断法就无所作为。就特定公用事业的专门法律规范而言，反垄断法处于普通法的地位。特别法虽优于普通法但并不高于普通法，"相对于特别法来说，普通法遵循的原理更基本，有时甚至更高级，在特别法未作规定、规定不明或者规定有矛盾冲突的情况下，就需要将反垄断法乃至市场经济及竞争的一般原理适用于公用事业的垄断和竞争问题"。[12]

需要指出的是，无论从理论上说还是从国内外的实践看，任何公用事业监管机构，都应对其管辖领域的竞争状态、竞争秩序和竞争行为拥有监管权。因为它是相关领域的专家，如美国的联邦通讯委员会、联邦海事委员会，我国的信息产业部、交通运输部等。在掌握第一手信息方面，这些机构也是一般竞争暨反垄断执法机关所无法相比的。只有在相关公用事业的体制暨市场化改革到位且无须为其设置专门监管机构的情况下，反垄断暨竞争执法机关方可独揽该领域的竞争和反垄断执法权。所以说，反垄断执法机关和公用事业监管机关对相关公用事业领域的垄断问题，同反垄断法与规制特定公用事业的专门法的关系一样，无非是一般关注和特别关注的问题。在拟议中的《中华人民共和国反垄断法》（以下简称《反垄断法》）和规制特定公用事业的专门法中，如何配

置反垄断执法机关和相关监管机构的职权，十分重要。① 两者的关系，可以有
"分权型"的合作机制和"权力共享型"的合作机制两种。[13]我们坚持认为，在
反公用事业垄断方面，它们应当各有侧重、紧密合作，其职能不能被人为地对
立和割裂。如果说在当前公用事业引进竞争机制的改革中，相关行业主管部门
和监管机构在相应市场竞争秩序的培植和维护中发挥着更大作用的话，那么随
着公用事业中竞争性领域和市场机制的增加、因自然垄断和合法垄断而需受特
别监管的领域逐渐缩小，反垄断暨竞争执法机关将会对公用事业市场竞争秩序
的维护承担越来越大的责任。当然，如何在不同的公用事业领域内为其构建不
同的、多样化的权力配置机制，解决好两者的分工配合问题，还需要随着实践
的发展不断探索。

三、反垄断法对公用事业领域限制竞争行为的适用

（一）公用事业企业的限制竞争行为与反垄断法上的适用除外制度

发达国家在晚近公用事业引进竞争机制的改革之前，其反垄断法对公用事
业原则上是不适用的。当时反垄断法中的"一般豁免，例外适用"原则，现在
不合时宜了。德国《反限制竞争法》的第六次修正（1998 年）以对公用事业如
公共交通、电力、燃气等及其他经济领域取消管制和引进竞争机制为主要内容，
对公用事业不再一般地适用除外，而要求其原则上适用该法，只有供水仍可在
一定程度上豁免适用该法。澳大利亚1995 年启动的竞争政策改革，使得其《贸
易行为法》覆盖到公用事业、政府企业、医疗、能源、通讯、运输、教育、体
育、农业等部门，虽然并不是完全取消受政府规制的特殊行业豁免适用竞争规
则，但却限制了豁免的方式。[14]我国学界已经对公用事业不能一般地除外适用
反垄断法达成了共识。

当然，公用事业引进竞争机制并非完全放开竞争，不同程度的垄断和限制

---

① 如英国1998 年的《竞争法》规定，该法由公平交易局实施和执法，赋予公平交易局局
长以调查权以及作出决定、特许豁免（grant exemptions）、公布建议和信息等权力；同
时，该法也赋予公用事业监管机构对其监管的特定行业享有同样的权力。或者说，英国
公平交易局是该法的主要或者基本的执法机关，在设立了专门监管机构的公用事业领
域，它与该事业的监管者（the utility regulator）共同行使执法权。就个别案件的管辖，
应依据对该个案的专业知识、先前处理经验、对当事人的熟悉程度等要件判断确定，特
定监管机构经确定拥有管辖权的，即取代公平交易局行使一切依竞争法赋予的权限，包
括调查和事实认定、颁令停止、特许豁免以及对违法行为进行处罚，但在程序上仍应遵
循公平交易局的规定。此外，在公平交易局和相关监管机构之间，有一工作小组来协调
两者的工作，以免出现一事二罚或无人管辖的问题。

竞争仍是必要的，它由专门法根据不同公用事业的特点和要求作出具体规定。所以对"反垄断法"来说，公用事业除了一般适用外，尚需适用豁免。

（二）对公用事业企业滥用优势地位的法律调整

在公用事业企业的各种限制竞争行为中，滥用优势地位是其主要的表现形式。

滥用优势地位是指具有任何优势地位的企业或其他主体利用其优势地位实施的反竞争行为，① 也即利用某种优势地位强制他人接受某种交易条件或单方面实施某种行为，对交易对方或第三人构成限制竞争效果的垄断行为。一般地说，竞争法上的滥用优势地位制度包括三项基本内容：首先是明确滥用优势地位制度的适用领域或范围，譬如对公用事业是否适用；其次要有确定"优势"的标准或方法；最后须以概括加列举的方式界定滥用优势地位的行为。这类行为复杂多样，对竞争是否构成危害也不确定，所以既需概括地规定不得滥用任何优势地位损害竞争，又要对一国一定时期内滥用优势地位损害竞争的主要表现形式作出列举性规定，以利守法和执法。

1. 公用事业企业的优势地位

一个企业拥有市场优势地位，可能是因为经营成功而做大，也可能是由于自然垄断或法律的规定，还可能是协同他人一致行动的结果，再可能就是它与交易对手实力悬殊、相对而言具有支配或影响的优势力量。中国大部分公用事业企业的优势地位，都是政府扶植、保护并通过相关政策、法规加以确认的结果。因此对公用事业企业滥用优势地位的反垄断政策，应当首先从产业结构上进行引进竞争机制和民营化的改革，根据经济、技术条件将自然垄断和合法垄断缩减至尽可能小的范围，也即将因政府规制所造成的公用事业企业的市场优势地位合理化。如电力工业从"厂网不分"到"厂网分离、竞价上网"，就在于打破电力企业原本从发电到输电、配电、供电一体化的垂直垄断这种不合理的独占地位，根据电力工业的发展和技术的进步，在发电、配电和售电领域内引进竞争机制。这是公用事业改革的关键，也是反公用事业垄断的首要步骤。

可以设想，在公用事业引进竞争机制的改革取得一定成效之后，反公用事业企业滥用优势地位将表现在两个不同的层次上。其一，对于那些因自然垄断

---

① 此处未采用所谓"滥用支配地位"的概念。因为"支配"易使人将不当限制竞争所倚仗的优势与市场份额机械地挂钩，事实上，不占有支配性市场份额的主体如超市对分散的中小供货商，也可能有足够的优势供其滥用；"支配地位"也会令人误认为只有市场主体可能滥权限制竞争，而实际上包括政府在内的任何主体都可能利用其某种"优势"来不当地限制竞争，对此也应适用反垄断法予以遏制和纠正。

而拥有独占、优势地位的企业，典型的就是各种公用事业网络如电网和基础电信网的运营者，它们天然地具有优势地位，因此对它们的行为应当比其他不拥有基础性网络的企业给予更严格的监管，要求它们承担更多的法律义务。其二，对于公用事业领域内已经尽可能引进竞争机制的部分，则适用反垄断法中反滥用优势地位的规则。正因为如此，西方国家对公用事业中自然垄断或合法垄断的行业或营业的价格，通常是由产业主管部门或监管机构管辖，而不是由竞争执法当局直接关注并处理。只有在未设置产业主管部门或监管机构的情况下，或者确已引入较充分的竞争之后，才由竞争执法当局来负责包括价格监管在内的相关竞争事宜。

2. 公用事业企业滥用优势地位的行为

（1）"基础设施原理"与公用事业基础性网络运营商的准入义务

公用事业引入竞争机制的改革，并不能改变基础性网络运营商基于该网络的自然垄断及合法的市场独占地位。这些运营商在改革之前是业内的"龙头老大"，如英国电信、德国电信、法国电信、香港电信、中国电信等，引入竞争之后仍因掌握着基础网络而具有优势地位，不拥有基础网络的新进入者需要利用其网络来从事经营和竞争，从其碗口"抢食"，因而形成冲突。在不加监管的情况下，拥有基础性网络的运营商们自然会利用其优势地位，或要挟、排挤、不当支配或影响竞争对手，或以此牟取暴利，这就是所谓的"基础设施原理"。"欧盟委员会将基础设施定义为如果没有这些设施，竞争者就无法向其客户提供服务的设施。适用基础设施原理的结果，就是导致那些拥有这些基础设施的企业将承担特殊的责任和义务。如果在实践中拥有支配地位的公司以阻碍竞争为目的拒绝提供设施，或者如果竞争者没有这些设施就会遇到严重的竞争阻碍，而这种阻碍将使他们的活动变得不经济，那么提供设施使用权的义务就产生了。"[15]如果拥有基础设施的企业不当地拒绝竞争者利用基础设施或以此强加交易条件如索取不当高价时，就构成了对其优势地位的滥用。

1998年德国修订后的《反限制竞争法》对典型的滥用优势地位行为添加了一项新规定，即"占市场支配地位的企业作为一种商品或者服务的供应者或者需求者，如果拒绝另一个企业以适当报酬进入自己的网络或其他基础设施，但以该另一个企业出于法律上或事实上的事由，非使用他人网络或其他基础设施无法在前置或后置市场上作为支配市场企业的竞争者从事活动为限；如支配市场的企业证明这种使用因企业经营方面或其他方面的事由是不可能的或不能合理期待的，不在此限。"[16]而1995年澳大利亚在竞争政策改革中制定了《通用进入法》（Generic Access Law），该法确认允许竞争者进入某种关键设施如电话网络、电网或者燃气管道，对于第三人进入重要关键设施设置了三种机制：其一，潜在的强制方法，即被竞争理事会确认为基础设施的，其经营者如果不允许他人进入，可由竞争理事会进行裁决；其二，自愿进入，即基础设施经营者可以向竞争和消费者委员会提出其允许第三人进入的条件，经竞争和消费者委员会认可后实行；其三，由州和地方立法管制进入。

在电信领域，"基础设施原理"的适用首先体现为拥有基础网络的运营商准许竞争者以合理的价格利用其网络从事经营。在我国基本话音通信等基础电信业务尚未开放并形成竞争的情况下，基础设施运营商拒绝他人利用其设施的情况尚不明显，但在提供设施索要高价方面却十分普遍，即使是中国联通这样的非主导运营商对竞争者们也毫不客气、手软。在电信立法过程中，没有网络的运营商和增值业务提供商们纷纷抱怨道："租用它的光缆比自己建还要贵！"遗憾的是，《电信条例》并未明确规定"基础设施原理"在这方面的适用，对于"凡独占或寡占就须对其价格和拒绝交易严加监管"的共识立场暧昧，不能适应电信业的进一步改革，这一问题有待拟议中的《中华人民共和国电信法》解决。

（2）公用事业基础性网络运营商的互联互通义务

互联互通义务是"基础设施原理"和上述准入义务所派生的义务，其适用范围较窄，针对的是基础性网络运营商与其他业已进入市场的竞争者包括非优势、非主导的基础性网络运营商之间的关系。从电信业看，它表现为"主导电信业务经营者"① 应承担的一种义务。

互联互通是长期以来一直困扰中国电信业和广大消费者的一个难题。处于优势地位的基础性网络运营商如中国移动、中国电信等，对于不以其意志为转移不期而来的新进入者如中国联通、中国铁通等，始终不情愿与之全方位互联互通，借此阻碍后者的发展。这种行为既损害消费者权益，也造成了资源的严重浪费。如果互联互通做得好的话，中国联通根本不必耗费巨资另建一个差劲的 GSM 网络，政府管理、监督公用事业的水平之低由此也可见一斑。

互联互通义务在《电信条例》和信息产业部 2001 年发布的《公用电信网间互联管理规定》中已有规定，关键在于作为电信监管部门的信息产业部应着力推进其全面落实。如《电信条例》第 17 条规定："电信网之间应当按照技术可行、经济合理、公平公正、相互配合的原则，实现互联互通。主导的电信业务经营者不

---

① 根据《电信条例》第 17 条第 3 款的解释，"主导的电信业务经营者，是指控制必要的基础电信设施并且在电信业务市场中占有较大份额，能够对其他电信业务经营者进入电信业务市场构成实质性影响的经营者。"

得拒绝其他电信业务经营者和专用网运营单位提出的互联互通要求"；第 20 条规定了互联双方达不成互联协议的，可由信息产业主管部门协调乃至决定强制互联互通；第 21 条要求主导电信业务经营者向其他电信业务经营者提供网间互联时，服务质量不得低于本网内的同类业务及向其子公司或者分支机构提供的同类业务质量，互联互通中发生的争议由信息产业主管部门处理解决；第 22 条规定互联的费用结算与分摊应当执行国家有关规定，不得在规定标准之外加收费用。

以上准入和互联互通的实现有赖于监管部门的专业知识、人才和日常活动。"虽然反垄断机构偶尔也介入调查网络设施所有者对自由化部门是否有市场关闭行为，但从根本上来讲，它不可能对互联互通政策进行仔细的监控。"[17]因此，在反垄断法中将其规定为一种滥用优势地位的行为实属必要。无论从立法还是监管方面看，它与电信法、电信监管机构的关系都是我们已着力分析过的一般和特殊的关系。

（3）公用事业企业滥用优势地位的其他行为

拒绝他人利用基础设施进入市场、滥用优势索取高价和不履行互联互通义务，是拥有基础设施的经营者滥用其优势地位的主要表现形式。除此之外，公用事业企业的其他滥用优势地位的行为还有歧视、拒绝供应、搭售或强加不合理的交易条件、交叉补贴、掠夺性低价、垂直价格挤压等，行为主体不限于拥有网络设施的经营者，也未必是优势、主导的网络运营商。对于这些滥用优势地位的行为，《中华人民共和国反不正当竞争法》《关于禁止公用企业限制竞争行为的若干规定》等法律文件中已有不少规定。

因此，从总体上看，反垄断法对于公用事业企业的滥用优势地位行为是可以一体适用的，其一般适用与专门法和监管机构对有关准入、互联互通义务等的适用、关注是并行不悖的。反垄断法的适用，并不是否定公用事业企业所合法拥有的优势地位，而只是规制其滥用优势地位的行为。特别是在我国公用事业体制改革、市场化转型过程中，技术发展日新月异，制度创新与时俱进，对于哪些业务或方面是自然垄断或合法的，什么样的独占或寡占是合理的，人们一直都在探讨、求索，企业为求自身利益也无时不在有意无意地创造出五花八门、花样翻新的滥用优势地位行为来，这就尤其需要通过反垄断法及其执法机构按照市场经济法治的要求进行动态监管。改革正在进行，必须凭借反垄断法的政策性、灵活性特点和反垄断法执法机关的公正、自由裁量，在与相关公用事业的专门立法和监管机构的有效、良性配合之下，才能对公用事业企业的各种滥用优势地位的行为予以有效、合理的规制。反垄断法不能等待一切都有了定论、体制都改革好了，再来发挥作用。

（三）对公用事业横向卡特尔和反竞争性结合行为的法律调整

除了滥用优势地位外，反垄断法还要对限制竞争协议和企业结合的行为进行调整。在中国，除了体制上合法不合理的垄断外，反公用事业垄断主要集中于其滥用优势地位上。由于中西所有制结构不同，表现出二者的差异性。中国公用事业的横向卡特尔和反竞争结合行为主要表现为政策和政府行为，而非企业行为。这些行为都涉及一个难以回避的问题：对政府引起的不当限制竞争的行为或状况，包括通过政策、规章实施的重组、联合等，能否及如何进行司法救济？对此可以参考晚近发达国家通行的"主权"原则。也就是说，凡政府所为非专属于主权者的行为，譬如在监管和反垄断的名义下采取使一些人受益而另一些人遭受损害的措施，利害关系人就可直接向法院提起诉讼；而政府所为专属于主权者、不可能由其他主体进行的行为，如政府机构及其权利义务设置、我国加入 WTO 并对政策法律做相应的修改调整，则受影响的当事人不得就此提起诉讼。我们认为，这样的法治理念和做法是值得借鉴的，它预示着中国今后的发展方向。按此原则，政府在公用事业改革中采取的有关行为，如民营化措施、分拆或重组、特许经营、价格管制措施等，一般而言都是可诉的。当然，为此需要改造中国的司法系统，使之有质的提升，方能担负如此重任，并确立民告官、官告官、官告民的诉讼制度，自不待言。

此外，可以预见的是，当公用事业民营化和引进竞争机制的改革完成、在实现了垄断竞争和尽可能充分竞争的市场条件下，居于主导地位的厂商将有使垄断竞争转换为寡占联合局面的动力，从而出现统一价格、分割市场、集体拒绝交易等反竞争行为。同时，公用事业企业真正成为市场主体以后，也肯定会出现反竞争的结合行为。这样，反垄断法的适用就有了与西方国家相仿的竞争环境。

因此，在制订《反垄断法》时，应当依其与公用事业专门立法的一般与特殊的关系，仔细权衡拟定相关法条，使之在反公用事业垄断中既不失统领、权威和实际的威慑力，又不包办代替专门立法对公用事业的专业、细致、具体的调整。

（史际春、肖竹，原载《法商研究》2005 年第 3 期）

参考文献：

[1]［法］让·雅克·拉丰，让·泰勒尔. 电信竞争［M］. 胡汉辉，刘怀德，等译. 北京：人民邮电出版社，2001：19-22.

[2] 陈仕俊. 德国电信业的改革及改革后的德国电信［J］. 世界电信，

1999（4）：42.

[3] 盛洪，汪新波. 电信业：准入、分拆、竞争与绩效 [M] //中国反垄断案例研究. 上海：上海远东出版社，2003：93.

[4] 张宇燕. 国家放松管制的博弈——以中国联合通信有限公司的创建为例 [J]. 经济研究，1995（6）：78.

[5] 何永贵，乞建勋. 电力可持续发展与反垄断的经济学分析 [J]. 华北电力大学学报，2004（3）：83.

[6] 马林峰. 国外电力市场浅析 [J]. 现代电力，2004（3）：12.

[7] [德] 罗尔夫·比尔霍夫. 竞争正改变欧洲的电力格局 [J]. 王翀，译. 中国电力企业管理，2003（2）：19.

[8] SAVAS E S. Privatization：The Key to Better Government [M]. Chatham：Chatham House，1987：3.

[9] 史际春，肖竹. 公用事业民营化及其相关法律问题研究 [J]. 北京大学学报（哲学社会科学版），2004（4）：81.

[10] 冯飞. 电力业：厂网分开，竞价上网 [M] //中国反垄断案例研究. 上海：上海远东出版社，2003：138，151.

[11] 余晖. 政府管制改革的方向 [J]. 战略与管理，2002（5）：57-63.

[12] 史际春. 公用事业引入竞争机制与"反垄断法" [J]. 法学家，2002（6）：64.

[13] 周汉华. 基础设施产业政府监管权的配置 [J]. 国家行政学院学报，2002（2）：55.

[14] 孔祥俊. 反垄断法原理 [M]. 北京：中国法制出版社，2001：102，562，104.

[15] JAUK W. The Application of EC Competition Rules to Telecommunications – Selected Aspects：The Case of Interconnection [J]. International Journal of Communications Law and Policy，1999/2000（Winter）：20.

[16] 《各国反垄断法汇编》编选组. 各国反垄断法汇编 [M]. 北京：人民法院出版社，2001：173.

[17] 张昕竹，[法] 让·雅克·拉丰，等. 网络产业：规制与竞争理论 [M]. 北京：社会科学文献出版社，2000：83.

合法垄断与政府职责

——关于《反垄断法》第 7 条的若干解读

维持必要的垄断行业是政府确保经济社会平稳发展及其对民生负责的一种高效且低成本的手段。同时，反垄断企业超出合法垄断范围的不合法不合理的行为，也是一个负责任的政府所义不容辞的职责。

引　言

反垄断法是与市场经济最为契合的规制法。缺少反垄断法，一个国家的经济就谈不上是真正的市场经济。反垄断法的主旨是促进自由竞争、维护公平竞争，以实现"加强资源配置效率和实现消费者福利最大化"[1]的经济、社会目标。但与此同时，反垄断法是与市场竞争相关联的，在竞争受到市场本身、法律或者自然限制的领域，反垄断法的作用也会在一定范围或程度上受到限制。

反垄断法根源于国家对经济的自觉调控和参与，是政府在自由竞争的弊端显现后对市场做出的反应的一部分。反垄断法的理念是重视市场竞争，同时使其服从于社会公共利益和消费者福利。反垄断法的出现，也表明社会信任政府有能力处理相互竞争的私人之间及其与公共目标之间的冲突。在中国，经济起步和发展的过程中一直伴随着垄断行业与政府权力的相互渗透，垄断企业既是政府参与和管理经济的手段，又是政府公共管理的对象。有些重要行业的垄断程度很高，以此满足社会的需要和国家利益，但也显露出官商作风、漠视消费者利益、效率低下等弊端，因此公众、媒体甚至一些学者情绪化地期许《中华人民共和国反垄断法》（简称《反垄断法》）可以打破铁路、石油、电力、电信等行业垄断，以刹其霸道作风，维护消费者权益。而事实上，垄断行业在任何国家都有其存在的合理性和客观必要性。其原因，或是因为网络性自然垄断，或是因为国计民生的需要，或是因为相关产品具有准公共品的性质，等等。所以中国《反垄断法》第 7 条明文规定，对合法垄断的行业，其组织和经营的垄断受法律保护。① 同时，凡垄断就要对其进行价格、经营等规制。垄断企业不能为所欲为，如其超越合法垄断的度限制竞争或损害消费者利益，就仍应像一般企业或经营者一样受反垄断法的规制。

垄断行业是指独占或者寡占、在准入上受到较大限制的行业，相应的独占或寡占企业也就是垄断企业。对中国而言，垄断行业的主要功能，是实现国家经济社会发展战略目标及相应的阶段性任务，解决市场经济发展过程中出现的经济结构失衡、经济大起大落等问题，保持公用产品和服务的稳定供应，以及在国际国内形势下追求国家安全目标、落实重要的产业政策，等等。[2] 由此，垄断行业被赋予了社会政策、政治目标和经济的双重使命。垄断企业的经营行为是否失范也关系到和谐社会的建设。更进一层讲，垄断行业与产业政策、国有财产投资经营、政府调控监管等密不可分，就其健康、可持续发展及实现国计民生的任务而言，政府职责的适当定位及其履行既要到位又不能错位、越位等，是至关重要的。

一、垄断行业的必要性与合法性之辨

（一）垄断行业存在的原因

市场经济是一种普遍实行的经济体制，因为只有竞争才可能最大限度地优化资源配置进而增进社会福利。但是没有证据表明，通过加剧竞争，就能实现完全竞争，并使资源配置的效率最大化，从而得到最大的福利。其悖论之一，垄断本身就是竞争的产物，追求垄断地位本身也会有激烈的竞争，垄断也可能是优化资源配置和增进社会福利所必需的。因而虽然反垄断法反对限制竞争，但如何反限制竞争却是灵活、弹性和理性的。竞争是资源有效配置的方式，同时所有国家都存在对竞争的合法限制，比如财政支助、对垄断行业的政府准入，等等。不同的文化利用竞争来构建经济体制的程度和方式不同，竞争的实现程度也不是一个死板的逻辑问题，需要视经济、社会甚至政治和观念的情况而定。在现实意义上，对于法治和各项现代性制度供给不足且难以有效运行、社会保障水平尚低的中国而言，也需由政府主导以有效解决民生和经济发展问题。[3] 具

---

① 该条规定：国有经济占控制地位的关系国民经济命脉和国家安全的行业以及依法实行专营专卖的行业，国家对其经营者的合法经营活动予以保护，并对经营者的经营行为及商品和服务的价格依法实施监管和调控，维护消费者利益，促进技术进步。前款规定行业的经营者应当依法经营，诚实守信，严格自律，接受社会公众的监督，不得利用其控制地位或专营专卖地位损害消费者利益。

体分析，中国垄断行业存在的原因如下：

首先是自然垄断。① 简言之，这是指依其成本劣加性（subadditivity）只能或只宜"独家经营"的业务或事业，一般是是基础性、源头性的产业部门，往往与有线或无线电、管道、电力、铁道等网络有关，集中的资源开采如油田也具有自然垄断性。自然垄断的事业不宜竞争，否则就是低效、浪费。比如基础网络像铁路干线的建设耗资费时，难以重复建设同样的网络以开展平行竞争。认可自然垄断的存在不是中国《反垄断法》所独创，所以不是"中国特色"。如美国《克莱顿法》第7条规定："对于基于下列委员会（局）授权完成的交易，本节不适用：美国民航局、联邦电讯委员会；联邦电力委员会；州际商业委员会；证券交易委员会依据《1935年公共设施控股公司法》第10条在其管辖权内的授权；美国海运委员会；农业局。"[4] 中国革命先行者孙中山也早就讲过这样一番道理，即：凡中国有私人不愿举办，或由私人举办较政府更为适当的任何事业，由政府鼓励并以法律保障之。至于那些私人不能举办，或者具独占性的任何事业，则由政府举办之。[5] 从美欧垄断行业的发展历程可知，无论公营还是私营，只要涉及自然垄断，就会形成垄断行业。不过自然垄断行业的垄断性质不是一成不变的。随着技术进步和经济发展，自然垄断的范围可能缩小，在自然垄断行业中引入竞争也获得了必要性和可行性，这在通讯、交通领域表现得十分明显。比如移动通信、互联网技术出现后，加之生产力提高，导致电话网络的建设成本大大降低，电话业的自然垄断特性就削弱了，电话网络形成了多数寡头竞争的局面。但依托自然垄断的行业具有垄断性，中国也无外于此一般规律。

其次是规模经济。这是指当企业规模增大时，其单位投资就能获得更高的效益，或者达到某一规模后其单位成本自然下降时，由一个或少数企业大规模生产要比众多小企业的生产更有效率，也包括一个企业生产多种产品的效率比多个企业分别生产一种产品具有更高效率的范围经济效应的情形。经济运动的规律会在具有规模经济效应的领域造就出垄断行业，企业内部有效的劳动分工和专业化生产进一步使这些行业实现独占或寡占经营，比如汽车制造业和航空业等。微软、英特尔、谷歌等在追求技术进步和垄断利润的市场竞争中取得垄

---

① 自然垄断行业的基础性和外部性特征决定了该领域必须由政府统筹、监管，传统的方式主要是由政府直接在该领域提供产品或服务。自然垄断起因于规模经济，具有成本弱增性、资产沉淀性等特征。资产沉淀性指的是网络及相关设备等固定资产投资只能用于特定行业的产品或服务投资，一旦形成就难以用于其他行业。这也意味着自然垄断行业的固定资产投资风险和代价很高。

断地位，在 PC 操作系统、微处理器、互联网应用等行业形成垄断，从根本上说也是规模经济使然。可以说，规模经济是提高劳动生产率的有效途径，也是近现代工业发展的必由之路。

再次是社会对企业经营的信用和风险控制的要求。比如金融、邮政等行业需有较高的信用和技术要求，其经营中的不诚信或者经营不善，会造成公众利益或福利的损害并影响社会安定。比如，相对欧美百余年的金融历史，中国金融业才刚刚起步，不得不由国家一手扶持慢慢成长，因此在竞争中或政府扶持下，信用和实力卓著者脱颖而出，将信用和实力较差者淘汰出局，形成垄断行业。

最后是市场所不能或不及的领域。在公共产品和准公共产品的供给中，政府与市场、公共部门与私人之间，既存在着与其效率条件满足程度相适应的职能，也存在着在其效率条件下不能满足的失效。理性的制度安排应该是在正确认识各种组织制度和调节机制的功能优势与缺陷的基础上，趋利避害，建立政府与市场混合调节以及公共部门与私人部门职能互补的制度框架。对那些市场不能提供或不能充分有效提供又为社会所需的产品和服务，就需由政府提供或在政府担责的情况下通过私人来提供。如市政交通、供水、供热、供气、保障房、邮政和电信普遍服务、中国的军工、粮食和石油储备等，从而形成垄断。这些准公共性的产品需求弹性小，市场竞争不足，如果发生短缺、价格波动、质次等情形，会引起民怨或影响国家安全。国家承担起提供的义务与其实际提供是两个不同的概念，国家承担提供准公共产品的义务不等于必须由国家直接提供，而可以在市场准入控制和设定其他门槛的基础上引入多种主体，在国家督导、监管之下由私人经营，如 BOT。

以上是原理分析，在现实生活中，任何垄断行业都可能是几种原因交互作用的结果。

（二）垄断行业的边界

垄断行业有其存在的合理性，但是它与非垄断行业之间并无明确的楚河汉界，也并非对其排除竞争法暨反垄断法的适用。广义的竞争法，以市场为导向，着重维护、修复、弘扬市场机制，目的是促进或优化竞争机制，以实现一定的经济体制和经济政策的要求。其内容包括产业政策法和规划、财税、金融、对外经济合作和贸易、环境和资源、国家安全暨国家经济安全等其他法中有关市场结构，促进、限制以优化竞争，维护、修复、弘扬市场机制的内容。如在电信和电力等行业引进竞争机制、限制小煤窑、"两反一保"（反倾销、反补贴和保障措施）等。狭义的竞争法仅指以反垄断、反不正当竞争或公平交易为名的法，甚至仅指反垄断法。中国的垄断行业范围与欧美等发达国家并不完全一致，这是有其经济社会背景的：不同发展程度的国家面临的经济社会暨竞争问题不尽相同，欧美现在面临的主要是在市场高度发展、私人企业做大形成了垄断后，如何保证并促进市场竞争和中小企业的发展，以防大企业垄断、产业技术停滞、消费者福利下降等问题；[6] 而中国面临的则是在市场经济发展，计划经济的痕迹仍未完全消除的条件下，如何选择在保障社会公共利益实现的同时逐步放开可竞争的领域，以及在可竞争的领域内如何放手竞争。因此，经济社会发展的背景和阶段不一样，垄断行业的边界和相应的政府担当也就不同。以下是根据中国的情况所作的三点分析。

其一，在社会主义市场经济条件下，为使垄断行业能够有效而可持续地发展，首先要在不损害国计民生和国家安全的前提下，尽可能引进竞争。垄断行业的存在本是为了提高效益、维护公共利益和消费者福祉，然而事与愿违，缺乏竞争激励导致其低效率和官商作风，财政不堪重负，消费者怨声载道。因此，自 20 世纪 70 年代末以来，以英国电信改革为标志，发达国家开始了在垄断行业中引进竞争机制的改革，中国也从电信、邮政、城市公交、公路客运、民航等引进竞争机制中尝到了甜头。在垄断行业中，并非所有的业务都具有自然垄断性，在非自然垄断性业务中可以引入竞争机制；对自然垄断的部分，也可在政府监管下开放网络使用的竞争，通过招投标特许经营，以及在不同行业和网络之间开展竞争，如铁路与航空竞争、电信电视电力的互联网接入竞争等。这场市场化"革命"蕴含了两点原理：首先，市场的逻辑表明，技术创新能使自然垄断行业的自然垄断性弱化、甚至消失，呈现出非自然垄断的特征，这为打破自然垄断行业的独占、引入市场竞争机制提供了依据。长期以来，规模经济是允许自然垄断行业独占经营的依据之一，但技术的创新改变了自然垄断行业的生产函数，削弱了自然垄断性质。因此，可以在自然垄断及其运营环节内区分自然垄断和非自然垄断，在已不具备自然垄断特征的行业和部分引入竞争，打破垂直、一体垄断的局面。比如电信行业，技术革新大大降低了基础设施的投资规模和平均成本，无须额外建设基础网络也可实现多家经营。其次，技术创新产生的另一个影响是替代竞争。比如内河客运的垄断被公路和铁路运输的发展所消灭。国家垄断经营也好，特许经营授权下的民营也罢，都需要在市场条件逐渐完备和成熟的情况下引入竞争，否则盲目消除了"坏的"国家垄断，又会陷入同样"很坏"的私人垄断，对消费者来说依然于事无补。总之，要在垄断行业中尽可能引进竞争机制，"能引则引"，可不垄断则不垄断，将垄断局限在最小范围内；并刻意维持、保护竞争机制。

其二，仅靠产业政策及人为地构造市场和竞争机制是不够的，还需要政府主导下的多元主体参与，在垄断行业中引进民资、外资，从而真正引入市场机制，政企切实分开。除美国外，西欧国家和中国的垄断行业传统上几乎都由政府举办及国有，财政负担沉重，垄断企业用政策性亏损掩盖经营性亏损，为其管理薄弱和经营不善辩护，也使消费者受到损害；加上投资主体单一，资金不足，造成基础设施和公用事业建设滞后。因此，在垄断行业塑造市场竞争结构的同时，还面临着适当地引入民营和公私合作（Private and Public Partnership，PPP）的任务。这就需要优化垄断行业的准入制度，完善垄断企业的组织结构、并购重组和法人治理等。为使民资和外资进入垄断行业具有合理、稳定的预期，可以仿照指导外商投资方向规定和外商投资产业指导目录，按项目的自然垄断性和公共产品性之强弱，在法律上将民资进入的领域划分为鼓励、允许、限制、禁止等几类，并建立民资投资垄断行业的指导目录。由于实际情况很复杂，只要是依法允许民资、外资进入的领域，还应当允许各级、各地政府酌情或者与投资者谈判来确定相应垄断行业的具体的进入和经营方式。

关于允许民资、外资进入的问题，从发达国家的经验来看，直至20世纪70年代，国有垄断行业在OECD的许多国家中都发挥着关键作用和主导地位。但是由于垄断所固有的问题，自80年代以来，垄断行业已然成为私营部门，私有制的固有弊端又卷土重来。这就需要十分清醒地认识并区分，到底哪些产业需要私有化或民营化，以及如何私有化或民营化，以免轻举妄动或"矫枉过正"而伤及经济社会之本。引进竞争机制和民营化从一开始就要分出轻重缓急，要量国情国力而行，不能"一刀切"。比如，不少国家的电力、自来水、煤气等公用事业的民营化虽然对改善这些部门的经营管理方式和经营效率方面产生了积极影响，但是这些公用部门所具有的"公共性"却有所倒退，人们对民营化后因利润至上带来的水电煤气等必需品价格的上涨和质量下降感到不满。如果不能实现"通过降低成本、提高服务质量来增进消费者利益"的初衷，而是简单地从国家垄断转变为私人垄断，在促进有效竞争态势方面没有取得实质性进展，民营化就是没有意义的。我国的垄断行业大部分是传统意义上关系国计民生的行业，涉及各种利益及其博弈，改革的风险也较一般行业更大，因此对垄断行业的改革需要渐进、谨慎为之。

从垄断行业提供的产品和服务的特点看，国有资本可以逐步从能够市场化、营利性较强的竞争性行业中退出，但是无法从低回报、低效益的垄断行业中退出。垄断行业改革并不是单纯的民营化，就《反垄断法》第7条允许的合法垄断行业而言，改革的目的不是为了消灭垄断，而是要改变、优化政府和公有资本的参与方式，完善竞争制度，使政府和国有资本做到有所为、有所不为。经过多年的努力，中国的垄断企业在公司制改革、上市、建立规范的公司治理等方面，已经初见成效。

其三，垄断企业超出合法垄断的范围为限制或损害竞争的行为，如联合抵制、欺压中小供应商、将其组织垄断力不适当地涉入其他领域、侵犯商业秘密、巧立名目损害消费者权益等，则仍应依《反垄断法》《中华人民共和国反不正当竞争法》（简称《反不正当竞争法》）、《中华人民共和国消费者权益保护法》（简称《消费者权益保护法》）等追究行为人的法律责任。

二、合法垄断行业与政府担当

（一）合法垄断的目的即政府职责所在

明确市场和政府职能的各自作用及范围是当前中国面临的一个重要课题。市场和政府是互补、协调、互动的，一个市场的发展、成熟和规范运行，必须有政府广泛、深入、系统的参与和管理监督。市场的竞争秩序因政府的介入而不断完善。反过来，政府的参与和管理监督也随着市场竞争水平、产业结构、经济规模的发展而适时地调整、优化和进化。

竞争或者垄断，都不是目标，而只是实现特定经济和社会目标的状态及手段。而且，竞争既不是有效竞争的必要条件，也不是充分条件，何种竞争和竞争激烈到什么程度最为适当也并不清楚。在理论上，有垄断"特权"的垄断行业的存在，对社会进步和促进经济增长来讲可能是必要的。西奥多·罗斯福曾言："人们所组建的现代企业创造了托拉斯这样的庞然大兽……一方面我想把它踩在脚下，另一方面还不能立刻这样做。"[7]垄断行业存在的目的和原因是某种公共利益，即国计民生、国家安全、经济效率和技术进步、消费者福祉等，这些仅靠市场不能实现或者不能充分实现，甚至与市场机制相冲突，因此政府对于垄断行业的状况及其目的的实现，负有义不容辞的职责。政府需要对复杂万变的经济情势和社会事件及时作出反应，包括对垄断和竞争态势的判断和应对，以兴利避害，促使经济尽速平稳地发展。中国从清末以来，就有垄断性经济的传统，政府与垄断行业之间存在着指导—合作、引领（示范）—推广的关系，行政部门同涉及公共利益的行业以一种强大的纽带联系在一起。这意味着政府对产业政策和竞争政策须一并考虑，不能厚此薄彼。这种传统或"社会契约"，也意味着政府有义务确保那些得到其扶持的企业恪守社会责任，不能利用其垄断地位去损害他人的权益。这是一种"共同"责任，左右着中国垄断行业的形成和存续。垄断行业的利润类似于一种间接税，对财政收入的贡献很大，加上政府对垄断行业的价格控制和监管，有助于产业、地区的均衡发展和民生，例如较低的电价可以维持下游产业的稳定、降低消费者负担，电力、通讯、铁路运输等的可及性和价格均等能够促进中西部和农村地区的发展。这些均是通过垄断行业来提升社会福利的表现。

垄断行业有助于实现政府对民众社会福利及公共利益的承诺，也为垄断的强势（重要）企业服从社会利益和政府控制提供了条件。此外，这种模式还具有管理成本和风险都很小的优点。政府可以用最小的代价维护公共利益，取代对经济的低效、粗暴的外在管控。

由上，从垄断行业存在的理由出发，政府相应地担当着一系列积极和消极的职责。具体而言，积极的职责包括统筹协调、调控、政府投融资、优化市场结构、实施有效监管等；消极职责包括避免政府经济活动和公私合作中的低效、腐败、官商作风等。

（二）积极兴办国计民生所需的事业

垄断行业的必要性不等于其充分、健康地存在并发挥效用。尤其在中国，主要需依赖政府的积极作为，来实现这一要求。在一个后发的国家，基础差、底子薄，市场不成熟，更等不及在市场自然发展过程中逐渐发现并弥补其不足。

从根本上说，垄断行业是在保障合理效率和价格的前提下实现社会公共利益，赢利或者增加财政收入属于其次。因此，在中国的垄断行业中，国有成分的比重较大，这是正常的。比如在经济社会高速发展阶段，对石油的需求迫切而巨大，石油业既涉及国家安全，也事关民生的维系和改善，中国自身的油气资源不敷所需，依赖私人油气企业随着市场的发展而成长，缓不济急。中国的汽车产销量已超过了美国，迄今尚未出现油气普遍短缺，可以说政府的石油政策、石油业的国有垄断、对石油业的价格和其他调控监管是成功的。

（三）以市场为基础优化垄断行业结构

实行市场经济，需由市场在资源配置中发挥基础性作用，也意味着政府主导及其调控监管、提供公共产品和准公共产品的行为，也要依托市场机制，不得扭曲和损害市场机制，垄断行业也不能建立在行政命令和行政指挥的基础之上，否则只需延续行政性、人治的计划经济，而不必实行市场经济了。积极兴办不等于政府事必躬亲直接去办。成功的政府不必包揽一切，而是四两拨千斤：对垄断行业应该处于高屋建瓴的引导地位，学会掌舵，在多数情况下不必亲自去划桨。公共性和效益性之间、垄断的合理性与官商固有的弊端之间始终存在矛盾，垄断行业正是在解决这种矛盾的过程中动态地存续的。对此，不能简单地以"国退民进"或"国进民退"概括之，而应在政府主导并勇于担当的基础上，以垄断行业的目的为准据和依归，尽可能引进竞争机制和民资、外资，以促使其有效及可持续地发展；既不是放任市场大利大干、无利不干和优胜劣汰，也不是机械地设定国资的进退或比例。对此并无划一的模式和措施，而需由政府在民主、法治的约束下，积极、精心地设计恰当的市场准入、特许经营、有效调控监管下的合理市场结构等。如果市场条件成熟，政府则可以通过特许和契约的方式，对垄断行业适当地民营。中国的改革采用的是渐进方式，逐渐走向市场化、规范化、法治化，不走偏锋。既要将垄断行业置身于市场环境，又不能允许其将盈利作为唯一和第一的目标。

垄断行业的市场化又不能削弱和摆脱政府主导。否则，不仅垄断行业的社会目的会被扭曲甚至弃若敝屣，而且企业的资产、成果会被内部人和外部投机者无理掠夺，引起经济社会的倒退。垄断企业不能成为官僚机构，必须依托市场、讲求效率，但在市场化、民营化的同时要维持其公共性，确保其固有目的的实现，这是高度的辩证法。

（四）对垄断行业实施有效监管

凡垄断就须施以政府监管，哪怕是合法垄断，否则因缺乏竞争，经营者会无节制地提高定价，产品和服务质量低劣、官商作风等也在所难免。这里指的是反垄断以外的监管，就行业垄断而言，主要是对所准许的垄断条件或特许条款以及价格的监管。这种监管与反垄断一样，都是出手援助"不完美的市场"的产物。二者紧密联系，共同指向行业垄断：监管针对合法范围内的行为，防止垄断"出格"；反垄断针对超越合法垄断的行为，防止滥用合法垄断。它们同为规制垄断行为的两项强有力的政策武器。[8]监管贵在到位、有效，能否实现这种效果，取决于政府的理念、责任和能力，并落实为监管机构的专业、敬业和廉政。

在中国，要对垄断行业实施有效监管，还需强调政资分离，即政府作为经济社会公共管理者的身份与政府作为国家所有权代表者的身份在机构上分开。否则，在垄断行业为国有主导的情况下，监管者会自觉不自觉地出于"父爱"而不忍对其进行"管教"、惩戒。适应监管的专业性及其不受当前政治干扰的需要，美国发明了独立监管机构，相对独立于政府序列，具有集准立法、准司法、准行政于一身的特点，其中适用于垄断行业的有联邦通讯委员会、联邦能源监管委员会、联邦海事委员会等。由于这种做法符合监管的客观规律和需要，各国纷纷效仿，中国也迈出了重要的一步，就是仿照美国独立监管机构的模式，设立了中国保险监督管理委员会（保监会）、中国银行业监督管理委员会（银监会）等专门监管机构，并在中央和地方设立国有资产监督管理委员会（国资委）分别代表国家行使对企业的出资人职责，这些机构作为国务院直属事业单位或政府特设机构，立足于专业，集中精力履行职责。

目前还有一些垄断行业缺乏政资分离、政企分开的监管机构，如铁路。应当对水、气、电、公路交通、铁路、电信、邮政、基础设施建设等，分别落实政资分开和政企分开的相应机构进行监管。对城市公用事业，可以由超脱于企业、用户或消费者的专门委员会或类似机构，对其价格、经营等进行监管，向地方人民代表大会及人民代表负责，以消除现有管理机构存在的欠缺监管动力及独立性、公正性等弊端。在实践中，承担公共管理职责的部门或机构还没有牢固地树立政资分离的理念，在工作中常常政资角色错位。比如监管者过于关心被监管者的经营状况和盈利多寡，对其损害消费者的行为却疏于制止和处罚。相反，近期部分地区柴油供应紧张，一些成品油生产经营企业超过国家最高限价销售柴油，国家发改委紧急部署柴油价格检查，依《价格法》查处了包括中石油、中石化在内的一批企业，[9] 取得了很好的效果。

（五）坚持市场经济理念，持之以恒地反垄断

反垄断是市场经济的内在要求和具有普遍性的法律制度，而不是短期的政策权宜之计，这对垄断行业也是适用的。除行业监管外，还需由《反垄断法》配合以协同规制垄断行业的垄断和竞争，使之遵纪守法地追求及实现合法垄断的目的。反垄断法是合理性、正当性与合法性高度统一，充分讲"理"的一种法，其实施，高度依赖于经济活动当事人、政府、法律工作者、司法机关和整个社会形成市场经济和竞争的理念。而中国《反垄断法》颇为生不逢时，其生效时适逢国际金融危机袭来，一时间保增长、促消费成为社会的主旋律，为了就业、促消费、上项目和挽救企业，牺牲些竞争在所不惜，反垄断执法机构的工作重心随之偏移，由《反垄断法》的制订和出台掀起的反垄断势头有所减弱。然而，只要实行市场经济，反垄断就须臾不能松懈。事实也证明，垄断企业并不总是循规蹈矩的，利用合法垄断谋求不法利益，"舒舒服服赚大钱"，是垄断企业固有的倾向。对此，《反垄断法》不仅大有可为，而且可以通过规制那些普遍存在又最受民众关心的合法垄断企业的不法垄断行为，在中国社会弘扬反垄断，努力不懈地培育现代市场经济。

中国缺乏法治传统，市场经济的理念也很薄弱，平均主义的民粹思潮近年有所抬头，作为政策性的法，反垄断法中没有任何一个法条可以直接套用于实际案例，这就对各级政府的调控、监管及其政策执掌能力提出了更高的要求。从执法层面来讲，中国《反垄断法》施行的三大机制是执法机构调查处罚、举

报和诉讼。由于政府执法不可能在第一时间发现并查处任何不法行为，其懈怠、能力限制和腐败也在所难免，所以应当重视并鼓励利害关系人和消费者发动争议，通过举报、民事诉讼、投诸媒体等方式，也可以依《消费者权益保护法》等对垄断企业提起诉讼，推动和促进《反垄断法》的实施。《反垄断法》实施以后，出现了多起消费者状告垄断企业的案件，这些案件无论法院是否受理及判决如何，一经媒体报道引起社会关注，都对相关垄断企业的经营起到了很好的约束作用。

三、"垄断福利"与政府监管

"垄断福利"① 是当前中国的一个热门话题，意为垄断企业管理层和员工的薪酬和其他待遇过高，诸如其"勤杂工的收入高过刚毕业本科生的平均薪酬""发的东西吃用不完"、一个会议用掉"多少万"等等。这里简单解释一下"垄断福利"成为本文内容的大致缘由：中国的国有企业在 20 个世纪八九十年代，在市场化改革中，优胜劣汰，几乎都破产或倒闭了，比如在数量上占据大多数的县市国有企业，现已难觅踪影。垄断企业多为国务院管辖的央企，它们也经历了市场经济的痛苦洗礼，但由于其多数关系国计民生，不能破产、倒闭，只能在国内外竞争中探索治理结构的完善，优化经营管理，经过努力，包括到国外上市和引进外国战略投资者等，成效显著，从全面亏损发展到每年有了可观的盈利。[12] 然而，民众下意识地认为，垄断企业的业绩并非其自身努力的结果，而要归结于政府人为扶持的垄断，私人和私人资本无法进入垄断行业与之开展竞争，垄断企业自然可以轻松赚钱；加之多数人在非垄断企业工作，其工作的稳定性和薪酬水平与垄断企业不可同日而语，这样就对实际上是国际惯例的垄断企业的"铁饭碗"和高福利形成一股从羡慕到嫉妒，再到痛恨的思潮。有人甚至认为，"垄断福利"是侵吞国家财产的行为；国有企业管理者和员工的薪酬应该与公务员的工资一样，统一化、透明化，而非绩效化。这样，就使"垄断福利"成了社会的一个热门话题和热点问题。"垄断福利"本身虽不是直接的反垄断问题，但它与对垄断行业的规制有关，也涉及反垄断事宜和《反垄断法》的适用，因此值得做一番讨论。

（一）对"垄断福利"原则上应予肯定

首先，对"垄断福利"应作辩证分析，将其视为逐步实现"民富国强"道

---

① 指垄断企业从业人员的所有货币和非货币报酬，既包括直接报酬的工资（基本薪资和浮动薪资），也包括福利（间接经济报酬）。

路上的铺路石。在应对国际金融危机、促内需、调结构的背景下，社会上出现了提高中低阶层收入的呼声，"垄断福利"问题的提出，不啻为民粹思潮及"红眼病"的表现。因为垄断企业随着改革开放的深入已成为市场主体，其中不少还是上市企业，它们代表着中国企业的最高水平，在国内外开展竞争。在面向市场的活动中，垄断企业的劳动报酬及劳雇关系、岗位定价等与其他企业一样也都由市场决定，如由行政或法律横加干预的话，在激烈的竞争尤其是国际竞争中，结局定是不战自败。比如舆论的一个重要诉求是政府以行政方式直接限制垄断企业从业人员的薪酬和工资外的福利发放。且不论，在发达国家的企业中，薪酬占到企业成本的50%左右，相比之下，中国的这个比例还不到10%，仍属"低薪酬"水平；[13]美国的企业给管理层和雇员的人身保险和责任保险、带薪休假、打折购买公司产品等额外福利也占到劳动者总收入的30%，[14]中国的企业虽历来有在工资外发放一些实物等福利的传统，却也达不到这个程度。市场经济发展时至今日，中国的国有企业包括垄断企业早已成为法人和独立的财务主体，企业必须面向市场从事活动才能具有存在的正当性、合法性，在不违反《中华人民共和国公司法》《中华人民共和国企业国有资产法》《中华人民共和国会计法》等法律法规和公共秩序、社会利益的前提下，企业享有经营自主权，包括薪酬、福利的决定和发放权。

其次，从政府对于企业国有资产管理和薪酬制度的重要影响来看，以此为契机，在垄断企业内全面建立现代薪酬制度很有必要。经济发展必然要求政府放弃对国有企业经营的微观控制，不断增强对企业的服务功能，改善企业运营的外部环境。民众所关注的"垄断福利"即属于政府具体不该管、"管不着"的领域。垄断企业在国际范围内竞争，在岗位依市场定价、随社会经济和本企业盈利的增长适时提高普通员工薪酬方面，可以在社会上起到一个模范带头作用。

薪酬制度要同时达到公平性、有效性和合法性这三个目标，不可偏废。我国垄断行业的人力资源教育素质和开发程度都处于整个社会的前列，薪酬制度体系与人力资本紧密结合，能够驱动企业的发展。过多的平均主义关注使薪酬制度不能有效发挥其激励和约束功能，过低的激励程度则会影响企业的效率，甚至造成人才流失。根据现代企业理论，企业是"一系列契约的联结"，[15]在中国现行国有资本、国有企业管理体制下，当国资委与企业负责人签了以会计指标为基础的业绩合同或薪酬契约时，如何使会计指标满足其自身薪酬最大化，自然成为企业负责人的一个重要考虑，实施基于契约薪酬的盈余管理也就在意料之中了；以此类推到所有的企业员工，这对企业自身发展和社会福祉来说都是好事。①[16]因而宣称对垄断行业要抛开现代企业的薪酬体制，转向公务员薪酬体制或者纯公共事业的薪酬体制是错误的，后果必定很严重。这不符合现代企业制度的逻辑，有违市场经济的核心价值，也不符合中国经济社会的整体利益。

最后，垄断企业多为国有或国有控股，它们对雇员天然地不如私人企业对雇员那般严苛，其管理层和员工的收入如果确实较高，不啻在社会上树立一种标杆，对其他企业有正面影响和示范作用。企业在人才市场上面临着激烈竞争，由于垄断企业提供较高的福利和薪金，其他企业实际上也会被迫提供较为接近于垄断企业水平的福利和薪金，如此一来，有助于实现普通的企业暨私人企业雇员提高薪酬的要求，这既符合当前国家和社会"提高劳动报酬"的大政方针，同时也可促使私营部门为延揽人才、保持竞争力乃至履行社会责任，自觉地提高中低阶层员工的收入，这比由政府人为地强制中小企业给劳动者"涨工资"要可取得多，也比政府一味提高最低工资标准更切合实际，更合理也更好。何况根据木桶原理（Barrel Principle）和有效竞争法则，要提高社会成员的收入水平，应该提升低收入者的工薪和福利待遇，而不是压低正常的高收入和福利。当然，垄断行业现有的薪酬结构确实存在一些问题，平均主义和"大锅饭"的问题在薪酬方面仍有体现。比如没有合理拉开普通员工间薪酬的内部差距，容易出现逆向选择问题，优秀员工很难留住，而能力差的却不愿意离开；或者从事重要工作的员工报酬过低，而从事次要工作或后勤工作的员工报酬过高。从总体上说，这是因为未遵循岗位市场定价法则、没有把握好薪酬管理的外部公平性（员工拿本人薪酬与企业外部劳动力市场的薪酬水平对比，如果相差悬殊就会产生不公平感）和竞争性（员工拿本人薪酬与企业外部劳动力市场的薪酬水平对比，比较的结果会影响求职者的选择或者在职员工是否跳槽的决定）特征所导致的。存在的问题需由垄断企业通过完善薪资体系加以解决，但无论如何都是企业经营自主权范围内的事情，不必由社会多数人决定。

（二）对垄断福利的规制

中国企业遵纪守法的纪录不佳，其经营行为往往违反规制的要求损害消费者权益，财务会计的真实、合法性可能经不起推敲，乱发钱物、私分国有财产的事例也不鲜见，这些也都是"垄断福利"引起行业外普遍反感的原因。因此，

---

① 1914年，福特公司为了生产T型车，对装配线工人的薪酬进行了一项创新性改革：每天5美元（是当时社会同岗位工资的2倍）。这种高工资，造成了求职人排起长队，直接促进了生产效率的提高。尽管工资提高了，福特公司的成本却因此减少了。正如亨利·福特所称，每天5美元工资是"我们所做出的最成功的降低成本的努力之一"。

对于"垄断福利",可能也应该进行间接规制,以将其限制在合法的范围内。

其一,价格规制。这是垄断行业规制的题中应有之义,在中国主要包括《中华人民共和国价格法》规定的政府定价管理、价格监测及总水平调控、对哄抬物价等价格欺诈和价格操纵行为的监管,《反垄断法》对通谋定价、限制转售价格、垄断高价、掠夺性定价、歧视性定价等的规制,以及《反不正当竞争法》规定的回扣等涉及价格的行为。价格是市场和企业经营中最重要的因素,遏制了垄断企业可能进行的各种不法价格行为,在市场的压力下,"垄断福利"也就受到了约束。

垄断行业并非被动地接受价格规制。一方面,除了需公示的价格,如公共汽车、地铁票价、平信、明信片等邮政基本资费,企业一般不会直接向消费者乱加价、多收费外,对于有定价幅度、企业可以自行设计定价或收费办法的产品和服务,如电话费、上网资费等,垄断企业仍可能以"专业"和商业的手法"忽悠"消费者,比如消费者往往看不懂电话费、上网费套餐,套餐中还不乏各种"陷阱",就是典型的例子。另一方面,对垄断行业或特许经营,按国际惯例,为使相关事业可持续运营和发展,在监管经营者遵守政府设定的条件或特许条款的同时,还需保证其获得一定的利润,政府给予补贴超出企业亏损的部分,或者政府核准的定价高于成本和弥补亏损的部分,就是企业的利润。对于企业来说,当然利润多多益善,利润越多,其管理者和员工的薪酬、福利也越高。在这种条件和机制下,由于信息不对称,不免会出现垄断企业不顾道德和法律的风险,通过虚报成本和假亏损等方式,"蒙骗"政府允许其涨价或增加财政补贴。垄断企业财大气粗,与政府的关系密切,作为被监管者,它甚至可能"俘获"监管者,使政府对其有求必应,导致监管形同虚设。

中国对垄断企业的价格规制主要采取固定成本加成法,其基本指导思想是通过限制价格而限制垄断企业的回报率,但这种方式会影响经营者的积极性,限制经营效率的提高。另一种价格上限监管模式,特点是一方面使企业提高效率的压力不断增加,消费者可从中受益,同时对信息收集的要求相对较低,监测成本也较低。但如果价格控制期太短,被监管企业可能致力于寻租活动而不是提高劳动生产率,则价格上限控制也难以达到激励企业提高效率的目的。在实践中,可以对这两种方式取长补短,更多地借鉴第二种监管模式的长处。[17] 监管机关还应建立长期的成本监测机制和价格管理数据库,掌握垄断行业的主要信息,避免过分依赖企业单方提供的成本资料,并通过专家论证、包括消费者在内的各利害关系方参与的听证等,对企业提供的资料进行专业、客观的评审;对于成本一时难以理清的行业,可对其实行短期的成本监控,以获取有效的成本信息。

为了防止监管者被"俘虏"现象的发生，也可采取各种必要的措施。比如杜绝管理决策人员在监管机构及其监管的垄断企业间"旋转"任职，包括限制其离退休之后的这种流动，以防利益冲突。近期媒体曝光了退休后到其原先管辖的企业担任董事的数十位政府高官名单，就引起了舆论哗然，要避免这种情况，媒体监督不失为一种有效的手段。在利益冲突不可避免的情况下，则要严加监督，防止当事人从利益冲突中获取任何好处。在对垄断行业的监管中，还要通过日常的反贪、廉政等行政、纪检和司法活动，遏止并惩处权钱交易等腐败行为，也是不言而喻的。

其二，以法督促其公平交易。《反垄断法》虽然规定了合法的垄断受法律保护，但并不是允许垄断企业任意实施垄断行为，其组织和经营的垄断必须合乎反垄断法的本意，即只有在相关合法垄断的宗旨和范围内的垄断组织及其经营行为，如电信业"三巨头"寡占、铁路客运政企不分、银行和保险业依法采用统一的格式条款等，才能依法给予保护。垄断企业超出法律允许的范围限制竞争，或利用其合法垄断地位排挤、损害其他领域的竞争，损害消费者合法权益等，则属不法垄断行为，理应仍受《反垄断法》规制。事实上，企业只要有垄断地位，不管其垄断地位是否合法取得的，都会有滥用来牟利的倾向。滥用垄断地位的方式是五花八门、不可穷尽的。《反垄断法》在总则部分的第 6 条概括地规定，禁止具有市场支配地位的经营者滥用市场支配地位以排除、限制竞争；第 17 条则列举性地规定了若干典型的应予禁止的滥用行为类型，并设了兜底条款；附则中还有经营者不得滥用知识产权排除、限制竞争的规定。垄断企业只要为这些行为，就应依《反垄断法》进行规制。可见，"垄断福利"中也存在反垄断问题，《反垄断法》对于规制"垄断福利"也是可以有所作为的。

其三是财务和审计监管。中国企业的财务纪律差是出了名的，以至"不做假账"一度成为对企业的一项基本要求。垄断企业的国有主导使之在遵纪守法和社会责任承担方面高于企业平均水平，但其财务会计的违法乱纪也不鲜见，如弄虚作假或者变相发放福利、不依法计入工资或福利等。

针对"垄断福利"问题，可以通过加强对垄断行业的审计监督，包括商业性财会审计和必要的国家审计，并强化国有垄断行业资本金预算制度等，来约束"垄断福利"。这就要求不只是对企业利润等主要经济指标的真实性进行审计，还应包括对其员工、管理层获得工资以外的隐飞收入的监督。英国在私有化和规制改革期间，政府为保障顺利过渡，颁布了三个针对国有企业的白皮书，即通过规定投资回报率、资产收益率、定价和补贴政策等对国有企业实施财务约束。现代企业的财务会计因其外部效应，客观上要求在一国范围内必须是统一的，这就为对包括垄断企业在内的财务会计进行监管提供了有利条件。而且，在国有资本控制或参与的垄断行业，政府还可凭借所有者身份对企业的成本、利润、定价、补贴等进行控制，实施财务约束。总之，从多方面、多角度强化对垄断行业的财会监督，对约束"垄断福利"也十分重要。

对垄断行业员工、特别是管理层获得的各种货币性、实物性的隐形工资外收入，需要重点监管，对违法违规的要加大惩罚力度。几年前，中国就对企业的福利项目和各种补助进行清理，其中合理的部分纳入工资分配，严格按照财务规定项目、标准和渠道提取工资、福利，并全面清理整顿工资外收入，清理和取缔国有垄断企业的小金库和账外收入，杜绝非法工资外收入的来源。财政部主要针对"垄断福利"下发了《关于企业加强职工福利费财务管理的通知》(2009)，强调企业按月向职工发放的交通补贴或者车改补贴、住房补贴、通信补贴等，应当纳入职工工资总额；企业不得为职工购建住房、支付物业管理费；职工个人的娱乐、健身、旅游、招待、购物、馈赠等支出不得由企业承担，等等。[18]一直被热议的《工资条例》中关于垄断企业的工资总额预算管理制度也在试点之中。工资总额预算管理，是指企业按照国家收入分配政策规定和出资人的调控要求，围绕企业发展战略目标，根据企业经济效益、人工成本承受能力和劳动力市场价位等因素，对企业职工工资总额和工资水平做出预算安排并进行规范管理的活动。[19]通过这一制度，可使垄断企业的薪酬（包括福利）透明化、制度化，实现垄断行业内外同工同酬，避免薪酬的内部、内外不公平和收入潜规则。《工资条例》迟迟无法出台，反映出收入分配改革牵涉到各种利益的博弈，其出台后的实施效果如何，尚需拭目以待。

此外，对于垄断企业尤其是非上市企业，除了依公司法进行商业审计外，还应对其中的国有或国有控制企业，要求其依法在审计机关的指导和监督下建立健全内部审计制度，并接受审计机关的监督，就其违反国家规定的财务会计行为承担相应的法律责任。同时，需要进一步提高垄断行业的经营管理透明度和社会公众与媒体的监督力度，建立垄断行业及其监管部门向人大或其专门委员会定期报告经营管理目标实现情况及向社会公告其相关的经营和财务信息的制度，使垄断行业的利润、亏损和员工收入等信息透明化，采取多种措施鼓励公众参与对垄断行业暨国有企业的监督。

四、结语

在西方文明中，竞争一直既是上帝又是魔鬼。它许诺并提供了财富与经济进步，同时也改变了财富的分配，动摇了共同体的根基，向优良道德发起挑战。因而竞争制度和反垄断法的适用范围都不是无边无垠的。反垄断法是通过国家的"有形之手"来纠正市场"看不见的手"所导致的弊端，同时又力求使"看不见的手"在最大范围内、最高程度上发挥作用的产物。

虽然，合法垄断企业的行为可能违反《反垄断法》的要求，由于垄断企业的自利一面和政府监管不力，也可能导致本应归属于消费者的福利、国家的资源收益和社会共享的成果，被转移成特殊的集团利益或者异化为内部人暨职工的收入。但对于实行社会主义市场经济、社会经济发展尚不成熟的中国来说，基于国家安全和国计民生的需要，要保证公共利益在最大限度地有序、高效地实现，维持垄断行业仍然是必要和有效的。发达国家也不例外，其公用事业、基础设施、关系国计民生的重要产业等也都是垄断经营，不是私人垄断就是公共企业经营，必要的行业垄断成为政府维持经济社会平稳发展并对民众福利负责的一种高效而低成本的手段。中国的垄断行业由计划经济一路走来，向现代企业迈进，水平和档次不断提高，但与社会的需求和公众的期待相比还有差距，需要继续改革前行。简言之，本文的目的实际上是寻求对《反垄断法》第7条的一种合理解释。所欲阐明的道理，就是合法垄断产业的存在具有合理性，改革的目的不是为了消灭合法垄断产业，维持其高效率地发挥应有的经济社会效益，是一个负责任的政府所义不容辞的职责。同时，对垄断企业超出合法垄断范围限制竞争、损害消费者权益的行为，也同其他经营者一样要适用《反垄断法》；就"垄断福利"而言，要兴其利、去其弊，《反垄断法》也是可以有所作为的。

（史际春、杜远航，原载冷罗生、袁达松主编：《京师经济法与环境资源法论丛》，北京师范大学出版社 2012 年版）

参考文献：

[1] [英] 马赫·M·达芭. 反垄断政策国际化研究 [M]. 肖兴志，丁宁，等译. 大连：东北财经大学出版社，2008：44.

[2] 王俊豪，等. 深化中国垄断行业改革研究 [M]. 北京：中国社会科学

出版社，2010：13.

[3] 史际春，赵忠龙. 竞争政策：经验与文本的交织进化 [J]. 法学研究，2010，32（5）：104-112.

[4] 克莱顿反托拉斯法 [A/OL]. MBA 智库百科网站，2011-07-27.

[5] 孙中山全集：第 4 卷 [M]. 北京：中华书局，1982：172-192.

[6] [美] 戴维·格伯尔. 二十世纪欧洲的法律与竞争 [M]. 冯克利，魏志梅，译. 北京：中国社会科学出版社，2004：4-8.

[7] [美] 欧内斯特·盖尔霍恩，威廉姆·科瓦契奇，等. 反垄断法与经济学 [M]. 任勇，邓志松，等译. 北京：法律出版社，2009：88.

[8] [美] 保罗·萨缪尔森，威廉·诺德豪斯. 微观经济学 [M]. 萧琛，等译. 北京：华夏出版社，1999：246.

[9] 国家发改委：一批柴油价格违法案件被查处 [Z/OL]. 人民网，2010-11-23.

[10] 法院受理中国移动被诉垄断案 [Z/OL]. 财经网，2009-03-31.

[11] 乘客状告铁道部"开车前 6 小时不退票"规定违法 [N]. 新京报，2010-04-20.

[12] 中石油去年净利润 1399.9 亿元 日赚 3.8 亿元 [Z/OL]. 网易，2011-03-18.

[13] 工资指导线要引导企业工资增长 [Z/OL]. 福建省人力资源与社会保障网，2010-10-13.

[14] [美] 约翰·B·泰勒，阿基拉·威拉帕纳. 微观经济学原理. 第 6 版 [M]. 杨振凯，王学生，等译. 北京：清华大学出版社，2010：356.

[15] 崔宏. 国有企业收益分配分享制度研究——实证检验与制度安排 [M]. 大连：大连出版社，2009：112.

[16] 朱芝洲. 现代企业战略性人力资源激励研究 [M]. 北京：经济科学出版社，2009：157.

[17] 刘昕. 薪酬管理 [M]. 北京：中国人民大学出版社，2007：170-177.

[18] 财政部关于企业加强职工福利费财务管理的通知 [A/OL]. 中央政府门户网站，2009-11-25.

[19] 国资委在部分央企试点打破垄断高工资 [Z/OL]. 中国工会新闻网，2010-03-15.

反垄断法适用除外制度的理论和实践依据

反垄断不是孤立地反任何垄断结构及限制竞争行为。反垄断法属于竞争政策，竞争政策必须与产业政策和其他经济社会政策相协调。反垄断法的适用除外制度自有其经济学、法学、道德和政策的基础。

反垄断法以促进竞争、抑制垄断暨限制竞争为目的，而其适用除外制度却促进了垄断、容忍对竞争的限制。因此，从性质上讲，适用除外制度是对反垄断法适用范围及其作用的限制。反垄断法之所以要有适用除外制度，源于二者根本价值目标的内在一致性，适用除外制度贯彻了经济法的社会本位、公平兼顾效率的价值理念，自有其经济学、法学、道德和政策的基础。

一、反垄断法适用除外制度的概念

反垄断法适用除外制度是指对某些特定行业、领域或在特定条件下，允许一定的垄断组织、垄断状态或垄断行为合法存在的法律制度。从各国立法例看，适用除外的对象主要是那些对本国整体经济利益和社会公共利益有重大意义的行业或领域，以及那些对市场竞争的影响不大，但对整体利益或特定社会成员却十分有益的限制竞争行为或垄断。适用除外制度作为法律面对多样化经济现实的缓冲带，在刚性的法律中创造了一个柔性的部分，充分体现了反垄断法的政策性、专业性和操作技巧性。

也有人将反垄断法适用除外制度称为适用豁免制度。[1]但严格而言，反垄断法适用除外制度与反垄断法上的豁免是有区别的。适用除外是法律上规定某些组织和行为不适用反垄断法；而豁免是指对应当适用反垄断法的限制竞争行为或垄断，在特定的情况和条件下，出于国家、社会利益或其他考虑，免予追究。豁免是原则适用基础上的一种例外，它不同于原则上不适用反垄断法的适用除外制度，如台湾地区《公平交易法》在颁布时规定，公营事业、公用事业、交通运输业，经主管机关许可的行为，5 年内不适用该法，就属于豁免的规定。当然，从广义上说，也可以将适用除外制度看成反垄断法对某些组织或行为的整体豁免，将豁免视为特定情形的适用除外，一定程度上二者可以通用，在某些场合也无法截然区分。

反垄断法适用除外制度的一个重要特点，是除了专门的反垄断法中有关原则性规定外，它主要是根据社会经济发展的实际情况，因应实践要求，由其他单行法或反垄断法以外的其他立法不时作出规定的。另一方面，随着人们对竞争的认识加深，在自然垄断和合法垄断的领域也尽量引进竞争机制，反垄断法适用除外制度从世界范围看有不断缩小的趋势。日本、德国等相继修改反垄断法，取消对许多自然垄断行业和卡特尔的适用除外，就是这一潮流的反映。

二、反垄断法适用除外制度的经济学基础

反垄断法适用除外制度的经济学基础在于垄断对经济发展影响的两面性，即垄断既有限制竞争、阻碍经济发展的一面，也有促进经济发展的作用。现代的研究表明，垄断并不必然导致经济的低效率与浪费，有时反而有利于提高整个社会的经济效益和资源配置效率，有利于实现技术进步与创新；垄断也并不必然限制竞争，因为"在长期内，没有一个垄断者能确保不受到竞争者的冲击。"[2]而且，在市场经济条件下，高利润会诱使潜在的竞争者进入垄断市场，引导社会资源从其他行业转向该行业，从而刺激竞争，动摇垄断者的市场优势地位。如1945年美国雷诺兹国际钢笔公司将其生产的圆珠笔定价为12—20美元，而其成本只有80美分，结果招致100多家企业蜂拥而入，以至到1948年，该公司的圆珠笔市场占有率已下降为零。[3]具体而言，垄断对经济的正面作用体现在以下三个方面：

其一，垄断有利于规模经济的发展和社会整体效率的提高。"规模经济"是用于描述企业经营中投入产出关系的概念，其基本含义是，在其他条件（如技术、价格、利率、税收等）不变的情况下，随着投入的增加（即资产规模扩大），产出（即收益）以高于投入的比例增加，即规模扩大可以降低单位产品的成本。

在自然垄断领域，存在持续的规模收益递增，随着产量的提高，企业可以不断降低价格，且保持一定的利润，因为这时它的平均成本是下降的。由于成本高而市场回报率低，生产商必须实现足够大的市场规模及市场占有，才能获得合理利润。在这一领域，众多企业的竞争不但是在经济上是无效率的，而且会导致社会资源的浪费，因为一个大企业具有高于众多小企业的效率。尽管随着经济发展和科技的进步，自然垄断的范围缩小了，但由经济及自然规律所决

定，自然垄断总会在一定范围内和不同程度上存在，不会消失。

无论是自然垄断，还是规模经济，都在某种程度上限制了竞争，但是它们对经济发展、对效率的提高都是有益的。因为，在这些领域，自由竞争无益于社会整体利益，对社会经济发展和国计民生均不利。竞争本身并不是目的，正如波斯纳所言："效率是反托拉斯的终极目标，竞争只是一个中间目标"。[4]因此，通过适用除外制度维护一定领域的垄断，其实是经济发展对反垄断法的要求。

其二，垄断可以减少交易成本。在一定程度上，垄断发挥正面效应的领域正是竞争失灵的领域。现代产权经济学和制度经济学指出，当社会生产力发展到一定阶段，由于信息不对称等原因，单靠市场机制协调众多的中小型企业的经营活动会使交易费用相当昂贵，例如为寻找供应商或采购商而支付的费用，为针对外部事件变化而不断地修订合同所付出的成本，为排除竞争对手而负担的促销或公关费用等，而企业内部协调会比市场机制协调带来更大的生产力、较低的成本和较高的利润，于是多单位的综合性企业集团会取代外部联系的众多中小企业，使市场内部化，垄断性企业集团随之产生。因此，"垄断在相当程度上是对市场机制不确定性的一种抑制。"[5]

其三，垄断有促进技术创新的作用。创新理论的缔造者熊彼特认为，企业家活动的动力来源于对垄断利润或超额利润的追逐，其手段之一是技术创新，而企业家的创新活动是经济兴起和发展的主要原因。只有大企业才具备足够的财力来支付昂贵的研究与开发费用，因此垄断者本身是技术创新的主体。尽管有许多人坚持认为，竞争使企业受到市场压力而比垄断具有更强烈的创新动机，垄断企业由于拥有市场力量则具有创新惰性，但在市场开放尤其是全球化条件下，一个企业独占市场的情况几乎不可能存在了，垄断并没有消灭竞争，寡头竞争的力度往往不亚于众多中小企业的竞争。有证据表明，垄断企业在技术创新方面发挥了更大的作用。据统计，在资本、技术密集型行业中，几乎所有的重大技术创新都源于垄断性大企业。其中的重要原因之一，是许多行业的技术创新以巨大的投入为前提，例如在干线民用客机制造领域，只有波音和空客两家公司支付得起下一代飞机所需的 100 亿—150 亿美元的研发费用。

由此可见，垄断是一把双刃剑。既可能消除竞争、导致社会资源浪费，也可能提高社会整体效率、增加社会福祉。经济学家马歇尔晚年对英国的经济政策提出忠告道：把一切垄断都当作坏事，是没有充分理由的简单化，对英国经济的发展将是有害无益的。[6]德国联邦卡特尔局也曾充分肯定卡特尔存在的价值，认为"竞争虽然是配置资源的最佳方式，但有些市场因其特殊的条件，优化资源配置的机制只有在限制竞争的条件下才能实现。在这种情况下，通过合作实现合理化就比自由竞争更可取。"[7]

由于垄断对经济发展的双面性影响，我国竞争制度与竞争政策目标模式的选择也不应是简单的自由竞争，而应是存在着某些垄断因素的"有效竞争"。[8]在微观经济学中，有效竞争是指能够使经济活动保持高效率的不完全竞争。在有效竞争模式中，垄断与竞争既对立又统一，竞争被视为一种长期激励机制，垄断地位是相对、暂时的，不断地被竞争所打破。反垄断法作为维护竞争秩序的基本法律，其特有的法价值——竞争，须为有效的当然也应是公平的竞争。

反垄断法适用除外制度正是法律对垄断的双面性作出的回应，是维护公平有效的竞争、追求反垄断与促进社会经济发展有机统一的一种必然选择。

三、反垄断法适用除外制度的政策基础

当代国家对经济的自觉参与和调控不断深入，由此应运而生的经济法"其要义不在如民法般抽象地设定和保障权利，而需对万变之经济生活及时应对，以求兴利避害，促使经济尽速平稳发展，并提高国家及其经济的国际竞争力。它的任务是实现一定经济体制和经济政策的要求，从而获得了比其他任何法律部门更为显著的政策性特征"。[9]反垄断法的制定、修订和执行与竞争政策密切相关，竞争政策又必须与产业政策和其他经济社会政策相协调。适用除外制度就是对一国当前诸种利害关系进行协调，选择优先政策目标的结果，通过规定适用除外的范围、标准和时限等保障既定优先政策目标的实现，以维护国家整体经济利益和社会公共利益。

（一）垄断有利于一国在全球化条件下提高国际竞争力

20世纪80年代以来，经济全球化的势头很猛，各国企业之间的竞争日益演变为国家之间的竞争，也即官民捆绑一致对外竞争。为了增强企业的国际竞争力，政府非但要放松对企业结合的控制，而且通过各种手段促进企业做大、做强。因为可能被全球化浪潮所吞没的，不仅是某个企业，甚至是整个民族经济。因此，发达国家都通过反垄断法的适用除外或豁免推动技术革新、调整产业结构、提高企业的国际竞争力。如日本修改战后实施了半个世纪的《禁止垄断法》对控股公司开禁，美国促成波音与麦道合并等。总之，经济全球化的压力是各国"放松管制"，在反垄断法体系内开辟适用除外"区域"及其范围选择的重要现实因素。

（二）反垄断法适用除外制度是国家政治经济政策的选择

政治方面，为了确保国家的安全和稳定，需要在特定领域维持不同程度的

垄断，如对军工贸、能源、公用事业等领域的某些组织和行为予以适用除外。经济方面，反垄断法受到各个时期的经济形势、竞争政策、产业政策、贸易政策甚至经济学说的影响很大，从而表现出较强的"不确定性"。反垄断法的适用除外制度即集中体现了这一特点。

以美国为例，20世纪40至60年代，受危机惯性和凯恩斯主义的影响，在反垄断法上采纳哈佛学派的"结构—行为—绩效"理论，禁止那些占有较大市场份额的企业结合，在1962年Brown Shoes案和1963年的Philadelphia National Bank案中，形成了根据市场份额推定违法的原则；但70年代以后，西欧和日本作为竞争对手的经济实力不断上升，迫使美国审查其反托拉斯政策是否损害了美国企业的竞争力。80年代，芝加哥学派代替哈佛学派成为美国企业结合控制政策的重要依据。通过1984年和1992年两次修订《企业并购指南》，在决定是否允许某项企业结合时，市场集中度和市场份额只是分析合并对竞争的影响时考虑的因素之一，大多数的结合因为或多或少具有经济效益而不被禁止；不仅如此，对一些本来不应准许的结合，如果能合理预见其将产生具有重大意义的效益，也得以豁免。[10]

又如日本在1999年废止了不景气卡特尔制度——原本是一种典型的适用除外制度；2000年又废止了《禁止垄断法》第6章第21条对电力、煤气、铁路等自然垄断行业的适用除外。这些与日本经济逐渐走出低谷，在国际社会的敦促下，在自我负责原则和市场机制的基础上强化反垄断法的实施，是分不开的。[11]各国对反垄断法适用除外的具体选择、其范围的变化，总是要以本国的政治经济政策为出发点。

四、反垄断法适用除外制度的法学基础

庞德曾说，在法律调整或安排的背后，"总有对各种互相冲突和互相重叠的利益进行评价的某种准则""在法律史的各个经典时期，无论在古代和近代世界里，对价值准则的论证、批判或合乎逻辑的适用，都曾是法学家们的主要活动。"[12]法的价值是多元的，不同层次、不同地位的法律价值虽相互联系和渗透，但也经常发生矛盾和冲突，从而构成一个复杂的价值体系。而对多元法律价值的评价、协调和选择，是立法和司法的核心内容，作为反垄断法有机组成部分的适用除外制度正体现了反垄断法对多元价值的追求与协调，反垄断法适用除外制度与反垄断法终极价值目标的一致性是其存在的法学基础。

（一）社会本位是反垄断法及其适用除外制度的根本价值取向

所谓社会本位是"在对经济关系的调整中立足于社会整体，在任何情况下都以大多数人的意志和利益为重"。[13]

反垄断法的适用除外制度在一定程度上限制竞争，看似与反垄断背道而驰，但事实上，它所体现出的价值与反垄断法是一致的。反垄断法的终极价值目标是通过对竞争秩序的维护，优化配置资源，实现社会的整体效益，这也是经济法的根本价值。依此目标，凡危害社会整体利益的垄断，反垄断法均应予遏止；反之，凡有一定合理性，对社会整体利益有利的垄断，则应允许甚至鼓励。所以，适用除外制度的根本价值目标也正是社会整体利益。而且，适用除外制度以其灵活性，可以补充反垄断法在维护国家整体经济利益和社会公共利益方面的不足。在适用除外领域，"经济自由""个体效益"均需让位于社会整体利益。

社会本位的价值取向蕴涵于当代反垄断立法中，不仅表现为理念，而且具有可操作性。如我国台湾地区《公平交易法》第 14 条明确将"有益于整体经济和公共利益"的"联合行为"排除在反垄断之外；德国《反对限制竞争法》第 8 条"部长特许"的理由就是"出于整体经济和公共利益的重大事由必须对竞争进行限制"。

（二）效率与公平的协调是反垄断法适用除外制度的任务

公平与效率的关系是一个永恒的话题和实际问题。公平正义的要求容易在真理的道路上多迈出一步，变成平均主义，在有损效率的同时也危害了公平本身；效率强调个体利益和经济的发展，却可能拉大贫富差距、形成社会鸿沟。对公平和效率的协调是法律的重要使命之一。反垄断法的适用除外制度，除了立足社会本位外，价值链的中心环节同样是效率与公平。当然，反垄断法适用除外制度注重的公平是实质公平和社会公平，效率是社会整体效率。[14]如果公平和效益二者发生冲突，则不容许任何有损社会利益和优良道德的效益存在；就效益而言，则宏观经济效益和社会公共道德、秩序优先于局部或个别效益，长远利益优先于一时的效益。适用除外制度允许有利于国民经济的垄断，可以提高社会整体效率、促进经济发展；同时遏止妨碍社会整体效益的垄断行为，保障市场主体的公平竞争，以激发并维持持久的效率。

（三）适用除外制度是立法技术的选择

从法律适用的角度，立法者最好对垄断作出严格、明细的界定，以利于把握合法垄断与不法垄断的界限。然而，鉴于竞争和反竞争的形式复杂多样，其利弊不可一概而论，所以综观各国的反垄断法，没有一个国家的立法者能够用非常明确的概念和规定将需要禁止的垄断囊括其中，同时又能将应准予存在的垄断排除在外。适用除外制度或概括或具体地对不必反对的垄断作出规定，作为例外，有利于在反垄断法适用中区分合法垄断与不法垄断。

此外，适用除外制度可以弥补反垄断法对现实回应能力的不足。法律相对经济发展具有稳定性和滞后性，但对垄断的合法或不法的界定却必须随着经济关系的变化、时代的发展而与时俱进。适用除外制度是开放性的，它可以无需对反垄断法作根本改动或调整，而根据经济、社会发展的需要，通过日常的立法和修法随时作出相应的调整，从而以其开放性和灵活性，使反垄断法保持相对稳定又不至于陷入机械和僵化。

因此，适用除外制度并非"是对反垄断法基本立法目的的反动"，[15]它与反垄断法在根本价值目标上相互契合，内容上相互补充，从而能够平衡各种利益关系，实现经济与社会的良性运行和协调。这种价值目标上的内在一致性，也是适用除外制度产生并成为反垄断法律体系重要组成部分的价值前提。

五、反垄断法适用除外制度的道德基础

法与道德相互依托、互动，法必须以优良道德为基础，需有道德支持才能节约有效地运转，并以道德作为其正当性评判的标准。博登海默说，美国"在不公平竞争法中，近年来由法院和立法机构所进行的一些改革，必须归因于道德感的增强与提升，以及由此而盛行的这样一种信念，即商业社会必须依靠比道德谴责更为有效的保护手段才能抵制某些应受指责的毫无道德的商业行为"。[16]反垄断法应该注重对社会道德的维护，正是基于这种法律理性的考量，人们认为律师、医生、会计等从事的工作具有崇高性，他们应有自己的道德规则和职业操守，不能片面地追求利润，他们之间的竞争有时与其职业道德相悖，不利于服务质量和职业道德和的维护，[17]只会导致社会道德的沦丧和社会公共利益的损害。因此，许多国家的反垄断立法都将自由职业者及其合理的限制竞争纳入反垄断法适用除外的范围。

六、结语

反垄断法适用除外制度在一定程度上协调了反垄断法与经济发展的矛盾，对于增强企业和国家的竞争力、提升社会福祉起到了一定的作用。但是也必须认识到，一方面各国反垄断法对适用除外的对象并非全面、绝对地不适用反垄断法，而是有条件、相对的适用除外。另一方面，随着市场化改革的深化和全球化的发展，反垄断法适用除外制度的范围有不断缩小的趋势。中国制定反垄断法时，应该借鉴国外的经验，结合我国所处的国际国内形势，坚持社会本位，

立足于民族国家利益和市场化取向，建立适合中国国情的适用除外制度。

（史际春、杨子蛟，原载《学海》2006年第1期）

参考文献：

［1］孙晋．反垄断法适用除外制度构建与政策性垄断的合理界定［J］．法学评论，2003（3）：48-56.

［2］［美］保罗·萨缪尔森，威廉·诺德豪斯．经济学（第16版）［M］．萧琛，等译．北京：华夏出版社，1999：127.

［3］邓启惠．对若干垄断理论观点的重新思考［J］．经济评论，2000（1）：11-13.

［4］［美］理查德·波斯纳．反托拉斯法［M］．孙秋宁，译．北京：中国政法大学出版社，2003：32.

［5］赵放．对垄断及其作用的再认识——站在后发国立场上的几点思考［J］．社会科学战线，2000（3）：56-61.

［6］杨兰品．中国转型时期垄断问题研究［J］．经济评论，1999（4）：45-51.

［7］王晓晔．德国竞争法中的卡特尔制度［J］．法学家，1995（4）：10.

［8］陈秀山．我国竞争制度与竞争政策目标模式的选择［J］．中国社会科学，1995（3）：25-35.

［9］史际春，邓峰．经济法总论［M］．北京：法律出版社，1998：57-58.

［10］王晓晔．企业合并中的反垄断问题［M］．北京：法律出版社，1996：40-41，60-69.

［11］LIN P. Competition Policy in East Asia：The Cases of Japan, People's Republic of China, and Hong Kong［J/OL］．Lingnan University Digital Library, 2002-11-01.

［12］［美］庞德．通过法律的社会控制——法律的任务［M］．沈宗灵，等译．北京：商务印书馆，1984：55.

［13］潘静成，刘文华．经济法［M］．北京：中国人民大学出版社，1999：64.

［14］漆多俊．经济法基础理论［M］．武汉：武汉大学出版社，2000：156-158.

［15］曹士兵．反垄断法研究［M］．北京：法律出版社，1996：77.

［16］［美］E. 博登海默. 法理学——法哲学及其方法［M］. 邓正来，译. 北京：中国政法大学出版社，1999：376.

［17］吴汉洪. 关于中国反垄断法的适用除外［J］. 中国改革，1999（1）：18-19.

论食品安全卡特尔

——一种食品安全法律治理的路径

食品安全治理应当重视经营者自律的作用，仅靠政府主管部门监管是远远不够的，对经营者的食品安全卡特尔应予肯定、鼓励，将其纳入反垄断法适用豁免的范围。

保定某个体摊主炸油条坚持用一级大豆色拉油，每天都换新油，所炸油条供不应求，被誉为"油条哥"。该市 20 多家早餐店遂成立"放心油条"联盟，与他一起做放心油条，[1]其效应还外溢至全省，出现了"河北省良心油条联盟"，[2]令人深感民众中蕴藏的朴素正义和良法创造力，需要学者去发现和支持。《中华人民共和国反垄断法》（以下简称《反垄断法》）实施以来，学界和官方对垄断主要关注的是"反"，而对某些垄断的益处及其豁免乃至弘扬有所忽视，比如食品安全卡特尔就是一例。《中华人民共和国食品安全法（修订草案送审稿）》（以下简称《送审稿》）首次确定了"预防为主、风险管理、全程控制、社会共治"的食品安全治理原则。①《中共中央关于全面深化改革若干重大问题的决定》（以下简称《决定》）则提出"要发挥市场在资源配置中的决定性作用，更好地发挥政府的作用"，以及推动政府职能转变、激发市场活力。食品安全治理作为一项系统性工程，有赖于市场的积极约束，更应关注经营者在其中的应有定位与功能发挥。本文拟从食品安全卡特尔现象切入，论述其正当、合法性，并以《送审稿》的公布为契机，② 提出应当为食品安全卡特尔的反垄断法适用豁免提供指引，以此就教于各方同仁和专家。

---

① 《送审稿》由国家食药总局于 2013 年 10 月报送国务院。
② 2014 年 5 月，国务院常务会议原则通过了《送审稿》，随后提请全国人大常委会审议。

一、食品安全卡特尔的合法性分析

（一）食品安全卡特尔与食品安全治理

我国以往的食品安全治理，着眼于政府监管，效率低、成本高，重审批和外部监管，忽视事中、事后监管以及经营者、消费者和社会组织在治理中的基础性作用及其主观能动性，因而无法深入本质、溯及源头以实现有效的全程监管。相比之下，经营者自律具有直接利益驱动、即时反馈的优势，可深入内部修补食品生产流通消费链条中可能出现的安全隐患与漏洞，真正实现生产、流通、经营、销售、服务每个环节的全程监控、溯源监督和无缝对接，与政府监管、社会监管共同把好食品安全这道"阀门"。

食品安全治理要标本兼治，就必须使市场无形之手与政府有形之手协同并用。在市场机制和"赚钱"意愿的推动下，诸多食品领域的同业经营者摸索出了一条有助于解决食品安全问题的路径，即以改善产品质量、提升创新能力、化解产能过剩、加强中小企业竞争实力、保护资源环境、维护进出口利益等为目标，达成具有一定限制竞争效果的经营者联合或同盟，其客观或终极的效果则是有助于提升消费者福利、维护食品安全、实现社会整体利益最大化。例如实践中出现的"食品安全餐饮经营者联盟""中国奶粉爱心诚信联盟""甘肃乳企诚信联盟"、"放心肉""放心油条"联盟、"餐饮服务诚信示范街"以及"个体食品加工创优同盟"，等等，均是如此。

笔者认为，食品行业的经营者以维护食品安全、保护消费者利益为目的达成的协议，可以改进食品生产、营销手段或促进技术进步，有助于实现市场对不诚信经营者及其制作出售不安全食品的正向淘汰机制，这是必要的限制竞争，所涉产品市场的实质性竞争未受根本性损害，由此达成的积极效果大于消极效果的联合或垄断协议，可以统称为"食品安全卡特尔"。食品安全卡特尔对于落实食品经营者的"食品安全第一责任人"角色，构建食品追溯管理制度，加强食品经营者自律，完善食品安全自查、召回、无害化处理、补救和销毁等管理措施，将小作坊、小食品店、小餐饮店和食品摊贩等纳入规范化的监督管理，推动构建与培育健康、可持续的市场淘汰机制等，均具有重要意义。值得注意的是，因涉及对食品质量、数量、市场以及交易行为等的限制，食品安全卡特尔具有垄断与妨碍竞争的"外象"，因而不可避免地要受反垄断法的规制。

（二）食品安全卡特尔符合反垄断法豁免制度的基本法理

"豁免提供了一种绕开反垄断法定禁止的统一途径。随着反垄断法发展，它们包含了由于压倒性社会经济需要而豁免某些经营者适用该法的条款。"[3]反垄断法豁免常与"适用除外"混用,反垄断法豁免是指某种行为在形式上符合反垄断法禁止的规定,但从社会公共利益、技术创新和消费者福祉等其他方面来看,这种行为又是有益的,具有正当、合理性,因而可排除在反垄断法的适用范围之外。美国联邦贸易委员会和司法部发布的《竞争者之间协作行为的反托拉斯指南》就开宗明义地指出:"为了在现代市场上展开竞争,竞争者有时需要进行合谋。竞争力量推动公司进行复杂的合谋,以达到扩张进入外国市场、为高昂的创新活动融资以及降低生产和其他成本的目的。这些合谋通常不仅是良性的,而且能够促进竞争。"[4]

一般而言,豁免对象主要是对整体经济利益、社会公共利益有重要意义的行业或领域,以及对市场竞争的影响不大但对整体利益或特定社会成员却十分有益的限制竞争行为或垄断行为。食品安全卡特尔作为横向协议性质的限制竞争行为,通过具有竞争关系的经营者之间达成具有一定限制竞争效果的协议或决议,旨在保障食品安全、维护消费者权益从而促进社会整体利益,可由豁免制度赋予其合法性。

当代反垄断法和政策越来越倾向于合理性分析,即凡合理的就是合法的。所谓合理性,是基于一定的价值或理念、目标,以及由此反映出的特定社会的经济、社会、思想、文化、学术乃至政治等因素所作的分析及做出的正面结论。"反托拉斯和竞争法常常受到社会和历史因素的影响,并且有可能响应截然不同的目标。"[5]实践中,各国反垄断法的价值、理念及目标虽各有侧重,但大体包括自由竞争、公平竞争、经济效率、消费者权益、环境保护、国家安全以及社会整体利益等。其中,相对于高强度的竞争,社会整体利益已然成为更高位阶的法律价值。社会整体利益包括经济效率、消费者福祉、社会公平正义、公益、环境保护、中小企业保护、统一大市场、国家安全等多种内容。"经济进步必然和垄断因素相联系,决定了法院应当在竞争自由和经济进步相冲突中决定哪一个目标占优先地位"。[6]食品安全卡特尔之所以符合反垄断法适用豁免的法理,根本上即在于其超越单纯追求竞争的更高价值。

反垄断法对垄断的规制是区分不同情形分别对待的,并非一概地反对所有的垄断,而只反对那些"坏的"垄断。[7]在我国 2013 年修正的《产业结构调整指导目录(2011)》中,"农产品基地建设、畜禽标准化规模养殖技术开发与应用、农作物、家畜、家禽及水生动植物、野生动植物遗传工程、农牧渔产品无公害、绿色生产技术开发与应用、绿色无公害饲料及添加剂开发、有机废弃物无害化处理及有机肥料产业化技术开发与应用等"内容被放在鼓励类产业目录中，体现了国家在提升农作物质量、维护食品安全和消费者利益等方面的政策导向。食品安全卡特尔当可作为其每个环节上的安全及质量保障机制之一。

（三）食品安全卡特尔豁免具有充分的现实法律规范支撑

食品安全卡特尔以维护食品安全为宗旨，其表现形式多种多样，包括为改进技术、研发新产品、统一规格及型号、质量标准、约定生产经营的专业化分工、促成中小企业联合、保护环境、节约能源、保护国家进出口安全而形成的联合，以及农民、农业合作社和其他农村经济组织在农产品生产、储存、加工、运销诸领域的相关联合等。

从典型国家的反垄断法文本来看，卡特尔豁免均是其重要组成部分之一。美国反垄断法对卡特尔的豁免主要通过法官运用"合理规则"的方式实现。此外，美国联邦贸易委员会与司法部还发布了若干单行法规规定卡特尔豁免，如1918年豁免出口卡特尔的《韦布—波默林法》、1992年豁免农业合作卡特尔的《凯普—伏尔斯蒂德法》、1980年豁免研究开发卡特尔的《国家合作研究法》等。2000年4月发布的《竞争者之间协作行为的反托拉斯指南》对事实的或者潜在的竞争者之间建立合作性的合营企业、技术领域的交叉许可、共同采购和共同销售、建立商会以及建立战略同盟等各种卡特尔豁免均做了较详细的规定，当然也适用于食品行业的卡特尔。

欧盟对卡特尔违法性的判断标准主要根据《欧共体条约》第81条和第83条，采用"一般禁止"加"广泛豁免"的模式，其中卡特尔豁免包括个别豁免（Individual Exemption）与集体豁免（Block Exemption）两种方式。欧共体委员会在2000年颁布了《关于研究开发协议集体豁免的2659/2000号条例》《有关专业化协议集体豁免的2658/2000号条例》。具体而言，一项卡特尔在被认定符合第81条的违法性标准后，即开始认定其是否可适用"集体豁免"。如符合"集体豁免"中的"白色清单"免责条款，则依法自动豁免；如有"黑色清单"中的禁止条件，则不适用"集体豁免"，但未必完全被否定，只要卡特尔存在重大的抵偿性利益（Countervailing Benefits），仍可通过更具体的个案分析以适用"个别豁免"；如果出现黑白清单之外的限制性条款即"灰色清单"，则需要对每一条款进行合理性分析，来认定其是否适用"集体豁免"。此外，欧共体委员会2001年发布《有关欧共体条约第81条对横向合作协议适用指南的委员会通知》（以下简称《欧共体通知》），对于常见的各种卡特尔阐明了委员会予以豁免认定的框架，并对《研究开发协议集体豁免条例》与《专业化协议集体豁免条例》进行了补充。① 其同年又发布《关于处理不受欧共体第81条第1款规制的非明显限制竞争的无足轻重的协议》,[8]对中小企业合作卡特尔豁免作了具体规定。上述条例、通知和指南在实践中均是欧盟及成员国反垄断执法和司法的重要依据。[9]本文所谓食品安全卡特尔自属其适用范围。

德国关于卡特尔豁免的规定沿袭了欧盟竞争法的成文法模式,但早期的"类型化卡特尔列举"② 则与欧盟的"广泛豁免模式"有较大差异。德国《反限制竞争法》自1957年颁行至今共修订了7次,在1998年第6次修订之前,卡特尔豁免主要在第1篇第1章"卡特尔合同和卡特尔决议"的第2条至第8条进行类型化列举:标准和型号卡特尔及条件卡特尔、专门化卡特尔、中小企业合作卡特尔、合理化卡特尔、结构危机卡特尔、其他可以提高经济效益或者消费者福利的卡特尔以及部长特许卡特尔,每一种类型的卡特尔均被附加了不同的约束条件;第28条则对农业生产企业因有关农产品生产、销售、使用、储藏、加工或处理农业产品的共同设施达成的协议规定了豁免。第9条、第10条针对卡特尔的申请登记、驳回程序、豁免申请与授予等进行了规定。[10]

日本《禁止私人垄断和确保公正交易法》修改前的第6章对旨在克服萧条的共同行为、实现合理化的共同行为等豁免做了比较集中的规定。其他如《中小企业团体组织法》《进出口交易法》《农业合作社法》《水产合作社法》等单行法中也均规定了相关的卡特尔豁免。此外日本还制定了《关于〈禁止私人垄断和确保公正交易法〉的适用除外等问题的法律》对反垄断豁免进行专门规定。1999年6月15日,日本颁布了《关于反垄断法适用除外制度的整理方案》,不景气、合理化等大部分卡特尔豁免被废止,仅中小企业合作卡特尔得到保留。

我国的卡特尔豁免法律规范主要是《反垄断法》第15条关于垄断协议适用豁免的规定,以及第56条关于农民与农产品领域的联合或协同行为的规定。发改委和工商总局等虽然颁布了一些与卡特尔有关的反垄断执法规定,例如《反价格垄断规定》《反价格垄断行政执法程序》《工商行政管理机关查处垄断协议、滥用市场支配地位案件程序规定》《工商行政管理机关禁止垄断协议行为的

---

① 该指南全称Guidelines on the Applicability of Article 81 of the EC Treaty to Horizontal Cooperation Agreements,并不普遍适用于任何卡特尔,而仅涉及可能产生效率或其他重要收益的合作类型,即研发、生产、购买、商业化、标准化和环境协议。

② 指德国《反限制竞争法》在第6次修订之前的立法模式。第6次修订后,一度对垄断协议进行了横向协议与纵向协议的划分。但为了更好地迎合欧洲一体化的需要,《反限制竞争法》在第7次修订后取消了上述划分,改采欧共体竞争法"广泛豁免"的立法模式,即除了保留中小企业合作卡特尔之外,不再详细列举卡特尔类型。

规定》等，但对卡特尔豁免均无涉及。《反垄断法》第 15 条综合借鉴了欧盟与德国立法模式，将"类型化列举"与"一般豁免"相结合，但又具"本国特色"。如第 15 条第 1 款第 1 项至第 6 项类型化列举了研究与开发卡特尔、专门化卡特尔、中小企业卡特尔、社会公益性卡特尔、不景气卡特尔、进出口卡特尔，第 7 项则以"法律和国务院规定的其他情形"作为其他卡特尔兜底条款；并对前 5 项同时要求经营者证明"所达成的协议不会严重限制相关市场的竞争，并且能够使消费者分享由此产生的利益"。第 56 条规定农业生产者和农村经济组织的联合或协同行为对反垄断法可以不予适用，但在实践中，不排除相关争议可依法进入反垄断执法机构和法院的审查。

二、食品安全卡特尔的主要类型及其合理性分析

2011 年国家发改委与工业和信息化部联合发布《食品工业"十二五"发展规划》，总结了我国食品工业在食品安全保障体系、自主创新能力、产业链建设、产业发展方式以及企业组织结构等五大方面存在的问题。从竞争的角度来说，这些问题则表现为逆向选择、道德风险、劣币驱逐良币等逆向淘汰机制盛行。反垄断法是合法性与合理性高度统一、充分讲理的一种法。各类食品安全卡特尔不仅契合反垄断法豁免制度的法理，并有充分的中外法例支持，更因符合我国食品安全实践的需求而具有充分的合理性。

（一）食品安全标准化与专业化卡特尔

食品安全标准化与专业化卡特尔，是协议采用统一的产品标准、规格型号或约定生产经营的专业化分工。这种协议和约定能够产生规模效应与协同优势。"大的也可以是美的"，[11]规模使得分工成为可能，而分工的专业化、精细化又可提高效率，规模效应还有助于降低交易费用。卡特尔能够促进内部信息的交流，"与共谋定价本身不同，这种信息交换常常可以产生显著的社会效益，因为，一般来说，卖主们对竞争者的价格和产出掌握的信息越多，市场的运作效率就越高。一个企业如果不知道市场价格是多少，就不知道该生产多少，或者实际上根本不知道要不要生产。如果对竞争者扩张生产能力的计划一无所知，它也就无法对自己要不要扩张生产能力作出明智的决策"。[12]团队通常能创造比单个成员带来效益之和还要大的效益，也即产生一加一大于二的结果。内部协作或者协同行为内化了外部性，减弱了彼此之间因敲竹杠或卸责等对抗行为带来的风险，使企业更好生存下来。[13]当前，我国食品行业中整体性的安全标准、基础通用标准、重点产品标准、检测方法标准和加工技术标准，以及具体的行

业标准等都不甚完善，各类标准在技术内容上存在诸多冲突和矛盾，亟须整合。食品安全卡特尔通过规范内部联盟成员自觉实行良好操作规范（GMP）、危害分析和关键控制点（HACCP）、诚信管理体系（CMS）等，推进标准化、国际化、高质量的食品安全监管体制和科学管理模式，可以为逐步增强食品安全保障能力、堵塞外部监管漏洞、形成内外监管合力、实现全程监管和无缝对接奠定基础。

（二）食品安全中小企业合作卡特尔

食品安全中小企业合作卡特尔，旨在通过抱团发展、聚少成多的方式改善中小企业的经营能力，在规模化经营中增强市场竞争能力。"目前我国食品工业大中型企业偏少，'小、散、低'的格局并未根本改变，小微企业和小作坊仍然占全行业的90%左右。同时，中小企业自检能力不足，检测设备配置落后，公共检测平台缺乏，成为制约我国食品安全整体水平提升的关键因素。"[14]为了提高企业竞争能力、改善经营管理，更好地与大企业进行竞争，中小企业之间通过共同购买、销售、生产等方式形成专业化、规模化的生产经营，对改进技术、改善经营管理，增进规模、效益与市场竞争力均具有重要意义。比如市场中大量存在的食品生产加工小作坊、小食品店、小餐饮店、食品摊贩，通过在原材料采购、用料、网点扩展、人员培训、产品标准和质量、自我约束、互相督查等方面达成一系列协议，形成"餐饮服务诚信示范街"，将单个、弱小的经营者用质量、诚信、销售、运输、技术等绑定在一起，可以在避免"单打独斗"等经营弊端的同时提升竞争能力与服务水平。

（三）食品安全研究与开发卡特尔

食品安全研究与开发卡特尔（以及相关的环境卡特尔、出口卡特尔等）对淘汰落后产能、健全产业退出机制、推动食品产业结构转型升级、优化经济发展方式、节能减排、保护资源环境以及增强国际竞争力等均有重要意义。经营模式转型、组织结构升级已是全球食品产业发展的大势所趋。跨国公司在全球范围内通过资本整合，凭借专利、标准、规格、技术和管理装备领域的优势地位大举抢滩登陆我国市场，使得我国国际竞争力尚不强大的食品工业面临着严峻挑战。随着全球食品产业日益向深层次、广领域、高效益、低能耗、全利用的一体化可持续模式转型，我国食品业也成为国际食品产业链条中的一环，受国际大环境的影响程度日益加深。食品安全研究与开发卡特尔有利于节能、节水、节地、降耗，发展循环经济，提高资源利用率，强化污染物减排和治理，增强我国企业的国际竞争力。目前我国在粮食加工、肉类屠宰加工、发酵、酿酒、乳制品领域存在产能过剩，通过食品安全卡特尔"强强联合"，也可以淘汰技术与装备落后、资源与能源消耗高、环保不达标的落后产能，提升整体经济效益。比如，为了保证肉类食品的高品质货源，让百姓吃上"放心肉"，江苏苏食集团与知名厂家联盟，采取"双名牌互动"形式，建设了完整的生猪屠宰管理制度、肉类食品质量安全信息可追溯系统、屠宰监管技术系统与肉品冷链系统，淘汰传统加工技术，推动了肉品业转型，有效保证了肉品卫生和质量安全。[15]

（四）农产品产供销卡特尔

农民或农村经济组织在农产品的产供销领域达成卡特尔，不仅可以为稳定农产品有效供给、确保粮食安全与社会稳定奠定基础，还有利于对抗市场巨头、解决"三农问题"、保障民生与就业。农民作为分散的经营者，规模化程度低，资金、技术、营销等能力普遍较弱，因此有必要鼓励农民组织起来，通过合作社及其联社、农业或农产品协会及农产品运销卡特尔等提升市场竞争力。比如江苏泰州市姜堰区、海陵区以及盐城市射阳县的12家农场共同组成"家庭农场联合体"，实现粮食统一烘干、加工、销售，有效解决了农场主们的后顾之忧。这种中小农业主的卡特尔联盟通过合作发展与资源整合，改善了自身竞争能力，增进了社会整体效益，显然值得推广。

（五）食品安全诚信卡特尔

食品安全诚信卡特尔能够强化企业主体责任，促进食品行业与企业的诚信水平。比如常州武进区成立的"酒店餐饮企业诚信联盟"，一方面对不诚信的成员单位采用批评、教育、取消联盟资格的方式予以约束，另一方面对联盟内的诚信企业进行大力宣传，从而构建激励机制。[17]这种诚信卡特尔奖惩并重，有助于激励经营者不断改善经营管理，自觉落实食品安全的主体责任。此外，食品安全诚信卡特尔还可以要求联盟内部成员进行持续信息披露并相互监督，促进各种食品安全信息在经营者与消费者之间的流通与反馈。这种内在的信息披露要求，加大了脏、乱、差以及不诚信、不守法的食品加工、生产、销售企业的生存压力，迫使其改革自身各方面的缺陷。例如，"甘肃乳企诚信联盟"向消费者郑重承诺，该联盟企业的产品中不含三聚氰胺等有害物质，承诺企业严格遵守法律法规，自觉执行国家标准和行业标准。[18]这种卡特尔形式的宣誓、承诺，不仅可以增强消费者对联盟所属企业乳品质量的信任，亦可吸引其他企业为加入联盟而改进管理、重视质量、规范经营，其潜在的激励因素在于，加盟企业的美誉度更高，销售和价格更稳定，从而可获取更多利润暨更大的利益。这有助于形成正常的市场正向淘汰机制。

食品安全卡特尔既可以属于以上某一种类型，也可以是几种类型的混合体，对其法律规制不必拘泥于类型，关键是看其维护食品安全和质量的宗旨及实际效果如何。

三、食品安全卡特尔反垄断法豁免的路径

食品安全卡特尔是一种有益的垄断，值得弘扬和推广普及，为此需要观念倡导和规则指引并行，给经营者和民众以合理预期，使之得以发挥应有的经济与社会效益。

（一）明确食品安全卡特尔的反垄断法适用豁免

总体而言，从国际上看，反垄断法对卡特尔的豁免适用趋于严厉，豁免范围不断缩小，比如德国第 7 次修订《反限制竞争法》后就仅保留了中小企业合作卡特尔。然而，对此现象要具体分析，不可一概而论。就我国食品行业及食品安全监管的实际情况而言，则有必要认可食品安全卡特尔及其合理性，明确其反垄断法适用豁免，并使经营者、消费者和整个社会周知。构建合理的食品安全卡特尔豁免制度有利于形成更加有序、有效的竞争机制和淘汰机制。当然，为保证食品安全卡特尔的豁免能够实现此种效果，应以行为豁免而非集体豁免为原则，即依据个案分析对某一食品卡特尔行为的积极效果与消极效果进行权衡，以此决定是否豁免（而非针对某一行业的整体性豁免），从而确保食品安全卡特尔豁免的合理性。对于学界、官方和法律界而言，就食品安全、质量卡特尔原则上可给予反垄断法适用豁免达成共识，是至关重要的。

（二）制订《垄断协议反垄断法适用豁免指南》

从发达国家的经验看，就反垄断执法和司法而言，仅有立法机关制定的法律是不够的。《反垄断法》对卡特尔豁免作了规定，但有关豁免对象、条件、程序、期限、授权主体等尚需反垄断执法机构制订指南或由法院在司法审判中形成规则，我国这方面的实践明显滞后于食品安全法治对卡特尔豁免的需求。比如《反垄断法》第 15 条关于豁免程序方面仅规定了经营者的举证义务，即"经营者能够证明达成的协议属于下列情形之一的"，以及第 1 款至第 5 款的"经营者能够证明达成的协议不会限制相关市场的竞争，并且能够使消费者分享由此产生的利益"；《反垄断法》第 56 条对农业生产者和农村经济组织的联合或协同行为除外适用只作了原则规定。

解决上述问题、细化卡特尔豁免制度主要有两种方式：一是效仿美国，通过判例造法并发布相关指南；二是效仿欧盟，发布指南和有约束力的实施细则。由于卡特尔的实践类型多样，对其规制的要求也各有不同，结合我国的大陆法

系传统以及反垄断法执法现状，通过发布指南及其实施细则，对相关豁免的具体内容、豁免的社会需求及反垄断规制对市场竞争的影响进行总结归纳，能够给行政机关、司法机关、律师、经营者分析案件、应对执法和诉讼，提供更好的参照与思路。据此，国家发改委和工商总局有必要以我国《反垄断法》的宗旨和基本精神为基础，针对食品安全卡特尔和其他可以豁免的卡特尔的具体情况，在深入调研的基础上发布《垄断协议反垄断法适用豁免指南》（以下简称《豁免指南》），为食品安全卡特尔的豁免提供有力的指引和法律适用的直接依据。

（三）实现《豁免指南》与《食品安全法》的衔接

国家食药总局的《送审稿》从落实食品安全监管体制改革和政府职能转变、强化企业主体责任、地方政府责任落实、创新监管机制方式、完善食品安全社会共治、严惩重处违法违规行为等六个方面，对现行《食品安全法》作出了补充及修改，在具体监管上也展现了一些创新之处。① 这为在食品安全领域具体适用反垄断法、增进食品安全卡特尔豁免的可预测性与确定性，提供了新的思路和依据。

1. 加强反垄断执法机构与食品安全监管机构的协调

《中共中央关于全面深化改革若干重大问题的决定》提出，科学的宏观调控，有效的政府治理，是发挥社会主义市场经济体制优势的内在要求。《送审稿》第 5 条规定，"国务院食品药品监督管理部门依照本法和国务院规定的职责，承担食品安全综合协调职责，负责对食品生产经营活动实施监督管理""国务院质量监督检验检疫部门依照本法和国务院规定的职责，负责对食品相关产品生产和食品进出口活动实施监督管理"。第 53 条规定，"质量监督检验检疫部门对安全鉴定说明文件进行评价审查"。可见，食品安全系由国家食药总局总体负责协调监管，其中涉及进出口活动和食品相关产品安全评价审查的，由国务院质量监督检验检疫部门负责。

对食品安全卡特尔的监管及其反垄断法适用豁免，涉及反垄断执法机构与产业监管机构之间的协调。我国《反垄断法》从起草到正式定稿，在这一问题

---

① 这些创新主要是增加了食品网络交易监管制度、食品安全责任强制保险制度、禁止婴幼儿配方食品委托贴牌生产等规定，以及责任约谈、突击性检查等监管方式。在行政许可设置方面，国家食药总局经过专项论证，在《送审稿》中增加规定了食品安全管理人员职业资格和保健食品产品注册两项许可制度。

上有所反复，① 2007 年正式通过的《反垄断法》对此未做明确规定，对产业监管机构就其管辖范围内垄断和竞争问题的执法权有所忽视，导致实践中出现涉及二者协调的问题时缺乏必要的法律支持。促进反垄断执法机构与产业监管机构之间的协调执法，有利于实现监管的多重目标和价值追求，在妥善协调竞争政策和国家食品产业政策关系的同时，平衡各方主体利益、维护社会整体利益。《送审稿》第 5 条第 6 款规定，"国务院其他与食品安全工作相关的部门依照本法和国务院有关规定，履行相应职责"。虽然据此可将反垄断执法机构兜底于其中，但更有效的方案应当是在《豁免指南》中对反垄断执法机构与产业监管机构之间的协调执法作明确规定。其要点包括：明确二者都应当遵循反垄断法的基本原则与精神，依据行业性立法（对于食品安全卡特尔而言即《食品安全法》）来实施具体的规制措施；要求加强沟通与协作，并明确发生监管冲突时确定执法权归属的依据，在综合考虑对个案的专业知识、先前的处理经验、对当事人的熟悉程度等因素的基础上予以权衡；明确一方行使执法权时，另一方应当积极配合，包括提供资料、提供专业咨询、组织专家意见等。

2. 落实企业主体责任，明确豁免的实体及程序规范

《送审稿》第 4 条提出，食品生产经营者是"食品安全第一责任人"，应当履行"诚信自律"的义务。为了有效提升食品企业的诚信意识，深入贯彻落实企业主体责任，应当充分发挥法律的指引功能与预测功能，为经营者自觉履行责任提供规范依据，包括实体性规范与程序性规范。其中，程序性规范尤其重要。在实体性规范的原则性和模糊性有可能削弱法律的确定性与可预见性的情况下，需要通过程序性规范对其加以有效弥补。《反垄断法》对卡特尔豁免作了规定，为了给食品安全卡特尔以及其他行业中符合豁免要求的卡特尔提供明确的适用依据，反垄断执法机构应当在《豁免指南》中规定有关豁免对象、适用条件、期限、程序、豁免撤销及其他限制等要求。

在实体性规范方面，重点是对类型化卡特尔豁免的适用作出区别规定，尤其是对各类卡特尔的适用主体范围、基本分析框架以及评估的标准作出规定。在这方面，《欧共体通知》具有较强的借鉴意义。《欧共体通知》确立了按照

---

① 2006 年全国人大常委会第一次审议的《反垄断法（草案）》第 44 条第 1 款规定："对于本法规定的垄断行为，有关法律、行政法规规定应当由有关部门或者监管机构调查处理的，依照其规定。有关部门或者监管机构应当将调查处理结果通报国务院反垄断委员会。"第 2 款规定："有关部门或者监管机构对本法规定的垄断行为未调查处理，反垄断执法机构可以调查处理。反垄断执法机构调查处理应当征求有关部门或者监管机构的意见。"《反垄断法（草案）》第三次审议后，该条被删除。

"不在第 81（1）款适用范围之内的协议"（黑色清单）、"几乎总在第 81（1）款适用范围之内的协议"（白色清单）、"可能落入第 81（1）款适用范围的协议"（灰色清单）分类适用第 81（1）款评估的基本分析框架，并对不同类型的卡特尔做出了针对性的界定。比如对专业化协议侧重从"界定各方市场地位、集中率、市场参与者的梳理以及其他结构因素""上游市场的合作""竞争者间的分包合同"等因素展开；对购买协议则更关注分析"购买和销售市场的相互依赖"。据此，我国的《豁免指南》在实体规范方面应当注意以下四个方面。其一，《反垄断法》对豁免的实质要件仅规定了"经济利益、消费者的公平份额、不消除竞争"三个方面，缺少"限制竞争的必不可少"这一惯常要件，应当通过扩张解释将"必不可少"要件增加到评判标准当中。其二，引入分析方法时应立足于"市场地位""市场份额""市场集中度"等要素，评判卡特尔是否具有"在价格、产量、市场划分或者商品和服务的种类和质量方面对市场产生消极影响的能力"。其三，为避免法律规范的抽象性给经营者造成困扰，损害规制效果，可附录卡特尔豁免的具体案例以供社会参考。其四，对中小企业卡特尔豁免的"市场份额"界定，应予适当倾斜或优待；同时，鉴于中国属于农业大国的基本国情，应对农业卡特尔豁免进行类推适用。《送审稿》第 2 条第 2 款规定："供食用的源于农业的初级产品（即食用农产品）的质量安全管理，遵守《中华人民共和国农产品质量安全法》的规定，但本法另有规定的，应当遵守本法的有关规定。"《送审稿》第 31 条和第 32 条将"食品生产加工小作坊、小食品店、小餐饮店、食品摊贩"纳入监管范畴，并"鼓励和支持上述主体改进生产经营条件、进入集中交易市场、店铺等固定场所经营"。在我国食品企业规模整体偏小、竞争能力偏弱、中小食品企业需要国家给予政策支持的客观背景下，对中小企业卡特尔的豁免判定应当立足于实际情况，给予更多宽容。

在程序性规范方面，应建立"事后审查"的基本模式。各国反垄断法对卡特尔豁免的程序控制主要是事后的执法及司法审查。美国历来如此。欧盟、德国与日本虽曾经采用事前审查的做法，但欧盟理事会于 2002 年通过 1/2003 号条例后，废除了事前申报审查制度。根据该条例规定，凡是违反第 81 条第 1 款但符合第 3 款豁免条件的行为，不再需要委员会事先作出决定，而可直接依法豁免，只要符合豁免条件，协议自始有效。德国、日本也随之修法，卡特尔豁免的方式与欧盟趋同。事先申报审查以经营者申请登记或经批准为合作前提；事后审查则以相关主管机构进行反垄断执法或发生纠纷时法院进行司法审判为审查方式。德国《反限制竞争法》在第 7 次修订以前，依据卡特尔对竞争影响程度的轻重不同，将其分为登记卡特尔、可驳回卡特尔以及须经批准的卡特尔。

《送审稿》第 92 条规定："国家建立食品安全风险分类分级监督管理制度。食品安全监督管理部门根据食品安全风险程度确定监督管理的重点、方式和频次等。"这一规定原则上也可成为卡特尔豁免中程序控制的参照因素。但由于类型、合作内容与发生领域不同，合作主体的能力有别，各种卡特尔对市场竞争的影响程度也有较大差异。《反垄断法》第 15 条和第 56 条规定的卡特尔豁免，尤其是合理化卡特尔、标准化卡特尔、专业化卡特尔、中小企业卡特尔、农业方面的卡特尔以及相关的食品安全卡特尔等，由于其对竞争损害不大或根本无损害，均可"不告不理"，反垄断执法机构无须主动介入审查，如此也可以减轻监管负担和参与合作经营者的成本，同时避免对市场秩序造成重大的不利后果。

3. 创新监管机制，完善食品安全的社会共治

以政府规制为中心，忽视企业主体责任及社会监督的传统食品安全监管模式，不可避免地会产生各种弊端，无法实现危机预防与源头控制。《送审稿》第 3 条确定了"预防为主、风险管理、全程控制、社会共治"的监管原则，更加注重企业、社会等力量的介入，以寻求监管机制的创新。社会共同治理旨在合理安排政府、企业、社会组织、消费者以及媒体等多元化主体的权利和义务设置、角色安排与监督协作，对推进食品安全监管机制的转型具有重要意义。此外，在转变政府职能、推进官民互动、实现以人为本的整体背景下，创新监管机制、完善社会共治还应注重网络媒体监督机制、消费者利益诉求表达机制的构建，因此，《送审稿》对舆论监督权和食品安全有奖举报作了规定，以提升社会及广大消费者参与食品安全监督的积极性。

在食品安全卡特尔中，社会共治突出表现为问责制与公众参与机制的导入。具体而言，反垄断执法机构等介入食品安全卡特尔豁免审查时，应导入听证制度，并要求合作者披露相关信息。在听证程序中，公众的质疑与询问、经营者的说明与回应等，应成为评判与决定是否给予豁免的重要依据。这里的"公众"应包括豁免的直接受损者（行业竞争者、上下游关联方等）、行业协会、消费者、环境保护团体及其他公益团体等利益相关者。并且，对于大企业之间的或者有重大影响的卡特尔，在豁免存续期间，可以要求参与的经营者向主管机关汇报并发布公告，实现对卡特尔的全程、动态化监督。2013 年商务部公布了全部"无条件批准案件"，使反垄断执法置于公众与媒体的监督之下，在推广食品安全卡特尔时可以借鉴这种做法。

（史际春、蒋媛，原载《政治与法律》2014 年第 8 期）

参考文献：

［1］"油条哥"刘洪安：百姓信得过的"放心油条"［Z/OL］．中国广播网，2012-09-06．

［2］保定"油条哥"有了追随者 峰峰又现良心油条［Z/OL］．长城网，2012-07-27．

［3］GRENDELL T J. The Antitrust Legislation of the United States, the European Economic Community, Germany and Japan［J］. International and Comparative Law Quarterly, 1980, 29.

［4］The FEDERAL TRADE COMMISSION（FTC）, the U. S. DEPARTMENT OF JUSTICE. Antitrust Guidelines for Collaborations Among Competitors（April 2000）［A/OL］. the website of the FTC, 2000-04-01.

［5］［英］马西莫·莫塔．竞争政策——理论与实践［M］．沈国华，译．上海：上海财经大学出版社，2006：11-20．

［6］王晓晔．企业合并中的反垄断问题［M］．北京：法律出版社，1996：22．

［7］王先林．反垄断法的制度效果不可抹杀［A/OL］．法制网，2014-01-03．

［8］Notice on agreement of minor importance which do not appreciably restrict competition under Article 81（1）of the Treaty establishing the European Community（de minimis）［J/OL］. Official Journal C368. Official website of the European Union, 2001-12-22.

［9］许光耀．欧共体竞争法通论［M］．武汉：武汉大学出版社，2006：141．

［10］尚明，主编．主要国家（地区）反垄断法律汇编［M］．北京：法律出版社，2004：4．

［11］薛兆丰．商业无边界：反垄断法的经济学革命［M］．北京：法律出版社，2008：41．

［12］［美］理查德·A. 波斯纳．反托拉斯法［M］．孙秋宁，译．北京：中国政法大学出版社，2003：187．

［13］KLEIN B, Crawford R, et al. Vertical Integration, Appropriable Rents, and the Competitive Contracting Process［J］. Journal of Law and Economics, 1978, 21：297-326.

［14］食品行业九成为小微企业，"小散低"易发安全问题［Z/OL］．搜狐网，2012-06-15.

［15］让百姓吃上放心肉［Z/OL］．中华人民共和国商务部网站，2012-04-08.

［16］密集饲养的困境［Z/OL］．中华人民共和国商务部网站，2013-03-06.

［17］武进区酒店餐饮企业诚信联盟构建方案［Z/OL］．武进论坛，2014-05-20.

［18］甘肃省成立乳制品企业诚信联盟向消费者郑重承诺［Z/OL］．中国广播网，2010-08-02.

论维护市场竞争秩序中公权力的定位

——从国美的艰难崛起反观我国竞争法制的缺失

国美电器在发展中遭遇种种限制竞争行为围追堵截，政府疏于维护公平竞争的市场秩序，凸显法制和法治的缺失，从正反两方面给社会上了竞争及其法治的生动一课。

国美电器流通连锁的成功案例，在令人钦佩、叫好之余，也令人不胜感慨。感慨于国美在商战中遭遇的种种有违市场经济客观要求的不公平竞争行为；感慨于面对这些行为，作为积极市场竞争者的国美没有公权力撑腰，只能孤军奋战、私力救济；又感慨于公权力没有很好地定位于维护公平竞争秩序的角色，使市场竞争犹如梁山好汉时代；更有甚者，政府不时的角色错位还助长了某些反竞争行为，导致市场扭曲和资源浪费，使竞争环境雪上加霜。从国美的艰难崛起，反观我国竞争法制和法治的缺失，对于政府、法院、行业协会、生产商、销售商和消费者们而言，都不失为一次有益的反思。

一、削弱同行竞争的卡特尔或同盟，是市场经济的一大危害

市场经济的精髓在于市场主体可以根据市场信号，独立、自主、自由地决策，通过在竞争中优化资源配置，从而实现利益的最大化。其中最重要的机制，则是价格的激励、约束作用。然而，没有竞争法治的市场，必然会内生自己的掘墓人——市场主体为躲避竞争、企望舒舒服服赚大钱而自发地遏制竞争。正因为如此，需要通过竞争法治，人为而理性地消除诸多的限制竞争行为，为市场机制发挥作用提供保障，使市场永葆青春活力。

同行竞争者之间的横向卡特尔或同盟是最为典型的市场对竞争的自发遏制。众所周知的彩电价格同盟便是典型的彩电生产厂家价格卡特尔。而在国美创业和市场拓展的过程中，面对各地的传统电器销售渠道，遭遇了更多的卡特尔同

盟抵制。诸如各地百货家电、大商场家电部等，在固有区域内已形成相对静态的价格体系，这些缺乏价格竞争活力的旧有体系，无疑潜藏着不同程度的价格卡特尔或同盟，如国美于 1997 年 7 月遭遇的"天津市电讯商业联合体"，2001年 8 月遭遇的"沈阳商业价格协会"，2001 年 9 月遭遇的"北京商场家电联盟"等。在没有新的市场竞争者进入，或者新进入者还不能构成太大威胁的时候，那些旧有的价格同盟就会遏制该行业的市场竞争和效率激励，严重损害消费者利益。更危险的是：一旦因为加入 WTO 或者产业全面升级等外在客观条件发生变化，原来长期处于卡特尔保护下的经营者就显现出竞争力脆弱的"巨婴症"，在新兴企业和外资企业面前溃不成军。

正因为如此，发达国家的竞争法及反垄断法把反对横向价格卡特尔作为首要任务，给予最严格的限制、最严厉的处罚。

竞争法反对同行横向卡特尔并不否认行业协会和横向联营的积极意义。行业协会作为行业组织形态并不违反竞争法。相反，它往往能起到行业自律和制止不正当竞争的作用。但是，竞争法要反对它为了限制竞争而组织其成员一致行动或达成协议。横向联营也不必然违反竞争要求，由于其规模经济的效率优势反而应当受到鼓励，但是，前提条件是同行业内必须存在强有力的外在竞争者，它们可能是未参与联营的企业，也可能是其他的联营企业。总之，要使相关市场形成充分竞争的结构和价格压力机制，否则全行业联营连锁，统一采购和销售价格，构筑市场进入壁垒，就构成了反竞争的价格同盟或垄断，成为市场经济之大害。

在国美发展中，政府对种种抵制其竞争的卡特尔或同盟的暧昧、木讷，增加了国美的竞争成本和连锁扩张的难度，无疑也阻碍了流通领域公平竞争的市场秩序的形成。这样来看，国美现象是否也能为政府在市场经济条件下转换职能，提供一些启示和促进作用呢？

另一方面，应当指出，国美作为连锁企业并没有限制竞争。除了因为其面临着强大的外在竞争，诸如大商场家电部、电器城、电器专营店，乃至美国的Best Buy、日本的小岛电器等跨国连锁家电专营企业之外，还有一个很重要的理由，那就是国美在内部管理中引入了竞争机制，实现进销分离，采购和销售分开，销售区域分开，建立两套相对独立运作的经营体系，在内部优胜劣汰，以保证在价格和质量上的竞争效率。对于联营企业内部竞争的分析，应成为竞争法学术界和司法中考虑的一个重要因素。

二、厂家维持下游销售价格，并非好事

上下游厂商间"固定转售价格"，构成纵向限制竞争，也需提防其损害有益的竞争和市场经济的福利。其产生原因大约可以分为两种：一是上游制造厂家为了自身利益，而减少本产品内部下游销售商之间的竞争；二是下游销售商通过卡特尔或同盟联合抵制等方式，要挟上游制造厂家排挤下游的其他销售商，从而维持下游销售价格。

第一种情况如：2000 年 6 月至 8 月八大彩电生产大户的三次"彩电峰会最低限价"。对于各大彩电生产商之间而言，这是典型的价格卡特尔。同时，它们也对下游的彩电销售商进行最低价格限制。

第二种情况如：1999 年占天津家电市场 70% 份额的"天津市电讯商业联合体"，联手逼迫有关厂家表态，停止向国美供货。2001 年"沈阳商业价格协会"以扣押货款为由，要挟家电厂家对国美断货、从国美撤走促销员等，并严格控制批发渠道，监视商品终端流向，防止国美从个体经销商或其他批发渠道向沈阳家电市场供货。

维持下游销售价格到底是好事还是坏事呢？美国的芝加哥学派认为，维持下游销售价格在一定程度上有理性和效率的一面。比如，同一生产商的不同销售者之间的竞争减少，可以实现广告宣传、售后服务等方面的整合，减少"搭便车"和"内讧"等行为。同时，不同生产厂商之间的竞争仍然存在，能保证价格压力机制继续有效。最后，不同销售者的价格竞争虽然减少了，但质量竞争依然存在，每个销售商为了增加自己的销售量，必然竞相提高服务质量，进行销售创新。

但不可忽视的是：上游企业因为内部销售竞争的减少，其降低生产成本的压力机制被弱化了。同时，消费者虽然有不同商品可供选择，但是，一旦特定商品的替代性较弱或者生产厂家维持转售价格形成了网络和垄断规模，消费者就会受到明显的价格损失。从根本上来讲，厂家维持下游销售价格并非好事。所以，发达国家的竞争法对"固定转售价格"均原则上禁止，加以"豁免"或"合理"的例外。正因为如此，社会上对"固定转售价格"的认识模糊，媒体往往为其唱赞歌（如汽车制造商固定零售价）的情况下，政府应当保持一份清醒，多做调研，区别对待不同的"固定转售价格"行为，对其中实质上损害竞争的，当禁则禁、当限则限，为国美们维持一个优良的竞争环境，也为消费者提供一个良好的购物环境。

三、低价销售并不一定构成不正当价格行为

国美在与生产厂家的博弈和市场扩展中采取的低价策略，并不构成《反不正当竞争法》第 11 条规定的"以排挤竞争对手为目的，以低于成本的价格销售商品"的不法行为。

首先，不正当低价销售必须具备"低于成本"这一构成要件，而销售企业的成本在很大程度上是由从生产厂家采购的价格决定的。如果销售企业通过掌握市场主动权获得了要价能力，通过"薄利多销""定制招标"等方式降低了采购成本，通过更强的风险控制能力承担更大的商业风险来获得更大的价格让利，那么它相对于同行业其他销售商的低价策略不构成"不正当低价"，反而是竞争法应当保护和鼓励的"价格竞争优势"。

其次，竞争法向来保护相同质量下的低价格，以此增进消费者福利和生产者的效率。需要禁止的是，获得优势地位的企业滥用其市场力量而实施"掠夺性定价"，以拖垮竞争对手，待获得垄断地位后再抬高价格弥补损失，肆意掠夺消费者。这里的前提是，低价竞争者具有市场优势地位，且滥用了这种地位，以期垄断市场、获取超额利润。尽管国美在 2003 年已经在家电零售企业排名中名列全国第一，但其在全国家电市场中并不具有垄断地位。面临诸如旧有百货家电业、本土其他新型连锁业态、跨国连锁家电专营企业等强大的竞争对手，国美如不充分利用灵活多变的价格竞争形式，就可能被后来者迅速赶上，甚至最终被淘汰出局。因此，国美现阶段的价格行为不是滥用市场优势地位的不公平竞争行为。

由此暴露出《反不正当竞争法》第 11 条存在着一个缺失，即它没有规定不当贱卖者必须具有市场支配地位或其他得以排挤竞争对手获取垄断利润的优势地位。由于这个缺失，主管部门在执法中也经常陷于困惑、无从下手；更多的情况是，那些积极、善意地开展竞争的中小业者，遭受执法机关依该第 11 条进行的查处，既无意义，更不公平。而且该条竟然经常成为居心不良的业者用来打击竞争对手的手段，政府受其利用，成为其不光彩的竞争工具。

因此对掠夺性定价的规制必须谨慎，必须明确行为人滥用优势地位的前提，而不是简单依据"低于成本价销售"的原则。

四、公权力如何在维护市场竞争秩序中发挥作用

公权力是指以维护公益为目的的公团体及其责任人在职务上的权力。公权力首先不能缺位，不能消极怠惰、"不作为"、在其位不谋其政。比如，像国美在发展

中遇到的诸多障碍和竞争壁垒，也是千千万万个企业包括国有企业、民营企业、外资企业都会遇到的问题。企业在不得已的恶性竞争中害人害己、囚徒困境、难以自拔、怨声载道。这时他们迫切需要的，恰恰是一个权威而强有力的机关，来实施反垄断等竞争规则。这在我国显然是欠缺的，于是行业协会和政府执法部门质量不高的规则就会来填补制度真空，我们看到的就是大量 以"保护竞争"为名，实为限制竞争的部门和地方立法，欺行霸市的行规、会规更是泛滥成灾。再比如，企业和消费者在被垄断企业或者卡特尔行为欺压之后想寻求救济，却发现投诉无门，法院撤销经济庭却没有树立"大民事"的司法暨法治理念，对于反垄断诉讼，既难以依法审理追究责任，也无力在立法滞后的情况下作出必要而适当的反垄断司法解释，作为行政机关的工商局对于反垄断公诉、利害关系人私诉、集体诉讼等缺乏有力支持，至于损害赔偿等更难以实施。

公权力更加不能错位，不能有利可图的事就都来"分一杯羹"，得罪人的差事就都"踢皮球"，而应该各司其职，权责明确，把政府维护市场竞争秩序的职能定位在市场不能发挥作用的地方。比如，国美家电连锁企业的发展，该兼并拓展就兼并拓展，该 OEM 就 OEM，该不涉足就不涉足，该花血本建旗舰店就去闹市区，该办小型数码店就进社区，这些行为都是企业竞争和市场选择的结果。相反，有的政府部门乐于"追新潮""玩概念"，动不动就"航空母舰""集约经营""全行业连锁"，对企业经营"指手画脚"、对企业资本运作"拉郎配"，结果政府"人造"的经营模式和资本结构天然不符合市场需求，自然会出现"排异"现象，"规模经营"反而没有竞争力。再比如政府办招商展会、交易博览会等，"下指标、铺大摊、报虚数"，为了追求政绩和规模而"人为造市"，却不下功夫、不花力气去做搜集市场信息、提供市场服务这些"公共商品"来满足企业的需求。在产品质量的监管上，政府往往忽视生产者和销售者自身维护商誉的积极性，忽视行业协会的自律作用，忽视消费者的司法救济保障。个别部门甚至一味在"事前抽查"中牟取好处，对优秀的企业管、卡、压，对伪劣企业包庇纵容，损害了社会商业信用，破坏了市场竞争秩序。

总之，国美家电销售连锁企业通过其自身的实力和市场竞争，弥补了我国反垄断立法与执法上的薄弱环节，也暴露出公权力在维护公平竞争的市场秩序中的缺失。因此，在制定、完善我国的反垄断法，健全竞争法体系的同时，当务之急是公权力要正确定位，政府积极、公平地当好裁判，维护好市场公平竞争的法治秩序。

（史际春、张扬，原载《价格理论与实践》2004 年第 6 期）

漫话"消法"

消费者法是社会消费商品化发展到一定阶段的产物，旨在通过消费者对生产经营者的制约，减缓市场经济的弊害。随着小康社会的到来，低档次消费需求消失殆尽，人的素质和法治水平提升，消法的作用也会因其特殊性削弱而随之淡化。

又是"3·15"，《中华人民共和国消费者权益保护法》实施也满 10 岁了，国人的消费者权益意识方兴未艾。十年树木，小苗渐长大成木。

消法是市场经济的三个直接约束之一。竞争是市场经济的灵魂，可它也有两个天然的倾向：一个是限制竞争、不竞争——竞争太累了，那就采取种种手段排挤竞争对手，能串通操纵价格当然更好；另一个是不顾一时一地的商业道德，胡乱竞争，管它三七二十一——假冒伪劣、坑蒙拐骗，捞一把是一把。这两个倾向任其发展，用不了多久，市场经济也就没了，所以对生产经营者要有约束。

人类在市场经济及其法治实践中，找到了这方面的三个约束。一是生产经营者之间相互约束，形成竞争法；二是政府对生产经营者进行监管，设立种种政府机构，工商局、证监会、银监会、保监会等，制定各种监管法；三是最终消费者对生产经营者的约束，在他们的关系中把砝码偏向消费者一边，就是消法。当然，其他的约束也有，你不喜欢 Windows 和微软，也许会骂比尔·盖茨，茶余饭后，瞎侃胡骂，也是约束，这是间接约束。

可以这样说，市场经济搞得好不好，很大程度上取决于这三个直接约束。遗憾的是，这三种约束在我国都不过十余年的历史，谈不上健全。

在国家颁布消法之前，有 20 多个省直辖市自治区颁布了保护消费者"合法权益"条例。后来把"合法"两个字去掉了。权利、权益也可能是社会性的，不一定是法权、法益，未必合法，可能不法，但可能适法，也不妨保护。所以就称消费者保护法得了，英文里干脆称它为消费者法（consumers law）。

一、消费者问题

消法产生的前提是社会上出现了一个孱弱的消费者阶层——一种只消费不经营的人。

在自然经济时期，人们自给自足，没有出现专门的消费者，也就没有消费者问题。如果有的话，王公贵族、公爵骑士，他们是强者，作为"消费者"成天欺压生产经营者，哪会有什么消法呢？资本主义初期，雇佣劳动大军也还没有形成，生产经营者惯于尔虞我诈，我吃你的劣质面包，你喝我的劣酒，彼此彼此，也没必要专门保护谁。在商品经济发达的罗马帝国和自由资本主义时期，私法或民法假设当事人形式平等，不问他们实质上是否平等，以此调整商品关系，属于国家或法律对商品经济进行一般管理的范畴，与消费者保护无涉。今天的民法调整依旧如此。"商品出门、概不退换""买者当心"，否则"咎"由自取等，是它的经典写照。

到了垄断资本主义时期，大企业发展，雇佣劳动大军出现，小企业与劳动者丧失了讨价还价的能力。市场的门槛提高了，一方面出现了大企业垄断，另一方面竞争恶化，又促使更多的人加入奸商队伍。中小经营者在大企业主导的市场中艰难谋生，尚可把不利的后果转嫁给最终消费者，而随时有失业之虞的工薪阶层眼看着微薄的血汗钱被奸商榨取，还成天被通货膨胀的噩梦缠绕着，却只能束手待毙。他们沦为社会上最庞大的弱者群体。人们常说"人人都是消费者"，但这是从表面上说的，实际上富人不需要消法的保护。比尔·盖茨盖一栋房子花了十亿美元，为了自家安全把附近的几个街区都买下来了。富人们的住处风景如画，海湾里常年泊着价值动辄数千万美元的游艇，恨不得马桶都要金子做的，他们基本不会遇到消费者问题。这是"消费者"需要保护的最重要的理由。

其次，科技发达，信息不对称了。买套家具，你大概还能看出是什么木材，如何制作的，做工怎样。可是手机、汽车你还能搞得清楚吗？所以要对垄断信息的一方多加监管，对信息不足的一方刻意保护。高科技也带来了消费的高风险，如汽车的缺陷和维修保养不当会对消费者的生命安全构成威胁。

二、消费者运动——一篇报告文学掀起的怒潮

如今消费者保护最发达的地方，也是消费者问题最早出现、最严重的地方。19 世纪末西欧的分期付款购房者和住宅承租人最早遭遇严重的消费问题。而消

费者维权成为明显的运动，是在不久后的美国，那就是 1906 年的"清洁食品运动"。

起因是这一年有个叫辛克莱的，写了一篇报告文学 Jungle，中译本意译为"屠场"。当时肉类加工已经工业化，这篇报告文学描写道：车间里脏臭不堪，四处乱窜的老鼠不小心掉进肉池，干脆一起做成香肠，劳累的工人下班前不妨在肉池里洗个澡，甚至在里面大小便。作品既出，公众哗然。美国于是被迫成立了食品与药品管理局，颁布了《肉类检查法》。

大家知道，2004 年美国总统选举中出了一个独立候选人，拉尔夫·纳德，他是一个消费者运动先锋，一个信守"我的爱人就是消费者运动"诺言的人，曾为消费者保护作出贡献，被奉为英雄。他在 1965 年写了一本书，叫《什么速度都不安全》，专揭汽车安全问题。在他的推动下，美国通过《交通和汽车安全法》，首创汽车召回制度，后来推广到其他国家，包括今天的中国。在那一波运动中，美国总共召回一亿多辆汽车，通用公司一家就召回了数千万辆。哪个大公司眼里能容得了这样的沙子——很多大公司雇人追杀他，但都被他神奇地躲过了。

在日本，1955 年发生了森永乳业婴儿奶粉中毒事件，奶粉中混有砒霜，造成 130 个婴儿死亡，1200 多婴儿中毒。1960 年发生假牛肉罐头事件，一个消费者买了一听牛肉罐头，那包装打动了他：绿草如茵，牧童吹笛，引人遐思，可是打开以后感觉有问题，送去化验，发现是鲸鱼肉的，也是舆论大哗。

类似的假冒伪劣四处泛滥，引起消费者运动一波又一波，如火如荼，并走向组织化。1936 年，美国消费者联盟成立，这是世界上第一家消费者组织。1960 年，国际消费者组织联盟在荷兰海牙成立。

消费者问题、消费者运动和消费者法是市场经济的产物。计划经济下有没有消费者问题呢？在这种模式下，国家是经营者，农民自给自足，除农民外真的几乎人人都是消费者，且物资短缺，奉行平均主义，粮油布等生活必需品定额配给，谈不上什么消费者问题。

一搞市场经济，消费者问题就自然来了。我国的消费者运动都是由政府推动和中介的。1983 年，河北省新乐市成立了中国第一个消费者协会，翌年，广州市、哈尔滨市消费者协会相继成立。1984 年 12 月，国家工商总局请求成立中国消费者协会，次年 1 月获得国务院批准。此后各地纷纷成立消费者协会、委员会。1987 年，中消协加入了国际消费者组织联盟。

三、消法的产生和发展

消费者问题经由消费者运动催生了消法。19 世纪末，德、奥、法等国制定了分期付款买卖法，对消费者丧失期限利益的条件严加限制。1906 年的"清洁食品运动"则催生了美国的《食品卫生和药品法》。

与此同时，产品责任开始从合同责任发展为侵权责任。1916 年，一位美国消费者麦克弗森买了一辆别克车，他本希望享受驾驶乐趣，结果却飞了一只车轮，身受重伤。他为此起诉别克公司，后者以双方没有合同关系作抗辩，认为他应当向销售商求偿。法官判决，生产商承担产品侵权责任。

后来发展出无过错责任，还有一种特别的市场份额责任。后者也是源自一个著名案例。有一个美国人在成年之后患了乳腺癌，医生告诉她，此病可能是她母亲怀孕时吃了某种保胎药造成的，可是她并不知道母亲究竟吃了哪家公司生产的产品。她于是向母亲怀孕当时在市场上出售该药的制造商提起诉讼，法官竟然判决，这些公司应当按当时它们各自所占的市场份额对该妇女承担赔偿责任。如今在美国，消费者一次索赔所获赔偿最高已达 40 亿美元。

1968 年日本通过《消费者保护基本法》，这是消法发展中具有划时代意义的一件事。它规定了消费者保护的宗旨和原则，对政府提出消保要求，成立了由首相任会长的消费者保护会议，并在经济企划厅下设了国民生活审议会，开了消保基本法和立法宣示政府承担消费者保护责任的先河。尽管此法多是宣示性规定，但是只要有良好的法治环境，法官独立判案有保障，公民参与和舆论监督到位，政府的责任照样能够落实，宣示性的法律、法条也是可以发挥重要作用的。

发达国家普遍有的《访问销售法》也颇具特色。上门推销员常常能够借助三寸不烂之舌，说动没有多少知识、经验的家庭主妇购买一大堆家里并不需要的甚至是粗劣的商品。这种法律规定，凡经营者不是在固定的店铺向消费者兜售产品，消费者购货后有一个冷却期，在若干天内可以无条件退货。

1985 年，联合国大会无异议通过了《保护消费者准则》。

在我国，1987 年福建省通过保护消费者合法权益条例，我有幸参加了该地方性法规的起草，此后各地争相出台此类立法。1993 年，全国人大常委会制定了现行的全国性消法。以此为契机和统领，食品卫生法、药品管理法、产品质量法、"三包"规定等都可纳入消法的范畴。

四、芸芸众生谁是消费者

按照我国消法的规定，"为生活消费需要购买、使用商品或者接受服务"的，便是消费者。

消费者是不是仅指个人？学校、机关食堂也每天买菜，他们算不算消费者？这种争论在大约五年前尘埃落定，消费者为自然人的观点占了上风。理由之一是国际惯例如此，当然这算不上是理由。主要理由应当是：单位只是消费中介而不是最终消费者；团体、法人"最终"消费时，并非生活消费，而且它们一般而言不是弱者；不承认团体、法人为消费者不会损害对个人消费者的保护，消费者可依产品责任向生产商直接求偿。

病人是否消费者？医院一直以来坚持，它提供的服务不是商品，具有公益性。现在国务院出台了有关规定，病人在医患关系中也是消费者已成为社会共识。

个人购房者是不是消费者？我认为也应当是。

农民购买生产资料时经常遭受不法损害，此时他们并不是生活消费者。可是中国的农民在经济实力、信息掌握、谈判力和社会地位诸方面，实在比城市工薪阶层还要弱，难道不应该把他们当作消费者吗？消法对此的处理很巧妙：农民购买、使用直接用于农业生产的生产资料，参照本法执行。

精神消费是不是消法应当保护的消费？有人抱怨说，花大钱买了一台等离子电视，好看的节目太少，心情郁闷；满大街都是裸女广告，视觉备受污染。精神消费主要是文化市场管理问题，不属于消法。

王海知假买假、打假牟利是不是消费者？社会在这个问题上陷入了分裂，法院的判决（包括一些地方性法规）在支持、反对王海们的做法上各执一端，势均力敌。职业打假者是经营者，不是消费者，但他们为了消费者的利益去打假，尽管有牟利动机，但实际上是自己承担风险，为一般消费者做了他们想做而做不了的事，众多消费者无形中搭了打假的便车。在这个意义上，他们是消费者；但如果在打假中恐吓敲诈，甚至带有黑社会性质，就另当别论了。

五、逐步扩张的消费者权利

1962年3月15日，美国总统肯尼迪在国会作国情咨文，总结消费者有4项权利：安全权，即人身、财产不受损害的权利；知悉权，了解有关商品和消费信息的权利；选择权，不受强迫消费的权利；监督权，提意见的权利。

消费者权利都针对两个方面：一是经营者，二是政府。政府有义务制订执行良好的政策，管好市场，建立健全相应的法律和司法制度，以保证消费者权利得以实现。

此后，欧洲理事会在其《消费者保护宪章》中增加了求偿权、获得援助权、受（消费）教育权、结社权等。国际消费者组织联盟又增加了环境权。

我国消法规定了消费者的 9 项权益，增加了其人格尊严和民族习惯等受尊重的权利。这项权利的规定与消法制订中发生在北京某商场的搜身事件有关。两位小姐走出国贸商场时被怀疑偷窃并被强制搜身，法院判决商场向她们道歉并赔偿。立法者因此受到鼓舞，规定了这项有中国特色的权利。

总的来看，消费者权利有不断扩张的趋势，随着市场经济进一步发展，对消费者的保护将会越来越完备。

人们有时不免感到疑惑：立法越来越多，有关部门也更加卖力执法，"假"怎么依然存在呢？这正反映了马克思主义的一项基本原理，即：是社会决定法而不是相反。因此发展还是硬道理，只有生产力进一步提高，人们普遍过上小康生活，消灭了低档次的消费需求，人的素质和社会法治水平有了质的提升，假冒伪劣才能从根本上得到遏制。很多现在发达的地方都曾是假冒者的乐园，发达之后就好了。但这不是说，消法和打假不重要，需要通过消法的约束和能动作用，把经济发展、起飞的负面影响及其对人的损害减至最小，及早促成优良的社会主义市场经济秩序、高度的信用和一个以人为本的法治社会。到那时，对消费者倾斜保护的必要性和消法的特殊性渐渐失去，消法的作用也会随之淡化，直至完成它的历史使命。

（原载《人民法院报》2004 年 3 月 19 日）